西南政法大学刑法学术文库

刑法新增和修正罪名适用

主　编　李永升

撰稿人　（以撰写章节先后为序）

李永升　张　超　叶　静

李江林　周文文　李　楷

屈冬梅　朱燕婷

中国人民公安大学出版社

·北　京·

图书在版编目（CIP）数据

刑法新增和修正罪名适用/李永升主编. —北京：中国人民公安
大学出版社，2013.5
ISBN 978 - 7 - 5653 - 1086 - 7

Ⅰ.①刑… Ⅱ.①李… Ⅲ.①刑法—罪名—研究—中国
Ⅳ.①D924.04

中国版本图书馆 CIP 数据核字（2012）第 262550 号

西南政法大学刑法学术文库
刑法新增和修正罪名适用
主编 李永升

出版发行	中国人民公安大学出版社
地　　址	北京市西城区木樨地南里
邮政编码	100038
经　　销	新华书店
印　　刷	北京蓝空印刷厂
版　　次	2013 年 5 月第 1 版
印　　次	2013 年 5 月第 1 次
印　　张	20
开　　本	880 毫米×1230 毫米　1/32
字　　数	540 千字
书　　号	ISBN 978 - 7 - 5653 - 1086 - 7
定　　价	56.00 元
网　　址	www.cppsup.com.cn　www.porclub.com.cn
电子邮箱	zbs@cppsup.com　zbs@cppsu.edu.cn

营销中心电话：010 - 83903254
读者服务部电话（门市）：010 - 83903257
警官读者俱乐部电话（网购、邮购）：010 - 83903253
法律分社电话：010 - 83905745

总　序

　　歌乐葱葱，嘉陵滔滔。当历史的车轮跨入 2013 年之际，伴随着人民共和国的铿锵脚步和西南政法大学的风雨征程，西南政法大学刑法学科走过了 60 年的峥嵘岁月。60 年，对于一个人而言意味着花甲之年，但对于一个学校和学科而言却正当壮年。在这个具有历史性意义的癸巳年，由西南政法大学刑法学科组办的"西南政法大学刑法学术文库"诞生了，我们以这种特殊的方式向走过的光辉岁月致敬，向即将迎来的全新征程启幕。

　　60 年一甲子，走过的是匆匆脚步，留住的是辉煌记忆。1953 年，西南政法大学刑法学科由四川大学、重庆大学、云南大学、贵州大学等西南著名高校法律系的刑法学科合并组建而成。在 60 年的发展历程中，以邓又天、董鑫、伍柳村、赵长青、高绍先、李培泽、朱启昌等为代表的老一辈学者，以陈忠林、邱兴隆等为代表的中年学者的辛勤耕耘、默默奉献，为本学科的发展奠定了坚实的基础。特别是改革开放以来，本学科取得了一个又一个骄人的成绩，1981 年成为全国最早获得硕士学位授权的刑法学科之一，1995 年被评为省部级重点学科，2001 年成为我国西部地区唯一的刑法专业博士学位授权点。经过几代人的薪火相传和不懈努力，西南政法大学刑法学科已经成为具有雄厚学科基础和优良学术传统、在全国发挥重要影响并且具有一定国际知名度的省部级重点学科。

　　本学科历来注重学术著作的产出，在过去 10 年间，曾以"西南刑事法与毒品犯罪研究学术文库"、"西南毒品问题研究文库"等为丛书名，出版发行了一系列的著作，展示了西南政法大学刑法学人的良好形象。但是，由于原有丛书中的每部著作分属于不同出版社出版，每本著作在版式、体例、风格等方面并不完全统一，在一定程度上影响了丛书所应具有的社会价值。2013 年年初，为大力加强学科建设，承蒙法律出版社的盛情支持，西南政法大学刑法学科决定积极整合学科力量，将本学科拟出版的优秀著作纳入"西南政法大学刑法学术文库"（以下简称"文库"），以学术文库的形式公开出版发行。"文库"将延续"西南刑事法与毒品犯罪研究学术文库"丛书的基本精神，秉承思想交流与学术创新的基本宗旨，着力打造学术精品，展示西南政法大学刑法学人形象，献力中国刑法学术发展。

科学研究与人才培养是学科建设的两翼。西南政法大学刑法学科具有数量规模庞大、年龄结构合理、学历水平优化、学缘结构合理的学科团队，他们积极投身于教学科研任务一线，近年来在科研项目立项、学术论文发表、科研成果获奖等方面成绩斐然，在科学研究方面取得了优异的成绩。此外，本学科在大力加强科学研究的同时，也着力于人才培养。自 2001 年获得博士学位授权点以来，本学科已培养了近百名博士，他们活跃在法学理论和司法实务的各个领域，他们所取得的成绩在一定意义上也是本学科所取得的成绩。为此，"文库"将立足本学科，主要出版本学科教学科研人员的优秀著作；同时，"文库"也将选择本学科培养且已经毕业的部分博士的学位论文或其他优秀学术著作出版。为了发挥"文库"的学术价值和社会效应，体现学术丛书的性质，"文库"将采取不定期常年出版的形式，对于拟出版的著作由"文库"编辑委员会审定同意后出版，每本著作连续编号，力争将"文库"打造成为规模较大、质量上乘、影响广泛的学术精品。

"人能弘道，非道弘人。"法治之路是中国这个古老的东方大国在饱经沧桑历史之后作出的选择，时至今日，法治中国已经成为法律人矢志不渝的共同追求。诚然，法治之路不会一马平川，甚至还会荆棘塞途。但是，涓涓细流，汇聚成潮，只要每一个人都用心去尽一份力，梦想终会成真。回顾改革开放 30 余年的发展历程，从很多领域无法可依到中国特色社会主义法律体系已经建成，法治从艰难起步到健步前行。这份成绩的得来凝聚着包括法律人在内的无数国人多年的追求和心血，其中不乏法学理论界的鼓与呼。

时光荏苒，30 年前乃至 20 年前学术著作匮乏的情形已经不复存在。在这样一个"知识爆炸"的时代，也许每天都有新的著作出版，也许每天都有新的观点出现，也许每天都有无数人在研究同一个问题，但这一切并不会抹杀理论研究的意义，更不会否定法学理论研究对于中国法治实践的意义。事实上，对于当下中国而言，法治实践对法学理论的呼唤不是削弱而是加强了，处于深刻转型和社会变迁进程中的中国，有太多的现实问题需要理论关注与研究，这是法学理论界无可推卸的责任，也是每一个法学理论工作者应有的社会担当。我们不奢望"文库"成为夜幕下的灯塔，而更愿其成为浩瀚苍穹中一颗闪闪的星星，用朴实无华的光芒照耀行进中的中国法治。因此，"文库"的出版将呈现每一个作者对当下中国刑法理论与实践问题的关注和思考，为学术交流搭建一个有益的平台，用文字和思考对中国法治发展献出自己的绵薄之力。

得益于 60 年的学术积淀，西南政法大学刑法学科历史厚重、师资雄厚、门类齐全、基础良好，积极加强和推进学科建设具有良好的基础。但是，我们深知，在新的历史条件下，本学科的发展面临着诸多新的挑战与困难，加强学科建设刻不容缓。我们期待着"文库"的出版发行能够为国内外同行了解和认识本学科提供一个窗口，也期待着国内外同行能够以"文库"为平台加强与本学科的沟通交流，国内外同行和广大读者的真知灼见将是我们进一步加强学科建设的重要力量。

学术的生命在于争鸣，思想的火花源于碰撞。我们热切期盼学界同仁以及广大法律工作者为本丛书建言献策，努力推动丛书的发展完善，共同守护我们的精神家园，共同促进共和国法治事业的健步前行。

西南政法大学刑法学术文库编辑委员会
2013 年 5 月

前　言

　　自从 1997 年《中华人民共和国刑法》于该年 10 月 1 日施行以来，为了适应我国各个不同时期的政治、经济和社会治安等发展形势的需要，全国人大常委会颁布了一系列单行刑事法律。它们分别为 1998 年 12 月 29 日全国人大常委会通过的《关于惩治骗购外汇、逃汇和非法买卖外汇犯罪的决定》（以下简称《决定》）、1999 年 12 月 25 日全国人大常委会通过的《中华人民共和国刑法修正案》（以下简称《刑法修正案》）、2001 年 8 月 31 日全国人大常委会通过的《中华人民共和国刑法修正案（二）》（以下简称《刑法修正案（二）》）、2001 年 12 月 29 日全国人大常委会通过的《中华人民共和国刑法修正案（三）》（以下简称《刑法修正案（三）》）、2002 年 12 月 28 日全国人大常委会通过的《中华人民共和国刑法修正案（四）》（以下简称《刑法修正案（四）》）、2005 年 2 月 28 日全国人大常委会通过的《中华人民共和国刑法修正案（五）》（以下简称《刑法修正案（五）》）、2006 年 6 月 29 日全国人大常委会通过的《中华人民共和国刑法修正案（六）》（以下简称《刑法修正案（六）》）和 2009 年 2 月 28 日全国人大常委会通过的《中华人民共和国刑法修正案（七）》（以下简称《刑法修正案（七）》）以及 2011 年 2 月 25 日全国人大常委会通过的《中华人民共和国刑法修正案（八）》（以下简称《刑法修正案（八）》）。上述单行刑事法律的颁行不仅对我国 1997 年施行的新刑法作了大量的修改和补充，而且在刑法总则与刑法分则方面均作出了诸多新的规定。

一、《决定》对刑法的修改和补充

为了惩治骗购外汇、逃汇和非法买卖外汇的犯罪行为，维护国家外汇管理秩序，《决定》对刑法作了如下补充修改。于第 1 条增设了骗购外汇罪，并于第 3 条将刑法第 190 条规定的逃汇罪修改为："公司、企业或者其他单位，违反国家规定，擅自将外汇存放境外，或者将境内的外汇非法转移到境外，数额较大的，对单位判处逃汇数额百分之五以上百分之三十以下罚金，并对其直接负责的主管人员和其他直接责任人员处五年以下有期徒刑或者拘役；数额巨大或者有其他严重情节的，对单位判处逃汇数额百分之五以上百分之三十以下罚金，并对其直接负责的主管人员和其他直接责任人员处五年以上有期徒刑。"本条的规定不仅对公司、企业或者其他单位删除了"国有"的限制，而且将逃汇罪的法定刑进行了细化，由原来的一个法定刑幅度调整为两个法定刑幅度，并且将该罪的法定最高刑由有期徒刑 5 年改为 15 年。

二、《刑法修正案》对刑法的修改和补充

为了惩治破坏社会主义市场经济秩序的犯罪，保障社会主义现代化建设的顺利进行，《刑法修正案》对破坏社会主义市场经济秩序罪中的若干犯罪进行了修改和补充。本修正案于第 1 条在刑法第 162 条规定的妨害清算罪之后新增了隐匿、故意销毁会计凭证、会计账簿、财务会计报告罪。于第 2 条取消了原刑法第 168 条规定的徇私舞弊造成破产、亏损罪，代之以"国有公司、企业、事业单位人员失职罪"和"国有公司、企业、事业单位人员滥用职权罪"。于第 3 条将刑法第 174 条第 1 款擅自设立金融机构罪的罪状由"未经中国人民银行批准，擅自设立商业银行或者其他金融机构的"行为修改为"未经国家有关主管部门批准，擅自设立商业银行、证券交易所、期货交易所、证券公司、期货经纪公司、保险公司或者其他金融机构的"行为，并于第 2 款增设"伪造、变造、

转让金融机构经营许可证、批准文件罪"。于第 4 条将刑法第 180 条内幕交易、泄露内幕信息罪的罪状修改为"证券、期货交易内幕信息的知情人员或者非法获取证券、期货交易内幕信息的人员，在涉及证券的发行，证券、期货交易或者其他对证券、期货交易价格有重大影响的信息尚未公开前，买入或者卖出该证券，或者从事与该内幕信息有关的期货交易，或者泄露该信息，情节严重的"行为。于第 5 条第 1 款将"编造并传播证券交易虚假信息罪"修改为"编造并传播证券、期货交易虚假信息罪"。并于该条第 2 款将"诱骗投资者买卖证券罪"修改为"诱骗投资者买卖证券、期货合约罪"，并将该罪的主体由"证券交易所、证券公司的从业人员，证券业协会或者证券管理部门的工作人员"修改为"证券交易所、期货交易所、证券公司、期货经纪公司的从业人员，证券业协会、期货业协会或者证券期货监督管理部门的工作人员"。于第 6 条将刑法第 182 条规定的"操纵证券交易价格罪"修改为"操纵证券、期货交易价格罪"。于第 7 条将刑法第 185 条规定的"挪用资金罪"的主体由"银行或者其他金融机构的工作人员"扩大为"商业银行、证券交易所、期货交易所、证券公司、期货经纪公司、保险公司或者其他金融机构的工作人员"。并于第 8 条将刑法第 225 条规定的"非法经营罪"增加一项作为第 3 项，即"未经国家有关主管部门批准，非法经营证券、期货或者保险业务的；"原第 3 项改为第 4 项。

三、《刑法修正案（二）》对刑法的修改和补充

为了惩治毁林开垦和乱占滥用林地的犯罪，切实保护森林资源，本修正案将刑法第 342 条规定的"非法占用耕地罪"修改为"非法占用农用地罪"，即将第 342 条规定的行为人"违反土地管理法规，非法占用耕地改作他用，数量较大，造成耕地大量毁坏的"行为修改为行为人"违反土地管理法规，非法占用耕地、林地等农用地，改变被占用土地用途，数量较大，造成耕地、林地等

农用地大量毁坏的"行为。本修正案将原刑法规定的"耕地"修改为"农用地",从而将林地等农用地涵盖进来,有效地扩大了农业用地的范围,加强了对森林资源的刑法保护。

四、《刑法修正案（三）》对刑法的修改和补充

为了惩治恐怖活动犯罪,保障国家和人民生命、财产安全,维护社会秩序,本修正案对刑法作了如下补充修改。于第 1 条将刑法第 114 条"投毒罪"和"过失投毒罪"分别修改为"投放危险物质罪"和"过失投放危险物质罪",并将原刑法规定的"投毒"行为修改为"投放毒害性、放射性、传染病病原体等物质"的行为。于第 3 条将刑法第 120 条规定的"组织、领导、参加恐怖组织罪"的罪状和法定刑修改为"组织、领导恐怖活动组织的,处十年以上有期徒刑或者无期徒刑;积极参加的,处三年以上十年以下有期徒刑;其他参加的,处三年以下有期徒刑、拘役、管制或者剥夺政治权利"。本条除在原有的刑法规定的基础上增加了"积极参加"一项,还将本罪的法定最高刑由原来的"十年有期徒刑"提高到"无期徒刑",还对"其他参加"者增加了"剥夺政治权利"。此外,本修正案还在此基础上于第 4 条增加了"资助恐怖活动罪"这一新罪名。于第 5 条将刑法第 125 条第 2 款规定的"非法买卖、运输核材料罪"修改为"非法制造、买卖、运输、储存危险物质罪"。于第 6 条将刑法第 127 条规定的"盗窃、抢夺枪支、弹药、爆炸物罪"和"抢劫枪支、弹药、爆炸物罪"分别修改为"盗窃、抢夺枪支、弹药、爆炸物、危险物质罪"和"抢劫枪支、弹药、爆炸物、危险物质罪"。于第 7 条将刑法第 191 条规定的"洗钱罪"的"上游犯罪"由原来的"毒品犯罪、黑社会性质的组织犯罪和走私犯罪"修改为"毒品犯罪、黑社会性质的组织犯罪、恐怖活动犯罪和走私犯罪"。于第 8 条新增了"投放虚假危险物质罪"和"编造、故意传播虚假恐怖信息罪"。

五、《刑法修正案（四）》对刑法的修改和补充

为了惩治破坏社会主义市场经济秩序、妨害社会管理秩序和国家机关工作人员的渎职犯罪行为，保障社会主义现代化建设的顺利进行，保障公民的人身安全，本修正案对刑法作了如下修改和补充。于第1条将刑法第145条规定的"生产、销售不符合标准的医用器材罪"由"实害犯"修改为"危险犯"，降低了该罪入罪的门槛，并对该罪的法定刑作了相应的修改。于第2条在刑法第152条中增设了"走私废物罪"这一新罪，从而取消了刑法第155条第3项规定的"走私固体废物罪"，从而将该罪的犯罪对象由固体废物扩大到液态废物和气态废物。于第3条将刑法第155条修改为"下列行为，以走私罪论处，依照本节的有关规定处罚：（一）直接向走私人非法收购国家禁止进口物品的，或者直接向走私人非法收购走私进口的其他货物、物品，数额较大的；（二）在内海、领海、界河、界湖运输、收购、贩卖国家禁止进出口物品的，或者运输、收购、贩卖国家限制进出口货物、物品，数额较大，没有合法证明的"。该条规定明显扩大了走私罪的打击范围。于第4条增设了"雇用童工从事危重劳动罪"。于第6条将刑法第344条由"非法采伐、毁坏珍贵树木罪"修改为"非法采伐、毁坏国家重点保护植物罪"，并增设"非法收购、运输、加工、出售国家重点保护植物、国家重点保护植物制品罪"。该条不仅扩大了非法采伐、毁坏行为的对象，即由"珍贵树木"扩大到"国家重点保护植物"，还增加了非法收购、运输、加工、出售珍贵树木或者国家重点保护的其他植物及其制品的行为。于第7条将刑法第345条第3款"非法收购盗伐、滥伐的林木罪"修改为"非法收购、运输盗伐、滥伐的林木罪"，并将该款"以牟利为目的，在林区非法收购明知是盗伐、滥伐的林木，情节严重的"行为修改为"非法收购、运输明知是盗伐、滥伐的林木，情节严重的"行为。该条规定不仅增设了"非法运输"这一行为方式，而且删除了"以牟利为目的"这

一主观要件，并且取消了"在林区"的区域限制，从而扩大了本罪的打击范围。于第 8 条第 3 款将刑法第 399 条第 3 款修改为"在执行判决、裁定活动中，严重不负责任或者滥用职权，不依法采取诉讼保全措施、不履行法定执行职责，或者违法采取诉讼保全措施、强制执行措施，致使当事人或者其他人的利益遭受重大损失的，处五年以下有期徒刑或者拘役；致使当事人或者其他人的利益遭受特别重大损失的，处五年以上十年以下有期徒刑"。从而增设了"执行判决、裁定失职罪"和"执行判决、裁定滥用职权罪"两个新罪名。

六、《刑法修正案（五）》对刑法的修改和补充

为了惩治破坏社会主义市场经济秩序、危害国防利益的行为，本修正案对刑法作了如下修改和补充。于第 1 条在刑法第 177 条之后增加了"妨害信用卡管理罪"和"窃取、收买、非法提供信用卡信息罪"两个新罪名，从而对信用卡方面的犯罪作了进一步完善。于第 3 条在刑法第 369 条中增设"过失损坏武器装备、军事设施、军事通信罪"这一新罪名，从而将过失损坏武器装备、军事设施、军事通信的行为也纳入到刑法打击的范围。

七、《刑法修正案（六）》对刑法的修改和补充

为了惩治危害社会的公共安全、破坏社会主义市场经济秩序、侵犯公民的人身权利、妨害社会管理秩序和国家机关工作人员的渎职犯罪行为，保障社会主义现代化建设的顺利进行，保障公民的人身安全，本修正案对刑法作了如下修改和补充。于第 1 条第 1 款对刑法第 134 条规定的"重大责任事故罪"的罪状和法定刑作了重要修改，并于第 2 款新增了"强令违章冒险作业罪"。于第 2 条对刑法第 135 条规定的"重大劳动安全事故罪"的罪状和法定刑进行了重要修改。于第 3 条在刑法第 135 条之后增设了"大型群众性活动重大安全事故罪"这一新罪名。于第 4 条在刑法第 139 条之后

新增了"不报、谎报安全事故罪"。于第5条将刑法第161条规定的"提供虚假财会报告罪"的罪名予以取消，将其修改为"违规披露、不披露重要信息罪"。于第6条在刑法第162条之后新增"虚假破产罪"。于第7条将刑法第163条规定的"公司、企业人员受贿罪"予以取消，将其修改为"非国家工作人员受贿罪"，主要是将其犯罪主体的范围由"公司、企业的工作人员"修改为"公司、企业或者其他单位的工作人员"。于第8条将刑法第164条规定的"对公司、企业人员行贿罪"予以取消，将其修改为"对非国家工作人员行贿罪"，主要是将其犯罪对象的范围由"公司、企业的工作人员"修改为"公司、企业或者其他单位的工作人员"。于第9条在刑法第169条之后新增"背信损害上市公司利益罪"。于第10条在刑法第175条之后新增"骗取贷款、票据承兑、金融票证罪"。于第11条将刑法第182条规定的"操纵证券、期货交易价格罪"予以取消，将其修改为"操纵证券、期货市场罪"。于第12条第1款在刑法第185条之后以第1款的形式规定"背信运用受托财产罪"，以第2款的形式规定"违法运用资金罪"。于第13条将刑法第186条第1款、第2款修改为："银行或者其他金融机构的工作人员违反国家规定发放贷款，数额巨大或者造成重大损失的，处五年以下有期徒刑或者拘役，并处一万元以上十万元以下罚金；数额特别巨大或者造成特别重大损失的，处五年以上有期徒刑，并处二万元以上二十万元以下罚金。""银行或者其他金融机构的工作人员违反国家规定，向关系人发放贷款的，依照前款的规定从重处罚。"将刑法原来规定的"违法向关系人发放贷款罪"予以取消，只保留"违法发放贷款罪"一个罪名，将违法向关系人发放贷款的行为作为一个从重处罚情节。于第14条将刑法第187条规定的"用账外客户资金非法拆借、发放贷款罪"予以取消，将本罪修改为"吸收客户资金不入账罪"。于第15条将刑法第188条规定的"非法出具金融票证罪"予以取消，将本罪修改为"违规出具金融票证罪"。于第16条将刑法第191条规定的"洗钱罪"的"上游犯罪"的范围由《刑法修正案（三）》规定的"毒品犯罪、黑社会性质的组织犯罪、恐怖活动犯罪、走私犯罪"再次扩大到"毒品犯罪、黑社会性质的组织犯罪、恐怖活动犯罪、走私犯罪、贪污贿赂犯罪、破坏金融管理秩序犯罪、金融诈骗犯罪"。于第17条在刑法第262条之后新增"组织残疾人、儿童乞讨罪"。于第18条第2款将刑法第303条规定的"开设赌场"的行为独立成罪，新增"开设赌场罪"。于第19条将刑法第312条规定的"窝藏、转移、收购、销售赃物罪"予以取消，将其修改为"掩饰、隐瞒犯罪所得、犯罪所得收益罪"。于第20条在刑法第399条之后新增"枉法仲裁罪"。

八、《刑法修正案（七）》对刑法的修改和补充

为了惩治破坏社会主义市场经济秩序、危害国防利益和国家机关工作人员的渎职犯罪行为，保障社会主义现代化建设的顺利进行，本修正案对刑法作了如下修改和补充。于第1条将刑法第151条第3款规定的"走私珍稀植物、珍稀植物制品罪"予以取消，将其修改为"走私国家禁止进出口的货物、物品罪"。于第2条在刑法第180条第1款规定的"内幕交易、泄露内幕信息罪"中增设了"明示、暗示他人从事上述交易活动，情节严重"的行为，并于此条新增"利用未公开信息交易罪"。于第3条将刑法第201条由"偷税罪"修改为"逃税罪"。于第4条在刑法第224条之后增设"组织、领导传销活动罪"。于第5条将刑法第225条第3项"未经国家有关主管部门批准，非法经营证券、期货或者保险业务的"修改为"未经国家有关主管部门批准非法经营证券、期货、保险业务的，或者非法从事资金支付结算业务的"，扩大了对"地下钱庄"非法经营活动的打击范围，加大了对这类非法经营活动的打击力度。于第6条根据司法实践中绑架罪实施过程和结果的复杂性，在刑罚设置上适当增加了一个档次，即比修正前条款增加了"情节较轻的，处五年以上十年以下有期徒刑，并处罚金"的规

定，这样更有利于按照罪刑相适应的原则惩治此类犯罪。同时，该罪名的法定最低刑期由 10 年降为 5 年，较好地体现了宽严相济的刑事政策。于第 7 条在刑法第 253 条之后增设"出售、非法提供公民个人信息罪"和"非法获取公民个人信息罪"两个新罪名。于第 8 条在刑法第 262 条之后增设"组织未成年人进行违反治安管理活动罪"。于第 9 条在刑法第 285 条中增加两款新增"非法获取计算机信息系统数据、非法控制计算机信息系统罪"和"提供侵入、非法控制计算机信息系统程序、工具罪"。于第 10 条在刑法第 312 条中增加一款作为第 2 款："单位犯前款罪的，对单位判处罚金，并对其直接负责的主管人员和其他直接责任人员，依照前款的规定处罚。"于第 11 条将刑法第 337 条第 1 款由"违反进出境动植物检疫法的规定，逃避动植物检疫，引起重大动植物疫情"的行为修改为"违反有关动植物防疫、检疫的国家规定，引起重大动植物疫情的，或者有引起重大动植物疫情危险，情节严重"的行为。于第 12 条将刑法第 375 条第 2 款规定的"非法生产、买卖军用标志罪"予以取消，修改为"非法生产、买卖武装部队制式服装罪"，并新增"伪造、盗窃、买卖、非法提供、非法使用武装部队专用标志罪"。于第 13 条在刑法第 388 条后新增"利用影响力受贿罪"。于第 14 条将"巨额财产来源不明罪"的法定最高刑由 5 年提高至 10 年，这反映出我国反腐败力度的进一步加大，深得民心。

九、《刑法修正案（八）》对刑法的修改和补充

2011 年 2 月 25 日通过的《刑法修正案（八）》不仅对刑法分则规定的罪名作了新增和修正，而且对刑法总则的内容亦作了重大修改。从刑法总则的修改内容来看，该修正案主要针对刑罚结构作了重要的调整。主要表现在：一是适当减少死刑罪名，取消了刑法中近年来较少适用或基本未适用过的 13 个经济性非暴力犯罪的死刑。二是限制对被判处死刑缓期执行犯罪分子的减刑。三是完善假

释规定，加强对被假释犯罪分子的监督管理。四是适当延长有期徒刑数罪并罚的刑期。该修正案第10条第1款规定："判决宣告以前一人犯数罪的，除判处死刑和无期徒刑的以外，应当在总和刑期以下、数刑中最高刑期以上，酌情决定执行的刑期，但是管制最高不能超过三年，拘役最高不能超过一年，有期徒刑总和刑期不满三十五年的，最高不能超过二十年，总和刑期在三十五年以上的，最高不能超过二十五年。"这些规定对于改变"死刑过重，生刑过轻"的局面具有重要的意义。

该修正案除了对刑法总则的内容作了重要修改之外，还对刑法分则的内容作了重要的补充和修改，主要表现在对刑法分则增设了以下七种具体新罪名。一是于刑法第133条规定的交通肇事罪之后新增危险驾驶罪。其具体内容是"在道路上驾驶机动车追逐竞驶，情节恶劣的，或者在道路上醉酒驾驶机动车的，处拘役，并处罚金。""有前款行为，同时构成其他犯罪的，依照处罚较重的规定定罪处罚。"二是于刑法第164条第2款之中新增对外国公职人员、国际公共组织官员行贿罪。其具体内容是："为谋取不正当利益，给予公司、企业或者其他单位的工作人员以财物，数额较大的，处三年以下有期徒刑或者拘役；数额巨大的，处三年以上十年以下有期徒刑，并处罚金。""为谋取不正当商业利益，给予外国公职人员或者国际公共组织官员以财物的，依照前款的规定处罚。""单位犯前两款罪的，对单位判处罚金，并对其直接负责的主管人员和其他直接责任人员，依照第一款的规定处罚。""行贿人在被追诉前主动交待行贿行为的，可以减轻处罚或者免除处罚。"三是在刑法第205条规定的虚开增值税专用发票、用于骗取出口退税、抵扣税款发票罪之后新增虚开发票罪。其具体内容是："虚开本法第二百零五条规定以外的其他发票，情节严重的，处二年以下有期徒刑、拘役或者管制，并处罚金；情节特别严重的，处二年以上七年以下有期徒刑，并处罚金。""单位犯前款罪的，对单位判处罚金，并对其直接负责的主管人员和其他直接责任人员，依照前款的规定处罚。"四是在刑法第 210 条规定的盗窃、骗取增值税专用发票、可以用于骗取出口退税、抵扣税款发票的犯罪之后新增持有伪造的发票罪。其具体内容是："明知是伪造的发票而持有，数量较大的，处二年以下有期徒刑、拘役或者管制，并处罚金；数量巨大的，处二年以上七年以下有期徒刑，并处罚金。""单位犯前款罪的，对单位判处罚金，并对其直接负责的主管人员和其他直接责任人员，依照前款的规定处罚。"五是在刑法第 234 条之后新增组织出卖人体器官罪。其具体内容是："组织他人出卖人体器官的，处五年以下有期徒刑，并处罚金；情节严重的，处五年以上有期徒刑，并处罚金或者没收财产。""未经本人同意摘取其器官，或者摘取不满十八周岁的人的器官，或者强迫、欺骗他人捐献器官的，依照本法第二百三十四条、第二百三十二条的规定定罪处罚。""违背本人生前意愿摘取其尸体器官，或者本人生前未表示同意，违反国家规定，违背其近亲属意愿摘取其尸体器官的，依照本法第三百零二条的规定定罪处罚。"六是在刑法第 276 条之后新增拒不支付劳动报酬罪。其具体内容是："以转移财产、逃匿等方法逃避支付劳动者的劳动报酬或者有能力支付而不支付劳动者的劳动报酬，数额较大，经政府有关部门责令支付仍不支付的，处三年以下有期徒刑或者拘役，并处或者单处罚金；造成严重后果的，处三年以上七年以下有期徒刑，并处罚金。""单位犯前款罪的，对单位判处罚金，并对其直接负责的主管人员和其他直接责任人员，依照前款的规定处罚。""有前两款行为，尚未造成严重后果，在提起公诉前支付劳动者的劳动报酬，并依法承担相应赔偿责任的，可以减轻或者免除处罚。"七是在刑法第 408 条之后新增食品监管渎职罪。其具体内容是："负有食品安全监督管理职责的国家机关工作人员，滥用职权或者玩忽职守，导致发生重大食品安全事故或者造成其他严重后果的，处五年以下有期徒刑或者拘役；造成特别严重后果的，处五年以上十年以下有期徒刑。""徇私舞弊犯前款罪的，从重处罚。"以上七种新罪名的设立对于进一步完善我国刑法分则体系，严密打击犯罪的法网具有非常重要的意义。

该修正案除了增设七种具体新罪名之外，还分别对刑法分则第107条规定的资助危害国家安全犯罪活动罪，第109条规定的叛逃罪，第141条规定的生产、销售假药罪，第144条规定的生产、销售有毒、有害食品罪，第151条、第153条、第157条规定的走私犯罪，第226条规定的强迫交易罪，第264条规定的盗窃罪，第274条规定的敲诈勒索罪，第293条规定的寻衅滋事罪，第294条规定的黑社会性质组织犯罪，第343条规定的非法采矿罪，第358条规定的协助组织卖淫罪等罪名的构成要件或法定刑进行了修改和调整。此外，该修正案第24条还取消了刑法第143条规定的"生产、销售不符合卫生标准的食品罪"；将其罪名修改为"生产、销售不符合安全标准的食品罪"；第38条还取消了刑法第244条规定的"强迫职工劳动罪"，将其罪名修改为"强迫劳动罪"；第46条还取消了刑法第338条规定的"重大环境污染事故罪"，将其罪名修改为"污染环境罪"。以上罪名的修改不仅使我国刑法分则对有关罪名的规定更为科学，同时也更加适应司法实践的需要，更具可操作性。

本书基于一个决定和八个刑法修正案所规定的内容，从各种犯罪的概念和法源、犯罪构成特征以及罪与非罪、此罪与彼罪、一罪与数罪、共同犯罪以及犯罪的停止形态等视角对刑法新增和修正罪名进行了逐一研究。这些研究的内容不仅在目前是刑法学界对之进行研究的最新结论，也为司法实践部门解决司法实务问题提供了最新的答案。因此，本书的出版不仅具有十分重大的理论意义，而且具有非常重要的实践价值。我们坚信，我们为之付出的努力不会白费，而且随着时代的发展和时间的推移，本书所体现出来的价值是永恒的。

目 录

第一编　刑法新增罪名适用

一、资助恐怖活动罪

（一）资助恐怖活动罪的概念与法源

1. 资助恐怖活动罪的概念

资助恐怖活动罪，是指境内外的机构、组织或个人明知是恐怖活动组织或者明知他人正在或者将要实施恐怖活动而为其提供资金、物资等物质支持和相关物质服务，情节严重的行为。

2. 资助恐怖活动罪的法源

恐怖活动犯罪活动由来已久，已经成为国际社会的一大公害，"由于各国加强了对恐怖主义行为的防范，从而使恐怖主义犯罪活动无法仅仅依赖恐怖主义分子的狂热得以实现"，"一些个人、组织或者国家为了自己的利益，不仅为恐怖主义组织招募人员、开展培训、提供情报，还直接为恐怖主义组织和恐怖主义分子提供大量资金……推动了恐怖主义活动在世界范围内的蔓延"①。世界上最早将资助恐怖活动规定为犯罪的国家是以色列，在该国1948年制定的《预防恐怖主义条例》中就将资助恐怖活动的行为规定为犯罪。我国1951年的《惩治反革命条例》和1979年刑法都未将资助恐怖活动行为规定成罪，在1997年刑法中规定了组织、领导、参加恐怖组织罪，但是未规定"资助"恐怖活动罪。联合国大会于1999年12月9日通过的《制止向恐怖主义提供资助的国际公约》将此类行为规定为犯罪，我国也已经签署了该公约。2001年9月

---

① 阮传胜著：《恐怖主义犯罪研究》，北京大学出版社2007年版，第77页。

11 日，美国发生了"9·11"恐怖袭击事件，恐怖活动引起各国的重视，联合国安理会于同月 29 日通过了第 1373 号决议，要求各国应将为恐怖活动提供或者筹集资金的行为规定为犯罪。为了惩治资助恐怖活动组织和个人的犯罪活动，保障国家和人民生命、财产安全，维护社会秩序，我国立法机关及时修正刑法，于 2001 年 12 月 29 日在第九届全国人民代表大会常务委员会第 25 次会议上通过《刑法修正案（三）》增加了本罪，作为刑法第 120 条之一。为了防止不法人员借组织之名资助恐怖活动犯罪逃避法律制裁，本条第 2 款将单位也作为本罪的犯罪主体，采用双罚制，表明了刑法对严厉打击资助恐怖活动的严密性。2002 年 3 月 26 日起施行的最高人民法院、最高人民检察院《关于执行〈中华人民共和国刑法〉确定罪名的补充规定》（法释［2002］7 号）将本罪定名为"资助恐怖活动罪"。所以，"从立法渊源上讲，'资助恐怖活动罪'对我国刑法而言完全是一个舶来品"。①

（二）资助恐怖活动罪的构成特征

1. 客体特征

本罪的客体为社会公共安全。恐怖活动一般都是出于政治、社会或者宗教等目的，对一国的民众、政府机构等采取的暴力性或其他危险手段的犯罪行为，对社会公共秩序造成破坏，使得社会公众处于恐慌的情绪之中，破坏公共安全和社会秩序，以实现其自身目的。《刑法修正案（三）》将本罪放在刑法第二章"危害公共安全罪"之下，表明了本罪对公共安全具有危害性，本罪侵犯的客体应当是公共安全。

本罪的犯罪对象是恐怖活动组织和实施恐怖活动的个人。对于何为恐怖组织，哪些组织是恐怖组织，我国刑法中并没有具体的规定，在《刑法修正案（三）》的起草和审议过程中，一些常委会委

---

① 史振郭、江钦辉：《资助恐怖活动罪的法源与特征分析》，载《中国刑事法杂志》2004 年第 1 期。

员、部门和专家学者提出刑法修正案应当对"恐怖活动组织"的含义作出明确的界定，但是考虑到国际社会对界定恐怖活动组织目前尚无统一的标准，我国在法律中对此作出明确的界定也有一定的困难，因此在《刑法修正案（三）》中并未对此进行界定。所谓"恐怖活动组织"，即恐怖犯罪集团，一般指 3 人以上出于政治、社会或者宗教等目的，为了在国内外实施一系列杀人、爆炸、绑架以及其他危害公共安全的恐怖性的严重刑事犯罪而建立的具有一定稳定性的犯罪组织，是犯罪集团的一种，如国际上臭名昭著的"基地"组织，为害我国的"东突"民族分离主义组织等。由此可以看出，恐怖活动组织有三个特征：第一，有明确的犯罪目的，即政治、社会或者宗教等目的；第二，组成了稳定的犯罪集团，人数达到了 3 人以上，有些恐怖组织甚至拥有自己的军队；第三，实施危害公共安全的严重刑事犯罪，如杀人、绑架、爆炸等。恐怖活动组织既包括在我国境内的恐怖活动组织，也包括在境外其他国家或者地区的恐怖活动组织。

所谓"实施恐怖活动的个人"，是指出于政治、社会或者宗教等目的，在国内外实施一系列杀人、爆炸、绑架以及其他危害公共安全的恐怖性的严重刑事犯罪的个人。这些个人既可以是已经实施了恐怖活动犯罪的人，也可以是将要实施恐怖活动的人；既可以是我国公民，也可以是外国人或者无国籍人。这些个人的发展趋势是建立稳定的恐怖活动组织。

2. 客观特征

本罪在客观方面表现为行为人明知是恐怖组织或者正在实施或将要实施恐怖犯罪活动的个人而为其提供资金、物资等物质支持和相关物质服务的资助行为。根据 2009 年 11 月 11 日起施行的最高人民法院《关于审理洗钱等刑事案件具体应用法律若干问题的解释》第 5 条的规定，这里的资助是指"为恐怖活动组织或者实施恐怖活动的个人筹集、提供经费、物质或者提供场所以及其他物质便利的行为"。

根据我国签署的《制止向恐怖主义提供资助的国际公约》第2条第1款规定:"本公约所称的犯罪,是指任何人以任何手段,直接或间接地非法和故意地提供或募集资金,其意图是将全部或部分资金用于,或者明知全部或部分资金将用于实施:(a)属附件所列条约之一的范围并经其定义为犯罪的一项行为;或(b)意图致使平民或在武装冲突情势中未积极参与敌对行动的任何其他人死亡或重伤的任何其他行为,如这些行为因其性质或相关情况旨在恐吓人口,或迫使一国政府或一个国际组织采取或不采取任何行动。"再结合该公约第1条的规定:"'资金'系指所有各种资产,不论是有形或无形资产、是动产还是不动产、不论以何种方式取得,和以任何形式,包括电子或数字形式证明这种资产的产权或权益的法律文件或证书,包括但不限于银行贷记、旅行支票、银行支票、邮政汇票、股票、证券、债券、汇票和信用证。"因此,虽然资助恐怖活动犯罪在该公约中仅被表述为"提供或募集资金",但实际上包括了提供和募集两种形式下的一切形式的物质帮助。值得一提的是,这种资助既可以是无偿的,也可以是附加条件的;既可以是公开的,也可以是秘密的;可以是实施恐怖活动之前、之中和之后的任何时间。如果资助的金钱数额过少或者物质、技术微不足道,就有可能适用刑法第13条"但书"的规定,情节显著轻微危害不大,从而不构成犯罪。但是,资助不能是精神和舆论支持、鼓励等内容。应当注意的是,行为人的资助不能是直接针对具体的恐怖活动,否则就成了组织、领导、参加恐怖组织罪和恐怖活动犯罪的共同犯罪。

对于本罪的实行行为,有学者特别指出,"不能简单地认为,刑法只是将特定共同犯罪中的帮助行为规定为独立的犯罪。换言之,本罪既包括特定共同犯罪中的帮助行为,又包括不成立共同犯罪的资助行为,但对于符合共同犯罪成立条件的组织、策划、实行、煽动、教唆行为，应以其他相应犯罪论处"。① 在这里就有一个很令人费解的问题，为什么包括所谓的"帮助行为"，又包括所谓的"资助行为"？难道帮助行为和资助行为无关？这样的帮助行为如果不归入资助行为，又有什么理由将其从共同犯罪中分离出来？笔者认为，具有共同犯意的帮助行为仍然不能成为本罪的实行行为，而只能成立共同犯罪行为，只有那些故意内容不同的资助行为才是本罪的实行行为。

3. 主体特征

本罪的主体是一般主体，包括年满16周岁、具备刑事责任能力的自然人和单位。本罪的自然人既可以是中国人，也可以是外国人或者无国籍人。由于本罪是国际犯罪，而我国又签署了《制止向恐怖主义提供资助的国际公约》，所以对于那些虽然犯罪结果和犯罪行为都没有发生在我国但居住在我国的自然人，我国也可以在承担条约义务的范围内适用普遍管辖原则，对该自然人的犯罪行为进行管辖。单位可以是中国的机构和组织，也可以是外国的机构和组织。

值得讨论的是，国家能否成为本罪的主体？联合国《制止向恐怖主义提供资助的国际公约》的序言申明："那些危害国家间和民族间友好关系及威胁国家领土完整和安全的行为、方法和做法，不论在何处发生，也不论是何人所为，均为犯罪而不可辩护。"因此，国家是可以成为本罪的主体的。有学者认为，"我国现有的刑事立法中没有将'国家和政府组织'作为刑事责任主体的规定，而且基于主权平等原则国际上普遍承认'国家和政府组织'享有司法豁免权，因此不宜将其作为资助恐怖活动罪的犯罪主体。"② 这种观点是值得赞同的。但是需要明确的是，国家是可以成为国际

---

① 张明楷著：《刑法学》，法律出版社2011年版，第617页。

② 史振郭、江钦辉：《资助恐怖活动罪的法源与特征分析》，载《中国刑事法杂志》2004年第1期。

犯罪的主体的，世界上也有国家，如美国、土耳其等国的刑事法律体系中也规定了本国法可以对国家的国际犯罪进行管辖。

4. 主观特征

本罪在主观上只能是故意，而且只能是直接故意。因为本罪的资助行为表明了行为人的行动是有指向性的、积极的，即行为人之所以资助是因为其本身想借以实现自己的目的。有学者认为，行为人应当"明知是'恐怖组织或者实施恐怖活动的个人'，而为其提供资金、物资等物质支持和相关物质服务，并且希望恐怖犯罪发生"①。当然，行为人必须明知资助的对象是恐怖活动组织或者实施恐怖活动的个人而进行资助，但是是否希望"恐怖犯罪的发生"就值得商榷。因为本罪是独立的罪名，本罪的成立并不依赖于恐怖组织或者实施恐怖活动的个人实施恐怖活动与否，而且本罪的资助行为也可以发生在恐怖活动实施之后，因此说本罪的意志因素是希望"恐怖犯罪的发生"就显得不合理了。笔者认为，只要行为人希望的是恐怖活动组织或者实施恐怖活动的个人将资助的物质帮助用于实施恐怖活动即可，而不要求希望的是恐怖活动的发生。

对于本罪中的"明知"，有学者认为，如果行为人资助的是恐怖活动组织，应要求"确知"是恐怖组织而不应仅仅是可能知道，至于恐怖组织是否正在或将要实施恐怖活动则不应强求；如果资助的是实施恐怖活动的个人，则要求明确知道该特定的个人"正在或将要实施恐怖犯罪活动"，否则属于不明知，不构成本罪。② 这一观点实质上是把本罪中"明知"的程度过度深化了，试想如果要求明确知道该特定的个人"正在或将要实施恐怖犯罪活动"，那行为人就应当已经细致地了解了实施恐怖活动的个人实施恐怖活动

---

① 史振郭、江钦辉：《资助恐怖活动罪的法源与特征分析》，载《中国刑事法杂志》2004 年第 1 期。

② 史振郭、江钦辉：《资助恐怖活动罪的法源与特征分析》，载《中国刑事法杂志》2004 年第 1 期。

的具体细节，而这样一来，行为人就成了实施恐怖活动的个人能够进行恐怖活动的启动者，行为人的资助就是对具体恐怖活动的资助，二者的犯罪故意就成为了一致的犯罪故意，二者之间实质上就已经成为了共犯关系，而不是构成本罪的问题了。所以，本罪中明知的程度只要达到资助的对象是恐怖组织或者实施恐怖活动的个人即可，如果将二者误认，也不妨碍本罪的成立。

行为人的犯罪动机可以是基于政治、社会或者宗教等方面的原因，也可以是基于同情和陷害等内心情感，这些方面都不妨碍本罪的成立。本罪的犯罪目的是想通过恐怖组织或者实施恐怖活动的个人实施恐怖活动或者其现实的存在来制造社会恐慌，危害公共安全，借以获取各种利益。

（三）资助恐怖活动罪的司法认定

1. 本罪罪与非罪的界限

本罪的成立，应当重点关注主观方面、客观方面及资助对象的法律评价方面。本罪在主观方面必须要求行为人明知资助的对象是恐怖活动组织或者实施恐怖活动的个人。如果行为人并不明知对方是恐怖活动组织或者实施恐怖活动的个人，而以为对方是落魄的流浪者而基于怜悯给予资助，就不能成立本罪。在客观方面，必须是行为人实施了资助行为，且给予的是物质性的帮助，如果承诺资助却并未实施，或者仅仅给予口头上的安慰和鼓励、舆论上的支持，并不能成立本罪。在资助对象的法律评价方面，本罪的成立必须要有恐怖活动组织或者实施恐怖活动的个人的现实存在，如果行为人资助的组织在刑法上并不能称为"恐怖活动组织或者实施恐怖活动的个人"，或者并非有此身份的对方以欺骗的手段骗取行为人的资助，不能成立本罪。另外，本罪的成立没有情节上的要求，但是并非说一切的物质资助都能成立本罪，对于那些资助很小、对恐怖活动没有什么帮助的资助行为，应当依据刑法第13条的"但书"，不认为是犯罪。

2. 本罪与相近犯罪的界限

（1）本罪与资助危害国家安全犯罪活动罪的界限。

刑法第107条规定的资助危害国家安全犯罪活动罪，是指境内外机构、组织或者个人资助境内组织或者个人实施刑法第102、103、104、105条规定之罪的行为。本罪与资助危害国家安全犯罪活动罪在表现形式上存在很多的相似之处，但也存在很多的不同。首先，二者在立法需求上不同。本罪是国际犯罪在国内法上的体现，是"舶来品"，而资助危害国家安全犯罪活动罪是统治阶级为了维护对国家的统治而对特定犯罪的资助行为进行惩治，是内在的需要。其次，资助的对象不同。本罪资助的对象是境内外的恐怖活动组织或者实施恐怖活动的个人，而资助危害国家安全犯罪活动罪资助的是境内组织或者个人。再次，被资助者实施犯罪的性质不同。本罪的被资助者实施的是严重危害公共安全的犯罪，而资助危害国家安全犯罪活动罪的被资助者实施的只能是刑法第102、103、104、105条规定的犯罪，但是二者实施犯罪的行为方式有可能发生重合。最后，犯罪后的责任承担主体不同。本罪的责任主体就是犯罪主体，即境内外的机构、组织和个人，而根据刑法第107条的规定，资助危害国家安全犯罪活动罪的责任主体只能是直接责任人，而且根据刑法第56条的规定，资助危害国家安全犯罪活动罪的责任主体"应当附加剥夺政治权利"。

（2）本罪与资敌罪的界限。

资敌罪，是指战时供给敌人武器装备、军用物资的行为。本罪与资敌罪在一些方面具有相似之处，但区别还是很明显的。第一，二者的主体不同。本罪的犯罪主体可以是自然人，也可以是单位，而资敌罪的犯罪主体只能是自然人，且只是外国人或无国籍人时不能成立本罪。第二，二者资助的对象不同。本罪的资助对象是境内外的恐怖活动组织或者实施恐怖活动的个人，而资敌罪的资助对象是战时被国家宣布为敌人的一方。第三，二者适用的时间不同。本罪适用于任何时间，而资敌罪只适用于"战时"这一特殊时期。

第四，二者资助的内容不同。本罪资助的可以是任何物质性帮助，而资敌罪资助的只能是武器装备和军用物资。

（3）本罪与组织、领导、参加恐怖组织罪的界限。

有学者认为，"尽管资助恐怖活动的行为在一定意义上具有共同犯罪中的帮助行为的特征，但由于刑事立法上明确将其规定为一种独立的犯罪，对其就不能按处理共同犯罪的原则定罪量刑"[①]，"本罪既包括特定共同犯罪中的帮助行为，又包括不成立共同犯罪的资助行为，但对于符合共同犯罪成立条件的组织、策划、实行、煽动、教唆行为，应以其他相应犯罪论处"[②]。可以看出，本罪与组织、领导、参加恐怖组织罪中的帮助行为具有密切的联系——这些学者甚至认为本罪是组织、领导、参加恐怖组织罪中的帮助行为的法律拟制而独立成罪，或者本罪包含了组织、领导、参加恐怖组织罪中的帮助行为。笔者认为，这种观点值得商榷。本罪与组织、领导、参加恐怖组织罪最大的区别在于犯罪故意的内容不同，本罪中行为人故意的意志因素是希望境内外的恐怖组织或者实施恐怖活动的个人将资助的物质用于实施恐怖活动，而非自己参与，而组织、领导、参加恐怖组织罪中行为人的意志因素是通过自身的组织、领导、参加，以实现恐怖活动。本罪中的资助行为在一定程度上的确会对组织、领导、参加恐怖组织罪中恐怖活动的实施有帮助作用，但二者之间并没有相同的犯意，因此将组织、领导、参加恐怖组织罪中的帮助行为认为是本罪的行为就是不合理的。如果本罪主体与被资助人通谋而为资助的，则应当成立共同犯罪。另外，本罪的犯罪主体是境内外的组织机构和个人，组织、领导、参加恐怖组织罪的犯罪主体只能是自然人。

---

① 芦伟、王迪生：《资助恐怖活动罪若干问题探析》，载《郑州经济管理干部学院学报》2004 年第 19 卷第 1 期。

② 张明楷著：《刑法学》，法律出版社 2011 年版，第 617 页。

3. 本罪的罪数形态问题

本罪与组织、领导、参加恐怖组织罪的共同犯罪具有密切的联系，在实践中要注意区分。如果行为人与被资助者之间存在着通谋或者是针对具体的恐怖活动进行直接资助，就不能成立本罪，而应当以组织、领导、参加恐怖组织罪的共同犯罪论处。本罪的行为方式是资助，包含提供和募集两种，如果行为人同时具有两种行为的，也只能成立本罪一罪。

4. 本罪的共犯问题

对于恐怖组织或者实施恐怖活动的个人的资助，如果有两人以上参与，各自分工协作，比如一方募集，另一方将资金提供给恐怖活动组织或者实施恐怖活动的个人，此时应当认为是可以成立共同犯罪的。但是，本罪主体与恐怖组织或者实施恐怖活动的个人之间不能成立共犯关系，否则就不能成立本罪。对于那些各自独立地向恐怖组织或者实施恐怖活动的个人提供物质资助的行为人，即使互相之间知道对方也提供了资助，也不能认为是共犯关系。

5. 本罪的停止形态问题

本罪并不以资助的恐怖组织或者实施恐怖活动的个人实施了恐怖活动为既遂，只要行为人完成了提供或者募集的行为就可以成立本罪的既遂。所以，本罪并非是结果犯。由于在理论上存在着未遂的可能性，所以要探讨处罚未遂的问题。有学者认为"本罪未遂因为资助行为没有产生危害结果而属于情节显著轻微，不应以犯罪论处"①，笔者认为这种观点不可取。为恐怖组织或者实施恐怖活动的个人提供或者募集物质帮助一旦实施，就不可能是一个小数目，尤其是在募集的方式下，法律将承诺还本付息的非法吸收公众存款的行为都认定为犯罪加以惩治，难道公开向社会为恐怖活动组织或者实施恐怖活动的个人募集资金的行为反而情节显著轻微？因

---

① 史振郭、江钦辉：《资助恐怖活动罪的法源与特征分析》，载《中国刑事法杂志》2004 年第 1 期。

此，本罪的未遂仍有处罚的必要。

（四）资助恐怖活动罪的处罚

根据修正后的刑法第 120 条之一第 1 款规定，犯本罪的，处 5 年以下有期徒刑、拘役、管制或者剥夺政治权利，并处罚金；情节严重的，处 5 年以上有期徒刑，并处罚金或者没收财产。

本条第 2 款规定，单位犯本罪的，对单位判处罚金，并对其直接负责的主管人员和其他直接责任人员，依照前款的规定处罚。

二、危险驾驶罪

（一）危险驾驶罪的概念与法源

1. 危险驾驶罪的概念

危险驾驶罪，是指在道路上驾驶机动车追逐竞驶，情节恶劣的，或者在道路上醉酒驾驶机动车尚未造成严重后果的行为。

2. 危险驾驶罪的法源

近年来，由于经济的发展，机动车保有量大幅增长，驾驶行为在日常生活中变得普遍而不可或缺，但伴随着这一趋势而来的是因为交通事故而造成的伤亡人数和经济损失的逐年上升。比如，最高人民法院于 2009 年 9 月 8 日就醉酒驾车犯罪的有关问题召开的新闻发布会表明，据统计，2009 年前 8 个月，全国共发生因饮酒驾驶导致的交通事故 3206 起，造成 1302 人死亡，其中酒后驾车导致的交通事故 2162 起，造成 893 人死亡，因醉酒驾车导致的交通事故 1044 起，造成 409 人死亡。其实，对交通肇事行为的惩治在 1979 年刑法（第 113 条）和 1997 年刑法（第 133 条）中就进行了规定，但没有对危险驾驶行为进行规制。2003 年 10 月 28 日第十届全国人大常委会第五次会议通过了道路交通安全法，其中第 91 条对饮酒后驾驶机动车的行为规定了行政处罚。2011 年 4 月 22 日第十一届全国人大常委会第二十次会议对道路交通安全法进行了修订，修正后的道路交通安全法第 91 条第 5 款规定："饮酒后或者醉酒驾驶机动车发生重大交通事故，构成犯罪的，依法追究刑事责任……"为了检验行车过程中的车辆驾驶人员酒精含量，防止酒后驾车肇事案件的发生，质检总局、国家标委会于 2004 年 5 月 31 日发布了《车辆驾驶人员血液、呼气酒精含量阈值与检验》，对实践中交警部门检查饮酒驾驶提供了具体明确的标准。由于行政处罚惩治的力度有限，加之在实践中刑法对于交通肇事的惩治并没有收到减少交通肇事行为的效果，反而由于刑法惩治的是造成了严重后果的行为，使得一部分人有恃无恐，醉驾和飙车等行为在社会上愈演愈烈，成为社会公害。2008 年的成都"孙伟铭醉驾案"和 2009 年的杭州"胡斌飙车案"在社会上引起了强烈的舆论关注和社会讨论，群众对醉驾和飙车行为深恶痛绝。2009 年 9 月 11 日最高人民法院发布了《关于印发醉酒驾车犯罪法律适用问题指导意见及相关典型案例的通知》，标志着对醉驾行为进行刑法规制的开始，引发了社会的强烈反响。2011 年 2 月 25 日第十一届全国人大常委会第十九次会议正式通过《刑法修正案（八）》，该修正案第 22 条增设了本罪，作为刑法第 133 条之一。在对修正案草案审议的过程中，有委员提出，对醉酒后驾驶机动车一律追究刑事责任涉及面可能过宽，建议增加"情节严重"等限制条件，还有委员建议进一步明确"醉酒"的概念，对此公安部、国务院法制办等部门研究后认为，醉酒驾车的标准是明确的，与酒后驾车的区分界限清晰，并且已经执行多年，实践中没有发生重大问题，另外将在道路上醉酒驾驶机动车这种具有较大社会危害性的行为规定为犯罪是必要的，如果再增加"情节严重"等限制性条件，具体实践中将难以把握，也不利于预防和惩处这类犯罪行为。① 最终通过的修正案维持了二次审议稿的规定。"此举既彰显了法律对生命的尊重，有利于打击醉驾和飙车行为，又最大限度地预防了严重交通违法犯罪的

----

① 参见全国人民代表大会法律委员会《关于〈中华人民共和国刑法修正案（八）（草案）〉审议结果的报告》（第十一届全国人大常委会第十九次会议文件（三））。

发生，其作用是显而易见的。"①

（二）危险驾驶罪的构成特征

1. 客体特征

本罪的客体为公共安全，即不特定或多数人的生命、健康或重大的财产安全。本罪作为刑法第133条之一，放在分则第二章"危害公共安全罪"这一类罪之下，是因为本罪所涵盖的危险驾驶行为在社会上具有极大的危害，若不禁止，将极有可能会对公共安全造成重大的现实危害。我国社会中的酒文化决定了本罪所包含的醉驾行为在现实生活中极为常见，而追逐竞驶行为则多是由于追求刺激、冒险、争强好胜等感官上的变态乐趣而作出的，虽然行为的原因有别，但这两类行为在生活中都极易对人们的安全造成巨大的损害，而由于危险驾驶行为致人伤亡的例子在现实生活中屡见不鲜。所以，将其放在"危害公共安全罪"这一章中，体现了危险驾驶行为的社会危害性，也体现了人们对危险驾驶行为的"零容忍"。

本罪的犯罪对象是交通运输平稳有序运行的状态。本罪所涵盖的危险驾驶行为在公共交通道路上实施，将处于良好运行状态的交通运输秩序破坏，使得车辆和行人在道路上运行处于不安全的状态，因此本罪的行为直接针对的是交通运输平稳有序运行的状态，是对这一状态的破坏和扰乱。

2. 客观特征

本罪在客观方面表现为行为人实施了在道路上驾驶机动车追逐竞驶，情节恶劣的，或者在道路上醉酒驾驶机动车的行为。

本罪的行为方式可以按照刑法条文的表述分为追逐竞驶行为和醉驾行为，前者由于要求情节恶劣，因而是情节犯，而后者是行为犯。本罪并非实害犯，本罪的成立不要求对公共安全造成现实的损害。

---

① 李永升：《〈刑法修正案（八）〉内容解析》，载赵秉志主编：《刑法论丛》（2011年第2卷），法律出版社2011年版，第86页。

所谓"追逐竞驶",一般认为是指通常所说的飙车,即两辆或者两辆以上的机动车在道路上以超过最高限速行驶,相互高速追逐、争抢车道等严重扰乱或危及正常交通秩序、交通安全或者人身、财产安全的行为。追逐竞驶行为构成危险驾驶罪必须符合以下四个条件:第一,必须存在两辆或两辆以上的机动车辆参与;第二,参与的机动车辆的行车速度必须超过了道路安全法规所规定的限速;第三,必须存在相互高速追逐、争抢车道等行为;第四,行为必须"情节恶劣"。关于如何理解本罪所谓的"情节恶劣",有学者认为"情节恶劣,其判断标准应该与未造成实害后果结合起来理解","从参与人数、案发的路段位置、超过限速的数值三个方面来把握"①。由于司法解释尚未对此进行规定,因此对于何为"情节恶劣"的理解也是见仁见智,但此处的"情节恶劣"绝非是指实害后果严重的意思,在此基础上,可以说在目前状况下只要与追逐竞驶行为有关的客观和主观情节均应在定罪时予以考虑,而不限于某一或某几方面。

所谓"醉酒驾驶机动车",即通常意义上所说的"醉驾",与"酒驾"(酒后驾车)不同,醉驾的范围更为狭窄,根据《车辆驾驶人员血液、呼气酒精含量阈值与检验》的规定,醉驾是指车辆驾驶人每100毫升血液中的酒精含量要达到80毫克或以上,而酒驾是指车辆驾驶人每100毫升血液中的酒精含量达到20毫克以上。酒驾是违反行政处罚法的行为,而醉驾是构成危险驾驶罪的犯罪行为。醉酒驾驶机动车的行为要构成危险驾驶罪必须符合以下三个条件:第一,行为人必须存在在道路上驾驶机动车的行为;第二,行为人必须处于醉酒状态,即行为人每100毫升血液中的酒精含量达到了80毫克以上;第三,行为没有造成严重的实害后果。

由于在操作上存在追逐竞驶和醉酒驾驶机动车兼容的可能性,因此在出现同一行为人有如上两种行为的情况时,由于本罪是一罪

---

① 吴华清:《危险驾驶罪的理解与适用》,载《中国检察官》2011年第4期。

名，因此仍应以一罪考虑，不过在量刑上可以予以斟酌。

3. 主体特征

本罪的主体是一般主体，即年满 16 周岁、具备刑事责任能力的自然人。单位不能成为本罪的主体。在没有取得驾驶证的行为人能否成立本罪的问题上，根据举轻以明重的精神，应当认为当然成立本罪。

也有学者认为本罪主体是特殊主体，即只有驾驶机动车的人才能成为本罪的主体。[1] 的确，本罪的行为只能是驾驶机动车的人员才能实施，但是驾驶机动车的人并不能成为刑法上的特殊身份，也即刑法规定危险驾驶行为构成犯罪，并不强调是谁在驾驶机动车，也不关注驾驶机动车的人是否取得了驾驶证，行为人驾驶机动车的行为才是刑法所要强调的，只要是实施了本罪中危险驾驶的人，都必须接受刑法的处罚。因此，本罪的主体应当是一般主体。

4. 主观特征

本罪的主观罪过一直是争议比较大的问题。刑法在本罪条文中并未明确主观罪过，一些学者认为本罪的罪过是故意[2]，而有些学者认为本罪主观上只能是过失[3]，还有一些学者认为本罪故意和过失都可以成立[4]，也有学者基于我国罪过理论框架的不足，提出了特定犯罪类型的罪责要件的观点[5]。

---

① 高铭暄、陈璐著：《〈中华人民共和国刑法修正案（八）〉解读与思考》，中国人民大学出版社 2011 年版，第 90 页。

② 参见周道鸾著：《中国刑法罪名解释》，法律出版社 2011 年版；戴有举：《危险驾驶罪初论——对〈中华人民共和国刑法修正案（八）（草案）〉第 22 条之解读》，载《中国刑事法杂志》2011 年第 1 期；李成福：《论危险驾驶罪——兼析〈刑法修正案（八）〉对危险驾驶罪规定之不足》，载《四川警察学院学报》2011 年第 23 卷第 1 期。

③ 金华捷：《〈刑法修正案（八）〉危险驾驶罪具体适用问题的研究》，载《湖南警察学院学报》2011 年第 2 期。

④ 石儒磊：《浅析危险驾驶罪的主观罪过形式》，载《法制与社会》2011 年 11 月（下）。

⑤ 参见吴华清：《危险驾驶罪的理解与适用》，载《中国检察官》2011 年第 4 期。

学者存在以上争议其实并非是针对同一对象而言的，认为本罪主观上是过失的观点针对的是行为人对结果的态度，而认为主观上是故意的观点则针对的是行为人对行为本身的认识。其实只要分清到底针对的是行为本身还是结果，本罪在主观上的争议就可以平息。"在司法实践中，行为人对自己的行为与由这种行为引起的危害结果所持的心理态度，在一般情况下是一致的。……但是，也有些场合，行为人对自己的行为与由这种行为引起的危害结果所持的心理态度并不一致。……犯罪主观方面是指行为人对其行为引起的危害结果所持的主观心理态度，不包括对危害行为所持的主观心理态度。"① 但是在对行为犯进行认定时，就会出现一个难题：行为犯的成立不要求犯罪结果的出现，只要实施了犯罪行为就可以达到既遂状态，这时应当如何认定行为人对其行为引起的危害结果所持的主观心理态度呢？笔者认为，在具体犯罪构成要件中要求犯罪结果的时候，犯罪的主观方面就应当以行为人对其行为引起的危害结果所持的主观心理态度为准，但是对于行为犯这种不要求犯罪结果的情况，只需要行为人认识到自己行为的性质就可以了。本罪中，行为人明知在道路上追逐竞驶或醉酒驾驶违反交通法律法规对公众造成了危险，却执意为之，在主观心理上应当属于故意。

本罪的主观方面是故意，即行为人明知在道路上追逐竞驶或醉酒驾驶违反交通法律法规，却执意为之。行为人的行为目的、动机如何，比如追求刺激、冒险与否，并不影响本罪的成立。

（三）危险驾驶罪的司法认定

1. 本罪罪与非罪的界限

认定是否成立本罪，关键在于客观和主观方面的特征。在客观方面，醉酒驾驶行为的认定由于有《车辆驾驶人员血液、呼气酒精含量阈值与检验》的具体量化规定和专业的酒精检测仪器，一般难度不大，也较少存在争议；但是在追逐竞驶行为的认定上，一

---

① 马克昌主编：《犯罪通论》，武汉大学出版社1999年版，第306页。

般认为是指飙车行为，对于"情节恶劣"这一情节的认定由于欠缺司法解释的进一步细化，在实践中还存在争议，但是大体上应当涵盖在追逐竞驶时所表现出的各种客观和主观情节，如果行为人仅有追逐竞驶的行为而欠缺恶劣的情节，也不能构成本罪。理论上也有学者认为应该将吸毒驾驶、无证驾驶、疲劳驾驶等行为涵盖在本罪的行为方式中，应该说这样的解释偏离了法律条文的本意。实务中即使出现吸毒驾驶等行为，也不能因为社会危害性较大而成立本罪。

在主观方面，危险驾驶行为的主观罪过是故意。如果行为人没有主观上的罪过，比如由于行为人在遭遇雪崩时急于逃离受害区域而竞相飙车，或者行为人受人胁迫而在醉酒状态下驾驶机动车辆的，应属于意外事件或者不可抗力，不能成立本罪。

特别需要注意的一点是，本罪是危害公共安全的犯罪，如果行为人的危险驾驶行为发生在封闭的路段或者人迹罕至的道路上，根本不可能危及公共安全，那也不能成立本罪。

另外，由于本罪的醉驾行为没有情节上的要求，很容易认为只要是醉驾就一律入罪。但是根据刑法第 13 条"但书"的规定，危害社会行为情节显著轻微危害不大的，不认为是犯罪，"占据刑法半壁江山的情节问题是定罪量刑过程中必不可少的因素之一，醉驾入刑自不例外。对于在没有车辆与行人的荒野道路或者封闭的道路上醉酒驾驶机动车的，或者行为人醉酒发动机动车之后突然醒悟随即停车的……因该行为'情节显著轻微危害不大'而应当自始排除于犯罪圈之外"[1]。这是从刑法总则部分在犯罪成立条件上的限制对本罪的成立与否进行的考虑，主要还是因为本罪特殊的条文规定决定的。

---

[1] 李永升、李涛：《生命的守护还是疏离——评醉驾入刑的情节》，载《西南政法大学学报》2011 年第 5 期。

2. 本罪与相近犯罪的界限

（1）本罪与交通肇事罪的界限。

交通肇事罪，按照刑法第133条的规定，是指行为人违反交通运输管理法规，因而发生重大事故，致人重伤、死亡或者使公私财产遭受重大损失的行为。本罪与交通肇事罪之间存在着诸多的相似之处。对于二者的区别，主要应当从危害后果考察。本罪是抽象危险犯，行为人的行为不能造成严重的实害结果，只要存在着造成危害的可能性即可。交通肇事罪是结果犯，刑法第133条规定，交通肇事罪需要"发生重大事故，致人重伤、死亡或者使公私财产遭受重大损失"才能成立。

本罪与交通肇事罪之间存在着衔接关系。刑法第133条之一第2款规定："有前款行为，同时构成其他犯罪的，依照处罚较重的规定定罪处罚。"本罪中的危险驾驶行为如果造成了"重大事故，致人重伤、死亡或者使公私财产遭受重大损失"这样的严重后果，那就应当以处罚较重的犯罪论处，笔者认为应当以交通肇事罪论处。一方面，行为人实施本罪行为虽然是故意的，但是对于行为可能会造成严重后果不可能是故意的——否则行为人实施本罪行为的同时自身生命就有极大的危险性，在关乎自身安全问题上不可能持故意态度；另一方面，这两个罪名的法定刑也是相衔接的，本罪的最高刑是拘役，而交通肇事罪的最低刑也是拘役。

对于有学者认为本罪如果造成了严重的后果就以交通肇事罪论处，从而出现所谓的罪过上"过失转故意"的奇怪现象，笔者认为，这是因为这些学者混淆了本罪与交通肇事罪在主观上针对不同对象的主观心理态度。本罪的主观内容是故意，是针对行为人所实施的行为而言的，而交通肇事罪在主观上是过失，是针对行为人对其行为引起的危害结果所持的主观心理态度而言的，二者不可混为一谈。

（2）本罪与以危险方法危害公共安全罪的界限。

以危险方法危害公共安全罪，依照刑法第114条的规定，是指行为人故意使用放火、爆炸、决水、投放危险物质以外的危险方法危害公共安全的行为。理论上对于本罪与以危险方法危害公共安全罪之间的关系存在着争议。本罪与以危险方法危害公共安全罪之间存在着许多的相似之处，进行区分其实并不容易。在实践中也可能存在着以飙车、酒驾方式实施以危险方法危害公共安全罪的情形。有学者就认为二者之间是衔接的关系，危险驾驶行为只要造成严重的后果就成立以危险方法危害公共安全罪。2008年的"孙伟铭醉驾案"最终就是被判处了以危险方法危害公共安全罪。而且刑法第114条规定的以危险方法危害公共安全罪也并不需要造成严重后果，只要达到具体公共危险的程度就可以成立。对此，如何区分本罪与以危险方法危害公共安全罪就显得极为棘手。有学者认为，以危险方法危害公共安全罪属于具体的危险犯，具体危险状态的出现要经过司法人员的个案判断；而本罪是抽象的危险犯，只要实施本罪行为就可以推定危险状态出现。[①] 应当说这一观点在理论上具有区分的意义。有学者认为，"尽管危险驾驶与放火、决水、爆炸以及投放危险物质等行为具有基本相同的危险性，但是危险驾驶与以危险方法危害公共安全的方式具有本质的区别：即危险驾驶行为的重点在于驾驶，虽然危险驾驶行为本身具有相当的危险性特征，但这种危险性主要体现在驾驶中的违规上，而行为人的驾驶行为本身并不存在明显的'加害性'，这与放火、决水、爆炸以及投放危险物质等行为在具有危险性的同时，又具有明显'加害性'的特征完全不同。"[②] 应该说从外在的客观表现中的"加害性"来区分以危险方法危害公共安全罪与本罪是十分恰当的。根据2009年最高人民法院《关于醉酒驾车犯罪法律适用问题的意见》，"行为人明知酒后驾车违法、醉酒驾车会危害公共安全，却无视法律醉酒驾车，特别是在肇事后继续驾车冲撞，造成重大伤亡，说明行为人主

---

① 叶良芳：《危险驾驶罪的立法证成和规范构造》，载《法学》2011年第2期。
② 刘宪权：《处理高危驾车肇事案件的应然标准》，载《法学》2009年第9期。

观上对持续发生的危害结果持放任态度，具有危害公共安全的故意。对此类醉酒驾车造成重大伤亡的，应依法以以危险方法危害公共安全罪定罪。""根据刑法第一百一十五条第一款的规定，醉酒驾车，放任危害结果发生，造成重大伤亡事故，构成以危险方法危害公共安全罪的，应处以十年以上有期徒刑、无期徒刑或者死刑。具体决定对被告人的刑罚时，要综合考虑此类犯罪的性质、被告人的犯罪情节、危害后果及其主观恶性、人身危险性。一般情况下，醉酒驾车构成本罪的，行为人在主观上并不希望、也不追求危害结果的发生，属于间接故意犯罪，行为的主观恶性与以制造事端为目的而恶意驾车撞人并造成重大伤亡后果的直接故意犯罪有所不同，因此，在决定刑罚时，也应当有所区别。此外，醉酒状态下驾车，行为人的辨认和控制能力实际有所减弱，量刑时也应酌情考虑。"虽然这一规定发布在本罪出台之前，但是对于区分本罪与以危险方法危害公共安全罪仍具有非常重要的借鉴意义。

另外，应当说本罪与以危险方法危害公共安全罪并不存在罪名衔接关系。如果行为人对产生的致人重伤、死亡或者使公私财产遭受重大损失在主观上具有故意的罪过，那就应当直接认定为以危险方法危害公共安全罪，即使没有造成实害，只要存在具体危险，就可以成立——即使以飙车或者醉驾的方式实施的，也没有本罪成立的余地。而且在法定刑上，二者之间也不存在衔接关系，本罪的法定刑只有拘役，而以危险方法危害公共安全罪的法定最低刑是 3 年有期徒刑。

3. 本罪的罪数形态问题

本罪的客观方面表现为追逐竞驶并且情节恶劣的行为和醉酒驾驶行为两类，但是行为人如果同时实施上述两类行为时也只能认定为一罪，而不能数罪并罚。根据刑法第 133 条之一第 2 款的规定："有前款行为，同时构成其他犯罪的，依照处罚较重的规定定罪处罚。"因此，当行为人实施本罪时，又同时构成其他更严重的犯罪，只能依照其他更严重的犯罪论处，而不能认定本罪和他罪数罪并罚。这一款的规定实质上是把本罪作为了其他更严重犯罪的吸收罪名来看待，由于本罪是唯一一个仅有拘役一种主刑的罪名，所以多数情况下，只要同时出现其他犯罪行为，本罪就无法适用，而只能被吸收，这种情形"构成吸收犯"①。

如果行为人客观上实施了危险驾驶的行为，但是其主观上是为了报复社会，危害公共安全，则行为人的主观罪过就是故意，那危险驾驶行为也就只是行为人以危险方法危害公共安全的方式，对于这种情况下的危险驾驶行为，只能认定为是以危险方法危害公共安全罪，而不能认定为本罪，也不能适用于本罪第2款的规定——因为"有前款行为，同时构成其他犯罪的，依照处罚较重的规定定罪处罚"，前提就已经隐含了本罪必须要成立，而如果行为人以危险驾驶行为为手段实现其加害社会的目的，本罪是不能成立的。

4. 本罪的共犯问题

本罪的共犯问题是一个值得深究的问题。根据最高人民法院发布的《关于审理交通肇事刑事案件具体应用法律若干问题的解释》第5条第2款的规定，交通肇事后，单位主管人员、机动车辆所有人、承包人或者乘车人指使肇事人逃逸，致使被害人因得不到救助而死亡的，以交通肇事罪的共犯论处。这一解释的规定在学界具有很大的争议，因为理论上一般认为交通肇事罪是过失犯罪，而过失犯罪是不存在共犯问题的。在本罪中，对于那些机动车辆的所有人、承包人或者乘车人指使行为人实施危险驾驶行为的，是否应当作为共同犯罪论处的问题上，因为本罪是故意犯罪，就可以避免这一困境。因为指使者的行为属于教唆的性质，而教唆犯罪中必须有行为人接受教唆产生犯意的过程，因此本罪中作为被教唆者的机动车驾驶人必须是在没有危险驾驶的犯意下被教唆而实施了危险驾驶

---

① 李永升：《〈刑法修正案（八）〉内容解析》，载赵秉志主编：《刑法论丛》（2011年第2卷），法律出版社2011年版，第86页。

行为，此时教唆者和作为被教唆者的驾驶人之间是可以成立共犯关系的。

但是应当明确的是，醉酒驾驶是一个静态的过程，在这个过程中成立共犯的可能性极小，因为行为人喝酒的行为不属于刑法的处罚范围，行为人喝酒也属于自由意志支配的行为，所以即使那些劝说行为人饮酒到醉酒状态又将其送到机动车上任其驾车的人（即社会上常见的酒桌上一同饮酒的劝酒者），也不能作为醉驾行为的共犯论处。而追逐竞驶行为是一种动态的过程，在这一过程中必须要有两辆以上的机动车参与，既可以是一辆机动车故意追逐其他正常行驶的车辆，也可以是两辆及两辆以上的机动车互相追逐竞驶。对于两辆以上的机动车互相追逐竞驶的情形，这些驾驶人也均认识到自己行为的性质，这些人之间是否成立共犯呢？毫无疑问，这些人明确地认识到了自己的行为，对于造成追逐竞驶的状态互相之间也进行了配合，因此各驾驶人具有犯意上的联络，也互相配合完成了追逐竞驶的行为，各行为人应当成立本罪的共犯。

5. 本罪的停止形态问题

虽然本罪是故意犯罪，但本罪中的醉酒驾驶行为是行为犯，行为一经实施就已经既遂；追逐竞驶行为是情节犯，而这些情节又是伴随在行为实施过程之中的，不存在行为实施完毕而情节不具备的情况，所以本罪没有停止形态，只有成立与否的问题。

（四）危险驾驶罪的处罚

根据修正后的刑法第133条之一第1款的规定，犯本罪的，处拘役，并处罚金。本罪是刑法中唯一没有有期徒刑而只适用拘役这一种主刑的罪名，所以本罪的最高主刑是6个月的拘役。这是刑法中处刑相对较轻的罪名，这与本罪的犯罪后果相对较轻有关。

刑法第133条之一第2款规定，有前款行为，同时构成其他犯罪的，依照处罚较重的规定定罪处罚。如果本罪行为同时触犯其他更严重犯罪的，应当依照其他罪定罪处刑，而不再依照本罪处刑。

三、强令违章冒险作业罪

（一）强令违章冒险作业罪的概念与法源

1. 强令违章冒险作业罪的概念

强令违章冒险作业罪，是指强令他人违章冒险作业，因而发生重大伤亡事故或者造成其他严重后果的行为。

2. 强令违章冒险作业罪的法源

1979 年刑法将强令违章冒险作业的行为作为重大责任事故罪的情形之一，1986 年 6 月 21 日最高人民法院和最高人民检察院发布的《关于刑法第 114 条规定的犯罪主体适用范围的通知》、1987 年 7 月 10 日最高人民检察院发布的《关于无证开采的小煤矿矿主是否构成重大责任事故犯罪主体的请示的复函》、1988 年 3 月 16 日最高人民检察院发布的《关于无照施工经营者能否构成重大责任事故罪主体的批复》以及 1989 年 4 月 3 日最高人民检察院发布的《关于在押犯能否构成重大责任事故罪主体的批复》对重大责任事故罪进行了完善，基于这些司法解释的完善，1997 年刑法第 134 条基本上保留了 1979 年刑法第 114 条的原貌。这主要是因为改革开放之初，社会主义市场经济尚不健全，重大责任事故罪发生的范围和方式有限，但是随着经济的进一步发展，市场经营主体多元化，一些个体开矿、无证开矿的矿主，建筑工地的包工头只顾自己的利益和高额利润，不顾矿工和农民工的生命安危，强令冒险作业，导致矿难、恶性安全事故不断发生，造成了巨大的人员伤亡，给国家和社会造成了难以估量的损失，而这些事故却无法在刑法中进行规制，社会大众的呼声强烈。基于此，2006 年 6 月 29 日第十届全国人大常委会第二十二次会议通过了《刑法修正案（六）》，其中第 1 条对刑法第 134 条进行了修正，将强令他人违章冒险作业的行为独立出来，成为第 134 条第 2 款。2007 年 10 月 25 日最高人民法院、最高人民检察院发布的《关于执行〈中华人民共和国刑法〉确定罪名的补充规定（三）》中将本罪定名为"强令违章冒险作业罪"。2007 年 3 月 1 日施行的最高人民法院、最高人民检察院《关于办理危害矿山生产安全刑事案件具体应用法律若干问题的解释》（法释［2007］5 号）对本罪和刑法第 134 条第 1 款规定的重大责任事故罪作出了司法解释。

《刑法修正案（六）》出台之后，许多学者虽然意识到本罪与刑法第 134 条第 1 款规定的重大责任事故罪之间存在着诸多的区别，但在罪名上还是将二者统一命名为重大责任事故罪①。本罪与第 134 条第 1 款的内容显然存在着巨大的差异，一方面是犯罪主体扩大，另一方面是客观行为方式的不同。另外，刑法在同一条中对同一罪名的处刑一般是规定同样的刑罚或者在加重犯的情况下，接着基本刑处以更高的刑罚，而本罪的量刑与第 134 条第 1 款完全不相同，也完全是不接续的独立规定，显然表明本罪是与重大责任事故罪不同的一个独立罪名。基于此，《关于执行〈中华人民共和国刑法〉确定罪名的补充规定（三）》将本罪独立出来，定名为"强令违章冒险作业罪"。

（二）强令违章冒险作业罪的构成特征

1. 客体特征

本罪的客体是生产、作业的安全。本罪作为刑法第 134 条第 2 款，处于刑法分则第二章"危害公共安全罪"这一类罪之下，但是由于本罪的发生只能是处于生产、作业过程中，是对安全生产、作业秩序的扰乱和破坏，因此本罪侵犯的客体是生产、作业的安全。对于有学者认为的"本罪的直接客体应为复杂客体，一是生产、作业中的公共安全，即生产、作业中不特定多数人的生命、健康和重大公私财产的安全；二是被强令者的劳动安全权，即被强令者在劳动过程中的生命、健康权利，这种权利不是公共安全所能包

---

① 参见胡康生、郎胜主编：《中华人民共和国刑法释义》，法律出版社 2006 年版，第 137 页；王海涛主编：《刑法修正案（六）罪名图解与案例参考》，中国法制出版社 2006 年版，第 1 页等。

容的"①，笔者认为是不恰当的。"被强令者的劳动安全权"说到底是劳动法上的权利，生产、作业中的所有人的劳动安全权得到了保障，才能出现安全生产、作业的局面，因此生产、作业的安全之中已经内含了"被强令者的劳动安全权"这一部分内容，可见突出复杂客体并无必要。

本罪的犯罪对象是"他人"和"作业"。"他人"是指除了行为人以外，进入到生产、作业过程之中的人，不一定是"工人"。由于本罪的主体对"他人"存在"强令"的行为，可以由此推知"他人"必定与本罪主体之间存在着从属关系，这种从属不一定是职务上的，比如单位中的师徒关系，师傅与学徒虽然没有职务上的上下级之分，但是实际上二者之间存在着一定的从属关系。所以，这里的"他人"并非是随意选定的，其存在要依本罪主体来定，可能是单位的普通员工，也可以是单位里进入到生产第一线的单位主要负责人——关键看本罪主体是否能对其发出"强令"，甚至对于路过的行人，如果本罪主体与其存在着某种关系，能够强令其进入到生产、作业过程中，也可以成为本罪的对象。"作业"是指以营利为目的的生产活动，包括公司、企业等法律认可的单位的作业，也包括非法单位进行的作业；包括本单位正式员工的作业，也包括非正式员工的作业；包括具有操作资质人员的作业，也包括无操作资质人员的作业；包括单位正常上班时间的作业，也包括加班时间的作业。

2. 客观特征

本罪在客观方面表现为强令他人违章冒险作业，因而造成了重大责任事故。一般认为"本条所说的'强令他人违章冒险作业'，主要是指生产、施工、作业等工作的管理人员，明知自己的决定违反安全生产、作业的规章制度，可能会发生事故，却心存侥幸，自

---

① 周铭川：《强令违章冒险作业罪初探》，载《刑法实践热点问题探索》（中国刑法学年会文集）2008 年度下卷，中国人民公安大学出版社 2008 年版。

认为不会出事，而强行命令他人违章作业的行为。'强令'不能机械地理解为必须有说话态度强硬或者大声命令等外在表现，强令者也不一定必须在生产、作业现场，而应当理解为'强令'者发出的信息内容所产生的影响，达到了使工人不得不违心继续生产、作业的心理强制程度"。① 强令，按照词义应该是指强行命令，应该是限于口头上的言词威胁或者要求，至于是否可以是当场使用暴力达成命令，有学者认为"既可以是以语言相威胁，也可以是当场实施暴力"②，对此笔者持否定态度。强令的词义决定了其与强迫本质的区别在于是否实施了身体上的暴力，如果发生当场实施暴力的"强令"，那反而是应当成立处罚更重的故意伤害罪。所以，笔者认为本罪的"强令"仅限于口头上的要求或威胁，如果同时伴随有身体上的推搡等非暴力的动作，也不影响"强令"的成立。同时应当注意，"强令"决定了如不遵循会遭受损害，而不是遵循之后会受益，即应注意与利诱的区别。比如，有的强令的发出者在发出命令时并没有说必须完成任务，而是以将来职位提升的机会相引诱，这种情况下就不能认为是强令。但如果行为人以扣工资、取消发放奖金或考核资格、解雇等相要挟，使强令的接受者产生了恐惧，不得不进行违章冒险作业，这种情况下就应当认为是强令。

本罪中另外需要注意的一个问题即"违章"的"章"究竟是哪些内容。笔者认为对这里的"章"应当进行广泛的理解，不仅包括与安全生产有关的法律法规、部门规章、行政命令、行政指示等，还应当包括本单位制定的安全操作规程、本行业的行为惯例等。对于是否应当包含那些除正规法律文件外的惯例，学者们还有争议，但是根据1986年最高人民检察院《就〈中华人民共和国刑法〉第114条的有关规定答中国法制报记者问》的解释："那些虽

---

① 黄太云：《〈刑法修正案（六）〉的理解与适用（上）》，载《人民检察》2006年第14期。

② 康敏：《强令违章冒险作业罪探析》，载《总裁》2009年第9期。

无明文规定，但却反映了生产、科研、设计、施工中安全操作的客观规律与要求，长期为群众所公认的行之有效的正确的操作习惯与惯例"也可以是这里的"章"的内容，笔者认为，虽然这一解释针对的是 1979 年刑法的内容，但是现在也不失为一种合理的解释。所以，这里的"章"应当包含三个种类：第一种是国家法定机关颁布的有关安全生产的各种规范性文件；第二种是生产、科研单位以及上级管理机关制定的保障安全生产的各种规章制度；第三种是在生产、作业、施工、科研等专门性工作中反映了安全操作的客观规律与要求，长期为群众所公认的行之有效的但尚未成文的正确的操作习惯与惯例。

"冒险"是指对人的生命和身体的危险，是本罪中对"违章"的程度限制，只有达到了"冒险"的程度才可能构成本罪，如果行为人发布的命令虽然可以称为"强令"，也没有遵循相关的安全规程，但是并没有达到冒险的程度，本行业或者社会一般人并不认为会产生严重的后果，造成严重后果的，有可能成为意外事件或者行政法上的违法行为，而不成立本罪。

本罪客观方面之所以实施强令他人违章冒险作业的行为，实践中一般是负有生产、作业指挥和管理职责的人员，为了获取巨额的利润或者其他利益，明知存在安全隐患或者采取违反安全生产的规章制度，在生产、作业人员拒绝的情况下或者直接利用职权或者以其他强制手段强令他人违章冒险作业，因而发生了重大伤亡事故或者造成了其他严重后果。根据最高人民法院、最高人民检察院《关于办理危害矿山生产安全刑事案件具体应用法律若干问题的解释》第 4 条第 1 款的规定，本罪中"重大伤亡事故或者其他严重后果"是指：（1）造成死亡一人以上，或者重伤三人以上的；（2）造成直接经济损失一百万元以上的；（3）造成其他严重后果的情形。

本罪中存在着情节加重犯。"情节特别恶劣"，根据最高人民法院、最高人民检察院《关于办理危害矿山生产安全刑事案件具体应用法律若干问题的解释》第 4 条第 2 款的规定，是指：（1）造成死亡三人以上，或者重伤十人以上的；（2）造成直接经济损失三百万元以上的；（3）其他特别恶劣的情节。

3. 主体特征

刑法并未明确本罪的主体，因此对于本罪主体的理解就存在着争议。有学者认为本罪主体是特殊主体[1]，有的认为是一般主体[2]。但奇怪的是，虽然观点不同，但对本罪主体认定的范围大体一致。根据最高人民法院、最高人民检察院《关于办理危害矿山生产安全刑事案件具体应用法律若干问题的解释》第 2 条的规定，本罪主体应当包括对矿山生产、作业负有组织、指挥或者管理职责的负责人、管理人员、实际控制人、投资人等人员。争议的关键在于"对矿山生产、作业负有组织、指挥或者管理职责"的理解上，这一职责能否成为刑法上的特殊身份呢？笔者认为，从修正刑法第134 条的初衷来看，是为了将以前刑法无法涵盖的主体包括进来，从而使得诸多的恶性安全事故为刑法所规制，而从本罪的对象来看，"他人"是最大化的犯罪对象，而之所以将对象扩大化，就是为了不至于限制本罪的犯罪主体——强令的发出者。所以，笔者认为本罪是一般主体。基于此，就不应将那些直接从事生产、作业的人员排除在外，因此所谓的"对矿山生产、作业负有组织、指挥或者管理职责"是一种刑法上非真正的身份犯的规定。本罪中应当注意的是，本罪的主体不能是被强令实施违章冒险作业的人，虽然其并未丧失意志自由，但学者们一般基于大陆法系的期待可能性理论认为其不是本罪的主体。被强令实施违章冒险作业的人是本罪的受害人。

---

① 冯汝义编著：《办理刑事案件流程及罪名适用》，中国检察出版社 2010 年版，第 690 页。

② 阮齐林著：《刑法学》，中国政法大学出版社 2008 年版，第 416 页。

4. 主观特征

一般认为本罪的主观罪过是过失[①]，但应该是过于自信的过失。对于有学者认为本罪也可以是疏忽大意的过失[②]，笔者认为基于本罪的行为方式是强令他人违章冒险作业，行为主体在强令并且要求他人违章作业的情况下，不可能没有意识到自己的行为会发生严重的后果，所以本罪的主观罪过只能是过于自信的过失，而不可能存在疏忽大意的过失的可能性。对于还有一些学者认为本罪的主观罪过是故意的观点，笔者认为这种观点是站不住脚的。行为人明知强令他人违章冒险作业的行为会造成严重的社会结果，并且希望或者放任其发生，在这种情况下，无论从行为方式角度还是量刑的角度来看，认定故意杀人罪或者故意伤害罪都应该更合理。本罪不是目的犯，本罪行为人的动机、目的如何并不影响本罪的构成。

（三）强令违章冒险作业罪的司法认定

1. 本罪罪与非罪的界限

本罪罪与非罪的区别关键在于客观方面的表现。首先，本罪必须存在强令的行为。如果仅仅是一般的劝说、引诱，是不能构成强令的，但是如果超出言词上的限度，实施了针对身体上的暴力行为，也不能认为是本罪的强令行为，从而不能构成本罪。其次，本罪必须存在违反安全生产相关规章制度等方面的行为，如果行为人违反的不是安全生产方面的制度，而是其他人事、金融等方面的制度，就不能构成本罪。再次，本罪是结果犯，要求发生了重大伤亡事故或者造成了其他严重后果。如果虽然存在强令违章冒险作业的行为，但是由于没有发生严重后果，或者后果达不到追诉标准，就可能只是一般的责任事故。如果严重后果是由于不能预见、不能抗

---

① 参见张明楷著：《刑法学》，法律出版社 2011 年版，第 640 页；周光权著：《刑法各论》，中国人民大学出版社 2011 年版，第 169 页。

② 王海涛主编：《刑法修正案（六）罪名图解与案例参考》，中国法制出版社 2006 年版，第 3 页。

拒的因素造成的，就应当成立意外事件或者不可抗力，而不能成立本罪。最后，需要注意的是本罪必须发生在特定的情境中，即生产、作业中。如果行为人的行为发生在其他的情境中，就不能成立本罪，这是本罪与其他领域过失犯罪相区别的重要标志。

2. 本罪与相近犯罪的界限

（1）本罪与重大责任事故罪的界限。

重大责任事故罪，是指刑法第134条第1款规定的，在生产、作业中违反有关安全管理的规定，因而发生重大伤亡事故或者造成其他严重后果的行为。由于本罪是从重大责任事故罪中分离出去的，二者之间必定存在着千丝万缕的联系。本罪在本质上仍然属于重大责任事故罪的一种，但之所以将本罪分离出来的依据就在于二者之间也存在着一定的界限。首先，二者在行为方式上存在着不同。本罪要求必须存在强令的行为，而重大责任事故罪没有这一要求。其次，主观罪过不同。本罪的主观罪过是过失，而且只能是过于自信的过失，而重大责任事故罪的主观罪过包含过于自信和疏忽大意的过失两种。最后，对于违反有关安全管理的规定的态度不同。本罪要求行为人必须知道违反安全规章和制度，而重大责任事故罪既可能是明知故犯，也可以是无意中违反。其实由这些区别可以看出，本罪与重大责任事故罪之间是特殊法与一般法的关系。

（2）本罪与重大劳动安全事故罪的界限。

重大劳动安全事故罪，是指刑法第135条规定的行为人负责的安全生产设施或者安全生产条件不符合国家的规定，因而发生重大伤亡事故或者造成其他严重后果的行为。本罪与重大劳动安全事故罪都发生在生产过程之中，都要求严重危害后果的出现，在外在形式上存在相似之处，但二者也存在显著的差异。第一，二者的主体不同。本罪的主体是一般主体，而重大劳动安全事故罪的主体是特殊主体，即对安全生产设施或者安全生产条件负有责任的主管人员和其他直接责任人员。第二，行为方式不同。本罪的行为方式表现为作为，而重大劳动安全事故罪的行为方式表现为不作为。第三，主观罪过不同，本罪的罪过只能是过于自信的过失，而重大劳动安全事故罪的主观罪过既可以是过失，也可以是间接故意，是"复合罪过"①。

（3）本罪与滥用职权罪的界限。

刑法第 397 条规定了国家机关工作人员滥用职权，致使公共财产、国家和人民利益遭受重大损失的行为，即滥用职权罪。一般来说，本罪与滥用职权罪之间不存在什么相似之处，但是在实施本罪行为的主体是国家机关工作人员时，二者之间就会发生竞合关系。此时应当如何处理就成为一个问题。本罪是生产、经营领域的特殊罪名，而滥用职权罪是特殊主体的特殊罪名，二者很难说谁是特殊法。但是，基于我国法律对公务员的处罚重于一般主体的立法精神来看，应当适用重罪，即本罪，而且将国家机关工作人员纳入本罪主体也不与本罪主体是一般主体的结论相冲突。

（4）本罪与强迫劳动罪的界限。

强迫劳动罪，是指以暴力、威胁或者限制人身自由的方法强迫他人劳动的行为或者明知他人实施强迫劳动行为而为其招募、运送人员或者其他协助强迫他人劳动的行为。本罪与强迫劳动罪在强行命令他人生产、作业方面存在相似之处，但是二者的界限很明确。第一，二者的主观罪过不同。本罪是过失犯罪，而强迫劳动罪是故意犯罪。第二，行为方式不同。本罪不能表现为针对身体的暴力，而强迫劳动罪可以实施暴力行为。第三，二者侵犯的客体不同。本罪侵犯的是生产、作业的安全，而强迫劳动罪侵犯的是公民的人身、民主权利。

3. 本罪的罪数形态问题

本罪与责任事故类犯罪在一定程度上存在着竞合关系，在实践中必须特别注意。本罪与重大责任事故罪是特殊法与一般法的关

---

① 参见王作富主编：《刑法分则实务研究》，中国方正出版社 2001 年版，第 185 页。

系，与其他责任事故类犯罪是平等关系，当发生竞合时应当从一重罪论处，而不能数罪并罚。

（四）强令违章冒险作业罪的处罚

根据修正后的刑法第134条第2款规定，犯本罪的，处5年以下有期徒刑或者拘役；情节特别恶劣的，处5年以上有期徒刑。

四、大型群众性活动重大安全事故罪

（一）大型群众性活动重大安全事故罪的概念与法源

1. 大型群众性活动重大安全事故罪的概念

大型群众性活动重大安全事故罪，是指举办大型群众性活动违反安全管理规定，因而发生重大伤亡事故或者造成其他严重后果的行为。

2. 大型群众性活动重大安全事故罪的法源

近年来，随着国家经济的发展和人民生活水平的提高，各类群众性文化娱乐活动逐渐得到发展和普及，尤其是在节假日期间举办的灯会、花会、庙会、展会、体育比赛等民间传统活动和文艺活动日益增多，一方面对丰富群众生活、满足人民对文化的需求作出了很大的贡献，但另一方面也造成了一些安全隐患和安全事故。一些大型活动的组织者违背国家有关部门规定的"谁主办，谁负责"的原则，只顾自己从活动中谋取利益，将广大人民群众的活动安全置之脑后。有的未经批准擅自举办；有的不制定大型活动安全保卫工作方案、活动场地的消防措施、紧急情况下的人员疏散措施和应急预案，致使在大型群众性活动中现场秩序严重混乱，以致发生人员挤压、踩踏等恶性伤亡事故，对人民群众的生命和财产安全造成重大损失，社会危害极大。2004年2月5日，北京市密云县迎春灯展彩虹桥挤压事故造成了37人死亡、15人受伤的严重后果，直接促成了《刑法修正案（六）》将本罪入刑。

在本罪出台之前，1979年刑法和1997年刑法均未对本罪行为进行特别规制，一般只是对相关人员以玩忽职守罪追究刑事责任，但对于主办方，如果不符合玩忽职守罪的主体资格，则不能进行刑事追诉。1999 年 1 月公安部颁布了《群众性文化体育活动治安管理办法》，其中规定了对人数众多的大型群众性文化体育活动实行行政许可制度，并对大型群众性活动的安全保卫工作方案进行了要求。由于监管上的不力，这一文件不能有效地遏制大型群众性活动重大安全事故的发生。基于一些严重的大型群众性活动重大安全事故的接连出现，2006 年 6 月 29 日，第十届全国人大常委会第二十二次会议通过了《刑法修正案（六）》，其中第 3 条决定在刑法第 135 条之后增设本罪，作为第 135 条之一。在罪名确定过程中，有人提出可以删掉"群众性"字样，但基于"大型"和"群众性"反映出了本罪的基本特征，应当在罪名中予以体现。[1] 所以，2007 年 11 月 6 日施行的最高人民法院、最高人民检察院《关于执行〈中华人民共和国刑法〉确定罪名的补充规定（三）》将本罪定名为"大型群众性活动重大安全事故罪"。2008 年 6 月 25 日发布的最高人民检察院、公安部《关于公安机关管辖的刑事案件立案追诉标准的规定（一）》中对本罪的追诉标准作出了规定。

（二）大型群众性活动重大安全事故罪的构成特征

1. 客体特征

本罪的犯罪客体是公众活动场所的公共安全，即公园、娱乐场、运动场、展览馆、俱乐部、公共道路、居民生活区或者其他供社会公众活动的场所中不特定或者多数人的生命、健康或重大公私财产安全。由于大型群众性活动一般都举办于公共场合，现场的不特定或多数人的生命、健康或重大公私财产安全就属于公共安全的一部分。

本罪的犯罪对象是群众。这里的"群众"是一种开放性的概念，它表示本罪对象外延的不可预知性，可以是主办方邀请的人，

---

[1]　最高人民法院刑事审判第一庭编：《现行刑事法律司法解释及其理解与适用》，人民出版社 2010 年版，第 256 页。

也可以是主办方没有邀请但处于活动现场的人；可以是主办方之外的人，也可以是主办方内部的工作人员，但不能是主办者，也不能是对活动的安全保卫工作负有直接责任的人员。

2. 客观特征

本罪在客观方面表现为举办大型群众性活动违反安全管理规定，因而发生重大伤亡事故或者造成其他严重后果的行为。

所谓"大型"，是指组织者举办群众性活动的人数和规模。根据公安部颁布的《群众性文化体育活动治安管理办法》规定，群众性文化体育活动的参加人数在 200 人以上 3000 人以下的，由县级公安机关许可；人数在 3000 人以上的，由地（市）级公安机关许可；跨地区的群众性文化体育活动，由共同的上一级公安机关许可。基于此，这里的"大型"一般是指参加人数达到 200 人以上的规模。

所谓"群众性活动"，是指主办方为了达到一定的目的，邀请或者吸引社会上的人员加入到活动的现场，使人数在一定时间内达到密集状态的活动。这里的"群众性活动"并非强调活动本身，而是强调本罪中的犯罪对象是群众。

所谓"违反安全管理规定"，是指应当按照有关安全管理的规章制度履行安全保卫工作，并且能够履行，却没有履行。这里的"安全管理规定"主要是指对大型群众性活动的安全保卫工作作出具体规定的各种规范性文件，主要包括：1993 年 6 月 30 日公安部、建设部发布的《关于加强公园、风景区游览安全管理的通知》，1999 年公安部颁布的《群众性文化体育活动治安管理办法》，2002 年 9 月 25 日建设部发布的《关于加强建筑系统安全生产工作的紧急通知》，《中华人民共和国消防法》、《中华人民共和国道路交通安全法》以及《中华人民共和国内河交通安全管理条例》等，分别对大型群众性活动的安全保卫工作的方案和责任、公园内大型群众性活动的安全保卫管理和游人数量、大型群众性活动的消防安全措施、水上大型群众性活动的安全管理工作作出了要求。此外，还可能包含一些对大型群众性活动的安全管理进行规范的地方性立法、政府规章制度、命令等。也有学者认为"不仅仅包括举办大型群众性活动应当具备的各种安全防范设施，还包括举办大型群众性活动涉及的人员管理的各种安全规定"。① "安全管理规定" 只能是规范性的，而不能是非正式的惯例。

本罪的行为方式是不作为。作为义务主要来源于上述对大型群众性活动的安全保卫工作作出具体规定的各种规范性文件。本罪的作为义务主要表现为：大型群众性活动的主办者、举办者、负责安全保卫工作的主管人员和直接责任人员应当向公安、消防、交通等主管部门申请，并接受安全检查；制定保卫工作方案和应急疏散预案；保证公共场所的安全措施和安全保卫人员符合标准；控制参与人数不能超出场地的容量。本罪的主体应当具有履行作为义务的可能性，如果事故的发生是出于意外事件和不可抗力，就不能认为成立本罪。行为人未履行作为义务的行为即本罪的客观行为。主要包含两种情形：第一种是本罪行为人没有履行作为义务，主要表现为未向主管机关申请就擅自举办大型群众性活动；参与人数超出公共场所场地可容纳人员的容量；举办活动的公共场所的基础设施存在安全隐患；未制定相应的安全保卫预案和应急疏散措施。第二种是虽然针对存在的问题进行了预防，但该预防行为不足以对犯罪后果的发生产生实质性的影响。②

本罪是结果犯，要求"发生重大伤亡事故或者造成其他严重后果"。所谓"重大伤亡事故或者其他严重后果"，根据 2008 年 6 月 25 日发布的最高人民检察院、公安部《关于公安机关管辖的刑事案件立案追诉标准的规定（一）》（公通字［2008］36 号）第 11 条的规定，是指：（1）造成死亡 1 人以上，或者重伤 3 人以上

---

① 郎胜主编：《走向完善的刑法》，中国民主法制出版社 2006 年版，第 39 页。

② 王海涛主编：《刑法修正案（六）罪名图解与案例参考》，中国法制出版社 2006 年版，第 26～27 页。

的；（2）造成直接经济损失 50 万元以上的；（3）其他造成严重后果的情形。本罪还有情节加重犯的规定，"情节特别恶劣的"，是指：（1）造成死亡 3 人以上，或者重伤 10 人以上的；（2）造成直接经济损失 300 万元以上的；（3）其他特别恶劣的情节。

3. 主体特征

有学者认为本罪的主体是特殊主体，即举办大型群众性活动的直接负责的主管人员和其他直接责任人员。① 所谓"直接负责的主管人员"，是指大型群众性活动的策划者、组织者、举办者。所谓"其他直接责任人员"，是指对大型群众性活动的安全举行、紧急情况处置预案负有直接执行职责的人员。笔者认为对本罪主体的理解不能等同于责任对象。本罪中承担责任的是举办大型群众性活动的直接负责的主管人员和其他直接责任人员，但是这并非是本罪主体的构成，而是刑法认为其承担责任的依据——具有对本罪结果承担责任的义务。所以，应当说本罪的主体是年满 16 周岁、具有刑事责任能力的自然人，是一般主体。单位不能成为本罪的主体。

在现实生活中也存在着国家机关主办的大型群众性活动发生严重后果的现象，在对于国家机关中具有国家工作人员身份并且同时是大型群众性活动直接负责的主管人员和其他直接责任人员能否构成本罪的问题上，由于在行为方式上与玩忽职守罪存在着竞合的现象，相当于行为人由于其国家机关工作人员的身份，只有一个不作为，却触犯了两个罪名，出现了想象竞合的情形。虽然二者法定刑相同，但刑法第 397 条明确规定"本法另有规定的，依照规定"，所以应当以本罪论处，即具有国家机关工作人员身份的人也能以本罪论处，也能成为本罪的主体。

---

① 参见冯汝义编著：《办理刑事案件流程及罪名适用》，中国检察出版社 2010 年版，第 699 页；王海涛主编：《刑法修正案（六）罪名图解与案例参考》，中国法制出版社 2006 年版，第 27 页。

4. 主观特征

本罪在主观方面是过失，包括疏忽大意的过失和过于自信的过失，即行为人应当预见到自己的不作为会发生重大伤亡事故或者造成其他严重后果，因为疏忽大意没有预见到或者已经预见到，但由于自信不会发生，或者只采取了一些没有实质作用的预防措施，轻信可以预防重大伤亡事故或者其他严重后果的出现。需要注意的是，行为人可能是无意中违反安全管理规定，也可以是明知故犯，但并不影响本罪的成立。本罪并非目的犯，行为人的动机和目的如何并不影响本罪的成立。

（三）大型群众性活动重大安全事故罪的司法认定

1. 本罪罪与非罪的界限

本罪的成立与否应当重点关注本罪客观方面的特征。首先，行为人应当具有违反安全管理规定的情形存在。如果没有违反，或者违反的并非是安全管理方面的规定，就不能成立本罪。其次，行为人组织的群众性活动必须达到了"大型"的程度。一般认为参加人数必须在200人以上才能叫做"大型"，如果规模很小，即使造成了严重后果，也不能成立本罪。再次，必须发生重大伤亡事故或者造成其他严重后果才能成立本罪。如果发生的结果达不到最高人民检察院、公安部《关于公安机关管辖的刑事案件立案追诉标准的规定（一）》对本罪规定的严重程度，只能认为是一般的群众性活动安全事故，不能成立本罪，属于行政违法的，可以给予行政处罚或行政处分。最后，应当特别注意，如果严重的危害结果是由于行为人不能预见的原因或者意外事件引起的，比如有人故意在活动中扔炸弹，造成无辜群众大量死伤，只能认为是不可抗力或意外事件，行为人不成立本罪。

2. 本罪与相近犯罪的界限

（1）本罪与重大责任事故罪的界限。

重大责任事故罪，依照刑法第134条第1款的规定，是指在生产、作业中违反有关安全管理的规定，因而发生重大伤亡事故或者造成其他严重后果的行为。本罪与重大责任事故罪在犯罪结果上表述极为相似，但二者之间存在着明显的差异。第一，发生的领域不同。本罪发生在大型群众性活动过程中，而重大责任事故罪发生在生产、作业过程中。第二，侵犯的客体不同。本罪侵犯的是公众活动场所的公共安全，而重大责任事故罪侵犯的是生产、作业安全。第三，责任承担主体不同。本罪的责任承担主体是举办大型群众性活动的直接负责的主管人员和其他直接责任人员，而重大责任事故罪的责任主体是生产、作业过程中违反有关安全管理规定的人，也可以只有一般员工，没有主管人员。第四，客观行为方式不同。本罪的行为方式是不作为，而重大责任事故罪在客观上表现为违章生产、作业，一般只能通过作为方式实施。

（2）本罪与消防责任事故罪的界限。

消防责任事故罪，根据刑法第139条的规定，是指行为人违反消防管理法规，经消防监督机构通知采取改正措施而拒绝执行，造成严重后果的行为。本罪与消防责任事故罪在危害后果方面存在相似之处，并且在本罪是由消防方面的安全隐患所引起的情况下，与消防责任事故罪更为相似。在由消防安全隐患造成大型群众性活动重大安全事故，并且经过了消防监督机构通知采取改正措施而拒绝执行的情况下，本罪与消防责任事故罪就存在着法条竞合关系，笔者认为，因为本罪能够涵盖所有的行为，所以应当适用整体法优于部分法的原则，适用本罪。二者之间的区别也很明显。首先，二者都属于不作为犯罪，但作为的义务来源不同。本罪的义务来源是对大型群众性活动的安全保卫工作作出具体规定的各种规范性文件，而消防责任事故罪的作为义务来源是相关消防管理法规的规定。其次，客观表现不同。本罪可以是经消防监督机构通知改正而拒绝，也可以是同意但未实施，还可以是根本就没有消防监督机构的通知，而消防责任事故罪必须是经消防监督机构通知改正而拒绝改正。最后，主观上存在不同。本罪在主观上可以是过于自信的过失，也可以是疏忽大意的过失，而消防责任事故罪经过了消防监督机构通知，所以在主观上不可能是疏忽大意的过失。

（3）本罪与玩忽职守罪的界限。

玩忽职守罪，根据刑法第 397 条的规定，是指国家机关工作人员严重不负责任，不履行或者不正确履行自己的工作职责，致使公共财产、国家和人民利益遭受重大损失的行为。本罪与玩忽职守罪存在诸多的不同之处，但更应当注意的是二者之间的联系。当本罪的组织者或者举办者是国家机关，而直接主管人员或者责任人员是国家机关工作人员时，此时就存在着想象竞合的关系，由于二者法定刑相同，而玩忽职守罪又有"本法另有规定的，依照规定"的表述，所以应当成立本罪。但是玩忽职守罪有特别的规定，"国家机关工作人员徇私舞弊"玩忽职守的，法定刑较本罪为重，所以如果国家机关工作人员实施本罪行为，有徇私舞弊情形，应当以玩忽职守罪论处。

3. 本罪的罪数形态问题

本罪发生以后，如果负有报告职责的人员不报或者谎报事故情况，贻误事故抢救，情节严重的，可以构成刑法第 139 条之一的不报、谎报安全事故罪。如果本罪主体是负有报告职责的人员，采取了不报或者谎报的行为，那就可能再次构成不报、谎报安全事故罪，应当对其数罪并罚。

4. 本罪的共犯问题

本罪虽然是过失犯罪，但是本罪的责任承担主体很可能不只是一个人，而包括主管人员和其他直接责任人员等二人以上，这些人的共同行为促成了本罪重大伤亡事故或者其他严重后果的出现，但由于二者之间不存在共同的犯意联络，是共同过失行为，不成立共同犯罪。但如果直接责任人员向主管人员对违反安全管理规定的行为提出了异议，而主管人员并未采纳，以致危害结果发生的，应当只有主管人员承担刑事责任。如果公安、消防等负有监督义务的部门没有履行相应的职责，造成重大伤亡事故或者其他严重后果的，应当追究公安、消防机关相关人员的玩忽职守罪。

（四）大型群众性活动重大安全事故罪的处罚

根据修正后的刑法第135条之一的规定，犯本罪的，对直接负责的主管人员和其他直接责任人员，处3年以下有期徒刑或者拘役；情节特别恶劣的，处3年以上7年以下有期徒刑。

五、不报、谎报安全事故罪

（一）不报、谎报安全事故罪的概念与法源

1. 不报、谎报安全事故罪的概念

不报、谎报安全事故罪，是指行为人在安全事故发生后，负有报告职责的人员不报或者谎报事故情况，贻误事故抢救，情节严重的行为。

2. 不报、谎报安全事故罪的法源

伴随着改革开放和经济的发展，各类安全事故频繁发生，我国对劳动生产安全事故、大型群众性活动安全事故进行了严肃的处理。但实践中仍存在着一些单位的负责人员在安全事故发生后不但不及时报告，立即组织救援，反而擅离职守甚至逃匿，还有一些负责人员封锁消息，弄虚作假，与被害人家属"私了"，结果贻误抢救时机，造成危害结果进一步扩大，给国家和人民的利益造成了更大的损失。1979年刑法和1997年刑法对这一行为均未进行规范，因而造成对此进行追究的困难。然而，由于同一时期矿难等安全事故接连发生，而不报、谎报的情况又极为突出，对此一大批关于安全事故报告的法律和条例接连制定实施，2000年11月7日国务院颁布了《煤矿安全监察条例》，对煤矿安全事故的报告作出了行政规定；2001年4月21日通过并施行的国务院《关于特大安全事故行政责任追究的规定》对特大安全事故不报、谎报的行政责任进行了规范；2002年11月1日起施行的《中华人民共和国安全生产法》对生产经营单位主要负责人的不报、谎报或者拖延不报的行为规定了"构成犯罪的，依照刑法有关规定追究刑事责任"；2006年1月8日国务院颁布的《国家突发公共事件总体应急预案》规定对迟报、谎报、瞒报和漏报突发公共事件重要情况的有关责任人员构成犯罪的，依法追究刑事责任；2006年11月22日由监察部和国家安全生产监督管理总局制定的《安全生产领域违法违纪行为政纪处分暂行规定》公布实施；国务院于2006年1月22日颁布了《国家安全事故灾难应急预案》，对事故灾难监控与信息报告、责任追究等进行了规定；《生产安全事故报告和调查处理条例》于2007年6月1日起施行等。由于行政处分的严厉性不足以与不报、谎报安全事故造成的危害后果相适应，而相关法律法规要求的"构成犯罪的，依照刑法有关规定追究刑事责任"在刑法中并没有相关罪名，因而人们要求以刑法规制这一行为的要求强烈。2006年6月29日，第十届全国人大常委会第二十二次会议通过了《刑法修正案（六）》，其中第4条决定在第139条之后增设本罪，作为第139条之一。在罪名确定过程中，对于本罪中的"不报、谎报"，曾有人提出是否可以用"隐瞒"一词代替，但"隐瞒"的释义是"掩盖真相，不让人知道"，如果从"隐瞒安全事故罪"的罪名来看，尚不能反映"谎报"的含义。① 所以，2007年11月6日施行的最高人民法院、最高人民检察院《关于执行〈中华人民共和国刑法〉确定罪名的补充规定（三）》将本罪定名为"不报、谎报安全事故罪"。2007年3月1日施行的最高人民法院、最高人民检察院《关于办理危害矿山生产安全刑事案件具体应用法律若干问题的解释》对本罪进行了司法解释。

（二）不报、谎报安全事故罪的构成特征

1. 客体特征

本罪的客体是国家的安全监督管理制度。本罪是刑法分则第二章"危害公共安全罪"之下的具体罪名，因此本罪侵犯的客体就应当是公共安全，即不特定或者多数人的生命、健康或重大公私财

---

① 最高人民法院刑事审判第一庭编：《现行刑事法律司法解释及其理解与适用》，人民出版社2010年版，第257页。

产的安全。但由于本罪是发生在安全事故发生之后，致使国家对安全事故的监管和救援不能得到落实，从而造成国家的安全监管制度的落空。所以，本罪侵犯的直接客体是国家的安全监督管理制度。

本罪的犯罪对象是安全事故的情况。安全事故的情况，是指与安全事故发生和发展有关的情况，包括安全事故发生的时间、地点、规模、影响范围、伤亡情况、危害结果可能扩大的情况等方面。根据国务院 2007 年 6 月 1 日发布并于同日施行的《生产安全事故报告和调查处理条例》第 12 条的规定，安全事故情况具体包括：事故发生单位概况；事故发生的时间、地点以及事故现场情况；事故的简要经过；事故已经造成或者可能造成的伤亡人数（包括下落不明的人数）和初步估计的直接经济损失；已经采取的措施；其他应当报告的情况。要注意本罪的犯罪对象是安全事故情况，而非安全事故本身，因为国家的安全监督管理制度要求的是对安全事故发生的相关情况的知悉，借以展开进一步的救援，以减少损害，为以后的预防工作提供对策。

2. 客观特征

本罪在客观方面表现为负有报告职责的人员在安全事故发生后，不报或者谎报事故情况，贻误事故抢救，情节严重的行为。理解本罪的客观方面需要弄清以下几个方面的问题：

"安全事故发生后"是本罪的前提条件，如果没有安全事故发生，却谎报发生的，不能成立本罪。所谓"安全事故"，"根据相关法律、法规，包括火灾事故，交通安全事故，建筑质量安全事故，民用爆炸物品和化学危险品安全事故，煤矿和其他矿山安全事故，锅炉、压力容器、压力管道和特种设备安全事故以及其他安全事故"①。有学者认为，"安全事故"不仅限于生产经营单位发生的安全生产事故、大型群众性活动中发生的重大伤亡事故，还包括刑

---

① 王海涛主编：《刑法修正案（六）罪名图解与案例参考》，中国法制出版社 2006 年版，第 38 页。

法分则第二章规定的所有与安全事故有关的犯罪，但刑法第133条、第138条除外，因为这两条已经将不报告作为构成犯罪的条件之一。① 对于这种理解，学者们一般都持赞同意见。但是应当注意的是，本罪中并没有要求"特大"或者"重大"的安全事故才能成立本罪，而只是规定"安全事故"，对于那些虽然没有发生重大危害结果的安全事故，但由于行为人的不报、谎报等行为，导致不严重的危害结果成为严重的安全事故的情况，笔者认为也可以依照本罪论处——本罪的成立并不一定以出现责任事故类犯罪为前提，而只需要有安全事故发生即可，不论是由于人为原因导致的责任事故，还是由于自然力引发的自然事故或者现有技术条件局限而导致的技术事故，也不仅限于刑法分则第二章规定的安全事故，还可以包括食品安全、环境污染事故等。但是还应当注意，并非对所有的安全事故都应当上报，对于那些轻微的安全事故，比如机器将工人的手指割伤，就无须上报，因此就不能包括在这里所说的"安全事故"中，"安全事故"必须是按照相关法律、法规应该上报的事故，即必须有责任主体要对发生的安全事故履行上报的义务。

"不报或者谎报事故情况"是本罪的行为方式，因而本罪是不作为犯罪。本罪中作为的义务来源在于相关法律、法规对安全事故要求上报的规定，但不能是非规范性的文件或者惯例。由于作为义务的存在，所以也决定了本罪的主体不可能是知道事故发生的所有人。另外，本罪中行为人必须有履行上报义务的可能性。如果基于事故发生的严重情况，负有上报义务的本罪主体已经处于意识模糊状态或者在当时的条件下无法与外界联络，因而不能上报的，就不能追究义务主体的责任。行为人采取了未能如实报告的行为，即包括本罪中规定的"不报"和"谎报"两种方式。

所谓"不报"，是指行为人在事故发生后还有抢救机会之前，

---

① 黄太云：《〈刑法修正案（六）〉的理解与适用（上）》，载《人民检察》2006年第14期。

没有向有关部门及时报告，或者一开始就将发生的安全事故隐瞒消息、隐匿不报以致贻误事故抢救的情况。"不报"也包括行为人一开始隐瞒了事故真实情况，被发现后不得已才报告的行为。但是如果负有报告义务的行为人已经决定不予上报，但是其他人进行了报告的，也就不能成立"不报"。

所谓"谎报"，是指行为人在事故发生后，虽然向有关部门履行了报告的义务，但没有如实报告已经发生的安全事故的情况，造成贻误事故抢救的行为。一般而言，谎报应当是将发生的安全事故的严重性进行了忽略或者扭曲——即包括不全面或者不真实两种情况，从而不能真实地为救援提供帮助，比如少报伤亡人数，忽略事故的波及范围，避重就轻等。如果当时处于现场混乱的状态，行为人短时间内无法得出准确的信息就向有关部门进行了汇报，结果由于信息有误而救援不及时导致严重结果发生的，由于主观上没有预见可能性，就不能认为是"谎报"，而可能成立不可抗力。

"贻误事故抢救，情节严重"是本罪的结果要素，"是指安全事故发生后，由于不报或者谎报，耽误了抢救的最佳时机，使一些本可以抢救出来的人员未能救出，或者造成财产损失进一步扩大等情形"①。在对于"贻误"的究竟是"抢救的最佳时机"②还是有效抢救的时机③的问题上，笔者认为，一般而言，事故的抢救都是越早越好，所谓"最佳时机"和"有效时机"，并无本质上的差别，最终仍然要以"情节严重"所要求的严重情节的出现为准。"贻误事故抢救"，只要延误时机，干扰了救灾、抢险工作的及时、有效进行就可以。"贻误事故抢救"表明了本罪存在的时间条件，

---

① 黄太云：《〈刑法修正案（六）〉的理解与适用（上）》，载《人民检察》2006年第 14 期。

② 参见刘艳红：《〈中华人民共和国刑法修正案（六）〉之解读》，载《法商研究》2006 年第 6 期。

③ 刘志伟：《不报、谎报安全事故罪若干问题研讨》，载李洁、张军主编：《和谐社会的刑法现实问题》，中国人民公安大学出版社 2007 年版，第 1390 页。

即安全事故发生后，存在对事故进行抢救的可能性之前。如果安全事故一发生就造成了已成定局的结果，或者虽然结果尚未完全出现，但已经没有进行救援的可能性，即使没有报告或者进行了谎报，也不能以本罪论处。所谓"情节严重"，依照最高人民法院、最高人民检察院《关于办理危害矿山生产安全刑事案件具体应用法律若干问题的解释》第6条第1款的规定，是指："（一）导致事故后果扩大，增加死亡一人以上，或者增加重伤三人以上，或者增加直接经济损失一百万元以上的；（二）实施下列行为之一，致使不能及时有效开展事故抢救的：1. 决定不报、谎报事故情况或者指使、串通有关人员不报、谎报事故情况的；2. 在事故抢救期间擅离职守或者逃匿的；3. 伪造、破坏事故现场，或者转移、藏匿、毁灭遇难人员尸体，或者转移、藏匿受伤人员的；4. 毁灭、伪造、藏匿与事故有关的图纸、记录、计算机数据等资料以及其他证据的；（三）其他严重的情节。"如果本罪中没有这些严重情节的存在，即使发生安全事故后，存在救援时机而不报或者谎报的，也不能成立本罪。

本罪还存在着情节加重犯的情形。"情节特别严重"，依照最高人民法院、最高人民检察院《关于办理危害矿山生产安全刑事案件具体应用法律若干问题的解释》第6条第2款的规定，是指："（一）导致事故后果扩大，增加死亡三人以上，或者增加重伤十人以上，或者增加直接经济损失三百万元以上的；（二）采用暴力、胁迫、命令等方式阻止他人报告事故情况导致事故后果扩大的；（三）其他特别严重的情节。"

3. 主体特征

本罪主体是对安全事故"负有报告职责的人员"。本罪在条文中并未对主体作出特别的限定，但是并不是说本罪主体就是一般主体。在研究修正案的过程中，曾经有人提出，重大责任事故发生后，事故单位的普通工人也应当属于"负有报告职责的人员"，也可以成为本罪主体。安全生产法规定，生产经营单位发生生产安全事故后，事故现场有关人员应当立即报告本单位负责人。《生产安全事故报告和调查处理条例》第9条也规定了类似的内容。由此可以得出结论，普通工人也可以成为本罪的主体。但是学界一般认为，事故现场的一般工人的报告义务与对生产具有组织、监督、管理职责的人员相比，还是有很大区别的。现场生产、作业的一般工人由于只是负责生产，不具有报告义务，而对生产具有组织、监督、管理职责的人员在职责上具有报告的义务，因此现场生产、作业的一般工人的报告义务只是一种"普通公民道义上的报告义务"，如果不报告，"不应受到法律的追究，只会受到道义谴责"，而对于生产具有组织、监督、管理职责的监督检查人员的"不报告行为就是一种违背职责的渎职行为，情节严重的，应当依法追究刑事责任"，因而现场一般工人不能成为本罪主体，而"大多是安全事故的受害者"。① 并且在安全生产法关于法律责任一章的规定中也没有把一般工人作为责任主体加以规定，由此也可以得到证明。依照最高人民法院、最高人民检察院《关于办理危害矿山生产安全刑事案件具体应用法律若干问题的解释》第5条的规定，这里的"负有报告职责的人员"，是指矿山生产经营单位的负责人、实际控制人、负责生产经营管理的投资人以及其他负有报告职责的人员。

由于本罪是不作为犯罪，本罪主体存在着作为的义务，而这些义务又只能来源于规范性法律文件的规定，因此决定了本罪主体不可能是一般主体，而只能是特殊主体。

在国家机关工作人员能否成为本罪主体的问题上，有学者认为负有报告职责的国家机关工作人员应当成立玩忽职守罪②，即本罪

---

① 参见黄太云著：《刑法修正案解读全编》，人民法院出版社2011年版，第176~177页。

② 参见赵英武编著：《刑法直查——刑法条文与相关法规"三元分解、五栏贯通"全解》，法律出版社2011年版，第137页。

主体不能由国家机关工作人员构成。笔者认为由于二者在这种情况下存在着竞合的关系，而两个罪名的法定刑又相同，基于刑法第397条对玩忽职守罪有"本法另有规定的，依照规定"的表述，对行为人应当以本罪论处，即国家机关工作人员也可以成为本罪的主体，只要其是"负有报告职责的人员"即可。另外，安全生产法第92条中明确规定了"有关地方人民政府、负有安全生产监督管理职责的部门，对生产安全事故隐匿不报、谎报或者拖延不报的，对直接负责的主管人员和其他直接责任人员依法给予行政处分；构成犯罪的，依照刑法有关规定追究刑事责任。"虽然这一规定的制定早于本罪，但是在本罪制定后，根据整体法优于部分法的原则，对于这一行为的处理就应当依照本罪进行，所以其中的"直接负责的主管人员和其他直接责任人员"，即国家机关工作人员，也可以成为本罪的主体。

4. 主观特征

对于本罪的主观罪过，在理论界还存在着争议。有学者基于行为人对本罪所要求的严重情节不存在故意而认定本罪是过失犯罪[1]，也有学者认为本罪在主观上是兼具故意和过失的复合型罪过[2]，还有学者认为本罪是故意犯罪[3]。但是值得注意的是，学者在这类犯罪中指向的主观罪过的对象是不同的，具体在本罪中，认为本罪是过失犯的是针对行为人对危害结果的发生而言的，而认为本罪是故意犯的是针对行为人违反报告义务，不报、谎报的行为而言的。由于指向的对象不同，导致虽然得出了不同的结论，但是并不能以此认为二者有分歧，关键在于论述的立足点不同。

笔者认为，本罪的主观方面是过失。但是这里的过失是指行为

---

[1]　参见冯汝义编著：《办理刑事案件流程及罪名适用》，中国检察出版社2010年版，第710页。

[2]　参见王海涛主编：《刑法修正案（六）罪名图解与案例参考》，中国法制出版社2006年版，第41页。

[3]　参见阮齐林著：《刑法学》，中国政法大学出版社2008年版，第421页。

人已经预见到自己的行为可能会导致安全事故的结果恶化，但是为了逃避处罚或者将功折罪，采取了相应的救援措施，自信能将事故的情况控制住、不使之进一步恶化或者认为事故的结果已成定局、没有抢救的必要了，但事实上造成了结果的更加恶化。如果行为人对严重结果的发生存在放任或者希望发生的态度，就应成立故意杀人罪或者以危险方法危害公共安全罪。从本罪的法定刑幅度来看，基本刑是"3 年以下有期徒刑或者拘役"，情节加重犯是"3 年以上 7 年以下有期徒刑"，本罪的最高刑只有 7 年，如果本罪是故意犯罪，则明显罪刑不相适应。

本罪中行为人对自己不报、谎报的行为肯定是有清醒的认识的，主观上可能是出于逃避处罚、将功折罪等目的而不报或谎报，但不影响本罪的成立。

（三）不报、谎报安全事故罪的司法认定

1. 本罪罪与非罪的界限

认定本罪的成立，应严格把握本罪构成的基本特征。首先，本罪行为人的不报和谎报行为必须有贻误事故抢救的条件存在，否则事故发生时，危害结果同时发生完毕，即使存在不报或者谎报，没有了危害结果扩大的可能性，也就不能成立本罪。其次，本罪是情节犯，如果达不到本罪所要求的"情节严重"，也就不能成立本罪。再次，如果已经有他人将安全事故情况报告了相关国家机构，即使行为人没有报告或者决定不报告的，也不能成立本罪。但如果没有他人报告的情况下，行为人一开始就隐瞒了事故真实情况，被发现后不得已才报告的，应当成立本罪。最后，在本罪主体上，如果行为人没有报告的义务，如一般的工人、过路人等，即使不报告也不能成立本罪。

2. 本罪与相近犯罪的界限

（1）本罪与玩忽职守罪的界限。

玩忽职守罪，依照刑法第 397 条的规定，是指国家机关工作人员严重不负责任，不履行或者不正确履行自己的工作职责，致使公共财产、国家和人民利益遭受重大损失的行为。在本罪中，如果不报、谎报行为是由国家机关工作人员作出的，既符合了本罪的犯罪构成，又符合了玩忽职守罪的犯罪构成，行为人的行为此时就出现了想象竞合，那究竟应当以何罪论处就值得探讨。基于上述关于本罪主体的讨论，笔者认为，应当以本罪论处。

（2）本罪与编造、故意传播虚假恐怖信息罪的界限。

编造、故意传播虚假恐怖信息罪，依照刑法第 291 条之一的规定，是指编造爆炸威胁、生化威胁、放射威胁等恐怖信息，或者明知是编造的恐怖信息而故意传播，严重扰乱社会秩序的行为。本罪的谎报行为与编造、故意传播虚假恐怖信息罪在一定程度上存在相似之处，但二者的界限也很明确。首先，二者的行为不同。本罪中的谎报行为一般是指将发生的安全事故的严重性予以限缩，虽然也可能存在编造的行为，但采取的是"大事化小"的做法；而编造、故意传播虚假恐怖信息罪是编造或者传播编造的恐怖信息，是"无中生有"的做法。其次，二者的主体不同。本罪主体是负有报告义务的人员，而编造、故意传播虚假恐怖信息罪的主体是一般主体。最后，二者发生的时机不同。本罪只能发生在安全事故发生后存在救援的可能性之前这样一段时间内，而编造、故意传播虚假恐怖信息罪可以发生在任何时间，没有前提的限制。

3. 本罪的罪数形态问题

本罪与其他安全责任事故类犯罪之间的关系是一个值得研究的问题。其他安全责任事故类犯罪主要有：重大责任事故罪、强令违章冒险作业罪、重大劳动安全事故罪、大型群众性活动重大安全事故罪、危险物品肇事罪、工程重大安全事故罪、教育设施重大安全事故罪、消防责任事故罪等。如果其他安全责任事故类犯罪的行为人在成立相应犯罪之后，又实施了本罪的行为，此时应当如何处理就值得关注。有学者认为同一行为人构成安全责任事故类犯罪之后，对公共安全法益的侵害仍处于持续状态，不报、谎报的行为并未侵犯新的法益，应属于事后不可罚的行为，对事后的不报、谎报行为不能再单独进行评价。① 笔者认为，由于本罪的成立前提是安全责任事故的存在，注定了本罪不可能作为其他安全责任事故类犯罪的事后不可罚行为被吸收，否则本罪的成立范围就极其有限，使得刑法新增本罪的意义大打折扣，从立法成本来看也是不经济的做法。

4. 本罪的共犯问题

根据最高人民法院、最高人民检察院《关于办理危害矿山生产安全刑事案件具体应用法律若干问题的解释》第 7 条规定，在矿山生产安全事故发生后，实施本解释第 6 条规定的相关行为，帮助负有报告职责的人员不报或者谎报事故情况，贻误事故抢救的，对组织者或者积极参加者，以本罪的共犯论处。本罪是过失犯罪，按刑法理论通说，过失犯罪不存在共同犯罪，那这一规定就显得令人费解。不过按照 2000 年 11 月 21 施行的最高人民法院《关于审理交通肇事刑事案件具体应用法律若干问题的解释》第 5 条第 2 款规定，交通肇事后，单位主管人员、机动车辆所有人、承包人或者乘车人指使肇事人逃逸，致使被害人因得不到救助而死亡的，以交通肇事罪的共犯论处。众所周知，交通肇事罪是过失犯罪，但是这一司法解释也规定了交通肇事罪的共犯，对此笔者认为可以将本罪的这一司法解释与交通肇事罪的这一解释共同作为例外规定，但由于刑法中不认可共同过失犯罪，所以在实践中仍应当各自追究行为人的刑事责任。

（四）不报、谎报安全事故罪的处罚

根据修正后的刑法第 139 条之一的规定，犯本罪的，处 3 年以下有期徒刑或者拘役；情节特别严重的，处 3 年以上 7 年以下有期徒刑。

---

① 参见王海涛主编：《刑法修正案（六）罪名图解与案例参考》，中国法制出版社 2006 年版，第 46 页。

六、隐匿、故意销毁会计凭证、会计账簿、财务会计报告罪

（一）隐匿、故意销毁会计凭证、会计账簿、财务会计报告罪的概念与法源

1. 隐匿、故意销毁会计凭证、会计账簿、财务会计报告罪的概念

隐匿、故意销毁会计凭证、会计账簿、财务会计报告罪，是指行为人隐匿或者故意销毁依法应当保存的会计凭证、会计账簿、财务会计报告，情节严重的行为。

2. 隐匿、故意销毁会计凭证、会计账簿、财务会计报告罪的法源

随着改革开放和社会主义市场经济的发展，经济类犯罪在实践中增长迅猛，一些犯罪分子为了掩盖其贪污、职务侵占、走私、偷税、骗取出口退税等犯罪，就经常采取隐匿、故意销毁会计凭证、会计账簿、财务会计报告等方式，以毁灭罪证、逃避法律制裁，社会上的会计类犯罪逐渐呈现涉案面广、危害大、审查难的特点。我国1979年刑法和1997年刑法均未对隐匿、故意销毁会计凭证、会计账簿、财务会计报告的犯罪行为进行规制，当时主要考虑到隐匿、故意销毁会计凭证、会计账簿、财务会计报告不是犯罪目的，一般只是行为人实施了犯罪后掩盖犯罪事实、毁灭证据的行为，或者进行某种犯罪的手段。由此造成了现实的法律漏洞，亟须修补。1999年10月31日，第九届全国人大常委会第十二次会议修正通过了会计法，并于2000年7月1日施行。新修正的会计法第44条第1款规定："隐匿或者故意销毁依法应当保存的会计凭证、会计账簿、财务会计报告，构成犯罪的，依法追究刑事责任。"第45条规定："授意、指使、强令会计机构、会计人员及其他人员伪造、变造会计凭证、会计账簿，编制虚假财务会计报告或者隐匿、故意销毁依法应当保存的会计凭证、会计账簿、财务会计报告，构

成犯罪的，依法追究刑事责任……"为了将新修正的会计法的这部分内容落到实处，1999 年 12 月 25 日，第九届全国人大常委会第十三次会议通过的《刑法修正案》第 1 条增加了本罪，作为第162 条之一。最高人民检察院、公安部于 2001 年 4 月 18 日印发的《关于经济犯罪案件的追诉标准的规定》第 7 条和 2010 年 5 月 7 日发布的《关于公安机关管辖的刑事案件立案追诉标准的规定（二）》第 8 条规定了本罪的追诉标准。2002 年 3 月 26 日最高人民法院、最高人民检察院发布的《关于执行〈中华人民共和国刑法〉确定罪名的补充规定》（法释［2002］7 号）中将本罪定名为"隐匿、故意销毁会计凭证、会计账簿、财务会计报告罪"。2002 年 7月全国人大常务委员会法制工作委员会答复审计署的函询中明确指出：任何单位和个人隐匿、销毁会计资料，情节严重的均构成犯罪，由公安机关立案侦查。从而对本罪的主体进行了明确。

（二）隐匿、故意销毁会计凭证、会计账簿、财务会计报告罪的构成特征

1. 客体特征

本罪作为刑法第 162 条之一，处于刑法分则第三章第三节"妨害对公司、企业的管理秩序罪"之下，所以有学者认为本罪侵犯的客体是公司、企业的管理秩序①或公司、企业的财会管理制度②，但是这一观点随后并没有被学者们认同，他们从不同的角度对之进行了范围的扩大化。这些观点归结起来大致有以下几种类型：有学者认为本罪的客体是"整个国家的财会管理制度"③；有学者认为本罪的"直接客体除了国家社会的经济社会秩序，以及

---

① 参见王秀梅、杜澎：《论隐匿、销毁财会凭证罪》，载《中国刑事法杂志》2000年第 4 期；江礼华主编：《刑法新增罪的司法认定》，中国检察出版社 2003 年版，第 156页。

② 阮齐林著：《刑法学》，中国政法大学出版社 2008 年版，第 455 页。

③ 竹怀军、邢冰：《论隐匿、故意销毁会计凭证、会计账簿、财务会计报告罪》，载《韶关学院学报》2006 年第 27 卷第 5 期。

企业、事业单位的会计管理制度，还有国家规范会计管理法律制度、国家档案管理制度，部分情况下还可能涉及少数股东及债权人的权益，故本罪的客体是复杂客体"①；有学者认为本罪的"直接客体是国家的会计核算制度"②；还有学者认为本罪的客体是"国家的会计管理法律制度及社会正常经济秩序"③。这些观点大都突破了公司、企业的管理秩序这一范围，而扩展到财会管理制度甚至社会经济秩序的范围，这样的扩展在一定程度上克服了公司、企业的管理秩序这一观点的狭隘性，但是又过于扩大了其范围，是不合理的。有学者认为不应"将本罪的客体界定为会计制度，是因为会计制度包括会计监督制度、会计信息制度、会计机构和会计人员以及会计工作管理制度。而隐匿、销毁会计凭证、会计账簿、财务会计报告的行为只会侵犯会计监督制度和会计信息制度，而不会侵犯其他制度"④，笔者认为这种观点既没有过度限缩本罪的客体，又没有过于扩展，是一种合理的观点。因此，笔者赞同本罪的客体是国家的会计监督制度和会计信息制度。

本罪的犯罪对象是依法应当保存的会计凭证、会计账簿、财务会计报告。会计凭证，是指会计核算中用以记录经济业务，明确经济责任并作为记账依据的书面证明，包括原始凭证与记账凭证。填制和审核会计凭证可以及时提供会计信息，监督、控制会计活动，为记账提供依据。会计账簿，是指由一定格式、相互联系的账页所组成，用来序时地、分类地记录和反映有关经济业务的会计簿籍，

① 朱玲：《浅析隐匿、故意销毁会计凭证、会计账簿、财务会计报告罪》，载《科海故事博览·科教创新》2009 年第 9 期。

② 罗朝辉：《论隐匿、故意销毁会计凭证、会计账簿、财务会计报告罪》，载《湖南大学学报》（社会科学版）2002 年第 16 卷第 1 期。

③ 张敬峰、王新超：《隐匿、故意销毁会计凭证、会计账簿、财务会计报告罪探析》，载《山东行政学院山东省经济管理干部学院学报》2003 年第 3 期。

④ 齐文远、刘代华：《关于中华人民共和国刑法修正案第一条的研讨》，载《法商研究》2001 年第 2 期。

会记账簿是全面、连续、系统地记录并反映会计要素变动和经营过程及其结果的重要工具，是编制会计报表的依据，包括序时账簿、分类账簿和备查账簿，会计账簿必须真实、全面。财务会计报告，是指依法向国家有关部门提供或者向社会披露企业财务状况、经营状况及其他相关信息，并予以分析说明的书面报告，包括正规格式的会计报表和无正规格式的财务情况说明书等，由会计报表、会计报表附注和财务情况说明书组成。会计凭证、会计账簿、财务会计报告都是记录反映企业财务状况的重要资料。

2. 客观特征

本罪在客观方面表现为行为人实施了隐匿或者故意销毁依法应当保存的会计凭证、会计账簿、财务会计报告，情节严重的行为。

所谓"隐匿"，是指针对行政、审计、税务、人民银行、证券监管、保险监管等单位的依法检查监督，应当交出会计凭证、会计账簿、财务会计报告却故意予以隐藏、转移，使其不被发现或拒不交出的行为。实务中可能存在相关人员在监管时谎称会计凭证、会计账簿、财务会计报告被盗、遗失等情况，也属于此处隐匿的行为方式。

所谓"销毁"，是指采用各种方式使依法应予以保存的会计凭证、会计账簿、财务会计报告失去其内容的完整性、真实性的行为。实务中可能存在着烧毁、粉碎、水浸、涂改、撕页、抹黑、粘贴等各种行为方式，与隐匿只是针对会计凭证、会计账簿、财务会计报告的载体本身不同，销毁也可以针对会计凭证、会计账簿、财务会计报告所记载的内容。只要达到使人无法分辨会计凭证、会计账簿、财务会计报告所反映内容的真实性就可以认为已经构成了销毁。这里所说的"销毁"只能是在故意支配下实施的，针对实践中存在的过失将会计凭证、会计账簿、财务会计报告销毁的行为，不能成立本罪。另外，本罪的行为是选择关系，只要实施了隐匿或者故意销毁任一行为即可。

所谓"情节严重"，依照最高人民检察院、公安部于2010年5

月 7 日发布的《关于公安机关管辖的刑事案件立案追诉标准的规定（二）》第 8 条的规定，是指以下情形："（一）隐匿、故意销毁的会计凭证、会计账簿、财务会计报告涉及金额在五十万元以上的；（二）依法应当向司法机关、行政机关、有关主管部门等提供而隐匿、故意销毁或者拒不交出会计凭证、会计账簿、财务会计报告的；（三）其他情节严重的情形。"

3. 主体特征

本罪主体是一般主体，既包括年满 16 周岁、具备刑事责任能力的自然人，也包括单位。这里的单位不仅包括公司、企业，也包括依照会计法应当设立会计事务的国家机关、社会团体、事业单位等组织和个人。

本条对犯罪主体未作特别规定。虽然本罪处于妨害对公司、企业的管理秩序罪之下，但并不意味着只有公司、企业才能构成本罪主体。2002 年 7 月全国人大常务委员会法制工作委员会答复审计署的函询中明确指出：任何单位和个人在办理会计事务时对依法应当保存的会计凭证、会计账簿、财务会计报告进行隐匿、故意销毁，情节严重构成犯罪的，应当依法追究其刑事责任。由此也可以得到证明。

4. 主观特征

本罪在主观上是故意。从条文的表述来看，似乎只有销毁行为才是出于故意，而隐匿行为并不要求故意，但实际上实施隐匿不可能是出于过失，一切的隐匿行为都是有目的的。之所以法律要特别强调销毁须出于故意，是因为现实生活中存在着过失将会计凭证、会计账簿、财务会计报告销毁的行为，由于不具有严重的社会危害性，因而这种行为是不能用刑法加以处罚的。对于有学者认为的本罪犯罪主观方面"必须是出于直接故意"[1]，笔者认为这种说法太

---

[1] 罗朝辉：《论隐匿、故意销毁会计凭证、会计账簿、财务会计报告罪》，载《湖南大学学报（社会科学版）》2002 年第 16 卷第 1 期。

过于绝对，本罪责任主体中的"直接负责的主管人员"如果对"其他直接责任人员"的隐匿和故意销毁行为采取了放任的态度，也应当承担责任，这是毫无疑问的，所以本罪的故意包括直接故意和间接故意。

本罪不是目的犯，行为人的动机和目的可能各种各样，比如逃避税收监管、逃避债务、销毁证据等，只要实施了明知是会计凭证、会计账簿、财务会计报告而隐匿或者故意销毁的行为，无论动机和目的如何，都不影响本罪的成立。

（三）隐匿、故意销毁会计凭证、会计账簿、财务会计报告罪的司法认定

1. 本罪罪与非罪的界限

认定本罪的罪与非罪时主要应当把握以下几点：第一，应当注意本罪中的会计凭证、会计账簿、财务会计报告必须是依法应当保存的，如果隐匿、故意销毁的会计凭证、会计账簿、财务会计报告已经超出了保存期，即使行为人是出于故意的心态，也不能成立本罪。第二，必须注意本罪是情节犯，本罪的成立要求"情节严重"，如果行为人的隐匿、故意销毁行为不符合最高人民检察院、公安部《关于公安机关管辖的刑事案件立案追诉标准的规定（二）》第8条的规定，也就不能构成本罪。第三，本罪只能是故意犯罪才能构成，如果行为人是过失将会计凭证、会计账簿、财务会计报告遗失或者销毁的，就不能以犯罪论处。第四，本罪的主体虽然不仅限于公司、企业，但是如果不是依会计法必须设立会计事务的单位，如农村的小卖部，街边的报亭等，即使行为人有隐匿和故意销毁账簿或者其他凭证的行为，也不能成立本罪。

2. 本罪与相近犯罪的界限

（1）本罪与妨害清算罪的界限。

依据刑法第162条的规定，妨害清算罪是指公司、企业进行清算时隐匿财产，对资产负债表或者财产清单作虚伪记载或者在未清偿债务前分配公司、企业的财产，严重损害债权人或者其他人利益

的行为。刑法修正案将本罪放在妨害清算罪之后，表明二者在内容上较为接近，但是二者之间的界限还是很清晰的。第一，犯罪主体不同。本罪主体不限于公司、企业，而妨害清算罪的主体只包含公司、企业。第二，犯罪时间不同，本罪可以发生于任何时间，而妨害清算罪只能发生在公司、企业进行清算期间。第三，犯罪对象不同。本罪的犯罪对象是依法应当保存的会计凭证、会计账簿、财务会计报告，而妨害清算罪的对象是资产负债表或者财产清单以及公司、企业的财产。第四，侵犯的客体不同。本罪侵犯的是国家的会计监督制度和会计信息制度，而妨害清算罪侵犯的是复杂客体，包括公司、企业的清算管理制度和债权人或者其他人的利益。第五，犯罪的客观方面的表现不同。本罪的客观方面表现为隐匿或者故意销毁依法应当保存的会计凭证、会计账簿、财务会计报告的行为，而妨害清算罪的客观方面表现为隐匿财产，对资产负债表或者财产清单作虚伪记载或者在未清偿债务前分配公司、企业的财产，严重损害债权人或者其他人利益的行为。

（2）本罪与违规披露、不披露重要信息罪的界限。

根据刑法第161条的规定，违规披露、不披露重要信息罪，是指依法负有信息披露义务的公司、企业，向股东和社会公众提供虚假的或者隐瞒重要事实的财务会计报告，或者对依法应当披露的其他重要信息不按照规定披露，严重损害股东或者其他人利益，或者有其他严重情节的行为。本罪与违规披露、不披露重要信息罪在表现上存在一定的相似之处，但界限很清晰。第一，犯罪主体不同。本罪主体不限于公司、企业，而违规披露、不披露重要信息罪的主体是依法负有信息披露义务的公司、企业。第二，客体不同。本罪侵犯的客体是国家的会计监督制度和会计信息制度，是单一客体，而违规披露、不披露重要信息罪侵犯的是国家对公司、企业信息披露的管理制度和股东或者其他人的利益，是复杂客体。第三，客观方面表现形式不同。本罪的表现形式是隐匿或者故意销毁依法应当保存的会计凭证、会计账簿、财务会计报告的行为，而违规披露、不披露重要信息罪表现为向股东和社会公众提供虚假的或者隐瞒重要事实的财务会计报告，或者对依法应当披露的其他重要信息不按照规定披露的行为。这是二者最大的不同。第四，犯罪对象不同。本罪的犯罪对象是会计凭证、会计账簿、财务会计报告，而违规披露、不披露重要信息罪的犯罪对象是财务会计报告或者其他重要信息。第五，违反的义务来源不同。本罪隐匿或者故意销毁依法应当保存的会计凭证、会计账簿、财务会计报告的行为违反了会计法规定的义务，而违规披露、不披露重要信息罪向股东和社会公众提供虚假的或者隐瞒重要事实的财务会计报告，或者对依法应当披露的其他重要信息不按照规定披露的行为违反的是公司法规定的义务。

（3）本罪与提供虚假证明文件罪的界限。

根据刑法第229条的规定，提供虚假证明文件罪是指承担资产评估、验资、验证、会计、审计、法律服务等职责的中介组织的人员故意提供虚假证明文件，情节严重的行为。本罪中销毁会计凭证、会计账簿、财务会计报告的行为在一些方面与提供虚假证明文件罪有相似之处，但是二者之间的区别更为明显。第一，犯罪主体不同。本罪主体包括依照会计法应当设立会计事务的国家机关、社会团体、公司、企业、事业单位等组织和个人，而提供虚假证明文件罪的主体是承担资产评估、验资、验证、会计、审计、法律服务等职责的中介组织的人员。第二，犯罪对象不同。本罪的犯罪对象是会计凭证、会计账簿、财务会计报告，而提供虚假证明文件罪的对象是资产评估、验资、验证、会计、审计、法律服务等方面的真实的证明文件。第三，行为方式不同，本罪的行为方式包括隐匿和故意销毁两种，而提供虚假证明文件罪的行为方式只有提供虚假的证明文件一种。第四，客体不同。本罪侵犯的客体是国家的会计监督制度和会计信息制度，而提供虚假证明文件罪侵犯的客体是国家对中介市场的监管制度。

3. 本罪的罪数形态问题

对于行为人既犯隐匿、故意销毁会计凭证、会计账簿、财务会计报告罪又犯其他罪时应如何处罚的问题很值得探讨。时任财政部部长的项怀诚在《关于〈中华人民共和国会计法（修订草案）〉和〈关于惩治违反会计法犯罪的决定（草案）〉的说明》中说："1997年刑法对伪造、变造、隐匿、故意销毁会计凭证、会计账簿和编制虚假财务会计报告等严重破坏会计秩序的违法行为，没有作为单独犯罪加以规定，而只是在其已经造成严重后果后，作为犯罪情节、手段，分别以偷税罪、逃避追缴欠税罪、骗取出口退税罪、贷款诈骗罪、贪污罪、挪用公款罪等追究刑事责任。"无疑，在刑法修正案增加本罪之前，本罪的行为在实践中只是作为偷税罪、逃避追缴欠税罪、骗取出口退税罪、贷款诈骗罪、贪污罪、挪用公款罪等的犯罪情节、手段来加以规制的，那是否意味着以前是其他犯罪情节、手段的行为如今应当以本罪论处，所以就同样的行为来说，应当进行数罪并罚了呢？

有学者认为本罪"与作为主要犯罪行为的其他犯罪之间不存在手段和目的的关系"，也不存在吸收关系，本罪行为只是"掩饰犯罪证据的一种手段，而不是其方法行为或者结果行为"，"只是其为了掩饰实行行为的一种辅助行为"。① 这种观点看起来很有说服力，但实际上并没有撇清与其他犯罪的实行行为的关系。既然本罪行为是"掩饰"他罪实行行为的一种"辅助行为"，那本罪行为必定为他罪行为的实施提供了保障。比如贪污，如果贪污之后不进行隐匿或者故意销毁相关证簿，很快就会被发现，那行为人还会去实施贪污吗？正是因为本罪行为为其他犯罪行为的实施提供了保障，在行为结果上的配合决定了二者具有手段上的牵连关系。

学者大多希望能撇清本罪与偷税罪、逃避追缴欠税罪、骗取出口退税罪、贷款诈骗罪、贪污罪、挪用公款罪等其他犯罪之间的牵连关系，目的在于使本罪不至于在牵连中丧失适用的可能性，但这

---

① 齐文远、刘代华：《关于中华人民共和国刑法修正案第一条的研讨》，载《法商研究》2001年第2期。

些学者同时也承认在相当多的情况下本罪与其他犯罪是存在牵连关系的。其实这种担心大可不必，刑法将本罪独立出来，意在对本罪行为进行打击，如果行为人的其他犯罪行为不能成立，只要实施了本罪行为，还可以依照本罪定罪处刑，不至于放纵行为人。这样本罪就并非没有机会适用。所以，如果本罪行为与他罪行为之间存在着牵连关系时，应当从一重罪论处，而不能担心本罪适用机会不足而进行数罪并罚，这是关系到人权保障的重大问题。

4. 本罪的共犯问题

修订后的会计法第45条规定："授意、指使、强令会计机构、会计人员及其他人员伪造、变造会计凭证、会计账簿，编制虚假财务会计报告或者隐匿、故意销毁依法应当保存的会计凭证、会计账簿、财务会计报告，构成犯罪的，依法追究刑事责任……"由此可以看出，能够作出"授意、指使、强令"行为的必定是直接负责的主管人员，而根据"授意、指使、强令"作出具体行为的必定是直接责任人员，由于二者之间存在着犯意的联络，因此二者是可以成为共犯关系的。而且实践中也存在着单位和个人通谋隐匿或者故意销毁依法应当保存的会计凭证、会计账簿、财务会计报告的情况，此时应当以本罪的共犯论处。

5. 本罪的停止形态问题

本罪是故意犯罪，是情节犯，理论上存在着犯罪未遂的可能性。但是在实务中很难想象本罪存在未遂的情况，比如行为人实施了隐匿的行为之后，因为藏匿不严密而被发现，或者实施了以修改依法应当保存的会计凭证、会计账簿、财务会计报告为表现形式的销毁行为，但是因为技术手段还原了原内容，此时也不能认为是成立本罪的未遂。另外，由于本罪的成立要求"情节严重"，但是根据《关于公安机关管辖的刑事案件立案追诉标准的规定（二）》第8条的规定，如果达不到相应的标准，就不能对行为进行追诉，所以也不存在未完成形态的可能性。所以，本罪中只要实施的隐匿行为或者销毁行为达到情节严重的状态就已经既遂，不存在未遂的可能，本罪不存在未完成形态。

（四）隐匿、故意销毁会计凭证、会计账簿、财务会计报告罪的处罚

根据修正后的刑法第 162 条之一第 1 款规定，犯本罪的，处 5 年以下有期徒刑或者拘役，并处或者单处 2 万元以上 20 万元以下罚金。

本条第 2 款规定，单位犯前款罪的，对单位判处罚金，并对其直接负责的主管人员和其他直接负责人员，依照前款的规定处罚。

七、虚假破产罪

（一）虚假破产罪的概念与法源

1. 虚假破产罪的概念

虚假破产罪，是指公司、企业通过隐匿财产、承担虚构的债务或者以其他方法转移、处分财产，实施虚假破产，严重损害债权人或者其他人利益的行为。

2. 虚假破产罪的法源

随着改革开放和社会主义市场经济制度的逐步形成，市场经济的一些缺陷也逐步显现，破产也就成为经济竞争和发展的一种必然，但是由于价值观念的扭曲和诚信观念的缺失，虚假破产现象已成为危害社会经济发展的一大突出现象。我国法律对这一现象及时进行了规制，关于虚假破产犯罪的规定最早见于 1986 年颁布的《企业破产法（试行）》中，《企业破产法（试行）》第 41 条规定，破产企业有本法第 35 条所列行为之一的，对破产企业的法定代表人和直接责任人员给予行政处分；破产企业的法定代表人和直接责任人员的行为构成犯罪的，依法追究刑事责任。由于 1979 年刑法并没有虚假破产犯罪方面的规定，因此上述规定形同虚设。1997 年刑法第 162 条、第 168 条和第 169 条分别规定了妨害清算罪、徇私舞弊造成破产、亏损罪和徇私舞弊低价折股、出售国有资产罪，从而使破产过程中的妨害清算、低价出售财产等行为犯罪化。1999

年的《刑法修正案》第1条第1款规定在刑法第162条后增加一条，作为第162条之一，从而增设了隐匿、故意销毁会计凭证、会计账簿、财务会计报告罪，并将原有的徇私舞弊造成破产、亏损罪的罪状进行了修改补充，使该罪名被分解为国有公司、企业、事业单位人员失职罪和国有公司、企业、事业单位人员滥用职权罪。这一补充和修正对于完善企业破产方面的行为具有重要意义，但是对于利用法律上规定的破产权利实施虚假破产以逃避债务方面的规制一直处于空白状态。2006年6月29日，第十届全国人大常委会第二十二次会议通过了《刑法修正案（六）》，其中第6条规定在第162条之一后增设本罪，作为第162条之二。2007年11月6日施行的最高人民法院、最高人民检察院《关于执行〈中华人民共和国刑法〉确定罪名的补充规定（三）》将本罪定名为"虚假破产罪"。2006年8月27日通过，2007年6月1日生效的企业破产法对我国企业法人的破产内容及程序进行了详细的规定，该法第131条概括性规定了"违反本法规定，构成犯罪的，依法追究刑事责任"。这一法律的出台使得我国的破产制度趋于完善。2010年5月7日发布的最高人民检察院、公安部《关于公安机关管辖的刑事案件立案追诉标准的规定（二）》第9条对本罪的立案追诉标准作出了规定。

（二）虚假破产罪的构成特征

1. 客体特征

本罪的客体是复杂客体，既侵犯了国家对公司、企业的破产管理制度，又侵犯了债权人或者其他人的合法利益。

法律上的破产一般都是发生在公司、企业的全部资产不足以抵偿其债务或者无法对自己所负的到期债务进行全部清偿而又经营困难的情况下，这时由于公司、企业的资产不足以抵债，所以债权人并不能完全实现其债权，为了自身利益，各债权人会努力使自身债权优于其他债权进行清偿，以减少损失。但是，本罪中行为人实施破产的行为的目的就是逃避债务，采取各种手段制造无力偿还到期债务的假象，以少量的财产来偿还到期债务，无法清偿的部分经过破产程序终结后就不再清偿。所以，这种"假破产真逃债"的行为是对债权人或者其他人的合法利益的欺骗和损害，另外也会对市场经济正常的经济活动产生负面影响，危害国家对公司、企业的破产管理秩序。

本罪的犯罪对象是债权人或者其他人对破产公司、企业应得的合法利益。公司、企业破产时，根据企业破产法第113条第1款的规定，优先清偿破产费用和共益债务后，应当按照以下顺序清偿：（1）破产人所欠职工的工资和医疗、伤残补助、抚恤费用，所欠的应当划入职工个人账户的基本养老保险、基本医疗保险费用，以及法律、行政法规规定应当支付给职工的补偿金；（2）破产人欠缴的除前项规定以外的社会保险费用和破产人所欠税款；（3）普通破产债权。本条第2款规定，破产财产不足以清偿同一顺序的清偿要求的，按照比例分配。而本罪中行为人正是利用这一规定，采取各种不正当手段，使得破产时可供清偿的资产很少或者没有，从而逃避对债权的清偿。而那些被破产公司、企业通过隐匿财产、承担虚构的债务或者以其他方法转移、处分的财产，正是债权人或者其他人对破产公司、企业应得的合法利益部分，债权人或者其他人的合法利益受损，也是针对这一部分的资产被转移、处分而言的。根据企业破产法第30条规定："破产申请受理时属于债务人的全部财产，以及破产申请受理后至破产程序终结前债务人取得的财产，为债务人财产。"但这些所谓的"债务人财产"在破产程序中会被分配给债权人或者其他的相关人员。如果在破产申请前已经转移了部分的财产，致使这里的"债务人财产"很少，就会使债权人或者其他人利益受到严重损害。

2. 客观特征

本罪在客观方面表现为公司、企业通过隐匿财产、承担虚构的债务或者以其他方法转移、处分财产，实施虚假破产，严重损害债权人或者其他人利益的行为。其中"实施虚假破产是行为的核心要素，隐匿财产、承担虚构的债务或者以其他方法转移、处分财产则是实施虚假破产的手段和预备行为"。①

"破产",根据企业破产法第 2 条第 1 款的规定,是指企业法人不能清偿到期债务,并且资产不足以清偿全部债务或者明显缺乏清偿能力的,依照本法规定清理债务的行为。企业破产法中的破产程序包括了重整、和解以及清算三种程序,由于重整与和解都没有真正标志着公司、企业消灭,所以本罪中的"破产"应当是指清算程序。

本罪中的"虚假"是"基于其适用破产程序的虚假基础而产生的"②,"这种虚假性体现在两个方面:一是本罪手段行为的虚假性,即虚假的制造破产原因行为;二是本罪的目的行为的虚假性,即虚假的破产申请行为"。③ 因此,本罪既可以发生了真破产,但行为人实施了隐匿、转移财产等行为,也可以是为了逃避债务而进行的假破产,但必须存在破产清算程序。本罪中的公司、企业既可以是真正不具有清偿能力,从而进入破产程序,但采取了隐匿财产、承担虚构的债务或者以其他方法转移、处分财产的行为,也可以是具有清偿能力,但为了逃避债务而实施了虚假破产的行为。在修正案起草过程中,有人认为,公司、企业通过隐匿财产、承担虚构的债务或者以其他方法转移、分配财产,逃避债务,即使没有进入破产程序也是不允许的,应当对任何时候实施上述行为的都规定为犯罪。但考虑到公司、企业如果只是拖欠他人债务没有偿还,就只属于民事上的债权债务关系,可以通过民事诉讼解决。而我国已经签署的《公民权利和政治权利国际公约》第 11 条规定了"任何人不得仅仅由于无力履行约定义务而被监禁"。虽然该公约尚未被

① 王海涛主编:《刑法修正案(六)罪名图解与案例参考》,中国法制出版社 2006 年版,第 66~67 页。

② 贺丹:《论虚假破产罪中的"实施虚假破产"》,载《政治与法律》2011 年第 10 期。

③ 刘德法、肖本山:《虚假破产罪若干问题的认定》,载《中国检察官》2007 年第 9 期。

我国立法机关批准，但可以说明对欠债不还规定为犯罪在国际上是不被认可的。而如果一旦公司、企业进入破产程序，又有实施虚假破产的行为，就可以利用法律将合法债务一笔勾销，这在性质上就成为一种严重的诈骗行为，就不应当成为民事上的法律关系，而应当由刑法进行调整。所以修正案将本罪追究刑事责任的范围限定在搞虚假破产上。[1]

根据企业破产法第 31 条的规定："人民法院受理破产申请前一年内，涉及债务人财产的下列行为，管理人有权请求人民法院予以撤销：（一）无偿转让财产的；（二）以明显不合理的价格进行交易的；（三）对没有财产担保的债务提供财产担保的；（四）对未到期的债务提前清偿的；（五）放弃债权的。"对于本罪行为是否必须在上述规定的期限内实施的问题，存在着肯定说[2]和否定说[3]两种观点，两种观点各有一定的依据。笔者认为，隐匿财产、承担虚构的债务或者以其他方法转移、处分财产则是实施虚假破产的手段和预备行为，如果单是以上行为本身尚不足以构成本罪，但是公司、企业在作出上述行为时是基于逃避债务的目的，后又实施了向法院申请破产的行为，就改变了上述行为的性质，应当以本罪论处。不过为了限制本罪在时间上无限期地追溯，根据企业破产法的规定在申请破产前 1 年内实施上述行为的以本罪论处，不仅可以限制刑法过多地干预社会生活，在实践中也具有可操作性。如果时间超出上述 1 年的规定，法院就无法宣布其可撤销，更无法确定其行为与虚假破产的联系程度，所以就不能认为是为虚假破产做准备。而根据企业破产法第 33 条的规定："涉及债务人财产的下列

---

[1] 最高人民法院刑事审判第一庭编：《现行刑事法律司法解释及其理解与适用》，人民出版社 2010 年版，第 176 页。

[2] 参见康均心、杜辉：《虚假破产罪若干问题研究——以刑法与破产法的协调为视角》，载《人民检察》2007 年第 16 期。

[3] 参见王作富主编：《刑法分则实务研究》，中国方正出版社 2006 年版，第 38 页。

行为无效：（一）为逃避债务而隐匿、转移财产的；（二）虚构债务或者承认不真实的债务的。"由于为了逃避债务而隐匿、转移财产或者虚构债务、承认不真实的债务的行为自始无效，所以只要这些行为与公司、企业破产之间存在着联系，对此类行为的追究就不应限于1年以内。

另外，需要值得注意的一点是本罪中实施虚假破产的行为在时间上应当具有终期，并非在破产期间实施的隐匿财产、承担虚构的债务或者以其他方法转移、处分财产的行为都以本罪论处。根据刑法第162条规定，在公司、企业进行清算时，隐匿财产，对资产负债表或者财产清单作虚伪记载或者在未清偿债务前分配公司、企业财产，严重损害债权人或者其他人利益的行为，构成妨碍清算罪。所以，在清算期间再实施隐匿、转移、处分财产的行为的，就不能以本罪论处，即本罪的行为终期应当截止于清算开始，即人民法院进行破产宣告之日。

由以上可知，本罪中行为发生的时间应当是虚假破产的清算开始之前，对于隐匿财产、承担虚构的债务等行为可以追溯到与为逃避债务实施虚假破产有关的任何时间，而对于其他转移、处分财产行为应当追溯到提出破产申请之日前的1年内。

本罪中实施虚假破产的行为方式表现为隐匿财产、承担虚构的债务或者以其他方法转移、处分财产。所谓"隐匿财产"，是指以各种形式将公司、企业的全部或者部分财产予以藏匿、转移，隐瞒不报的行为，要求行为的秘密性，不为债权人或者其他相关人员所知。这里的"财产"不仅限于金钱，也可以是机器设备、知识产权、货物、债权等，但必须是属于公司、企业所有的，且在破产程序中能成为"债务人财产"。所谓"承担虚构的债务"，是指公司、企业与他人之间并不存在真实的债权债务关系而为给付，从而将财产转移给他人或者在资产负债表中记载虚假的、并不存在的债务，从而造成资不抵债的假象。所谓"以其他方法转移、处分财产"，是指除上述两种形式之外的其他与为逃避债务而实施的造成公司、企业资不抵债的转移、处分财产的各种行为，这是对上面两种行为的兜底性规定。在实践中一般是指无偿转让财产、私分财产、以明显不合理的价格进行交易、对没有财产担保的债务提供财产担保、对未到期的债务提前清偿、放弃债权等。

还必须注意到的一点是本罪中对行为程度的界定，本罪行为必须使债权人或者其他人利益达到"严重损害"的程度。这里的"严重损害"，根据 2010 年 5 月 7 日公布的最高人民检察院、公安部《关于公安机关管辖的刑事案件立案追诉标准的规定（二）》第9 条的规定，是指："（一）隐匿财产价值在五十万元以上的；（二）承担虚构的债务涉及金额在五十万元以上的；（三）以其他方法转移、处分财产价值在五十万元以上的；（四）造成债权人或者其他人直接经济损失数额累计在十万元以上的；（五）虽未达到上述数额标准，但应清偿的职工的工资、社会保险费用和法定补偿金得不到及时清偿，造成恶劣社会影响的；（六）其他严重损害债权人或者其他人利益的情形。"

3. 主体特征

本罪主体是特殊主体，只有公司、企业才能成立，即本罪是单位犯罪。但是本罪的责任承担主体并不是单位，而是只有"直接负责的主管人员或者其他直接责任人员"，对单位没有规定判处罚金。"这主要是考虑到公司的违法犯罪行为已经严重损害了广大股东和公众投资者的利益，如果对单位再处罚金，就更不利于对他们利益的保护。因此，本条采用了代罚制。"① 但是，对于那些不具有逃避债务目的而只是接受公司、企业领导指派实施了隐匿、转移财产的一般员工，一般不能认为是本罪的"其他直接责任人员"。

4. 主观特征

本罪的主观方面是故意，即明知隐匿财产、承担虚构的债务或

---

① 黄太云：《〈刑法修正案（六）〉的理解与适用（上）》，载《人民检察》2006年第 14 期。

者以其他方法转移、处分财产，会严重损害债权人或者其他人利益而仍然实施。由于本罪行为要以"逃避债务"为目的实施，所以本罪是目的犯，本罪的主观方面只能是直接故意。行为的动机不影响本罪的构成。

（三）虚假破产罪的司法认定

1. 本罪罪与非罪的界限

本罪的成立与否，应当重点关注以下几点：首先，本罪必须有现实的破产清算程序存在。如果虽然申请了破产，但是在法院受理之后，进入了重整或者和解程序，并且重整或者和解成功，没有进入破产清算程序，使得公司、企业继续存在，由于债权人或者其他人利益能够得以保障，此时就不能成立本罪。其次，本罪所造成的"严重损害"必须达到了最高人民检察院、公安部《关于公安机关管辖的刑事案件立案追诉标准的规定（二)》中对本罪追诉标准的要求。最后，本罪必须有逃避债务的非法目的。如果没有这一目的，或者没有其他占有公司、企业财产的目的，就不能成立本罪。

2. 本罪与相近犯罪的界限

（1）本罪与妨碍清算罪的界限。

妨碍清算罪，根据刑法第162条规定，是指在公司、企业进行清算时，隐匿财产，对资产负债表或者财产清单作虚伪记载或者在未清偿债务前分配公司、企业财产，严重损害债权人或者其他人利益的行为。本罪与妨碍清算罪在犯罪主体、责任主体、客观行为方式和侵犯的客体上存在着诸多的相同之处，但是二者之间也存在着不同。认定二者的关键在于所处的阶段不同。本罪只能存在于清算程序开始之前而必须存在破产清算的情况下，而妨碍清算罪必须发生在清算期间。"虽然在行为上有相似之处，是否进入清算程序是区分二罪的关键。"[①] 如果行为在清算程序之前，就成立本罪，而

---

① 黄太云：《〈刑法修正案（六)〉的理解与适用（上)》，载《人民检察》2006年第14期。

如果在清算程序之后再实施，就成立妨碍清算罪，二者是对一个连贯过程行为的分别规定。如果同一行为人既在清算之前实施了本罪行为，又在清算开始之后实施了妨碍清算的行为，就应当对其进行数罪并罚。

（2）本罪与隐匿、故意销毁会计凭证、会计账簿、财务会计报告罪的界限。

隐匿、故意销毁会计凭证、会计账簿、财务会计报告罪，依据刑法第 162 条之一的规定，是指隐匿或者故意销毁依法应当保存的会计凭证、会计账簿、财务会计报告，情节严重的行为。本罪也可能以隐匿、故意销毁会计凭证、会计账簿、财务会计报告的方式来达到隐匿财产、实施逃避债务行为的目的，在这种情况下，应当依据整体法优于部分法的原则，以本罪论处。一般而言，本罪与隐匿、故意销毁会计凭证、会计账簿、财务会计报告罪之间的区别还是很明显的。首先，主体不同。本罪是典型的单位犯罪，而隐匿、故意销毁会计凭证、会计账簿、财务会计报告罪可以由自然人和单位构成。其次，主观故意不同。虽然都是故意犯罪，但本罪是目的犯，要求有逃避债务的非法目的，而隐匿、故意销毁会计凭证、会计账簿、财务会计报告罪不是目的犯。再次，发生的时机不同，本罪只能发生在清算开始之前，而隐匿、故意销毁会计凭证、会计账簿、财务会计报告罪没有时间上的限制。最后，二者客观行为方式不同。本罪中，以隐匿、故意销毁会计凭证、会计账簿、财务会计报告的方式来实施隐匿财产，达到逃避债务目的的行为只是手段行为，行为人还必须存在向法院申请破产的行为，而且申请必须被受理，并进入到清算状态，而隐匿、故意销毁会计凭证、会计账簿、财务会计报告罪并无这样的要求。

3. 本罪的罪数形态问题

因为本罪行为与妨碍清算罪在时间上存在着接续关系，所以同一行为人实施本罪行为一直进入到清算程序开始之后的，应当成立数罪并罚。因为本罪的目的是逃避债务，进入清算程序之后，本罪的行为已经实施完毕，达到目的只是时间问题，而行为人接着实施隐匿财产的行为已经超出了本罪在行为上的范围，对清算活动造成了妨碍，侵犯了新的法益，所以二者之间并不存在吸收或者牵连关系，应当数罪并罚。

4. 本罪的共犯问题

本罪是单位故意犯罪，存在共犯的情形。对于那些教唆、帮助公司、企业虚假破产或者与虚假破产的公司、企业通谋，共同实施了本罪行为的单位或者个人，可以以本罪的共犯论处。本罪的转移和处分行为必定会把财产从公司、企业中分离出去，如果有通谋的单位和个人为其提供账户、场地、人员帮助转移财产的，可以成立共犯。但是，如果实施直接行为的是不知情的一般工作人员，就不能成为本罪的共犯；如果公司、企业将财产私分给员工，得到财产的员工也不能成为本罪的共犯。

5. 本罪的停止形态问题

本罪是故意犯罪，要求造成"严重损害"，理论上应当存在停止形态。本罪中要求"严重损害"，如果依此把本罪作为结果犯来看，未发生"严重损害"才可能成立停止形态，但是根据司法解释的要求，如果达不到相应标准，就不能进行追诉。所以，本罪不可能存在停止形态。

（四）虚假破产罪的处罚

根据修正后的刑法第162条之二的规定，犯本罪的，对其直接负责的主管人员和其他直接责任人员，处5年以下有期徒刑或者拘役，并处或者单处2万元以上20万元以下罚金。

八、对外国公职人员、国际公共组织官员行贿罪

（一）对外国公职人员、国际公共组织官员行贿罪的概念与法源

1. 对外国公职人员、国际公共组织官员行贿罪的概念

对外国公职人员、国际公共组织官员行贿罪，是指行为人为谋

取不正当商业利益，给予外国公职人员或者国际公共组织官员财物的行为。

2. 对外国公职人员、国际公共组织官员行贿罪的法源

目前，腐败已成为国际公害，滋生于社会的各个领域。对于商业贿赂的规定，早在1993年9月2日第八届全国人大常委会第三次会议上通过的反不正当竞争法中就作出了规制。1997年刑法修订时，考虑到国家工作人员和公司、企业工作人员贿赂犯罪发生的领域和侵犯的客体不同，所以将公司、企业工作人员在经济领域的行贿、受贿犯罪规定在刑法分则第三章第三节"妨害对公司、企业的管理秩序罪"中。考虑到事业单位从事社会性或者技术性服务等工作，与为追求经济利益的公司、企业在商业领域里实施的排挤竞争对手、破坏公平竞争的秩序的行为有很大不同，所以没有将其归入商业贿赂犯罪的主体。① 1997年刑法第163条、第164条只分别规定了公司、企业人员受贿罪和对公司、企业人员行贿罪。随着近年来公司、企业参与市场经济的程度加深，实践中存在着大量非公司、企业工作人员而又非国家工作人员身份的人实施受贿或者对其行贿的现象，如普遍的医生收受回扣、病人红包的现象，在社会上造成了极大危害。2006年6月29日，第十届全国人大常委会第二十二次会议通过了《刑法修正案（六）》，其中第7条和第8条对这两个罪进行了修改，扩大了犯罪主体的范围，将"公司、企业的工作人员"修改为"公司、企业或者其他单位的工作人员"，从而使得这两个罪变成了"非国家工作人员受贿罪"和"对非国家工作人员行贿罪"。2008年11月20日，最高人民法院和最高人民检察院联合公布了《关于办理商业贿赂刑事案件适用法律若干问题的意见》（法发〔2008〕33号），进一步明确了刑法第163条、第164条规定的"公司、企业或者其他单位的工作人员"

---

① 参见最高人民法院刑事审判第一庭编：《现行刑事法律司法解释及其理解与适用》，人民出版社2010年版，第177页。

的范围，而且对现实生活中频发于医疗、教学、招投标和采购领域中的商业贿赂犯罪作出了明确的认定，同时指出了商业贿赂犯罪中贿赂的范围以及在行贿犯罪中"谋取不正当利益"的内涵。随着我国对外经济交往的逐渐频繁，也出现了一些贿赂外国公职人员或者国际公共组织官员以谋取不正当商业利益的情况，违背了公平竞争的原则，也对我国企业的声誉和商誉造成了不良影响。2003 年 10 月 31 日，联合国第 58 次大会通过了《联合国反腐败公约》（以下简称《公约》），同年 12 月 10 日我国签署该公约。2005 年 10 月 27 日，第十届全国人大常委会第十八次会议批准了《公约》，该公约第 16 条第 1 款规定："各缔约国均应当采取必要的立法和其他措施，将下述故意实施的行为规定为犯罪：直接或间接向外国公职人员或者国际公共组织官员许诺给予、提议给予或者实际给予该公职人员本人或者其他人员或实体不正当好处，以使该公职人员或者该官员在执行公务时作为或者不作为，以便获得或者保留与进行国际商务有关的商业或者其他不正当好处。"2011 年 2 月 25 日第十一届全国人大常委会第十九次会议正式通过了《刑法修正案（八）》，于第 29 条增加了刑法第 164 条第 2 款，增设了本罪。在《刑法修正案（八）》草案修改过程中，有的部门提出，本罪行为与我国刑法规定的行贿罪很相似，应当放在刑法第八章"贪污贿赂罪"一章中。但考虑到"外国公职人员或者国际公共组织官员"不应等同于我国的"国家工作人员"，"为谋取不正当商业利益"向外国公职人员或者国际公共组织官员行贿，与公司、企业在经济活动中"为谋取不正当利益"的行贿目的更为相近，与对非国家工作人员行贿罪在一起规定更为合适，所以将其作为刑法第 164 条第 2 款加以规定。①

---

① 黄太云著：《刑法修正案解读全编》，人民法院出版社 2011 年版，第 105 页。

（二）对外国公职人员、国际公共组织官员行贿罪的构成特征

1. 客体特征

本罪的客体是国家对商业活动的管理制度。外国公职人员、国际公共组织官员的职务廉洁性不属于我国刑法保护的法益，因此不能成为本罪的客体。有学者认为本罪客体是国家对公司、企业的管理秩序①，笔者认为这一表述有不合理、不全面之处。虽然本罪被规定在刑法分则第三章第三节"妨害对公司、企业的管理秩序罪"之中，但是并不意味着本罪只有公司、企业才能构成，也不意味着本罪只能和公司、企业有关，只要是"为谋取不正当商业利益"，在国际商业活动中——进行国际商业活动的未必都是公司、企业——实施本罪行为的都应当可以以本罪论处，而不论是否有公司、企业参与。所以，将本罪的客体认定为国家对公司、企业的管理秩序，缩小了本罪客体的范围。

本罪的犯罪对象是贿赂。根据《公约》第16条的规定，行贿的内容是"不正当好处"，应当说这一规定的范围包括了金钱、实物以及其他"不正当好处"，比如性贿赂、提供便利服务等非财产性利益，即贿赂的范围不仅限于"财物"，但是本罪条文中明确规定了贿赂的内容是"财物"。根据2008年11月20日最高人民法院和最高人民检察院联合公布的《关于办理商业贿赂刑事案件适用法律若干问题的意见》第7条规定："商业贿赂中的财物，既包括金钱和实物，也包括可以用金钱计算数额的财产性利益，如提供房屋装修、含有金额的会员卡、代币卡（券）、旅游费用等。具体数额以实际支付的资费为准。"在实践中可能表现为各种形式的回扣、手续费、劳务费等，也可能表现为赠与礼物等形式。为了便于区分，该意见第10条规定："办理商业贿赂犯罪案件，要注意区分贿赂与馈赠的界限。主要应当结合以下因素全面分析、综合判

---

① 赵秉志、杜邈：《论贿赂外国公职人员、国际公共组织官员罪》，载《中国刑事法杂志》2007年第1期。

断：（1）发生财物往来的背景，如双方是否存在亲友关系及历史上交往的情形和程度；（2）往来财物的价值；（3）财物往来的缘由、时机和方式，提供财物方对于接受方有无职务上的请托；（4）接受方是否利用职务上的便利为提供方谋取利益。"

2. 客观特征

本罪在客观方面表现为行为人给予外国公职人员或者国际公共组织官员财物的行为。这表明行贿的对象是"外国公职人员或者国际公共组织官员"，行贿的内容是"财物"，行为方式是"给予"。

所谓"外国公职人员"，根据《公约》第2条的规定，"'外国公职人员'系指外国无论是经任命还是经选举而担任立法、行政、行政管理或者司法职务的任何人员，以及为外国，包括为公共机构或者公营企业行使公共职能的任何人员"。同时该条也对"公职人员"的范围进行了解释，是指无论是经任命还是经选举而在缔约国中担任立法、行政、行政管理或者司法职务的任何人员，无论长期或者临时，计酬或者不计酬，也无论该人的资历如何；依照缔约国本国法律的定义和在该缔约国相关法律领域中的适用情况，履行公共职能，包括为公共机构或者公营企业履行公共职能或者提供公共服务的任何其他人员；缔约国本国法律中界定为"公职人员"的任何其他人员。可以看出本罪中的"外国公职人员"范围要远远小于"公职人员"的范围。根据《公约》规定，"外国公职人员"主要包括两类：一是国家机关工作人员，即外国无论是经任命还是经选举而担任立法、行政、行政管理或者司法职务的任何人员。这是从职务上限定的公职人员范围。二是行使公共职能的非国家机关工作人员，即为外国，包括为公共机构或者公营企业行使公共职能的任何人员。这是从事务上限定的公职人员范围。根据学者的解释，这里的"公共机构"是指"我国公共机构中的非营利机构，即主要是指事业单位"；而"公营企业"特指"银行与非银行金融机构、国家物资储备企业；公共产业；基础产业与基础设施建设；高科技产业；军工生产；自然垄断部门"这六类企业。①

所谓"国际公共组织官员"，根据《公约》第 2 条的规定，"国际公共组织官员"系指国际公务员或者经此种组织授权代表该组织行事的任何人员。"国际公共组织官员"主要包括两类：一是受国际组织聘用的国际公务员，这里强调的是其职务特征。二是虽没有受国际组织聘用，但受国际组织授权代表该组织行事的人员。这里强调的是其职权特征。②

有学者认为，在对"具有中国国籍的国际公共组织官员甲在中国境内收受财物的"问题的处理上，应当适用刑法第 163 条规定的非国家工作人员受贿罪。③ 笔者认为，这种做法实际上是把本罪作为了非国家工作人员受贿罪的特殊主体的罪名，即在受贿者国籍的问题上，把本罪行贿的对象限定为具有外国国籍的人或者无国籍人。但是，这一观点会造成实践中的困难，在具有中国国籍和外国国籍的国际公共组织官员结成利益共同体、通谋受贿的情况下，行为人有可能只实施了一次行贿的行为，却因为这些钱分配给了国籍不同的国际公共组织官员而成立两个罪名。另外，这种情况下，还可能造成行贿的数额较多，而因为共犯中具有外国国籍的国际公共组织官员不能以非国家工作人员论，而出现受贿犯罪的数额与行贿犯罪的数额不一致的情况。因此，笔者认为本罪中具有中国国籍的国际公共组织官员也可以是行贿的对象，虽然不能将其论以犯罪，但是这是因为刑法没有把行贿对象的受贿行为入罪造成的，而且这样在理论上也可以避免矛盾。

所谓"给予"，根据《公约》第 16 条的规定，包含了"许诺给予、提议给予或者实际给予"三种行为方式。由于涉及本罪的

---

① 参见袁彬：《论贿赂外国公职人员或国际公共组织官员罪》，载《黑龙江政法管理干部学院学报》2005 年第 2 期。

② 参见袁彬：《论贿赂外国公职人员或国际公共组织官员罪》，载《黑龙江政法管理干部学院学报》2005 年第 2 期。

③ 张明楷著：《刑法学》，法律出版社 2011 年版，第 671 页。

着手与既遂的问题，所以有必要对这三种行为方式进行分析。所谓"许诺给予"，是指行为人为了使外国公职人员或者国际公共组织官员帮助自己谋取不正当商业利益时作为或者不作为，保证其作为或者不作为之前或者之后，或者同时给予其财物。所谓"提议给予"，是指行为人为了谋取不正当商业利益，主动提出给予外国公职人员或者国际公共组织官员一定财物，以换取其作为或者不作为，一般发生在二者进行犯意交流期间，即提议给予的行为相当于行为人发出的"要约"，至于对方接受与否，并不确定。一般而言，这种行为应当属于本罪的预备行为，而不能处于着手阶段。所谓"实际给予"，是指行为人当场给予外国公职人员或者国际公共组织官员一定财物，以使其为帮助自己谋取不正当商业利益而作为或者不作为。由于实施了行贿的实际行为，这种情况下就应当属于本罪行为的着手。因此，为了谋取不正当商业利益而许诺或者提议给予外国公职人员或者国际公共组织官员财物的行为都只能是本罪的预备行为，只有实际给予财物的行为才是本罪的实行行为。而行为人给予财物行为的对价就是外国公职人员或者国际公共组织官员的作为或者不作为，即《公约》中所说的"在执行公务时作为或者不作为"。

需要注意的一点是，本罪行为必须发生在"国际商务"活动中。《公约》第 16 条规定的行为人谋取的不正当利益是"获得或者保留与进行国际商务有关的商业或者其他不正当好处"，其中将"不正当好处"限定为与"进行国际商务有关"，就表明了本罪行为发生的场合和时机只能是在国际商务活动中。国内有学者认为，贿赂外国公职人员的行为当然不限于国际商业交易中，但只有国际商业交易活动中的贿赂外国公职人员行为能够在世界市场上破坏国际商业交易中的公平性与竞争性，从而在竞争日益激烈的全球化国际经济环境中构成对国际社会共同利益的危害。并且，在国际商业交易中贿赂外国公职人员的行为，对任何一个进入世界市场的国家来说，都是一种潜在的威胁，因而国际社会联合禁止这种行为，容易得到世界各国的认可和支持。所以，有必要把贿赂外国官员犯罪限定在国际商业交易活动中。①

3. 主体特征

本罪的主体是一般主体，既包括年满 16 周岁具有刑事责任能力的自然人，也包括单位。无论是具有中国国籍的自然人，还是具有外国国籍的自然人或者无国籍人；无论是中国的单位，还是外国的单位，都可以成为本罪的主体。但是，具有外国国籍的自然人或者无国籍人和外国的单位实施本罪行为的，只有犯罪行为或者犯罪结果发生在我国时，我国才具有管辖权。

4. 主观特征

本罪主观方面是故意。并且主观方面要具有"谋取不正当商业利益"的目的。所以本罪在主观方面只能是直接故意。本罪的犯罪动机如何，不影响本罪的成立。

根据最高人民法院、最高人民检察院在 1999 年 3 月 4 日发布的《关于在办理受贿犯罪大要案的同时要严肃查处严重行贿犯罪分子的通知》第 2 条的规定："'谋取不正当利益'是指谋取违反法律、法规、国家政策和国务院各部门规章规定的利益，以及要求国家工作人员或者有关单位提供违反法律、法规、国家政策和国务院各部门规章规定的帮助或者方便条件"。最高人民法院和最高人民检察院联合公布的《关于办理商业贿赂刑事案件适用法律若干问题的意见》第 9 条规定："在行贿犯罪中，'谋取不正当利益'，是指行贿人谋取违反法律、法规、规章或者政策规定的利益，或者要求对方违反法律、法规、规章、政策、行业规范的规定提供帮助或者方便条件。在招标投标、政府采购等商业活动中，违背公平原则，给予相关人员财物以谋取竞争优势的，属于'谋取不正当利益'。"所谓"不正当商业利益"，可以在上述通知和意见规定的范

_____

①　参见张智辉：《论贿赂外国公职人员罪》，载高铭暄、赵秉志主编：《21 世纪刑法学新问题研讨》，中国人民公安大学出版社 2001 年版，第 297 页。

围内加以限制，是指违反法律、法规、国家政策和国务院各部门规章规定而得到的商业活动方面的利益，以及通过外国公职人员或者国际公共组织官员违反国际组织的规章、制度的规定而获得的在商业活动中的帮助或者方便条件。"这些利益可能是应损失而未损失的，可能是不应得而获得的，也可能是应得而扩大的。"①

（三）对外国公职人员、国际公共组织官员行贿罪的司法认定

1. 本罪罪与非罪的界限

认定本罪的成立，应严格把握本罪构成的基本特征。第一，本罪的成立要求行为人具有"谋取不正当商业利益"的目的，如果不具有此目的，或者谋求的并非商业利益，而是其他政治利益、社会影响、对方的优待等，就不能成立本罪。第二，本罪行贿的内容必须是财物，而不能是非财产性利益。如果以美色诱惑、帮助寻找失物等非财产性利益为内容，就不能成立本罪。第三，本罪必须发生在"国际商务"活动中。如果是发生在其他政治、文化交流等活动中，就不能成立本罪。但是如果行为人借文化交流的机会，趁机和外国公职人员或者国际公共组织官员接触，实施本罪行为的，也应当成立本罪。第四，本罪不要求刑法第 164 条第 1 款所规定的"数额较大的"情形，所以本罪的成立与贿赂的数额并无必然联系。但是，如果数额微不足道，就应当适用刑法第 13 条"但书"的规定，不认为是犯罪。第五，要注意本罪与一般的馈赠的区别。具体应当参照最高人民法院和最高人民检察院联合公布的《关于办理商业贿赂刑事案件适用法律若干问题的意见》第 10 条的规定加以甄别。如果能认定是一般人际交往中的馈赠，就不能成立本罪。

2. 本罪与相近犯罪的界限

（1）本罪与对非国家工作人员行贿罪的界限。

---

① 赵秉志、杜邈:《论贿赂外国公职人员、国际公共组织官员罪》，载《中国刑事法杂志》2007 年第 1 期。

对非国家工作人员行贿罪，根据刑法第 164 条第 1 款的规定，是指行为人为谋取不正当利益，给予公司、企业或者其他单位的工作人员财物，数额较大的行为。本罪与对非国家工作人员行贿罪规定在同一条文中，自然是考虑到二者之间具有相似之处，但是二者的界限也是很明晰的。第一，二者发生的领域不同，本罪发生在国际商务活动中，而对非国家工作人员行贿罪并不一定仅限于此范围中，范围可以遍及除对向犯为国家工作人员的社会生活的各个领域。第二，行贿的对象不同，本罪行贿的对象为外国公职人员或者国际公共组织官员，而对非国家工作人员行贿罪的行贿对象是公司、企业或者其他单位的工作人员。第三，犯罪目的不同，本罪要求以谋取不正当商业利益为目的，而对非国家工作人员行贿罪以谋取不正当利益为目的，范围更广。第四，成罪标准不同。本罪的成立不要求行贿的数额较大，而对非国家工作人员行贿罪明确要求"数额较大"。第五，刑法对对非国家工作人员行贿罪有对向犯的规定，即刑法第 163 条规定的非国家工作人员受贿罪，而本罪并没有对向犯，即刑法对外国公职人员或者国际公共组织官员受贿罪并没有规定。

（2）本罪与行贿罪的界限。

行贿罪，根据刑法第 389 条的规定，是指为谋取不正当利益，给予国家工作人员财物，或者在经济往来中，违反国家规定，给予国家工作人员财物，数额较大的，或者违反国家规定，给予国家工作人员各种名义的回扣、手续费的，或者因被勒索给予国家工作人员财物，获得不正当利益的行为。本罪与行贿罪在客观表现形式上存在着很大的相似之处，但是二者之间也存在诸多的区别。首先，行贿的对象不同。本罪是对外国公职人员或者国际公共组织官员行贿，而行贿罪是对国家工作人员行贿。其次，犯罪主体不同。本罪可以由单位构成，而行贿罪不能由单位构成，否则就应该是单位行贿罪。再次，二者发生的领域不同。本罪必须发生在国际商务活动中，而行贿罪虽然也可以发生在国际商务活动中，但是也可以发生在国内经济活动中。最后，犯罪目的不同。本罪要求以"谋取不正当商业利益"为目的，但是行贿罪以"谋取不正当利益"为目的。

3. 本罪的罪数形态问题

在实践中，可能会存在着行为人对外国公职人员或者国际公共组织官员行贿，从而实施的"谋取不正当商业利益"又构成其他经济犯罪的情况。此时，行为人的行贿行为与实施其他经济犯罪活动就出现了手段和目的的牵连关系，应当根据实施的其他经济犯罪的情况择一重罪论处。

如果行为人只针对外国公职人员或者国际公共组织官员中的一类进行了行贿行为，应当只成立对外国公职人员行贿罪或者对国际公共组织官员行贿罪，即本罪是可以分解的罪名。但是，如果行贿的对象包含了外国公职人员和国际公共组织官员，也只成立对外国公职人员、国际公共组织官员行贿罪一罪。

4. 本罪的共犯问题

本罪的犯罪主体是一般主体，但是不能是本罪中的外国公职人员或者国际公共组织官员。由于刑法没有将外国公职人员或者国际公共组织官员的受贿行为规定为犯罪，所以本罪没有对向犯，外国公职人员或者国际公共组织官员也不能和本罪主体构成共犯。

借鉴刑法第 392 条规定的介绍贿赂罪的规定，如果帮助行为人对外国公职人员或者国际公共组织官员行贿进行沟通、斡旋的，由于刑法没有对对外国公职人员、国际公共组织官员行贿罪作出专门规定，所以可以成立本罪的共犯。

5. 本罪的停止形态问题

本罪是故意犯罪，存在着犯罪的停止形态。同时本罪是行为犯，如果行为人向外国公职人员或者国际公共组织官员实际给予财物的，构成本罪的既遂。但是，如果行为人仅仅是"许诺"或者"提议"给予，但是由于意志以外的原因并未实际交付的，应当成立本罪的犯罪预备。如果行为人"许诺"或者"提议"给予后，由于主观原因交付财物的，即使已经获得不正当商业利益，也只能成立本罪的中止。如果行为人"许诺"或者"提议"给予后，已经获得不正当商业利益，但是在交付财物时被抓获的，应当成立本罪的未遂。

（四）对外国公职人员、国际公共组织官员行贿罪的处罚

根据修正后的刑法第164条第2款的规定，犯本罪的，依照第1款的规定处罚，即处3年以下有期徒刑或者拘役；数额巨大的，处3年以上10年以下有期徒刑，并处罚金。本条第3款规定，单位犯本罪的，对单位判处罚金，并对其直接负责的主管人员和其他直接责任人员，依照第1款的规定处罚。本条第4款规定，行贿人在被追诉前主动交待行贿行为的，可以减轻处罚或者免除处罚。

九、背信损害上市公司利益罪

（一）背信损害上市公司利益罪的概念与法源

1. 背信损害上市公司利益罪的概念

背信损害上市公司利益罪，是指上市公司的董事、监事、高级管理人员或者上市公司的控股股东、实际控制人指使上市公司的董事、监事、高级管理人员违背对公司的忠实义务，利用职务便利，操纵上市公司从事损害公司利益，致使上市公司利益遭受重大损失的行为。

2. 背信损害上市公司利益罪的法源

随着我国市场经济的发展，上市公司大量出现。但是一些上市公司的董事、监事、高级管理人员、控股股东和实际控制人将上市公司作为自己融资的平台，以无偿或者明显不公平的条件进行不正当关联交易等非法手段，侵占上市公司的资产，使得上市公司沦为"提款机"、"担保器"，不仅使上市公司的信誉下降，股价下跌，损害上市公司和股东的利益，也使广大"散户"对证券市场失去信任，严重扰乱了证券市场秩序，不利于我国市场经济的长远发展，具有严重的社会危害性。

规范上市公司的行为的规定，早在 1993 年 12 月 29 日第八届全国人大常委会第五次会议通过的公司法中就进行了规定；1994年 8 月 4 日，国务院发布了《关于股份有限公司境外募集股份及上市的特别规定》；1996 年 12 月 2 日，证监会发布了《关于加强对上市公司临时报告审查的通知》；1998 年 12 月 29 日，第九届全国人大常委会第六次会议通过了证券法；2001 年 3 月 19 日，证监会发布了《上市公司检查办法》；2002 年 1 月 7 日，证监会发布了《上市公司治理准则》；2005 年 10 月 27 日，第十届全国人大常委会第十八次会议修订通过了公司法，同时修订通过了证券法，对上市公司和上市公司的董事、监事、高级管理人员的义务和责任进行了系统的规范。1979 年刑法和 1997 年刑法由于历史条件的局限，未能将上市公司的行为在刑法中进行规制，但从 1999 年发布《刑法修正案》开始，陆续将涉及证券类的一些具有严重社会危害性的行为入罪，如内幕交易、泄露内幕信息罪，编造并传播证券、期货交易虚假信息罪，诱骗投资者买卖证券、期货合约罪，操纵证券、期货市场罪等，规定在刑法分则第三章第四节"破坏金融管理秩序罪"之下。2006 年 6 月 29 日，第十届全国人大常委会第二十二次会议通过了《刑法修正案（六）》，其中第 9 条决定在第 169条之后增设本罪，作为第 169 条之一。根据本罪罪状表述，对"违背对公司的忠实义务"，可以用"背信"一词加以概括。"背"是"违背"之意，"信"是"信用"之意，可以引申为"忠实义务"。用"背信"可以体现准确性和高度概括性，避免罪名的冗长。[①] 所以，2007 年 11 月 6 日施行的最高人民法院、最高人民检察院《关于执行〈中华人民共和国刑法〉确定罪名的补充规定（三）》将本罪定名为"背信损害上市公司利益罪"。2008 年 3 月 5日发布的最高人民检察院、公安部《关于经济犯罪案件追诉标准

---

① 参见最高人民法院刑事审判第一庭编：《现行刑事法律司法解释及其理解与适用》，人民出版社 2010 年版，第 258 页。

的补充规定》第 2 条和 2010 年 5 月 7 日发布的最高人民检察院、公安部《关于公安机关管辖的刑事案件立案追诉标准的规定(二)》第 18 条对本罪的立案追诉标准作出了同样的规定。

(二) 背信损害上市公司利益罪的构成特征

1. 客体特征

本罪的客体是复杂客体，包括国家对上市公司的管理制度和上市公司及其股东以及相关债权人的利益。上市公司，是指其股票在证券交易所上市交易的股份有限公司，通过上市，可以使公司在证券交易所溢价发行股票，通过其他股东买入的股票，以较低的成本筹集到大量的资金，增强公司的融资能力。而本罪中规定的上市公司的董事、监事、高级管理人员或者上市公司的控股股东、实际控制人"掏空"上市公司的行为既损害了国家对上市公司的管理制度，又损害了上市公司和广大中小股东的利益，使得他们被"套牢"，无法脱困，并且上市公司的债权人也不能实现其债权。

本罪的犯罪对象是上市公司利益。上市公司利益，是指通过上市公司的证券交易行为，使得公司的股价上涨、市值增加，持有上市公司股票的股东能够获得公司盈余分配的收益，而且还可以获取股票交易的增值收益。所谓"上市公司利益"，归根到底还是持有上市公司股票的股东的利益。

2. 客观特征

本罪在客观方面表现为上市公司的董事、监事、高级管理人员或者上市公司的控股股东、实际控制人指使上市公司的董事、监事、高级管理人员违背对公司的忠实义务，利用职务便利，操纵上市公司从事损害公司利益，致使上市公司利益遭受重大损失的行为。

"行为人违背了对公司的忠实义务，这是构成本罪的本质特征。"① 2005 年修订的公司法第 148 条第 1 款明确规定："董事、监事、高级管理人员应当遵守法律、行政法规和公司章程，对公司负有忠实义务和勤勉义务。"第 149 条对这些忠实义务进行了详细的规定，即"董事、高级管理人员不得有下列行为：（一）挪用公司资金；（二）将公司资金以其个人名义或者以其他个人名义开立账户存储；（三）违反公司章程的规定，未经股东会、股东大会或者董事会同意，将公司资金借贷给他人或者以公司财产为他人提供担保；（四）违反公司章程的规定或者未经股东会、股东大会同意，与本公司订立合同或者进行交易；（五）未经股东会或者股东大会同意，利用职务便利为自己或者他人谋取属于公司的商业机会，自营或者为他人经营与所任职公司同类的业务；（六）接受他人与公司交易的佣金归为己有；（七）擅自披露公司秘密；（八）违反公司忠实义务的其他行为。"

行为人必须利用了"职务便利"，即必须利用了行为人在所任职上市公司中与职权相关的便利条件，如果利用的是与职权无关的"劳务"或者"技术服务"，就不成立本罪。

根据本罪条文的规定，行为人的行为包括上市公司的董事、监事、高级管理人员直接实施和控股股东、实际控制人指使上市公司的董事、监事、高级管理人员实施两种，但是实施的具体行为方式包括以下六种：（1）无偿向其他单位或者个人提供资金、商品、服务或者其他资产的；（2）以明显不公平的条件，提供或者接受资金、商品、服务或者其他资产的；（3）向明显不具有清偿能力的单位或者个人提供资金、商品、服务或者其他资产的；（4）为明显不具有清偿能力的单位或者个人提供担保，或者无正当理由为其他单位或者个人提供担保的；（5）无正当理由放弃债权、承担

---

① 黄太云：《〈刑法修正案（六）〉的理解与适用（上）》，载《人民检察》2006 年第 14 期。

债务的；（6）采用其他方式损害上市公司利益的。

"无偿向其他单位或者个人提供资金、商品、服务或者其他资产"，是指上市公司的董事、监事、高级管理人员、控股股东、实际控制人利用其职权或者影响力，将上市公司的资金或其他资产划拨到关联公司；在没有任何交易的情况下，以自己或者关联公司的名义将上市公司的资金或者资产非法占有；在没有任何实质交易的情况下，由上市公司为关联公司或者个人支付费用；向其他单位或者个人提供资金、商品、服务或者其他资产不收取任何费用等。本项行为是最常见的占用上市公司资产的行为，是一种赤裸裸的直接占用，是一种利益输送行为，与捐赠具有本质上的不同，是"掏空"上市公司的一种主要手段。

"以明显不公平的条件，提供或者接受资金、商品、服务或者其他资产"，是指表面上存在着交易，但是实质上以明显高于市价的价格收购关联公司的资产或者接受其商品、服务，或者明显以低于市价的价格向关联公司出售资产或为其提供商品、服务，即"贵买贱卖"。一般表现为上市公司的董事、监事、高级管理人员、控股股东、实际控制人利用其职权或者影响力，以明显不公平的条件，将上市公司的资金或资产以借款或者借用的名义转移到关联公司使用；控股股东、实际控制人以自己或者关联公司的名义将上市公司的资产通过借款或者借用协议，占用上市公司的资产。这里的"明显不公平的条件"专指严重违背市场规律，对上市公司明显不利。提供的方式包括出租、出借、出售等，但不能是赠与，否则就应归入第一项的范围。

"向明显不具有清偿能力的单位或者个人提供资金、商品、服务或者其他资产"，是指上市公司的董事、监事、高级管理人员、控股股东、实际控制人明知相关单位或者个人没有清偿能力，却利用其对上市公司的控制权或者影响力，仍然让上市公司向其提供资金、商品、服务或者其他资产。这一项行为表面上不存在无偿或者明显不公平的条件，但由于提供资金、商品、服务或者其他资产的对象不具有清偿能力，在一般的市场交易条件下，是不能获得公司提供资金、商品、服务或者其他资产的机会的，而本项行为的实施就显现出了不公平的特征。本项中的"单位"一般是指上市公司的董事、监事、高级管理人员、控股股东、实际控制人控制或者支配的关联公司，"个人"一般是指上市公司的控股股东和实际控制人。"明显不具有清偿能力"是指该单位或者个人经济状况恶劣、还债能力低下或者提供的资金、商品等明显与其支付能力不符，且能够被一般人认识到。

"为明显不具有清偿能力的单位或者个人提供担保，或者无正当理由为其他单位或者个人提供担保"，是指上市公司的董事、监事、高级管理人员、控股股东、实际控制人明知相关单位或者个人没有清偿能力，却利用其对上市公司的控制权或者影响力，仍然让上市公司为其提供债务担保、贷款担保，使上市公司的资产减少或处于高风险的状态。因为上市公司为他人提供担保，如果其不能按时偿付，偿付的责任就要由提供担保的上市公司承担，而为明显不具有清偿能力的单位或者个人提供担保，就意味着上市公司很有可能要承受这种不利的后果。"无正当理由"是指没有理由或者只有牵强的理由，也包括违反担保法和公司章程的理由。

"无正当理由放弃债权、承担债务"，是指虽然存在放弃债权、承担债务的理由，但是该理由不能成立或者牵强，或者根本就没有理由而放弃债权、承担债务。根据合同法的规定，债务人可以将合同的义务全部或者部分转移给第三人。但是如果无正当理由地承担债务，必定会影响上市公司的资金流转和正常经营能力。

"采用其他方式损害上市公司利益"，这是一个兜底性的规定，是为了防止以上五种行为不能涵盖所有的背信损害上市公司利益的行为方式而作出的。实践中也存在着利用重组侵害上市公司利益，操纵上市公司业绩获得再融资资格从而侵占上市公司资产，向董事、监事、高级管理人员等支付不合理的高薪等损害上市公司利益的方式。

"损害上市公司的利益是构成这种犯罪的必备结果。"① 本罪的成立还要求"致使上市公司利益遭受重大损失"的结果，根据最高人民检察院、公安部《关于公安机关管辖的刑事案件立案追诉标准的规定（二）》第18条规定，是指：（1）无偿向其他单位或者个人提供资金、商品、服务或者其他资产，致使上市公司直接经济损失数额在150万元以上的；（2）以明显不公平的条件，提供或者接受资金、商品、服务或者其他资产，致使上市公司直接经济损失数额在150万元以上的；（3）向明显不具有清偿能力的单位或者个人提供资金、商品、服务或者其他资产，致使上市公司直接经济损失数额在150万元以上的；（4）为明显不具有清偿能力的单位或者个人提供担保，或者无正当理由为其他单位或者个人提供担保，致使上市公司直接经济损失数额在150万元以上的；（5）无正当理由放弃债权、承担债务，致使上市公司直接经济损失数额在150万元以上的；（6）致使公司发行的股票、公司债券或者国务院依法认定的其他证券被终止上市交易或者多次被暂停上市交易的；（7）其他致使上市公司利益遭受重大损失的。本罪中还存在结果加重犯，即"致使上市公司利益遭受特别重大损失的"的情形，但并没有司法解释对其进行明确，但明显应当是比"致使上市公司利益遭受重大损失"更加严重的后果。

3. 主体特征

本罪主体是特殊主体，即上市公司的董事、监事、高级管理人员、控股股东、实际控制人。控股股东、实际控制人可以是单位。

根据公司法第217条的规定，"高级管理人员"是指公司的经理、副经理、财务负责人、上市公司董事会秘书和公司章程规定的其他人员。"控股股东"是指其出资额占有限责任公司资本总额50%以上或者其持有的股份占股份有限公司股本总额50%以上的

---

① 最高人民法院刑事审判第一庭编：《现行刑事法律司法解释及其理解与适用》，人民出版社2010年版，第258页。

股东；出资额或者持有股份的比例虽然不足 50%，但依其出资额或者持有的股份所享有的表决权已足以对股东会、股东大会的决议产生重大影响的股东。"实际控制人"是指虽不是公司的股东，但通过投资关系、协议或者其他安排，能够实际支配公司行为的人。

4. 主观特征

本罪主观方面只能是故意，即行为人明知自己的行为会致使上市公司利益遭受重大损失，仍然实施了本罪行为。本罪不是目的犯，动机也不能影响本罪的成立。

(三) 背信损害上市公司利益罪的司法认定

1. 本罪罪与非罪的界限

本罪的成立与否应当重点关注以下四个方面。首先，本罪行为人必须违背了对公司的忠实义务。其次，本罪行为人必须利用了职务的便利。没有利用职务上的便利就不能成立本罪。再次，本罪必须达到"致使上市公司利益遭受重大损失"的程度。如果达不到最高人民检察院、公安部《关于公安机关管辖的刑事案件立案追诉标准的规定（二）》第 18 条规定的追诉标准，比如行为人实施了本罪中的多项行为，但是每项行为的损害数额都达不到追诉标准，就只能认为是一般的违法行为，不能成立本罪。但是，如果多次实施一项行为，每次的损害都达不到追诉标准，但是追诉时效内的行为累计达到损害数额的，就应当成立本罪。最后，要注意本罪与一般的市场风险对上市公司造成的损害。市场经济条件下，市场风险大大增加，如果行为人的行为在主观上不是故意，损害结果的发生是由于不可预知的市场风险造成的，即使行为人的行为存在违反公司、证券、担保等方面法律的行为，也不能成立本罪。

2. 本罪与相近犯罪的界限

(1) 本罪与职务侵占罪的界限。

职务侵占罪，是指公司、企业或者其他单位的人员利用职务上的便利，将本单位财物非法占为己有，数额较大的行为。本罪与职务侵占罪在利用职务便利侵占本单位利益的方面存在相似之处，但是二者之间也存在着不同。首先，犯罪主体不同。本罪主体是上市公司的董事、监事、高级管理人员、控股股东、实际控制人，控股股东、实际控制人可以是单位，而职务侵占罪的主体是公司、企业或者其他单位的人员。其次，客观表现不同。本罪客观上的表现为法律所明确，而职务侵占罪的行为方式包括利用职务便利非法占有的所有方式。最后，主观上也存在不同。本罪对行为人没有犯罪目的上的要求，而职务侵占罪要求行为人具有非法占有的目的。

（2）本罪与为亲友非法牟利罪的界限。

为亲友非法牟利罪，根据刑法第166条的规定，是指国有公司、企业、事业单位的工作人员，利用职务便利，为亲友非法牟利，使国家利益遭受重大损失的行为。其行为表现形式主要有：将本单位的盈利业务交由自己的亲友进行经营；以明显高于市场的价格向自己的亲友经营管理的单位采购商品或者以明显低于市场的价格向自己的亲友经营管理的单位销售商品；向自己的亲友经营管理的单位采购不合格商品。本罪与为亲友非法牟利罪在行为人利用职务便利，操纵上市公司从事损害公司利益，使自己的亲友得利的情况下存在着行为方式上的竞合，此时应当依据从一重处罚的原则，择一重罪论处。但是在其余的情况下，二者存在明显的区别。首先，犯罪主体不同。本罪主体是上市公司的董事、监事、高级管理人员、控股股东、实际控制人，控股股东、实际控制人可以是单位，而为亲友非法牟利罪的主体是国有公司、企业、事业单位的工作人员。其次，客观方面的行为方式不同。本罪明确了五种行为方式和一个兜底性条款，而为亲友非法牟利罪明确规定了三种行为方式。最后，获利对象不同。本罪中获利的可以是除上市公司以外的所有人，一般是行为人和关联公司，而为亲友非法牟利罪中获利的只能是行为人的亲友。

（3）本罪与徇私舞弊低价折股、出售国有资产罪的界限。

徇私舞弊低价折股、出售国有资产罪，根据刑法第169条的规定，是指国有公司、企业或者其上级主管部门直接负责的主管人员，徇私舞弊，将国有资产低价折股或者低价出售，致使国家利益遭受重大损失的行为。本罪与徇私舞弊低价折股、出售国有资产罪在行为人徇私舞弊，将国有资产低价折股或者低价出售，给上市的国有公司造成重大损失时会产生竞合，但由于本罪是整体法，应当优于徇私舞弊低价折股、出售国有资产罪适用，并且本罪的法定刑中有并处罚金刑的规定，所以本罪的法定最高刑高于徇私舞弊低价折股、出售国有资产罪，应当适用本罪。此外，二者在犯罪客体、犯罪主体、客观行为方式、对犯罪动机的要求上存在着明显的不同。

3. 本罪的罪数形态问题

本罪中规定了五种行为方式和一个兜底性的规定，但是如果行为人实施了其中的多个行为的，也只能成立一罪。但是如果行为人虽然实施了多个行为，但是每个行为所造成的损害达不到追诉标准的，也不能"累加"来认定本罪成立。如果有的行为达到了追诉标准，但有的行为未达到追诉标准的，也不能认定本罪成立既遂和未遂，而只能认定本罪成立并且既遂。

如果本罪主体实施了受贿或者索贿的行为，而为本罪行为的，此时究竟应当数罪并罚还是择一重罪论处就值得探讨。应当说，行为人之所以实施本罪行为，必定能够从中得到一定的利益，已经隐含了行为人会得到一定的好处的内容，如果对受贿或者索贿行为数罪并罚就不能反映这一行为的意义，所以在这种情况下，应当依据行为人是否具有国家工作人员的身份，在受贿罪或者非国家工作人员受贿罪和本罪之间择一重罪论处。

4. 本罪的共犯问题

本罪是故意犯罪，存在着共同犯罪的现象。实践中可能存在着上市公司的董事、监事、高级管理人员互相串通，通谋"掏空"上市公司的现象，对于这些行为人，应当认为可以成立共犯。而对于上市公司的控股股东、实际控制人指使上市公司的董事、监事、高级管理人员实施本罪行为的，应否认定控股股东、实际控制人与上市公司的董事、监事、高级管理人员之间存在共犯关系，关键在于二者之间是否存在共同的犯罪故意。如果被指使的上市公司的董事、监事、高级管理人员明知控股股东、实际控制人指使自己实施的行为的性质，也明知其后果，即使其不愿意实施，但是为了保住职位而实施的，也应成立共同犯罪。但是如果被指使的行为人并不明知自己的行为性质，其实施本罪行为是处于被蒙蔽的状态，主观上并没有故意，就不能认为二者之间存在共犯关系。

5. 本罪的停止形态问题

本罪是故意犯罪，要求"致使上市公司利益遭受重大损失"的结果出现，理论上应当是结果犯，存在犯罪的停止形态。但是由于根据最高人民检察院、公安部《关于公安机关管辖的刑事案件立案追诉标准的规定（二）》第18条的规定，如果达不到相应的追诉标准，行为人也就不能成立本罪，所以"致使上市公司利益遭受重大损失"是本罪的成立要件，本罪不存在停止形态。

（四）背信损害上市公司利益罪的处罚

根据修正后的刑法第169条之一第1款的规定，犯本罪的，处3年以下有期徒刑或者拘役，并处或者单处罚金；致使上市公司利益遭受特别重大损失的，处3年以上7年以下有期徒刑，并处罚金。

根据本条第3款的规定，犯前款罪的上市公司的控股股东或者实际控制人是单位的，对单位判处罚金，并对其直接负责的主管人员和其他直接责任人员，依照第1款的规定处罚。

十、骗取贷款、票据承兑、金融票证罪

（一）骗取贷款、票据承兑、金融票证罪的概念与法源

1. 骗取贷款、票据承兑、金融票证罪的概念

骗取贷款、票据承兑、金融票证罪，是指以欺骗手段取得银行或者其他金融机构贷款、票据承兑、信用证、保函等，给银行或者

其他金融机构造成重大损失或者有其他严重情节的行为。

2. 骗取贷款、票据承兑、金融票证罪的法源

近年来，针对金融市场中的贷款、票据承兑能够发生大额资金转移的现象，犯罪分子在这一领域的活动日渐活跃。针对这一现象，我国法律法规进行了规制。早在1995年5月10日通过的票据法中就对票据承兑行为进行了规范，其中第44条规定："付款人承兑汇票后，应当承担到期付款的责任。"中国人民银行《商业汇票办法》（银发〔1994〕163号）第15条第1款规定："银行在办理银行承兑汇票的承兑时，信贷部门负责按照信贷办法的有关规定和审批程序，以及对企业单位的资信情况、购销合同、汇票的使用对象和汇票记载的内容进行认真审查，必要时可由承兑申请人提供抵押或担保。符合规定和承兑条件的，与承兑申请人签订承兑协议。对不符合规定和承兑条件的，一律不予办理。"1997年8月21日中国人民银行发布的《票据管理实施办法》第8条第1款规定："商业汇票的出票人，为银行以外的企业和其他组织。"并且对商业汇票的出票人的条件进行了限制。中国人民银行《支付结算办法》（银发〔1997〕393号）第77条规定："出票人不得签发无对价的商业汇票用以骗取银行或者其他票据当事人的资金。"第207条规定："单位和个人办理支付结算，不准签发没有资金保证的票据或远期支票，套取银行信用；不准签发、取得和转让没有真实交易和债权债务的票据，套取银行和他人资金；不准无理拒绝付款，任意占用他人资金；不准违反规定开立和使用账户。"中国人民银行于1997年7月16日发布的《国内信用证结算办法》对信用证及相关申请等作出了规定。在刑法方面，对骗取贷款等行为的规定在1979年刑法和1997年刑法中已明确，主要是贷款诈骗罪和高利转贷罪。1996年12月24日施行的最高人民法院《关于审理诈骗案件具体应用法律的若干问题的解释》第4条对贷款诈骗罪进行了解释。"公安机关、人民银行等部门提出，实践中一些单位和个人以虚构事实、隐瞒真相等手段，骗用银行或其他金融机构的贷款。

但要认定骗贷人具有'非法占有'贷款的目的很困难。有些单位和个人虽然虚构事实、隐瞒真相、编造虚假理由获得贷款，但由于没有充分证据证明行为人主观上是否有非法占有的目的，致使这类案件的处理陷入两难境地，要么无罪，要么重刑。有的案件虽然给金融机构带来了较大损失，由于不能定贷款欺诈罪，客观上造成了此类案件的高发趋势，也危害到金融安全。"① 因此，一直存在着要将此类非以非法占有为目的的行为入刑的呼声。2006 年 6 月 29 日，第十届全国人大常委会第二十二次会议通过了《刑法修正案（六）》，其中第 10 条决定在第 175 条之后增设本罪，作为第 175 条之一。在具体确定本罪罪名过程中，有人认为可以用"金融资信"一词来概括"贷款、票据承兑、信用证、保函等"，但由于这个词不是规范的法律用语，并且上述四类犯罪对象属于不同的概念范畴，所以采取了用"金融票证"将信用证、其他保函、票据、存单、资信证明等加以概括的方式。② 2007 年 11 月 6 日施行的最高人民法院、最高人民检察院《关于执行〈中华人民共和国刑法〉确定罪名的补充规定（三）》中，将本罪定名为"骗取贷款、票据承兑、金融票证罪"。2010 年 5 月 7 日发布的最高人民检察院、公安部《关于公安机关管辖的刑事案件立案追诉标准的规定（二）》第 27 条对本罪的立案追诉标准作出了规定。

（二）骗取贷款、票据承兑、金融票证罪的构成特征

1. 客体特征

本罪客体是复杂客体，包括国家金融管理制度和金融机构的资金和信用安全。

国家的金融制度包括国家的金融管理制度和金融交易制度，本

① 黄太云：《〈刑法修正案（六）〉的理解和适用（下）》，载《人民检察》2006年第 15 期。

② 参见最高人民法院刑事审判第一庭编：《现行刑事法律司法解释及其理解与适用》，人民出版社 2010 年版，第 259 页。

罪行为虽然涉及金融交易，但由于刑法分则第三章"破坏社会主义市场经济秩序罪"中只有破坏金融管理秩序罪这一类犯罪，所以本罪就被归入了第三章第四节之下。这里的金融管理制度包括了国家的信贷、承兑、金融票证等管理制度。以骗取的手段取得银行或者其他金融机构贷款，严重影响了贷款的合理使用，导致放出的贷款不能收回，人为地造成信贷资金的紧缺和呆滞，形成金融不良资产，危及国家金融秩序。而虚假申请银行的信用证、保函以及其他资信证明容易使银行资产处于极大的风险之中，为其他金融犯罪活动提供极大的方便。[1]

银行和其他金融机构作为信用机构的一种，对市场风险也不能避免，而以虚假的手段骗取贷款、票据承兑、金融票证，会使得金融机构的贷款、资产等处于风险状态，极有可能收不回贷款，形成不良资产，使金融机构的信用受损，甚至导致金融机构破产，危及金融机构的资金和信用安全。而对于有学者认为本罪的次要客体是"金融机构的财产所有权"[2]，笔者认为，由于本罪不要求行为人在主观上具有"非法占有的目的"，所以与一般的贷款诈骗犯罪具有差异，对金融机构的财产所有权并没有侵占的目的，所以不能认为是侵犯了金融机构的财产所有权。

本罪的犯罪对象是银行或者其他金融机构贷款、票据承兑、信用证、保函等。有学者认为本罪的对象是"一切信贷"，并不局限于贷款、票据承兑、信用证、保函。[3] 这就要对本罪条文中规定的"等"字进行解释，应当认为其属于"等外等"，即不仅限于贷款、票据承兑、信用证、保函四类，还可以包含票据、存单、资信证明

---

① 参见王海涛主编：《刑法修正案（六）罪名图解与案例参考》，中国法制出版社 2006 年版，第 127 页。

② 冯汝义编著：《办理刑事案件流程及罪名适用》，中国检察出版社 2010 年版，第 918 页。

③ 参见赵英武编著：《刑法直查——刑法条文与相关法规"三元分解、五栏贯通"全解》，法律出版社 2011 年版，第 239 页。

等类别。① 所以用"一切信贷"来指称本罪对象也并无不当。

贷款，是指贷款人对借款人提供的并按约定的利率和期限还本付息的货币资金。票据承兑，是指票据付款人以明确记载的方式承诺在票据到期日支付票据全部金额的票据行为。信用证，是指开证银行根据作为进口商的开证申请人的请求，开给受益人的一种具备了约定条件后，即可得到由开证银行支付的约定金额的保证付款凭证。保函，是指应申请人的请求，向第三方开具的保证受益人按照保函的规定履行某种特定的义务，一旦申请人未能履行保函所规定的义务时，则由担保人代为履行义务的书面保证文件。这里的其他金融机构是指除银行外其他依法参与金融活动，开展金融业务，具备法人资格的组织。

2. 客观特征

本罪在客观方面表现为以欺骗手段取得银行或者其他金融机构贷款、票据承兑、信用证、保函等，给银行或者其他金融机构造成重大损失或者有其他严重情节的行为。

本罪所谓"以欺骗手段"，是指以虚构事实、隐瞒真相的方法，取得银行或者其他金融机构贷款、票据承兑、信用证、保函等的一切行为方式。所谓"虚构事实"，是指编造客观上不存在的事实，以取得银行或其他金融机构的信任；所谓"隐瞒真相"，是指有意掩盖客观存在的某些事实，使银行或其他金融机构产生错觉。由于本罪对象申请和获取资金的方式不同，所以这里的"欺骗手段"的内容也因犯罪对象的不同而有所差别。一般而言，针对贷款的欺骗手段主要有：编造引进资金、项目等虚假理由；使用虚假的经济合同；使用虚假的证明文件等。针对票据承兑的欺骗手段主要有：伪造申请承兑的申请书、法人营业执照、代码证复印件、财务报表、购销合同和担保材料等。由于票据是无因证券，可以在规

---

① 参见最高人民法院刑事审判第一庭编：《现行刑事法律司法解释及其理解与适用》，人民出版社 2010 年版，第 259 页。

定的期限内流转，而且作为付款人的银行必须承担承兑的义务，如果行为人伪造虚假的承兑文件，就有可能使银行遭受巨大的损失。针对信用证的欺骗手段主要有：编造申请开立信用证的主体；编造根本不存在的买卖交易合同；虚构投资事实；编造申请开立信用证的资信担保等。针对保函的欺骗手段主要有：提供虚假担保；编造虚假的交易合同等。由此可以看出，"欺骗手段"通常表现为两个方面，即虚构材料和虚构主体资格。

本罪成立要求"给银行或者其他金融机构造成重大损失或者有其他严重情节"，根据 2010 年 5 月 7 日发布的最高人民检察院、公安部《关于公安机关管辖的刑事案件立案追诉标准的规定（二）》第 27 条的规定，是指："（一）以欺骗手段取得贷款、票据承兑、信用证、保函等，数额在一百万元以上的；（二）以欺骗手段取得贷款、票据承兑、信用证、保函等，给银行或者其他金融机构造成直接经济损失数额在二十万元以上的；（三）虽未达到上述数额标准，但多次以欺骗手段取得贷款、票据承兑、信用证、保函等的；（四）其他给银行或者其他金融机构造成重大损失或者有其他严重情节的情形。"根据 2008 年 6 月 25 日施行的最高人民检察院、公安部《关于公安机关管辖的刑事案件立案追诉标准的规定（一）》第 100 条的规定，上述立案标准也适用于单位犯罪。本罪中还存在结果加重犯和情节加重犯的规定，"给银行或者其他金融机构造成特别重大损失或者有其他特别严重情节的"，法定刑升格，但是对于何谓"重大损失或者有其他特别严重情节"，相关司法解释并未明确。

由于上述对"重大损失或者其他严重情节"的要求，纵使有骗取信贷的行为，但是未给银行或者其他金融机构造成重大损失，同时也不具有其他严重情节的，不构成犯罪。

3. 主体特征

本罪主体是一般主体，包括年满 16 周岁具备刑事责任能力的自然人，也包括单位。一般是贷款、票据承兑、信用证、保函等的申请人，既可以是真实的申请人，但实施了提供虚假证明的行为，申请了远远超过偿还能力的资金；也可以是虚构根本不存在的企业法人和自然人申请贷款、票据承兑、信用证、保函等。

4. 主观特征

本罪在主观上是故意，包括直接故意和间接故意。在对本罪的主观方面的认识上，学界存在较大分歧。有的认为"主观方面为故意，但不具有非法占有的目的"①，有的认为"本罪的罪过是故意，至于行为人主观上是否具有非法占有的目的不影响本罪的成立"②，还有的人认为"本罪的主观方面是过失，同时不排除特殊情况下的间接故意"③。笔者认为，由于本罪的行为方式是骗取，行为人对于自身行为必定有所认识，既然认识到自身并无偿还能力，或者以虚假的材料证明骗取贷款、票据承兑、信用证、保函等，就已经对行为的后果有了认识，而不可能预见不到。由于行为人并未采取积极行动使自身具有偿还的条件，从而使得本罪行为人并不具备"过于自信"的前提。所以，本罪在主观上就应当是故意，而不是过失。

与贷款诈骗罪显著不同的一点是，本罪不能具有"非法占有"的目的。行为人只能是想着将骗取的资金等归自己使用，但是将来盈利之后会归还。在司法实践中，认定是否具有非法占有的目的，应当持主客观相一致的原则，既要避免单纯根据损失结果客观归罪，也不能仅凭被告人自己的供述，而应当根据案件具体情况具体分析。根据最高人民法院 2001 年 1 月 21 日发布的《全国法院审理金融犯罪案件工作座谈会纪要》，对于行为人通过诈骗方法非法获取资金，造成数额较大的资金不能返还，并具有下列情形之一的，

---

① 何泽宏：《解读〈刑法修正案（六）〉》，载《现代法学》2006 年第 6 期。

② 刘艳红：《中华人民共和国刑法修正案（六）之解读》，载《法商研究》2006 年第 6 期。

③ 王海涛：《刑法修正案（六）罪名图解与案例参考》，中国法制出版社 2006 年版，第 152 页。

可以认定为具有非法占有的目的:(1)明知没有归还能力而大量骗取资金的;(2)非法获取资金后逃跑的;(3)肆意挥霍骗取资金的;(4)使用骗取的资金进行违法犯罪活动的;(5)抽逃、转移资金,隐匿财产,以逃避返还资金的;(6)隐匿、销毁账目,或者搞假破产、假倒闭,以逃避返还资金的;(7)其他非法占有资金拒不返还的行为。本罪行为是否具有非法占有的目的可以以此进行认定。行为人的犯罪动机如何不影响本罪的构成。

（三）骗取贷款、票据承兑、金融票证罪的司法认定

1. 本罪罪与非罪的界限

本罪的成立与否,必须重点关注以下三个方面。首先,本罪要求必须"给银行或者其他金融机构造成重大损失或者有其他严重情节",如果行为人的行为造成的损害达不到最高人民检察院、公安部《关于公安机关管辖的刑事案件立案追诉标准的规定（二）》第27条的规定,就不能成立本罪,而只能是一般的违法行为。其次,本罪中行为人必须已经骗得了信贷,如果没有骗取信贷、资金,就不能成立本罪,但是如果"具有其他严重情节的",应当成立本罪。最后,本罪必须采用了骗取的手段,无论是虚构事实,还是隐瞒真相,都具有"骗"的特征,如果行为人没有使用"骗"的方式,即使给银行或者其他金融机构造成重大损失,或者具有其他严重情节的,也不能成立本罪。

2. 本罪与相近犯罪的界限

（1）本罪与贷款诈骗罪的界限。

贷款诈骗罪,依照刑法第193条的规定,是指以非法占有为目的,骗取银行或者其他金融机构的贷款,数额较大的行为。本罪的设立就是为了弥补贷款诈骗罪在实践中的不足,所以本罪与贷款诈骗罪在行为方式上存在相同之处,但是二者也存在着明显的差别。首先,主观目的不同。这是二者最大的区别。本罪必须是在主观上不存在非法占有的目的,而贷款诈骗罪以非法占有的目的为成立条件,其判断依据可以根据《全国法院审理金融犯罪案件工作座谈

会纪要》来认定。其次，犯罪主体不同。本罪是一般主体，既可以是个人，也可以是单位，而贷款诈骗罪的主体只能是个人。最后，二者的侵犯客体不同。本罪由于不以非法占有为目的，并没有侵犯金融机构的财产所有权，而贷款诈骗罪则侵犯了金融机构的财产所有权。

（2）本罪与高利转贷罪的界限。

高利转贷罪，根据刑法第175条的规定，是指行为人以高利转贷为目的，套取金融机构信贷资金高利转贷他人，违法所得数额较大的行为。本罪与高利转贷罪在表现形式上存在一定的相似之处，但是二者也存在较大差异。首先，犯罪目的不同。本罪不以非法占有为目的，而高利转贷罪则以高利转贷牟利为目的。其次，行为方式不同。高利转贷罪要求行为人必须实施了高利转贷给他人的行为，本罪不要求这一行为。再次，取得金融机构的资金的方式不同。本罪只能通过"骗取"的方式获得，而高利转贷罪既可以是合法获得，也可以是骗取。最后，定罪标准不同。本罪以给银行或者其他金融机构造成重大损失或者有其他严重情节为定罪依据，而高利转贷罪以违法所得数额为依据。

（3）本罪与票据诈骗罪、金融凭证诈骗罪、信用证诈骗罪的界限。

票据诈骗罪、金融凭证诈骗罪、信用证诈骗罪，是刑法第194条和第195条规定的3个罪名。在行为方式上，与本罪存在着一定的相似之处，但是也存在着差异。首先，犯罪目的不同。本罪要求不以非法占有为目的，而票据诈骗罪、金融凭证诈骗罪、信用证诈骗罪一般要求具有非法占有的目的。其次，票据、金融凭证、信用证的地位不同。本罪中的票据等是犯罪对象，而票据诈骗罪、金融凭证诈骗罪、信用证诈骗罪中的票据等是犯罪工具。最后，骗取行为针对的对象不同。本罪行为针对的必须是银行或者其他的金融机构，而票据诈骗罪、金融凭证诈骗罪、信用证诈骗罪针对的未必是金融机构。

3. 本罪的罪数形态问题

本罪中行为人可能针对不同的犯罪对象都实施了骗取的行为，但是由于骗取贷款、票据承兑、金融票证的行为都属于本罪中的行为方式，即使行为人实施了多种对象的骗取，也只能认定为一罪。而对于那些实施骗取时没有非法占有的故意，但是行为结束后产生非法占有的，即犯意发生转化的情形，应当根据1998年4月29日最高人民法院《关于审理挪用公款案件具体应用法律若干问题的解释》第6条"携带挪用的公款潜逃的，按照刑法关于贪污罪的规定定罪处罚"的精神，按贷款诈骗罪等相关的金融诈骗罪处理，不能定本罪，也不能数罪并罚。如果行为人为了骗取贷款、票据承兑、金融票证等金融信用，又实施了伪造国家机关公文、印章或者公司、企业、事业单位的印章的行为，同时构成刑法第280条规定的伪造国家机关公文、印章罪或伪造公司、企业、事业单位印章罪，应当成立牵连犯，从一重罪论处。

4. 本罪的共犯问题

在本罪中，如果行为人与金融机构工作人员勾结，金融机构工作人员明知行为人不符合贷款条件而仍然为其发放贷款的，对行为人和金融机构工作人员如何定罪？有学者认为，"相对于骗取贷款、票据承兑、金融票证罪来说，行为人的行为是实行行为，而金融机构工作人员的行为是非实行行为（帮助行为）；而相对于违法发放贷款等罪来说，金融机构工作人员的行为是实行行为，而行为人的行为则是非实行行为（帮助行为）。也就是说，在这种情况下，行为人与金融机构工作人员是互为共犯，行为人是骗取贷款、票据承兑、金融票证罪的实行犯，同时也是违法发放贷款等罪的帮助犯；金融机构工作人员是违法发放贷款等罪的实行犯，同时也是骗取贷款、票据承兑、金融票证罪的帮助犯。行为人与金融机构工作人员都是一行为同时触犯数个罪名，构成想象竞合，应当从一重罪处断"。① 笔者认为这一解释是合理的，应当从违法发放贷款罪，违规出具金融票证罪，对违法票据承兑、付款、保证罪与本罪中择一重罪处断。如果行为人以行贿或者金融机构工作人员以索贿的方式来实施上述行为的，应当认为与上述行为存在牵连关系，择一重罪处断。

5. 本罪的停止形态问题

本罪是故意犯罪，理论上存在犯罪停止形态。但是由于本罪的成立要求"给银行或者其他金融机构造成重大损失或者有其他严重情节"，即犯罪结果的发生才成立本罪，所以就出现了犯罪成立就既遂的状态。因此，达不到最高人民检察院、公安部《关于公安机关管辖的刑事案件立案追诉标准的规定（二）》第27条规定的追诉标准的，不能认为是犯罪，也就不能存在停止形态。

（四）骗取贷款、票据承兑、金融票证罪的处罚

根据修正后的刑法第175条之一第1款的规定，犯本罪的，处3年以下有期徒刑或者拘役，并处或者单处罚金；给银行或者其他金融机构造成特别重大损失或者有其他特别严重情节的，处3年以上7年以下有期徒刑，并处罚金。

本条第2款规定，单位犯前款罪的，对单位判处罚金，并对其直接负责的主管人员和其他直接责任人员，依照前款的规定处罚。

十一、妨害信用卡管理罪

（一）妨害信用卡管理罪的概念与法源

1. 妨害信用卡管理罪的概念

妨害信用卡管理罪，是指明知是伪造的信用卡而持有、运输，或者明知是伪造的空白信用卡而持有、运输，数量较大的；或者非法持有他人信用卡，数量较大的；或者使用虚假的身份证明骗领信

---

① 柳忠卫：《骗取贷款、票据承兑、金融票证罪疑难、争议问题研究——兼论我国刑法立法模式的完善》，载《法学评论》2009年第1期。

用卡的；或者出售、购买、为他人提供伪造的信用卡或者以虚假的身份证明骗领的信用卡的行为。

2. 妨害信用卡管理罪的法源

本罪是 2005 年 2 月 28 日第十届全国人大常委会第十四次会议通过的《刑法修正案（五）》增设的罪名。信用卡作为现代金融领域的重要支付、结算、流通工具，发挥着越来越重要的作用。自 1985 年中国银行珠海分行发行第一张信用卡以来，信用卡业务在我国得到迅速发展。进入 21 世纪以来，为与全球金融信息化相接轨，信用卡业务在我国出现了"井喷式"发展。仅 2001 年至 2005 年，国内银行卡发卡总量就从 3.8 亿张猛增到 9 亿张，持卡消费金额也增长了近 4 倍。但是，随着信用卡业务的迅速发展，有关信用卡的犯罪也急剧攀升，并且手段不断翻新。特别是集团之间分工作案日益明显，专门替他人持有、运输伪造的信用卡或者境外人员利用他人在境外的信用卡进入我国境内大肆消费或恶意透支，使我国金融机构遭受严重损失的案件时有发生，原有刑法中关于信用卡诈骗罪的相关规定很难适应这些新型的犯罪行为。为了更有效地打击这种本质上属于信用卡诈骗犯罪的预备犯、帮助犯或者上游犯罪的罪行，全国人大常委会在修订刑法时特意参考有关国外打击信用卡犯罪的有关立法，将这些新型信用卡犯罪类型予以法定化，专门规定以妨害信用卡管理罪论处。《刑法修正案（五）》第 1 条规定，在刑法第 177 条后增加一条，作为第 177 条之一："有下列情形之一，妨害信用卡管理的，处三年以下有期徒刑或者拘役，并处或者单处一万元以上十万元以下罚金；数量巨大或者有其他严重情节的，处三年以上十年以下有期徒刑，并处二万元以上二十万元以下罚金：（一）明知是伪造的信用卡而持有、运输的，或者明知是伪造的空白信用卡而持有、运输，数量较大的；（二）非法持有他人信用卡，数量较大的；（三）使用虚假的身份证明骗领信用卡的；（四）出售、购买、为他人提供伪造的信用卡或者以虚假的身份证明骗领的信用卡的……"

（二）妨害信用卡管理罪的构成特征

1. 客体特征

关于本罪的客体，理论界主要有两种意见。一种观点认为，本罪客体为单一客体，即"国家对信用卡的管理秩序"。[①] 另一种观点认为，本罪客体为"国家对信用卡的管理规定和他人的财产所有权，是双重客体"。[②] 笔者认为，财产所有权不能作为本罪的客体。虽然从现实发生的案件看来，犯罪行为人绝大多数具有套取、骗取银行等金融机构资金或者非法占有其他财物的目的，但本罪毕竟不同于直接指向他人财物的信用卡诈骗罪，犯罪人的行为多数还处在利用信用卡进行诈骗的上游阶段或者前置程序，并不一定直接侵犯了他人的财产所有权，如明知是伪造的信用卡而予以持有、运输的行为，不能说侵犯了谁的财产所有权。因此，鉴于本罪构成方式的多样性和特殊性，以及刑法打击此类犯罪的提前性，只能认为本罪的客体是国家对信用卡的正常管理秩序。《银行卡业务管理办法》第 61 条规定，任何单位和个人有下列情形之一的，根据刑法及相关法规进行处理：骗领、冒用信用卡的；伪造、变造银行卡的；恶意透支；利用银行卡及其机具欺诈银行资金。由此可见，本罪的客体应该为国家对信用卡的管理秩序。

关于本罪的犯罪对象，有的学者认为就是信用卡[③]，有的认为根据不同的行为类型也有区别。[④] 在不同的行为方式之下表现为不同的对象。笔者认为，后一种意见是正确的。对于本罪的客观特征第 1 项所指的行为，犯罪对象为"伪造的信用卡"或者"伪造的空白信用卡"，即假卡；对于第 2、3 项所指的行为，犯罪对象为

---

① 薛瑞麟主编：《金融犯罪再研究》，中国政法大学出版社 2007 年版，第 7 页。

② 刘建著：《金融刑法学》，中国人民公安大学出版社 2008 年版，第 341 页。

③ 利子平、樊宏涛：《论妨害信用卡管理罪》，载《南昌大学学报》（人文社会科学版）2005 年第 6 期。

④ 刘杰：《试析〈刑法修正案（五）〉对信用卡犯罪之完善》，载《湖南公安专科学校学报》2005 年第 6 期。

真实的信用卡；对于第 4 项所指的行为，犯罪对象为"伪造的信用卡"或者"以虚假的身份证明骗领的信用卡"，这里既包括假卡，也包括真卡。所谓"信用卡"，应当注意刑法上所称的信用卡与金融界所称的信用卡含义不完全相同。1999 年中国人民银行发布的《银行卡业务管理办法》规定，银行卡是指由商业银行（含邮政金融机构）向社会发行的具有消费信用、转账结算、存取现金等全部或部分功能的信用支付工具。银行卡包括信用卡和借记卡。信用卡按是否向发卡行交存备用金分为贷记卡和准贷记卡两类。贷记卡，是指发卡行给予持卡人一定的信用额度，持卡人可在信用额度内先消费、后还款的信用卡。准贷记卡，是指持卡人须先按发卡行要求交存一定金额的备用金，当备用金账户余额不足支付时，可在发卡行规定的信用额度内透支的信用卡。借记卡按照功能不同分为转账卡（含储蓄卡）、专用卡、储值卡。借记卡与信用卡最大的区别就是不具备透支功能，这也是国际上通行的规则。由此可见，狭义上的信用卡仅仅是指具有透支功能的银行卡，金融界对信用卡的界定正是在这一意义上进行的。但是，2004 年 12 月 29 日全国人大常委会专门作出了《关于〈中华人民共和国刑法〉有关信用卡规定的解释》，以立法解释的形式规定："刑法规定的'信用卡'，是指由商业银行或者其他金融机构发行的具有消费支付、信用贷款、转账结算、存取现金等全部功能或者部分功能的电子支付卡。"这就是说刑法中的"信用卡"不必是具备透支功能的银行卡。应该说这一解释极大地扩展了金融领域中通行的信用卡概念，不仅国内金融界不这样认可，国际范围的金融领域也不是这样理解的，非常不利于我国司法机关与其他国家司法机关就信用卡跨国犯罪展开国际合作。因此，这一立法解释的合理性实在值得质疑。如果刑法意图将所有银行卡业务方面的犯罪都囊括进来而不想出现疏漏，完全用不着采用作出与其他法规和专业领域不一致的解释的方式。所谓"伪造的信用卡"，是指假冒银行或者其他金融机构的名义非法制作的已经写入个人信用卡磁条信息的具有支付功能的信用卡。所谓"伪造的空白信用卡",是指假冒银行等金融机构的名义非法制作的尚未写入个人信用卡磁条信息的还不具有支付功能的信用卡。后者是前者的必经阶段,前者是后者的最终形式。显然,持有、运输前者比持有、运输后者具有更为严重的社会危害性,对法益的侵害更为逼近。至于变造的信用卡,因为只保留了卡的表面形式,内容上则完全属于伪造,因而本质上仍属于伪造的信用卡。

2. 客观特征

本罪在客观方面表现为行为人明知是伪造的信用卡而持有、运输,或者明知是伪造的空白信用卡而持有、运输,数量较大的,或者非法持有他人信用卡,数量较大的,或者使用虚假的身份证明骗领信用卡,或者出售、购买、为他人提供伪造的信用卡或者以虚假的身份证明骗领的信用卡四种形式。下面拟逐一进行介绍:

(1) 明知是伪造的信用卡而持有、运输,或者明知是伪造的空白信用卡而持有、运输,数量较大的。对于伪造的信用卡,只要持有或者运输,就可以构成本罪,没有数量上的要求;但对于伪造的空白信用卡,刑法规定持有、运输要达到数量较大才构成犯罪。至于何谓"数量较大",有待于最高司法机关的解释。所谓"持有",是指"一种事实上的支配,行为人与物之间存在一种事实的支配与被支配的关系"。[①] 在理论上,持有表现为直接占有、携带、藏有或者以其他方法支配物,不要求物理上的握有,也不要求行为人是该物的所有者、占有者,也就是说,即使由他人占有,只要事实上该物处于行为人控制之下即可。[②] 但是,何谓"运输",理论上认识并不一致。有的学者认为,运输是指利用飞机、火车、汽车等运输工具,或者采用其他方式,将物品运往异处的行为。[③] 有人

[①] 参见张明楷著:《刑法学》(第二版),法律出版社 2003 年版,第 877 页。

[②] 参见张明楷著:《刑法学》(第二版),法律出版社 2003 年版,第 877 页。

[③] 参见王新著:《金融刑法导论》,北京大学出版社 1998 年版,第 108 页。

认为是大量地将物品从甲地运往乙地的行为。① 还有的人认为"运输"与"转移"在刑法上是两个不同的术语，含义不完全相同。运输除包括转移外，还强调通过一定的方式，即是否通过一定的交通工具。并且运输与转移相比，对距离的要求更高。② 笔者认为，最后一种看法是可以接受的。既然刑法分别使用了"运输"与"转移"两种表达方式，就表明其中还是有区别的。运输当然是一种转移，但按照通常的观念需要达到一定的距离和利用一定的运输工具才能称得上。

（2）非法持有他人信用卡，数量较大的。按照国际信用卡组织和我国中央银行的规定，信用卡及其账户只限经发卡行批准的持卡人本人使用，不得提供、出租或者转借给他人使用。因此，持有他人的信用卡是非法的。但是，现实中有的人将自己的信用卡借给他人的情况也是时有发生的，一般数量也不会较多。此种情况下持有人并不构成犯罪。但如果大量持有他人的信用卡，这种情况肯定是不正常的，多是为了进行恶意透支而实施的先行行为。另外，实践中还曾一度出现行为人大量收购资信不良者的信用卡，将其携带至外地或者境外，在异地提现或进行大额透支消费，直到授信额度用满。而信用卡所有人却以未曾外出或者出境为由否认交易，将损失转嫁到银行等机构的情况。为了打击这种行为，也为了避免在无法认定持有人进行信用卡诈骗的主观意图时有力惩罚这类具有严重危害的行为，刑法规定凡是非法持有他人信用卡，数量达到一定程度就应当以犯罪论处。

（3）使用虚假的身份证明骗领信用卡的。根据中国人民银行的有关规定，申请信用卡的人必须提供公安部门签发的本人有效身

---

① 参见高铭暄主编：《新编中国刑法学》，中国人民大学出版社 1998 年版，第 604 页。

② 参见王作富主编：《刑法分则实务研究（上）》，中国方正出版社 2006 年版，第 508 页。

份证件。普通中国公民必须提供居民身份证复印件，现役军官必须提供军官证复印件，外国人必须提供护照复印件。这些证明个人身份的文件上都记载着个人的姓名、性别、证件号码、照片、签发机关和有效日期等信息，对于银行核实个人的身份和日后追索其透支消费形成的债务具有极为重要的作用。所谓虚假的身份证明，系指上述信息的部分或者全部不真实的个人身份证明。实践中常见的是利用盗窃的或者伪造的身份证件，利用通过招工、招生等渠道收集的他人身份资料或者身份证复印件，等等。所谓骗领信用卡，是指行为人在办理信用卡申领手续时，弄虚作假，利用这种不真实的个人身份证明骗取银行等金融机构的信任，从而最终取得真实信用卡的行为。但是这并不是说只要在申请信用卡过程中有任何虚构事实或者隐瞒真相的行为就是骗领，如果行为人只是夸大了某些非核心的信息，如自己的工资收入、财产证明或者财务状况等，但基本的个人信息是真实的，就不宜认为是骗领信用卡。应当指出，现实生活中，利用伪造的身份证明骗领信用卡的情况是最常见的犯罪行为，行为人骗领的目的一般是恶意透支后逃之夭夭。对此应分两个行为对待，前一行为构成妨害信用卡管理罪，后一行为则构成信用卡诈骗罪，二者具备手段与目的的关系，应按照牵连犯的原则处理。

（4）出售、购买、为他人提供伪造的信用卡或者以虚假的身份证明骗领的信用卡。根据中国人民银行的有关规定，信用卡是禁止个人出售、购买或者提供给他人使用的。对于伪造的或者以虚假身份证明骗领的信用卡更是如此。因此，无论是出售、购买还是为他人提供伪造的或者以虚假身份证明骗领的信用卡都属于违法行为，刑法在此特规定为本罪的一种行为方式。所谓"出售"，是指以有偿转让为目的将信用卡卖给他人；所谓"购买"，当然是"出售"的对向行为，是指通过支付一定代价取得信用卡的所有权；所谓"为他人提供"，在此应理解为向他人无偿转让信用卡的所有权，或者无偿提供信用卡的使用权。不管何种方式，只要行为人向他人出售、提供或者购买的信用卡是伪造的或者是以虚假身份证明骗领的，都构成本罪。刑法对此没有数额或者情节的要求。

3. 主体特征

本罪主体为一般主体，凡年满 16 周岁，具备刑事责任能力的自然人都可以构成。一般认为，单位不能构成本罪，对于实践中出现的有的公司冒用公司员工名义骗领信用卡的行为，应当追究直接责任人员的刑事责任，而不以单位犯罪论处。但是，也有个别学者认为，单位也可以构成本罪，理由是《刑法修正案（五）》将本罪作为刑法第 177 条之一，而 1997 年刑法第 177 条第 2 款规定了"单位犯前款罪的，对单位判处罚金……"由此应理解为单位也可构成本罪。① 笔者认为，这种观点值得商榷。《刑法修正案（五）》的确是将本罪作为刑法第 177 条之一，1997 年刑法第 177 条第 2 款也确实规定了单位犯罪。但《刑法修正案（五）》所增加的罪名应当是具备单独构成要件的，与刑法中该条的原有罪名的构成要件并不必然相同。之所以采用修正案的形式，主要是考虑到法典的完整性和连续性，所增加的罪名插入到某一条文之后，并不意味着与条文中原有罪名的构成特征有共同性。就本罪而言，妨害信用卡管理显然在主客观各个方面都不同于伪造、变造金融票证的罪行。因此，单位虽然可以构成伪造、变造金融票证罪，但没有理由说本罪就一定可以由单位构成。刑法第 177 条与刑法第 177 条之一应看做两个相互独立的罪名，既然刑法第 177 条之一没有规定单位犯罪，就不能认为本罪能够由单位构成。

4. 主观特征

本罪在主观方面是故意，过失不能构成本罪。值得注意的是，本罪中"持有、运输伪造的信用卡"，行为人必须明知信用卡是伪造的；"持有、运输伪造的空白信用卡"，行为人必须明知其持有、

---

① 参见薛瑞麟主编：《金融犯罪再研究》，中国政法大学出版社 2007 年版，第 17 页。

运输的是伪造的空白信用卡。行为人的动机不影响定罪。

（三）妨害信用卡管理罪的司法认定

1. 本罪罪与非罪的界限

妨害信用卡管理的行为在现实生活中比较常见，并不是所有此类行为都成立犯罪。其中，明知是伪造的空白信用卡而持有、运输的，非法持有他人真实信用卡的，必须达到数量较大，才构成犯罪。这里的"数量较大"，是指信用卡本身的数量较大，不是指信用卡中资金数额或者可透支的数额较大。至于数量达到多少才是刑法规定的"较大"，有待司法机关作出解释。

2. 本罪与相近犯罪的界限

（1）本罪与伪造金融票证罪的界限。

刑法第177条规定的伪造金融票证罪中包含了"伪造信用卡"的行为方式，这与本罪中的某些行为方式有联系。但是，伪造信用卡，是指利用发卡银行的空白信用卡、尚未使用的信用卡或者他人作废的信用卡等对磁条信息进行修改，由此制成非法信用卡的行为。在本罪中，刑法惩罚的是没有证据证明行为人就是伪造信用卡的人，但有证据表明行为人明知是伪造的信用卡或者伪造的空白信用卡而予以持有、运输的行为。如果有证据证明行为人先实施了伪造信用卡的行为，而后又予以持有、运输的，应当以伪造行为吸收持有、运输行为，以伪造金融票证罪论处。

（2）本罪与信用卡诈骗罪的界限。

刑法第196条规定的信用卡诈骗罪与本罪有密切的联系。二者的区别在于：信用卡诈骗罪打击的重点在于"使用"伪造的或者作废信用卡、"冒用"他人信用卡的行为；本罪打击的重点在于使用伪造的信用卡、冒用他人的信用卡的预备行为，即行为人还没有开始使用，但已经持有、运输伪造的信用卡，或者已经非法持有他人的信用卡，数量较大的。同样，对于使用虚假身份证明骗领信用卡的，应以本罪处理；而骗领之后予以使用的行为，应以信用卡诈骗罪论处。如果行为人以实施信用卡诈骗为目的，同时构成妨害信用卡管理的犯罪，应当看做手段行为与目的行为的牵连，按照牵连犯的处理原则从一重罪处罚。由于信用卡诈骗罪的法定刑较重，应当以信用卡诈骗罪处罚。

3. 本罪的罪数形态问题

本罪的行为方式有四种，行为人同时满足这四种行为方式的也只构成本罪一罪。行为人先伪造信用卡，后非法持有、运输的，应构成伪造金融票证罪，不再单独定本罪；行为人同时具备持有伪造的信用卡或者他人信用卡，构成本罪的，又实施了使用伪造的信用卡或者冒用他人信用卡的，作为牵连犯，按照信用卡诈骗罪从重处罚。但是，行为人使用虚假身份证明骗领大量信用卡，其中部分用于出售，部分用于自己诈骗金融机构，应以本罪与信用卡诈骗罪并罚。对于行为人先伪造身份证，后利用伪造的身份证向银行等金融机构骗领信用卡的，也可按照伪造居民身份证罪与本罪的牵连犯处理。

4. 本罪的共犯问题

如果发卡银行工作人员利用职务之便骗领信用卡并且使用，应构成贪污罪或者职务侵占罪；如果发卡银行工作人员与其他人勾结，利用发卡银行工作人员职务之便共同骗领信用卡的，依照共同犯罪原理，应以有特殊身份者的罪名来认定；如果仅仅是骗领尚未使用，各共同犯罪人均应按照本罪定罪处罚；如果骗领后已经使用，各共同犯罪人应该按照银行工作人员的身份，以贪污罪或者职务侵占罪论处。

（四）妨害信用卡管理罪的处罚

根据修正后的刑法第177条之一第1款规定，犯本罪的，有下列情形之一，处3年以下有期徒刑或者拘役，并处或者单处1万元以上10万元以下罚金；数量巨大或者有其他严重情节的，处3年以上10年以下有期徒刑，并处2万元以上20万元以下罚金：（1）明知是伪造的信用卡而持有、运输的，或者明知是伪造的空白信用卡而持有、运输，数量较大的；（2）非法持有他人信用卡，数量较大的；（3）使用虚假的身份证明骗领信用卡的；（4）出售、购买、为他人提供伪造的信用卡或者以虚假的身份证明骗领的信用卡的。

十二、窃取、收买、非法提供信用卡信息罪

（一）窃取、收买、非法提供信用卡信息罪的概念与法源

1. 窃取、收买、非法提供信用卡信息罪的概念

窃取、收买、非法提供信用卡信息罪，是指行为人窃取、收买或者非法提供他人信用卡信息资料的行为。

2. 窃取、收买、非法提供信用卡信息罪的法源

关于惩治信用卡犯罪的立法早在 1995 年 6 月 30 日全国人大常委会通过的《关于惩治破坏金融秩序犯罪的决定》中就已出现，当时增设了有关信用卡犯罪的两个罪名：伪造金融票证罪与信用卡诈骗罪。1997 年刑法基本吸取了该决定的相关内容，并对信用卡诈骗罪进行了完善。2004 年 12 月 29 日全国人大常委会专门出台了《关于〈中华人民共和国刑法〉有关信用卡规定的解释》，对刑法中"信用卡"的含义进行了立法解释。但是，实践中新出现的犯罪形态花样百出，让人防不胜防。最令司法人员头疼的是有的行为用伪造金融票证罪或者信用卡诈骗罪来定罪非常勉强，或者在证据证明上十分困难，而不处理又放纵了这类具有越来越严重社会危害性的行为，如利用黑客技术、网络病毒等盗窃客户银行卡号、秘密；在 ATM 机键盘上安装银行卡密码解码器，盗取客户银行卡信息资料；银行工作人员为了谋取私利，将客户信用卡资料信息故意泄露给他人；等等。为了严密法网，严惩这类信用卡伪造或者诈骗的上游犯罪，2005 年 2 月 28 日全国人大常委会通过了《刑法修正案（五）》，增设了本罪。《刑法修正案（五）》第 1 条第 1 款规定的是妨害信用卡管理罪，第 2 款接着规定："窃取、收买或者非法提供他人信用卡信息资料的，依照前款规定处罚。"第 3 款规定："银行或者其他金融机构的工作人员利用职务上的便利，犯第二款

罪的，从重处罚。"因此，本罪是区别于妨害信用卡管理罪的独立罪名。有个别学者认为，本罪并不是独立的罪名，应作为妨害信用卡管理罪的一种行为方式。① 笔者认为，从广义上说，无论是窃取、收买还是非法提供他人信用卡信息资料，在性质上都属于妨害国家对信用卡管理的行为，但是刑法在该条单独采用一款来表述，并规定"依照前款规定处罚"，即表明这一款是独立的罪名，在处罚上不另行规定，参照前款罪名处罚。这样的立法方式在刑法的其他条款中也曾出现，如《刑法修正案（六）》增加的第185条之一即规定了两个罪名：第1款为"背信运用受托财产罪"，规定了完整的罪状与法定刑；第2款为"违规运用资金罪"，却只规定"依照前款的规定处罚"。又如刑法第194条第1款规定了票据诈骗罪的罪状与法定刑；第2款又规定了"使用伪造、变造的委托收款凭证、汇款凭证、银行存单等其他银行结算凭证的，依照前款的规定处罚"，即另一罪名——金融凭证诈骗罪。这样的立法情形在刑法中还有多处。另外，《刑法修正案（五）》第1条还表明，银行等金融机构工作人员只有"犯第二款罪的"，才应当从重处罚。很显然立法者是将第2款罪视为与第1款罪不同的独立罪名。

（二）窃取、收买、非法提供信用卡信息罪的构成特征

1. 客体特征

本罪的客体为国家对信用卡信息资料的管理制度。信用卡信息资料是关系到信用卡交易安全的重要信息资料，信用卡之所以能被ATM机、POS机等终端设备识别，根本原因在于卡内含有的信息资料能够被发卡机构识别和承认。如果没有相应的信息资料，信用卡将不被银行等金融机构接受，也不会被金融机构特约商户接受，持卡人将不能进行取款、消费等活动。因此，一旦信用卡的信息资料被泄露，将造成对持卡人资信安全的极大威胁，同时也会对整个

---

① 参见薛瑞麟主编：《金融犯罪再研究》，中国政法大学出版社2007年版，第17页。

信用卡管理秩序形成极大冲击，从根本上危害到国家对信用卡业务的管理。为此，国家建立了信用卡信息资料的严格保密制度，任何窃取、收买或者非法提供他人信用卡信息资料的行为都是被严格禁止的。

本罪的犯罪对象为真实信用卡所记载的客户信息资料。所谓信用卡信息资料，是指信用卡磁条的磁道上所记载的有关客户信息。根据中国人民银行 2000 年 11 月 10 日发布的《银行卡磁条信息格式和使用规范》的规定，该信息主要包括：（1）主账号，即 primary account number；（2）发卡机构标识号码，即 issuer identification number；（3）个人账户标识，即 individual account identification；（4）校验位，即 check digit；（5）个人标识代码，即 personal identification number（PIN），也就是平常所说的密码。

2. 客观特征

本罪在客观方面表现为行为人实施了窃取、收买或者非法提供他人信用卡信息资料的行为。理解本罪的客观方面需要弄清以下几点：

所谓"窃取"，应当与盗窃罪中的"秘密窃取"的含义完全相同。窃取信用卡信息资料，是指行为人采用自以为不为人知的秘密方式，非法获取他人信用卡信息资料的行为。窃取的方式有很多，实践中已经出现的包括：使用望远镜偷窥或在自动提款机上安装摄像头偷录；在自动提款机上安装吞卡装置或者张贴假的客户服务电话，骗取客户银行卡信息；在银行自助门上安装假的门禁系统；利用对银行系统的电脑进行维护、测试之机盗取信用卡交易数据破解密码；等等。这些方法的目的都是相同的，即都企图采用秘密的方式盗取他人信用卡所记载的客户信息资料，为下一步的伪造或者诈骗做准备。

所谓"收买"，是指用金钱等财物或者其他非财产性利益向他人购买。收买信用卡信息资料，是指行为人用有偿的方法从他人手中购买其他人真实信用卡信息资料的行为。最常见的是通过收买银行工作人员等内部知情人员的手段，获取他人信用卡的信息资料。

所谓"非法提供"，是指掌握一定物品或资讯的人，在没有合法理由或者授权情况下将自己掌握的物品或者情况交付、出售或者告知其他人。非法提供信用卡信息资料，是指掌握他人信用卡信息资料的人，违反法律规定，将该信息资料有偿或者无偿提供给不应知晓相关信息的其他人。如果是有合法依据，如发卡机构经持卡人本人请求而提供，或为了侦破刑事案件而向公安机关提供等，不构成非法提供。实践中最为常见的非法提供形式表现为银行等金融机构工作人员利用职务上的便利获悉持卡人信息后，为谋取私利向要求购买的犯罪分子出售此类信息；或者与实施伪造信用卡的犯罪分子通谋，故意向其泄露他人信用卡的有关信息资料。

3. 主体特征

本罪的主体是一般主体，即年满 16 周岁、具备刑事责任能力的自然人。单位不能成为本罪主体。由于银行等金融机构工作人员利用职务上的便利更容易获取他人的信用卡信息资料，具有更大的社会危害性，刑法明确规定了这类人员犯本罪的，应从重处罚。因而这是一种非真正身份犯的规定。

4. 主观特征

本罪在主观上是故意，包括直接故意与间接故意，即如果行为人明知自己所窃取、收买、非法提供的是他人的信用卡信息资料，而仍然希望或者放任这种信息资料非法流失，就具备本罪主观方面的故意。如果行为人是出于无知或者被欺骗、被强制而致使有关信息资料流失，就不符合希望或者放任的主观心态，不能以本罪处罚。本罪并不是目的犯，无论行为人是否出于帮助他人伪造信用卡或者进行信用卡诈骗活动的，都不影响本罪的成立。犯罪动机同样不影响本罪的成立。

（三）窃取、收买、非法提供信用卡信息罪的司法认定

1. 本罪罪与非罪的界限

认定本罪的成立，应严格把握本罪构成的基本特征。本罪在客

观方面只规定了窃取、收买、非法提供三种行为方式，如果行为人是无意之中得知他人信用卡的信息资料，将其记载下来但并没有出卖或非法提供给第三人，不能认为具有应受刑罚惩罚的危害性，根据罪刑法定原则也不能认为是犯罪。但是，对于实践中出现的利用虚假的银行客户服务电话套取持卡人的信用卡信息资料的，究竟应视为窃取还是骗取，的确成为问题。笔者认为，严格说来，诈骗的本质就在于采用编造谎言、伪造事实的方法使他人产生认识错误，"自动地"交付犯罪分子想要得到的物品或其他物质。在刑法意义上，"偷"与"骗"的最大区别就在于"偷"即使采用了某些欺骗方法或者障眼法，也没有达到使原物主心甘情愿地交出自己控制的物的程度，而是不得不使用不为人知的方法将对象物控制到行为人手中。"骗"则是充分利用了他人受蒙蔽的状况，使他人"自觉地"转移物的所有权，其行为往往是公开的。在行为人利用虚假客户服务电话套取持卡人的信用卡资料时，行为人显然是采用了虚构事实的方法，使他人"自觉地"说出其银行卡卡号、密码等核心信息，完全符合刑法中"诈骗"的行为特征。因此，从罪刑法定的角度讲，刑法并没有将这类由骗取而非法获得他人信用卡信息资料的行为规定为犯罪，以此来依照"窃取"信用卡信息资料定罪是有疑问的。当然，这需要立法者对此进行完善。

2. 本罪与相近犯罪的界限

（1）本罪与伪造金融票证罪的区别。

本罪与伪造金融票证罪中伪造信用卡的行为方式有一定联系，但也有一些区别，二者区别之处在于：本罪惩罚的仅仅是窃取、收买或者非法提供他人信用卡信息资料的行为，伪造金融票证罪惩罚的是制造假信用卡的行为。一般而言，窃取、收买他人信用卡信息资料是制造假信用卡的预备行为，但刑法将此单独规定为另一罪的实行行为，表明了立法者希望从严惩罚这类罪行的愿望。

（2）本罪与信用卡诈骗罪的区别。

信用卡诈骗罪的突出特点是"使用"伪造、作废、骗领的信用卡或者"冒用"他人真实的信用卡，总而言之在客观方面要表现为"用"；本罪在客观方面则表现为窃取、购买或者非法提供他人信用卡信息资料。从利用假的信用卡进行诈骗的角度来说，本罪还只是上游犯罪。行为人一般通过"以非法手段取得信用卡信息资料——非法制造假的信用卡——非法使用假的信用卡"这种途径进行信用卡犯罪，分别涉及三个不同罪名。

（3）本罪与妨害信用卡管理罪的区别。

本罪与妨害信用卡管理罪同处于刑法第 177 条之一，法定刑完全相同。从广义上说，本罪也是妨害信用卡管理秩序的行为，但二者的区别在于：本罪的直接客体是国家对信用卡信息资料的管理制度；后者的直接客体是国家对信用卡本身的管理制度；在客观方面，本罪表现为以秘密窃取、有偿购买、有偿或者无偿提供方式使他人信用卡信息资料为不应知晓的人所知晓，造成他人信用卡信息资料的泄露；后者的行为方式有多种，可以表现为明知是伪造的信用卡、伪造的空白信用卡而持有、运输，非法大量持有他人真实的信用卡，使用虚假身份证明骗领信用卡，或者出售、购买、为他人提供伪造的信用卡或者以虚假身份骗领的信用卡。从行为对象来看，后者涉及的是信用卡本身而非信用卡记载的他人信息资料；从犯罪主体上看，本罪属于非真正身份犯，银行等金融机构工作人员利用职务上的便利犯本罪的，应从重处罚。妨害信用卡管理罪则没有这样的规定。

3. 本罪的罪数形态问题

因为本罪行为与伪造信用卡、使用伪造的信用卡等行为有密切联系，在认定罪数的时候要特别注意。如果能够证明行为人窃取、收买、非法提供他人信用卡信息资料是为了伪造信用卡的，应作为手段与目的的牵连犯，以较重的伪造金融票证罪从重处罚。如果能够证明行为人窃取、收买、非法提供他人信用卡信息资料不仅是为了伪造信用卡，而且最终是为了实施信用卡诈骗行为的，应按照牵连犯的原则，以信用卡诈骗罪从重处罚。否则，对于无法证实行为人的目的是伪造信用卡还是进行信用卡诈骗的，只能以本罪处罚。

对于行为人既窃取、收买他人信用卡信息资料，或者银行工作人员利用职务之便为他人提供信用卡信息资料，又实施了使用虚假身份证明骗领信用卡的，由于二者之间没有牵连关系，应当按照本罪与妨害信用卡管理罪并罚。

4. 本罪的共犯问题

在本罪中，常见的共同犯罪是银行等金融机构工作人员与其他人勾结，共同利用金融机构工作人员职务上的便利窃取他人信用卡信息资料，或者银行等工作人员明知其他人正准备从事信用卡犯罪活动而故意泄露信用卡信息资料。对此应当按照共同犯罪的原则，以在共同犯罪中所起的作用分清主犯与从犯，以本罪论处。按照刑法规定，银行等金融机构工作人员应当从重处罚。

（四）窃取、收买、非法提供信用卡信息罪的处罚

根据修正后的刑法第177条之一第1款、第3款规定，犯本罪的，有下列情形之一，处3年以下有期徒刑或者拘役，并处或者单处1万元以上10万元以下罚金；数量巨大或者有其他严重情节的，处3年以上10年以下有期徒刑，并处2万元以上20万元以下罚金：（1）明知是伪造的信用卡而持有、运输的，或者明知是伪造的空白信用卡而持有、运输，数量较大的；（2）非法持有他人信用卡，数量较大的；（3）使用虚假的身份证明骗领信用卡的；（4）出售、购买、为他人提供伪造的信用卡或者以虚假的身份证明骗领的信用卡的。银行或者其他金融机构的工作人员利用职务上的便利，犯本罪的，从重处罚。

十三、利用未公开信息交易罪

（一）利用未公开信息交易罪的概念与法源

1. 利用未公开信息交易罪的概念

利用未公开信息交易罪，是指证券交易所、期货交易所、证券公司、期货经纪公司、基金管理公司、商业银行、保险公司等金融

机构的从业人员以及有关监管部门或者行业协会的工作人员，利用因职务便利获取的内幕信息以外的其他未公开的信息，违反规定，从事与该信息相关的证券、期货交易活动，或者明示、暗示他人从事相关交易活动，情节严重的行为。

2. 利用未公开信息交易罪的法源

近年来，基金公司、商业银行、保险公司、证券公司、期货公司等金融机构大都扩展了投资理财业务或者客户资产管理业务，手中掌握了大量的客户资金。这类资产管理机构的一些从业人员在用客户资金买入证券或者其衍生品、期货或者期货合约等金融产品前，以自己名义，或假借他人名义，或者告知其亲属、朋友、关系户，先行低价买入证券、期货等金融产品，然后用客户资金拉升到高位后自己率先卖出谋取暴利。由于这些人的账户大多比较隐秘，"偷食"金融产品上涨盈利，因而被形象地称为"老鼠仓"。面对证券市场危害严重的"老鼠仓"行为，我国立法机关首先选择采用经济、行政法律予以规范，并通过在经济、行政法律中设定刑事处罚条款（即附属刑法）的方式对"老鼠仓"明确刑事手段予以打击。其中，2009 年 6 月修订的证券投资基金法第 18 条规定了基金从业人员竞业禁止的业务，第 89 条和第 97 条规定了基金管理人、基金托管人的法律责任（包括追究刑事责任）。但是与此同时，作为"后位法"之刑法当时并没有与之衔接的相关规定，以致"构成犯罪的，依法追究刑事责任"几乎成为一句空话，这使得刑法确实有必要针对"老鼠仓"行为进行规范。金融市场的"老鼠仓"犯罪行为的泛滥严重破坏了金融管理秩序，损害了投资者的利益，也损害了从业人员所在单位的利益，如不严惩，势必会严重影响我国资产管理和基金、证券、期货市场的健康发展。为严厉惩治"老鼠仓"犯罪，2009 年 2 月 28 日，第十一届全国人大常委会第七次会议正式通过了《刑法修正案（七）》，在刑法第 180 条增加了一款。最高人民法院、最高人民检察院于 2009 年 10 月 14 日公布了《关于执行〈中华人民共和国刑法〉确定罪名的补充规定（四）》，将该条罪名明确为利用未公开信息交易罪，为严厉打击"老鼠仓"行为提供了刑法依据，对规范我国金融市场具有里程碑的意义。

（二）利用未公开信息交易罪的构成特征

1. 客体特征

本罪所侵害的客体是复杂客体，既包括国家证券、期货交易管理制度，又包括投资者的财产权利。一方面，行为人利用未公开信息优势进行信息不对称的交易，不但是违反信息披露制度的行为，而且是违反国家证券、期货市场的交易管理制度的行为。另一方面，证券市场上的各种信息是投资者进行投资决策的基本依据，投资者利用非公开信息交易先行一步对市场作出反应，严重损害了广大投资者的利益。

2. 客观特征

本罪在客观方面主要表现为证券交易所、期货交易所、证券公司、期货经纪公司、基金管理公司、商业银行、保险公司等金融机构的从业人员以及有关监管部门或者行业协会的工作人员，利用因职务便利获取的内幕信息以外的其他未公开的信息，违反规定，从事与该信息相关的证券、期货交易活动，或者明示、暗示他人从事相关交易活动，情节严重的行为。概言之，本罪的客观行为主要有两种：一种是行为人利用未公开信息从事与该信息相关的证券、期货交易活动；另一种是行为人利用未公开信息明示或者暗示他人从事相关交易。但不管是哪一种，其核心均是交易行为。

（1）对"利用因职务便利"的理解。

学界大致形成了两种不同的观点。第一种观点认为，所谓"因职务便利获取"，是指因在职务上（依法或约定）经办、经手或主管特定证券、期货投资经营信息从而获知其内容。[①] 第二种观

---

① 参见缑泽昆：《刑法修正案（七）中"老鼠仓"犯罪的疑难问题》，载《政治与法律》2009 年第 12 期。

点认为，这里的"因职务便利"是指因履行本职工作、义务或者与其职务有关的便利条件。[①] 笔者赞同第二种观点，即利用未公开信息交易罪中的"利用因职务便利"既包括直接利用本人经办、经手或主管相关信息的职务便利，也包括行为人利用与其职务有关的便利条件。根据1999年9月9日颁布的最高人民检察院《关于人民检察院直接受理立案侦查案件立案标准的规定（试行）》，贪污罪中的"利用职务上的便利"是指利用职务上主管、管理、经手公共财物的权力及方便条件。受贿罪中的"利用职务上的便利"是指利用本人职务范围内的权力，即自己职务上主管、负责或者承办某项公共事务的职权及其所形成的便利条件。从中可以看出，贪污贿赂犯罪中的"利用职务上的便利"可以分为两类：一是直接利用职务权力，即利用在自己职权范围内的权力；二是间接利用职务所形成的便利，即利用职务所形成的便利条件或者影响。笔者认为，利用非公开信息交易罪中的"因职务便利"也可以作类似解释：前者如基金公司高层通过会议或者其他合法途径得知未公开信息，后者如基金公司普通职员偶然间看到他本不能接触的、载有未公开信息的文件。

（2）对"内幕信息以外的其他未公开的信息"的理解。

根据《刑法修正案（七）》的规定，"未公开信息"是指刑法第180条第1款中规定的内幕信息之外的一类信息，主要是指资产管理机构、代客投资理财机构即将用客户资金投资购买某个证券、期货等金融产品的决策信息。因不属于法律规定的"内幕信息"，也未要求必须公开，故称"内幕信息以外的其他未公开的信息"。

对此处的未公开的信息的理解，不能简单地理解为只要是尚未公开的信息就是未公开信息，而是一个与内幕信息相对应的特定的概念，其实质应与内幕信息具有相同的特征，即这种未公开信息一

---

① 参见赵斌、曹云清：《利用未公开信息交易罪若干问题研究》，载《江西公安专科学校学报》2009年第4期。

且公开后会对证券、期货价格产生实质性的影响，而这类信息又不属于我国现行法律规定的内幕信息。因此，笔者认为，未公开信息是指在证券、期货交易活动中，除内幕信息以外的对证券、期货的市场价格有重大影响的尚未公开的信息。从这个角度而言，本罪中"内幕信息以外的其他未公开的信息"之规定带有兜底性条款的性质。

（3）对"违反规定，从事与该信息相关的证券、期货交易活动"的理解。

所谓"违反规定，从事与该信息相关的证券、期货交易活动"，不仅包括证券投资基金法等法律、行政法规所规定的禁止基金等资产管理机构的从业人员从事损害客户利益的交易行为，也包括证监会发布的禁止资产管理机构从业人员从事违背受托义务交易活动等行为。

（4）对"明示、暗示他人从事相关交易"的理解。

所谓"明示、暗示他人从事相关交易"，是指行为人在其获知未公开信息的基础上，通过明示、暗示的方式，建议他人进行相关证券、期货交易的行为，如提出交易时机、交易的种类、交易的价位、交易量的大小等，并且他人根据行为人暗示、明示的内容，实际进行了相关的证券、期货的交易。"明示、暗示"的实质是将"建议"的行为纳入到刑法评价范围内。虽然行为人可能自己并没有直接从事证券、期货交易，但是从实质上分析，建议者客观上是借他人之手进行相关证券、期货交易，这必然造成对证券、期货市场严重的破坏，其社会危害性是显而易见的。因此，理论上将建议行为犯罪化的观点是正确的。

另外值得思考的问题是，行为人建议他人从事相关证券、期货交易之后，有的被建议者却没有实际从事相关金融交易，是否成立"明示、暗示他人从事相关交易"呢？对此，笔者持否定的态度。利用未公开信息交易罪的客观行为主要有两种：一种是行为人利用未公开信息从事与该信息相关的交易活动；另一种是行为人利用未公开信息明示或者暗示他人从事相关交易。但不管是哪一种，其核心均是交易行为。但是，知悉未公开信息的行为人建议他人从事相关交易，他人没有实施证券期货交易行为，整个行为过程中没有体现出交易属性，不符合"利用未公开信息交易罪"的本质。

（5）对"情节严重"的理解。

该罪是情节犯，不但要有利用未公开信息交易的行为，还要求情节严重才构成犯罪。情节严重，主要是指多次建立"老鼠仓"的；建"老鼠仓"非法获利数额巨大的；或者由于建立"老鼠仓"对客户资产造成严重损失等情形。① 对"情节严重"的界定，最高人民检察院、公安部《关于经济犯罪案件追诉标准的规定》中明确要求，证券交易成交额累计在50万元以上的；期货交易占用保证金额累计在30万元以上；获利或者避免损失数额累计在15万元以上的；多次利用内幕信息以外的其他未公开信息进行交易活动的；其他严重的情形，应当立案追诉。

3. 主体特征

本罪的主体是"特殊主体"，包括证券交易所、证券公司、基金公司或者其他金融机构和有关监管部门或者行业协会的工作人员。《刑法修正案（七）》第2条第2款对金融机构从业人员的类型进行了详细的规范，列举了三类机构的从业人员，一是交易市场机构，包括证券交易所、期货交易所工作人员；二是交易主体和经纪机构，包括证券公司、期货经纪公司、基金管理公司、商业银行、保险公司工作人员；三是有关监管部门或者行业协会，包括证监会工作人员等。本罪的主体为自然人，·单位不能成为本罪的主体。

4. 主观特征

本罪在主观方面必须是出于故意，并且往往具有牟利的目的，

① 参见黄太云：《刑法修正案（八）解读全编》，人民法院出版社2011年版，第127页。

但是行为是否具有牟利的目的以及牟利的目的是否已经实现，均不影响本罪的构成，即行为人为了谋取私利或者避免损失，故意利用因职务便利获取的内幕信息以外的其他未公开的信息，违反规定，从事与该信息相关的证券、期货交易活动，或者明示、暗示他人从事相关交易活动。过失不构成该罪，如犯罪主体不慎将未公开信息泄露，导致信息获取者进行证券交易，则不能按暗示他人进行证券交易来追究其刑事责任。

（三）利用未公开信息交易罪的司法认定

1. 本罪罪与非罪的界限

正确把握利用未公开信息交易罪的罪与非罪的界限，首先要明确所利用的信息是否属于"未公开信息"。未公开信息在来源、内容、交易时间等诸方面均应该有严格的限定，具体认定时应该严格依法进行。认定利用未公开信息交易罪，既不能把合法、正常的证券、期货交易理解为构成本罪的行为，也不能把利用未公开信息所进行的仅违反有关证券、期货法律法规的一般违法交易理解为构成本罪的犯罪行为。特定人员在并不知悉未公开信息内容的前提下进行的交易活动，或者知悉了未公开信息内容但并没有利用该信息，或者所进行的证券、期货交易活动与其所知悉的未公开信息是没有因果关系的，行为人完全是根据已公开的资料信息对资本市场的价格趋势作准确预测而进行的相关证券、期货交易的，均不能成立本罪。这些交易都是正常、合法的交易。

认定本罪成立与否的另一个重要问题就是如何正确把握利用未公开信息交易"情节严重"问题。《刑法修正案（七）》第2条第2款规定，构成利用未公开信息交易罪，行为人的行为必须达到"情节严重"的程度，否则不构成犯罪。这是对利用未公开信息交易行为进行刑事责任追究的法定要件，是区分一般违法与构成犯罪的界限问题。利用未公开信息交易行为"情节严重"的判断标准是什么？2010年最高人民检察院、公安部《关于公安机关管辖的刑事案件立案追诉标准的规定（二）》第36条为利用未公开信息交易罪"情节严重"设置了判断标准——（1）证券交易成交额累计50万元以上；（2）期货交易占用保证金累计30万元以上；（3）获利或避免损失数额累计15万元以上；（4）多次利用未公开信息交易；（5）其他情节严重情形。笔者认为，上述追诉标准作为利用未公开信息交易罪"情节严重"的实践标准，对我国的金融市场而言，有标准过低之嫌，可能导致打击面过宽，无法实现刑法规范对资本市场金融产品交易秩序的保障。

到目前为止，关于"情节严重"的其他考量因素，至今刑法未有规定，也没有详细的司法解释出台。笔者建议，有必要尽快制定办理利用未公开信息交易刑事案件的司法解释，对"情节严重"的内容进行填充。

2. 本罪与相近犯罪的界限

（1）本罪与内幕交易、泄露内幕信息罪的界限。

本罪与内幕交易、泄露内幕信息罪同处在刑法第180条的规定之中。足见立法者考虑到了两者在行为方式、侵犯的客体、主观罪过方面的相似性和关联性。但是，两者最根本的区别在于犯罪对象的不同。犯罪对象的不同决定了两者行为方式的具体内容不同，也就体现了罪质的差异。有关内幕信息的概念和范围，证券法中有详细的界定和范围列举；而在利用未公开信息交易犯罪中，行为人所利用的"其他未公开信息"至今没有相关前置法律的明确界定，根据《刑法修正案（七）》的规定，只知道其是"内幕信息以外的其他未公开的信息"，仅表明利用未公开的信息交易行为是不能依照内幕交易罪定罪处罚的。如前所述，内幕信息与本罪的"其他未公开信息"在实质内容、对信息公开的要求和条件、对违规交易者的影响程度等诸方面均存在不同。[①]

（2）本罪与操纵证券、期货市场罪的界限。

---

① 参见曾翔林：《论利用未公开信息交易罪》，华东政法大学硕士学位论文，第35页。

本罪的实施离不开"未公开信息"，而许多操纵证券、期货市场的行为也与"信息优势"相关，而且两种行为所利用的信息均可能对证券、期货价格产生重大影响。因此，区分二者的界限十分重要。主要区别有如下两点：一是所利用的信息的性质不同。本罪所利用的未公开的信息是指实际存在的，对证券、期货交易价格有重大影响的未公开的信息；而在操纵证券、期货市场罪中，行为人所涉及的信息则通常是操纵行为人自己编造的，而且通常这些信息是虚假的，并非实际存在的。二是利用信息的方式不同。利用未公开信息交易罪中的行为人是利用了因职务之便获取的未公开信息，这些信息是外界公众所不能获知或未知的、为特殊从业人员所掌握的未公开信息，进行相关的证券、期货交易；而在操纵证券、期货市场罪中，行为人则是通过联合或连续买卖、虚假买卖、自买自卖、对倒、对敲等"技术含量"要求较高的证券操作手法来进行非法交易，配合利用一些自己编造出来的信息，将自己的影响积极、强加地体现到目标证券或期货合约的行情走势之中，让其随着自己的意志变动。

（3）本罪与侵犯商业秘密罪的界限。

有学者认为，金融机构工作人员利用职务便利所掌握的未公开信息的行为实质上包含了侵犯商业秘密的性质，从某种程度上讲可以认为是一种侵犯商业秘密行为，如基金公司的从业人员利用了本公司内部的投资决策信息或已经进行中的投资组合信息等属于基金公司商业秘密类的信息，并且自己进行相关证券、期货交易或者明示、暗示他人从事相关交易，情节严重的，则行为人在构成本罪的同时也可能符合侵犯商业秘密罪的特征。仅就这一种行为方式而言，本罪与侵犯商业秘密罪是存在法条竞合关系的。因此，根据刑法原理对法条竞合情形的处断原则——特别法优于一般法，对这种类型的利用未公开信息交易行为，应依照特别法的规定，即以本罪论处。

（4）本罪与背信运用受托财产罪的界限。

背信运用受托财产罪是单位犯罪，犯罪主体是金融机构，未规定金融机构从业人员的刑事责任，主要是指金融机构擅自运用客户资金和受托财产的决策本身与受托义务相违背，因而有可能使得管理的客户资产陷入极大的风险之中；而"利用未公开信息交易罪"是个人犯罪，犯罪主体是从事资产管理机构的从业人员，资产管理机构作出的投资购买证券、期货的决策本身并不违背受托义务，不属于擅自运用受托财产，主要打击的是资产管理机构的从业人员利用机构内部信息提前建仓谋取非法利益的行为。

3. 本罪的罪数形态问题

如果行为人以明示、暗示他人从事与该信息相关的证券、期货交易活动为目的而泄露未公开信息，他人也实际进行了相关的交易，情节严重的，应按利用未公开信息交易罪定罪量刑；如果行为人基于其他目的而故意泄露未公开信息的，则不能构成利用未公开信息交易罪。如果构成其他犯罪的，按相关罪名（如故意泄露国家秘密罪、侵犯商业秘密罪等）处理；如果行为人只是因一时大意，过失泄露了未公开信息，并非故意也没有任何犯罪目的的，因成立本罪的主观方面只能是故意，故不构成本罪。

4. 本罪的共犯问题

按照《刑法修正案（七）》关于利用未公开信息交易罪的罪状表述，本罪的行为方式主要有两种：一种是具有特殊身份的工作人员利用因职务便利获取的内幕信息以外的其他未公开的信息，违反规定，自己从事与该信息相关的证券、期货交易活动；另一种是具有特殊身份的工作人员利用因职务便利获取的内幕信息以外的其他未公开的信息，违反规定，明示、暗示他人从事相关交易活动。

就第一种行为方式而言，行为人自己从事相关的证券、期货交易活动并无共犯问题，而金融机构的从业人员以及有关监管部门或者行业协会的工作人员之间共谋从事相关的证券、期货交易活动构成共犯也并无疑问。就第二种行为方式而言，金融机构的从业人员以及有关监管部门或者行业协会的工作人员明示、暗示他人从事相关交易活动，由于其中的"他人"可能涉及金融机构、有关监管部门或行业协会工作人员之外的普通人，因此这种情况下共犯的认定便值得探讨。根据一般刑法理论："二个以上具有不同身份的人可以构成共同犯罪。刑法中犯罪的特殊主体是对单个人犯罪而言的，就共同犯罪来讲，不具备特殊身份的人可以成为特殊主体犯罪的共同犯罪主体。"① 因此，笔者认为具有特殊身份的金融机构工作人员明示、暗示普通人从事相关交易活动构成本罪的共同犯罪。

5. 本罪的停止形态问题

关于本罪的停止形态，首先应当区分既遂与未遂。如前文所述，本罪应当属于行为犯，行为人只要实施了利用未公开信息自己交易或者建议他人交易行为，即可构成本罪，而不要求这种行为必须产生某种具体特定的危害结果。同时，本罪也是情节犯，刑法明确规定"情节严重"是构成本罪的必备要件。因此，笔者认为行为人的交易行为是否完成是区别本罪既遂与未遂的标准。根据两种不同的行为方式，本罪的既遂分为以下情形：第一，行为人利用了因职务便利获悉的未公开信息，自己完成了买卖相关证券、期货行为，情节严重的，构成犯罪既遂；第二，行为人根据自己获悉的未公开信息，暗示、明示他人从事相关证券、期货买卖，接受方完全根据行为人的暗示、明示内容，并实际进行了操作，情节严重的，则行为人构成本罪的既遂。

本罪的未遂是指知悉未公开信息的人员在知悉该信息后，自己着手买卖与该信息相关的证券或从事与之相关的证券、期货交易，由于被有关部门及时发现等行为人意志意外的原因，该买卖证券行为或期货交易行为未能完成的；或者是行为人存在认识错误，误把不属于未公开信息当成未公开信息而进行了相关交易的；或者明示、暗示他人从事与该信息相关证券、期货交易活动，他人接受建议并进行了相关交易的。本罪的中止是指行为人已经开始为实施交

---

① 参见赵秉志.：《刑法新教程》，中国人民大学出版社 2009 年版，第 193 页。

易行为准备工具、制造条件或者已经着手实施与该未公开信息相关的交易行为；已经为明示、暗示他人从事与该信息相关交易准备工具、制造条件或者已经着手实施明示、暗示他人的行为，但是基于自己的意志自动放弃犯罪或者有效地防止了交易行为的发生。

（四）利用未公开信息交易罪的处罚

按照《刑法修正案（七）》第2条的规定，犯本罪的，处5年以下有期徒刑或者拘役，并处或者单处违法所得1倍以上5倍以下罚金；情节特别严重的，出5年以上10年以下有期徒刑，并处违法所得1倍以上5倍以下罚金。该规定将自由刑与财产刑并重，充分体现了从经济上制裁利用未公开信息交易犯罪人的目的。

十四、背信运用受托财产罪

（一）背信运用受托财产罪的概念和法源

1. 背信运用受托财产罪的概念

背信运用受托财产罪，是指商业银行、证券交易所、证券公司、期货经纪公司、保险公司或者其他金融机构，违背受托义务，擅自运用客户资金或者其他委托、信托的财产，情节严重的行为。

2. 背信运用受托财产罪的法源

在金融活动中，委托理财是指委托人通过委托或者信托与受托人约定，将资金、证券等金融性资产交给受托人，由受托人在一定期限内按照委托人的意愿管理，投资于证券、期货等金融市场，并按期支付给委托人一定比例收益的资产管理活动。委托人将资金或者证券交付给受托人后，对资金和证券往往处于失控的状态，在市场信息和投资知识方面的欠缺又使得委托人难以及时有效地监督受托人，处于十分弱势的地位。由于受托人处于优势地位，在目前管理尚不规范的金融市场里，极易滥用权力，对客户资金的运用存在"暗箱"违规操作、侵吞、擅自动用客户资金等违规行为。这些行为败坏了金融机构的声誉，动摇了公众对金融机构理财的信任，严重损害了委托人的利益，对资产管理活动造成了很大的风险，扰乱了金融市场管理秩序，具有严重的社会危害性，应当予以刑事制裁。

因此，极有必要把金融机构擅自运用客户财产的行为纳入刑法调整的范围，予以严厉打击，最大限度地保护广大投资者的利益，维护金融机构的信誉乃至整个社会信用体系。然而，对于这类具有严重社会危害性的行为，在《刑法修正案（六）》颁布之前，我们最多只能对金融机构工作人员个人利用职务便利挪用客户资金的行为按照挪用资金罪或者挪用公款罪进行处罚，对金融机构挪用客户理财财产的行为，则无法予以制裁。在研究起草《刑法修正案（六）》的过程中，公安部、中国证监会、银监会等单位强烈呼吁增设新罪名，专门规定该类行为。针对目前金融机构委托理财和公众资金经营、管理领域出现的问题，立法机关采纳了这一建议，通过《刑法修正案（六）》在刑法第185条后增加一条，作为第185条之一，增加了背信运用受托财产罪，填补了刑事立法的这一漏洞，为司法机关处理相关案件提供了实体法规范。

（二）背信运用受托财产罪的构成特征

1. 客体特征

理论界大多把该罪的客体界定为复杂客体。一种观点认为，该罪的客体包括金融市场管理秩序和客户资金或委托人委托、信托财产的收益权。另一种观点认为，该罪的客体是国家金融管理制度和客户的合法权益。其中，对国家而言，背信运用受托财产会严重影响公众资金的安全，造成市场行情剧烈波动，影响国家金融市场的正常运行，破坏了国家的金融管理制度。对客户而言，背信运用受托财产侵犯了客户的资金使用权和收益权，有碍客户资金的正常使用，会影响客户的正常交易结算。

立法者把背信运用受托财产罪作为破坏金融管理秩序罪的个罪，把该罪的客体界定为金融管理秩序。但是，金融管理秩序是类罪的同类客体，如果仅仅把该罪的犯罪客体界定为金融管理秩序，就难以将该罪与本类犯罪的其他罪名的客体区分开来，抹杀该罪客体与其他犯罪之客体的区别，不利于正确认识该罪的社会危害性。将该罪的客体界定为金融管理制度，也存在上述缺陷。笔者认为，鉴于该罪是金融机构违背受托义务擅自运用受托财产的犯罪，该罪的客体应当是金融理财秩序，它属于金融管理秩序的一部分，但不是全部。由上述可知，该罪的客体是单一客体，即金融理财秩序。

本罪的对象是委托、信托的财产，即广义的委托理财财产。委托理财，是指委托人通过委托或者信托与受托人约定，将资金、证券等金融性资产给受托人，由受托人在一定期限内按照委托人的意愿管理，投资于证券、期货等金融市场，并按期支付给委托人一定比例收益的资产管理活动。由于委托理财过程中，委托人对市场信息的掌握可能不充分，在投资知识方面可能存在欠缺，其将资金或证券交付给受托人后，对资金和证券的使用难以监控，只是被动接受受托人处置财产的结果。所以，在刑法上对受托财产给予特殊保护是必要的。

2. 客观特征

本罪在客观方面表现为违背受托义务，擅自运用客户资金或者其他委托、信托的财产，情节严重的行为。关于该罪的客观方面应着重把握以下几个方面问题：

（1）违背受托义务。

违背受托义务，是指受托人违背其与委托人之间具体的、不违反现行金融管理法规的约定。其中，受托义务是指从事理财金融业务的金融机构基于与委托人、信托人之间基于委托、信托合同或者基于法律、法规的规定，在理财过程中应当承担的义务，包括法定义务和合同义务。法定义务的来源主要见之于《民法通则》、信托法等法律以及金融法规、规章的规定。例如，信托法第25条规定："受托人应当遵守信托文件的规定，为受益人的最大利益处理信托事务。受托人管理信托财产，必须恪尽职守，履行诚实、信用、谨慎、有效管理的义务。"第26条第1款规定："受托人除依照本法规定取得报酬外，不得利用信托财产为自己谋取利益。"受托义务的主要内容包括：①受托人从事资产管理业务，应当对不同客户资产分别设置账户、独立核算、分账管理。②对委托人的受托财产负有忠实管理的义务。③受托人在投资决策可能对委托人的利益产生重大影响时，应当及时向委托人报告并征得委托人的同意。违背受托义务，就是指受托人经营管理受托财产的行为与其负有的受托义务不相符合。应特别注意的是"义务"一般是指商业银行、证券交易所、期货交易所、证券公司、期货经纪公司、保险公司或者其他金融机构基于与客户之间签订的委托合同而具有的约定义务，但也应当包括基于法律、行政法规、部门规章的规定而具有的法定义务。

（2）受托财产。

该罪的犯罪对象是委托理财业务中客户存放在从事委托理财业务金融机构中的财产，包括客户资金或者其他委托、信托的财产。所谓"委托、信托的财产"，主要是指在当前的委托理财业务中，存放在各类金融机构中的以下几类客户资金和资产：①证券投资业务中的客户交易资金。在我国的证券交易制度中，客户交易结算资金是指客户在证券公司存放的用于买卖证券的资金。②委托理财业务中的客户资产。委托理财业务是金融机构接受客户的委托，对客户存放在金融机构的资产进行管理的客户资产管理业务。这些资产包括资金、证券等。③信托业务中的信托财产，分为资金信托和一般财产信托。④证券投资基金。证券投资基金是指通过公开发售基金份额募集的客户资金。从法律性质上看，基金的本质是标准份额的集合资金信托，客户购买的基金的性质是客户委托基金公司管理的财产。但是，该罪作为破坏金融管理秩序的犯罪，是金融机构在委托理财业务中实施的，其犯罪对象显然只能是客户委托或信托金融机构从事金融理财的资金，包括货币、有价证券等，而不能包括动产、不动产。

（3）擅自运用。

"擅自运用"是指未经委托人或受益人的同意而私自动用受托

资产的行为。具体表现形式包括：将客户资产管理业务与其他业务混合操作；以转移资产管理账户收益或者亏损为目的，在自营账户与资产管理账户之间或者不同的资产管理账户之间进行买卖，损害客户的利益；以获取佣金或其他利益为目的运用客户资金进行超出委托授权以外的交易；将委托理财资产用于资金拆借、贷款、抵押融资、对外担保等用途或者用于可能承担无限责任的投资等。

值得注意的是，此处所指的"擅自"与擅自设立金融机构罪，擅自发行股票、公司、企业债券罪中的"擅自"是不同的。后两罪中的"擅自"都是指未经国家有关主管部门的同意和批准，而本罪中的"擅自"不是指没有经过受托金融机构的上级主管部门或者金融监管部门的同意和批准，而是指没有得到委托人或者受益人的同意和批准，即只要没有得到委托人或者受益人的同意和批准，即使得到了上述单位的同意和批准，就属于"擅自"。

（4）情节严重。

立法机关对何谓"情节严重"没有作出明确规定。研究者在解释该罪的"情节严重"时存在不同看法。一种观点认为，这里的"情节严重"是指背信运用受托财产，给委托人造成重大财产损失的行为。另一种观点认为，该罪的"情节严重"主要是指给委托人造成了重大财产损失或者多次实施违背受托义务的行为。笔者认为，应当将两种观点结合起来理解情节严重，既包括擅自运用客户资金或者其他委托、信托的财产，给委托人造成重大财产损失的行为，又包括多次违背受托义务的行为，这样更加有利于实现和发挥刑法的犯罪预防功能。

根据 2008 年 3 月 5 日最高人民检察院、公安部发布的《关于经济犯罪案件追诉标准的补充规定》，该罪的"情节严重"分为如下三种情形：①擅自运用客户资金或者其他委托、信托的财产数额累计在 30 万元以上的；②虽未达到上述数额标准，但多次擅自运用客户资金或者其他委托、信托的财产，或者擅自运用多个客户资金或者其他委托、信托的财产的；③有其他严重情节的。因此，该罪的"情节严重",在实践中主要是指:给客户、委托人造成重大经济损失的;背信运用受托财产数额巨大的;曾因背信运用受托财产受过两次以上行政处罚,又背信运用受托财产的;因背信运用受托财产行为严重扰乱金融市场管理秩序的;等等。

3. 主体特征

本罪的犯罪主体是特殊主体,即商业银行、证券交易所、期货交易所、证券公司、期货经纪公司、保险公司或者其他金融机构。背信运用受托财产罪是纯正的单位犯罪,只能由单位构成,个人不能构成本罪的主体,这是由于我国目前有资格开展委托理财业务的机构只有经国家有关主管部门批准的金融机构,个人是不准开展此项业务的。所谓其他金融机构,主要包括信托投资公司、投资咨询公司、投资管理公司等金融机构。

4. 主观特征

本罪的主观方面是故意。该罪在主观方面是故意,即从事委托理财业务的金融机构明知背信运用受托财产会造成破坏金融理财秩序的后果,而希望这种结果发生。对于本罪的主观方面只能是故意而不能是过失,理论上并不存在争议。但由于《刑法修正案(六)》第12条没有明确规定构成背信运用受托财产罪是否需要具有特定目的,因而在理论上对这个问题存在不同意见。有学者认为,在委托理财过程中,只要受托人按照设立信托的目的,基于善意地实施管理,就可以认为是履行了受托义务,不成立本罪。笔者认为,将本罪认定为目的犯不符合罪刑法定原则的要求,并且不利于本罪在司法实践中的适用。

(三)背信运用受托财产罪的司法认定

1. 本罪罪与非罪的界限

本罪属于结果犯,必须是"情节严重的",才构成犯罪,这也是区分罪与非罪的重要界限。这里的"情节严重"主要是指由于违背受托义务,擅自运用客户资金或者其他委托、信托的财产,给委托人造成重大财产损失,或者多次实施违背受托义务的行为等情形。

2. 本罪与相近犯罪的界限

本罪与挪用类犯罪在客观方面具有一定的相似之处，即在客观上都表现为使用资金的行为。但从犯罪构成上来看，两者的区别在于：

首先，犯罪主体不同。本罪的主体是单位，即商业银行、证券交易所、期货交易所、证券公司、期货公司、保险公司或者其他金融机构。而挪用类犯罪只能由自然人实施。

其次，本罪的犯罪对象既包括客户资金，即客户委托给金融机构管理、在此机构控制下的单位资金，也包括委托人委托或信托的其他财产。而挪用类犯罪的对象则仅是单位的资金和款项。

最后，犯罪客观方面所需具备的条件不同。根据刑法第272条和第384条有关挪用资金罪和挪用公款罪的规定，构成挪用资金罪或挪用公款罪分别需要具备"挪用本单位资金归个人使用或者借贷给他人"以及"挪用公款归个人使用"的要件，而构成本罪则无须具备这些要件。①

3. 本罪的罪数形态问题

在实践中，有的金融机构背信运用受托财产是将受托财产用于操纵证券、期货交易。如果背信运用受托财产情节严重，本身构成犯罪，将受托财产用于操纵证券、期货交易也符合操纵证券、期货市场罪的构成要件，就会发生该罪与操纵证券、期货市场罪竞合的情形。此时，应当按照想象竞合犯的处断原则，择一重罪处断。

（四）背信运用受托财产罪的处罚

根据修正后的刑法第185条之一规定，犯本罪，情节严重的，对单位判处罚金，并对其直接负责的主管人员和其他直接责任人员，处3年以下有期徒刑或者拘役，并处3万元以上30万元以下

---

① 参见刘宪权、周舟：《违法运用资金罪的刑法分析》，载《法学杂志》2010年第9期。

罚金；情节特别严重的，处 3 年以上 10 年以下有期徒刑，并处 5 万元以上 50 万元以下罚金。

十五、违法运用资金罪

（一）违法运用资金罪的概念和法源

1. 违法运用资金罪的概念

违法运用资金罪，是指社会保障基金管理机构、住房公积金管理机构等公众资金管理机构，以及保险公司、保险资产管理公司、证券投资基金管理公司，违反国家规定运用资金的行为。

2. 违法运用资金罪的法源

社会保障制度，是指在政府的管理之下，依据一定的法律和规定，通过国民收入的再分配，以社会保障基金为依托，为保证社会成员的基本生活权利而提供救助和补贴的社会安全制度。鉴于社会保障制度的重要意义，我国制定了保险法、证券法、证券投资基金法等相关法律，对于社会保障基金以及其他公众资金的投资和使用进行了极为严格而明确的规定，有关单位和个人均不得违反。然而，一直以来刑事法律对社会保障资金方面却没有规定具体的罪名，几乎处于真空状态。尽管国家制定并颁布了相关规定，但仍然有个别单位违法违规操作，挪用社会保障基金、住房公积金，或者以社会保障基金和住房公积金为抵押从而骗取公款，涉案数额巨大，社会影响恶劣，给公众资金的安全造成了重大的隐患。

社会保障基金等公众资金的管理活动，直接关系到广大人民群众的切身利益和社会保障制度的实施效果，一旦出现违规操作，后果非常严重。针对这些实际情况，为了减少金融风险，维护良好的金融秩序，立法机关于 2006 年 6 月 29 日颁布的《刑法修正案（六）》对刑法进行了修正并增设了违法运用资金罪，明确规定了社会保障基金管理机构、住房公积金管理机构等公众资金管理机构，以及保险公司、保险资产管理公司、证券投资基金管理公司违反国家规定运用资金的行为构成犯罪，应当追究刑事责任。至此，违反国家规定运用资金的行为才得到了刑法的规制，为遏制此类犯罪的发生提供了法律根据。

（二）违法运用资金罪的构成特征

1. 客体特征

本罪侵犯的客体是社会保障基金管理机构、住房公积金管理机构等公众资金管理机构，以及保险公司、保险资产管理公司、证券投资基金管理公司对资金的管理制度。由于公众资金直接关系到广大人民群众的切身利益，因此对公众资金的运用必须有严格的管理制度，以保障资金运用的安全性。

本罪的犯罪对象是公众资金，主要是指用于保障广大群众基本生活需要的资金，包括社会保障基金、住房公积金以及其他一些公众资金。其中，"社会保障基金"是指在法律的强制规定下，通过对劳动者及其所在用人单位征缴社会保险费用，或者将国家财政直接拨款集中起来，用于社会保险、社会福利、社会救济和公费医疗事业等社会保障事业的一项专业基金。"住房公积金"是指国家机关、国有企业、城镇集体企业、外商投资企业、城镇私营企业及其他城镇企业、事业单位、民办非企业单位、社会团体及其在职职工缴存的长期住房储金。①

2. 客观特征

本罪在客观方面表现为社会保障基金管理机构、住房公积金管理机构等公众资金管理机构，以及保险公司、保险资产管理公司、证券投资基金管理公司违反国家规定运用资金的行为。具体包括两个方面：

（1）违法运用资金罪的犯罪行为必须是违反国家规定运用资金。什么是国家规定？我国刑法第 96 条规定："本法所称违反国家规定，是指违反全国人民代表大会及其常务委员会制定的法律和

---

① 参见黄太云：《刑法修正案解读全编》，人民法院出版社 2011 年版，第 201 页；参见何泽宏：《解读刑法修正案（六）》，载《现代法学》2006 年 11 月第 6 期。

决定，国务院制定的行政法规、规定的行政措施、发布的决定和命令。"具体而言，"违反国家规定"应该包括以下两个方面：第一，国家对运用社会保障基金、住房公积金的规定，如《全国社会保障基金投资管理暂行办法》、《全国社会保障基金境外投资管理暂行规定》、《住房公积金管理条例》。第二，国家对保险公司、证券投资管理公司运用资金的规定，如保险法、证券法、证券投资基金法等。

（2）违法运用资金罪的犯罪行为必须有具体的资金运用行为。什么是资金运用？资金运用是以实现资产保值增值为目的的投资活动。在资金运用过程中，要不断通过购买或交易改变资产的形态，从货币形态开始，改变为其他形态（银行定期存款、国债、企业债券、股票、证券投资基金份额、不动产等），最后回到货币形态，开始下一周期的投资。资金运用虽然以资产的保值增值为目的，但资金运用的结果能否实现资产保值增值则是不确定的。

3. 主体特征

本罪的犯罪主体是特殊主体，只能是单位，而不能是自然人，所以违法运用资金罪是纯正的单位犯罪，但并不是所有单位都能成为违法运用资金罪的犯罪主体。根据刑法第 185 条之一第 2 款的规定，违法运用资金罪的犯罪主体只能是社会保障基金管理机构、住房公积金管理机构等公众资金管理机构，以及保险公司、保险资产管理公司、证券投资基金管理公司。依据上述规定，违法运用资金罪的犯罪主体包括两类。

（1）社会保障基金管理机构、住房公积金管理机构等公众资金管理机构。社会保障基金和住房公积金的管理机构是法律规定或国家有关机关指定或委托的公众资金管理机构。社会保障基金管理机构是指依照法律规定取得社保基金投资管理业务资格、根据合同受托运作和管理社保基金的社会保险银行，社会保险基金管理公司或者基金会等专门机构。住房公积金管理机构，即住房公积金管理中心，根据相关规定，直辖市和省、自治区人民政府所在地的市以及其他设区的市应当按照精简、效能的原则，设立一个住房公积金管理中心，负责住房公积金的管理运作。

（2）保险公司、保险资产管理公司、证券投资基金管理公司。保险公司、保险资产管理公司、证券投资基金管理公司这类主体都是按照我国目前实行的多元分散型公众资金管理模式，接受社会保障基金管理机构委托对社会保障基金进行资产管理的机构。这类公司是商业机构，它们所管理的资金也来自于公众，是公众自愿把资金交给它们管理。依"罪刑法定"原则，除保险公司、保险资产管理公司、证券投资基金管理公司外，其他单位（公司、企业、事业单位等）即使与保险公司、保险资产管理公司、证券投资基金管理公司的职能、性质相同（更不要说相近、相似），也不能成为违法运用资金罪的犯罪主体。[①]

4. 主观特征

本罪在主观上只能是故意，即行为人明知自己的行为违反了国家关于公众资金运用的规定，可能给公众资金的合理利用带来风险和损失，而对其持有希望或者放任的心理态度。刑法并未规定违法运用资金罪的犯罪目的，所以违法运用资金罪不属于目的犯。也就是说，判断行为人是否构成违法运用资金罪，不需要考虑行为人出于何种目的，行为人不需要具有获取不正当利益、非法占有等目的，当然更不需要实际获得不正当利益或非法占有，只要违法运用资金，就构成违法运用资金罪。

（三）违法运用资金罪的司法认定

1. 本罪罪与非罪的界限

根据刑法规定，违法运用资金罪是指社会保障基金管理机构、住房公积金管理机构等公众资金管理机构，以及保险公司、保险资产管理公司、证券投资基金管理公司违反国家规定运用资金的行

---

① 参见魏迎宁：《保险业违法运用资金罪研究》，载《保险研究》2010 年第 12 期。

为。传统观点认为本罪只要行为一实施就构成犯罪，不以"情节严重"或"后果严重"为成立要件。① 但是有的人认为，虽然本罪在法条中没有明确规定要以给公众利益造成较大损失等情节作为构成犯罪的要件，但这并不意味着构成本罪不需要情节严重的要件。②

笔者认为，本罪与背信运用受托财产罪规定在刑法同一条文中，说明这两个罪之间具有同样的性质，即金融机构违背受托义务，擅自运用客户资金或者其他委托、信托的财产。从体系解释的角度来讲，背信运用受托财产罪以"情节严重"作为构成犯罪的要件，本罪也应该以"情节严重"作为构成犯罪的要件才符合立法原意。因此，在司法实践中，对于本罪的认定，仍然应当充分考虑并严格区分罪与非罪的界限，行为人的行为只有达到"情节严重"的程度，才能追究相应的刑事责任。

2010 年 5 月 7 日最高人民检察院、公安部颁布实施了《关于公安机关管辖的刑事案件立案追诉标准的规定（二）》。该追诉标准第 41 条规定，社会保障基金管理机构、住房公积金管理机构等公众资金管理机构，以及保险公司、保险资产管理公司、证券投资基金管理公司，违反国家规定运用资金，涉嫌下列情形之一的，应予立案追诉：（1）违反国家规定运用资金数额在 30 万元以上的；（2）虽未达到上述数额标准，但多次违反国家规定运用资金的；（3）其他情节严重的情形。根据上述条款，公安机关要对违法运用资金案件进行追诉，就必须具备其规定的数额、次数等条件。由此可见，以情节严重作为构成本罪的要件完全符合该追诉标准规定的精神。

---

① 参见彭少辉：《我国刑法中的背信类犯罪及其立法完善》，载《金融教学与研究》2011 年第 5 期。

② 参见刘宪权、周舟：《违法运用资金罪的刑法分析》，载《法学杂志》2010 年第 9 期。

2. 本罪与相近犯罪的界限

（1）本罪与背信运用受托财产罪的界限。

本罪和背信运用受托财产罪都是《刑法修正案（六）》的新增罪名，并且都规定在刑法第185条之一中。两罪的共同之处在于：客观上行为人均违背法定义务或者受托义务，不适当地运用了资金或财产。从犯罪构成上来看，本罪与背信运用受托财产罪的区别在于：第一，两罪的客观行为表现不同。本罪是违反国家相关规定运用社会保障基金、住房公积金以及其他一些公众资金的行为，而背信运用受托财产罪则是违背受托义务，擅自运用客户资金以及其他委托、信托的财产的行为。第二，两罪的犯罪主体不同。本罪的犯罪主体主要是社会保障基金管理机构、住房公积金管理机构等公众资金管理机构，以及保险公司、保险资产管理公司、证券投资基金管理公司中直接负责的主管人员和其他直接责任人员，而背信运用受托财产罪的主体则主要是商业银行、证券交易所、期货交易所、证券公司、期货经纪公司、保险公司或者其他金融机构。虽然二者都是纯正的单位犯罪主体，但是单位犯罪主体的性质和范围不同。

（2）本罪与挪用类犯罪的界限。

本罪与挪用类犯罪的共同点在于客观上均有"用"资金的行为。本罪主要表现为社会保障基金管理机构、住房公积金管理机构等公众资金管理机构，以及保险公司、保险资产管理公司、证券投资基金管理公司等金融机构中直接负责的主管人员和其他直接责任人员违反国家规定，擅自运用社会保障基金、住房公积金以及其他一些公众资金的行为；挪用类犯罪则主要表现为相关单位的工作人员利用职务上的便利，挪用单位资金归个人使用的行为。但从其本质以及犯罪构成上来看，两者的区别在于：第一，犯罪对象不同。本罪的犯罪对象是社会保障金、住房公积金、保险资金、证券投资基金以及其他一些公众资金。而挪用类犯罪的犯罪对象是单位的资金和款项。第二，犯罪成立的条件不同。挪用类犯罪成立条件之一的"利用职务上的便利"与本罪成立条件之一的"违反国家规定"

是不同的。只要有相关的国家规定存在，即便是没有任何"职务便利"的人员也可能违反国家规定。而利用职务上的便利则不以"违反国家规定"为前提，行为人只要具有职务就可以利用职务上的便利。第三，本罪与挪用类犯罪的本质是不同的。本罪与背信运用受托财产罪均属于一般意义上的背信类犯罪，本罪的本质在于行为人违背的是法律规定的诚实处理公众资金的义务。而挪用类犯罪的本质则在于行为人利用职务上的便利，挪用单位资金归个人使用，从而对单位的财产造成了损害。由此可见，本罪与挪用类犯罪在本质上最大的区别在于本罪中存在背信的行为，而挪用类犯罪中不存在背信的行为。

3. 本罪的罪数形态问题

因为本罪行为与伪造公文、证件、印章类犯罪有密切联系，在认定罪数的时候要特别注意。如果能够证明单位伪造公文、证件、印章的目的是最终实施违法运用资金的行为，则构成手段与目的的牵连，应当按照牵连犯的处罚原则，从一重罪处断。

4. 本罪的共犯问题

本罪是单位犯罪，关于单位犯罪内部是否存在共同犯罪，一直是理论界争论不休的问题。本书认为单位犯罪内部存在共同犯罪。因为在整个单位犯罪的过程中，其内部成员往往会存在着一定的分工：主管人员一般是单位犯罪的决策者、领导者和指挥者，实施一些组织行为或教唆行为；直接责任人员大多数是某一犯罪行为的直接实施者，有少部分直接责任人员只是实施单位犯罪行为的帮助者。因此，将本罪中在违法运用公众资金过程中起策划、指挥作用的主管人员认定为共同犯罪的组织犯或教唆犯，将直接实施违法运用资金行为的责任人员认定为行为犯，将对主管人员和直接责任人员实施的犯罪行为提供帮助的定为共同犯罪的帮助犯，这样对单位主管人员和直接责任人员的处罚才符合犯罪构成理论，追究其刑事责任才有法律依据。

5. 本罪的停止形态问题

关于本罪的停止形态，首先应当区分既遂和未遂。违法运用资金罪是指社会保障基金管理机构、住房公积金管理机构等公众资金管理机构，以及保险公司、保险资产管理公司、证券投资基金管理公司违反国家规定运用资金的行为。因此，违法运用公众资金行为的完成即为犯罪的既遂。本罪的未遂是指行为人已经着手实施违法运用公众资金的行为，但是由于意志以外的原因未得逞。本罪的预备是指行为人已经为实施违法运用资金行为准备相关工具、制造条件，如伪造公文或者印章，贿赂相关人员等，但是由于意志以外的原因而未着手实施违法运用资金的行为。本罪的中止是指行为人已经开始为违法运用资金而准备相关的工具、制造条件，或者已经着手实施了违法运用资金的行为，但是基于自己的意志自动放弃犯罪或者有效地防止了犯罪的发生。

（四）违法运用资金罪的处罚

根据修正后的刑法第185条之一第2款的规定，犯本罪的，对其直接负责的主管人员和其他直接负责人员，依照刑法第185条之一第1款的规定处罚。对单位判处罚金，并对其直接负责的主管人员和其他直接责任人员，处3年以下有期徒刑或者拘役，并处3万元以上30万元以下罚金；情节特别严重的，处3年以上10年以下有期徒刑，并处5万元以上50万元以下罚金。

十六、骗购外汇罪

（一）骗购外汇罪的概念与法源

1. 骗购外汇罪的概念

所谓骗购外汇罪，是指违反外汇管理法规，以虚假的或者无效的单据或者违反国家外汇管理法规，使用伪造、变造的海关签发的报关单、进口证明、外汇管理部门核准件等凭证和单据，或者重复使用海关签发的报关单、进口证明、外汇管理部门核准件等凭证和单据，或者以其他方式欺骗外汇指定银行，用等值的人民币从外汇指定银行购买等值外汇，数额较大的行为。

2. 骗购外汇罪的法源

我国对外汇犯罪的最早规定始于 1952 年 6 月海关总署发布的《关于逃汇套汇案件应作为走私案件处理核示应行注意各点的命令》，其中指出：须知逃汇、套汇，不论采取何种方式，其结果与走私出口黄金、外币无异，均应作为走私案件处理。逃汇、套汇从而被当做走私的一种表现形式，首次被规定为犯罪。基于当时的国情，这种规定也足以遏制现实中不经常发生的外汇违法犯罪活动，因而 1979 年刑法也秉承此精神，未对外汇犯罪作出特别规定。随着改革开放的深入，外汇犯罪作为国际贸易发展的消极衍生物在我国日趋严重。在此背景下，1982 年全国人大常委会通过的《关于严惩严重破坏经济的罪犯的决定》虽然将套汇和走私等经济犯罪并列提出，但出发点并不是将套汇作为一个独立的罪名，该规定的目的只是出于惩治外汇犯罪的需要而提高法定刑。逃汇、套汇仍被当做走私行为加以处罚。

1997 年刑法只规定了逃汇罪，取消了套汇罪。但是，1997 年刑法实施不久，随着亚洲金融危机的爆发，外汇犯罪来势凶猛，涉案金额巨大，曾一度趋缓的逃汇、骗购外汇和非法买卖外汇行为又日趋猖獗。一些不法分子利令智昏，挖空心思干起了骗购外汇的勾当，这些犯罪行为对我国经济的危害是巨大的。一方面，造成了国家外汇的大量流失，影响国际收支，对人民币汇率的稳定造成不利影响。另一方面，不法分子往往利用骗购外汇散布谣言，蛊惑人心，动摇国外投资者的信心，破坏我国的投资环境。为惩治这种犯罪行为，最高人民法院于 1998 年 8 月 28 日颁布了《关于审理骗购外汇、非法买卖外汇刑事案件具体应用法律若干问题的解释》，但尚不够周密完备，难以适应打击犯罪的需要。因此，1998 年 12 月 29 日第九届全国人大常委会第六次会议通过了《关于惩治骗购外汇、逃汇和非法买卖外汇犯罪的决定》，这是自 1997 年 10 月 1 日刑法实施以后，全国人大常委会作出的关于修改、补充刑法的第一部重要法律。将骗购外汇的行为设置为单独的骗购外汇罪，弥补了现行刑法之不足，对于打击涉及外汇的金融犯罪，维护国家外汇管理秩序，具有十分重要的意义。总之，我国刑事立法对骗购外汇行为的惩治经历了一个犯罪化—非犯罪化—再犯罪化的过程。

（二）骗购外汇罪的构成特征

1. 客体特征

关于本罪的客体，我国刑法理论界有三种不同的观点。第一种观点认为本罪侵犯的客体是国家的外汇管理制度。[①] 第二种观点认为本罪侵犯的客体是我国外汇管理秩序中的售汇制度。[②] 第三种观点认为本罪侵犯了复杂客体，即既侵犯了外汇管理秩序中的售汇制度，又侵犯了我国外汇储备制度，造成外汇储备的减少。[③] 笔者同意第一种观点。本罪的客体应当是国家的外汇管理制度，即国家对外汇的收支及使用进行监督、控制及干预的活动。我国现在实行的是部分外汇管理制度，该制度对于稳定国内物价，增强人民币信誉度，防止资本逃避，平衡国际收支，加强我国的经济地位，促进我国经济健康发展具有重要意义。而骗购外汇行为易形成本外币兑换的盲目与失控，造成我国外汇流失，扭曲货币信息，影响国际收支，进而危害我国的货币金融秩序。

本罪的犯罪对象是外汇。根据《外汇管理条例》第 3 条之规定，外汇是指下列以外币表示的可以用作国际清偿的支付手段和资产：（1）外币现钞，包括纸币、铸币；（2）外币支付凭证或者支付工具，包括票据、银行存款凭证、银行卡等；（3）外币有价证券，包括债券、股票等；（4）特别提款权；（5）其他外汇资产。应当重点指出的是，本罪的对象是有限定的，即必须是指定银行的

---

① 参见张军主编：《破坏金融管理秩序罪》，中国人民公安大学出版社 1999 年版，第 559 页。

② 参见刘艳红：《论外汇犯罪》，载《中国刑事法杂志》1999 年第 3 期。

③ 参见张相军：《骗购外汇罪的认定与处理》，载《刑事司法指南》2000 年第 1 期。

外汇。如果行为人采取欺诈手段在国家指定银行之外其他经营外汇业务的场所取得外汇的，不构成本罪。只有行为人采取虚假的手段骗购外汇指定银行的外汇的，才构成骗购外汇罪。行为人骗购的是否属于外汇指定银行的外汇，是本罪与非法买卖外汇犯罪、诈骗罪等的区别之一。

2. 客观特征

本罪在客观方面表现为违反外汇管理法规，以虚假的或者无效的单据欺骗外汇指定银行，用等值的人民币从外汇指定银行购买等值外汇，数额较大的行为。具体认定时，应注意把握以下几点：

（1）行为必须违反了《外汇管理条例》（1996 年 1 月 29 日国务院发布，1997 年 1 月 14 日修正）、《结汇、售汇及付汇管理规定》（1996 年 6 月 20 日中国人民银行发布）中关于售汇的有关规定。

（2）行为人实施了欺骗外汇指定银行的行为。外汇指定银行是指外汇管理机关批准经营结汇、售汇业务的商业银行或非银行金融机构，包括中国工商银行、中国银行、中国农业银行、中国建设银行等 16 家商业银行及其分支机构，以及外资银行、经国家外汇管理局批准经营国际结算业务的非银行金融机构。外汇指定银行办理售汇业务时必须根据真实、有效的凭证、单据或证明文件售出外汇。而骗购外汇的行为则是以虚假、无效的凭证、单据或证明文件欺骗外汇指定银行并使其售出外汇。根据全国人大常委会《关于惩治骗购外汇、逃汇和非法买卖外汇犯罪的决定》第 1 条的规定，骗购外汇的方式有以下三种：

第一种是使用伪造、变造的海关签发的报关单、进口证明、外汇管理部门核准件等凭证和单据的。该种方式是以虚假的凭证、单据骗购外汇。伪造，是指仿照真实的报关单、进口证明、核准件等的样式、形状、质地等，以描绘、复印、印刷等方式，制造虚假的报关单、进口证明、核准件等，足以使一般人误以为是真实的凭证、单据的行为。变造，是指对真实的报关单、进口证明、核准件等进行涂改、挖补、剪贴等，改变其内容、增大其数额的行为。报关单是进口商向海关申报进口的凭证，包括进出口货物报关单和登记手册，它必须经海关签发。进口证明是报关单位在申请进口付汇时依法提交的报关单以外的有关单据和凭证，包括进口许可证、进口登记表、进口合同等。外汇管理部门的核准件，是指在进口付汇过程中，由外汇管理部门制发、进口单位和受委托单位填写的，海关据以受理报关、外汇管理部门据以核销付汇的凭证，如外汇登记证、外汇（转）贷款登记证、外汇担保登记证等。其他凭证单据，如运输单据、发票、收费单据等。

第二种是重复使用海关签发的报关单、进口证明、外汇管理部门核准件等凭证和单据的。该种方式是以无效的单据、凭证骗购外汇。所谓重复使用，是指使用因使用而失效的凭证、单据等，欺骗外汇指定银行以购买外汇。

第三种是以其他方式骗购外汇的，即以前两种方式以外的方式欺骗外汇指定银行以购买外汇的行为，如欺骗外汇指定银行使其先行兑付后却不再提供有效、真实的凭证、单据和证明文件的，与外汇管理部门工作人员串通骗购外汇的，等等。只要具备上述三种方式中的一种即可构成本罪。从实践中的情况看，绝大多数骗购外汇的行为都是以前两种方式实施的。

（3）必须是购买外汇数额较大的行为。行为人欺骗外汇指定银行的目的并不是无偿地或低价从外汇指定银行取得外汇，而是按国家外汇牌价非法地购买等值的外汇。何为"数额较大"，我国刑法没有具体规定，目前也没有司法解释，可参照最高人民法院《关于审理骗购外汇、非法买卖外汇刑事案件具体应用法律若干问题的解释》第 4 条规定，"骗购外汇，数额在 500 万美元以上或者违法所得 50 万元人民币以上"。[①]

---

① 参见王政勋：《骗购外汇罪研究》，载《中央政法管理干部学院学报》2001 年第 2 期。

3. 主体特征

本罪的主体为一般主体，既可以由自然人构成，又可以由单位构成。自然人只要年满 16 周岁，具有完全刑事责任能力，就可构成本罪的主体。另外，根据《关于惩治骗购外汇、逃汇和非法买卖外汇犯罪的决定》的规定，海关、外汇管理部门，以及金融机构、从事对外贸易经营活动的公司、企业或其他单位的工作人员，与骗购外汇行为人通谋，为其提供购买外汇的有关凭证、单据、购买外汇的人民币、售汇、付汇的工作人员都可以构成骗购外汇的共犯。单位的性质在上述决定中没有作任何限制规定，因此任何依法成立，具有刑事责任能力的组织都可以成为本罪的主体。无论是事业单位还是国有或非国有的公司、企业都可构成此罪。

4. 主观特征

本罪在主观方面表现为故意，但究竟是直接故意，抑或是直接故意与间接故意兼而有之，学者对此有不同的看法。一种观点认为，本罪在主观上表现为直接故意，即明知自己使用虚假的方法向外汇指定银行骗购外汇会发生危害社会的结果，并且希望这种结果发生的主观心理态度。[1] 另一种观点认为，本罪在主观上既表现为直接故意，又表现为间接故意，即明知自己使用欺骗方式向外汇指定银行骗购外汇具有社会危害性，并且希望或者放任骗购外汇的结果发生的主观心理态度。[2] 笔者赞同第一种观点，骗购外汇罪在主观方面表现为直接故意，即明知自己使用欺骗方式向外汇指定银行购买外汇的行为会发生破坏外汇管理制度的结果，且积极追求该结果发生的心理态度。骗购外汇罪的主观方面不可能是间接故意。骗购外汇罪，是指行为人不符合申购外汇的条件，采取虚构事实，隐

---

[1] 参见蒋兰香：《论骗购外汇罪》，载《湖南省政法管理干部学院学报》1999 年第 5 期。

[2] 参见张相军：《骗购外汇罪的认定与处理》，载《刑事司法指南》2000 年第 1 辑。

瞒真相的手段，欺骗外汇指定银行购买国家外汇的行为。因为行为人欺骗外汇指定银行的目的就在于非法购买外汇，所以这一犯罪目的决定了本罪的主观方面不可能是间接故意。

（三）骗购外汇罪的司法认定

1. 本罪罪与非罪的界限

骗购外汇必须数额较大，这是决定是否构成本罪的必要条件。我们知道，犯罪数额可以分为犯罪指向数额和犯罪所得数额，前者是指犯罪行为所指向的金钱或物品的数量；后者是指行为人通过行为的实施而实际取得的非法利益。对于本罪来说显然是指犯罪所得数额。关于数额较大的标准，《关于惩治骗购外汇、逃汇和非法买卖外汇犯罪的决定》没有作出明确规定，有待于司法解释的出台。笔者认为，在具体司法解释出台之前，可参照最高人民法院《关于审理骗购外汇、非法买卖外汇刑事案件具体应用法律若干问题的解释》规定，对于自然人以 20 万美元，对于单位以 500 万美元，作为骗购外汇数额较大的起点。

2. 本罪与相近犯罪的界限

（1）本罪与诈骗罪的界限。

骗购外汇罪与诈骗罪的区别。二罪都有"骗"，即虚构事实，隐瞒真相的行为。但二者是本质截然不同的犯罪。骗购外汇罪，是指行为人不符合申购外汇的条件，采取欺诈手段，用人民币购买国家外汇，而诈骗罪是以非法占有为目的，虚构事实，隐瞒真相，骗取他人财物。第一，二者的主观目的不同。骗购外汇罪的目的一般是牟利，持有、使用外汇，而诈骗罪的目的是非法占有他人财物。第二，手段不同。骗购外汇罪是使用各种虚假的单据和凭证到外汇指定银行用人民币骗买外汇，而诈骗罪是虚构事实无偿骗取他人财物。第三，客体和对象不同。骗购外汇罪的客体是国家的外汇管理制度，对象仅限于外汇，而诈骗罪的客体是公私财物的所有权，对象是各种公私财物。第四，主体不完全相同。骗购外汇罪的主体既可以是自然人，也可以是单位，且实践中以单位骗汇较常见，而诈骗罪的主体只能是自然人。第五，二者犯罪手段不同。骗购外汇罪的手段只限于《关于惩治骗购外汇、逃汇和非法买卖外汇犯罪的决定》中规定的三种方式，诈骗罪的手段则包括一切虚构事实、隐瞒真相的方法。第六，欺骗的对象不同。骗购外汇罪欺骗的对象只限于外汇指定银行，诈骗罪欺骗的对象十分广泛，既包括自然人，也包括单位。

（2）本罪与逃汇罪的界限

骗购外汇罪与逃汇罪的区别。《关于惩治骗购外汇、逃汇和非法买卖外汇犯罪的决定》第3条已将刑法第190条规定的逃汇罪修改为"公司、企业或者其他单位，违反国家规定，擅自将外汇存放境外，或者将境内的外汇非法转移到境外，数额较大的"行为。第一，二者主体不同。逃汇罪的主体只是单位——公司、企业或者其他单位，已不限于国有单位，骗购外汇罪则不仅包括单位而且还包括自然人。第二，二者主观目的不同。逃汇罪的主观目的是违反国家规定将外汇置于境外，骗购外汇罪的主观目的则是在境内指定售汇银行骗购外汇。第三，二者客观方面不同。逃汇罪的客观方面是违反国家规定，擅自将外汇存放境外，或者将境内的外汇非法转移到境外，数额较大的行为，而骗购外汇罪仅是使用欺骗方式向外汇指定银行骗购外汇，数额较大的行为。第四，二者侵犯的客体不同。逃汇罪侵犯的是外汇管理制度，并且主要是国家对外汇输出、输入和外汇进出境等方面的管理规定，而骗购外汇罪侵犯的仅是外汇管理制度中的售汇规定。

（3）本罪与非法经营罪的界限

由于上述决定将非法买卖外汇的行为作为非法经营罪定罪量刑，并且这两个犯罪都以外汇为行为指向。因此，有必要对其进行区分。第一，二者犯罪客体不同。本罪的客体是国家的外汇管理制度。而非法经营罪所侵犯的客体是外汇市场的经营秩序。第二，二者犯罪对象不同，本罪的犯罪对象是外汇指定银行的外汇。非法经营的犯罪对象既可以是银行的外汇，也可以是其他国家规定的外汇交易场所以外的被倒买倒卖的外汇。第三，二者犯罪行为方式不同。根据上述决定的规定，使用虚假的或者无效的海关签发的报关单、进口证明和外汇管理部门核准件骗购外汇指定银行的外汇，数额较大的，构成骗购外汇罪。而非法经营罪是指违反国家规定，在国家规定的外汇交易场所以外私自买卖外汇、变相买卖外汇或者倒买倒卖外汇，情节严重的行为。

3. 本罪的罪数形态问题

（1）牵连犯形态。行为人为了骗购外汇而伪造、变造、买卖或者盗窃、抢夺公文、证件、印章的，则其犯罪行为分别触犯了刑法第280条规定之罪和骗购外汇罪，属于我国刑法理论中的牵连犯罪形态。对此，只应按处刑较重的骗购外汇罪从重处罚。对于只有前一犯罪行为的，则应以刑法第280条规定之罪定罪处罚。同时，如果仅有买卖伪造、变造的海关签发的报告单、进口证明、外汇管理部门核准件等凭证和单据或者国家机关的其他公文证件、印章的，则应依照上述决定第2条规定，按照刑法第280条的规定定罪处罚。

（2）吸收犯形态。按照刑法第280条的规定定罪处罚。吸收犯形态存在两种情况，一种是将骗购而来的外汇非法转移到境外的行为，若分别构成骗购外汇罪与逃汇罪，则按重罪吸收轻罪原则定罪处罚，即以骗购外汇罪定罪判刑。另一种是将骗购而来的外汇进行非法买卖的行为，若分别构成骗购外汇罪与非法经营罪，同样只以重罪——骗购外汇罪定罪处罚。

4. 本罪的共犯问题

认定本罪的共犯应注意如下两个方面：其一，上述决定第1条第3款规定，明知用于骗购外汇而提供人民币资金的以共犯论处。对此"明知"，应当结合案件具体情况以骗购外汇罪的帮助犯论处。其二，对于海关、外汇管理部门以及金融机构、从事对外贸易经营活动的公司、企业或者其他单位的工作人员与骗购外汇的行为人通谋，为其提供购买外汇的有关凭证或者其他便利的，或者明知伪造、变造的凭证和单据而售汇、付汇的，上述决定第 5 条明确规定以共犯论，并从重处罚。这是基于特殊身份情节的考虑。"其他便利"不包括提供人民币资金，对于提供人民币资金便利的共同犯罪行为，上述决定第 1 条第 3 款已有明确规定。

（四）骗购外汇罪的处罚

根据上述决定第 1 条第 1 款的规定，对个人犯骗购外汇罪的处罚分三个档次：骗购外汇数额较大的，处 5 年以下有期徒刑或者拘役，并处骗购外汇数额 5% 以上 30% 以下罚金；数额巨大或者有其他严重情节的，处 5 年以上 10 年以下有期徒刑，并处骗购外汇数额 5% 以上 30% 以下罚金；数额特别巨大或者有其他特别严重情节的，处 10 年以上有期徒刑或者无期徒刑，并处骗购外汇数额 5% 以上 30% 以下罚金或者没收财产。

根据上述决定第 1 条第 3 款的规定，单位犯本罪的，对单位依照第 1 款的规定判处罚金，并对其直接负责的主管人员和其他直接责任人员处 5 年以下有期徒刑或者拘役；数额巨大或者有其他特别严重情节的，处 5 年以上 10 年以下有期徒刑，数额特别巨大或者有其他特别严重情节的，处 10 年以上有期徒刑或者无期徒刑。

对于上述"数额较大"、"数额巨大"、"数额特别巨大"的标准，上述决定均没有明确，有待司法解释明确。上述"其他严重情节"、"其他特别严重情节"是指数额以外的情节"严重"或"特别严重"。情节"严重"与"特别严重"的认定主要从骗购外汇的次数、骗购的手段、骗购造成的影响以及损失、骗购者的主观恶性等方面去判断。至于"严重"与"特别严重"的区别，上述决定未予明确，须由司法解释确定。

十七、虚开发票罪

（一）虚开发票罪的概念和法源

1. 虚开发票罪的概念

虚开发票罪，是指行为人违反国家税收征管法规，为他人虚开、为自己虚开、让他人为自己虚开、介绍他人虚开普通发票，情节严重的行为。

2. 虚开发票罪的法源

在 1979 年刑法中，涉税犯罪问题规定在分则第三章"破坏社会主义经济秩序罪"中。所规定的涉税犯罪类型只有偷税、抗税两种，涉及的法条也只有一条。1997 年刑法在分则第三章"破坏社会主义市场经济秩序罪"中专设一节"危害税收征管罪"，规定了十多个具体涉税犯罪罪名。使近年来一系列税收刑事立法由简单走向完善。但是，1997 年刑法仅规定了虚开增值税专用发票、用于骗取出口退税、抵扣税款发票罪，但实践中还存在虚开普通发票以偷逃税款的现象。特别是在金融保险、建筑安装、餐饮服务等行业，乃至部分行政事业单位，使用假发票的问题十分普遍。一些不法分子和单位，以貌似合法的经营和纳税为掩护，从税务机关大量套购骗领发票，在无实际经营业务的情况下，为获取非法利益，从事虚开发票的勾当。虚开发票的泛滥为逃税、骗税、贪污贿赂、洗钱等违法犯罪的发生提供了便利，严重扰乱了市场经济秩序，助长了腐败的蔓延，具有严重的社会危害性。

因此，为严密发票犯罪的刑事法网，规定虚开发票罪是必要的。2011 年 2 月 25 日，第十一届全国人大常委会第十九次会议表决通过了《刑法修正案（八）》，将"虚开本法第二百零五条规定（增值税专用发票或者用于骗取出口退税、抵扣税款的其他发票）以外的其他发票，情节严重的"行为列入了刑法规定，体现了刑法对税收征管秩序的立法保护，使得涉税犯罪的规定由零散趋于系统化和科学化，对打击发票违法犯罪活动起到重要的威慑作用，必将更好地为市场经济的发展提供法律保障。

（二）虚开发票罪的构成特征

1. 客体特征

关于本罪的客体，我国刑法理论界存在几种不同的认识。第一种观点认为，虚开发票犯罪侵害的客体是国家工商管理活动。① 第二种观点认为，虚开发票犯罪行为的对象是发票，因此侵害的客体是发票管理制度。② 第三种观点认为，虚开发票犯罪侵害的客体是国家的税收管理。③ 笔者认为，虚开发票犯罪侵害的是复杂客体，即国家的税收征管制度和发票管理制度。一方面，税收是以国家为主体，实现国家职能，凭借政治权力按照法定的标准，无偿取得财政收入的一种方式。虚开发票的泛滥为逃税、骗税等行为提供了便利，因而侵犯了国家的税收管理制度。另一方面，虚开发票罪的行为对象是除增值税专用发票以及可用于申请出口退税、抵扣税款功能的收付款凭证和完税凭证以外的其他普通发票，因此其直接侵犯的客体是发票管理制度。

2. 客观特征

本罪在客观方面表现为虚开本法第二百零五条规定以外的其他发票，情节严重的行为。

理解本罪的客观方面还需要弄清以下几个方面的问题：

（1）对"本法第 205 条规定以外的其他发票"的理解。

行为人实施了"虚开本法第二百零五条规定以外的其他发票"的行为。所谓"本法第二百零五条规定以外的其他发票"，是指除增值税专用发票以及可用于申请出口退税、抵扣税款功能的收付款凭证和完税凭证以外的其他普通发票，既包括真的普通发票，也包括伪造、变造的假的普通发票。普通发票主要由营业税纳税人和增值税小规模纳税人使用，增值税一般纳税人在不能开具专用发票的情况下也可使用普通发票。普通发票由行业发票和专用发票组成。前者适用于某个行业和经营业务，如商业零售统一发票、商业批发

---

① 参见高铭暄主编：《新型经济犯罪研究》，中国方正出版社 2000 年版，第 218 页。

② 参见王秀芝著：《税收征收管理》，工商出版社 2001 年版，第 140 页。

③ 参见刘建民主编：《税收制度学》，西南财经大学出版社 1999 年版，第 25 页。

统一发票、工业企业产品销售统一发票等；后者仅适用于某一经营项目，如广告费用结算发票、商品房销售发票等。

（2）对"虚开"的理解。

所谓"虚开"，与刑法第 205 条规定的虚开行为一致，是指没有商品购销或者没有提供、接受劳务、服务而开具普通发票，或者虽有商品购销或者提供、接受了劳务、服务，但开具数量或金额不实的普通发票的行为。具体来说分为为他人虚开、为自己虚开、让他人为自己虚开、介绍他人虚开四种情形。

①为他人虚开。为他人虚开，通常也称为"代开"。大体可以分为两种情况：一种是行为人在他人有商品交易活动的情况下，用自己领购的普通发票为他人代开。另一种是行为人在他人没有商品交易的情况下，用自己领购的普通发票为他人代开。这两种情况虽然有所区别，但实际上都是行为人违反发票管理法规中关于发票自用原则的规定，在自己未进行商品交易的情况下虚开了发票，其危害性质是相同的。

②为自己虚开。为自己虚开实质是行为人在没有商品交易或只有部分商品交易的情况下，在自行填发票时，虚构商品交易的内容或者虚增商品交易的数量、价款和销项税额。[1]

③让他人为自己虚开。这种行为是与"为他人虚开"相伴存在的一种行为。让他人为自己虚开，既可以是让与自己存在货物购销或劳务提供关系的对方当事人虚增价款、税额给自己开具进项专用发票，也可以是让与自己并不存在货物购销或者劳务提供关系的人虚构交易内容给自己开具进项专用发票。其目的无非是用于非法抵扣税款或者骗取出口退税，也有的是转手进行倒卖从中牟利。[2]

---

[1] 参见肖扬主编：《中国新刑法学》，中国人民公安大学出版社 1997 年版，第 280 页。

[2] 参见莫开勤主编：《危害税收征管犯罪的定罪与量刑》，人民法院出版社 2000 年版，第 168~169 页。

④介绍他人虚开。所谓介绍他人虚开，实质是行为人为开票方和受票方实施虚开专用发票进行举荐介绍或撮合的行为。在现实生活中，出于谋取非法利益的目的，介绍他人虚开一般有两种方式：一是介绍开票方和受票方直接接触，介绍人从中赚取介绍费；二是开票方和受票方并不直接接触，而是由介绍人指使开票人将发票开给其指定的受票人，并从中谋取介绍费。

（3）对"情节严重"的理解。

本罪要求情节严重才构成犯罪，即此处的"情节严重"并不是量刑情节，而是构成要件要素，是罪与非罪的界限。所谓"情节严重"，一般主要表现为虚开的发票数量大，或者虚开的发票票面数额大。根据最高人民检察院、公安部联合印发的最高人民检察院、公安部《关于公安机关管辖的刑事案件立案追诉标准的规定（二）的补充规定》，"情节严重"包括以下情形："（一）虚开发票一百份以上或者虚开金额累计在四十万元以上的；（二）虽未达到上述数额标准，但五年内因虚开发票行为受过行政处罚二次以上，又虚开发票的；（三）其他情节严重的情形。"具体情节严重的标准可由司法机关在实践基础上通过司法解释作出具体规定。

3. 主体特征

本罪的犯罪主体为一般主体，即任何企事业单位和达到刑事责任年龄且具有刑事责任能力的自然人均可以成为本罪的主体。由于虚开发票罪有单位犯罪和自然人犯罪之分。因此，对不同主体的要求也不同。在单位犯罪中，犯罪主体通常是经税务机关按照法定程序审查取得一般纳税人资格的单位。而在自然人犯罪中，犯罪主体通常是不具有一般纳税人资格的个人；有的虽然具有一般纳税人资格，但实际上是通过欺骗、贿赂等非法手段取得的，不能按照单位犯罪处理。

4. 主观特征

本罪的主观方面由直接故意构成，即行为人明知虚开普通发票是国家法律禁止的行为，仍然出于谋取经济利益或者其他的动机或目的，积极实施虚开普通发票的行为。一般来说，行为人主观上都具有营利的目的，但这并非法定要件。如果以其他目的虚开普通发票的，也构成本罪。

（三）虚开发票罪的司法认定

1. 本罪罪与非罪的界限

依照刑法第205条之一的规定，虚开普通发票必须达到情节严重的程度才构成本罪。因为这类行为首先违反的是国家发票管理法规，是一种行政违法行为，主要应当通过行政制裁的方式处理。只有情节严重的虚开普通发票行为才构成犯罪。然而，什么是情节严重有待于最高司法机关作出司法解释。司法实践中，情节严重可以从以下几个方面来分析认定：虚开普通发票数额或者数量；虚开普通发票的次数；虚开普通发票造成的后果；是否因虚开普通发票的行为受过行政处罚或者刑事处罚；有无其他恶劣情节；等等。

最高人民检察院、公安部联合印发的《关于公安机关管辖的刑事案件立案追诉标准的规定（二）的补充规定》对公安机关经济犯罪侦查部门管辖的虚开发票案件的立案追诉标准作出了规定，即虚开刑法第205条规定以外的其他发票，涉嫌下列情形之一的，应予立案追诉：（1）虚开发票100份以上或者虚开金额累计在40万元以上的；（2）虽未达到上述数额标准，但5年内因虚开发票行为受过行政处罚2次以上，又虚开发票的；（3）其他情节严重的情形。

2. 本罪与相近犯罪的界限

（1）本罪与虚开增值税专用发票、用于骗取出口退税、抵扣税款发票罪的界限。

虚开增值税专用发票、用于骗取出口退税、抵扣税款发票罪，是指违反国家税收征管法规，为他人虚开、为自己虚开、让他人为自己虚开、介绍他人虚开增值税专用发票或者用于骗取出口退税、抵扣税款的其他发票的行为。虚开增值税专用发票、用于骗取出口退税、抵扣税款发票罪与本罪虽然都是虚开型的发票犯罪，但是有明显的区别。第一，二者的犯罪对象不同。前者的犯罪对象是增值税专用发票、用于骗取出口退税、抵扣税款发票，而本罪的犯罪对象是除增值税专用发票或者用于骗取出口退税、抵扣税款的发票以外的其他普通发票。第二，二者客观方面的表现不同。前罪对虚开增值税专用发票、用于骗取出口退税、抵扣税款行为未规定任何情节上的限制，而本罪要求虚开普通发票，情节严重的行为。

（2）本罪与偷税罪的界限。

偷税罪，是指纳税人或者扣缴义务人采取欺骗、隐瞒手段进行虚假纳税申报或者不申报，逃避缴纳税款数额较大并且占应纳税额10%以上的行为。本罪与偷税罪有明显的区别：第一，二者客观方面不同。虚开发票罪是行为犯，只要虚开增值税专用发票或者用于骗取出口退税、抵扣税款的发票以外的其他发票，情节严重的行为，即可构成本罪。但是偷税罪是结果犯，犯罪结果是构成该罪的必备要件，即偷税是不缴或少缴税款，使国家得不到应得的税款，并达到法定的数额、比例或情节的行为。第二，二者主体不同。虚开发票罪的主体是一般主体，任何单位和个人都能成为该罪的主体；而逃税罪的主体是特殊主体，只有纳税人和扣缴义务人才能构成偷税罪。

3. 本罪的罪数形态问题

（1）行为人为了偷逃税款，而实施了虚开发票的行为，并且分别触犯了虚开发票罪与逃税罪的，其中偷逃税款是行为人的目的行为，虚开发票是偷逃税款的手段行为。因此，构成虚开发票罪与逃税罪的牵连犯，应当按照牵连犯的处罚原则，即从一重罪处断。

（2）行为人非法制造普通发票后，又虚开此普通发票，并且分别触犯了非法制造发票罪与虚开发票罪的，其中虚开发票是行为人的目的行为，非法制造发票是手段行为。因此，构成非法制造发票罪与虚开发票罪的牵连犯，应当按照牵连犯的处罚原则，即从一重罪处断。

（3）行为人既有虚开增值税发票、用于骗取出口退税、抵扣税款发票，又有虚开普通发票的行为，且虚开普通发票情节严重，两罪没有竞合的可能，应当数罪并罚。

（4）关于对象认识错误问题，对于行为人误以为所虚开的是增值税专用发票，而实际上属于普通发票的，或者相反的情形，由于对发票种类的认识错误属评价的错误，不具有刑法上的意义，因而应以实际的发票种类所对应的罪名定罪处罚。

4. 本罪的共犯问题

两个以上达到刑事责任年龄、具备完全刑事责任能力的自然人共同故意实施虚开发票的行为，构成虚开发票罪的共同犯罪。根据本罪的客观方面，可分为三种情形。第一种情形是行为人受他人教唆为他人虚开普通发票。第二种是行为人让他人为自己虚开普通发票。第三种是行为人介绍他人虚开普通发票。对于共同犯罪人，应当按照他们在共同犯罪中的地位和作用分别定罪处罚。对于主犯，应当按照其参与的或者组织、指挥的全部犯罪处罚；对于从犯，应当从轻、减轻或者免除处罚；对于胁从犯，应当按照他的犯罪情节减轻处罚或者免除处罚；对于教唆犯，应当按照他在共同犯罪中所起的作用处罚。

（四）虚开发票罪的处罚

根据《刑法修正案（八）》第 33 条的规定，犯本罪，情节严重的，处 2 年以下有期徒刑、拘役或者管制，并处罚金；情节特别严重的，处 2 年以上 7 年以下有期徒刑，并处罚金。单位犯前款罪的，对单位判处罚金，并对其直接负责的主管人员和其他直接责任人员，依照前款的规定处罚。

十八、持有伪造的发票罪

（一）持有伪造的发票罪的概念与法源

1. 持有伪造的发票罪的概念

持有伪造的发票罪，是指行为人违反国家关于发票的管理制度，明知是伪造的发票而持有，数量较大，依法应受刑法处罚的行为。

2. 持有伪造的发票罪的法源

发票是真实记录公民或法人、单位或个人、企业或其他组织在税务、商务、劳务、服务及从事其他经营活动中所开具、收取的原始收付凭证，具有维护公民和法人合法权益的法律证明效力。同时，发票是财务管理、财务核算、税务稽查、保护国家财产安全的原始、真实、可靠、必备的依据和重要手段。我国刑法只对利用增值税专用发票和其他发票破坏国家税制的各种犯罪行为作出了明确的规定，主要是刑法第 206 条规定的"伪造、出售伪造的增值税专用发票罪"，第 208 条规定的"非法购买增值税专用发票、购买伪造的增值税专用发票罪"，第 209 条第 1 款规定的"非法制造、出售非法制造的用于骗取出口退税、抵扣税款发票罪"，第 209 条第 2 款规定的"非法制造、出售非法制造的发票罪"，但是并没有从源头上遏制持有伪造发票的行为，明显不能适应打击发票类犯罪的需要。据公安、税务机关反映，近年在查处发票犯罪案件时，经常在犯罪嫌疑人的身边、处所或者运输工具上查获大量的假发票，但难以证明这些发票就是其伪造的，或是其非法购买的，或是准备出售的，因而往往很难处理。这样对于伪造与出售假发票中间环节的行为处理就存在法律上的盲区。假发票犯罪的泛滥不仅严重扰乱了市场经济秩序，还为其他违法犯罪，如非法经营、贪污贿赂、洗钱等提供了条件，严重败坏了社会风气，社会危害性很大。

因此，为了严密刑事法网，从源头上防止伪造发票的社会危害性，加大对此类假发票犯罪的打击力度，2011 年 5 月 1 日实施的《刑法修正案（八）》中新增了"持有伪造的发票罪"。这是我国刑法首次在涉及发票的犯罪中规定持有型犯罪，有效弥补了现行刑事法律在规制发票犯罪时存在的立法空白，有助于加大对假发票违法犯罪活动的打击范围和力度，体现了对发票犯罪从严打击的立法倾向，适应目前发票犯罪形势严峻、屡禁不止的现实情况。

（二）持有伪造的发票罪的构成特征

1. 客体特征

对于本罪所侵犯的客体，我国刑法理论界存在着不同的观点：第一种观点认为，该类犯罪侵害的客体是国家税收征管及发票管理制度；① 第二种观点认为，该类犯罪侵害的客体是发票的管理制度；② 第三种观点则认为，该类犯罪侵犯的客体是国家税收管理制度。③

笔者赞成第一种观点。因为假发票的大量产生首先直接侵犯的是我国的发票管理制度；如果用于偷税漏税等非法目的，则会进一步侵害我国的税收征管制度；如果不经使用环节，虽然不会造成国家税收的直接损害，但会对国家税收征管制度造成危险。因此，假发票犯罪侵犯的应是复杂客体，即我国的税收征管制度及发票管理制度。

本罪的犯罪对象是伪造的发票。特别要注意的是，本罪中持有伪造的发票不仅包括伪造的普通发票，而且还包括伪造的增值税专用发票和其他具有出口退税、抵扣税款功能的收付款凭证或者完税凭证，即各种类型的伪造发票都包含在内。

2. 客观特征

本罪在客观方面表现为明知是伪造的发票而持有，数量较大的行为。具体理解如下：

（1）对"明知"的理解。

对本罪的明知的推定，具体说来，其成立必须同时满足如下三个要件。首先，持有事实的客观存在。有证据证明被告人实施了持

---

① 参见曹康、黄河主编：《危害税收征管罪》，中国人民大学出版社 1999 年版，第 121 页。

② 参见卢勤忠：《法定代表人对他人虚开增值税发票罪的犯罪如何承担法律责任》，载《法学》1995 年第 19 期。

③ 参见王松苗、高向民主编：《新刑法与税收犯罪》，西苑出版社 2000 年版，第 155 页。

有伪造发票的行为是推定其主观上隐含持有故意的最基础事实。其次，持有人明知持有物具有法律禁止的性质。明知持有的发票是伪造的，具有法律禁止的性质而仍然有意予以持有，是认定持有行为为犯罪的正当性基础。最后，应以持有人的反驳不能成立为条件。如果持有人辩驳不知所持有的物品是伪造的发票，或者持有人辩称全然不知自己的住处藏匿有伪造的发票，那么只有否认持有人的理由，才能推定本罪的故意成立。①

（2）对"伪造的发票"的理解。

根据《发票管理办法》第 3 条的规定，"发票"是指在购销商品、提供或者接受服务以及从事其他经营活动中，开具、收取的收付款凭证。第 7 条规定，发票由省、自治区、直辖市税务机关指定的企业印制；增值税专用发票由国家税务总局统一印制。禁止私自印制、伪造、变造发票。

所谓"伪造的发票"，是指无权印制发票的行为人仿照真实的发票的内容、专用纸、荧光油墨、形状、图案、色彩等，使用印制、复印、描绘等手段制造的假发票。其具体表现是：按照该类发票的联次、内容、版面排列、规格、色彩、图案等，使用印刷、复印、描绘、拓印等各种方法印制假发票，伪造该类发票，除了要将发票本身制成和真发票一样之外，还必须使用各种方法制造发票监制章、防伪水印、紫外线防伪措施等。值得注意的是，本罪中"伪造的发票"包括前述各种类型的伪造的发票，不仅包括伪造的普通发票，而且包括伪造的增值税专用发票和其他具有出口退税、抵扣税款功能的收付款凭证或者完税凭证。②

（3）对"持有"的理解。

---

① 参见张云鹏：《论持有型犯罪主观故意之推定认定》，载《社会科学》2009 年第 2 期。

② 参见黄太云：《刑法修正案（八）解读（三）》，载《人民检察》2011 年第 8 期。

本罪中的"持有"是指行为人将伪造的发票实际置于自己的支配和控制之下的一种持续性状态，一般表现为携带、藏匿、拥有等。持有行为的静态性特征决定了它只能是某种作为或不作为行为引起的结果行为，具有依附性，即由其先前的原因行为派生，并依附于原因行为存在，而不具有原生性。在实际的犯罪中，持有伪造的发票犯罪的两端往往连接着更为严重的犯罪。对此，笔者认为应当做广义的理解，不仅行为人随身携带的伪造的发票可以认定为持有，而且在其家中或者住所、驾驶的运输工具上发现的，存放在亲戚朋友处或者其他隐秘地方的也同样可以认定为持有，具体理解如下：

第一，持有的具体表现是直接占有、携带或者以其他方式支配；第二，持有不要求物理握有，不要求时时刻刻掌握，只要行为人可以对其进行管理和支配即可；第三，持有并不要求是所有，即使是他人所有的情况下，只要行为人能够进行支配，也应认定其是持有；第四，持有要达到一定的数量，本罪的成立要求发票数量较大；第五，持有时间的长短并不影响持有的成立，只要认定行为人对其有事实支配即可。

在适用本罪名时应当注意，在认定本罪之前，应当首先尽力查清犯罪嫌疑人所持有的伪造发票的真正来源，如果有伪造、出售伪造等其他行为的，以伪造、出售伪造等行为进行认定。只有当相关证据确实无法获取的情况下，即无法以其他犯罪"行为"认定时，才以"持有"这一状态进行认定，按持有伪造的发票罪定罪处罚。总而言之，将持有伪造发票的行为作为犯罪必须要谨慎小心，有所限制，不能随意扩大它的适用，侵犯公民的权益。

（4）对"数量较大"的理解。

本罪为结果犯，持有伪造的发票必须达到数量较大，才构成犯罪。至于何谓"数量较大"，至今刑法未有规定，也还没有详细的司法解释出台，只有最高人民检察院、公安部《关于公安机关管辖的刑事案件立案追诉标准的规定（二）的补充规定》对追诉标准作了规定。其对持有伪造发票案件的立案追诉标准作出了规定，即明知是伪造的发票而持有，具有下列情形之一的，应予立案追诉："（一）持有伪造的增值税专用发票五十份以上或者票面额累计在二十万元以上的，应予立案追诉；（二）持有伪造的可以用于骗取出口退税、抵扣税款的其他发票一百份以上或者票面额累计在四十万元以上的，应予立案追诉；（三）持有伪造的第（一）项、第（二）项规定以外的其他发票二百份以上或者票面额累计在八十万元以上的，应予立案追诉。"笔者建议，有必要尽快制定关于办理持有伪造的发票罪刑事案件的司法解释，对"数量较大"的内容进行填充。

3. 主体特征

本罪的主体为一般主体，自然人和单位都可以成立本罪，即达到刑事责任年龄，具备刑事责任能力的自然人或者符合刑法规定的单位均可构成本罪。在司法实践中，查获的假发票犯罪往往涉及单位较多，单位犯本罪的，实行双罚制。但需要特别指出的是，在司法实践中存在一种所谓的"发票公司"，这种单位往往成立后以经营假发票为基本业务，对于这种单位实施的假发票犯罪行为，不能构成单位犯罪，只能以自然人犯罪论处。

4. 主观特征

本罪主观方面表现为故意，行为人对所持有的伪造的发票必须以明知为前提，不明知的不能认定为犯罪。如果行为人主观上不知道是伪造的发票，而是受欺骗、蒙蔽，误以为是真发票而持有的，不能认定为犯罪。当然，是否明知不能仅凭行为人本人的辩解或供述，应当依据案件的其他有关证据材料全面分析，采用主客观相结合的原则，综合判断。

（三）持有伪造的发票罪的司法认定

1. 本罪罪与非罪的界限

司法实践中认定本罪要注意划清罪与非罪的界限：一是主观上必须是"明知"，即行为人明知自己非法持有伪造的发票的行为性质；行为人不明知所持有的发票是伪造的，不构成犯罪。二是所持有的伪造发票的数量必须达到较大；达不到较大的，也不构成犯罪。何谓"数量较大"，可以参照最高人民检察院、公安部联合印发的《关于公安机关管辖的刑事案件立案追诉标准的规定（二）的补充规定》，该补充规定对持有伪造发票案件的立案追诉标准作出了规定。

2. 本罪与相近犯罪的界限

（1）本罪与非法购买增值税专用发票、购买伪造的增值税专用发票罪的界限。

持有伪造的发票罪中的"持有行为"与"非法购买增值税专用发票、购买伪造的增值税专用发票罪"中的"购买行为"有相似之处，但是也存在很多不同。第一，二者侵犯的客体不同。本罪的客体是复杂客体，如前文所述是国家税收征管及发票管理制度。非法购买增值税专用发票、购买伪造的增值税专用发票罪的客体是国家对增值税专用发票的管理制度。第二，二者犯罪对象不同。本罪的犯罪对象是包括前述各种类型的伪造的发票，不仅包括伪造的普通发票，而且包括伪造的增值税专用发票和其他具有出口退税、抵扣税款功能的收付款凭证或者完税凭证。非法购买增值税专用发票、购买伪造的增值税专用发票罪的对象只能是增值税专用发票或者伪造的增值税专用发票。第三，二者的客观行为不同。本罪惩罚的是行为人直接占有、携带或者以其他方式支配伪造发票的一种持有状态。而惩罚非法购买增值税专用发票、购买伪造的增值税专用发票罪的关键是行为人非法购买的行为。

（2）本罪与虚开发票罪的界限。

持有伪造的发票罪和虚开发票罪都是《刑法修正案（八）》新增的两种发票类犯罪，侵犯的客体都是国家税收征管制度和发票管理制度，主体都是自然人或者单位。但是二者存在很多不同，很有必要对其进行区分。第一，二者的犯罪对象不同。本罪的犯罪对象不仅包括伪造的普通发票，而且包括伪造的增值税专用发票和其他具有出口退税、抵扣税款功能的收付款凭证或者完税凭证。而虚开发票罪的犯罪对象是除增值税专用发票或者用于骗取出口退税、抵扣税款的发票以外的其他普通发票。第二，二者的客观行为不同。这是二者区分的关键。本罪的实行行为是持有，即将伪造的发票处于自己的支配和控制之下的一种持续性状态。而虚开发票罪的实行行为是虚开行为，是指没有商品购销或者没有提供、接受劳务、服务而开具普通发票，或者虽有商品购销或者提供、接受了劳务、服务，但开具数量或金额不实的普通发票的行为。具体来说，包括为他人虚开、为自己虚开、让他人为自己虚开、介绍他人虚开四种情形。第三，二者构成犯罪的要求不同。本罪是结果犯，明知是伪造的发票而持有，数量较大的才能构成持有伪造的发票罪。而虚开发票罪是情节犯，虚开增值税专用发票或者虚开用于骗取出口退税、抵扣税款的发票以外的其他发票，情节严重的行为，才能构成此罪。

3. 本罪的罪数形态问题

本罪是持有型犯罪，行为人应当说清来源和用途。在认定"持有"之前应当尽力查清犯罪嫌疑人所持有的伪造的发票的真正来源，只有在相关证据确实无法获取的情况下，才以本罪认定并处罚行为人，这样才不至于放纵犯罪分子。无论是从行为人住处还是从其身上查获伪造的发票，只要不能证明所查获的伪造的发票系行为人伪造、购买、虚开的，即不能认定为相关犯罪时，就可直接以持有伪造的发票罪定罪处罚，而不必实行数罪并罚。

持有伪造的发票是伪造、制造、出售、购买、虚开发票行为的一个必不可少的行为过程。没有对伪造的发票的非法持有，就不可能实施伪造、制造、出售、购买、虚开发票犯罪行为。因此，凡是行为人因为伪造、制造、出售、购买、虚开发票而持有，就不宜认定为持有伪造的发票罪，而应根据其犯罪的真实目的相应地认定为伪造、制造、出售、购买、虚开发票犯罪。也不能对此实行数罪并罚。在上述情形下，非法持有伪造的发票行为被吸收到其他较重的罪名中，不必再单独定持有伪造的发票罪实行数罪并罚。

4. 本罪的共犯问题

两个以上达到刑事责任年龄、具备完全刑事责任能力的自然人共同故意实施非法持有伪造发票的行为，构成持有伪造的发票罪的共同犯罪。对于共同犯罪人，应当按照他们在共同犯罪中的地位和作用分别定罪处罚。对于主犯，应当按照其参与的或者组织、指挥的全部犯罪处罚；对于从犯，应当从轻、减轻或者免除处罚；对于胁从犯，应当按照他的犯罪情节减轻处罚或者免除处罚；对于教唆犯，应当按照他在共同犯罪中所起的作用处罚。

（四）持有伪造的发票罪的处罚

根据修正后的刑法第 210 条之一的规定，犯本罪，数量较大的，处 2 年以下有期徒刑、拘役或者管制，并处罚金；数量巨大的，处 2 年以上 7 年以下有期徒刑，并处罚金。单位犯前款罪的，对单位判处罚金，并对其直接负责的主管人员和其他直接责任人员，依照前款的规定处罚。

十九、组织、领导传销活动罪

（一）组织、领导传销活动罪的概念与法源

1. 组织、领导传销活动罪的概念

组织、领导传销活动罪，是指行为人组织、领导以推销商品、提供服务等经营活动为名，要求参加者以缴纳费用或者购买商品、服务等方式获得加入资格，并按照一定顺序组成层级，直接或者间接以发展人员的数量作为计酬或者返利依据，引诱、胁迫参加者继续发展他人参加，骗取财物，扰乱经济社会秩序的行为。

2. 组织、领导传销活动罪的法源

传销于 20 世纪 20 年代起源于美国，90 年代初期在中国开始迅猛地无序发展。由于处于改革开放初期，市场混乱，管理不足，没有相关法律法规对其进行规制，在高额利润的刺激下，各种不规范的直销企业、非法传销组织纷纷涌现。1998 年 4 月国务院发出了《关于禁止传销经营活动的通知》，明确禁止传销活动。1997 年发布的《传销管理办法》第 2 条规定，传销是生产企业不通过店铺销售，而由传销员将本企业产品直接销售给消费者的经营方式，它包括多层次传销和单层次传销。此时，经批准的多层次传销和单层次传销为合法传销，未获批准的传销行为被作为非法传销予以打击，但重点依然是欺诈传销。1998 年 4 月 18 日国务院发布《关于禁止传销经营活动的通知》后，仍然从事传销或者变相传销活动，扰乱市场秩序，情节严重的，以非法经营罪定罪处罚，同时构成刑法规定的其他犯罪的，依照处罚较重的规定定罪处罚，传销正式进入刑事领域。2005 年 8 月国务院颁布了《禁止传销条例》，将"拉人头"、"骗取入门费"和"团队计酬"等行为纳入传销行为，一如既往地予以禁绝，并展开各种专项行动进行严厉打击。但是传销活动在我国依旧愈演愈烈，令人惊心的大案屡见不鲜。

为了遏制传销犯罪的势头，2009 年 2 月 28 日通过的《刑法修正案（七）》第 4 条规定了组织、领导传销活动罪。根据该条规定："组织、领导以推销商品、提供服务等经营活动为名，要求参加者以缴纳费用或者购买商品、服务等方式获得加入资格，并按照一定顺序组成层级，直接或者间接以发展人员的数量作为计酬或者返利依据，引诱、胁迫参加者继续发展他人参加，骗取财物，扰乱经济社会秩序的传销活动的，处五年以下有期徒刑或者拘役，并处罚金；情节严重的，处五年以上有期徒刑，并处罚金。"最高人民法院和最高人民检察院于 2009 年 10 月 14 日发布了《关于执行〈中华人民共和国刑法〉确定罪名的补充规定（四）》，正式确立了经济犯罪领域的一种新罪名，即组织、领导传销活动罪。为了适应实际需要，最高人民检察院与公安部联合颁布的《关于公安机关管辖的刑事案件立案追诉标准的规定（二）》对传销犯罪规定了明确的追诉标准："涉嫌组织、领导的传销活动人员在三十人以上且层级在三级以上的，对组织者、领导者，应予立案追诉。"

（二）组织、领导传销活动罪的构成特征

1. 客体特征

关于本罪侵犯的客体有以下四种观点：第一种观点认为本罪的犯罪客体是市场秩序。因为本罪位于合同诈骗罪之后、非法经营罪之前，都处在刑法分则第三章"破坏社会主义市场经济秩序罪"的第八节"扰乱市场秩序罪"一节，其客体都是一致的，即为市场经济秩序。[①] 第二种观点认为本罪的犯罪客体是双重客体，既侵犯了经济秩序又侵犯了社会管理秩序。[②] 第三种观点认为本罪的犯罪客体是单一客体，即财产所有权。因为本罪与诈骗罪的犯罪客体一致，都是侵犯公民财产所有权的行为。[③] 第四种观点认为本罪的犯罪客体是复杂客体，既侵犯了公民的财产所有权，也侵犯了市场经济秩序和社会管理秩序。[④] 笔者认为，传销活动具有多重社会危害性，一方面严重背离市场经济规律，瓦解市场经济赖以为继的诚信体系，进而导致交易机会不断减少、交易成本不断增加，最终造成市场秩序的混乱甚至瘫痪；另一方面，传销组织结构严密，人员集中，加之缺乏合理管理，可能引发治安案件乃至刑事案件，破坏社会治安秩序，影响社会稳定。可见，传销活动除了扰乱市场经济秩序外，还扰乱了社会管理秩序。因此，本罪侵犯的客体应该为复杂客体。由于组织、领导传销活动罪位居刑法分则第三章"破坏社会主义市场经济秩序罪"第八节"扰乱市场秩序罪"之中，故组织、领导传销活动罪的主要客体应为市场经济秩序，次要客体为

---

① 参见姜德鑫：《传销行为的犯罪化问题探析》，载《政治与法律》2009 年第 8 期。

② 参见董文蕙：《论组织、领导传销活动罪——兼解读〈刑法修正案（七）〉第四条》，载《宁夏大学学报》（人文社会科学版）2009 年第 4 期。

③ 参见崔超：《非法传销行为适用罪名研究》，2009 年西南大学硕士学位论文，第 36 页。

④ 参见詹庆：《"传销罪"罪名法定化之研究——兼评刑法修正案（七）中"组织领导传销罪"》，载《政治与法律》2009 年第 2 期。

社会管理秩序。

2. 客观特征

本罪在客观方面表现为以推销商品、提供服务等经营活动为名，要求参加者以缴纳费用或者购买商品、服务等方式获得加入资格，并按照一定顺序组成层级，直接或者间接以发展人员的数量作为计酬或者返利依据，引诱、胁迫参加者继续发展他人参加，骗取财物，扰乱经济社会秩序的行为。理解本罪的客观方面还需要弄清以下几个方面的问题：

（1）以缴纳费用或者购买商品、服务等方式获得加入资格。

这是传销组织诱骗成员取得传销资格常常采用的一种引诱方式和必经程序。犯罪分子往往利用一些群众急于摆脱贫困、发家致富的迫切心情，以加入组织推销产品就可以轻松取得高额的利润等谎言为诱饵，或者以为会员提供金融服务、帮助会员制订创业计划等服务为名，引诱不明真相的群众加入传销组织。在美好前景的诱惑下，加入者必须支付巨额费用向传销组织购买所谓的商品或者服务。实际上，这些费用就是参加传销活动的入门费，只有缴费才能取得发展下线的资格。本条所述"以推销商品、提供服务等经营活动为名，要求参加者以缴纳费用或者购买商品、服务等方式获得加入资格"揭示了取得传销资格的两种途径。第一种是拉人头传销。只要直接缴纳费用，就可以获取资格，无须推销服务、购买商品；第二种是购买商品、服务。如果群众对传销还存在疑虑，那么采用购买商品、服务等方式则可以打消传销群众的顾虑。无论哪种方式，其本质都是借机敛财。

（2）按照一定顺序组成层级。

这是传销组织的结构特点。传销组织无论规模大小，在组织结构上都有一个共同特点，就是按照一定顺序组成层级，呈金字塔式结构。在这个结构中，以加入的先后顺序、发展下线人员的数量等作为依据，分成不同的层级。每一个传销人员都有自己相应的级别，传销组织等级制度森严，上下线之间严格地进行单线联系，不同级别的传销人员不允许往来。传销组织拉人头在总数上是无限的，但每个上线直接拉进来的下线的人数通常都是固定的。这样每一层的下线人数相对于上线来说都是呈递增的方式有规律地增长，最后呈现出一个等腰三角形的状态，即传统上所说的"金字塔"。目前最新司法解释已具体量化了传销的层级，即三层之上就可定本罪。

（3）直接或者间接以发展人员数量作为计酬或者返利依据。

这是传销组织的计酬方式特点。传销组织按照发展下线人头的数量分成不同的等级，并且规定了相当严格的奖惩制度，参加人员获利的唯一方法就是不断地发展下线人员，其下线及下线的下线又重复着上述行为，周而复始，并依照传销组织规定的方式进行分红，如果传销人员无法发展到一定人数的下线，则不仅没有收入回报，还要向传销组织缴纳管理费、食宿费等，并且要时刻面临因业绩不好而被淘汰出组织的风险。

（4）骗取财物。

这是传销活动的最本质特征。传销活动的一切最终目的都是非法获取利益。骗取财物的手段一般包括三种：引诱、欺骗、胁迫已加入人员拉下线。"引诱、欺骗"主要表现在传销组织给参加人员洗脑，用利益加以诱惑，灌输所谓的"成功学"，宣扬一夜暴富的歪理邪说，吸引人员参加传销组织。"胁迫"主要表现为传销组织变相限制人身自由，没收手机等通信设备，切断其与外界的联系，扣留金钱财物和各种证件从而使误入传销组织的人员无力逃脱。其实，上线在缴纳入门费之后就不再缴纳费用了，他们的酬劳来源就是按照下线人数的多少给予提成。真正受害者经常是位于"金字塔销售"架构最底层的人，传销的收益是通过上层剥削下层获得的，传销团队的整体收入是不变的，因为产品根本没有卖出去。这就是说基本上所有的上线都是在分下线的入门费，因此最下线经常血本无归。[①]

3. 主体特征

根据《刑法修正案（七）》的规定，本罪的犯罪主体是传销活动的组织者和领导者。所谓"组织"，是指通过策划、发起、设立、指挥、招揽、安排、调配等行为倡导、发起传销活动的行为。所谓"领导"，是指在传销活动中发挥统率、支配的作用。[②] 本罪之所以将一般的传销参与人员甚至是引诱他人参与传销的人员排除在犯罪圈之外，是因为考虑到一般参与者和引诱他人参与传销的人员只要没有起到组织、领导传销活动的作用，他们就属于一般违法者，可以通过给予行政处罚或者教育来处理。而只有传销活动的组织者、领导者对整个传销组织的活动进行策划、指挥、协调，在层级结构中处于最核心的地位，才是传销组织的实际控制人，必须严厉打击这些组织者、领导者，这样才能彻底摧毁传销组织的存在基础。这样区分处理既有利于彻底瓦解传销组织，又体现了宽严相济的刑事政策和刑法的谦抑性原则，保证刑法的打击范围不会过大。

组织、领导传销活动罪既可以由自然人实施也可以由单位实行。因为组织、领导传销活动罪是作为第 224 条合同诈骗罪之一而存在。根据刑法第 231 条的规定，单位犯本节第 221 条至第 230 条规定之罪的，对单位判处罚金，并对其直接负责的主管人员和其他直接责任人员，依照本节各该条的规定处罚。由此，刑法条文已经从实然的角度明确了单位犯此罪的规定。认定非法传销活动中的组织者、领导者，主要看其实施的活动、在传销组织中所处的地位以及所起的作用，对此，法律并没有规定明确的认定标准。

---

① 参见张朔境：《组织、领导传销活动罪若干问题探讨及完善》，河北大学法学硕士学位论文，第 34 页。

② 参见周光权：《刑法历次修正案权威解读》，中国人民大学出版社 2011 年版，第 224 页。

4. 主观特征

本罪在主观方面表现为直接故意，不包括间接故意和过失。行为人明知是在组织和领导法律所禁止的传销活动但仍然实施的，且对危害结果的发生持希望和积极追求的态度，构成本罪。需要注意的是，尽管传销活动大多以高额返利为诱饵，达到骗取财物目的，但是非法获利的目的并不是本罪的必要要件，一些传销活动的组织者和领导者也可能不具有非法获利的目的。因此，无论是否能够查明行为人主观上的获利目的，也无论该组织实际上是否获利，都不影响对其主观要件的规定。

（三）组织、领导传销活动罪的司法认定

1. 本罪罪与非罪的界限

根据《刑法修正案（七）》对组织、领导非法传销活动罪的规定，除了立法原意是打击组织者、领导者之外，还要求构成此罪中的传销行为必须同时具备一定的条件，否则就只能按照一般违法的传销行为处理。第一，以进行经营性活动为名，采用层级增长的模式，并用高额的返利引诱新的参与者加入，意图骗取财物。第二，整个传销活动不具备充足的实质性生产，也不进行针对基本消费行为的直接销售，几乎不存在物流流通。第三，传销活动的资本来源完全依赖于新参与者的资本带入，资本仅仅在传销体系内部通过返利机制进行简单的转移。对参加传销的人员直接或者间接以发展人员的数量作为计酬或者返利的依据。其四，刑法中所说的传销按照层级计酬的层级，不是一般传销模式的层级，而是指那种金字塔式的"层级"。金字塔式的"层级"的形成是通过引诱、胁迫、欺诈等手段形成的，这就是刑法要严厉打击的传销。因此，通过上述分析可知只有同时具备以上四个条件，才有可能构成犯罪。①

---

① 参见赵秉志：《刑法修正案（七）理解与适用》，中国法制出版社 2009 年版，第 103 页。

2. 本罪与相近犯罪的界限

（1）本罪与诈骗罪的区别。

诈骗罪，主要是指以非法占有为目的，采用虚构事实或者隐瞒真相的方法，骗取数额较大的公私财物的行为。传销行为是一场骗局，其最终目的是骗取钱财，而且在《刑法修正案（七）》出台之前，我国一些司法机关对拉人头、收取入门费型传销行为是以诈骗罪定罪处罚的。但是，组织、领导传销活动罪与诈骗罪还是存在明显区别的。其区别主要表现在以下几点：第一，主观目的不同。诈骗罪是以非法占有为目的，虚构事实，隐瞒真相，骗取他人财产的犯罪，其在主观上具有非法占有的目的。传销的参与者则是为了追逐高额回报而参与其中，他们决定交易是因受到利益诱惑，而非因虚假行为误导而产生错误认识，所以他们不是诈骗罪中的受害人。第二，客观方面不同。在客观方面，组织、领导传销活动罪表现为行为人通过组织、领导传销活动骗取财物的行为，而诈骗罪的客观表现则为行为人采用虚构事实或者隐瞒真相的方法，骗取数额较大的公私财物的行为。第三，对行为人的处罚范围不同。在传销活动中，行为人既充当受害人的角色又充当侵害人的角色，故我国刑法规定仅对组织者、领导者进行处罚，而对仅仅参与其中的人员不予刑罚处罚。而诈骗罪中的受害人则是完全陷入错误认识而作出了财产处分行为，只要实施诈骗行为并达到一定的社会危害性均应受到刑罚处罚。

（2）本罪与非法经营罪的区别。

非法经营罪和组织、领导传销活动罪二者概念的外延有很大的不同。其区别主要表现在以下几个方面：第一，非法经营罪是扰乱市场秩序的经营活动，存在真实的商品或标的；而传销活动所宣传的"经营"活动往往没有营业执照，不能从事正常的有利可图的市场交易，有些传销组织甚至没有任何实际经营活动。第二，非法经营罪分为"情节严重"和"情节特别严重"两个量刑档次，是典型的情节犯，或者结果犯，根据最高人民检察院、公安部于

2001 年颁布的《关于经济犯罪案件追诉标准的规定》规定，违法经营数额或违法所得数额必须达到一定要求才能构成非法经营罪。而组织、领导传销活动罪是行为犯，构成该罪不要求经营数额，只要实施了组织领导传销的行为，就应当以组织、领导传销活动罪论处。"情节严重的"，则在较重的法定刑幅度内量刑。

（3）本罪与集资诈骗罪的区别。

集资诈骗罪，是指以非法占有为目的，使用诈骗方法非法集资，数额较大的行为。集资诈骗罪与组织、领导传销活动罪也是有区别的。其区别主要表现在以下几个方面：第一，从客体上看，集资诈骗罪侵犯的是金融管理秩序和公私财产所有权，而组织、领导传销活动罪侵犯的是社会经济秩序、社会管理秩序和公民的财产所有权。第二，从客观行为上看，集资诈骗罪的行为人往往要求他人资金投入而承诺以利息、红利、利润等形式定期返还巨额利益，一般没有或者很少存在货物经营行为，且以本人作为枢纽，与所有的受害人直接联系。组织、领导传销活动罪一般以销售产品或提供服务为幌子，存在货物买卖行为，但利益主要靠传销人员亲自发展下线来获取，没有下线就无法获利。第三，从主观方面来看，集资诈骗罪需以非法占有为目的；而组织、领导传销活动罪的行为人在主观上具有非法牟利的动机，该牟利行为主要不是通过非法占有经营中所接触的他人财物来实现，而是通过所谓的"经营活动"来实现。从危害后果看，集资诈骗的结果往往是几个主要责任人骗取大量非法资金，受害人众多。而传销往往是给最底层、最后发展的下线或加盟者造成损失，上线和先加入者一般不会有损失，受害人数和金额都较集资诈骗少。①

3. 本罪的罪数形态问题

在组织、领导传销活动的过程中，如果行为触犯了刑法规定的

---

① 参见许佳：《组织、领导传销活动罪的立法及司法适用研究》，上海社会科学院硕士学位论文，第 25 页。

其他犯罪，能从一重罪处罚的，从一重罪处理；如果不能从一重罪处罚的，就应该数罪并罚。例如，在组织、领导传销活动过程中，有非法拘禁行为，侵犯了他人人身自由权利的，可以按牵连犯的原理，从一重罪处理，定为非法拘禁罪。如果在组织、领导传销活动过程中实施了杀人行为，或销售了伪劣产品的，就应该数罪并罚。总之，在认定罪数时，应结合具体案情具体分析，不能简单机械地对待。

4. 本罪的共犯问题

刑法修正案虽然只对组织、领导传销的行为进行处罚，但并不能否认传销作为一种必要共犯而存在的事实。非法传销行为本身就是按照一定的层级，由众多的参与者共同构成庞大的网络，是聚众性的犯罪。而且，法律虽然严格控制了非法传销的主体范围，但即使是组织者、领导者也具有一定的层级之分。因此，对组织、领导传销活动罪的处理应当符合刑法总则关于共同犯罪的规定。如果组成的传销网络以实施犯罪作为主要活动，则可能构成较为固定的犯罪集团，组织、领导传销组织进行犯罪活动的首要分子便是主犯，当然在共同犯罪中起主要作用的组织者、领导者也可以认定为主犯；同理，组织、领导传销活动的既有对整个传销组织的整体指挥、策划人员，也有对各个分部领域的组织、领导人员。这些犯罪分子或许远离传销组织的核心，只是在小范围内起着拉拢、招募和指挥的作用，可以认定为在整个共同犯罪中起次要、辅助作用的从犯。①

5. 本罪的停止形态问题

如上所述，本罪属于直接故意犯罪。因此，本罪存在犯罪停止形态。一方面，本罪的完成形态的具体类型是行为犯。将本罪定为行为犯表明即使没有发生任何危害结果，具有社会危害性的组织、

---

① 参见金园园：《论"非法传销活动"的罪刑规制与法律适用——兼论"组织、领导传销罪"》，载《企业导报》2010 年第 8 期。

领导行为也将被给予刑事处罚。在国家尚没有成熟的立法基础的情形下，这种立法方式可以更好更周全地保护法益，也使得刑法更加严密合理。另一方面，本罪的未完成形态中比较难以分辨的是本罪的犯罪预备形态。因为本罪特别是组织传销组织的行为似乎就是进行传销违法犯罪活动的一种预备行为。可能表现为：传销组织成立之前的招募工作人员、购买通信器材、为传销人员租借场地、寻找货源、买进货源等。至于本罪的"着手"可能分为两种情况：一是如果该组织是为专门从事传销活动而建立的，那么去工商局办理营业执照的行为就可以视为本罪的着手。二是如果该组织以前从事正当经营，后来又转为传销的，那么开始拉人头的行为就可以视为本罪的着手。

（四）组织、领导传销活动罪的处罚

根据修正后的刑法第224条之一的规定，犯本罪的，处5年以下有期徒刑或者拘役，并处罚金；情节严重的，处5年以上有期徒刑，并处罚金。

二十、组织出卖人体器官罪

（一）组织出卖人体器官罪的概念与法源

1. 组织出卖人体器官罪的概念

组织出卖人体器官罪，是指违反国家有关规定，征得被害人同意或者承诺，组织他人出卖人体器官的行为。

2. 组织出卖人体器官罪的法源

我国的人体器官移植开展得较晚，自1966年我国实施第一例肾脏移植手术开始，直至20世纪90年代，我国并没有关于人体器官移植的法律规范，社会上也没有出现贩卖人体器官的严重的违法犯罪行为。在此情况下，我国相关立法包括1979年刑法和1997年刑法均未将人体器官犯罪纳入刑法的调整范围。直到2007年我国颁布了《人体器官移植条例》，第一次正式以行政法规的形式规定了人体器官移植的相关问题。但是，随着医学领域高科技的运用和器官移植手术的迅速发展，器官移植带来了很多伦理和法律方面的问题。由于我国没有建立完善的器官捐献体系，器官受体与供体矛盾日益突出，巨大的人体器官移植市场催生出了活体器官买卖的"地下黑市"，组织出卖人体器官的危害行为日益猖獗。非法买卖、摘取人体器官行为现已形成复杂的利益链条，并且衍生出了大量关联犯罪，不仅严重侵害了当事人的合法权益，而且严重危害社会秩序，破坏社会道德风尚，具有严重的社会危害性，原来的行政管理手段已经无法有力调整。同时，从世界范围内来看，明令禁止非法出售、摘取人体器官行为已经成为国际组织和多数国家的共识。基于此，我国立法机关在《刑法修正案（八）》中增设了人体器官犯罪，设置了组织出卖人体器官罪，并对相关犯罪行为以故意伤害罪、故意杀人罪和盗窃、侮辱尸体罪论处，以填补该领域刑法规范的空白，弥补行政手段规制的不足，加大对组织出卖人体器官行为的打击力度，符合世界各国共同打击贩卖人体器官的趋势。

（二）组织出卖人体器官罪的构成特征

1. 客体特征

本罪的客体是复杂客体，组织他人出卖人体器官的行为既侵犯了器官出卖者的身体健康权，又危害了国家有关器官移植的医疗管理秩序。《刑法修正案（八）》将本罪置于刑法分则第四章"侵犯公民人身权利、民主权利罪"中，说明立法者着重保护的社会关系即主要客体是器官出卖者的身体健康权。

本罪的犯罪对象是人体器官，但是我国刑法对人体器官并没有直接予以界定。2007年我国颁布的《人体器官移植条例》第2条指出："在中华人民共和国境内从事人体器官移植，适用本条例；从事人体细胞和角膜、骨髓等人体组织移植，不适用本条例。本条例所称人体器官移植，是指摘取人体器官捐献人具有特定功能的心脏、肺脏、肝脏、肾脏或者胰腺等器官的全部或者部分，将其植入接受人身体以代替其病损器官的过程。"但是本书出于打击人体器官移植犯罪的客观需要，认为这里的"人体器官"不能仅仅局限于卫生行政法规的规定，应当根据医学上的器官概念做广义理解，即不仅包括心脏、肺脏、肝脏、肾脏或者胰腺等器官，而且包括人体细胞和人体组织。需要强调的是，这里的器官必须是真正的人体器官，而不是人造的人体器官或者是动物的器官；器官既包括某个器官的全部，也包括器官的一部分。器官必须是他人的人体器官，而不是本人的人体器官，如果本人向器官需求方出售自己的人体器官，不应构成本罪。

2. 客观特征

本罪在客观方面表现为行为人违反国家有关规定，组织他人出卖人体器官的行为。关于本罪的客观方面主要应把握以下几个方面的问题：

（1）对"违反国家规定"的理解。

本罪在客观方面表现为违反国家规定的犯罪行为。什么是国家规定？我国刑法第96条规定："本法所称违反国家规定，是指违反全国人民代表大会及其常务委员会制定的法律和决定，国务院制定的行政法规、规定的行政措施、发布的决定和命令。"本罪中指的是违反国家有关规范人体器官移植等相关行为的法律法规，目前主要指2007年国务院颁行的《人体器官移植条例》。根据《人体器官移植条例》，任何买卖人体器官及相关行为均属违法行为。

（2）对"组织"的理解。

该罪惩罚的是行为人的组织行为。此处所谓的"组织"行为，是指行为人采取指挥、领导、招募、雇佣、强迫等不同方式，实施控制他人出卖人体器官的行为。指挥，是指对出卖人体器官的行为加以指令调度，统筹协调。领导，是指率领、引导多人参与出卖人体器官的非法行为。招募，是指号召、召集他人参与出卖人体器官的非法活动中。雇佣，是指以发放薪酬的方式引诱他人参与到出卖人体器官的组织当中。强迫，是指行为人通过暴力或者胁迫等方式迫使他人参与出卖人体器官的非法行为。正是这种组织行为将原本分散、零星的出卖人体器官行为转变为有序、大规模的出卖人体器官行为，在人体器官出卖者和买受者之间直接或者间接地建立"链接"，才形成非法收购人体器官的"产业链"。另外，该罪惩罚的是组织他人出卖人体器官的行为，并未涉及人体器官买受行为。[1]

（3）对"他人"的理解。

本罪中的他人既包括器官提供者本人，也包括器官提供者的近亲属，以他人的自愿为前提。本罪中严厉打击的器官出卖行为应当是基于受害人本人的同意，即受害人能够意识到自己的行为的性质是出卖自己的器官，且能够认识到出卖器官对身体造成的损害。倘若受害人没有上述意识，则组织者侵犯了受害人的意思自由，违背了受害人捐献器官的自主选择意志，故在此种情况下，组织者的行为危害了受害人的身体健康权，应当依照刑法第234条之一第2款的规定，以故意伤害罪、故意杀人罪定罪处罚。并且被组织的他人没有特别限定，既可以是已经打算出卖器官的人，也可以是没有打算出卖器官的人；既包括境内人，也包括境外人。[2]

（4）对"出卖"的理解。

"出卖"，即将人体器官作为商品，以获取一定经济补偿的行为。根据《人体器官移植条例》的相关规定，人体器官捐献应当遵循自愿、无偿原则；任何组织或者个人不得以任何形式买卖人体器官，不得从事与买卖人体器官有关的活动。因此，出卖行为与牟利目的相结合，与无偿提供人体器官的人类基本伦理道德相冲突，必然为法律所禁止。对"出卖"一词不宜作广义理解，按照立法精神，只包括出卖，不包括收买的行为。这是考虑到由于器官受体与供体数量相差巨大，而受体又急需某一人体器官的移植，否则危及健康甚至生命，因而采取一切方法和手段，包括在黑市购买人体

---

[1] 参见刘静坤、陈晖：《组织出卖、非法摘取人体器官犯罪的刑法规制》，载《法治论丛》第26卷第3期。

[2] 参见张明楷著：《刑法学》，法律出版社2011年第4版，第772页。

器官，以获得供体。如果将"出卖"作扩大解释，包括"收买"行为在内，势必会扩大打击面，违背了刑法的谦抑性原则。

3. 主体特征

本罪的主体是一般主体。凡年满 16 周岁且具有刑事责任能力的自然人都可以构成本罪。不满 16 周岁的人员不能成为本罪的主体。本罪的犯罪主体为组织他人出卖人体器官的组织者，这是目前打击的重点；根据刑法第 30 条的规定，公司、企业、事业单位、机关、团体实施的危害社会的行为，法律规定为单位犯罪的，应当负刑事责任。由于本罪没有设定单位犯罪，所以单位不能成为本罪的主体。

4. 主观特征

本罪的主观方面应该是直接故意，而不能是间接故意，过失不能构成本罪，即明知自己实施的是组织他人出卖人体器官的行为，而希望组织行为和出卖行为的顺利进行。① 在司法实践中，组织者大多都以牟利为目的，但由于《刑法修正案（八）》并没有规定本罪的主观构成要件必须出于牟利的目的，因此行为人是否以牟利为目的，不影响本罪的成立。因此，行为人即使单纯为他人提供"供体"而没有直接获取经济利益，也不影响本罪的成立。

（三）组织出卖人体器官罪的司法认定

1. 本罪罪与非罪的界限

是否构成组织出卖人体器官罪的关键是看行为人是否有组织行为，即通过策划、指挥、领导、招募、雇佣、强迫、引诱他人实施出卖人体器官的行为。如果行为人在为他人出卖人体器官活动中担任的是策划、指挥、领导、招募、雇佣等管理职务，那么就应该认定为组织行为。从司法实践来看，组织出卖人体器官行为通常有多人参与，在这种情况下就必须注意区分组织行为与积极参与的关

---

① 参见赵秉志：《略论我国刑法新增设的人体器官犯罪》，载《法学杂志》2011年第 9 期，第 34 页。

系。积极参与，是指为组织者提供照顾监视供体、对外联络等辅助行为。因此，在本罪中，对于积极参与犯罪的行为人，构成犯罪的，根据作用的不同，应当依照刑法总则关于共同犯罪的相关规定，追究积极参与者的刑事责任。

2. 本罪与相近犯罪的界限

（1）本罪与非法经营罪的界限。

在《刑法修正案（八）》颁布之前，我国刑法没有将组织他人出卖人体器官的行为明确规定为犯罪加以惩治，但基于对该行为社会危害性的考量，司法机关往往以非法经营罪追究行为人的刑事责任。根据《刑法修正案（八）》第37条和刑法第225条的规定，组织出卖人体器官罪与非法经营罪具有较为明显的区别。第一，二者实行行为不同。组织出卖人体器官罪的实行行为是行为人违反国家规定，组织他人出卖人体器官的行为。非法经营罪的客观方面包括四种实行行为，即未经许可经营法律、行政法规规定的专营、专卖物品或者其他限制买卖的物品的，买卖进出口许可证、进出口原产地证明以及其他法律、行政法规规定的经营许可证或者批准文件的，未经国家有关主管部门批准非法经营证券、期货、保险业务或者非法从事资金支付结算业务的，其他严重扰乱市场秩序的非法经营行为。第二，二者的犯罪客体不同。组织出卖人体器官罪侵犯的是复杂客体，既包括公民的人身健康权利，又包括国家有关器官移植的医疗管理秩序。而非法经营罪所侵犯的客体是正常的市场经济秩序。第三，二者构成犯罪的条件不同。非法经营罪要求情节严重的非法经营行为才构成犯罪。但是组织出卖人体器官罪是行为犯，只要有违反国家规定，组织他人出卖人体器官的行为就构成本罪，并没有任何情节上的要求。

（2）本罪与故意伤害罪的界限。

故意伤害罪，是指故意非法损害他人身体健康的行为。本罪与故意伤害罪主要有以下区别：第一，二者的主体不同。故意伤害罪的主体是一般主体，即年满14周岁并具有刑事责任能力的自然人应对故意伤害致人重伤或者死亡的行为负刑事责任。本罪的主体是年满16周岁并具有刑事责任能力的自然人。第二，二者侵犯的客体不同。故意伤害罪侵犯的是简单客体，即他人的身体健康权，也即自然人保持其肢体器官和其他组织的完整性的权利。而本罪侵犯的是复杂客体，即组织他人出卖人体器官的行为既侵犯了器官出卖者的身体健康权，又危害了国家有关器官移植的医疗管理秩序。其中主要客体是器官出卖者的身体健康权。第三，二者的客观方面表现不同。故意伤害罪表现为非法损害他人身体健康的行为。具体来说有以下四个特征：伤害行为必须是非法的，伤害的对象只能是他人，伤害行为必须是损害他人身体健康的行为，伤害行为所造成的结果包括轻伤、重伤以及伤害致死。本罪客观方面的特征是组织行为，即实施了指挥、策划、领导并安排他人或控制他人进行出卖人体器官的行为。在司法实践中，一般表现为采取引诱、招募、纠集、串联、欺骗、动员、拉拢等手段。但是值得注意的是，行为人非法摘取他人器官的行为可能构成故意伤害罪。正基于此，《刑法修正案（八）》第37条第2款规定，未经本人同意摘取其器官，或者摘取不满18周岁的人的器官，或者强迫、欺骗他人捐献器官的，应当以故意伤害罪、故意杀人罪论处。

（3）本罪与盗窃、侮辱尸体罪的界限。

盗窃、侮辱尸体罪，是指秘密窃取尸体或者公然侮辱尸体的行为。组织出卖人体器官罪与盗窃、侮辱尸体罪主要有以下区别：第一，二者侵犯的客体不同。盗窃、侮辱尸体罪侵犯的客体是社会风尚和对尸体的尊重，刑法将该罪置于第六章"妨害社会管理秩序罪"中。而本罪侵犯的是复杂客体，即组织他人出卖人体器官的行为既侵犯了器官出卖者的身体健康权，又危害了国家有关器官移植的医疗管理秩序，《刑法修正案（八）》将本罪置于刑法分则第四章"侵犯公民人身权利、民主权利罪"中。第二，二者的客观方面不同。盗窃、侮辱尸体罪是选择性罪名，只要有盗窃或者侮辱尸体的行为方式之一即可构成本罪。所谓盗窃尸体，是指行为人以非法占有为目的，秘密窃取尸体的行为，即采取他人所不知晓的方法将尸体置于行为人自己实际控制支配之下从而使他人丧失对尸体的占有。所谓侮辱尸体，是指以暴露、猥亵、毁损、涂划、践踏等方式损害尸体的尊严或者伤害有关人员感情的行为。本罪的客观方面的实质是"组织"行为，即实施了指挥、策划、领导并安排他人或控制他人进行出卖人体器官的行为。第三，二者的行为对象不同。盗窃、侮辱尸体罪的对象是尸体。所谓尸体，是指自然人死亡后所遗留的躯体。这里的尸体应作扩大化解释，既可以是尸体的全部，也可以是一部分尸骨、遗骸。但是值得注意的是，行为人非法摘取尸体器官的行为可能触犯盗窃尸体罪。正基于此，《刑法修正案（八）》第37条第3款规定，违背本人生前意愿摘取其尸体器官，或者本人生前未表示同意，违反国家规定，违背其近亲属意愿摘取其尸体器官的，以盗窃尸体罪定罪处罚。

3. 本罪的罪数形态问题

（1）在组织出卖人体器官的情况下，摘取器官可能造成供体者的身体伤害甚至死亡，对组织出卖人体器官者应当以何罪论处？本书认为根据刑法第234条第2款的立法精神，只有非自愿情况下的器官摘取才可能构成故意伤害罪或者故意杀人罪，如果被害人自愿出卖其器官，则失去了故意伤害罪或者故意杀人罪的前提，从而也就不构成故意伤害罪或者故意杀人罪。在组织出卖人体器官的情况下，很明显供体者是自愿出卖其人体器官的，并且能够认识到出卖器官对自己身体造成的影响，不宜按照故意伤害罪或者故意杀人罪处理。因此，应当将这种情形理解为"情节严重"，仍然按照组织出卖人体器官罪一罪定罪，按照《刑法修正案（八）》第37条第1款后半段"情节严重的，处五年以上有期徒刑，并处罚金或者没收财产"的法定刑处罚。

（2）对于在构成组织出卖人体器官罪的情况下，同时又构成其他相关犯罪（故意伤害罪，故意杀人罪，盗窃、侮辱尸体罪）的情形，对组织出卖人体器官者应当以何罪论处？如行为人实施了组织出卖人体器官的行为，同时又触犯了刑法第234条之一第2款的，则可在构成组织出卖人体器官罪的同时，又构成故意伤害罪或故意杀人罪，按照想象竞合犯的原则，从一重罪处断；若行为人在实施了组织出卖人体器官行为的同时，又触犯了上述法条第3款的，则可同时构成组织出卖人体器官罪和盗窃、侮辱尸体罪，按照想象竞合犯的原则，从一重罪处断；行为人也可在构成组织出卖人体器官罪的同时，又因另外行为的内容与对象的不同，一并构成故意伤害罪，故意杀人罪和盗窃、侮辱尸体罪中的两种或三种罪名，则需要予以数罪并罚。①

（3）在构成组织出卖人体器官罪的情况下，还伴随着伪造、变造国家机关公文、证件、印章等犯罪行为的，对组织出卖人体器官罪应当以何罪论处？本书认为，应当从一重罪处罚。因为伪造、变造国家机关公文、印章等行为与组织出卖他人人体器官的行为之间存在手段行为和目的行为的牵连关系，符合刑法中牵连犯的特征，应当从一重罪处断。

4. 本罪的共犯问题

根据刑法规定，共同犯罪是指二人以上共同故意犯罪。根据行为人在共同犯罪中所起的作用不同可以分为主犯、从犯、教唆犯。主犯是指组织、领导犯罪集团进行犯罪活动的或者在共同犯罪中起主要作用者。从犯是指在共同犯罪中起次要作用或辅助作用者。教唆犯是指教唆他人犯罪者。由此可见，行为人是否实施了上述的实行行为、帮助行为或教唆行为是认定其是否是组织出卖人体器官罪共犯的唯一标准。如果在组织过程中，医疗单位的工作人员明知自己与他人共同配合实施了组织出卖人体器官的行为，而故意给其提供虚假证明材料或者其他帮助，共同配合促成了组织出卖人体器官的"组织行为"的实现，这些情况下都应当认定其为组织出卖人

---

① 参见赵秉志：《略论我国刑法新增设的人体器官犯罪》，载《法学杂志》2011年第9期，第35页。

体器官罪的共犯。

5. 本罪的停止形态问题

本罪为行为犯，行为人只要有组织他人出卖人体器官的行为就是完成了犯罪行为，就应视为犯罪的完成，即构成犯罪既遂，而不以实际损害结果的发生为既遂标准，牟利与否或者器官是否成功摘取不影响本罪既遂。如果行为人未实施组织他人出卖人体器官的行为，则不能构成犯罪既遂。对于本罪未遂的认定，应当结合未遂的特征加以判断：（1）行为人已经着手实施组织他人出卖人体器官的行为，如联络捐献者和患者，寻找寄居地点等。（2）行为人意图组织他人出卖人体器官的犯罪行为未能得逞，即行为人没有实现组织他人出卖人体器官的犯罪意图。（3）未得逞是因为组织者意志以外的原因，并且足以阻止犯罪行为的犯罪意志实现。

（四）组织出卖人体器官罪的处罚

依照《刑法修正案（八）》第 37 条的规定，有关人体器官犯罪的刑事责任应区分不同行为分别定罪处罚：

第一类是组织他人出卖人体器官的，处 5 年以下有期徒刑，并处罚金；情节严重的，处 5 年以上有期徒刑，并处罚金或者没收财产。这里的情节严重需要最高司法机关通过司法解释的形式加以明确。

第二类是未经本人同意摘取其器官，或者摘取不满 18 周岁的人的器官，或者强迫、欺骗他人捐献器官的，依照本法第 234 条、第 232 条的规定定罪处罚。造成他人身体轻伤的，处 3 年以下有期徒刑、拘役或者管制；致人重伤的，处 3 年以上 10 年以下有期徒刑；致人死亡或者以特别残忍手段致人重伤造成严重残疾的，处 10 年以上有期徒刑、无期徒刑或者死刑。本法另有规定的，依照规定。故意杀人的，处死刑、无期徒刑或者 10 年以上有期徒刑；情节较轻的，处 3 年以上 10 年以下有期徒刑。

第三类是违背本人生前意愿摘取其尸体器官，或者本人生前未表示同意，违反国家规定，违背其近亲属意愿摘取其尸体器官的，依照本法第 302 条的规定定罪处罚，即依照盗窃、侮辱尸体罪定罪，处 3 年以下有期徒刑、拘役或者管制。

二十一、雇用童工从事危重劳动罪

（一）雇用童工从事危重劳动罪的概念与法源

1. 雇用童工从事危重劳动罪的概念

雇用童工从事危重劳动罪，是指用人单位违反劳动管理法规，雇用未满 16 周岁的未成年人从事超强度体力劳动，或者从事高空、井下作业或者在爆炸性、易燃性、放射性、毒害性等危险环境下从事劳动，情节严重的行为。

2. 雇用童工从事危重劳动罪的法源

雇用童工从事危重劳动的行为在我国 1979 年刑法和 1997 年刑法中均未被规定为犯罪。1997 年刑法颁布实施以后，鉴于社会上雇用童工现象的严重性，国务院及相关的部门曾专门制定了《禁止使用童工规定》和《使用童工罚款标准的规定》，对未成年人的使用范围和违反使用童工的处罚作了具体而全面的规定。随后，我国又相继颁布了未成年人保护法和劳动法，以法律的形式明确规定了禁止使用童工。另外，我国还先后批准了两个保护童工的国际公约：《准予就业最低年龄公约》和《禁止和立即行动消除最恶劣形式的童工劳动公约》。但是，我国对于童工的法律保护显然存在一些滞后性，过多地侧重于行政处罚和民事赔偿，而对于侵害童工权益行为的诉讼和救济措施却规定不明，导致现实中单位雇用童工的现象屡禁不止，严重损害了未成年人的身心健康。为了有效保护不满 16 周岁的未成年人的合法权益，加大对非法雇用童工违法犯罪行为的打击力度，2002 年 12 月 28 日全国人大常委会通过了《刑法修正案（四）》，增设了雇用童工从事危重劳动罪，从而弥补了对童工权益刑法保护的空白，同时表明了我国严厉打击雇用童工的犯罪行为，保护未成年人的合法权益，并积极履行国际公约义务的态度。

（二）雇用童工从事危重劳动罪的构成特征

1. 客体特征

关于本罪侵犯的客体，学界有很大的争议。主要有三种观点：第一种观点认为本罪的客体是未成年人的身心健康权利。[①] 第二种观点认为，本罪的客体是国家劳动管理法规，同时也侵犯了 16 周岁以下未成年人的身体健康权。[②] 第三种观点认为，本罪的客体是未成年人的身心健康权利，以及国家正常的劳动管理秩序。[③] 笔者赞同第三种观点，因为雇用童工从事危重劳动的行为，一方面违反了我国的劳动管理法规中"禁止用人单位招用未满十六周岁的未成年人"的强制性规定，破坏了国家正常的劳动管理秩序；另一方面，对于未满 16 周岁的未成年人来说，他们从事危重劳动的经历不仅会严重损害其身体健康，而且会严重损坏心理、智力发育。因此，本罪侵犯的客体是复杂客体，即国家的劳动管理制度和不满 16 周岁者的身心健康权利。

本罪的犯罪对象只能是不满 16 周岁的未成年人，具体是与用人单位或者个人发生非法劳动关系从事经济收入劳动的不满 16 周岁的未成年人，但不包括符合劳动法律法规而招用的不满 16 周岁者。这就意味着被雇用人的实际年龄要小于 16 周岁。被雇用人年龄的计算应当严格按照法律规定进行。如果被雇用人已满 16 周岁，就不能对行为人追究刑事责任。需要注意的是，这里的被雇用者没有性别、国籍、健康、心理等因素的限制，只要是未满 16 周岁的未成年人就可能成为本罪的犯罪对象。

2. 客观特征

本罪在客观方面表现为违反劳动管理法规，雇用童工从事超强

---

① 参见马克昌著：《刑法学》，高等教育出版社 2003 年版，第 498 页。

② 参见张世琦著：《中国新刑法 422 个罪名例解》，人民法院出版社 2003 年版，第 435 页。

③ 参见丁强、丁猛著：《侵犯公民人身权利、民主权利犯罪司法适用》，法律出版社 2006 年版，第 291 页。

度体力劳动或者从事高空、井下作业或者在爆炸性、易燃性、放射性、毒害性等危险环境下从事劳动,情节严重的行为。关于本罪客观方面的内容包括以下几个方面:

(1) 行为人违反了劳动管理法规。劳动管理法规,是指我国为了保护劳动者的合法权益,调整劳动关系,建立和维护适应社会主义市场经济的劳动制度,促进经济发展和社会进步而制定的各项法律、法规,包括行政法规、地方性法规、部门规章和政府规章等。例如,我国劳动法第 15 条第 1 款明确规定:"禁止用人单位招用未满十六周岁的未成年人。"未成年人保护法第 38 条第 1 款规定:"任何组织或者个人不得招用未满十六周岁的未成年人,国家另有规定的除外。"因此,用人单位雇用未满 16 周岁的未成年人即侵犯了我国相关的劳动管理法规。

(2) 行为人有雇用童工从事超强度体力劳动或者从事高空、井下作业或者在爆炸性、易燃性、放射性、毒害性等危险环境下从事劳动的行为。非法雇用童工从事劳动,是指用人单位或个人违法招用不满 16 周岁的未成年人旨在与之建立劳动关系的情形。根据刑法的规定,非法雇用童工从事劳动中的"劳动"依法包括三种特定情形:

第一,雇用未满 16 周岁的未成年人从事超强度体力劳动。所谓"超强度体力劳动",是指童工所从事的体力劳动强度本身超出了童工的身体素质所能承受的限度。对于超强度体力劳动,要根据具体情况,综合考虑童工的个人体质和国家法律法规的规定而定。我国劳动法第 64 条规定:"不得安排未成年工从事矿山井下、有毒有害、国家规定的第四级体力劳动强度的劳动和其他禁忌从事的劳动。"劳动部颁布的《未成年工特殊保护规定》第 3 条第 7 项规定,禁止未成年工从事《体力劳动强度分级》国家标准中第四级体力劳动强度的作业。由此可见,一般雇用未满 16 周岁的未成年人从事第四级体力劳动强度的作业就是"超强度体力劳动"。此外,如果雇用未满 16 周岁的童工从事非第四级的体力劳动,但是由于童工身体素质的原因,劳动强度已经明显超过了其体力承受度，这也应当视为雇用童工从事超强度体力劳动。

第二，雇用未满16周岁的未成年人从事高空、井下作业。所谓"高空作业"，是指在离地较高的空间进行的作业。1983年国家标准局颁布的《高处作业分级》中规定，高处作业，是指在坠落高度基准面2米以上（含2米）有可能坠落的高处进行的作业。所谓"井下作业"，是指在地面以下的井筒或巷道中进行的劳动。由于光照和通风条件恶劣且具有较大的危险性，井下作业不利于劳动者的身心健康，对于未成年人危害更大。我国现行劳动法第64条、《未成年工特殊保护规定》第3条第8项就明确规定禁止用人单位安排未成年人从事井下作业。

第三，雇用未满16周岁的未成年人在爆炸性、易燃性、放射性、毒害性等危险环境中从事劳动。爆炸性环境，是指因为存在爆炸物而具有爆炸性因素的环境。例如，烟花爆竹、炸药、雷管、导火索、石油、天然气等各种易爆炸性物品生产、运输、使用的场所。易燃性环境，是指因为放置某种容易引起燃烧的物体而具有易燃因素的危险环境。例如，工作环境中存在汽油、乙醚、硝化棉、电石以及煤气、天然气等易燃助燃的物品。放射性环境，是指因为工作环境中存在超过国家有关规定的放射性物质，而可能发生放射性危害的环境。例如，工作环境中有镭、铀、钴等具有放射性元素，能放射出具有穿透性的射线，会破坏人体的组织器官，导致许多放射性疾病的发生。①

（3）客观上还必须是雇用童工从事劳动，情节严重。本罪是情节犯，雇用未满16周岁的童工从事危重劳动的情节必须达到严重，才能成立本罪。行为人即使非法雇用童工从事了前述特定的劳动或是在特定环境下从事劳动的，如果达不到情节严重程度的，也不能构成本罪。那么怎样认定"情节严重"呢？在实践中可以从

---

① 参见樊建民：《雇用童工从事危重劳动罪探析》，载《河南公安高等专科学校学报》2008年第3期。

雇用童工的手段、数量、次数、被雇用童工从事劳动的具体状况及他们的具体年龄、行为人是否因雇用童工而被有关部门教育甚至处罚过、是否造成了劳动事故等方面予以综合分析判断。

3. 主体特征

关于本罪的主体，学界有不同的观点。有的观点认为，本罪的主体是自然人一般主体，即凡是年满 16 周岁具有刑事责任能力的自然人均可以成为本罪的主体。[①] 也有的观点认为，本罪的主体是单位一般主体，即用人单位。所谓用人单位，是具有劳动权利能力和劳动行为能力的劳动单位，即录用、招收工人、职员的企业、事业单位和机关、团体等基层单位的统称。[②] 笔者赞同第二种观点，本罪的主体只能是单位。《刑法修正案（四）》第 4 条将其规定为刑法第 244 条之一，而刑法第 244 条已明确规定本条的犯罪主体是用人单位。因此，根据体系解释的原理，《刑法修正案（四）》中雇用童工从事危重劳动罪的主体不应当发生改变，必须与强迫劳动罪一致，即用人单位。

至于本罪的主体是否仅限于合法的经济组织，笔者认为构成本罪的主体不仅可以是拥有合法经营主体资格的用人单位，也可以是不具有合法经营主体资格的单位。因为录用童工并且使其从事危重劳动的用人单位，即使主体不合法，但其雇用童工的行为是客观的，而且现实中许多违法雇用童工的用人单位都是一些"地下"单位，如果不对这种行为进行惩治，实际上等于赋予了这些违法者以特权，这与立法的初衷显然是相违背的，也是不利于未成年人合法权益的保护的。

---

① 参见于国旦著：《侵犯公民人身权利、民主权利罪重点难点疑点问题判解研究》，人民法院出版社 2005 年版，第 269 页。

② 参见于国旦著：《侵犯公民人身权利、民主权利罪重点难点疑点问题判解研究》，人民法院出版社 2005 年版，第 269 页。

4. 主观特征

本罪的主观方面是故意，即明知是未满 16 周岁的未成年人，而非法雇用其从事超强度体力劳动或者从事高空、井下作业或者在爆炸性、易燃性、放射性、毒害性等危险环境下从事劳动。具体的罪过形式可以是直接故意，也可以是间接故意。如果行为人从童工自报的年龄、童工或其他人提供的能证明童工年龄的证件或证明，确知或者足以认识到被雇用者是未满 16 周岁的未成年人，而雇用其从事上述危重劳动的，是直接故意。若是不能确认被雇用者的年龄不满 16 周岁，但是也不能肯定其已满 16 周岁，仍雇用其从事上述危重劳动的，则是间接故意。

由于本罪的犯罪对象的特殊性，用人单位在雇用员工时必须明知对方是未满 16 周岁的未成年人仍然雇用，并且让其从事危重劳动，如果是受雇用人采用虚假证件或其他手段隐瞒了自己的真实年龄，从而导致用人单位错误雇用了童工的，不能以本罪来追究用人单位的刑事责任。

（三）雇用童工从事危重劳动罪的司法认定

1. 本罪罪与非罪的界限

构成雇用童工从事危重劳动罪，首先以违反劳动管理法规为前提。根据劳动管理法律法规，文艺、体育和法律规定的特种工作单位可以依法招用未满 16 周岁的未成年人，即使被招用的未成年人从事的文艺、体育活动或特种工作的劳动强度超过一定的限度，行为人也不构成本罪。其次，雇用童工从事危重劳动罪要求雇用的人员必须是不满 16 周岁的未成年人，而且其从事的必须是超强度体力劳动，高空、井下作业或者在爆炸性、易燃性、放射性、毒害性等危险环境下从事劳动。最后，从事危重劳动必须达到了情节严重的程度，情节是否严重是罪与非罪的一个分界线。在司法实践中，一般认为以下情况属于情节严重：（1）造成被雇用人身体受损后果严重的，如因工作环境恶劣，致使被雇用人身体受到严重损害、因在毒害性环境下工作致使患严重的职业病或者留有各种后遗症的，或者严重影响未成年人的身体发育，致使肢体发育不全等严重后果的；（2）雇用多人或者多次雇用不满 16 周岁的未成年人在爆炸性、易燃性、放射性、毒害性等危险环境下从事劳动的；（3）通过克扣工资等方式不给予劳动报酬或者给予极低的劳动报酬的；（4）使被雇用童工在危险环境下工作而不采取任何劳动保护措施的；（5）曾因雇用童工从事超强度劳动被有关机关处理，又雇用童工在爆炸性、易燃性、放射性、毒害性等危险环境下从事劳动的；（6）严重超过工作时间的；（7）雇用童工从事危重劳动，造成事故，但又构不成其他犯罪的。①

2. 本罪与相近犯罪的界限

强迫职工劳动罪是我国在 1997 年修订刑法时，为了保护公民劳动权利而新增的一个罪名，即用人单位违反劳动管理法规，以限制人身自由的方法强迫职工劳动，情节严重的行为。雇用童工从事危重劳动罪在《刑法修正案（四）》中得以确立，完善了对违法使用童工的刑法规制。在此之前，根据 1997 年刑法的规定，对于强迫童工劳动的行为是按照强迫职工劳动罪等相关犯罪追究刑事责任的。在确立雇用童工从事危重劳动罪后，有必要对本罪和强迫职工劳动罪进行严格的区分，雇用童工从事危重劳动罪与强迫职工劳动罪都是违反劳动管理法规的犯罪，二者的区别主要是：（1）犯罪的对象不同。雇用童工从事危重劳动罪的犯罪对象仅限于不满 16 周岁的未成年人，而强迫职工劳动罪的犯罪对象却没有限制。（2）犯罪的客观方面表现不同。雇用童工从事危重劳动罪的客观方面表现为行为人通过雇用的方式，使用不满 16 周岁的未成年人从事超强度体力劳动，高空、井下作业和危险环境下的劳动，而强迫职工劳动罪是行为人采用限制人身自由的方式迫使他人劳动，而且并没有就劳动的种类作出限制。

---

① 参见臧爱存、蔡大宇：《雇用童工从事危重劳动罪的司法认定》，载《中国检察官》2007 年第 5 期。

3. 本罪的罪数形态问题

（1）本罪在实践中与强迫劳动罪等罪存在牵连关系时的认定问题。实践中，用人单位雇用童工并安排其从事超强度体力劳动或者从事高空、井下作业或者在爆炸性、易燃性、放射性、毒害性等危险环境下从事劳动时，因劳动强度过大或环境过于危险，童工往往不愿从事安排的工作。这种情况下用人单位常常采取暴力、威胁、要挟或限制人身自由等方法强迫童工劳动。其强迫行为又有可能构成故意伤害、故意杀人、强迫劳动等犯罪，进而与雇用童工从事危重劳动罪形成牵连关系。根据刑法关于牵连犯从一重罪处断的原则，这种情况下应当按照两罪中法定处罚较重的罪定罪处罚。以与强迫劳动罪形成牵连关系为例，由于强迫劳动罪的法定刑是"三年以下有期徒刑或者拘役，并处罚金；情节严重的，处三年以上十年以下有期徒刑。"雇用童工从事危重劳动罪的法定刑是"三年以下有期徒刑或者拘役，并处罚金；情节特别严重的，处三年以上七年以下有期徒刑，并处罚金"。因此，应当以强迫劳动罪定罪处罚。

（2）雇用童工从事危重劳动又造成其他事故时的定罪问题。刑法第244条之一第2款规定："有前款行为，造成事故，又构成其他犯罪的，依照数罪并罚的规定处罚。"如果非法雇用童工的行为和使用童工过程中发生的事故均构成犯罪的，依据《刑法修正案（四）》第4条第2款的规定，对此应当实行数罪并罚。如果非法雇用童工的行为和使用童工过程中造成的事故之间只有其中一种行为构成犯罪的，则根据实际情况分别以雇用童工从事危重劳动罪或重大责任事故罪定罪处罚。如果童工的伤亡是由于雇用者的直接暴力性强迫手段所造成而不是在使用童工从事劳动过程中造成的，则应当以故意伤害罪或故意杀人罪论处。

4. 本罪的共犯问题

在实践中，一些劳动中介组织专门为企业物色招纳不满16周岁的童工，甚至有时还主动劝说、唆使一些企业或个人雇用不满

16 周岁的未成年人从事危重劳动，这种行为的社会危害性极其严重，应当进行严厉打击。笔者认为，对此类中介组织应以雇用童工从事危重劳动罪的共犯处理。因为这些中介组织明知他人在实施雇用不满 16 周岁的未成年人从事危重劳动的犯罪行为，在经济利益的驱动下仍然提供帮助，为其积极寻找雇用对象，甚至在某些时候还主动教唆他人实施雇用童工从事危重劳动的犯罪行为，在犯罪中起着积极促进的作用，对于这种行为按照雇用童工从事危重劳动罪处理显然是恰当的。

（四）雇用童工从事危重劳动罪的处罚

根据修正后的刑法第 244 条之一规定，犯本罪，情节严重的，对直接责任人员，处 3 年以下有期徒刑或者拘役，并处罚金；情节特别严重的，处 3 年以上 7 年以下有期徒刑，并处罚金。有前款行为，造成事故，又构成其他犯罪的，依照数罪并罚的规定处罚。

二十二、出售、非法提供公民个人信息罪

（一）出售、非法提供公民个人信息罪的概念与法源

1. 出售、非法提供公民个人信息罪的概念

出售、非法提供公民个人信息罪，是指国家机关、金融、电信、交通、教育、医疗等单位及其工作人员，违反国家规定，将本单位在履行职责或者提供服务过程中获得的公民个人信息，出售或者非法提供给他人，情节严重的行为。

2. 出售、非法提供公民个人信息罪的法源

随着我国信息化的不断发展，批量处理和传递个人信息已经越来越容易，我们在享受快捷便利的资讯的同时，也在遭受着公民个人信息被泄露的烦扰，因个人信息遭到不当收集、恶意利用、篡改以致扰乱公民个人安宁生活进而危及生命、财产安全的隐患频繁出现。诚如中科院发布的《2009 年法治蓝皮书》指出的那样：我国个人信息滥用问题日趋严重。在信息化社会，个人信息泄露的直接后果可能是遭到骚扰电话、垃圾短信、广告邮件等的频繁侵扰，干

扰了公民的正常生活；甚至更有人利用非法获取的个人信息实施绑架、盗窃、敲诈勒索等违法犯罪行为，严重侵犯了公民的人身财产权利，影响着社会治安秩序。《刑法修正案（七）草案及说明》也指出：近年来，一些国家机关和电信、金融等单位在履行公务或提供服务活动中获得的公民个人信息被非法泄露的情况时有发生，对公民的人身、财产安全和个人隐私构成严重威胁。

因此，在第十一届全国人大常委会第四次会议上有委员提出，一些从事公共管理或者公共服务的部门，在履行职责或提供服务过程中收集公民的个人信息，这些部门及其工作人员的一小部分人员违反职业道德和保密义务，泄露和获取公民姓名、家庭住址、个人电话等基本信息，同样是严重侵犯公民基本权益的行为，其造成的危害甚至比出售公民个人信息更为严重，因此建议将非法泄露、获取公民个人信息的行为在刑法中予以规范。同时，对这类侵害公民权益情节严重的行为，应当追究刑事责任。经同有关部门研究，建议在刑法中增加规定：国家机关或者金融、电信、交通、教育、医疗等单位的工作人员，违反国家规定，将履行公务或者提供服务中获得的公民个人信息出售或者非法提供给他人，或者以窃取、收买等方法非法获取上述信息，情节严重的，追究刑事责任。因此，全国人大常委会于 2009 年 2 月 28 日通过了《刑法修正案（七）》，增设了本罪，意图保护公民个人信息的安全。根据该修正案第 7 条第 1 款和第 3 款规定："国家机关或者金融、电信、交通、教育、医疗等单位的工作人员，违反国家规定，将本单位在履行职责或者提供服务过程中获得的公民个人信息，出售或者非法提供给他人，情节严重的，处三年以下有期徒刑或者拘役，并处或者单处罚金。""单位犯前两款罪的，对单位判处罚金，并对其直接负责的主管人员和其他直接责任人员，依照各该款的规定处罚。"

（二）出售、非法提供公民个人信息罪的构成特征

1. 客体特征

关于本罪侵犯的客体，从同类客体来看，应当是公民的人身权

利，但由于前置法律的缺失，该罪侵犯的是公民的哪项人身权利尚存争议。有学者指出，该罪的客体是公民的人格尊严和隐私权。[①] 也有人认为，公民的个人信息是个人隐私权、人格权乃至财产权的综合载体。[②] 但多数学者的意见是：个人信息与个人隐私是包含与被包含的关系，两者在本质上基本一致，但个人信息的外延广于个人隐私的外延。

刘家琛在由其主编的《刑法（分则）及配套规定新释新解（中）》一书中指出，公民人身权利是指人身和其他与人身有直接关系的权利，包括生命、健康、人身自由、人格和名誉，以及住宅不受侵犯等权利。[③] 民法中的"人身权"是指民事主体基于人格或者身份而依法享有的，以在人身关系（包括人格关系和身份关系）中所体现的人格利益或者身份利益为内容的民事权利，人格权包括生命权、健康权、身体权以及姓名权、肖像权、自由权、名誉权、隐私权、贞操权、信用权、婚姻自主权等；身份权包括配偶权、亲权、亲属权以及荣誉权、知识产权中的人身权等。[④] 而宪法上则侧重于政治权利，与人身权利相关的包括人身自由、人格尊严（包括名誉权、荣誉权、姓名权、肖像权等）、住宅不受侵犯的权利、通信自由、通信秘密以及宗教信仰自由等内容。[⑤] 因此，从整体来看，人身权利包括人格权利和身份权利，其具体内容庞大繁杂，需要不断认识和丰富，这里就不再展开。

---

① 周海洋：《出售、非法提供公民个人信息罪和非法获取公民个人信息罪的理解与适用》，载《中国审判》2010 年第 47 期。

② 蔡军：《侵犯个人信息犯罪立法的理性分析——兼论对该罪立法的反思与展望》，载《现代法学》2010 年第 4 期。

③ 刘家琛主编：《刑法（分则）及配套规定新释新解（中）》，人民法院出版社 2002 年版，第 1290 页。

④ 魏振瀛主编：《民法》，北京大学出版社、高等教育出版社 2007 年版，第 641 ~ 642 页。

⑤ 周叶中主编：《宪法》，北京大学出版社、高等教育出版社 2007 年版，第 276 ~ 280 页。

　　公民的个人信息作为本罪的犯罪对象，承载着人身权利的具体内容，由于前置法律的缺失，其外延目前还不明确，有些涉及公民的隐私、人格尊严，有些却无伤大雅，且对于不同的人，个人信息的传播产生的影响不同，如何界定个人信息的范畴，是理论和实践上亟须解决的问题。2005 年中国人民银行发布实施的《个人信用信息基础数据库管理暂行办法》第 4 条规定，个人信用信息包括个人基本信息、个人信贷交易信息以及反映个人信用状况的其他信息。个人基本信息，是指自然人身份识别信息、职业和居住地址等信息；个人信贷交易信息，是指商业银行提供的自然人在个人贷款、贷记卡、准贷记卡、担保等信用活动中形成的交易记录；反映个人信用状况的其他信息，是指除信贷交易信息之外的反映个人信用状况的相关信息。但是作为刑法所保护的对象，根据目前理论上的认识，学界普遍认为，公民的个人信息是指公民个人专有的、能够用于识别特定公民、受法律保护的身份信息和私人生活信息，具体包括姓名、年龄、性别、身份证号码、职业、职务、学历、民族状况、婚姻状况、专业资格和特长、收入、健康水平、爱好，宗教信仰、性取向、社会团体加入情况、工作经历、思想与观点，家庭背景和住址、电话号码、信用卡号码，教育、医疗、经济活动等的记录，指纹、DNA、网上登录账号和密码，等等。① 公民个人信息具有三个特征：第一，具有专属性，即必须是公民个人专有的，这些信息与特定公民结合，就成为特定公民的专有内容，不再属于任意内容；第二，必须具有可识别性，即通过这些信息，可以直接或者间接识别特定公民，将该公民与其他公民加以区别；第三，受法律保护，即该信息必须受到法律的保护，特别是刑法的保护，如果法律不予保护，即使受到侵犯，也不能成为本罪的调整对象。当然，公民个人信息还应有所记载，这是其形式要求。

本罪的公民个人信息是否为特定信息，即是否必须为国家机关或者金融、电信、交通、教育、医疗等单位利用公权力合法获得的公民个人信息，是理论和实践争议的焦点。一种观点认为，本罪的犯罪对象只能是《刑法修正案（七）》第7条第1款所列单位的工作人员在履行职责或者提供服务过程中利用公权力合法获取的公民

---

① 相同观点或类似观点参见周海洋：《出售、非法提供公民个人信息罪和非法获取公民个人信息罪的理解与适用》，载《中国审判》2010年第47期；周汉华：《中华人民共和国个人信息保护法（专家建议稿）及立法研究报告》，法律出版社2006年版；叶亚杰：《出售、非法提供、非法获取公民个人信息罪的司法实践认定研究》，载《新疆警官高等专科学校学报》2010年第2期；张磊：《司法实践中侵犯公民个人信息犯罪的疑难问题及其对策》，载《当代法学》2011年第1期；韩梅、陈雷声：《论出售、非法提供公民个人信息罪的构成及认定》，载《辽宁警专学报》2010年第1期；齐爱民：《中华人民共和国个人信息保护法示范法草案学者建议稿》，载《河北法学》2005年第6期；齐爱民：《个人信息保护法研究》，载《河北法学》2008年第4期；谢青：《日本的个人信息保护法制及启示》，载《政治与法律》2006年第6期；凌鸿：《目前立法不完善、司法解释缺位的情况下，在司法实践中——非法获取公民个人信息罪的认定》，载《人民法院报》2010年6月17日；石玉春、李长喜、韦再雪：《非法获取通信用户个人信息的刑事责任探析》，载《北京邮电大学学报》（社会科学版）2010年2月第12卷第1期；孙昌兴、秦洁：《个人信息保护的法律问题研究》，载《北京邮电大学学报》（社会科学版）2010年第1期。

个人信息，这也是实践中坚持的观点。① 另一种观点认为，任何单位及其工作人员以单位名义通过合法手段获取的公民个人信息都是本罪的犯罪对象，除刑法第 253 条之一第 1 款列举的单位及其工作人员外，其他一些单位及其工作人员，如旅游公司、宾馆业、餐饮业、商场等单位也可能在提供服务过程中获得公民的个人信息，也是本罪的犯罪对象。例如，"本罪的犯罪主体应作扩张性解释，将合法收集公民个人信息的单位均作为本罪的犯罪主体。"② 换言之，只要是合法成立的符合刑法第 30 条规定的单位均可成为本罪的主体。例如，现实生活中大量存在的网站、猎头公司、各类中介机构、市场调查公司、房地产公司等均应包括在内。③ 笔者认为，后一种观点更合理，理由如下：（1）就立法模式而言，关于出售、非法提供公民个人信息罪的立法条款采取了列举式加概括式的混合模式，"等"字表示未列举完，也就是表示除了列举的单位，其他单位在提供服务中合法获取的公民个人信息亦可成为本罪的犯罪对象；（2）就内容而言，限制条件是在"履行职责或者提供服务过

---

① 黄太云著：《刑法修正案解读全编——根据刑法修正案（八）全新阐释》，人民法院出版社 2011 年版，第 148 页；相同观点参见蔡军：《侵犯个人信息犯罪立法的理性分析——兼论对该罪立法的反思与展望》，载《现代法学》2010 年第 4 期；张磊：《司法实践中侵犯公民个人信息犯罪的疑难问题及其对策》，载《当代法学》2011 年第 1 期；赵秉志主编：《刑法修正案（七）专题研究》，北京师范大学出版社 2011 年版，第 150 页；慈健：《非法提供与获取公民个人信息行为的刑法规制》，载《湖南科技大学学报》2010 年第 1 期；冯殿美、秦荣明：《侵犯个人信息罪问题研究》，载曲伶俐主编：《刑法修正案（七）及网络犯罪实务问题研究》，中国人民公安大学出版社 2010 年版，第 52 页。

② 赵秉志主编：《刑法修正案最新理解适用》，中国法制出版社 2009 年版，第 117 页以下。

③ 相同观点参见王昭武、肖凯：《侵犯公民个人信息犯罪中的若干问题的认定》，载《法学》2009 年第 12 期；赵江辉、陈庆瑞：《公民个人信息的刑法保护》，载《中国检察官》2009 年第 6 期；王立志：《出售、非法提供公民个人信息罪若干问题研究》，载《政治与法律》2010 年第 1 期；庄晓晶、林洁、白磊：《非法获取公民个人信息犯罪区域性实证分析》，载《人民检察》2011 年第 9 期。

程中"，除了享有公权力的国家机关外，其他金融、电信、通信、教育、医疗等单位均为提供服务的单位，收集公民个人信息，属于服务需要，而不是强制义务，就这一点，与其他私营单位并无二致，诸多私营单位在提供服务过程中亦根据需要收集公民个人信息；同时，上述单位不仅有私人股份参与，更有私人单位的存在，如果仅作狭义理解，以是否享有"公权力"为限，那么私立医院、私立学校是否会成为本罪的主体，故第一种观点显然难以自圆其说。而且，坚持第一种观点的诸多学者主张在适当时候将主体扩大至第二种观点所主张的范围，故笔者认为，公司、企业、事业单位、机关、团体以及其他组织，不论其是否享有公权力，在提供服务中合法获取的公民个人信息均可构成本罪的犯罪对象。犯罪对象的形态不限于文字，还包括录音、图像、图片等其他可揭示个人信息的资料；同时，也不限于静态信息，还包括动态信息。①

另外，需要注意的是，这里的公民个人信息应当是真实有效的，而不应当包括虚假信息和逝去之人的信息。

2. 客观特征

关于本罪的客观方面，有些论著将"违反国家规定"放在首位，"合法获得"次之，笔者认为，"违反国家规定"是"出售、非法提供"行为受刑罚责难的前提，不是"获得"的前提，故放在首位的应为"合法获得"，其次为"违反国家规定"。主要表现为以下几个方面：

首先，"合法获得"，是指依法成立的国家机关、金融、电信、交通、教育、医疗以及其他公司、企业、事业单位、团体的工作人员，在以单位名义履行职责、提供服务或者其他业务往来中，经对方公民同意，合法获得的关于公民的个人信息。所以，第一，"合法获得"的主体必须是依法注册登记的公司、企业或者其他单位；

① 王昭武、肖凯：《侵犯公民个人信息犯罪中的若干问题的认定》，载《法学》2009 年第 12 期。

第二，必须是以单位名义对公民个人信息的获得；第三，必须是在履行职责或者提供服务中获得的；第四，这种获得原则上应当经过公民个人同意。如果单位及其工作人员并非在履行职责或者提供服务过程中获得公民个人信息，或者在履行职责或者提供服务过程中非法获取公民个人信息的，均不属合法获得。①

其次，"违反国家规定"，是指违反了国家法律法规中的禁止性规范，即法律禁止侵犯公民个人信息或者禁用某些方式来出售、提供公民个人信息，而行为人违反了这些规定，使用了不恰当的方式。这里的"国家规定"，根据刑法第96条的规定，是指全国人大及其常委会制定的法律和决定，国务院制定的行政法规、规定的行政措施、发布的决定和命令。当前，我国没有专门保护个人信息安全的法律法规，对有关单位或其工作人员设定的保守公民个人信息秘密的义务散见于一些法律法规中，这些法律法规主要有《宪法》、《民法通则》、《刑事诉讼法》、《治安管理处罚法》、《妇女权益保障法》、《未成年人保护法》、《居民身份证法》、《邮政法》、《商业银行法》、《执业医师法》、《医疗机构病历管理规定》、《医疗事故处理条例》、《传染病防治法》、《统计法》、《计算机信息网络国际联网安全保护管理办法》等。

再次，必须有"出售"、"非法提供"行为。"出售"，是指国家机关、公司、企业、事业单位、团体及其工作人员将本单位合法获得的公民个人信息非法售卖给其他单位或者个人，获取利益的行为。行为人的有偿转让必须违反国家规定，如果是企业兼并、收购、转让被收购企业掌握的公民个人信息则属合法行为，不应当构成本罪。

"非法提供"，是指国家机关、公司、企业、事业单位、团体及其工作人员不以营利为目的，无偿将本单位合法获得的公民个人

---

① 赵秉志主编：《刑法修正案（七）专题研究》，北京师范大学出版社2011年版，第152页下。

信息违反国家规定提供给其他单位或者个人的行为。当然，如果接受者给予少量金钱、财物予以感谢的，仍应认定为"非法提供"；如果单位或者个人获取了相应的非法利益，其行为应当定性为"出售"。

认定为"出售"或者"非法提供"时，需要注意以下问题：第一，如果犯罪主体为单位时，必须以单位名义出售或者非法提供。第二，个人必须是本单位的工作人员，如果是本单位以外的人员，只可能构成非法获取公民个人信息罪，而不是本罪。第三，当接受公民个人信息的主体不特定时，即行为人非法散布，有学者认为非法散布应作为非法提供的一种方式。① 笔者认为这种观点可以借鉴。

最后，构成本罪还需要"情节严重"。但是，由于司法解释缺位，关于"情节严重"的具体情况，理论和实践上尚无统一标准。学者们提出了诸多标准，有些标准模糊，有些标准比较明确，在此我们引用一个比较明确的标准：（1）导致被害人人身伤害或死亡的；（2）严重干扰被害人的正常生活或严重影响被害人名誉（包括致使受害者精神失常或自杀）的；（3）出售、非法提供公民个人信息给单位造成经济损失 5 万元以上，或者给个人造成 1 万元以上损失的；（4）明知出售、非法提供的信息可能被用于违法犯罪活动而出售或者提供的；（5）出售、非法提供公民个人信息 30 条以上，或者出售或者非法提供 10 人以上公民个人信息的；（6）出售、非法提供公民个人信息 5 次以上的；（7）出售公民个人信息单位获利 5 万元以上，个人获利 1 万元以上的；（8）导致 50 条以上公民个人信息流向境外的；（9）其他情节严重的情形。②

---

① 王立志：《出售、非法提供公民个人信息罪若干问题研究》，载《政治与法律》2010 年第 1 期。

② 张磊：《司法实践中侵犯公民个人信息犯罪的疑难问题及其对策》，载《当代法学》2011 年第 1 期。

3. 主体特征

关于本罪的主体，立法使用了列举式与概括式相结合的方式，虽然立法部门、实践部门及主流观点坚持的是享有公权力或者强制性权力的单位及其工作人员，但我们坚持本罪的犯罪对象——公民个人信息，并不仅限于国家机关、金融、电信、交通、教育、医疗单位的工作人员在履行职责或者提供服务过程中获得的公民个人信息，还包括其他单位的工作人员以单位名义提供服务过程中获得的公民个人信息。因此，本罪的主体除了《刑法修正案（七）》第7条第1款所列的单位及其工作人员之外，还包括那些并不享有公权力，但在提供服务过程中可以依法获得公民个人信息的公司、企业、事业单位、团体及其工作人员。单位的具体范围只有两个限制条件：一是符合刑法第30条规定的单位；二是在履行职责或者提供服务过程中能够合法获取公民个人信息的。只要满足这两个条件，都应当成为本罪的主体。所以，本罪的主体应当是特殊主体，即特定的单位及其工作人员，工作人员是达到刑事责任年龄、具有刑事责任能力的自然人。当然，非经法律许可成立的单位以及个人非法获取公民个人信息，并且出售或者非法提供给他人的，应当构成非法获取公民个人信息罪，不构成本罪。

4. 主观特征

本罪的主观方面为故意，包括直接故意和间接故意，即明知自己出售、非法提供公民个人信息而仍然希望或者放任这种行为，即行为人出售、非法提供给他人信息时，明知是公民个人信息而仍然为之，或者明知出售、非法提供给他人的信息可能包含公民个人信息而放任之。过失不是本罪的罪过形态。实施本罪时，虽然多为获取非法利益或者出于其他某种目的，但刑法并没有明确要求，故不要求有特定目的。

（三）出售、非法提供公民个人信息罪的司法认定

1. 本罪罪与非罪的界限

认定本罪的成立，应严格把握本罪构成的基本特征。该罪的主

体必须是依法成立的公司、企业、事业单位、机关、团体及达到刑事责任年龄、具有刑事责任能力的单位工作人员，客观上必须是违反国家规定出售、非法提供在履行职责或者提供服务过程中合法获得的公民个人信息。如果主体是一般自然人，其行为不构成本罪；如果出售、非法提供的公民个人信息不是以单位名义在履行职责或者提供服务的过程中合法获得的，亦不构成本罪。同时，本罪属于情节犯，"情节严重"是区分该罪罪与非罪的一个重要的界限。何谓"情节严重"，在前文中已有说明。但这毕竟只是一个理论上的标准，期望司法机关及时就此作出相关的司法解释，以利于在实践中准确认定。

2. 本罪与相近犯罪的界限

(1) 本罪与非法提供信用卡信息罪的界限。

在实践中，金融机构及其工作人员有可能将合法掌握的信用卡客户的信用卡信息及相关信息提供给他人，供其从事违法犯罪活动。显然，两罪在主体、客观表现上都有一定程度的重合，在重合的范围内如何区分两罪尤其重要。笔者认为，由于公民个人信息包括信用卡信息，如果金融机构及其工作人员提供客户的信用卡信息，属于法条竞合。相对于本罪规定而言，非法提供信用卡信息罪的规定属于特别法，应当适用非法提供信用卡信息罪。

(2) 本罪与侮辱罪的界限。

两罪在主体、行为方式等方面均有诸多差异，但是如果单位工作人员将合法掌握的公民个人隐秘信息非法散布或者提供给多人，如医生了解他人生理缺陷、疾病、生活隐私，非法散布或者提供给多人，客观上使他人的名誉受损，情节严重的，就会造成本罪与侮辱罪的法条竞合，应当从一重罪处罚。

(3) 本罪与侵犯通信自由罪，私自开拆、隐匿、毁弃邮件、电报罪的界限。

《刑法修正案（七）》将出售、非法提供公民个人信息罪放在侵犯通信自由罪和私自开拆、隐匿、毁弃邮件、电报罪之后，表明几罪有相同之处：最主要的相同点在于客体基本一致，都侵犯了公民的人身权利，包括身份权与人格权。侵犯通信自由罪和私自开拆、隐匿、毁弃邮件、电报罪侵犯了公民的通信自由和通信秘密，通信自由权是公民人格尊严的一部分，而通信秘密则属于公民隐私的内容，因此几罪有相同之处。不同点在于犯罪对象和客观方面：侵犯通信自由罪的犯罪对象是具有连续可读性内容的信件，包括电子邮件。而出售、非法提供公民个人信息罪则是单独或者以组出现的个人信息，这些信息不具有连贯的内容性；在客观方面，侵犯通信自由罪表现为隐匿、毁弃或者非法开拆他人信件，隐匿、毁弃在于侵犯他人的通信自由，阻止他人自由通信，而非法开拆在于获知他人的通信内容，侵犯他人的通信秘密，随着信件的无纸化，形式上未予开拆但采取科技手段得知他人信件内容的行为也可以认定为非法开拆。出售、非法提供公民个人信息罪的客观方面主要表现为违反规定，出售、非法提供由自己合法取得的他人个人信息。

3. 本罪的罪数形态问题

除了前述本罪与非法提供信用卡信息罪、侮辱罪的竞合外，如果单位或其工作人员明知他人企图从事某种犯罪行为，并将合法掌握的信息提供给他人从事其他犯罪活动的，则构成本罪与其他犯罪的牵连犯，择一重罪处罚；如果法定刑相同，则按主客观相统一原则，选择最符合主观罪过和客观表现的罪名定罪处罚。

如果单位或者其工作人员既出售、非法提供公民个人信息，又将公民个人信息提供给他人从事犯罪活动，构成其他犯罪的，则应数罪并罚。

4. 本罪的共犯问题

本罪属任意共犯。但是，本罪的主体与前述主体以外的单位或者个人勾结，共同利用单位及其工作人员的便利，从事出售、非法提供公民个人信息的犯罪行为的，原则上应以本罪处理。如果他人以贿赂的方式从前述单位或者工作人员手中获取公民个人信息的，不以本罪的共同犯罪论处，而应以贿赂犯罪的共同犯罪论处；如果行为人向前述单位或者其工作人员收买公民个人信息的，则属于对合犯，出售公民个人信息的单位或者工作人员构成本罪，收买公民个人信息的单位和个人构成非法获取公民个人信息罪。

5. 本罪的停止形态问题

本罪是情节犯，必须达到"情节严重"才构成犯罪，未达到"情节严重"的，则不构成犯罪。因此，本罪原则上不存在犯罪预备、未遂、中止形态。

（四）出售、非法提供公民个人信息罪的处罚

根据修正后的刑法第253条之一第1款规定，犯本罪的，处3年以下有期徒刑或者拘役，并处或者单处罚金。第3款规定，单位犯本罪的，对单位判处罚金，并对其直接负责的主管人员和其他直接责任人员，依照第1款的规定处罚。

二十三、非法获取公民个人信息罪

（一）非法获取公民个人信息罪的概念与法源

1. 非法获取公民个人信息罪的概念

非法获取公民个人信息罪，是指以窃取或者其他方法非法获取公民个人信息，情节严重的行为。

2. 非法获取公民个人信息罪的法源

非法获取公民个人信息行为的犯罪化缘由如同出售、非法提供公民个人信息罪的缘由，正是由于近年来公民个人信息财产性价值逐渐被认识，一些单位和个人专门从事窃取、非法收集、倒卖公民个人信息的行当来获取利益，对公民个人信息泄露起到了推波助澜的作用，而出售、非法提供公民个人信息的活动之所以越来越猖獗，一个十分重要的原因就在于有一个庞大的需求市场，才导致侵犯公民个人信息的行为泛滥成灾，公民个人信息被侵犯，既给信息享有者造成了严重伤害，亦对社会秩序造成了严重危害。诚如《刑法修正案（七）草案及说明》中指出的一样，公民个人信息泄露的情况时有发生，对公民个人的人身、财产安全和个人隐私构成

严重威胁，有些甚至对公民的名誉、人身安全、财产造成巨大危害。南京一名"80后"大学生利用网络自动采集、与"网友"交换等方式，收集了240G硬盘容量的公民个人信息，仅分类文件夹就多达20多万个，在不到一年的时间里非法买卖公民信息获利超过4万元。① 因此，全国人大常委会于2009年2月28日通过《刑法修正案（七）》增设了本罪，力图保护公民个人信息安全。根据该修正案第7条第1款和第3款规定："国家机关或者金融、电信、交通、教育、医疗等单位的工作人员，违反国家规定，将本单位在履行职责或者提供服务过程中获得的公民个人信息，出售或者非法提供给他人，情节严重的，处三年以下有期徒刑或者拘役，并处或者单处罚金。""单位犯前两款罪的，对单位判处罚金，并对其直接负责的主管人员和其他直接责任人员，依照各该款的规定处罚。"

（二）非法获取公民个人信息罪的构成特征

1. 客体特征

本罪的客体是公民的人身权利，犯罪对象为公民的个人信息，笔者在出售、非法提供公民个人信息罪中已经阐述，此处不再赘述。但是，《刑法修正案（七）》第7条第2款采用了"上述信息"的表述方式，这里的"上述信息"是一般意义上的公民个人信息还是第1款所限定的"单位及其工作人员在履行职责或者提供服务过程中获得的公民个人信息"，理论上还存在争议。例如，"上述信息"的范围需要借助对《刑法修正案（七）》第7条第1款的理解：第一种理解是狭义理解，即"上述信息"是第1款规定的国家机关或者金融、电信、交通、教育、医疗等单位的工作人员将本单位在履行职责或者提供服务过程中获得的公民个人信息，该款规定的"信息"有两个限定修饰语：一是国家机关或者金融、电

---

① 丁国锋、建真：《南京一出售公民信息嫌疑人批捕环节遇法律障碍——非法获取公民个人信息罪成"空设"?》，载《法制日报》2010年7月23日第4版。

信、交通、教育、医疗等单位的工作人员将本单位在履行职责或者提供服务过程中获得的，二是公民个人的。全国人大法工委认为，"对这条基本还是尽量限定在公权力范围内，或是提供垄断性、强制性的公共服务的领域，如国家机关、公安机关、自来水公司、煤气公司。"① 第二种理解是广义理解，"上述信息"即公民个人的信息，除去限定修饰语，指任何符合条件的公民个人信息。笔者比较赞同广义理解，首先，公民个人信息不因特定单位不掌握而脱离法律保护。在信息化时代，公民个人信息除了公权力单位依法获取外，其他一些不享有公权力的单位或者提供公共服务的单位亦可因提供服务来获取公民个人信息，依狭义理解，窃取这些单位收集的公民个人信息就不构成犯罪了？两者在主观、客观、侵害法益方面完全相同，仅因一个理解有异，而不惩罚侵犯公民权利的行为，显然不合理。其次，就立法目的而言，其在于保护个人权益。如果对于实践中大量的非利用公权力获取他人信息的行为不加以规制，将难以有效保护公民权益。所以，我们倾向于后一种观点，即本罪的对象是一切符合条件的个人信息。而且，实践中司法机关也是这样把握的，如上海周娟等特大非法获取公民个人信息案中，被告人所获取的信息就没有受特定单位所获信息的限制。② 最后，就本罪的客体而言，是公民的人身权利，对象是公民的个人信息，而不问谁掌控这些信息。广义理解恰恰符合立法用意——保护公民的人身权利，侵犯的对象是公民的个人信息，亦没有超出公民的合理预期范围；而狭义理解实质上将客体界定为公权力单位对特定信息的掌控权不受侵犯，重点保护的是这种控制权，而不是公民个人信息安

---

① 雷建斌：《刑法修正案（七）的法条争议及解析》，载京师刑事法治网；王东阳：《公民个人信息安全的刑法保护》，北京师范大学博士后 2009 年研究报告；赵秉志主编：《刑法修正案（七）专题研究》，北京师范大学出版社 2011 年版，第 164 页。

② 严剑漪、黄丹：《特大非法获取公民个人信息案一审宣判》，载《人民法院报》2010 年 8 月 6 日；张磊：《司法实践中侵犯公民个人信息犯罪的疑难问题及其对策》，载《当代法学》2011 年第 1 期。

全。所以，我们坚持"上述信息"为任何符合条件的"公民个人信息"。①

有关公民个人信息的界定，出售、非法提供公民个人信息罪中已有明确界定，这里不再赘述。

2. 客观特征

本罪的行为方式表现为窃取或者以其他方法非法获取公民信息。"窃取"是指采取不被公民个人信息控制人知道的方式秘密获取其所控制的公民个人信息，包括本人信息和掌握的他人信息。窃取包括秘密窃取、偷拍、偷窥、秘密录音、秘密跟踪调查等方式，只要是不被信息掌控人所知晓的方式来获得信息掌控人掌握的公民个人信息，并据为己有，皆可谓"窃取"。"其他方法"指"窃取"之外的手段，虽然刑法没有规定有哪些表现形式，但在性质上都应当与窃取具有相当的社会危害性。同时，其他方法必须是非法的，如果其他方法合法，一则与"窃取"的危害性不相当；二则其获取行为有可能是合法的，将不符合立法要求。也就是说，其他方法应当是除窃取之外的"非法方法"。关于"非法"如何理解，有两种观点：一是"非法"是指违反法律法规的禁止性规定，② 二是"非法"至少应当符合违背了信息所有人的意愿，获取者无权了解、接触相关公民个人信息，获取手段违反了法律禁止性规定等条件。③ 由于保护公民个人信息的前置法律缺失，刑法亦无明确列明，通过哪些方法获取公民个人信息属于违反法律法规难以界定，故只能通过一般观念来判断。因此，笔者认为，第二种观点相对合理，行为人只要违背了信息所有人的真实意愿，获得所有人不愿透露的个人信息，

① 赵秉志主编：《刑法修正案最新理解适用》，中国法制出版社2009年版，第123页。

② 王昭武、肖凯：《侵犯公民个人信息犯罪认定中的若干问题》，载《法学》2009年第12期。

③ 凌鸿：《非法获取公民个人信息罪的认定》，载《人民法院报》2010年6月17日。

皆为非法获取。当然，如果行为人从公共资源获取公民个人信息的，不宜认定为非法获取公民个人信息。因而，利用骗取、利诱、胁迫、抢夺、抢劫、恐吓、非法侵入他人计算机系统等手段获取公民个人信息的，均可视为"其他方法非法获取"。

在实践中，还有出售、非法提供公民个人信息犯罪的对向犯，即购买、收受公民个人信息的行为如何定性。我们认为，非法"购买"和"窃取"被立法规定为非法获取公民个人信息罪的行为方式的一个重要原因就是，公司、个人为了牟利，大肆收买、获取公民个人信息，对于出售、非法提供公民个人信息具有助推作用，将窃取、购买等非法获取行为规定为犯罪，可以从源头上遏制出售、非法提供公民个人信息犯罪的发生。因此，如果不将与出售对应的购买行为规定为犯罪，则无法建立两罪之间的链接，起不到相应的遏制作用。所以，我们认为应当将与出售相对应的购买行为认定为犯罪，实现两罪的互相协调，彼此遏制。[1] "收买"、"收受"作为"出售"、"非法提供"的对向行为，可以认定为非法获取。[2] "购买"对于提供者还有一定的诱惑因素，具有更大的社会危害性。事实上，目前导致出售、非法提供公民个人信息行为越来越猖獗的一个重要原因就在于庞大的市场需求。[3] 笔者认为，既然特定单位或者其工作人员出售、提供公民个人信息均为非法，明知非法而购买或者接受的，应当纳入本罪的行为方式。[4] 诚如前面所述，没有市场就没有生产行为。正是因为市场的需求，让某些人认为有利可图，故铤而走险，出售、非法提供公民个人信息。因此，按照

---

[1] 张磊：《司法实践中侵犯公民个人信息犯罪的疑难问题及其对策》，载《当代法学》2011年第1期。

[2] 王昭武、肖凯：《侵犯公民个人信息犯罪认定中的若干问题》，载《法学》2009年第12期。

[3] 黄太云：《刑法修正案（七）解读》，载《人民检察》2009年第6期。

[4] 凌鸿：《非法获取公民个人信息罪的认定》，载《人民法院报》2010年6月17日。

"打头断线、堵源截流"的方针，凡是不正当地获取公民个人信息的方式，我们都应当考虑予以禁止。明知他人非法出售、提供公民个人信息而收买、收受的，应当认定为非法获取公民个人信息。

需要注意的是，行为人从公共资源获取公民个人信息并出售牟利的行为该如何定性？如前述南京"80后"大学生收集公民个人信息案，司法部门并未将其行为认定为非法获取公民个人信息罪。① 笔者认为，司法机关的做法值得肯定。因为公共资源属于任何人都可以利用的共享资源，行为人将其整理出售，不宜认定为犯罪。但是，对于肆意散布他人个人信息的上游行为，如果构成犯罪或者违法的，则应当依法追究。

3. 主体特征

本罪的主体为一般主体，即达到刑事责任年龄、具有刑事责任能力的自然人和符合刑法第 30 条规定的单位均可构成本罪的主体。结合刑法总则相关规定，自然人主体是指年满 16 周岁、具有辨认和控制能力的人；刑法中的单位主体是指具有相对独立的社会功能和相对独立的财产，能够以自己的名义对外开展相对独立的社会性活动的公司、企业、事业单位、机关、团体。

4. 主观特征

本罪的主观方面为故意，包括直接故意和间接故意，即明知自己非法获取公民个人信息仍然希望或者放任这种行为，即行为人获取公民个人信息时，明知是非法的而仍然为之，或者明知非法获取的信息可能包含公民个人信息而放任之。通常来说，行为人获取他人个人信息，往往有积极取得的意愿，所以本罪的罪过形态应当以直接故意为主，过失不是本罪的罪过形态。现实中，行为人非法获取公民个人信息往往伴随有其他非法目的，如售卖获利等，但刑法并没有明确要求，故是否有特定目的，不影响本罪的成立。

---

① 丁国锋、建真：《南京一出售公民信息嫌疑人批捕环节遇法律障碍——非法获取公民个人信息罪成"空设"？》，载《法制日报》2010 年 7 月 23 日。

如果有其他特定目的，非法获取公民个人信息则可能成为其实现特定犯罪目的的手段，则按牵连犯，从一重罪处断。

（三）非法获取公民个人信息罪的司法认定

1. 本罪罪与非罪的界限

认定本罪的成立，应严格把握本罪构成的基本特征。本罪在客观方面规定了窃取和其他方法非法获取，重点在其他方法的认定上，由于保护公民个人信息的法律法规缺位，哪些方法是非法的，哪些是合法的，缺乏统一标准。虽然在前文中提出"权利人是否同意"的标准，但该标准还是难以区分此罪与彼罪。例如，非法开拆信件获取他人信息的，未必会构成本罪，只有达到情节严重，才能构成本罪。所以，前述标准也仅是一个参考标准。同时，本罪是情节犯，情节严重是罪与非罪的一个重要标准，由于相关司法解释尚未出台，司法实践中需要谨慎认定、严格把握。当然，我们期待相关司法解释尽快出台，明确"其他非法方法"和"情节严重"的内涵和外延，解决困扰实践的难题。

2. 本罪与相近犯罪的界限

（1）本罪与窃取、收买、非法提供信用卡信息罪的界限。

刑法第 177 条之一第 2 款规定了"窃取、收买、非法提供信用卡信息罪"。公民个人信息的范畴很广，甚至包括信用卡信息，根据前述观点，收买应作为其他方法非法获取的范围。因此，行为人窃取、收买他人信用卡信息的，同时也触犯非法获取公民个人信息罪，属法条竞合，且两罪的法定刑相同。因此，根据主客观统一的原则，如果行为人以非法获得公民个人信息为目的，而获得了他人信用卡信息，则宜定非法获取公民个人信息罪；如果以非法获得他人信用卡信息为目的，只是偶然获得了公民个人其他信息，则宜认定为窃取、收买、非法提供信用卡信息罪。

（2）本罪与侵犯通信自由罪，私自开拆、隐匿、毁弃邮件、电报罪的界限。

本罪与侵犯通信自由罪，私自开拆、隐匿、毁弃邮件、电报罪同属侵犯公民人身权利的犯罪，非法获取公民个人信息罪与私自开拆、隐匿、毁弃邮件、电报罪，侵犯通信自由罪的犯罪对象不同，与私自开拆、隐匿、毁弃邮件、电报罪的主体亦不同，但是如果信件、邮件、电报中有公民个人信息，行为人非法开拆信件，私自开拆邮件、电报的行为可能导致非法获取公民个人信息罪与私自开拆、隐匿、毁弃邮件、电报罪，侵犯通信自由罪的竞合，原则上应择一重罪处罚。

（3）本罪与非法获取计算机信息系统数据罪的界限。

两罪的客体、客观方面皆不相同，本罪的客体是公民的人身权利，非法获取计算机信息系统数据罪的客体是社会管理秩序；本罪的客观方面表现较为广泛，包括侵入计算机信息系统获取存储于计算机中的公民个人信息，但并非限于通过此种方式来获取公民个人信息，而非法获取计算机信息系统数据只能侵入计算机信息系统。当然，计算机信息系统数据有可能承载着公民个人信息，如果行为人以非法侵入的方式获取计算机中存储的公民个人信息，则会构成两罪的竞合，通常从一重罪处罚。

3. 本罪的罪数形态问题

由于利用公民个人信息可以从事诸多犯罪，如妨害信用卡管理罪，伪造、变造、买卖国家机关公文、证件、印章罪等，如果行为人非法获取公民个人信息是为了从事其他犯罪，则构成本罪与其他犯罪的牵连犯，非法获取公民个人信息是手段行为，从事的其他犯罪是目的行为，法律明确规定数罪并罚的，应当数罪并罚；法律没有规定的，原则上应从一重罪处断。行为人侵入计算机信息系统非法获取存储的公民个人信息的，则构成本罪与非法获取计算机信息系统数据罪的竞合犯，原则上应从一重罪处断。如果行为人以行贿的方式获取公民个人信息的，应构成理论上所说的牵连犯，应从一重罪处断。

如果行为人非法获取公民个人信息后，又利用非法获取的公民个人信息从事其他犯罪的，则应当以本罪和其他犯罪数罪并罚。

4. 本罪的共犯问题

本罪属于任意共犯。任何帮助他人非法获取公民个人信息或者事先约定帮助出售非法获取的公民个人信息的，均构成本罪的共犯；事先没有约定，事后帮助非法获取个人信息的犯罪人出售的，以掩饰、隐瞒犯罪所得罪处罚。需要注意的是，如果行为人以非法获取计算机信息系统数据而获取公民个人信息的，他人只为其提供非法侵入计算机信息系统程序、工具，而不知道其从事非法获取公民个人信息犯罪的，则不构成本罪的共犯，应构成提供侵入计算机信息系统程序、工具罪。

5. 本罪的停止形态问题

本罪是情节犯，必须达到"情节严重"才构成犯罪，未达到"情节严重"的，则不构成犯罪。因此，本罪原则上不存在犯罪预备、未遂、中止等形态。

（四）非法获取公民个人信息罪的处罚

根据修正后的刑法第 253 条之一第 2 款规定，犯本罪的，依照前款的规定处罚，即按第 1 款的规定处罚，处 3 年以下有期徒刑或者拘役，并处或者单处罚金。第 3 款规定，单位犯本罪的，对单位判处罚金，并对其直接负责的主管人员和其他直接责任人员，依照第 1 款的规定处罚。

二十四、组织残疾人、儿童乞讨罪

（一）组织残疾人、儿童乞讨罪的概念和法源

1. 组织残疾人、儿童乞讨罪的概念

组织残疾人、儿童乞讨罪，是指行为人以暴力、胁迫手段组织残疾人或者不满 14 周岁的未成年人乞讨的行为。

2. 组织残疾人、儿童乞讨罪的法源

乞讨是一个世界性的问题，在中国也有很长的历史，最早可追溯至奴隶时代；在中国历史上一度出现丐帮，乞讨者成立帮会，将乞讨视为一种谋生手段和生活方式。当然，乞讨者如果没有采取恶

意滋扰他人生活、恶言恶语相加的方式，乞讨行为本身并不违法。但是，进入新的历史时期后，中国经济、社会发生着深刻变革，社会群体分化严重、社会问题凸显，一些弱势群体生活困难，得不到及时、有效救助，致使流浪人口增多，以乞讨为生的人数急剧增加。但是，从实践情况来看，除了因生活所迫之外，一些人专门利用乞讨致富，而一些不法分子通过诈骗、收买、承诺好处等方式，将一些残疾人和未成年人带离家庭，使其脱离监护人的监管，进而利用其心智不成熟、辨别是非能力不强、自我生存能力差、难以自食其力等原因，使用暴力、胁迫等强制性手段将残疾人、未成年人组织起来，强迫其集中乞讨，并从中牟利，严重损害残疾人、未成年人的身体健康和人格尊严，扰乱城市社会秩序，成为影响社会治安的新隐患。

因此，2006 年通过的《刑法修正案（六）》第 17 条规定，以暴力、胁迫手段组织残疾人或者不满 14 周岁的未成年人乞讨的，处 3 年以下有期徒刑或者拘役，并处罚金；情节严重的，处 3 年以上 7 年以下有期徒刑，并处罚金。力图通过刑罚手段来打击组织残疾人、不满 14 岁的未成年人乞讨、危害社会管理秩序的不法行为，保护残疾人、未成年人的合法权益，维护社会秩序稳定。

（二）组织残疾人、儿童乞讨罪的构成特征

1. 客体特征

关于本罪侵犯的客体，通说认为，本罪侵犯的客体是复杂客体，首先侵犯的是残疾人和不满 14 周岁的未成年人的人身权利，其次是社会管理秩序。当然，亦有学者认为本罪的客体应为残疾人、儿童的人身权利，具体包括残疾人、儿童的人身自由权利、身心健康权利、不乞讨的自由权利和人格尊严等。[①] 而在复杂客体

---

① 刘杰:《"强迫组织残疾人、儿童乞讨罪"之解读》，载《湖南公安高等专科学校学报》2006 年第 6 期；冷必元:《组织残疾人、儿童乞讨罪犯罪客体辨正》，载《西部法学评论》2009 年第 6 期。

中，也有人认为主要客体是社会管理秩序，次要客体是残疾人和不满14周岁的未成年人的人身权利。[①] 笔者认为，本罪列于刑法分则第四章"侵犯公民人身权利、民主权利罪"中第262条之后，作为第262条之一，这表明立法重在保护残疾人和不满14周岁的未成年人的人身权利，故残疾人和不满14周岁的未成年人的人身权利是主要客体；同时，有预谋、有组织的团体性乞讨对正常的社会秩序造成一定程度的混乱，影响了社会政策，破坏了正常的社会管理秩序。因此，我们赞成通说。

本罪的犯罪对象是残疾人和不满14周岁的未成年人。首先，根据残疾人保障法第2条规定，残疾人是指在心理、生理、人体结构上，某种组织、功能丧失或者不正常，全部或者部分丧失以正常方式从事某种活动能力的人。残疾人包括视力残疾、听力残疾、言语残疾、肢体残疾、智力残疾、精神残疾、多重残疾和其他残疾的人。但是，残疾人保障法并未对残疾人作出界定，而国务院亦没有制定相关的残疾人认定标准。而中国残疾人联合会发布了《中国残疾人实用评定标准》，规定了六类残疾人认定标准。虽然此标准不具有法规效力，但在相关法规缺位的情况下，可以参照认定残疾人。从实践来看，本罪中的残疾人应当是能够明显发现其存在残疾的人，因为只有如此，残疾人才能够以身体之缺陷引起他人的同情与怜悯，进而获得施舍；如果难以发现其身体存在残疾，则与一般正常人的乞讨行为难以区别开来。需要注意的是，为了方便乞讨而假扮残疾人的，不是本罪的对象。其次，本罪的另一犯罪对象是不满14周岁的未成年人，此规定排除了已满14周岁不满18周岁的未成年人，明确了犯罪对象的范围。当然，这里的残疾人可以未满14周岁，也可以已满14周岁，年龄上没有限制；不满14周岁的未成年人没有身体状况的限制，既可以是正常人，也可以是残

---

① 易国锋：《对刑法修正案（六）第17条的立法思考》，载《政治与法律》2007年第5期。

疾人。

2. 客观特征

本罪在客观方面表现为以暴力、胁迫手段组织残疾人、不满14 周岁的未成年人乞讨。具体而言，本罪的客观方面表现为以下三方面：

首先是以暴力、胁迫手段组织，核心是组织行为，暴力、胁迫是实现组织行为的方式。现代汉语中的"组织"一般认为具有 5 种含义：其一，指安排分散的人或者事物使其具有一定的系统或整体性；其二，系统、配合关系；其三，纺织品经纬纱线的结构；其四，机体中构成器官的单位，是由许多形态相同的细胞按一定的方式结合而成的；其五，按照一定的宗旨和系统建立起来的集体。① 根据 2002 年 1 月 30 日最高人民法院发布的《关于审理组织、运送他人偷越国（边）境等刑事案件适用法律若干问题的解释》第 1 条规定，这里的"组织"是指采用招募、雇佣、强迫、拉拢、引诱、容留等手段，进行领导、策划、指挥、控制。

结合本罪的情况来看，本罪的组织行为应当仅是将分散的人集中在一起，进行领导、策划、指挥、控制，形成控制状态，要求被组织者从事特定行为。本罪中，使用暴力、胁迫的强制性手段的目的就在于聚集、领导、控制、策划、指挥被控制的未成年人和残疾人，使其服从命令、听从指挥，按照被组织者的意志进行乞讨。策划，是指从事了为组织乞讨活动制订计划、筹谋布置的行为。常见的方式有为乞讨集团制订乞讨计划，撰写具体实施方案，根据不同区域分配乞讨人数等。指挥，是指在实施组织未成年人与残疾人乞讨的活动中起到领导、核心作用，如分配任务、决定行为等。② 聚

---

① 参见中国社会科学院语言研究所词典编辑室编：《现代汉语词典》，商务印书馆 2002 年版，第 1679 页。

② 王海涛主编：《刑法修正案（六）罪名图解与案例参考》，中国法制出版社 2006 年版，第 239 ~ 240 页。

集，是指通过一定方式将人员集合起来，凑在一起。领导，是指要求被组织者听从组织者的安排。控制，是指对被组织者的行迹、活动情况予以掌握，使其在一定范围内而不是任意活动。综合而言，行为人就是要求被组织者在其安排下从事乞讨活动，不得任意变更地点、方式，加入或者退出。

本罪中的组织行为必须以暴力、胁迫手段来完成。暴力手段，一般是指行为人直接对残疾人、未成年人的身体实施打击和强制，给其直接带来生理上的痛苦、伤害，使其丧失反抗能力或者不敢反抗，如殴打、捆绑、非法拘禁、非法限制人身自由等。但是行为人采取的暴力手段以造成被害人轻伤为上限，如果故意造成重伤或死亡结果的，便属于组织残疾人、儿童乞讨罪与故意伤害罪、故意杀人罪的想象竞合犯，按照从一重罪处断的原则，应以故意伤害罪或者故意杀人罪论处。

胁迫手段，一般是指行为人对残疾人、未成年人进行威胁、恫吓，对被害人实施精神强制，使其产生恐惧，不敢反抗的情况。这种胁迫既可以是针对被强迫人自身的生理伤害，如不顺从就冻饿、体罚、关黑屋子等，也可以是心理上的，如揭露隐私、公开侮辱使其丧失尊严等。胁迫内容既可以是针对被害人本人的，也可以是针对亲属或者他人的，如扬言对被害人行凶、加害被害人亲属和关系密切的人，只要足以对被害人造成心理上的强制，就可以构成胁迫。实践中，如果没有实施暴力、胁迫等强迫行为，不宜认定为本罪。

本罪中，组织行为的实施必须依靠暴力、胁迫的方式来实现，而不包括招募、雇佣、拉拢、引诱、容留等非暴力行为，如果没有使用暴力、胁迫方式，而是使用比较平和的非强制性方式将残疾人和不满14周岁的未成年人组织起来进行乞讨，则不构成本罪。即使将残疾人和未成年人聚集在一起后使用暴力、胁迫手段要求其乞讨的，其聚集行为也不具有可罚性，但其暴力、胁迫乞讨的行为则可能构成本罪。故此，我们必须把组织行为与暴力、胁迫手段结合起来考虑，如果分离，就会把招募、雇佣、拉拢、引诱等非强制性手段与本罪的客观方面混为一谈，从而加大区分此罪与彼罪的难度。

其次，被组织对象应当为"3人以上"。关于本罪的组织对象是否应当为3人以上，理论上有不同的看法，有的认为不应当限制为"3人以上"，[①] 但大多数学者仍然坚持组织对象应限定在"3人以上"。最高人民法院、最高人民检察院1992年公布的《关于执行〈全国人民代表大会常务委员会关于严禁卖淫嫖娼的决定〉的若干问题的解答》第2条规定，组织他人卖淫的行为必须是控制多人。同时，该文件第9条进一步规定，"多人"的"多"是指3人以上的数（含本数）。因此，根据刑法的立法目的和参照相关的司法解释，笔者认为，为了保持刑法体例的一致性和业已形成的认识，被组织乞讨的人员应当是多人，人数应当为3人以上。这里的"3人以上"是指被组织的残疾人和不满14周岁的未成年人共3人以上，而不是各有3人以上；同时，"3人"不包括组织者，即如果组织者本人也是残疾人，既组织他人乞讨，自己亦参与乞讨的，本人不应计入被组织者范围。

那么，被组织者如果是组织者的子女、养子女或者与其有亲属关系的，是否也能成为本罪的犯罪对象呢？在宫继兰等组织残疾人、儿童乞讨案中，法官的解释是"对于组织残疾人、儿童乞讨罪，《刑法修正案（六）》有明确的规定，只要有直接针对被害人身体的行为，如捆绑、殴打、限制自由、故意伤害，甚至是采取精神上的强制手段使被害人产生恐惧状态的都可被认为是采取了'暴力、胁迫'手段，就算是亲生子女，如果父母对残疾人或未满十四周岁的未成年人采取了上述手段组织其乞讨，也严重侵害了残疾人和未成年人的合法权益，是构成'组织残疾人、儿童乞讨罪'

---

① 潘家永：《组织残疾人、儿童乞讨罪中：组织的人数不必3人以上》，载《检察日报》2009年5月12日。

的，因此将受到刑法的严厉打击。"① 我们赞成法官的观点，只要被组织者达到 3 人以上，行为人使用了暴力、胁迫手段组织乞讨，不论组织者与被组织者之间是什么关系，都不能将被组织者排除在犯罪对象之外，而应当依法追究行为人的刑事责任。

最后，残疾人、不满 14 周岁的未成年人进行乞讨。乞讨，是指向人要钱、要饭、要物等。乞讨一般具有下列特征：第一，乞讨是一种无偿索取行为。第二，乞讨是以哀求、乞求等方法打动他人，以获取他人的同情和怜悯，换取他人赠与一定利益的行为。第三，乞讨一般索要的是经济利益。概括来说，现实生活中的乞讨方式主要有以下几种：（1）卖艺式。（2）示残、示疾式。（3）示弱式。（4）特殊缘由式。（5）耍赖式。② 行乞者总是采取各种各样的方法打动他人恻隐之心，博取他人的怜悯、同情，而获得施舍。残疾人利用其残疾的特点，儿童利用其弱小需要他人、社会抚养、照顾的特点来达到行乞的目的。

实践中，如果组织者以暴力、胁迫手段组织卖花童在街头强制性卖花，乞讨前帮施舍者开车门后索要相应费用的行为该如何定性呢？有学者根据实际情况，认为这种卖花、开车门的行为仍然是乞讨的一种，前述组织者仍然认定为组织残疾人、儿童乞讨罪。③ 我们赞同这种观点。从实践来看，第一，上述行为多由未成年人从事，希望利用自己的弱者特点来博取同情而获取利益；第二，他们索要的钱财与他们提供的物品、服务的价值并不相符，并且带有强制性，不问他人是否接受；第三，达不到目的后，这些未成年人多采用生拉硬拽、下跪抱腿、揪住不放的方式，索要少量钱财。因此，鉴于保护未成年人权利和维护社会秩序的需要，可以对乞讨予

① 《深圳强迫儿童乞讨案尘埃落定》，载《纪实》2007 年第 10 期。
② 邱赛兰：《组织残疾人、儿童乞讨罪疑难问题解析》，载《经济师》2008 年第 11 期。
③ 吴郢光、刘志洪：《残疾人、儿童乞讨罪若干问题研究》，载《中国检察官》2008 年第 3 期。

以适当的扩大解释，而不必拘泥于无偿获取，可以包括明显超价值求财的行为。

3. 主体特征

本罪的主体为一般主体，即年满16周岁，具有刑事责任能力的自然人均可构成本罪的主体。当然，单位不能成为本罪的主体。同时，根据前面有关犯罪对象的论述，无论行为人与被组织者之间存在何种关系，都不影响其作为犯罪主体的认定。

4. 主观特征

本罪的主观方面为故意，包括直接故意和间接故意，即行为人明知组织残疾人、不满14周岁的未成年人进行乞讨，并且希望或者放任这种行为的发生。一般来说，本罪的主观方面多为直接故意，但在与其他轻微犯罪竞合的情况下，也不可否认本罪的主观方面可能是间接故意。过失不是本罪的罪过形态。

本罪中，虽然大多数情况下存在非法牟利的目的，但刑法并未明确规定。因此，即使没有牟利，只要以暴力、胁迫方式组织残疾人、不满14周岁的未成年人乞讨的，仍然构成本罪。

（三）组织残疾人、儿童乞讨罪的司法认定

1. 本罪罪与非罪的界限

本罪的认定要严格把握其犯罪构成特征。通常来说，只有行为人故意以暴力、胁迫手段组织3名以上残疾人、不满14周岁的未成年人进行乞讨的，才构成本罪。这里要注意区分本罪中的"以暴力、胁迫手段组织"与其他组织犯中的"组织"，通常意义上的组织方式的外延较为广泛，包括强制性手段和非强制性手段，而本罪中的组织方式仅限于强制性手段，以非强制性手段组织残疾人、儿童乞讨的，不构成犯罪。同时，本罪中还要注意"3人以上"的标准，只要残疾人+不满14周岁的未成年人多于或等于3人，就达到本罪的被组织人数标准。最后，行为人应当明知或者至少应当有机会知道其是残疾人、不满14周岁的未成年人，否则不构成本罪。如果被组织者自愿加入而隐瞒真实情况的，如未满14周岁谎称 15 周岁，或者其残疾状况难以明显识别，谎称自己身体健康，行为人组织其乞讨的，则不应当认定为本罪。

2. 本罪与相近犯罪的界限

（1）本罪与组织未成年人进行违反治安管理活动罪的界限。

本罪与组织未成年人进行违反治安管理活动罪有诸多相近的地方，但两者也有明显区别：第一，客观方面不完全相同，本罪的手段仅限于暴力与胁迫，而组织未成年人进行违反治安管理活动罪的手段较为广泛，除了暴力、胁迫手段外，还包括招募、引诱等非强制性手段；第二，行为对象不完全相同，本罪的犯罪对象为残疾人和不满 14 周岁的儿童，组织未成年人进行违反治安管理活动罪的对象为不满 18 周岁的未成年人；第三，组织内容不同，本罪只限于乞讨，组织未成年人进行违反治安管理活动罪要求组织未成年人从事违反治安管理活动，种类不限。当然，如果以暴力、胁迫手段组织不满 14 周岁的未成年人反复纠缠、强行讨要或者以其他滋扰他人的方式乞讨的，则构成两罪的竞合，应当按照主客观相统一的原则，查明行为人为何组织未成年人，再确定具体罪名。

（2）本罪与强迫劳动罪的界限。

两罪都侵害了他人的人身权利，客观上都有迫使他人劳动的行为，但还是有区别的，主要表现在以下几个方面：第一，犯罪主体不同。强迫劳动罪的主体包括单位和个人，本罪的主体只能是自然人，而且只处罚组织者。第二，犯罪对象不同。强迫劳动罪的犯罪对象可以是任何自然人，包括成年人、未成年人；而本罪的对象只能是残疾人或不满 14 周岁的未成年人。第三，客观行为不同。强迫劳动罪以暴力、威胁或者限制人身自由的方法强迫劳动；而本罪中只规定了以暴力、胁迫手段组织乞讨。

（3）本罪与其他组织型犯罪的界限。

通常来说，组织犯都是复行为犯，行为人不仅要实施组织行为，被组织者还要依照行为人的要求实施特定行为才达到该罪的既遂。与其他组织型犯罪相比，首先，本罪的组织方式仅限于暴力、胁迫的方式，而其他组织型犯罪的组织方式除了暴力、胁迫之外，多数情况下包括招募、引诱、拉拢、欺骗等非强制性方式；其次，本罪的被组织者的行为仅限于乞讨（包括一般性乞讨和反复纠缠、强行讨要或者以其他滋扰他人的方式乞讨），其他组织型犯罪中被组织者的行为样态与本罪不同。

3. 本罪的罪数形态问题

本罪中，首先由于乞讨可能包括反复纠缠、强行讨要或者以其他滋扰他人的方式乞讨，而这种乞讨又违反治安管理处罚法，如果由被组织的不满 14 周岁的未成年人为之，则构成本罪与组织未成年人进行违反治安管理活动罪的竞合，由于两罪刑罚配置相同，只能根据主客观统一的原则确定相应罪名，并科处刑罚。其次，本罪中伴有暴力、胁迫的方式，往往容易造成残疾人、未成年人的身体受到伤害，如果以组织的目的致使被组织者轻伤、重伤、死亡或者遭受性侵犯的，构成犯罪的，则应按照竞合犯处理，从一重罪处断；如果行为人故意重伤、杀害或者性侵被组织者的，应当数罪并罚。再次，如果行为人以组织乞讨为目的，拐骗儿童，或者拐卖、收买儿童、残疾妇女的，笔者认为，尚未组织乞讨的，则按拐骗儿童罪，拐卖妇女、儿童罪，收买被拐卖的妇女、儿童罪处罚；如果已经组织乞讨的，"依据最高人民法院、最高人民检察院、公安部、司法部《关于依法惩治拐卖妇女儿童犯罪的意见》第20 条第 5 项规定，明知是被拐卖的妇女、儿童而收买，具有下列情形之一的，以收买被拐卖的妇女、儿童罪论处；同时构成其他犯罪的，依照数罪并罚的规定处罚：组织、诱骗、强迫被收买的妇女、儿童从事乞讨、苦役，或者盗窃、传销、卖淫等违法犯罪活动的"，则应数罪并罚。

4. 本罪的共犯问题

本罪属于任意共犯。从实践来看，组织者往往有多人，他们分工不同，有的居于核心地位指挥，有的居于从属地位帮助策划、出主意，或者负责具体落实，以暴力、胁迫方式对待残疾人、未成年人，带领他们去指定地点乞讨并予以监视，等等。对此应当按照共同犯罪的原则，以其在共同犯罪中所起的作用分清主犯与从犯，实现罪刑均衡。

5. 本罪的停止形态问题

由于本罪属于复行为犯，在犯罪的既遂方面存在多种观点：第一，以完成暴力、胁迫手段的组织行为为既遂标准。本罪属于行为犯，只要行为人完成了以暴力、胁迫手段组织残疾人、儿童进行乞讨的行为即为本罪既遂，并不需要有形的和物质性的犯罪结果。① 第二，本罪的既遂标准是已强迫组织残疾人、儿童并形成乞讨目的，本罪是否既遂应看行为人是否已经成功强迫组织残疾人、儿童并形成乞讨目的，被强迫者是否实施了乞讨行为则在所不问，如果尚未形成乞讨目的，则不宜以本罪论处，可以考虑适用故意伤害罪、非法拘禁罪等罪名。② 第三，对本罪而言，只要行为人完成了以暴力、胁迫手段组织乞讨的行为（包括行为人以暴力、胁迫手段实施的组织行为和乞讨者的乞讨行为）即为本罪的既遂，并不要求物质性的结果或其他有形的犯罪结果，至于组织乞讨行为的规模、乞讨的次数、对社会的影响以及暴力和胁迫的程度，通常不影响本罪既遂的认定。③ 目前，第三种观点为通说，我们支持第三种观点。本罪是复行为犯，通常要求两个或者两个以上行为均已完成者构成犯罪既遂，如果行为人以组织乞讨为目的，以暴力、胁迫方式实施了组织行为，没有对被组织者造成其他伤害，或者虽有其他伤害，但不构成犯罪，而由于行为人意志以外的原因没有实施乞讨的，应为犯罪未遂；如果行为人自动放弃犯罪的，应为犯罪中止。

---

① 刘杰：《"强迫组织残疾人、儿童乞讨罪"之解读》，载《湖南公安高等专科学校学报》2006 年第 6 期。

② 毕中兴：《浅析强迫组织残疾人、儿童乞讨罪》，载《河南公安高等专科学校学报》2007 年第 4 期。

③ 黄瑛琦：《组织残疾人、儿童乞讨罪及其他组织性乞讨行为浅析》，载《河南公安高等专科学校学报》2009 年第 2 期。

如果行为人为实施组织乞讨行为，先行招募、引诱、拉拢、容留等行为的，不属于本罪中的组织行为，可以认定为本罪的预备行为，但是这些行为往往不具有可罚性。当然，如果构成其他犯罪的，应当依法处罚。

（四）组织残疾人、儿童乞讨罪的处罚

《刑法修正案（六）》第17条规定，犯本罪的，处3年以下有期徒刑或者拘役，并处罚金；情节严重的，处3年以上7年以下有期徒刑，并处罚金。这里所说的"情节严重"，是指以暴力或者胁迫手段组织残疾人、未成年人乞讨，严重扰乱社会秩序或者造成其他恶劣影响的情形。例如，长期强迫他人乞讨，获利较大的；强迫乞讨导致残疾人、未成年人身体衰弱，得不到治疗，健康严重恶化的；被害人无法忍受折磨自杀、自残的；强迫残疾人、未成年人制造生理痛苦博取他人同情进行乞讨的；强迫被害人采取死缠硬要等方式野蛮乞讨的；强迫被害人采用可能造成伤亡或有伤风化的方式乞讨的；组织人数较多，造成恶劣社会影响的；其他严重扰乱社会秩序或者影响恶劣的情形等。[①]

二十五、组织未成年人进行违反治安管理活动罪

（一）组织未成年人进行违反治安管理活动罪的概念和法源

1. 组织未成年人进行违反治安管理活动罪的概念

组织未成年人进行违反治安管理活动罪，是指组织未成年人进行盗窃、诈骗、抢夺、敲诈勒索等违反治安管理活动，情节严重的行为。

2. 组织未成年人进行违反治安管理活动罪的法源

近年来，一些不法分子组织未成年人进行违反治安管理活动的现象在全国部分大中城市比较突出。不法分子利用未成年人生理、心理发育不成熟，抵抗诱惑能力差，流浪儿童生存能力差，政府相

---

① 参见全国人大法工委刑法室编：《中华人民共和国刑法条文说明、立法理由及相关规定》北京大学出版社2009年版，第535页。

关部门救助不到位等问题，以招募、雇佣、强迫、引诱、容留等手段，组织、策划、指挥、控制多名未成年人，作为攫取非法利益的工具，即通过未成年人实施盗窃、诈骗、抢夺、敲诈勒索等违反治安管理的活动来获取非法经济利益，这种行为不仅严重侵害未成年人的身心健康，还破坏正常的社会秩序。然而，由于相应的法律规范缺位，上述严重侵害法益的行为难以得到有效惩戒，对其组织者追究刑事责任无法可依，幕后"黑手"逍遥法外，在一定程度上助长了组织未成年人进行违反治安管理活动的危害行为的频繁扩张。因此，组织未成年人进行违反治安管理活动的现象在一些地方愈演愈烈，不仅严重损害了未成年人的身心健康，影响未成年人的健康成长，还扰乱了正常的社会治安秩序，对未成年人的家庭、社会和国家管理秩序都造成了非常恶劣的影响。

有鉴于此，2009年2月28日召开的第十一届全国人民代表大会常务委员会第七次会议通过的《刑法修正案（七）》增设了组织未成年人进行违反治安管理活动罪，以期打击组织未成年人进行违反治安管理活动的犯罪行为，保护未成年人的身心健康，维护社会治安秩序。根据该修正案第8条规定："组织未成年人进行盗窃、诈骗、抢夺、敲诈勒索等违反治安管理活动的，处三年以下有期徒刑或者拘役，并处罚金；情节严重的，处三年以上七年以下有期徒刑，并处罚金。"

（二）组织未成年人进行违反治安管理活动罪的构成特征

1. 客体特征

本罪的客体在理论上存在较大争议，主要有五种观点：第一种观点认为，本罪的客体为复杂客体，其主要客体是未成年人保护法、预防未成年人犯罪法等法律所确立的对未成年人的保护制度，次要客体是社会治安管理制度。第二种观点认为，本罪的犯罪客体是复杂客体，但其主要客体是未成年人的合法权益，次要客体是社会管理秩序。第三种观点也认为本罪是复杂客体，但其内容是未成年人的健康权与社会管理秩序。第四种观点认为，本罪的客体应当是正常社会生活的安宁秩序。① 第五种观点认为，本罪的客体应该是复杂客体，主要客体是社会的治安管理秩序，次要客体是未成年人的人身健康权。② 结合本罪在刑法体系中的位置，笔者认为，本罪的客体是复杂客体，首先侵犯的是未成年人的身心健康权，其次是社会管理秩序。具体理由如下：首先，从本罪的配置情况来看，本罪位于刑法分则第四章——"侵犯公民人身权利、民主权利罪"一章，其立法目的一目了然，即重在保护未成年人的人身权利。同时，这一点在《关于〈中华人民共和国刑法修正案（七）草案〉的说明》中亦有明确表述。其次，未成年人是社会的未来，他们需要一个健康的成长环境，才能塑造正确的世界观、人生观、价值观和人格。然而，行为人组织未成年人从事违法犯罪活动，不仅扭曲了未成年人的世界观、价值观和人生观，还将他们引上歧途，既损害了未成年人的人身权利，又为社会留下隐患。最后，从实践情况来看，本罪的对象——未成年人，往往是受到组织者的蛊惑、诱骗，或者是被拐骗后脱离监护，其应当被保护的权利难以得到有效保障，身心健康发展遭遇重大障碍，如其受教育权、人身权等都在遭受侵害。因此，法律必须予以重点保护。当然，行为人组织未成年人从事的盗窃、诈骗、抢夺、敲诈勒索等违反治安管理活动，亦现实地危害着社会治安秩序。所以，从立法目的和法益的轻重缓急来看，我们坚持第三种观点。

承载本罪客体的犯罪对象是未成年人，但对未成年人的范围，理论上却存在诸多争议，主要有以下三种观点：第一种观点认为，根据治安管理处罚法第 12 条规定，作为实施违法行为的未成年人，其年龄应当是已满 14 周岁不满 18 周岁。第二种观点认为，本罪中的

---

① 　前述四种观点引自赵秉志主编：《刑法修正案（七）专题研究》，北京师范大学出版社 2011 年版，第 209 页以下。

② 　龙腾云：《论组织未成年人进行违反治安管理活动罪》，载《中州大学学报》2010 年第 1 期。

未成年人指的是 16 周岁以下的自然人。第三种观点则认为，本罪中的未成年人应为不满 18 周岁的所有自然人，没有年龄的下限。[①] 未成年人的范围如何界定，笔者认为，第三种观点较为合理，即未成年人的范围应为不满 18 周岁的所有自然人，没有年龄下限，且与未成年人的辨认、控制能力无关。这是因为：第一，从法律规定来看，治安管理处罚法第 12 条规定，已满 14 周岁不满 18 周岁的人违反治安管理的，从轻或者减轻处罚；不满 14 周岁的人违反治安管理的，不予处罚，但是应当责令其监护人严加管教。从文义来看，违反治安管理活动的行为人没有年龄限制，仅在处罚对象上有年龄限制，我们不能把治安处罚的适用条件作为评判行为性质的条件，更不能作为界定本罪对象的条件。第二，从实践来看，年龄偏小的未成年人生理、心理发育不健全，容易被控制，所以组织者多以未满 14 周岁的儿童为对象。新疆最大的家族式盗窃团伙中 9 岁儿童吐尔洪、10 岁儿童阿里木的存在以及辽西儿童盗窃案即为适例。[②] 因此，为了保护未成年人的身心健康，必须将组织未满 14 周岁的儿童从事违反治安管理活动的行为作为重点打击的对象，才符合实际的需要。

---

① 上述三种观点引自赵秉志主编：《刑法修正案（七）专题研究》，北京师范大学出版社 2011 年版，第 192 页以下。第一种观点还见陈荣飞：《组织未成年人进行违反治安管理活动罪若干问题探析》，载《黑龙江省政法管理干部学院学报》2009 年第 5 期；逯星：《组织未成年人进行违反治安管理活动罪问题探析》，载曲伶俐主编：《刑法修正案（七）及网络犯罪实务问题研究》，中国人民公安大学出版社 2010 年版。第三种观点还见何萍：《组织未成年人进行违反治安管理活动罪探析》，载《华东政法大学学报》2010 年第 2 期；朱本欣、陶卫东：《组织未成年人进行违反治安管理活动罪之解析》，载《法学杂志》2010 年第 3 期；龙腾云：《论组织未成年人进行违反治安管理活动罪》，载《中州大学学报》2010 年第 1 期；杜邈、李明见：《刑法修正案（七）第八条的司法适用》，载《青少年犯罪问题研究》2009 年第 4 期。

② 潘从武、吴亚东、邱泳智：《新疆家族式团伙胁迫儿童行窃达百万元》，载《法制日报》2008 年 7 月 18 日。马哲：《儿童盗窃组作案　辽西警方分析类似组织还有多个》，http://news.qq.com/a/20050706/001141.htm。

2. 客观特征

本罪在客观方面表现为行为人组织未成年人实施违反治安管理活动的行为。关于本罪的理解应把握以下几个方面：

关于"组织"的含义，应与组织残疾人、儿童乞讨罪中的"组织"意义相同，即进行领导、策划、指挥、控制，这里不再赘述。"策划"，是指从事了为组织未成年人进行违反治安管理活动制订计划、筹谋布置的行为。常见的方式有：为组织未成年人进行违反治安管理活动集团制订犯罪计划，撰写具体实施方案，根据不同区域分配违法人数等。"指挥"，是指在实施组织未成年人进行违反治安管理的活动中起到领导、核心作用，如分配任务、决定行为等。① "聚集"，是指通过一定的方式将未成年人集合起来，集中、聚拢在一起。"领导"，是指要求被组织的未成年人听从组织者的安排。"控制"，是指对被组织者的行迹、活动情况予以掌握，使其在一定范围内而不是任意活动。综合而言，行为人就是要求被组织者在其安排下从事违反治安管理活动，不得任意变更地点、方式、加入或者退出。

本罪中的"组织行为"不仅包括暴力、胁迫手段，还包括招募、雇佣、强迫、拉拢、引诱、容留等非强制性手段。具体而言，"组织"则是通过暴力、胁迫、招募、雇佣、强迫、拉拢、引诱、容留等手段纠集未成年人或者将未成年人笼络、控制在自己手下，指令或者要求未成年人实施盗窃、诈骗、抢夺、敲诈勒索等违反治安管理的行为。招募、雇佣，是指采取引诱、欺骗或者说服等办法，以包吃包住或者发给一定的报酬等名义，征召、募集自愿参加的未成年人实施违反治安管理的活动；暴力则是通过肉体伤害的方式，如殴打，强迫未成年人去实施违反治安管理的活动；胁迫，是指采用一定的精神强制、体罚、饿饭等威胁，

---

① 王海涛主编：《刑法修正案（六）罪名图解与案例参考》，中国法制出版社2006年版，第239~240页。

迫使未成年人实施违反治安管理的活动；拉拢、引诱，是指给予金钱、财物、色相、娱乐、地位等利益，引诱未成年人参与其中，实施违反治安管理的活动；容留，是指容纳、收留自愿参加的未成年人实施违反治安管理的活动。

关于组织人数的问题，虽然实践中出现组织 1 人就可构成本罪的情况，[①] 但多数学者仍坚持被组织的未成年人应当在"3 人以上"。[②] 结合我国刑法分则关于组织性犯罪的相关规定，被组织者均在 3 人以上，为保持刑法体系的一致性，本书也坚持被组织的未成年人应当在"3 人以上"。当然，这里还有两个问题需要注意：第一，"3 人以上"是指未成年人达 3 人以上，如果被组织者中有成年人，则应当排除在本数外。第二，被组织者不应当包括组织者本人，即必须是组织他人达 3 人以上。实践中，也有一些未成年人组织其他未成年人实施违反治安管理的活动，并且自己参与其中。因此，计算人数时，应当将本人排除在外。

关于被组织者实施违反治安管理活动的范围，理论上也存在诸多争议：第一种观点认为，本罪中的"等违反治安管理活动"是对更多"违反治安管理活动"的抽象与概括。因此，"违反治安管理活动"不应限定为立法列举的几类侵财行为，而应包括治安管

---

① 例如，从"检察专网搜索"平台检索的湖北省首例批捕的犯罪嫌疑人维力·买买提等 3 人组织未成年人进行违反治安管理活动案中，仅"组织"了 1 名未成年人。参见魏军、王立华：《组织未成年人进行违反治安管理活动罪几个问题探析》，载《犯罪研究》2010 年第 2 期。

② 朱本欣、陶卫东：《组织未成年人进行违反治安管理活动罪之解析》，载《法学杂志》2010 年第 3 期；何萍：《组织未成年人进行违反治安管理活动罪探析》，载《华东政法大学学报》2010 年第 2 期；杜邈、李明见：《刑法修正案（七）第八条的司法适用》，载《青少年犯罪问题研究》2009 年第 4 期；周光权主编：《刑法历次修正案权威解读》，中国人民大学出版社 2011 年版，第 241 页；逄星：《组织未成年人进行违反治安管理活动罪问题探析》，载曲伶俐主编：《刑法修正案（七）及网络犯罪实务问题研究》，中国人民公安大学出版社 2010 年版；魏军、王立华：《组织未成年人进行违反治安管理活动罪几个问题探析》，载《犯罪研究》2010 年第 2 期。

理处罚法规定的全部 238 种违反治安管理的行为。第二种观点认为，本罪中的"违反治安管理活动"只包括与侵犯财产有关的违反治安管理活动。根据治安管理处罚法第 49 条规定，本罪中的"违反治安管理活动"还包括"哄抢"、"故意损毁公私财物"的行为。第三种观点则主张，本罪未列举穷尽的其他违反治安管理活动并非指侵犯财产性质的违反治安管理行为，而应是类似于盗窃、诈骗、抢夺、敲诈勒索四种违反治安管理的，具有常发性、危害社会治安秩序严重的行为。[①] 我们赞成第一种观点，首先，立法采取了列举式和概括式相结合的模式，表明违反治安管理的活动不仅限于法律所列举的那几种，而应当有所扩大；其次，从实践来看，组织未成年人从事违反治安管理活动，往往以敛财为目的，盗窃、诈骗、抢夺、敲诈勒索比较突出；再次，无论从理论上还是实践来看，未成年人还是可能从事其他违反治安管理的活动的，如组织未成年人殴打他人。因此，我们认为，关于未成年人实施违反治安管理活动的范围，应当以治安管理处罚法的规定为依据，结合实践予以确定，而不应在理论上加以限制。

对本罪中的"违反治安管理活动"以不包括被组织者行为构成犯罪的情况为宜。如果被组织者的行为构成犯罪，组织者应当构

[①]　前述三种观点引自赵秉志主编：《刑法修正案（七）专题研究》，北京师范大学出版社 2011 年版，第 205 页以下。第一种观点还见何萍：《组织未成年人进行违反治安管理活动罪探析》，载《华东政法大学学报》2010 年第 2 期；魏军、王立华：《组织未成年人进行违反治安管理活动罪几个问题探析》，载《犯罪研究》2010 年第 2 期；周光权主编：《刑法历次修正案权威解读》，中国人民大学出版社 2011 年版，第 241 页；逯星：《组织未成年人进行违反治安管理活动罪问题探析》，载曲伶俐主编：《刑法修正案（七）及网络犯罪实务问题研究》，中国人民公安大学出版社 2010 年版。第二种观点还见陈荣飞：《组织未成年人进行违反治安管理活动罪若干问题探析》，载《黑龙江省政法管理干部学院学报》2009 年第 5 期；张璇：《组织未成年人进行违反治安管理活动罪解析》，载《中国检察官》2009 年第 6 期。

成间接正犯或者共犯。①

3. 主体特征

本罪的主体为一般主体，即年满 16 周岁、具有刑事责任能力的自然人。实践中，实施本罪的主体多为成年人，且有一定社会经验，16 周岁以上未成年人实施本罪的极少。单位不能成为本罪的主体，如果以单位实施本罪的，则只能追究其直接负责的主管人员和其他直接责任人员的刑事责任。

4. 主观特征

本罪的主观罪过形式是故意，包括直接故意和间接故意。一般来说，本罪只能由直接故意构成，即行为人明知自己组织未成年人从事盗窃、诈骗、抢夺、敲诈勒索等违反治安管理活动，仍然积极为之，希望此种行为发生。其组织行为不宜由间接故意构成，过失更不可能是本罪的罪过形态。当然，也可能存在两种情况，使行为人的主观罪过形式为间接故意：一是被组织者未成年，隐瞒实际年龄，谎称成年，行为人应当知道，但为了非法获取利益，仍然组织其从事违反治安管理活动的；二是行为人组织未成年人从事其他活动，明知其有可能从事违反治安管理活动，仍听之任之，被组织者违反治安管理的。本罪中，行为人组织未成年人的直接目的是实施违反治安管理活动，获取经济利益虽然是多数行为人的目的，但并不是本罪的构成要件，不作为认定本罪的必要依据。

（三）组织未成年人进行违反治安管理活动罪的司法认定

1. 本罪罪与非罪的界限

认定本罪的成立，应严格把握本罪构成的基本特征。本罪为行为犯，以法定的犯罪行为完成为既遂标准。就本罪而言，只要行为人组织未成年人实施了违反治安管理的活动，即成立本罪的既遂。

---

① 朱本欣、陶卫东：《组织未成年人进行违反治安管理活动罪之解析》，载《法学杂志》2010 年第 3 期；何萍：《组织未成年人进行违反治安管理活动罪探析》，载《华东政法大学学报》2010 年第 2 期。

如果行为人没有实施组织行为，而只是随机地与一些未成年人共同实施违反治安管理的活动，并没有发挥组织者、领导者、指挥者的作用，则不宜认定为本罪；同时，本罪要求组织未成年人达3人以上，且不能包括自组织行为，如行为人也是未成年人，既是组织者，也是被组织者，必须要除去组织者本人，其他被组织者达3人以上。另外，要注意多名未成年人共同从事违反治安管理活动的情况，务必要对其在违反治安管理活动中是否发挥组织、领导、指挥、策划等作用予以仔细甄别，不宜轻易认定为本罪。

2. 本罪与相近犯罪的界限

本罪与其他组织型犯罪的界限。

依据我国刑法的规定，组织型犯罪大体可分为三类：一是组织者和被组织者的行为均构成犯罪的组织型犯罪，如组织、领导、参加恐怖组织罪，组织、领导、参加黑社会性质组织罪，组织越狱罪；二是组织者的行为构成犯罪，而被组织者的行为只是一般违法行为的组织型犯罪，如组织卖淫罪、组织淫秽表演罪等；三是组织者的行为构成犯罪，而被组织者的行为并不违法的组织型犯罪，如非法组织卖血罪。本罪显然属于第二种类型的组织型犯罪。虽然本罪与其他组织型犯罪存在一些相同点，但也有明显区别，重点就在于客观方面：如果行为人组织未成年人实施上述第一类和第三类行为的，则不构成本罪；如果行为人组织未成年人实施上述第二类行为的，则构成本罪与相应犯罪的竞合犯，应择一重罪处罚；如果被组织者既从事一般违反治安管理的行为，又从事组织型犯罪中所禁止的其他行为（如卖淫、淫秽表演等）的，则应数罪并罚。

3. 本罪的罪数形态问题

首先，就组织方式而言，因为本罪与组织行为密切相关，而行为人为了达到控制未成年人的目的，往往不择手段，有可能采用非法拘禁、殴打、故意伤害等方式来控制未成年人，如果行为人的组织行为构成犯罪，且又让未成年人实施违反治安管理活动的，则与本罪构成牵连犯，应当从一重罪处罚。其次，就组织内容而言，第一，如果行为人组织未成年人实施卖淫、淫秽表演等违反治安管理活动时，则构成本罪与组织卖淫罪、组织淫秽表演罪等犯罪的竞合，应当从一重罪处罚。第二，如果行为人既组织未成年人从事上述行为，构成犯罪，又组织未成年人从事其他盗窃、诈骗等违反治安管理的活动，则宜数罪并罚。第三，如果行为人组织未成年人既实施违反治安管理活动，又实施犯罪行为的：就犯罪行为部分，行为人与该未成年人构成共同犯罪；就组织未成年人实施违反治安管理活动部分，构成本罪；两者兼有之，应数罪并罚。最后，就未成年人来源而言，行为人往往可能拐骗儿童、拐卖儿童、收买被拐卖的儿童，再专门组织这些未成年人从事违反治安管理的活动获利的，则应根据具体情况确定一罪还是数罪：如果以实施本罪而拐卖儿童、收买被拐卖儿童的，根据最高人民法院、最高人民检察院、公安部、司法部《关于依法惩治拐卖妇女儿童犯罪的意见》第27条规定，以本罪与拐卖儿童罪、收买被拐卖的儿童罪实行数罪并罚；如果拐骗儿童的，原则上应构成牵连犯，从一重罪处罚；如果拐卖儿童、收买被拐卖儿童、拐骗儿童后，另起意实施本罪的，应数罪并罚。

4. 本罪的共犯问题

本罪属于任意共犯。从实践来看，本罪往往为共同犯罪，组织者一般有多人，他们分工负责，相互配合，共同实施招募、培训、指挥、策划等行为，有的负责总体策划、指挥，有的负责从各地招揽未成年人，有的具体负责组织未成年人从事违反治安管理活动，有的组织未成年人实施违反治安管理的活动。在定罪量刑时，应当根据共同犯罪的原则，按照他们在共同犯罪中所起的作用分清主犯、从犯，做到罪刑相适应。

5. 本罪的停止形态问题

本罪为行为犯，以行为人完成全部法定组织行为为既遂，即行为人不仅要完成组织未成年人的行为，被组织的未成年人还必须实施违反治安管理的行为。如果行为人以组织未成年人进行违反治安管理活动为目的，仅实施了组织行为，被组织者尚未实施违反治安管理活动的，组织行为则没有全部实施完毕，根据组织行为是否全部实施完毕的缘由，处于不同形态：如果系行为人意志以外的原因被迫停止的，则为犯罪未遂；如果系行为人自动放弃犯罪的，则为犯罪中止。如果行为人以组织未成年人进行违反治安管理活动为目的，先行招募、引诱、拉拢、容留等行为的，不属于本罪中的组织行为，可以认定为本罪的预备行为，但是这些行为往往不具有可罚性。当然，如果构成其他犯罪的，应当依法科以相应的刑事处罚。

（四）组织未成年人进行违反治安管理活动罪的处罚

根据《刑法修正案（七）》第8条规定，犯本罪的，处3年以下有期徒刑或者拘役，并处罚金；情节严重的，处3年以上7年以下有期徒刑，并处罚金。"情节严重"，是指多次组织未成年人进行违反治安管理活动的；组织手段恶劣，如禁闭、饿食、殴打等，严重损害未成年人身心健康的；所获非法利益巨大的；组织人数众多的；严重扰乱社会治安秩序，社会影响恶劣的；等等。

二十六、拒不支付劳动报酬罪

（一）拒不支付劳动报酬罪的概念和法源

1. 拒不支付劳动报酬罪的概念

拒不支付劳动报酬罪，是指行为人以转移财产、逃匿等方法逃避支付劳动者的劳动报酬或者有能力支付而不支付劳动者的劳动报酬，数额较大，经政府有关部门责令支付仍不支付的行为。

2. 拒不支付劳动报酬罪的法源

改革开放以来，中国经济飞速发展，中国特色社会主义市场经济逐步形成。但是，伴随着经济高速发展的却不是道德水平的提升，而是传统道德体系的土崩瓦解。在逐利的市场经济时代，新的道德体系重新建构之前，依靠先前的道德体系支撑的经济关系失去了规范，陷入了混沌，劳资关系作为市场经济关系中重要的一环，却在市场经济中屡陷困境。2003年，重庆市云阳县农妇熊德明向国家总理温家宝反映她丈夫的 2240 元工钱被拖欠，引发全社会对欠薪问题的关注，但讨薪难的问题并没有随着熊德明丈夫的工资被结清而解决。2004 年全国民工被拖欠的工资为 400 亿元，2005 年为 1000 亿元，被拖欠的民工比例高达 72.2%，有的企业拖欠民工工资竟达 10 年。① 据国家统计局调查，2009 年春节前我国返乡农民工为 7000 万人左右，占 5.8% 的人被拖欠了工资。② 讨薪难是中国近些年来持续存在的问题。从现实看，拒不支付劳动报酬既有经济纠纷的可能，亦有恶意拖欠、试图非法占有的可能。在市场经济体制下，劳资关系的正常化是人力资源配置的驱动力，是关系着市场经济发展的重大问题。同时，被拖欠薪酬者往往是弱势群体，一些人被迫采取过激手段讨薪，而劳动者为讨薪被殴打、被羞辱的事件也时常见诸报端，如王鸿丽"讨薪被辱案"，以及高志强"讨薪被摘肾案"等。欠薪行为严重损害了劳动者的合法权益，破坏了正常的社会秩序，具有严重的社会危害性。虽然《民法通则》和劳动法、劳动合同法以及民事诉讼法规定了劳资纠纷解决机制，但解决纠纷的程序复杂、周期长，对于外出务工人员而言，往往难以承受为解决问题花费的时间、精力，甚至高额费用，而欠薪者往往采用转移、隐匿财产的方法，拒不配合劳动部门、法院的工作，导致执行难，更是延长了案件处理周期。最后，和谐劳资关系被破坏，市场经济秩序在一定程度上出现混乱。而民众认为政府及司法部门在处理相关问题上不力，对社会、政府不满情绪升高，社会和谐基础遭到破坏。立法者总是将那些社会危害性严重到足以破坏社会生存条件的行为规定为犯罪。③ 而拒不支付劳动报酬的行为不仅直接威胁到劳动者的生存与发展，更重要的是它已引发众多群体性

---

① 史伟等：《"恶意欠薪"入罪的维度思考》，载《甘肃政法成人教育学院学报》2006 年第 2 期。

② 周英峰、刘铮：《5.8% 返乡农民工被拖欠工资》，载《商报天下》2009 年 3 月 26 日。

③ 陈兴良著：《刑法哲学》，中国政法大学出版社 1997 年版，第 150 页。

事件，已经成为影响社会稳定的重要隐患，社会危害严重，将其纳入刑法规范符合犯罪的本质特征。[1] 因此，劳资关系和谐完全靠市场是不行的，刑法的介入也是一个重要方式。[2] 故第十一届全国人民代表大会常务委员会第十九次会议于 2011 年 2 月 25 日通过《刑法修正案（八）》增设了拒不支付劳动报酬罪，以保护劳动者的财产权利。根据该修正案第 41 条规定："以转移财产、逃匿等方法逃避支付劳动者的劳动报酬或者有能力支付而不支付劳动者的劳动报酬，数额较大，经政府有关部门责令支付仍不支付的，处三年以下有期徒刑或者拘役，并处或者单处罚金；造成严重后果的，处三年以上七年以下有期徒刑，并处罚金。单位犯前款罪的，对单位判处罚金，并对其直接负责的主管人员和其他直接责任人员，依照前款的规定处罚。有前两款行为，尚未造成严重后果，在提起公诉前支付劳动者的劳动报酬，并依法承担相应赔偿责任的，可以减轻或者免除处罚。"

（二）拒不支付劳动报酬罪的构成特征

1. 客体特征

本罪的客体为复杂客体，主要客体是劳动者的劳动报酬权，次要客体是国家对劳动关系的正常管理秩序。本罪的同类客体是公民的财产权，承载这种财产权利的则是劳动者依法获取合理劳动报酬的权利。在市场经济条件下，《民法通则》、《劳动法》、《劳动合同法》等法律法规规定了诚信原则和等价有偿交换的原则，劳动者提供了劳动服务，理应获取相应的报酬，用人者则应当支付对应的费用。同时，前述法律就劳动报酬中可能出现的问题规定了相应的监管、解决机制，督促劳务双方依法、及时解决各种劳务纠纷问题。现实中，有些用人单位恶意拖欠薪资，对劳动部门的决定置若

---

[1] 赵秉志主编：《刑法修正案（八）理解与适用》，中国法制出版社 2011 年版，第 333 页。

[2] 姜涛：《劳动刑法研究三题》，载《法学评论》2010 年第 3 期。

罔闻，不仅侵犯了劳动者的权利，还破坏了劳务市场秩序。

本罪的犯罪对象为劳动者的劳动报酬。根据劳动法和劳动合同法的规定，劳动者是指受劳动法调整的与用人单位具有劳动关系的劳务提供者。劳动者与用人单位通常要签订劳动合同。但是，劳动和社会保障部于 2005 年发布的《关于确立劳动关系有关事项的通知》规定，即使用人单位没有与劳动者签订劳动合同，只要双方实际履行了特定权利义务，形成了事实上的劳动关系，不影响劳动者的认定。然而，在实践中，常常存在普通的雇佣关系，双方主体都为自然人，不仅没有劳动合同，主体也不符合劳动法、劳动合同法的要求，对于此种情况该如何处理？笔者认为，本罪旨在保护劳动者的合法权益，立法上亦未限定犯罪主体为单位，而是包括自然人主体。且在实践中，非以单位名义雇用工人的情况普遍存在，为了落实立法目的，不宜仅限于劳动法规规定的用人者和劳动者，宜将劳动者的范围扩大，包括一切为用人者提供劳务而获取相应报酬的劳动人员。① 所以，此处的劳动报酬是指一切具有事实劳务关系的劳动者的报酬。关于劳动报酬，根据学者的观点，集中体现为劳动者基于劳务关系取得的各种劳动收入，包括计时工资、计件工资、奖金、津贴、补贴、延长工作时间的工资报酬及特殊情况下支付的工资，不包括劳动保障制度和社会福利制度所要求的各种保险金、补偿金。② 工资的形式不仅限于货币，还包括实物或者其他可用于市场交换的权利，如股权、知识产权等。

劳动者的劳动报酬权的集中体现就是工资权。关于工资权的内容，有人指出体现在四个方面：工资取得权、工资支配权、工资保

---

① 孟传香：《拒不支付劳动报酬罪法律适用问题研究》，载《行政与法》2011 年第 10 期。

② "社会保险不属于劳动报酬"的观点见孟传香：《拒不支付劳动报酬罪法律适用问题研究》，载《行政与法》2011 年第 10 期；杜邈、商浩文：《拒不支付劳动报酬罪的司法认定》，载《法学杂志》2011 年第 10 期。

障权、工资分配参与权。① 但就本罪的要求来看，这里主要集中在工资取得权上，其他的权能不构成本罪的侵犯对象。

2. 客观特征

本罪在客观方面表现为以转移财产、逃匿等方法逃避支付劳动者的劳动报酬或者有能力支付而不支付劳动者的劳动报酬，数额较大，经政府有关部门责令支付仍不支付的行为。据此，本罪的客观方面表现为以下几点：

（1）以转移财产、逃匿等方法逃避支付，是指用人者为了逃避支付劳动者的劳动报酬而藏匿财产、恶意低价转让财产、无偿赠送财产、偿付不应当承担的债务或者用人者故意躲藏、外出，致使劳动者的劳动报酬不能得到偿付的行为。无论是用人者转移财产还是逃匿，前提都必须是用人者有能力支付劳动者的劳动报酬。如果没有能力支付，用人者逃匿也不宜认定为本罪的行为方式。

（2）有能力支付而拒不支付。有能力支付，是指用人者有货币、财物或者其他财产可以用于支付劳动者的报酬。拒不支付，是指用人者在有能力支付的情况下，拒不履行支付劳动者劳动报酬的行为。拒不支付的方式有积极方式和消极方式，积极方式如实践中发生的对讨薪者进行殴打、侮辱，使其不敢讨薪；消极方式如躲避讨薪者，逃往外地等，本人不出现，讨薪者难以追要。

实际上，以转移财产、逃匿等方法逃避支付的前提仍然是有能力支付，逃避支付实质上就是拒不支付的一种方式。所以，有能力支付而拒不支付与以转移财产、逃匿等方法逃避支付实质上是一种包含与被包含的关系，旨在突出行为人的主观恶性——行为人不积极履行给付义务。

（3）数额较大。关于数额较大，立法上并无明确规定，理论

---

① 王全兴主编：《劳动法学》，高等教育出版社2004年版；转引自康均心、吴凤：《对〈刑法修正案（八）〉新增的"拒不支付劳动报酬罪"若干问题探讨》，载《时代法学》2011年第5期。

上对此界定不一，有人指出以 5000 元为标准，有人认为还要结合欠薪人数来认定，有人建议结合当地的经济发展状况予以认定。笔者认为，数额较大是单纯的客观标准，不宜掺杂太多因素，而应当与各地的经济水平密切相关。我们建议以 3 万~5 万元为起点。这是因为当前我国经济快速发展，物价水平升高，劳动者工价上涨，而各地的经济发展水平差异较大，不宜规定统一的标准，适用浮动标准可能更符合我国的现状。当然，我们更期待相应的司法解释尽快出台，明确适用标准。

（4）经政府有关部门责令支付仍不支付。经政府有关部门责令支付而仍不支付是本罪客观方面的重要标准，也是对逃避支付或者不支付行为的限制。如果行为人仅是拒不支付，只能认定为与劳动者之间的劳动纠纷，还不能构成本罪，必须经政府有关部门介入，明确用人者的责任，要求其按期、足额支付劳动者的劳动报酬，行为人仍然不予支付的，才能构成本罪。通常来说，政府有关部门主要是指劳动和社会保障部门。当然，这里需要注意一个问题：如果行为人逃匿，政府有关部门无法责令其支付，其行为是否就不会构成犯罪？法律规定了这一条件，原则上我们应当严格遵守。同时，立法上也应根据实践的需要做相应的修订，将行为人长期逃匿致使劳动者和政府部门无法实现讨薪的情况纳入本罪。

3. 主体特征

本罪的主体是一般主体，包括自然人主体和单位主体。自然人主体是指年满 16 周岁、具有刑事责任能力的自然人；单位主体是指刑法第 30 条规定的公司、企业、事业单位、机关、团体。根据 1999 年 6 月 18 日最高人民法院颁布的《关于审理单位犯罪案件具体应用法律有关问题的解释》规定，刑法第 30 条规定的"公司、企业、事业单位"既包括国有、集体所有的公司、企业、事业单位，也包括依法设立的合资经营、合作经营企业和具有法人资格的独资、私营等公司、企业、事业单位。当然，无论是自然人主体，还是单位主体，都应当与劳动者形成劳动关系，否则不能构成本罪的主体。实践中，存在一些劳动报酬支付者难以认定的情形，需要予以厘清：

（1）劳务派遣中的犯罪主体。根据劳动合同法第58条第2款规定，劳务派遣中，劳动者的工资应当由劳务派遣单位支付；第60条第2款规定，劳务派遣单位不得克扣用工单位按照劳务派遣协议支付给被派遣劳动者的劳动报酬。在劳务派遣中，用工单位是劳动者的直接使用人，劳动者的工资在终端上是由用工单位支付，但其直接支付人则为劳务派遣单位。劳动合同法第57条规定，劳务派遣单位应当依照公司法的有关规定设立，注册资本不得少于50万元。此规定的目的就在于防范劳务派遣单位在用工单位无力支付劳动者劳动报酬或者发生纠纷的情形下拖欠劳动者工资。因此，我们认为，劳务派遣中，劳务派遣单位可以成为本罪的主体，而用工单位不能成为本罪的主体。

（2）工程承包、分包、转包中的犯罪主体。实践中，在路、桥、房地产开发等建筑行业中，需要从事体力劳动的不固定成员居多。同时，为了节约"五险一金"等费用，工程单位多在施工当地将工程非法承包、分包、转包，或者将劳务发包，由承包方雇用临时人员为其施工。在这种情况下，一旦发生拖欠工资事件，如何认定犯罪主体？笔者认为，如果承包方是自然人，宜将工程发包单位认定为本罪的主体；如果承包方符合刑法规定的单位主体，则宜认定其为本罪的主体。这是因为，本罪一般宜以直接与劳动者发生劳务关系的用人者作为犯罪主体，但是用人者并非劳务派遣公司，只是以个人名义组织人员参与施工，仅承包劳务，而没有承包工程，严格来说，承包人仅相当于工长、组长等，实际上仍为施工单位的受雇者。这种情况下，宜认定施工单位为本罪的主体。①

---

① 不同观点见孟传香：《拒不支付劳动报酬罪法律适用问题研究》，载《行政与法》2011年第10期。

4. 主观特征

本罪的主观方面是故意，包括直接故意和间接故意。即行为人明知自己以转移财产、逃匿等方法逃避支付劳动者的劳动报酬或者能够支付而不支付，经有关政府部门责令支付后，仍然拒不履行支付义务。通常来说，行为人明知自己以转移财产、逃匿等方法逃避支付劳动者的劳动报酬是作为，多为直接故意的表现；有能力支付而不支付劳动者的劳动报酬是不作为，即消极地不履行支付义务，多为间接故意的表现。

（三）拒不支付劳动报酬罪的司法认定

1. 本罪罪与非罪的界限

本罪的认定要严格把握本罪的基本构成特征。通常来说，首先要通过一系列客观事实来认定行为人是否属于有能力支付而不支付的情形，转移财产、本人逃匿则是有能力支付而拒不支付的典型表现。如果行为人属于客观上没有财产可供支付的情形，拖欠薪资也不能构成犯罪。其次，要达到数额较大。最后，经有关政府部门责令支付后仍拒不支付，此标准明确界分了劳资纠纷与刑事犯罪的界限。在司法实践中，要严格把握上述标准，防止将劳资纠纷犯罪化。

2. 本罪与相近犯罪的界限

（1）本罪与侵占罪的界限。

本罪与侵占罪有相似之处，但两者的区别亦很明显：第一，客体不同，前罪为复杂客体，后罪为财产权；第二，犯罪对象不同，本罪的犯罪对象是劳动者的劳动报酬，侵占罪的犯罪对象是代为保管的他人财物或者合法持有的他人遗忘物、埋藏物；第三，客观表现不同，本罪是以转移财产、逃匿等方法逃避支付劳动者的劳动报酬或者有能力支付而不支付劳动者的劳动报酬，数额较大，经政府有关部门责令支付仍不支付；侵占罪是将代为保管的他人财物或者他人的遗忘物、埋藏物占为己有，数额较大，拒不返还；第四，主体不同，本罪主体是单位和个人，包括与劳动者形成劳动关系的单位和个人，侵占罪的主体为一般主体，但不包括单位；第五，目的不同，侵占罪以非法占为己有为目的，本罪不需要此目的。

（2）本罪与职务侵占罪的界限。

本罪与职务侵占罪的区别主要体现在：第一，客体不同，前罪为复杂客体，后罪为财产权；第二，对象不同，本罪的犯罪对象是劳动者的劳动报酬，职务侵占罪的犯罪对象是公司、企业或者其他单位的财产；第三，客观表现不同，本罪是以转移财产、逃匿等方法逃避支付劳动者的劳动报酬或者有能力支付而不支付劳动者的劳动报酬，数额较大，经政府有关部门责令支付仍不支付；职务侵占罪表现为利用职务上的便利，将本单位财物非法占为己有，数额较大的行为；第四，主体不同，本罪主体是单位和个人，包括与劳动者形成劳动关系的单位和个人，职务侵占罪的主体是公司、企业或者其他单位的人员；第五，目的不同，职务侵占罪以非法占为己有为目的，本罪不需要此目的。

3. 本罪的共犯问题

本罪属于任意共犯，与他人共同实施拒绝支付劳动报酬行为的，都可以构成本罪的共犯。如行为人有能力支付而不支付，经有关政府部门责令支付后，行为人为达到拒不支付的目的而在合理期限内逃匿或者转移财产，他人帮助其逃匿或者转移财产的，应当构成本罪的共犯。如果行为人经有关政府部门责令支付后仍不支付，进而逃匿，他人帮助其逃匿的，应当构成窝藏、包庇罪。

4. 本罪的停止形态问题

本罪属于行为犯，必须实施到一定程度后方可构成犯罪，即有能力支付而不支付，经有关政府部门责令支付后仍不支付。我们认为，本罪只有成立与否的问题，本罪成立则既遂，不既遂则犯罪亦不成立，而不存在预备、中止、未遂的停止形态。

（四）拒不支付劳动报酬罪的处罚

根据修正后的刑法第276条之一规定，犯本罪的，处3年以下有期徒刑或者拘役，并处或者单处罚金；造成严重后果的，处3年以上 7 年以下有期徒刑，并处罚金。单位犯前款罪的，对单位判处罚金，并对其直接负责的主管人员和其他直接责任人员，依照前款的规定处罚。有前两款行为，尚未造成严重后果，在提起公诉前支付劳动者的劳动报酬，并依法承担相应赔偿责任的，可以减轻或者免除处罚。

在实践中，可从以下方面认定"严重后果"：一是引发重大群体性事件，如劳动者通过群体性上访等手段讨要工资，严重扰乱社会秩序的；二是引发个人极端事件，如劳动者采用"爬塔讨薪"、"跳桥讨薪"等极端手段讨要工资，造成恶劣社会影响的；三是造成劳动者重伤、死亡的，如劳动者因生活无助而自残、自杀，或因无钱就医导致伤残或死亡；四是造成重大经济损失的，如造成重点工程、项目停工停产；五是造成其他严重后果的。①

二十七、非法获取计算机信息系统数据、非法控制计算机信息系统罪

（一）非法获取计算机信息系统数据、非法控制计算机信息系统罪的概念及法源

1. 非法获取计算机信息系统数据、非法控制计算机信息系统罪的概念

非法获取计算机信息系统数据、非法控制计算机信息系统罪，是指行为人故意违反国家规定，不正当地侵入国家事务、国防建设、尖端科学技术领域以外的其他计算机信息系统，或者采用其他技术手段，获取该计算机信息系统中存储、处理或者传输的数据，或者对该计算机信息系统进行非法控制，情节严重的行为。

---

① 杜邈、商浩文：《拒不支付劳动报酬罪的司法认定》，载《法学杂志》2011 年第 10 期。

2. 非法获取计算机信息系统数据、非法控制计算机信息系统罪的法源

1946 年，在美国的宾夕法尼亚大学诞生了世界上第一台电子计算机后，计算机先后经过电子管计算机时代（1946～1957 年）、晶体管计算机时代（1958～1964 年）、中小规模集成电路计算机时代（1965～1972 年），逐步进入了大规模集成电路和超大规模集成电路计算机时代（1973 年至今）。与之相伴的是计算机互联网系统：1969 年 12 月，由美国国防部（DOD）资助，国防部高级研究计划局（ARPA）主持研究建立了数据包交换计算机网络 ARPANET。经过数年发展，ARPANET 网络已从最初的四个节点发展为覆盖全世界一百多个国家和地区，挂接有几万个网络、几百万台计算机、几亿用户的因特网（Internet），成为当前世界上最大的国际性计算机互联网络，而且还在不断的迅速发展之中。由于计算机具有运算快速、精确等特点，计算机及网络在很大程度上可以代替人类的许多工作，所以其应用领域非常广阔，从国防军事到民用部门，从科学到消费娱乐，从工业生产到个人家庭，几乎涉及人类社会生活的各个方面，对现代人类的生产、经济、生活等各个方面都产生了巨大的影响，潜移默化地改变着人类社会的生产方式和人们的生活方式。

然而，科技就是一把双刃剑，在为人们的生活带来便利、人们对其极其依赖的时候，也有少数人利用计算机及网络从事各种犯罪。1966 年，美国查处了世界上第一例计算机犯罪案件，计算机犯罪的问题逐步进入人们的视野。人们在利用科技发展带来的便利时，不得不加强防范计算机犯罪的策略的研究。由于犯罪统计本身存在暗数，我们难以完全统计计算机犯罪所造成的危害，对计算机犯罪的危害难以客观、全面地评估。但据统计，美国每起计算机犯

罪所造成的平均损失额为 45 万美元;① 安全专家估计，每年计算机犯罪造成的损失为 5.55 亿~130 亿美元。② 而 1973 年发生的涉案金额达 20 亿美元的"股权融资（Equity Funding）保险案"、1995 年发生的价值 8.69 亿英镑（约合当时 14 亿美元）的巴林银行诈骗案，以及美国、英国国防部网站多次被入侵，更是震惊全球，迫使人们重视打击和防范计算机犯罪。然而仍有学者认为，表明上述损失的案件只占所有实际发生案件数量的 5%~10%，甚至有人认为仅占 1%，而在已经发现的案件中，有近 44% 的案件只是偶然被发现的，发现后向警方报案的仅为 5%~18%。③

1986 年，我国发现第一起利用计算机犯罪的案件。1998 年，公安部公共信息网络安全监察局指出，我国计算机犯罪的发案率以每年 30% 的速度迅速递增。④

1994 年 2 月 18 日，国务院发布了《计算机信息系统安全保护条例》，通过建立安全制度来保护计算机信息系统安全；1997 年刑法第 285 条、第 286 条分别规定了非法侵入计算机信息系统罪和破坏计算机信息系统罪，重点保护国家事务、国防建设和尖端科学技术领域的计算机信息系统和其他计算机信息系统的正常运行，对非法获取信息、数据问题没有规定。经国务院批准，公安部于 1997 年 12 月 30 日发布了《计算机信息网络国际联网安全保护管理办法》以维护网络信息安全；2000 年 12 月 28 日全国人大常委会制定了《关于维护互联网安全的决定》以保护互联网的运行安全与信息安全；其间，国务院及其他部门亦陆续制定了有关计算机信息

---

① 参见殷伟、张莉主编：《手把手教您计算机安全技术》，电子工业出版社 1997 年版，第 11 页。

② 参见 [美] 唐·B. 帕克著：《反计算机犯罪——一种保护信息安全的新构架》，刘希良、吴艺霞等译，电子工业出版社 1999 年版，第 6 页。

③ 参见冯树梁主编：《中国预防犯罪方略》，法律出版社 1994 年版，第 550 页。

④ 参见杨力平主编：《计算机犯罪与防范》，电子工业出版社 2002 年版，第 27 页。

系统安全的法规。

尽管如此，有关计算机的犯罪仍然泛滥成灾。最高人民法院、最高人民检察院研究室负责人就《关于办理危害计算机信息系统安全刑事案件应用法律若干问题的解释》（以下简称"解释"）答记者问时称：近年来，网络犯罪呈上升趋势，我国面临黑客攻击、网络病毒等违法犯罪活动的严重威胁，是世界上黑客攻击的主要受害国之一。据《中国互联网状况》白皮书揭露，2009年我国被境外控制的计算机 IP 地址达 100 多万个；被黑客篡改的网站达 4.2 万个；被"飞客"蠕虫网络病毒感染的计算机每月达 1800 万台，约占全球感染主机数量的 30%。而据公安部提供的情况来看，近 5 年来，我国互联网上传播的病毒数量平均每年增长 80% 以上，互联网上平均每 10 台计算机中就有 8 台受到黑客控制，公安机关受理的黑客攻击破坏活动相关案件平均每年增长 110%。从司法实践来看，制作传播计算机病毒、侵入和攻击计算机信息系统的犯罪增长迅速，非法获取计算机信息系统数据、非法控制计算机信息系统的犯罪日趋增多，制作销售黑客工具、倒卖计算机信息系统数据和控制权等现象十分突出。而危害计算机信息系统安全犯罪猖獗和泛滥的深层次原因是制作黑客工具、销售黑客工具、非法获取数据、非法控制计算机信息系统、倒卖非法获取的数据、倒卖非法控制的计算机信息系统的控制权等各个环节分工合作，形成了环环相扣的利益链条。这些违法犯罪行为具有严重的社会危害性，不仅破坏了计算机信息系统运行安全与信息安全，而且危害到国家安全和社会公共利益，侵害了公民、法人和其他组织的合法权益。因此，2009 年 2 月 28 日第十一届全国人大常委会第七次会议通过的《刑法修正案（七）》第 9 条第 1 款规定了非法获取计算机信息系统数据、非法控制计算机信息系统罪，旨在保护普通计算机信息系统安全。

（二）非法获取计算机信息系统数据、非法控制计算机信息系统罪的构成特征

1. 客体特征

本罪的客体是普通计算机信息系统的安全，即国家事务、国防建设和尖端科学技术领域以外的计算机信息系统的安全。计算机信息系统的安全包括物理安全和逻辑安全两个方面。物理安全，是指系统设备及相关设施受到物理保护，免于破坏、丢失等。逻辑安全包括信息的机密性、完整性和可通知性。我们对现行信息安全的考虑着眼于信息的保密性（confidential）、完整性（integrity）和可用性（availability）。保密性，是指计算机信息系统中的信息数据、口令、身份鉴别信息等按照合法所有人的要求控制在一定的应用范围之内，不得随意地传播、泄露，或者未经所有人许可，允许他人知晓、使用；完整性，是指计算机信息系统（包括硬件、软件、数据、网络以及维护信息系统正常运作的设备操作系统等）始终处于符合设计要求的正确实现应用目的的状态；可用性，是指计算机信息系统在需要时即可使用，系统中的信息数据能够及时、正确、安全地得到服务或回应，不受任何非法控制。

这意味着刑法扩大了计算机信息系统安全的保护范围，除了刑法第285条第1款规定的国家事务、国防建设和尖端科学技术领域以外的计算机信息系统以外，一般企事业单位、公司、其他单位和个人的计算机信息系统安全均受法律保护。

根据《计算机信息系统安全保护条例》第2条规定，本条例所称的计算机信息系统，是指由计算机及其相关的和配套的设备、设施（含网络）构成的，按照一定的应用目标和规则对信息进行采集、加工、存储、传输、检索等处理的人机系统。在计算机领域，信息系统（information system，IS）是指人员、设备、程序和数据集合构成的统一体，其目的是实现对各种数据的采集、处理、

传播，最后产生决策信息，以实现预期目标。① 但《计算机信息系统安全保护条例》第 3 条规定，计算机信息系统的安全保护，应当保障计算机及其相关的和配套的设备（含网络）的安全，运行环境的安全，保障信息的安全，保障计算机功能的正常发挥，以维护计算机信息系统的安全运行。

结合上述规定来看，本罪的犯罪对象——计算机信息系统，应当只是机器系统，不包括人员安全。也就是说，本罪客体范围要小于计算机信息系统的界定，只限于计算机及其相关的和配套的设备（含网络）的安全，运行环境的安全，信息的安全和计算机功能的安全。根据《计算机信息系统安全专用产品分类原则》规定，具体而言，应当包括设备安全，主要包括设备的防盗和防毁，防止电磁信息泄露，防止线路截获，抗电磁干扰以及电源保护六个方面；媒体安全，主要包括对媒体数据和媒体本身的安全保护，保护存储在媒体上的信息；运行安全，主要是防止信息系统漏洞以及存在的隐患，确保系统运行的稳定性、安全性、可靠性，防止数据信息丢失；信息安全，主要包括操作系统安全、数据库安全、网络安全、访问控制、鉴别等，确保信息安全。

同时，本罪的犯罪对象仅限于使用中的计算机信息系统中存储、处理、传输的数据，脱离计算机信息系统存放的计算机数据，如光盘、U 盘中的计算机数据不是本罪的保护对象。这里的数据不限于计算机系统数据和应用程序，还包括权利人存放于计算机信息系统中的各种个人信息，② 包括各种文档、代码，以及用户的文件、银行账号和其他即时通信账号、邮件账号、游戏账号等。

依据不同的标准，计算机信息系统可分为不同的类型。根据使

---

①　参见唐全主编：《计算机信息技术教程》，清华大学出版社 2005 年版，第 38 ~ 40 页。

②　皮勇、黄琰：《我国刑法修正案（七）实施后计算机病毒的刑法规制》，载《信息网络安全》2009 年第 9 期。

用情况，这里只做一些简单的分类。当前依赖于计算机的信息系统包括会计信息系统、管理系统、数据分析系统、查询系统、通信系统、商务系统、金融服务系统、办公系统、多媒体系统、事务处理系统、户籍信息系统、数据统计系统等以及以上述信息系统为基础开发的网络共享平台。

2. 客观特征

本罪的客观方面表现为行为人违反国家规定，实施侵入国家事务、国防建设、尖端科学技术领域以外的普通计算机信息系统，或者采用其他技术手段，获取这些计算机中存储、传输、处理的数据信息的行为或者对前述计算机信息系统予以非法控制的行为。

刑法第 285 条第 2 款概括了非法获取计算机信息系统数据、非法控制计算机信息系统的方式：

首先，行为人违反国家规定，根据刑法第 96 条规定，"国家规定"在这里是指全国人民代表大会及其常务委员会制定的法律和决定，国务院制定的行政法规、规定的行政措施、发布的决定和命令中保护普通计算机信息系统安全的规定，以及禁止使用的"其他技术手段"的规定。具体而言，这些规定有全国人大常委会《关于维护互联网安全的决定》、国务院制定的《计算机信息系统安全保护条例》和《计算机信息网络国际联网管理暂行规定》等。

其次，行为人侵入了普通的计算机信息系统或者使用了其他可以获取计算机信息系统数据或者控制计算机信息系统的技术手段。

"侵入"，是指行为人在没有得到许可的情况下违背计算机信息系统控制人或者所有人意愿，通过窃取账户、密码、口令或者数字认证书，或者绕过访问限制、身份鉴别系统的方式，或者在系统中植入木马、后门程序，利用系统安全措施的漏洞，强行突破安防体系进入其无权进入的计算机信息系统，或者超越授权范围访问计算机信息系统。

具体而言，侵入的行为方式主要有以下几种：其一，冒充合法用户。一是使用访问代码冒充合法用户进入计算机信息系统；二是

"乘机而入"，即"侵入者"利用合法用户输入口令之机获取访问，或者合法用户结束使用但未退出登录状态从而获取访问；三是利用非法程序或者方法蒙骗正在登录计算机的合法用户以进入系统。[①]其二，采用计算机技术进行技术攻击。一是技术突破，即通过猜想口令等方法硬性闯过安全防卫机制；二是绕过，即避开安全防卫机制进入计算机信息系统。[②]《网络安全白皮书》总结的犯罪方式还存在以下几种：一是电子欺骗；二是信息攻击；三是扫描程序。通过这些方式获得用户名和口令。实践中常见的以直接采用计算机技术攻击方式非法侵入计算机信息系统的行为方式主要有以下几种：一是利用网络设计缺陷，冒充合法用户，从而得到受保护的计算机数据资源通道，控制有关系统。二是搜索系统口令表，也就是入侵者通过访问并修改系统口令表，设置假口令从而达到非法侵入的目的。三是直接破译用户身份识别密码或者口令。四是开发欺骗程序。其三，通过"后门"进行非法入侵。"后门"一般是由软件作者出于维护或其他理由而设置的一个伪装的程序或系统的一个入口。其四，通过"陷阱门"进行非法入侵。陷阱门也叫活门。在计算机技术中，是指为了调试程序或者处理计算机内部意外情况而预先设计的自动转移条件。其五，合法用户的越权访问。一种是自主控制访问机制，就是用户可以随意在系统中定义谁可以访问他们的文件；另一种是强制访问控制机制，在这种机制中，用户和文件都有安全属性，这些属性由系统使用，以决定某个用户是否可以访问某个文件。[③]

---

① 胡国平：《关于几种计算机犯罪的认定》，载《法律科学》1997 年第 4 期；转引自赵秉志、于志刚著：《计算机犯罪比较研究》，法律出版社 2004 年版，第 216 ~ 217 页。

② 赵秉志、于志刚著：《计算机犯罪比较研究》，法律出版社 2004 年版，第 217 ~ 218 页。

③ 赵秉志、于志刚：《论非法侵入计算机系统罪》，载《法学研究》1999 年第 2 期。

所谓"利用其他技术手段",主要是指利用"后门软件"、"键盘跟踪技术"、"木马程序"、攻击病毒（CIH）、入侵检测、开放端口等，或者假冒、设立虚假网站，或者利用网关欺骗技术，引诱被侵入计算机信息系统自动共享数据，行为人并不需要进入他人的计算机信息系统就可获取其他计算机处理、传输的数据信息。由于网络安全技术的不断发展，除木马入侵计算机系统外，当前还有许多技术手段可以获取信息，如 ARP 欺骗、网络 Sniffer、DNS 劫持、钓鱼网站欺骗、CSS 跨站盗取 Cookie 等手段。新增条款将这类技术手段列入打击范围很有必要。"假冒"网站是指冒充国家机关、金融系统已建立的网站；"设立"虚假网站一般是指以国家机关、金融系统名义建立的并不存在的网站；"网关欺骗"技术是通过 ARP 欺骗技术建立假网关，让被欺骗的个人电脑向假网关发送数据而窃取资料。①

再次，行为人获取了计算机信息系统数据或者非法控制了计算机信息系统。"获取数据"，是指行为人非法侵入他人正在使用中的计算机信息系统后，复制、传输他人存储、传输、处理的数据资料或者其他存储于该计算机中的文件资料。这些数据资料不仅包括数字、文字、字母和其他特殊字符，而且还包括图形、图像、动画、影像、声音等多媒体数据。"非法控制计算机信息系统"，是指行为人使计算机信息系统处于非法控制状态下，按照行为人的意志运行，不正当地限制宿主的使用权利，侵犯权利人的合法权益。通常而言，行为人使用诈骗程序、逻辑炸弹以及数据欺骗，使计算机程序无法正常运行。

最后，本罪为情节犯。要构成本罪，须达到情节严重。根据最高人民法院、最高人民检察院《关于办理危害计算机信息系统安全刑事案件应用法律若干问题的解释》第 1 条第 1 款规定，非法获

---

① 参见《〈刑法修正案（七）〉解读（四）》，安徽颍上法院网 http://www.ysfy. gov.cn/article/200909/73561.htm。

取计算机信息系统数据或者非法控制计算机信息系统，具有下列情形之一的，应当认定为刑法第 285 条第 2 款规定的"情节严重"：（1）获取支付结算、证券交易、期货交易等网络金融服务的身份认证信息 10 组以上的；（2）获取第 1 项以外的身份认证信息 500 组以上的；（3）非法控制计算机信息系统 20 台以上的；（4）违法所得 5000 元以上或者造成经济损失 10000 元以上的；（5）其他情节严重的情形。

3. 主体特征

本罪的主体应当是一般主体，即年满 16 周岁、具备刑事责任能力的自然人。单位不是本罪的主体，但是根据上述解释第 8 条规定，以单位名义或者单位形式实施危害计算机信息系统安全犯罪，达到本解释规定的定罪量刑标准的，应当依照刑法第 285 条、第 286 条的规定追究直接负责的主管人员和其他直接责任人员的刑事责任。如果单位实施非法获取计算机信息系统数据、非法控制计算机信息系统罪的，只处罚直接负责的主管人员和其他直接责任人员。

4. 主观特征

本罪在主观上是故意，包括直接故意和间接故意。一般只能是直接故意，即如果行为人明知自己违反国家规定，侵入刑法第 285 条第 1 款规定以外的计算机信息系统，或者使用法律法规禁止的其他技术手段，非法获取他人计算机信息系统数据或者控制这些计算机信息系统，并且希望非法获取计算机信息系统数据信息或者控制计算机信息系统。但是，行为人在实施其他违法犯罪行为时，明知可能会非法获取该计算机信息系统数据或者控制该计算机信息系统，仍然坚持实施其他违法犯罪行为，放任上述危害结果发生的，则可能构成本罪的间接故意犯罪或者本罪的间接故意犯罪与其他犯罪的竞合。

（三）非法获取计算机信息系统数据、非法控制计算机信息系统罪的司法认定

1. 本罪罪与非罪的界限

认定本罪的成立，应当严格把握其基本特征。行为人实施的获取计算机信息系统数据、控制计算机信息系统的行为是否构成犯罪，应该从以下几个方面来分析：（1）行为人是否违反了国家规定。如行为人没有违反国家规定，或行为人本身对普通计算机信息系统中存储、传输的数据有一定的处理、使用权利，以及对该信息系统拥有控制权，即使在操作程序上存在瑕疵，如未及时向主管工作人员申请批准，但其获取数据和控制信息系统的行为有利于维护计算机信息系统安全，此行为就不能认定为犯罪。（2）行为的对象是不是属于普通计算机信息系统的数据。如果行为人获取的数据是国家事务、国防建设、尖端科学技术领域计算机信息系统存储、传输的，这些特殊系统里的数据一般与国家秘密相关，则有可能同时构成非法侵入计算机信息系统罪和故意泄露国家秘密罪等犯罪。（3）行为的情节是不是严重，如行为人获取的文件资料只是一些无用的文件，而且次数少，没有造成什么严重后果，其行为同样不构成犯罪。

2. 本罪与相近犯罪的界限

（1）本罪与非法侵入计算机信息系统罪的界限。

本罪与非法侵入计算机信息系统罪侵犯的对象不同，本罪的对象是普通计算机信息系统，而非法侵入计算机信息系统罪的犯罪对象是国家事务、国防建设和尖端科学技术领域的计算机信息系统。同时，本罪有"情节严重"的要求，非法侵入计算机信息系统罪没有此要求。

（2）本罪与破坏计算机信息系统罪的界限。

本罪与破坏计算机信息系统罪的犯罪对象、犯罪手段、犯罪成立要求均不同。首先，本罪的犯罪对象是普通计算机信息系统，而破坏计算机信息系统罪的犯罪对象既包括普通计算机信息系统，亦

包括国家事务、国防建设和尖端科学技术领域的计算机信息系统；其次，本罪的犯罪手段是获取数据或者控制计算机信息系统，而破坏计算机信息系统罪的犯罪手段则是对计算机信息系统的功能进行删除、修改、增加、干扰，或者制作、传播破坏性程序，造成破坏，使其不能正常运行；最后，本罪的成立要求是"情节严重"，而破坏计算机信息系统罪的成立要求则是"后果严重"。

3. 本罪的罪数形态问题

由于本罪与利用计算机实施金融诈骗、盗窃、贪污、挪用公款、窃取国家秘密、非法获取个人信息、破坏生产经营等犯罪存在牵连犯或者想象竞合犯的情况，如非法侵入户籍管理系统获取公民个人信息资料的，而构成非法获取计算机信息系统数据罪与非法获取公民个人信息罪的想象竞合犯；窃取信息数据从事其他犯罪的，则构成牵连犯。根据刑法第287条规定，再结合我国刑法理论上处理牵连犯与想象竞合犯的原则，一般从一重罪处断，选择重罪予以处罚即可。

4. 本罪的共犯问题

本罪属于任意共犯，二人以上共同故意实施非法获取计算机信息系统数据、非法控制计算机信息系统犯罪行为的，均构成共犯。根据上述解释第9条规定，如果行为人明知他人实施非法获取计算机信息系统数据、非法控制计算机信息系统犯罪，而为其提供互联网接入、服务器托管、网络存储空间、通信传输通道、费用结算、交易服务、广告服务、技术培训、技术支持等帮助，违法所得5000元以上的，或者通过委托推广软件、投放广告等方式向其提供资金5000元以上的，应认定为本罪的共犯。值得注意的是，根据刑法第285条第3款规定，提供专门用于侵入、非法控制计算机信息系统的程序、工具，或明知他人实施侵入、非法控制计算机信息系统的违法犯罪行为而为其提供程序、工具，情节严重的，依照前款的规定处罚。同时，该解释第7条规定，明知是非法获取计算机信息系统数据犯罪所获取的数据、非法控制计算机信息系统犯罪所获取的计算机信息系统控制权，而予以转移、收购、代为销售或者以其他方法掩饰、隐瞒，违法所得 5000 元以上的，应当依照刑法第 312 条第 1 款的规定，以掩饰、隐瞒犯罪所得罪定罪处罚。

5. 本罪的停止形态问题

本罪的停止形态问题比较简单，根据刑法的规定，本罪属于情节犯，只要达到"情节严重"就构成犯罪，如果没有达到"情节严重"，则不构成犯罪，故没有犯罪预备、中止、未遂停止形态。

（四）非法获取计算机信息系统数据、非法控制计算机信息系统罪的处罚

根据修正后的刑法第 285 条第 2 款规定，犯本罪的，处 3 年以下有期徒刑或者拘役，并处或单处罚金；情节特别严重的，处 3 年以上 7 年以下有期徒刑，并处罚金。根据上述解释第 1 条第 2 款规定，实施第 1 款规定的行为，具有下列情形之一的，应当认定为刑法第 285 条第 2 款规定的"情节特别严重"：（1）数量或者数额达到前款第 1 项至第 4 项规定标准 5 倍以上的（即获取支付结算、证券交易、期货交易等网络金融服务的身份认证信息 10 组以上的；获取第 1 项以外的身份认证信息 500 组以上的；非法控制计算机信息系统 20 台以上的；违法所得 5000 元以上或者造成经济损失 10000 元以上的；其他情节严重的情形）；（2）其他情节特别严重的情形。

二十八、提供侵入、非法控制计算机信息系统程序、工具罪

（一）提供侵入、非法控制计算机信息系统程序、工具罪的概念及法源

1. 提供侵入、非法控制计算机信息系统程序、工具罪的概念

提供侵入、非法控制计算机信息系统程序、工具罪，是指提供专门用于侵入、非法控制计算机信息系统的程序、工具，或者明知他人实施侵入、非法控制计算机信息系统的违法犯罪行为而为其提

供程序、工具,情节严重的行为。

2. 提供侵入、非法控制计算机信息系统程序、工具罪的法源

近年来,由于我国网络快速发展,网络普及率大幅提高,网络犯罪日益凸显,非法侵入计算机信息系统、获取数据资料,侵犯公民个人隐私和其他利益的情况日趋严重。从司法实践来看,制作、销售黑客工具、木马程序,非法获取计算机信息系统数据和控制权等现象十分突出,有些黑客专门制作、提供、售卖各种非法控制计算机信息系统的程序、工具,以此谋利;也有一些人利用系统漏洞、后门等系统问题,制作一些简单的软件或工具来非法侵入他人计算机信息系统或者控制他人计算机信息系统。例如,2009 年,浙江省云和县人陶某向网民"铁血"购得一套针对"通吃"游戏的木马程序从事非法获取他人网络游戏账户、密码;[1] 2010 年,在江苏南京工作的计算机程序员关某负责编写并维护木马,提供给他人用于盗取某网游游戏玩家的账号和密码;[2] 山东省的王某编写出了"霸王 QQ 包"、"霸王下载者"两种木马程序,并建立网站出售系列"霸王"木马程序,短短三个月,王某便通过网络向全国各地 100 多人出售"霸王"木马程序,获利高达 60 多万元。[3] 一些人虽然不从事非法侵入计算机信息系统的勾当,但凭借自身掌握的技术,专门制作各种病毒程序或者木马程序,为他人从事违法犯罪活动提供便利,这些违法犯罪行为具有严重的社会危害性,不仅破坏了计算机信息系统运行安全与信息安全,而且危害了国家安全和社会公共利益,侵害了公民、法人和其他组织的合法权益。因此,加大打击危害计算机信息系统安全犯罪的力度,保护信息网络

---

① 范跃红、周金燕、黄宏:《涉嫌非法获取计算机信息系统数据罪云和一"黑客"被起诉》,载《浙江日报》2009 年 10 月 22 日。

② 参见叶子猪游戏网:《网游盗窃罪:八名木马制作盗号洗号者被抓获》,http://bbs. yzz. cn/thread – 3043381 – 1 – 1. html。

③ 卢金增、孙运双、史守鹏:《当数学天才"爱上"木马程序》,载《检察日报》2010 年 3 月 24 日。

安全，刻不容缓。2009 年 2 月 28 日，全国人大通过了《刑法修正案（七）》，其第 9 条第 2 款规定了本罪，以刑罚方式打击制作、传播病毒、木马程序，帮助他人侵入、非法控制计算机信息系统的违法犯罪行为。根据该款规定："提供专门用于侵入、非法控制计算机信息系统的程序、工具，或者明知他人实施侵入、非法控制计算机信息系统的违法犯罪行为而为其提供程序、工具，情节严重的，依照前款的规定（即非法获取计算机信息系统数据、非法控制计算机信息系统罪）处罚。"

（二）提供侵入、非法控制计算机信息系统程序、工具罪的构成特征

1. 客体特征

本罪侵犯的客体是计算机信息系统安全。本罪中的计算机信息系统安全包括两个方面：一是刑法第 285 条第 1 款规定的国家事务、国防建设、尖端科学技术领域的计算机信息系统；二是刑法第 285 条第 1 款规定以外的普通计算机信息系统。关于计算机信息系统，已经在前面做了详细阐述，这里不再赘述。

本罪的犯罪对象包括专门用于侵入、非法控制计算机信息系统的程序、工具，以及虽然不是专用但可以用于非法侵入、控制计算机信息系统并被实际使用的程序、工具。这里的犯罪对象包括两类：一类是专门用于侵入、非法控制计算机信息系统的程序、工具，根据最高人民法院、最高人民检察院《关于办理危害计算机信息系统安全刑事案件应用法律若干问题的解释》第 2 条规定，具有下列情形之一的程序、工具，应当认定为刑法第 285 条第 3 款规定的"专门用于侵入、非法控制计算机信息系统的程序、工具"：（1）具有避开或者突破计算机信息系统安全保护措施，未经授权或者超越授权获取计算机信息系统数据的功能的；（2）具有避开或者突破计算机信息系统安全保护措施，未经授权或者超越授权对计算机信息系统实施控制的功能的；（3）其他专门设计用于侵入、非法控制计算机信息系统、非法获取计算机信息系统数据的

程序、工具。另一类虽然不是专门用于非法侵入、控制计算机信息系统，但其功能、用途可以被用于前述违法犯罪的计算机程序、工具，当行为人明知使用者取得的目的是实施非法侵入、控制计算机信息系统的违法犯罪行为，仍然为其提供该类程序和工具，这类程序和工具就成为本罪的犯罪对象。第二类程序和工具也被称为双用途信息安全设备，只在与其他构成要件相结合时才能成为本罪的犯罪对象。此外，提供的程序也无须同时具备侵入和控制他人计算机系统的功能，二者具其一即可，实践中有很多木马程序以获取他人计算机数据为目的，并不意图控制他人计算机系统，其往往潜伏于宿主计算机系统当中，记载宿主计算机运行数据，以获取诸如账号、密码等用户信息，从而获得经济利益。如果认为提供的程序、工具需同时具备侵入、控制功能，则对此类程序无法予以规制。①

2. 客观特征

提供侵入、非法控制计算机信息系统程序、工具罪本属于非法侵入计算机信息系统罪，非法获取计算机信息系统数据、非法控制计算机信息系统罪的共犯，但由于《刑法修正案（七）》将其独立规定为犯罪，使其具有独立的犯罪构成。

首先，本罪的客观方面表现为提供侵入、非法控制计算机信息系统的程序、工具，具体表现为两种形式：一种是提供专门用于侵入、非法控制计算机信息系统的程序、工具，主要是指行为人专门制作、传播、提供可以用于非法侵入、控制计算机信息系统的木马程序、后门程序、计算机病毒或者其他专门用于非法获取他人登录网络应用服务、计算机系统的账号、密码等认证信息以及智能卡等认证工具的计算机程序、工具，是否提供给他人，或者是否被他人使用，则在所不问。另一种是明知他人实施侵入、非法控制计算机信息系统的违法犯罪行为，而为他人提供可

---

① 皮勇、黄琰：《我国刑法修正案（七）实施后计算机病毒的刑法规制》，载《信息网络安全》2009 年第 9 期。

能实现上述违法犯罪行为的程序、工具，此时的程序、工具可能是专用程序、工具，也可能不是专用程序、工具，但必须提供给他人，客观上帮助行为人实施了侵入、非法控制计算机信息系统的违法犯罪行为。

其次，提供侵入、非法控制计算机信息系统程序、工具罪属情节犯，必须要达到"情节严重"，根据上述解释第 3 条第 1 款规定，提供侵入、非法控制计算机信息系统的程序、工具，具有下列情形之一的，应当认定为刑法第 285 条第 3 款规定的"情节严重"：（1）提供能够用于非法获取支付结算、证券交易、期货交易等网络金融服务身份认证信息的专门性程序、工具 5 人次以上的；（2）提供第 1 项以外的专门用于侵入、非法控制计算机信息系统的程序、工具 20 人次以上的；（3）明知他人实施非法获取支付结算、证券交易、期货交易等网络金融服务身份认证信息的违法犯罪行为而为其提供程序、工具 5 人次以上的；（4）明知他人实施第 3 项以外的侵入、非法控制计算机信息系统的违法犯罪行为而为其提供程序、工具 20 人次以上的；（5）违法所得 5000 元以上或者造成经济损失 10000 元以上的；（6）其他情节严重的情形。

3. 主体特征

本罪的主体应当是一般主体，即年满 16 周岁、具备刑事责任能力的自然人。单位不是本罪的主体，根据上述解释第 8 条规定，以单位名义或者单位形式实施危害计算机信息系统安全犯罪，达到本解释规定的定罪量刑标准的，应当依照刑法第 285 条、第 286 条的规定追究直接负责的主管人员和其他直接责任人员的刑事责任。如果是单位实施提供侵入、非法控制计算机信息系统程序、工具罪的，以本罪论处，只处罚直接负责的主管人员和其他直接责任人员，不处罚单位。

4. 主观特征

本罪在主观上是故意，包括直接故意和间接故意，即行为人明知自己提供的是专门用于侵入、非法控制计算机信息系统的程序、工具而大量或者多次提供，或者行为人明知他人实施侵入、非法控制计算机信息系统的违法犯罪行为而为其提供程序、工具，帮助其实现违法犯罪。一般来说，本罪的罪过形态只能是直接故意。但在特定情况下，也可能是间接故意，即行为人提供程序、工具帮助他人从事其他违法犯罪，但明知该程序、工具能够侵入、非法控制计算机信息系统而放任的，则可能构成本罪的间接故意犯罪。过失不能构成本罪。

（三）提供侵入、非法控制计算机信息系统程序、工具罪的司法认定

1. 本罪罪与非罪的界限

认定本罪的成立，应当严格把握其基本特征。行为人实施的提供侵入、非法控制计算机信息系统程序、工具的行为是否构成犯罪，根据刑法第 285 条第 3 款的规定，应该从以下几个方面来分析：（1）行为人是否提供专门用于侵入、非法控制计算机信息系统的木马程序、病毒程序、入侵检测等软件，如果行为人只是偶尔提供上述程序、工具，不是专门制作上述程序、工具，且未达到情节严重的，一般不宜认定为此罪。（2）是否明知他人实施侵入、非法控制计算机信息系统的违法犯罪行为而为其提供程序、工具，如果行为人不知他人正在实施或者将要实施侵入、非法控制计算机信息系统的违法犯罪行为，而是无意中提供了非专门用于但针对特定信息系统可以侵入、非法控制该信息系统的程序、工具，一般亦不宜认定为此罪。（3）如果行为人提供的程序、工具不仅可以侵入、非法控制计算机信息系统，而且会破坏计算机信息系统的，一般宜认定为破坏计算机信息系统罪的共犯，不再认定为此罪。（4）本罪为情节犯，需达到"情节严重"才构成犯罪，如果行为人实施的行为未达到情节严重的，亦不构成本罪。

2. 本罪与相近犯罪的界限

（1）本罪与非法侵入计算机信息系统罪的界限。

从本质上讲，本罪的行为应当构成非法侵入计算机信息系统罪

的一种帮助行为，但立法将该行为规定为一种独立的犯罪行为，这种立法模式在我国刑法中并不鲜见。在认定本罪与非法侵入计算机信息系统罪时需要仔细加以区别：如果行为人只是提供了程序、工具，而没有参与实施非法侵入计算机信息系统的犯罪行为，则只构成提供侵入计算机信息系统程序、工具罪；如果行为人既提供了工具、程序，又实施了非法侵入计算机信息系统的犯罪行为，笔者认为，一般应认定为非法侵入计算机信息系统罪。因为行为人明知提供的程序、工具可以非法侵入计算机信息系统，并且实施了非法侵入行为，根据主客观相统一的原则，定非法侵入计算机信息系统罪更符合实际。

（2）本罪与非法获取计算机信息系统数据、非法控制计算机信息系统罪的界限。

严格来讲，提供侵入、非法控制计算机信息系统的程序、工具的行为应当是非法获取计算机信息系统数据、非法控制计算机信息系统犯罪的帮助行为，但立法将其规定为独立的犯罪行为，因此实践中需要明确两者的界限：如果行为人只是提供了程序、工具，而没有参与实施非法获取计算机信息系统数据、非法控制计算机信息系统的犯罪行为，则只构成提供侵入、非法控制计算机信息系统程序、工具罪；如果行为人既提供了程序、工具，又实施了侵入计算机信息系统或者非法控制计算机信息系统的犯罪行为，笔者认为，根据主客观相统一的原则，应认定为非法获取计算机信息系统数据、非法控制计算机信息系统罪。

（3）本罪与破坏计算机信息系统罪的界限。

本罪与破坏计算机信息系统罪的犯罪对象、犯罪手段、犯罪成立要求均不同。首先，本罪的对象是侵入、非法控制计算机信息系统的程序、工具，而破坏计算机信息系统罪的犯罪对象是计算机信息系统；其次，本罪的手段是提供侵入、非法控制计算机信息系统的程序、工具，而破坏计算机信息系统罪的手段则是对计算机信息系统的功能进行删除、修改、增加、干扰，或者制作、传播破坏性程序，造成破坏，使其不能正常运行；最后，本罪的成立要求是"情节严重"，而破坏计算机信息系统罪的成立要求则是"后果严重"。

3. 本罪的罪数形态问题

如果行为人既提供专门用于侵入、非法控制计算机信息系统的程序、工具，又在明知他人实施侵入、非法控制计算机信息系统的违法犯罪行为时提供非专门用于侵入、非法控制计算机信息系统的程序、工具，帮助他人实施非法侵入计算机信息系统、非法获取计算机信息系统数据、非法控制计算机信息系统的犯罪行为的，则应当构成本罪与非法侵入计算机信息系统罪，非法获取计算机信息系统数据、非法控制计算机信息系统罪，应当数罪并罚。

4. 本罪的共犯问题

本罪属于任意共犯，二人以上共同故意实施提供侵入、非法控制计算机信息系统的程序、工具的犯罪行为的，均构成共犯。同时，由于本罪的客观表现存在两种情况，一种是提供专门用于侵入、非法控制计算机信息系统的程序、工具，另一种是在明知他人实施侵入、非法控制计算机信息系统的违法犯罪行为时提供程序、工具帮助，而第二种行为实际上为非法侵入计算机信息系统罪，非法获取计算机信息系统数据、非法控制计算机信息系统罪的帮助犯，但立法将其独立成罪，故实施第二种行为的，根据刑法第285条第3款规定，只定本罪，不构成共犯。

5. 本罪的停止形态问题

本罪是情节犯，根据上述解释第3条第1款规定，"情节严重"必须是实害。因此，只有实施了提供侵入、非法控制计算机信息系统的程序、工具的行为，还要达到"情节严重"，才能构成犯罪；如果行为人制作了大量的此类程序、工具，只要未提供给他人，或者虽然提供给他人，但未达到"情节严重"的，也不构成犯罪。因此，提供侵入、非法控制计算机信息系统程序、工具罪没有犯罪的预备、未遂、中止形态。

（四）提供侵入、非法控制计算机信息系统程序、工具罪的处罚

根据修正后的刑法第285条第3款规定，犯本罪的，处3年以下有期徒刑或者拘役，并处或单处罚金；情节特别严重的，处3年以上7年以下有期徒刑，并处罚金。根据《解释》第3条第2款规定，实施前款规定行为，具有下列情形之一的，应当认定为提供侵入、非法控制计算机信息系统的程序、工具"情节特别严重"：（1）数量或者数额达到前款第1项至第5项规定标准五倍以上的；（2）其他情节特别严重的情形。

二十九、编造、故意传播虚假恐怖信息罪

（一）编造、故意传播虚假恐怖信息罪的概念和法源

1. 编造、故意传播虚假恐怖信息罪的概念

编造、故意传播虚假恐怖信息罪，是指编造爆炸威胁、生化威胁、放射威胁等恐怖信息，或者明知是编造的恐怖信息而故意传播，严重扰乱社会秩序的行为。

2. 编造、故意传播虚假恐怖信息罪的法源

当前，恐怖主义犯罪已经成为一种日益严重而且发生频繁的犯罪，恐怖分子为达到其目的不择手段，制造各种恐怖袭击事件，严重威胁着世界和平与安全，威胁着世界各国的经济发展、社会繁荣，威胁着人民的生命财产安全，使全社会经常性陷入一片恐慌和混乱之中。尤其是在美国发生了"9·11"事件之后，恐怖信息包括虚假的恐怖信息笼罩了全世界。由于"9·11"事件所造成的轰动效应，恐怖分子纷纷模仿，试图通过制造恐怖事件或者传播虚假恐怖信息来制造大规模的混乱，扩大影响，引起关注。近年来，中国面临着"东突"恐怖分子的威胁，而部分"藏独"分子试图借助恐怖事件的影响来引起关注。同时，国内一些敌视社会或者生活中遭受挫折的人员试图通过编造、传播虚假恐怖信息来发泄情绪，为社会安全稳定埋下隐患。早在2003年"非典"事件时期，就有

人员传播虚假传染病疫情，制造社会公众恐慌事件；2008 年"5·12"汶川大地震后，亦有人员通过网络、电话等方式传播虚假地震信息，引发社会公众恐慌。

尽管虚假的恐怖信息并不会产生实际的恐怖后果，但是这种虚假恐怖信息的编造、传播往往会导致社会公众心理的恐慌以及社会秩序的混乱，使国家、社会以及个人为应对恐怖活动而付出物质上和精神上的极大代价，造成社会公共资源的浪费。在某些情况下，甚至会造成公众心理严重恐慌，产生严重扰乱社会秩序、致使社会生产生活陷入混乱的后果。我国 1997 年刑法制定之初对此种行为并没有规制，根据我国近年来恐怖势力的发展情况和恐怖活动的出现频度，2001 年 12 月 29 日全国人大常委会通过的《刑法修正案（三）》增设了本罪，有利于严厉打击恐怖主义犯罪活动，更好地维护国家安全和社会秩序，保障人民的生命安全和财产安全。同时，针对"非典型肺炎"肆虐期间出现的编造、传播"非典"疫情事件，最高人民法院、最高人民检察院于 2003 年 5 月 15 日联合制定颁布了《关于办理妨害预防、控制突发传染病疫情等灾害的刑事案件具体应用法律若干问题的解释》，明确规定在预防、控制突发传染病疫情等灾害期间实施的有关犯罪行为的法律适用问题。其第 10 条第 1 款规定，编造与突发性传染病疫情等灾害有关的恐怖信息，或者明知是编造的此类恐怖信息而故意传播，严重扰乱社会秩序的，依照刑法第 291 条之一规定，以编造、故意传播虚假恐怖信息罪定罪处罚。

（二）编造、故意传播虚假恐怖信息罪的构成特征

1. 客体特征

本罪侵犯的客体是社会公共秩序。具体来说，是人们正常的生活、工作秩序及社会管理秩序，是国家机关、企事业单位、社会组织从事生产、经营、教学、科研的秩序和公众进行政治、经济、文化等活动的秩序。编造、故意传播虚假恐怖信息的犯罪活动必然造成社会公众的心理恐慌，使公众在心理、言语、行为上产生连锁循

环反应，脱离正常的生产、生活轨道，破坏正常的社会公共秩序，引发社会秩序的混乱，甚至导致社会动荡不安和人民群众的生命、财产遭受重大损失。由于社会公共秩序缺乏明确、具体的界定，它具有较大的灵活性和伸缩性。① 因此，公共秩序并不限于公共场所的秩序，加之信息的流动性、易传播性，在非公共场所编造、传播虚假恐怖信息同样会扰乱社会秩序。②

本罪的犯罪对象是虚假恐怖信息。恐怖信息，是指爆炸威胁、生化威胁、放射威胁或者与之危害性相当、相类似的信息。所谓"爆炸威胁"的恐怖信息，是指在特定时间、特定地点针对社会公众制造爆炸事件的恐吓性信息；所谓"生化威胁"的恐怖信息，是指于特定时间、特定地点向社会公众投放毒害性或传染病病原体、菌种等物质，制造大规模的中毒事件使传染病流行或暴发，或者有毒害性物质扩散，传染病病毒种、菌种扩散，将会使社会公众中毒或者传染病暴发、流行的信息；所谓"放射威胁"的恐怖信息，是指将在特定时间、特定地点向社会公众投放铀、镭、钚等放射性物质，对公众造成辐射事故等信息。虚假恐怖信息则是指非真实的上述信息。结合本罪的情况，我们认为，虚假恐怖信息应当具有以下特征：第一，具有欺骗性，即虚假恐怖信息与真实的恐怖信息极为相似，能够达到以假乱真、迷惑他人的效果，使普通公众相信其为真实情况。如果编造、传播的恐怖信息虽然是虚假的，但明显存在漏洞，只要思维正常的人都不会相信，不能使人信以为真，当然也不会有扰乱社会秩序的现实危险性，也就不可能构成犯罪。第二，具有紧迫性，即虚假恐怖信息带来的恐怖结果即将实现，恐怖袭击一触即发。第三，具有可认识性，行为人通过对虚假恐怖信

---

① 高西江著：《中华人民共和国刑法的修订与适用》，中国方正出版社1997年版，第618页。

② 黄奇中：《论故意传播虚假恐怖信息罪》，载《福建公安高等专科学校学报》2003年第4期。

息的描述，能够使公众认识到其恐怖性、真实性，能够被公众感知。第四，具有虚假性，如果恐怖信息是真实的，则不构成本罪。

这里需要注意的是，对于普通公众而言，在传播虚假恐怖信息过程中，该信息具有真实性、可靠性，能够使人产生恐惧心理和恐慌情绪；经事后认定或者危险排除之后，确认该恐怖信息纯属子虚乌有，此时其虚假性才被公众认识。当然，对于行为人而言，该信息自编造、传播时始，其明知该信息为虚假信息。因此，行为时，虚假性是针对行为人而言的；对于普通受众，该恐怖信息则是真实的。

2. 客观特征

本罪的客观方面表现为编造或者故意传播虚假的爆炸威胁、生化威胁、放射威胁等恐怖信息，严重扰乱社会秩序的行为。要正确地理解本罪客观方面需要弄清以下几个方面的问题：

首先，要有编造、传播行为。所谓"编造"，是指无中生有地捏造或者对某些真实存在的信息加以夸大的行为。具体而言，包括捏造和夸大两个方面，捏造是虚构客观上根本不存在的事实；夸大是针对客观上存在的事实进行加工、修改，使其在外延方面有明显增加的情况。所谓"传播"，是指借助媒介等方式将信息传递、扩散，为他人或者公众所知悉。通常而言，传播信息的方式有口头、信函、电话、网络、电影、电视、报刊、广播、海报、宣传标语、录音、录像等，既可以是以公然的方式直接向公众传播，也可以是以秘密的方式小范围地传播，逐渐扩大。

其次，要达到严重扰乱社会秩序的程度，即编造、传播的虚假恐怖信息被人知道后，严重扰乱了公共秩序。是否严重扰乱公共秩序，应从虚假恐怖信息的内容，传播的时间、地点、对象以及行为所引起的社会心理反应、所产生的社会影响、导致的公共秩序混乱的程度等多种因素考量。例如，2003年"非典"期间编造、传播"非典"疫情的，其产生的恶劣影响肯定比没有疫情时更加明显；而2008年"5·12"汶川地震期间，有关地震的预警信息则格外受人关注，虚假预警信息产生的危害性肯定比非地震期间大。严重扰乱社会公共秩序具体表现为：引起一定区域内的多数民众心理恐慌，社会秩序混乱，生产、教学、科研、生活无法正常进行，或者抢购生产、生活物资，扰乱市场经济秩序；使特定机关、团体、企事业单位的工作无法正常开展，造成严重影响；导致航班、列车延误或者公共交通运输系统长时间暂停；致使社会各界为排除虚假险情花费大量人力、物力、财力，造成数额巨大的公共经费不当支出等。

本罪的危害对象是不特定多数人的人身安全和财产安全。公共秩序是关乎不特定多数人的生命、健康和财产安全的秩序，公共秩序以不特定多数人为承载对象，如果没有人这个特定主体，公共秩序难以存续，危害公共秩序的犯罪亦难存在。虽然本罪的成立并不必然侵害公众的生命、健康和财产安全，但不可否认本罪是以不特定多数人为对象的。

3. 主体特征

本罪的主体为一般主体，即年满 16 周岁、具有刑事责任能力的自然人均可成为本罪的主体。单位不是本罪的主体，但是如果单位为了谋取非法利益，故意编造、传播虚假恐怖信息，从中牟利的，只对单位直接负责的主管人员和直接责任人员予以处罚，而不处罚单位。

4. 主观特征

本罪的主观方面为故意，包括直接故意和间接故意。一般而言，本罪主要由直接故意构成，即行为人明知自己编造、传播的虚假恐怖信息会严重扰乱社会公共秩序而仍然予以编造、传播。实践中，间接故意也可能构成本罪，如行为人为实施其他犯罪，以编造的虚假恐怖信息作为完成其他犯罪的手段，行为人明知自己的行为可能会严重扰乱公共秩序，但为了实施其他违法犯罪行为，仍然放任虚假恐怖信息的传播，一旦构成本罪，罪过形态则为间接故意。过失不是本罪的罪过形态。虽然行为人在编造、传播虚假恐怖信息时伴有其他目的，但本罪不是目的犯，不需要行为人基于特定目的实施犯罪，故犯罪目的也不是本罪的构成要件。

（三）编造、故意传播虚假恐怖信息罪的司法认定

1. 本罪罪与非罪的界限

本罪的认定应当严格把握其犯罪构成的基本特征。通常来说，行为人主观上要有故意，客观上实施了编造或者故意传播虚假恐怖信息的行为，并且造成了严重扰乱社会秩序的后果，才能构成本罪。如果行为人不可能认识到其传播的信息为虚假恐怖信息，而是误以为真实信息，或者行为人传播的就是真实的恐怖信息，都不能构成本罪；如果行为人编造、传播的范围小，尚不足以达到严重扰乱社会秩序的程度，亦不能构成本罪。实践中需要注意的是，个别人出于仇恨、激于义愤，以某种方式告知对方要以制造爆炸事件来报复他人，但行为人既没有真实地实施爆炸犯罪的意图，实际上亦未实施爆炸犯罪就被抓获的，其如何定性？笔者认为，这种情况不宜认定为本罪。因为这种行为通常不会危害公共秩序，不符合本罪的本质要求。

2. 本罪与相近犯罪的界限

（1）本罪与敲诈勒索罪的界限。

实践中，行为人常以编造的虚假恐怖信息实施敲诈勒索，所以有必要将两罪予以区分：第一，客体不同，本罪的客体是公共秩序，敲诈勒索罪的客体是公民的财产权；第二，犯罪对象不完全相同，敲诈勒索的对象既包括编造虚假恐怖信息，也包括其他的方式，如杀人威胁，而本罪的犯罪对象只能为虚假恐怖信息；第三，犯罪成立标准不同，本罪以严重扰乱社会秩序为犯罪成立的重要标准，敲诈勒索则以数额较大为犯罪成立标准。

（2）本罪与编造并传播证券、期货交易虚假信息罪的界限。

虽然两罪编造、传播的都是虚假信息，但本罪与编造并传播证券、期货交易虚假信息罪在客体、客观方面、犯罪对象等方面都有所不同：第一，本罪侵犯的客体是社会公共秩序，而编造并传播证

券、期货交易虚假信息罪侵犯的客体是金融管理秩序；第二，本罪的犯罪对象为虚假恐怖信息，而编造并传播证券、期货交易虚假信息罪的犯罪对象为关于证券、期货交易的虚假信息；第三，本罪的客观方面表现为编造或者故意传播，而编造并传播证券、期货交易虚假信息罪的客观方面则表现为编造并传播。

3. 本罪的罪数形态问题

在司法实践中，本罪常与投放虚假危险物质罪，以编造恐怖信息的方式实施敲诈勒索犯罪、恐怖犯罪联系紧密。

第一，行为人既编造恐怖信息又将其传播的，应定一罪，如行为人既有编造恐怖信息的行为，又有传播别人编造的恐怖信息的行为，则应该数罪并罚。

第二，如果行为人投放虚假危险物质后，又将此消息传播出去的，原则上只认定为投放虚假危险物质罪；如果行为人投放虚假危险物质后，夸大事实，故意传播的，或者行为人既投放虚假危险物质，又编造或者传播其他虚假恐怖信息的，应当数罪并罚。

第三，行为人主观上是为了实施敲诈勒索，客观上采取了编造虚假恐怖信息方式。这在刑法理论上被称为牵连犯。对牵连犯的定罪和处罚，刑法明确规定数罪并罚的，依照刑法数罪并罚；刑法明确规定从一重罪处罚的，则依照刑法从一重罪处罚；刑法没有明确规定的，则从一重处断。

第四，行为人有组织、领导、参加恐怖组织的行为，同时又故意传播虚假恐怖信息的，是应数罪并罚还是定一罪？我们认为，行为人参加恐怖组织的目的就是实施恐怖犯罪活动，因而上述情形属牵连犯，应从一重罪即按组织、领导、参加恐怖组织罪定罪处罚。

4. 本罪的共犯问题

本罪属于任意共犯。年满 16 周岁、具有刑事责任能力的自然人共同实施投放危险物质罪，或者教唆、帮助他人实施投放危险物质罪的，构成本罪的共犯。如果行为人投放虚假危险物质后，为扩大影响，寻求他人帮助散布其投放虚假危险物质的消息，对于行为人，则宜认定为本罪与编造、故意传播虚假恐怖信息罪，数罪并罚；帮助其散布投放虚假危险物质消息的人，可以认定为故意传播虚假恐怖信息罪。

5. 本罪的停止形态问题

本罪属于结果犯，其结果属于非物质性结果，即必须严重扰乱社会秩序才会构成犯罪。在认定是否严重扰乱社会秩序上，需要根据特定时间、地点、人物、社会环境等多种因素考量。如果投放虚假危险物质未达到上述标准，该行为不宜被认定为本罪。因此，本罪的成立则构成既遂，不成立亦不构成犯罪，预备、未遂、中止形态无从谈起。

（四）编造、故意传播虚假恐怖信息罪的处罚

根据修正后的刑法第 291 条之一规定，犯本罪的，处 5 年以下有期徒刑、拘役或者管制；造成严重后果的，处 5 年以上有期徒刑。关于这里的"严重后果"，目前尚无明确标准，结合实际，我们认为以下情况可以认定为"严重后果"：大范围的社会秩序混乱，公众行为失常的，如疯狂抢购；发生踩踏事件，致 1 人以上死亡或者 3 人以上重伤的；导致航班、列车长时间延误，公共交通运输系统大范围停止或者长时间停止的；致使生产、科研、教学、机关工作等长时间无法进行的；其他严重后果的。

三十、投放虚假危险物质罪

（一）投放虚假危险物质罪的概念和法源

1. 投放虚假危险物质罪的概念

投放虚假危险物质罪，是指投放虚假的爆炸性、毒害性、放射性、传染病病原体等物质，严重扰乱社会秩序的行为。

2. 投放虚假危险物质罪的法源

自从美国发生"9·11"恐怖事件之后，我国也发生了两起白色粉末邮件事件，这些事件都给公众心理带来了恐慌，甚至一度对

邮件产生恐惧，严重扰乱了社会秩序。① 而近年来，我国的恐怖犯罪活动出现了不同的表现形式，既有传统的恐怖活动犯罪，如杀人、放火、爆炸等，也有一些现代化的犯罪手段，特别是出现了一些利用现代高科技手段进行的恐怖犯罪。恐怖活动组织或者实施恐怖活动的个人，在采用投放爆炸性、毒害性、放射性、传染病病原体等物质的手段进行恐怖犯罪活动的同时，也采取投放虚假的爆炸性、毒害性、放射性、传染病病原体等物质，给社会公众造成恐慌心理，严重扰乱社会秩序。2009 年，在新疆"7·5"事件发生后，正当新疆地区的民众心理陷入一片恐慌之时，木乎塔尔江·吐尔迪与阿曼尼萨古丽·卡迪尔以"针刺"的方式实施抢劫，造成公众恐慌心理加剧。同时，受这种方式影响，一些受到不公正待遇、对社会怀有敌视心态的人员借助人们对恐怖活动的恐惧心理，向机关、团体、企事业单位、个人或者向公共场所、公共交通工具投放假白粉、疑似炸弹物等，故意造成公众心理恐慌，严重扰乱社会秩序，试图引起社会关注。

虽然虚假的危险物质和恐怖信息与真正的危险物质和恐怖信息的直接危害后果不尽相同，但是其所带来的对人民群众的心理影响与真正的危险物质和恐怖信息并无不同，严重扰乱社会管理秩序，造成社会混乱，有的还会引起社会动荡和社会治安形势的急剧恶化，因此对这种行为应当予以刑事处罚。为了严厉打击这种严重扰乱社会秩序的犯罪行为，更好地维护国家安全和社会秩序，保障人民群众的生命安全和财产安全，2001 年 12 月 29 日，全国人大常委会通过《刑法修正案（三）》增设了本罪。根据该修正案第 8 条规定："投放虚假的爆炸性、毒害性、放射性、传染病病原体等物质，或者编造爆炸威胁、生化威胁、放射威胁等恐怖信息，或者明知是编造的恐怖信息而故意传播，严重扰乱社会秩序的，处五年以

---

① 吴孟栓、罗庆东著：《刑法立法修正适用通解》，中国检察出版社 2002 年版，第 285 页。

下有期徒刑、拘役或者管制；造成严重后果的，处五年以上有期徒刑。"

（二）投放虚假危险物质罪的构成特征

1. 客体特征

关于本罪侵犯的客体，在理论界有三种观点：第一种观点认为，本罪侵犯的客体为正常、安定的社会秩序；[1] 第二种观点认为，本罪侵犯的客体是社会秩序；[2] 第三种观点认为，本罪所侵犯的客体是公共秩序。[3] 结合刑法编排体例，本罪置于刑法分则第六章"妨害社会管理秩序罪"第一节"扰乱公共秩序罪"中，我们据此认为，三种观点对本罪客体的概括都是正确的，但具体而言，第三种观点可能更具有合理性，第三种观点将本罪的客体概括得更加具体、明晰。因此，我们坚持第三种观点，即本罪的客体是社会公共秩序，是国家对社会进行管理所形成的关乎社会公众利益的稳定状态，它包括国家机关、企事业单位、社会团体的工作秩序、生产经营秩序、教学科研秩序和社会公众的政治、经济、文化、生活、生产、娱乐秩序等，是人民群体安居乐业的基础，是一个国家和地区的刑法必须予以保护的社会关系。投放虚假的爆炸性、毒害性、放射性、传染病病原体等物质，必然造成社会公众的恐慌，使既有的稳定状态遭到破坏，引发社会混乱，民众生活秩序紊乱，甚至导致社会动荡不安和人民群众的生命、财产遭受重大损失。

本罪的犯罪对象为虚假的危险物质。危险物质，是指爆炸性、毒害性、放射性、传染病病原体以及其他与毒害性、放射性、传染病病原体危险性相当的物质。所谓"爆炸性"物质，主要是指能够引起爆炸，具有较大杀伤力的物品，如雷管、炸药、导爆索以及

---

[1] 赵秉志主编：《扰乱公共秩序罪》，中国人民公安大学出版社2003年版，第271页。

[2] 贺小电、翟玉华：《刑法修正罪名精释》，法律出版社2003年版，第253页；吴孟栓、罗庆东著：《刑法立法修正适用通解》，中国检察出版社2002年版，第285页。

[3] 王政勋著：《刑法修正论》，陕西人民出版社2001年版，第382页。

手榴弹、地雷等。所谓"毒害性"物质，主要是指能对人或动物的机体产生损害的有毒物质。它范围广泛，包括化学性有毒物质、生物性有毒物质和微生物类有毒物质。化学性有毒物质，也称人工合成有毒物质，如砒霜、鼠药、农药等；生物性有毒物质又可以分为植物性有毒物质和动物性有毒物质；微生物类有毒物质如肉毒杆菌等。"放射性"物质，主要是指通过裂变或者聚变释放出对人或动物产生严重辐射的危害物质，如铀、镭、钚等核材料。"传染病病原体"，是指通过空气、水流、人体接触或共用其他物质等方式在人体之间能够相互传染，并给人体造成危害的传染病菌种、毒种，如霍乱弧菌、天花病毒、艾滋病病毒、炭疽菌、肝炎病毒、结核杆菌等。关于"传染病病原体"，要依据传染病防治法及其实施细则来确定其种类。虚假危险物质则是指貌似上述爆炸性、毒害性、放射性物质和传染病病原体，但实质并不具有前述特性的物质。这里的"虚假"与编造、故意传播虚假恐怖信息罪的"虚假性"相同，故此不再赘述。

这里需要注意的是对虚假危险物质的判断，虚假危险物质在实施行为时是针对行为人而言的，即在危害行为实施过程中，行为人明知是虚假危险物质，其他社会公众均不知晓为虚假危险物质，而是认为该物质极有可能属于危险物质。经事后认定，该物质实际不具有危险性，此时无论是行为人还是普通公众，均认识到该物质为非危险物质。行为时，如果连普通公众都认为是"虚假危险物质"，实质上该物质的危险性已经被排除，也就不再是虚假危险物质，而是非危险物质，原则上不会引起危险物质所带来的恐慌和害怕，更不会严重扰乱社会秩序。这一点需要特别注意，切勿以为虚假危险物质投放后，普通公众也认定其为虚假的危险物质，将行为人的认识与受害对象的认识混为一谈。

2. 客观特征

本罪的客观方面表现为投放虚假的爆炸性、毒害性、放射性、传染病病原体等危险物质，严重扰乱公共秩序的行为。要正确地理解本罪的客观方面需要弄清以下几个方面的问题：

首先，必须投放虚假的爆炸性、毒害性、放射性、传染病病原体等危险物质。投放，是指行为人采取一定方式将虚假危险物质置于特定地点。由于本罪侵犯的客体是公共秩序，因此投放地点应为容易被不特定多数人发现的场所，只有这样才会达到危害公共秩序的效果。如果行为人将虚假危险物质投放于偏远山区或者无人能够发现的荒原、旷野，别说是虚假危险物质，就算是危险物质，亦不会危害公共秩序。所以，投放地点一般是工厂、矿场、油田、港口、河流、水源、住宅、森林、农场、谷场、牧场、重要建筑物、公用水池、舞厅、夜总会、医院、学校、展览馆、博物馆等人们的生活、工作或社会场所。① 至于投放方式，可以是亲自投掷、邮寄、置放、遗留、委托他人递送、喷洒，可以是秘密放置，也可以是公然放置。有人指出投放行为必须具有公然性，即要么公然投放，要么秘密投放后需要借用一定手段来公开其投放行为。② 笔者认为，投放行为不必然具有公然性，行为人不需要在投放虚假危险物质后再公然宣称其投放行为。具体理由如下：首先，立法并未要求其公然投放，将投放理解为具有公然性并不恰当；其次，本罪危害公共秩序，主要是指疑似危险物的虚假危险物质处于公共场所，导致公众恐慌，进而导致公共秩序混乱，而不是投放行为本身危害公共秩序。因此，投放行为是否具有公然性并不影响对犯罪行为的认定。

其次，必须严重扰乱公共秩序，即投放的虚假危险物质严重扰乱了公共秩序。是否严重扰乱公共程序，应从危险物质的形态，投放的时间、地点以及行为所引起的社会心理反应、所产生的社会影响、导致的公共秩序混乱的程度等方面综合判断。具体表现为：引

---

① 贺小电、翟玉华著：《刑法修正罪名精释》，法律出版社 2003 年版，第 251 页。

② 杨新京著：《刑修正案与立法解释》，中国检察出版社 2005 年版，第 150 页；赵秉志主编：《扰乱公共秩序罪》，中国人民公安大学出版社 2003 年版，第 271 页。

起一定区域内的多数民众心理恐慌，社会秩序混乱，生产、教学、科研、生活无法正常进行；使特定机关、团体、企事业单位的工作无法正常开展，造成严重影响；导致航班、列车延误或者公共交通运输系统长时间暂停；致使社会各界为排除虚假险情花费大量人力、物力、财力，造成数额巨大的公共经费不当支出，等等。当然，是否严重扰乱公共秩序，需要结合投放虚假危险物质的时间、地点、受众等多种因素考量。

本罪的危害对象是不特定多数人的人身安全和财产安全。本罪危害的是公共秩序，公共秩序是关乎不特定多数人的生命、健康和财产安全的有条不紊的状态，虽然严重扰乱社会秩序并不必然侵害公众的生命、健康和财产安全，但是以此为对象的。

3. 主体特征

本罪的主体为一般主体，年满 16 周岁、具有刑事责任能力的自然人均可构成本罪的主体。单位不是本罪的主体。但是，如果单位为了获取非法利益，共同研究决定散布虚假恐怖信息的，应当追究单位直接负责的主管人员和直接责任人员的刑事责任，对单位不予刑事处罚。

4. 主观特征

本罪的主观方面为故意，包括直接故意和间接故意。一般而言，本罪主要由直接故意构成，即行为人明知自己投放的虚假危险物质会严重扰乱社会公共秩序而仍然予以投放。实践中，间接故意也可能构成本罪，如行为人为实施其他犯罪，在公共场所投放虚假危险物质作为完成其他犯罪的手段，行为人明知自己的行为可能会严重扰乱公共秩序，但为了实施其他违法犯罪行为，仍然放任自己投放虚假危险物质，一旦构成本罪，罪过形态则为间接故意。过失不是本罪的罪过形态。

（三）投放虚假危险物质罪的司法认定

1. 本罪罪与非罪的界限

本罪的认定应当严格把握其犯罪构成特征。通常来说，只有行为人明确认识到投放的虚假危险物质会严重扰乱公共秩序而仍然为之的，才构成本罪。如果行为人在主观上不认为自己投放的是虚假危险物质，客观上该物质也不是危险物质，即使被公众或者相关人员误认为是危险物质的，也不能构成本罪。同时，如果行为人投放的是真实的危险物质，将构成投放危险物质罪，而不是本罪。如果行为人投放的危险物质极易被公众或者他人识破，没有造成严重扰乱公共秩序的结果，也不构成本罪。

2. 本罪与相近犯罪的界限

（1）本罪与投放危险物质罪的界限。

本罪与投放危险物质罪的客体、犯罪对象、犯罪主体、危害对象不同：第一，本罪侵犯的客体是社会公共秩序，投放危险物质罪侵犯的客体是公共安全；第二，本罪的犯罪对象是虚假危险物质，投放危险物质罪的犯罪对象是危险物质；第三，本罪的主体是年满16周岁、具有刑事责任能力的自然人，投放危险物质罪的主体，通说认为是年满14周岁、具有刑事责任能力的自然人；第四，本罪的危害对象是不特定多数人的生产生活秩序，而投放危险物质罪则可能造成不特定多数人的生命、健康、财产损害的实害结果。

（2）本罪与编造、故意传播虚假恐怖信息罪的界限。

两罪在客体、主体、主观罪过方面都相同，但在客观方面不同：第一，行为方式不同，本罪的行为方式表现为投放，编造、故意传播虚假恐怖信息罪的行为方式表现为编造、故意传播，两者存在差异；第二，行为对象不同，本罪的行为对象为虚假危险物质，即虚假的爆炸性、毒害性、放射性、传染病病原体等物质，编造、故意传播虚假恐怖信息罪的行为对象为虚假的恐怖信息，即虚假的爆炸威胁、生化威胁、放射威胁等恐怖信息。

3. 本罪的罪数形态问题

通常来说，行为人故意投放虚假危险物质后，非常希望公众知晓其投放了危险物质，可能会通过网络、电话、信函等方式将消息散布出去，引发公众恐慌，严重扰乱公共秩序。此时，行为人的行为不仅构成了本罪，还构成了编造、故意传播虚假恐怖信息罪，由于编造、故意传播虚假恐怖信息的行为是投放虚假危险物质行为的后续行为，一般只定投放虚假危险物质罪。如果行为人为了引发恐慌和引起关注，虽然投放了虚假危险物质，但夸大事实，如增加投放地点和数量，应当按照本罪与编造、故意传播虚假恐怖信息罪数罪并罚。如果行为人投放虚假危险物质时错误投放了真实的危险物质，则构成本罪与投放危险物质罪的想象竞合犯，应从一重处断，定投放危险物质罪。

4. 本罪的共犯问题

本罪属于任意共犯，年满 16 周岁、具有刑事责任能力的自然人共同实施投放危险物质行为，或者教唆、帮助他人实施投放危险物质行为的，构成本罪的共犯。如果行为人投放虚假危险物质后，为扩大影响，寻求他人帮助散布其投放虚假危险物质的消息，对于行为人，则宜认定为本罪与编造、故意传播虚假恐怖信息罪，数罪并罚；对于帮助其散布投放虚假危险物质消息的人可以认定为故意传播虚假恐怖信息罪。

5. 本罪的停止形态问题

本罪属于结果犯，其结果属于非物质性结果，即必须严重扰乱社会秩序才会构成犯罪。虽然是否严重扰乱社会秩序无刚性标准，在认定上需要根据特定时间、地点、人物、社会环境等多种因素考量，但是如果投放虚假危险物质未达到此标准，则该行为不构成犯罪。因此，本罪的成立亦达到既遂，不成立则不构成犯罪，预备、未遂、中止形态也无从谈起。①

（四）投放虚假危险物质罪的处罚

根据修正后的刑法第 291 条之一规定，犯本罪的，处 5 年以下有期徒刑、拘役或者管制；造成严重后果的，处 5 年以上有期徒

---

① 不同观点请参见江礼华主编：《刑法新增罪的司法认定》，中国检察出版社 2003 年版，第 364 页。

刑。这里的"严重后果"，目前尚无明确标准，结合实际，我们认为以下情况可以认定为"严重后果"：大范围的社会秩序混乱，公众行为失常的；发生踩踏事件，致 1 人以上死亡或者 3 人以上重伤的；导致航班、列车长时间延误，公共交通运输系统大范围停止或者长时间停止的；致使生产、科研、教学、机关工作等长时间无法进行的；其他严重后果的。

三十一、开设赌场罪

（一）开设赌场罪的概念与法源

1. 开设赌场罪的概念

开设赌场罪，是指行为人以营利为目的，营业性地为赌博提供场所，设定赌博方式，提供赌具、筹码、资金等组织赌博的行为。

2. 开设赌场罪的法源

1979 年颁布的我国第一部刑法第 168 条规定的赌博罪是"以营利为目的，聚众赌博或以赌博为业的，处 3 年以下有期徒刑，拘役或者管制，可以并处罚金"，而没有明确将"开设赌场"行为规定为赌博罪的一种行为方式。1997 年刑法在保留了赌博罪的同时做了修订，"以营利为目的，聚众赌博、开设赌场或者以赌博为业的，处 3 年以下有期徒刑，拘役或者管制，并处罚金"。与 1979 年刑法相比，主要有两处修改变化：一是将"开设赌场"行为从聚众赌博中分立出来，明确将"开设赌场"行为规定为犯罪；二是加强了对这种犯罪的刑罚处罚力度，将罚金刑由选科改为并科。

2005 年 5 月 13 日发布的最高人民法院、最高人民检察院《关于办理赌博刑事案件具体应用法律若干问题的解释》第 2 条规定："以营利为目的，在计算机网络上建立赌博网站，或者为赌博网站担任代理，接受投注的，属于刑法第三百零三条规定的'开设赌场'。"

由于开设赌场具有严重的社会危害性，建议修改赌博罪，从重打击开设赌场行为的呼声越来越强烈，立法机关接受了这一建议，

《刑法修正案（六）》第18条规定："将刑法第三百零三条修改为：
"以营利为目的，聚众赌博或者以赌博为业的，处三年以下有期徒刑、拘役或者管制，并处罚金。开设赌场的，处三年以下有期徒刑、拘役或者管制，并处罚金；情节严重的，处三年以上十年以下有期徒刑，并处罚金。"

（二）开设赌场罪的构成特征

1. 客体特征

本罪侵犯的客体为社会管理秩序，主要是对社会主义风尚的破坏。开设赌场的行为本质上是行为人的一种营业行为，而相对于其他合法的营业行为来说，之所以将其归罪是因为这种行为不仅破坏了社会的管理秩序，同时也不利于社会主义良好风尚的形成。开设赌场吸纳参赌者参与赌博，尽管参赌者是自愿处分自己的财产，但是开设赌场的行为人往往通过幕后操纵赌博而使参赌者的财产处于危险状态。并且这种开设赌场的行为的潜在危害性也是巨大的，根据司法实践的经验来看，这种开设赌场的行为有着非常严密的组织，而且通常被黑社会性质的组织所控制，且这其中会涉及某些暴力犯罪，如故意伤害罪、故意杀人罪、非法拘禁罪等。

开设赌场的行为区别于一般的赌博行为，其社会危害性相对于前者来说更为巨大，除了前述的几种原因之外，由于开设赌场的行为涉及的金额较大，其吸纳赌徒的行为使人民群众沉溺于赌博，无心生产和工作，更严重的是它还毒害了人们的思想，导致大众产生投机心理，使人们产生不劳而获的侥幸心理，滋生懒惰及浪费的恶习，败坏个人品德，造成家庭纠纷和矛盾，有损社会健全的淳俗美风，败坏了社会风气。开设赌场行为严重影响正常的工作与学习，降低了人们的劳动积极性，引起社会秩序的混乱，影响社会的稳定及和谐，严重妨害社会管理秩序。因而我国刑法将之归入扰乱公共秩序罪一节中是比较合理的。

2. 客观特征

本罪在客观方面表现为行为人为赌博提供场所，设定赌博方式，提供赌具、筹码、资金等组织赌博的行为。理解本罪的客观方面需要注意以下几个方面的问题：

"为赌博提供场所"的行为，这里用于赌博的场所应当是固定或者常设的，既可以是公共场合又可以是自己或他人住宅等隐蔽场所，这个场所的存在是为赌博的人提供稳定的活动地点以及赌博工具。这些场所并不需要为开设赌场的人所有，只要在一定期间内受其直接或间接支配即可，即相对固定的场所用来供人从事赌博这项活动。

"设定赌博方式"的行为，根据司法实践中的经验可知，各赌博场所会有赌博方式的差异，主要存在一般性的赌博方式，如老虎机、扑克牌、麻将牌等，以及网络赌博的方式，后一种赌博方式随着网络的发展，有愈演愈烈的趋势，实践中网络赌博主要有以下几种方式：第一种情形，通过网络进行的传统赌博方式，如打麻将、百家乐、二十一点等；第二种情形，以体育竞技类比赛中参赛选手或参赛队伍的输赢、名次、进球数等作为赌注对象的网络游戏；第三种情形，以金融证券市场走势作为赌注对象的网络赌博；第四种情形，利用网络游戏从事赌博或变相赌博活动；第五种情形，通过信息平台和手机短信进行的"竞猜"活动，实际上是变相圈钱的博彩行为。

3. 主体特征

本罪的犯罪主体是一般犯罪主体，即年满16周岁的具有刑事责任能力的自然人。需注意的是现行刑法规定的开设赌场罪，单位不能构成。关于这一问题，笔者有一些自己的看法。

根据刑法第30条规定："公司、企业、事业单位、机关、团体实施的危害社会的行为，法律规定为单位犯罪的，应当负刑事责任。"但若法律没有规定为单位犯罪的，单位不负刑事责任。[①] 但

---

① 袁小文：《我国赌博犯罪立法问题研究》，湘潭大学2004年硕士学位论文，第41页。

是在实际生活中，以酒店、宾馆等单位面目出现的"开设赌场"的行为也客观存在，近些年来有上升趋势，一些酒店、宾馆为了谋取经济利益，以酒店、宾馆的名义开设赌场，造成了极其恶劣的社会影响。

针对现实生活中大量存在的单位开设赌场的行为，且其社会危害性远远大于个人开设赌场的行为，首先从赌场的资金投入来说，其规模大于个人开设赌场的行为，另外其管理的能力也优于个人，因而笔者认为应当将开设赌场罪的犯罪主体扩大，将单位纳入其中。

另外，关于单位共同犯罪的行为，明知他人实施开设赌场活动而为之提供帮助行为的单位也大量存在，如有些单位明知他人实施开设赌场活动，仍然为之提供资金和场所、为网络赌博者提供网络接入等帮助行为，这些行为完全符合《关于办理赌博刑事案件具体应用法律若干问题的解释》第4条规定的开设赌场罪的共同犯罪形式，具有严重的社会危害性，也应当构成开设赌场罪。

4. 主观特征

本罪在主观方面是故意，且为直接的故意，即行为人明知自己为赌博提供场所，设定赌博方式，提供赌具、筹码、资金等组织赌博的行为会发生危害社会的结果，但为了追求营利，仍然希望这种结果的发生，本罪不存在间接的故意。

另外，本罪的成立需要行为人以营利为目的。正如前文所说，关于这一问题，刑法理论界存在不同的观点，有学者认为此罪的成立不需要主观上以营利为目的；另有学者坚持，以营利为目的是该罪成立的隐性条件，笔者赞成后一种观点。

《刑法修正案（六）》将开设赌场的行为从赌博罪中单独分离出来，而我国刑法第303条关于赌博罪的规定是以营利为目的，也就是说以营利为目的是赌博罪成立的条件之一。那么作为其分离之罪的开设赌场罪理应也是需要以营利为目的的，尽管刑法条文中没有明确的规定，这是立法技术的问题。例如，我国刑法条文中关于某些金融诈骗类犯罪的规定，尽管条文中没有明确规定"以非法占有的目的"，但是根据对诈骗罪的规定我们可以推定认为这一类犯罪也都应当"以非法占有为目的"。因而在司法实践中我们应当以营利为目的去认定开设赌场罪。

（三）开设赌场罪的司法认定

1. 本罪罪与非罪的界限

根据最高人民法院、最高人民检察院《关于办理赌博刑事案件具体应用法律若干问题的解释》第9条规定："不以营利为目的，进行带有少量财物输赢的娱乐活动，以及提供棋牌室等娱乐场所只收取正常的场所和服务费用的经营行为等，不以赌博论处。"随着人民生活水平的提高，棋牌室等娱乐场所越来越多，有些利用棋牌室等场所开设赌场等行为也越来越多。因为提供棋牌室等娱乐场所只收取正常的场所与服务费的经营行为既不构成犯罪，也不构成违法。因此，区分棋牌室等娱乐场所的正常经营活动和违法犯罪问题就显得十分重要。

开设赌场犯罪行为与棋牌室等娱乐场所的正常经营行为的相同之处在于，行为人都提供了场所与用具，都收取一定的费用，并且都是针对不特定的对象。但二者的不同之处表现在棋牌室等娱乐场所的正常经营行为是合法的，而开设赌场是违法的。正常经营棋牌室等娱乐场所需要经过合法登记，如果棋牌室是公司性质，首先应到当地市行政审批中心工商窗口核准名称，领取一份名称核准登记表，到表格上指定的登记机关办理登记手续。如果该棋牌室是个体性质，直接到棋牌室所在的工商所办理即可。而开设赌场是违法的，我国不承认任何形式的赌场的合法性。另外，赌场收取的费用明显高于棋牌室等娱乐场所收取的费用。开设赌场者不只提供扑克、麻将、象棋等普通的娱乐工具，还会提供老虎机、角子机等高级赌博工具，有的还要求兑换筹码才能进场。而棋牌室等娱乐场所的正常经营行为则只会提供扑克、麻将、象棋等普通的娱乐工具，也不要求兑换筹码就可进场。

虽然棋牌室等娱乐场所的正常经营行为是合法的，但是也要求有合法的营业执照，若没有办理营业执照，但只收取与当地其他正规棋牌室等娱乐场所的收费相当的费用，且输赢与营业者无关，这只是一种违法经营行为，而不能认定为开设赌场。若棋牌室等娱乐场所的经营行为既没有合法的营业执照，又收取明显高于当地其他正规棋牌室等娱乐场所的收费相当的费用或者其输赢与营业者有关，应认定为开设赌场行为。

2. 本罪与相近犯罪的界限

（1）本罪与赌博罪的界限。

本罪与赌博罪的界限主要在于本罪与赌博罪之聚众赌博行为的区分上，《刑法修正案（六）》出台之前，提供赌场召集赌徒赌博的行为，无论是认定为聚众赌博，还是认定为开设赌场，最后都是定赌博罪，刑期也一样，区分的意义并不大。但《刑法修正案（六）》实施之后，由于两种行为的犯罪构成要件不一样，尤其是刑期差别很大，必须准确区分这两种行为，才能罚当其罪。

由于聚众赌博中也牵涉了赌场的问题，因而需要对开设赌场罪的赌场进行界定，开设赌场罪中的赌场不是指一般进行赌博的场所，而是指由行为人控制，具有一定的连续性和稳定性，专门用于赌博活动，并且在一定范围内为他人所知晓的地方。而聚众赌博中的赌场相对于开设赌场罪的赌场来说，首先它不是固定的场所，且该场所处于不定的变换当中，是由参赌者确定的，因为不具有稳定性和连续性；另外聚众赌博中的赌场具有临时的聚合性，赌博方式也不确定，也是由参赌者自行确定的；关于参赌的人员，开设赌场罪的参赌者是不确定的，而聚众赌博的人员一般来说是一些固定的熟人。

（2）本罪与非法经营罪的界限。

我国刑法第225条是这样规定非法经营罪的："违反国家规定，有下列非法经营行为之一，扰乱市场秩序，情节严重的，处五年以下有期徒刑或者拘役，并处或者单处违法所得一倍以上五倍以下罚金；情节特别严重的，处五年以上有期徒刑，并处违法所得一倍以上五倍以下罚金或者没收财产：（一）未经许可经营法律、行政法规规定的专营、专卖物品或者其他限制买卖的物品的；（二）买卖进出口许可证、进出口原产地证明以及其他法律、行政法规规定的经营许可证或者批准文件的；（三）未经国家有关主管部门批准，非法经营证券、期货、保险业务的，或者非法从事资金支付结算业务的。"

目前，国内利用"六合彩"等非法彩票组织赌博案件的形式主要有两种：一种是利用香港"六合彩"中奖号码进行猜码收受投注的外围赌博活动；另一种是擅自发行、销售"私彩"，收受投注的行为。对这种行为，构成犯罪的，《关于办理赌博刑事案件具体应用法律若干问题的解释》第6条明确规定以非法经营罪定罪处罚。

非法发行、销售彩票行为侵害了国家对彩票的管理制度，严重扰乱了市场秩序，是一种非法经营行为，开设赌场罪也是违反国家法律从事非法经营活动，与非法经营罪的某些行为十分相似，但是两者也存在着不同之处：（1）非法经营罪侵犯的客体是国家对市场的管理秩序。为了维护市场秩序，国家要通过一系列的法律、行政法规来规范其运营机制。任何违反这些法律、法规所进行的经营都必定会扰乱国家的市场管理秩序。而开设赌场罪表面上是造成参赌者财产的损失，但实际上造成的危害是损害社会安全与善良风俗。（2）从事非法经营活动，本身这些经营的商品或业务是合法的，并不是我国法律所禁止的，只是这种经营的行为未经国家有关主管部门的批准，不符合国家有关经营行为的规定，侵犯的只是国家对有关专营、专卖市场的管理活动。①

3. 本罪的罪数形态问题

如前文所述，开设赌场的行为往往会涉及某些暴力性犯罪以及

---

① 王荷春：《"六合彩"犯罪的定性分析》，北京对外经济贸易大学2006年硕士学位论文，第23页。

黑社会性质组织犯罪。我国刑法第294条规定，有组织、领导、参加黑社会性质组织的行为，又有其他犯罪行为的，应依照数罪并罚的规定处罚。

开设赌场者扣留、伤害、杀害赌徒的过程中实施了两个犯罪行为，即开设赌场与扣留、伤害、杀害赌徒行为。这两个行为具有两个不同的犯罪故意，既有开设赌场的犯罪故意，也有扣留、伤害、杀害赌徒的犯罪故意，同时符合两个罪的构成要件。对开设赌场认定为开设赌场罪，对扣留、伤害、杀害赌徒行为应认定为非法拘禁罪、故意伤害罪或者故意杀人罪，数罪并罚。①

4. 本罪的共犯问题

最高人民法院、最高人民检察院《关于办理赌博刑事案件具体应用法律若干问题的解释》第4条对此作出明确的规定，明知他人实施赌博犯罪活动，而为其提供资金、计算机网络、通讯、费用结算等直接帮助的，以赌博罪的共犯论处。在认定开设赌场罪的共犯时一定要注意必须有共同的开设赌场的故意，即要有证据证明行为人明知他人在实施开设赌场犯罪。行为人的认识状态是明知，认识内容是他人在实施开设赌场犯罪，并且行为人必须为他人的开设赌场行为提供了资金、计算机网络、费用结算等直接帮助。在此要说明的是，这里的意思的联络和沟通可以是双向的也可以是单向的，即使他人不知情也不影响开设赌场罪的成立。

5. 本罪的停止形态问题

本罪是行为犯。所谓行为犯，是指以危害行为的完成作为犯罪客观要件齐备标准的犯罪。只要行为人完成了刑法规定的犯罪行为，犯罪的客观方面即为完备，犯罪即成立既遂形态。因此，对于开设赌场罪，只要开设赌场者的行为完成了刑法规定的开设赌场罪的行为，开设赌场罪的客观方面即为完备，开设赌场罪即成立既遂

---

① 苏长青、于志刚：《中国惩治赌博犯罪的立法沿革》，载《中国人民大学学报》1998年第2期。

形态。也就是说，开设赌场者具有营利的目的并且实施了开设赌场行为，就构成开设赌场罪的既遂，不要求已经在赌场内进行了赌博。但如果仅仅是单纯地为开设赌场准备赌博工具，在赌场内并没有同赌博者接触，只能理解为开设赌场罪的预备行为，而不能认定为开设赌场罪的既遂。

（四）开设赌场罪的处罚

根据修正后的刑法第 303 条第 2 款的规定，犯本罪的，处 3 年以下有期徒刑、拘役或者管制，并处罚金；情节严重的，处 3 年以上 10 年以下有期徒刑，并处罚金。

三十二、非法收购、运输、加工、出售国家重点保护植物、国家重点保护植物制品罪

（一）非法收购、运输、加工、出售国家重点保护植物、国家重点保护植物制品罪的概念与法源

1. 非法收购、运输、加工、出售国家重点保护植物、国家重点保护植物制品罪的概念

非法收购、运输、加工、出售国家重点保护植物、国家重点保护植物制品罪，是指违反国家森林资源管理的法律法规，非法收购、运输、加工、出售珍贵树木或者国家重点保护的其他植物及其制品的行为。

2. 非法收购、运输、加工、出售国家重点保护植物、国家重点保护植物制品罪的法源

关于国家对于珍贵植物的保护，可以追溯到 1975 年，原农业部曾发布《关于保护、开展和合理利用珍稀树种的通知》，这是针对珍贵树种的专门保护。1979 年刑法没有规定对珍贵树木进行保护，仅规定了盗伐、滥伐林木罪。直到 1987 年，最高人民法院、最高人民检察院联合发布了《关于办理盗伐、滥伐林木案件应用法律的几个问题的解释》，规定盗伐、滥伐、破坏珍贵树木的，应当认定为属于情节严重的盗伐、滥伐林木罪的行为，应依法追究刑

事责任。

1994 年 5 月 26 日，林业部发布了《关于切实保护国家珍贵濒危树种的紧急通知》，同年 9 月 12 日最高人民法院、最高人民检察院、公安部、林业部联合发布了《关于严厉打击破坏森林资源违法犯罪活动的通知》，增加了对此类犯罪的打击力度。

1996 年 9 月 30 日国务院颁布的《野生植物保护条例》进一步明确破坏野生植物构成犯罪的，依法追究刑事责任，但是直至此时，仍然没有关于该类行为的独立罪名。直到 1997 年修订刑法时，增设了非法采伐、毁坏珍贵树木罪这一新的罪名，从而弥补了刑事立法方面打击此类犯罪的空白，但是这一规定仍然存在很大的局限性，因为它仅限于惩治非法采伐、毁坏珍贵树木的行为，对于采用其他手段破坏珍贵树木，以及对于与破坏珍贵树木相关的行为，如收购、运输、出售、加工等，都缺乏明确的规定。为此，《刑法修正案（四）》第 6 条将刑法第 344 条的非法采伐、毁坏珍贵树木罪改为非法采伐、毁坏国家重点保护植物罪，扩大了刑法的保护范围。同时，在原来一罪的基础上又增加了一个新的罪名。根据《刑法修正案（四）》的规定以及 2003 年 8 月 21 日施行的最高人民法院和最高人民检察院《关于执行中华人民共和国刑法确定罪名的补充规定（二）》，这一新的罪名为非法收购、运输、加工、出售国家重点保护植物、国家重点保护植物制品罪。

（二）非法收购、运输、加工、出售国家重点保护植物、国家重点保护植物制品罪的构成特征

1. 客体特征

关于本罪侵犯的客体，有学者认为是国家森林保护制度①，也

---

① 参见高铭暄、马克昌主编：《刑法学》，北京大学出版社、高等教育出版社 2000 年版，第 589 页。

有学者认为本罪是对国家关于珍贵树木的管理制度的侵犯①，还有学者认为该罪侵犯的是国家对林业资源的管理制度②。可见对于该问题，虽然存在不同的观点，且都有各自的理由，但就笔者来看，尽管说法不一，但是究其本质来看都一样，只是各自的侧重点有所不同罢了，从上述的三种表述可以看出，侵犯客体的范围划分上存在不同，第一种观点的范围明要大于后两者，对于后两者客体的侵犯自然也是对第一种观点的客体的侵犯。因而笔者认为以上三种观点都可以说明本罪的客体。

　　结合以上三种观点，笔者认为本罪的客体是国家的林业管理制度。包括林木区域、分布、林木种植、林木树种规划、林木采伐等各项林业管理制度。这些制度以森林法为代表，包括其他国家森林保护法规以及地方森林保护法规。

　　另外，本罪的犯罪对象只能是国家重点保护植物及其制品，而不是所有的珍贵野生植物及制品。根据《野生植物保护条例》第2条第2款和第3款规定："本条例所保护的野生植物，是指原生地天然生长的珍贵植物和原生地天然生长并具有重要经济、科学研究、文化价值的濒危、稀有植物。药用野生植物和城市园林、自然保护区、风景名胜区内的野生植物的保护，同时适用有关法律、行政法规。"第10条规定："野生植物分为国家重点保护野生植物和地方重点保护野生植物。国家重点保护野生植物分为国家一级保护野生植物和国家二级保护野生植物……"该条例附录所载的《国家重点保护野生植物名录》共罗列了一类保护植物8种，二类保护植物143种，三类保护植物222种。其中的国家重点保护植物皆属本罪对象。1992年10月林业部发布了《关于保护珍贵树种的通

---

　　① 参见赵秉志主编：《新刑法全书》，中国人民公安大学出版社1997年版，第151页。

　　② 参见周道鸾主编：《刑法的修改与适用》，人民法院出版社1997年版，第699页。

知》并重新修订了《国家珍贵树种名录》，将珍贵树种分为两级，一级 37 种，二级 95 种。凡载入林业部 1992 年颁布的《国家珍贵树种名录》，以及《野生植物保护条例》附件《国家重点保护野生植物名录》所列的树木皆为国家重点保护植物。未列入这两个名录的树木不能成为本罪的对象。

2. 客观特征

本罪在客观方面表现为违反国家规定，非法收购、运输、加工、出售珍贵树木或者国家重点保护的其他植物及其制品的行为。行为人购买植物及制品不构成本罪。

"违反国家规定"，是指违反国家关于珍贵林木的保护规定，以森林法、种子法、《野生植物保护条例》等法律或者行政规定为代表。

"非法收购"，是指未经有关部门批准，以金钱作价购买珍贵树木或者国家重点保护的其他植物制品。包括以营利、自用等为目的的购买行为。

"非法运输"，是指未经有关部门批准，在中国境内将珍贵树木或者国家重点保护的其他植物制品从一个地方运送到另一个地方，包括采用携带、邮寄、利用他人、使用交通工具等方法进行运送的行为。

"非法加工"，是指未经有关部门的批准，将珍贵树木或者国家重点保护的其他植物作为原料采取雕刻等方法制成工艺品等各种成品，或者将珍贵树木或者国家重点保护的其他植物的半成品制成某种成品，或者将珍贵树木或者国家重点保护的其他植物的成品进行进一步的处理使之成为更完美、更精致的成品的行为。

"非法出售"，是指未经有关部门的批准，以牟利为目的的作价销售珍贵树木或者国家重点保护的其他植物及其制品的行为。

本罪是一个选择性罪名，即无论行为人实施其中的一种行为，还是实施其中的数种行为，均可以构成该罪。其中通过对本罪客观行为的理解可知，其中的收购与出售行为通常是一种双向行为。但凡收购者,都存在意欲出售的倾向(当然个别收购者的目的是欣赏、收藏或者加工)。收购者和出售者可同时构成本罪。运输行为往往不单独存在,而是与收购、出售行为相结合,但并不排除行为人受雇专门为他人的出售、收购行为进行加工的情况。加工行为也经常和收购、出售行为相结合而存在。①

3. 主体特征

本罪主体为一般主体,即凡年满 16 周岁、具备刑事责任能力的人均可成为本罪主体,根据本法第 346 条的规定,单位亦可成为本罪主体。

4. 主观特征

本罪在主观方面表现为故意,过失不构成本罪。关于非法收购、运输、加工、出售国家重点保护植物、国家重点保护植物制品以何为目的,在所不问。非法收购、运输、加工、出售国家重点保护植物、国家重点保护植物制品,有的是以营利为目的,有的仅仅是为了搭建住宅而使用,有的是为了采集标本进行科学研究而使用,但无论出于何种目的,只要行为人明知是国家重点保护植物而予以收购的,主观上即存有故意。至于不知道树木是国家重点保护植物而收购的,不构成本罪。

(三)非法收购、运输、加工、出售国家重点保护植物、国家重点保护植物制品罪的司法认定

1. 本罪罪与非罪的界限

根据该罪的条文规定可知,本罪是行为犯,即只要实施本罪行为的,即可构成本罪。但是根据《野生植物保护条例》第 24 条规定:"违反本条例规定,出售、收购国家重点保护野生植物的,由工商行政管理部门或者野生植物行政主管部门按照职责分工没收野生植物和违法所得,可以并处违法所得 10 倍以下的罚款。"因此,对于非法收购、运输、加工、出售国家重点保护植物及其制品的行

---

① 参见王俊平主编:《刑法新增犯罪补充》,人民法院出版社 2004 年版,第 240 页。

为并非一实施就构成犯罪，而是根据其情节决定是进行行政处罚还是追究刑事责任。[①] 因而在认定罪与非罪的界限上，可以借助刑法第13条规定的"情节显著轻微危害不大的，不认为是犯罪"来进行界定，笔者认为可以从行为人犯罪行为量上，以及犯罪之后的表现等各方面来把握，如若行为人非法收购、运输、加工、出售的国家重点保护植物及其制品的量很少，且是初犯或者犯罪之后有自首情节或者主动弥补损失的可以不认定为是犯罪，只需依照《野生植物保护条例》进行行政处罚即可。

另外，在该罪的认定上，情节严重的可以构成情节加重犯。所谓"情节严重的"，根据最高人民法院《关于审理破坏森林资源刑事案件具体应用法律若干问题的解释》的规定，是指：（1）非法采伐珍贵树木2株以上或者毁坏珍贵树木致使珍贵树木死亡3株以上的；（2）非法采伐珍贵树木2立方米以上的；（3）为首组织、策划、指挥非法采伐或者毁坏珍贵树木的；（4）其他情节严重的情形。

2. 本罪与近似犯罪的界限

（1）本罪与非法收购、运输盗伐、滥伐的林木罪的界限。

本罪与非法收购、运输盗伐、滥伐的林木罪在主观方面都是只有故意才能构成，另外在客观方面都是实施了非法收购、运输林木的行为。两罪的区别在于以下两个方面：一是犯罪对象不同，本罪的犯罪对象是珍贵树木、国家重点保护的其他植物及其制品，而非法收购、运输盗伐、滥伐的林木罪的犯罪对象为普通林木；二是客观方面不同，本罪在客观方面表现为非法收购、运输、加工、出售珍贵树木、国家重点保护的其他植物及其制品四类行为，而非法收购、运输盗伐、滥伐的林木罪在客观方面仅表现为非法收购、运输盗伐、滥伐的林木两种行为。

---

① 参见王俊平主编：《刑法新增犯罪补充》，人民法院出版社2004年版，第245页。

（2）本罪与走私珍稀植物、珍稀植物制品罪的界限。

本罪与走私珍稀植物、珍稀植物制品罪的区别主要表现在以下三个方面，一是犯罪的客观方面不同，本罪在客观方面表现为，违反森林法的规定，收购、运输、加工、出售国家重点保护植物及其制品的行为，而走私珍稀植物、珍稀植物制品罪的客观方面表现为违反海关法规，逃避海关监管，将国家禁止进出口的珍稀植物及其制品运输、携带、邮寄出境的行为；二是犯罪客体不同，本罪侵犯的客体是国家的林业管理制度，而走私珍稀植物、珍稀植物制品罪的客体是国家对珍稀植物及其制品的外贸管理制度；三是犯罪对象不同，二者在犯罪对象上存在一定的交叉，即本罪除了某些珍稀植物以外还包括其他一些年代久远或者具有重要历史意义的古树名木，而走私珍稀植物、珍稀植物制品罪的犯罪客体仅为国家重点保护的珍稀植物及其制品。

3. 本罪的罪数形态问题

关于本罪的罪数形态，实践中主要涉及两类问题，一是行为人实施非法采伐国家重点保护植物同时又实施本罪的行为，构成犯罪如何认定的问题；二是行为人在实施本罪行为之后，又实施走私珍稀植物、珍稀植物制品罪的行为又应当如何认定。

针对第一个问题，实践中要根据以下不同情况来进行认定：一是行为人首先实施非法采伐、毁坏国家重点保护植物的行为，而后又实施本罪的，如果两种行为均构成犯罪，则应当实施数罪并罚；若其中有一罪没有构成犯罪的，则只定一罪，没有构成犯罪的行为可以在定罪处罚时作为量刑情节从重处罚。二是行为人以牟利为目的，为了加工、出售国家重点保护的植物而进行采伐、毁坏国家重点保护的植物的行为的，可以参照牵连犯的原则，择一重罪进行定罪处罚。

第二个问题也是根据情况区别对待，一是行为人分别实施这两种犯罪行为，两种犯罪行为之间不存在牵连关系的，应将这两种行为分别定罪，进行数罪并罚。二是行为人为了走私珍稀植物而实施非法收购、运输、加工、出售行为的，对于这一种情况，也是应当参照牵连犯处罚原则，择一重罪进行定罪处罚，而不实施数罪并罚。

4. 本罪的共犯问题

行为人没有单独出售国家重点保护植物制品的，也没有收购国家重点保护植物制品的行为，仅仅是在买方与卖方之间担任介绍人角色的，这种情况之下应当如何认定行为人的行为？

笔者认为，该问题可以参照刑法上介绍贿赂罪的处理方法，首先这种介绍买卖的行为是具有严重的社会危害性的，毫无疑问这种行为是构成犯罪的，但是关于该行为却没有如介绍贿赂罪一般的介绍买卖国家重点保护植物制品罪，所以对于该种行为的处理，应当根据行为人的行为来认定，主要是分为以下两种情况：一是如果介绍人在明知行为人意欲出售的是国家重点保护的植物制品的，而为其寻找买家的，可以认定其为出售国家重点保护植物制品罪的共同犯罪；二是如若行为人主动为买家寻找出售国家重点保护植物制品的卖家的，则该种行为就可以认定为非法收购国家重点保护植物制品罪的共犯。

（四）非法收购、运输、加工、出售国家重点保护植物、国家重点保护植物制品罪的处罚

根据刑法第 344 条的规定，犯本罪的，处 3 年以下有期徒刑、拘役或者管制，并处罚金；情节严重的，处 3 年以上 7 年以下有期徒刑，并处罚金。

根据刑法第 346 条的规定，单位犯本罪的，对单位判处罚金，并对其直接负责的主管人员和其他直接责任人员，依照第 344 条的规定定罪处罚。

三十三、过失损坏武器装备、军事设施、军事通信罪

（一）过失损坏武器装备、军事设施、军事通信罪的概念与法源

1. 过失损坏武器装备、军事设施、军事通信罪的概念

过失损坏武器装备、军事设施、军事通信罪，是指行为人过失损坏武器装备、军事设施、军事通信，并且造成严重后果的行为。

2. 过失损坏武器装备、军事设施、军事通信罪的法源

国家对于武器装备、军事设施、军事通信的保护可以追溯到1973年5月国务院、中央军委颁发的《保护海底电缆规定》对海底电缆的保护，该规定提出："任何单位、船只和个人，不得擅自打捞、切断、撤收和盗窃海底电缆，否则以破坏论处。海底电缆遭受损伤或破坏后，当地公安、武装部门应大力协助使用单位，迅速查清原因。如因工作失职或措施不当而造成损坏者，损坏单位应负责赔偿并对肇事者进行批评教育，情节严重者应给予处分。"海底电缆可以认定为军事通信设施。

1982年9月，国务院、中央军委颁布了《关于保护通信线路的规定》对通信线路进行保护。1997年3月实施的国防法第28条规定，国家根据边防、海防和空防的需要，建设作战、指挥、通信、防护、交通、保障等国防设施。另外，1996年10月通过的人民防空法和1990年2月通过的军事设施保护法及2001年1月公布的《军事设施保护法实施办法》都有相关的规定。1979年刑法第111条规定了破坏通讯设备罪，1981年6月通过的《惩治军人违反职责罪暂行条例》第12条规定了破坏武器装备、军事设施罪。1997年刑法第369条规定了破坏武器装备、军事设施、军事通信罪。上述法律法规对故意破坏或者过失损坏军事通信及其相关军事设施的行为作了明确规定，对于保护军事通信及其相关军事设施，加强武装力量建设和国防建设，依法维护国防利益起了重要的作用。

　　而刑法却没有对过失损害武器装备、军事设施、军事通信的行为作出规定，在实践中这种犯罪行为越来越突出，并且这种行为的社会危害性也是不可小视的，2005年在中央军委法制局的积极协调下，全国人大代表、总参通信部部长徐小岩在第十届全国人民代表大会第一次会议上，与其他42名代表共同提出《关于修正刑法第三百六十九条的议案》，受到全国人大议案审查委员会的高度重视。议案立案后，全国人大法工委副主任安建、刑法室主任郎胜等专程到部队开展立法调研，最高人民法院、最高人民检察院、公安部和军委法制局对修正条款进行了专题研究，并由全国人大法律委员会将其作为《刑法修正案（五）草案》中的一项内容交全国人大常委会委员讨论①。2005年2月28日，第十届全国人民代表大会常务委员会第十四次会议最终通过《刑法修正案（五）》。根据该修正案第3条规定："在刑法第三百六十九条中增加一款作为第二款，将该条修改为：'破坏武器装备、军事设施、军事通信的，处三年以下有期徒刑、拘役或者管制；破坏重要武器装备、军事设施、军事通信的，处三年以上十年以下有期徒刑；情节特别严重的，处十年以上有期徒刑、无期徒刑或者死刑。过失犯前款罪，造成严重后果的，处三年以下有期徒刑或者拘役；造成特别严重后果的，处三年以上七年以下有期徒刑。战时犯前两款罪的，从重处罚。'"

　　（二）过失损坏武器装备、军事设施、军事通信罪的构成特征

　　1. 客体特征

　　本罪侵犯的客体是国防建设与利益。武器装备、军事设施、军事通信设备是重要的国防资产，是部队战斗力的重要组成部分，是国防建设的重要内容。

　　本罪的犯罪对象有三个：一是武器装备，它是武装部队直接用

――――――
① 王琳、申永军：《刑法增设对过失损坏武器装备定罪量刑条款》，载《解放军报》2005年3月29日。

于实施和保障作战行动的武器、武器系统和军事技术器材的统称，包括冷兵器、枪械、弹药、核武器、电子对抗装备、情报处理设备、勤务舰船、军用车辆等；二是军事设施，是指国家直接用于军事目的的建筑、场地和设备，包括指挥机关、训练场、试验场等；三是军事通信，是指武装部队为实施指挥，运用通信工具或其他方法进行的信息传递，它是保障指挥的基本手段，如无线电通信、光通信、运动通信、简易信号通信等。

另外，我们需要注意的是，由于武器装备、军事设施、军事通信设施和设备价值相差悬殊。因而在量刑时，主要应考虑犯罪行为对国防利益危害的大小，结合犯罪动机、手段和给国家造成的经济损失，正确适用刑罚。

关于"重要武器装备"的理解，它是指部队的主要武器装备和其他在作战中急需或者必不可少的武器装备，包括各种导弹、飞机、作战舰艇、登陆舰、1000 吨以上辅助船、坦克装甲车辆、85 毫米以上口径地面火炮、岸炮、高炮、雷达、声呐、指挥仪、15 瓦以上电台、电子对抗装备、舟桥、60 千瓦以上的工程机械，汽车、陆军船艇等。重要军事设施，是指指挥中心、大型作战工程，各类通信、导航、观测枢纽，机场、港口、码头，大型仓库、输油管道、军用铁路线等对作战具有重要作用的设施。重要军事通信，是指军事首脑机关及重要指挥中心的通信，战时通信，军队抢险救灾中的通信，执行远洋航行、重大科学实验和飞行训练等重要任务中的通信。根据本条的规定，破坏重要武器装备、军事设施、军事通信的，量刑时，除情节特别严重外，应在 3 年以上 10 年以下的有期徒刑幅度内确定。①

---

① 《破坏武器装备、军事设施、军事通信罪》，http://www.chinalawedu.com/news/21605/12900/130/2004/7/re9637244834172740002128216_126783.htm,2004 年 7 月 27 日访问。

2. 客观特征

本罪在客观方面表现为行为人实施了损坏武器装备、军事设施、军事通信，并且造成严重结果的行为。

这里的"损坏"，包括以各种手段和方法对武器装备、军事设施、军事通信设备本身进行的破坏，包括对其正常功能和作用的损坏①。损坏的方法有多种，如因失火、过失决水、过失爆炸、交通肇事、建筑施工、采石取土、钻探打眼、过失投放危险物质等方法，造成武器装备、军事设施、军事通信设备被毁灭或损毁。此外，除了物质上的有形损坏，还可以采用诸如发射信号干扰、占用军用无线电频率等方法，使军事通信无法正常进行。

依据法条可知，成立本罪，还必须具备实际造成损害的严重后果，而所谓"严重后果"，是指由于过失行为致使大量武器装备、军事设施遭到破坏或者重要军事通信遭到破坏；"特别严重后果"，是指由于过失行为致使大量武器装备、军事设施遭到严重破坏或重要军事通信遭到严重破坏，严重危及国家军事设施和军事通信的安全。最高人民法院《关于审理危害军事通信刑事案件具体应用法律若干问题的解释》（2007 年 6 月 29 日实施）第 3 条规定："过失损坏军事通信，造成重要军事通信中断或者严重障碍的，属于刑法第三百六十九条第二款规定的'造成严重后果'，以过失损坏军事通信罪定罪⋯⋯"第 4 条规定："过失损坏军事通信，具有下列情形之一的，属于刑法第三百六十九条第二款规定的'造成特别严重后果'⋯⋯（一）造成重要军事通信中断或者严重障碍，严重影响部队完成作战任务或者致使部队在作战中遭受损失的；（二）造成部队执行抢险救灾、军事演习或者处置突发性事件等任务的通信中断或者严重障碍，并因此贻误部队行动，致使死亡 3 人以上、重伤 10 人以上或者财产损失 100 万元以上的；（三）其他后果特

---

① 参见郎胜主编：《刑法修正案与立法解释》，中国民主法制出版社 2005 年版，第 224 页。

别严重的情形。"

3. 主体特征

本罪的犯罪主体是一般主体，即凡达到了刑事责任年龄、具备刑事责任能力的自然人均可构成该犯罪的主体。另外，刑法没有规定单位可以构成本罪，但在司法实践中，却常常出现因单位施工、爆破、建筑、作业等造成武器装备、军事设施、军事通信被毁坏的情况，针对此种情况，笔者认为，参照刑法对其他单位犯罪的处理情况，实行单罚制，也就是说只追究直接负责的主管人员和其他直接责任人员的刑事责任，但对单位本身不进行处罚。

4. 主观特征

本罪在主观方面上表现为过失，即包括疏忽大意的过失与过于自信的过失。

过失犯罪的前提一般是忽视军事通信线路、设备保护标志，如标语、线桩等。但是，是否存在军事通信线路、设备保护标志，不是判断行为人构成过失犯罪的唯一前提。在某些情况下即便施工地域没有军事通信线路、设备的保护标志，但主管、管理人员根据已经掌握的客观情况，如有施工地域的军事通信线路布图等，应当预见施工可能对军事通信造成危害，或者已经预见到可能对军事通信造成危害，但不采取任何防范措施，仍然指使、纵容他人施工，结果造成军事通信线路、设备毁损的，也应当构成本罪。

（三）过失损坏武器装备、军事设施、军事通信罪的司法认定

1. 本罪罪与非罪的界限

根据前文部分的论述可知，本罪是过失犯罪，即行为人在过失的主观罪过之下也可构成本罪，但是由于本罪属于过失犯，因而本罪也是结果犯，即构成本罪在客观方面还要求造成严重的后果。也就是说，犯罪结果是本罪的成立要件，而关于本罪的"严重后果"的认定，前文已经论述，在此不再赘述。需要注意的是，前述的"特别严重后果"属于结果加重情节，而非犯罪成立情节。

因而，在认定罪与非罪的界限上，是否达到"严重后果"这

一结果，是一个很重要的标准，也就是说行为人在实施毁坏武器装备、军事设施、军事通信的过程中，没有造成严重后果的，就不以犯罪论处。

2. 本罪与相近犯罪的界限

（1）本罪与破坏武器装备、军事设施、军事通信罪的界限。

本罪与破坏武器装备、军事设施、军事通信罪在犯罪客体、犯罪主体和犯罪的手段上大致相同，但二者之间的区别主要还是体现在犯罪的主观方面。

本罪为过失犯罪，即疏忽大意的过失与过于自信的过失是本罪的主观罪过，而破坏武器装备、军事设施、军事通信罪为故意犯罪，一般情况下并不难区分，较难区分的主要是过于自信损坏武器装备、军事设施、军事通信的犯罪与间接故意破坏武器装备、军事设施、军事通信的犯罪。这种情况应当参照过于自信的过失与间接故意两种主观罪过的区别来进行判断，如果行为人明知自己的行为会发生破坏武器装备、军事设施、军事通信的危害结果，却对这一结果持不闻不问或持一种无关痛痒的放任心态，从而造成危害结果发生的，这种情况之下可以认定为行为人主观上是存在间接故意的，因而应当以破坏军事通信罪定罪处罚。

（2）本罪与过失损坏交通工具罪，过失损坏交通设施罪，过失损坏电力设备罪，过失损坏易燃易爆设备罪，过失损坏广播电视设施、公用电信设施罪的界限。

由于本罪与这几种侵犯公共安全类的犯罪在实践中也有交叉的情形，所以对于这几种犯罪进行区分有着重要的意义。从总体上看，本罪与这些罪名在犯罪主体、犯罪手段、犯罪主观方面都有相同之处。但是我们可以看出，本罪与这些罪名之间还是存在不同之处的，主要表现在以下两个方面：一是犯罪客体不同，综上所述，本罪侵犯的客体是国防建设与利益。而后几种犯罪侵犯的客体是社会公共安全；二是犯罪对象不同，本罪的犯罪对象为武器装备、军事设施、军事通信设备，而后几种犯罪侵害的对象为社会公用设施，如交通设施、电力设备、广播电视等，属于公共安全的范畴。

3. 本罪的罪数形态问题

在当前的司法实践中，因盗窃财物过失造成武器装备、军事设施、军事通信被损坏的，一个行为既构成盗窃罪又构成过失损坏武器装备、军事设施、军事通信罪，这就构成了想象竞合犯。在认定时，应当参照想象竞合犯的处理原则，即从一重罪处罚的原则，判断这两种犯罪法定刑轻重时，首先要根据因盗窃所损坏的武器装备、军事设施、军事通信的重要程度、经济损失等以及犯罪情节、所盗物品的价值，确定过失损坏武器装备、军事设施、军事通信罪与盗窃罪应当适用的法定刑，然后按照重罪吸收轻罪的原则定罪处罚。

1998 年 3 月颁布的最高人民法院《关于审理盗窃案件具体应用法律若干问题的解释》第 12 条规定，审理盗窃案件，应当注意区分盗窃罪与其他犯罪的界限：（1）盗窃广播电视设施、公用电信设施价值数额不大，但是构成危害公共安全犯罪的，依照刑法第124 条的规定定罪处罚（破坏广播电视设施、公用电信设施罪——笔者注）……盗窃广播电视设施、公用电信设施同时构成盗窃罪和破坏广播电视设施、公用电信设施罪的，择一重罪处罚……可见该法条为我们处理这种情况提供了一个可参照的标准，由此可以推理得出，盗窃军事通信设施价值数额不大，但是危害武器装备、军事设施、军事通信安全的，应以过失损坏武器装备、军事设施、军事通信罪定罪处罚；盗窃武器装备、军事设施、军事通信设施同时构成盗窃罪和过失损坏武器装备、军事设施、军事通信罪的，择一重罪处罚。

另外，关于本罪数罪的一种情况就是，实施放火、失火、过失爆炸或者其他行为同时又构成过失损坏武器装备、军事设施、军事通信罪的，又是属于想象竞合犯的情况，参照前述的类似情况，笔者认为此种情况也应当按从一重罪处断的原则，以失火罪、过失爆炸罪等定罪处罚。

4. 本罪的停止形态问题

关于本罪的停止形态，由于本罪属于过失犯罪，而根据过失犯的性质可知，本罪不存在预备犯、未遂犯和中止犯，即本罪不存在未完成形态，只存在一个完成形态的，即既遂的情况，根据前述内容，本罪的成立是需要以犯罪结果的发生为成立条件的，也就是前面提及的要有"造成严重结果"或者"造成特别严重的后果"。

（四）过失损坏武器装备、军事设施、军事通信罪的处罚

根据刑法第 369 条的规定，犯本罪的，处 3 年以下有期徒刑、拘役或者管制；造成特别严重后果的，处 3 年以上 7 年以下有期徒刑。

根据刑法第 369 条第 3 款的规定，战时过失犯前款罪的，从重处罚。这里的从重处罚，是指根据不同的犯罪情节，分别在第 2 款规定的不同处罚档次内从重处罚。

三十四、伪造、盗窃、买卖、非法提供、非法使用武装部队专用标志罪

（一）伪造、盗窃、买卖、非法提供、非法使用武装部队专用标志罪的概念与法源

1. 伪造、盗窃、买卖、非法提供、非法使用武装部队专用标志罪的概念

伪造、盗窃、买卖、非法提供、非法使用武装部队专用标志罪，是指行为人伪造、盗窃、买卖或者非法提供、使用武装部队车辆号牌等专用标志，情节严重的行为。

2. 伪造、盗窃、买卖、非法提供、非法使用武装部队专用标志罪的法源

2002 年 4 月 8 日最高人民法院审判委员会第 1220 次会议通过，自 2002 年 4 月 17 日起施行的《关于审理非法生产、买卖武装部队车辆号牌等刑事案件具体应用法律若干问题的解释》中就规定了非法生产、买卖武装部队车辆号牌的行为，其第 1 条规定："伪

造、变造、买卖或者盗窃、抢夺武装部队车辆行驶证、车辆驾驶证、车辆监理印章，具有下列情形之一的，根据刑法第三百七十五条第一款的规定，以伪造、变造、买卖武装部队证件、印章或者盗窃、抢夺武装部队证件、印章罪定罪处罚……"根据该解释，在《刑法修正案（七）》颁布之前，伪造、盗窃、买卖、非法提供、非法使用武器装备专用标志的行为都是以"伪造、变造、买卖武装部队证件、印章罪"或者"盗窃、抢夺武装部队证件、印章罪"定罪处罚的。

但是，近年来，涉及军车车牌号的违法犯罪活动出现了新的情况，一些不法分子为了逃避各种规费以及谋取非法利益，大肆盗窃、非法提供（包括出租）、非法使用军车号牌。在个别地区，伪造、盗窃、买卖、非法提供和非法使用军车号牌的非法活动甚至呈现出"产业化"和"集团化"的趋势。据有关部门统计，"2004式"军车号牌换发以来，全军和武警部队被盗车辆号牌达数千副，假冒军车每年偷逃各种规费近10亿元。这些违法犯罪活动破坏了军队的正常管理和军车运行秩序，干扰了部队战备训练和军事斗争准备，败坏了军队的形象，影响了军民军政关系，必须予以必要的惩治①。

2009年2月28日第十一届全国人大常委会第七次会议通过的《刑法修正案（七）》对刑法第375条进行补充修改而规定了伪造、盗窃、买卖、非法提供、非法使用武装部队专用标志罪。该罪是在非法生产、买卖军车号牌等专用标志的犯罪行为及其处罚的基础上，增加了伪造、盗窃、非法提供、非法使用武装部队车辆号牌等行为及其处罚规定，并将原第3款作为第4款并做了相应的修改。

---

① 参见有法天下和：《伪造、盗窃、买卖、非法提供、非法使用武装部队专用标志罪》，http://www.fatisia.com/New/Read_News.asp? ID＝55065，2011年4月11日访问。

（二）伪造、盗窃、买卖、非法提供、非法使用武装部队专用标志罪的构成特征

1. 客体特征

本罪的犯罪客体为武装部队专用标志的管理秩序和武装部队的信誉。本罪侵犯的是复杂客体，首先，武装部队有关部门依据专用标志管理法规维护专用标志生产、发放和使用的秩序，因而伪造、盗窃、买卖武装部队车辆号牌等专用标志的行为直接妨害了武装部队对专用标志的管理秩序。同时这种伪装、盗窃、买卖武装部队专用标志的行为对武装部队的信誉也会造成极大的损害，因为这种犯罪行为使得专用的武装部队标志在市面上任意流行且有大部分被用于非法用途。

本罪的犯罪对象是中国人民解放军现役部队和武装警察部队的车辆号牌以及其他武装部队专用的各种标志，如军衔、军徽、臂章以及某些部队专用的特别标志。这些专用标志由武装部队统一订购、监制，且只能由武装部队及其成员依法使用，是武装部队进行各种活动，履行其巩固国防、抵御侵略、保卫祖国和维护社会秩序的职责的重要凭证。在此我们应当注意的是，这里说的专用标志不包括武装部队的制式服装，因为对其实施犯罪行为的，构成非法买卖武装部队制式服装罪，而非本罪。

2. 客观特征

本罪在客观方面表现为伪造、盗窃、买卖、非法提供、非法使用武装部队专用标志，且情节严重的行为。理解本罪的客观方面需要弄清以下几个方面的问题：

（1）行为方式。

本罪是选择性罪名，即行为人对武装部队车辆号牌等专用标志实施上述任何一种行为的，均构成犯罪。行为方式主要包括伪造、盗窃、买卖、非法提供、非法使用行为。

这里的"伪造"应当包括"有形伪造、无形伪造、有形变造

以及无形变造。"① 在这里有学者就认为无须将此处的伪造与变造区别开来，因为该罪的对象包括车辆号牌，而"汽机车的'牌照号码'，无论在哪里皆有一定的意义，用以证明经过检验，可以合法上路，所以是普通文书，是公路机关核发的公文书"，② 因而车辆号牌属于国家机关公文、证件。

"盗窃"，是指以非法占有为目的，秘密窃取武装部队车辆号牌等专用标志的行为。

"买卖"，是指以金钱为交换条件，购买或者销售武装部队车辆号牌等专用标志的行为。

（2）情节严重。

根据法条可知，本罪在客观方面还要有"情节严重"这一条件，至于何为"情节严重"，2002 年 4 月 8 日通过的最高人民法院《关于审理非法生产、买卖武装部队车辆号牌等刑事案件具体应用法律若干问题的解释》曾就非法生产、买卖武装部队车辆号牌等专用标志属于刑法第 375 条第 2 款规定的"情节严重"的情形作出过解释。根据该解释第 2 条的规定，非法生产、买卖武装部队车辆号牌等专用标志，具有下列情形之一的，属于刑法第 375 条第 2 款规定的"情节严重"：①非法生产、买卖武装部队军以上领导机关专用车辆号牌的；②非法生产、买卖武装部队其他车辆号牌三副以上的；③具有其他严重情节的。

笔者认为，《刑法修正案（七）》新增补的罪名在考究"情节严重"上，仍可以借鉴该司法解释的规定，因为从行为本质上看，本罪的"伪造、盗窃、买卖"行为方式与原非法生产、买卖军用标志罪中的"非法生产、买卖"行为方式的共同之处都在于揭示

---

① 参见陈红兵：《伪造、变造含义的相对性》，http://article.chinalawinfo.com/ArticleHtml/Article_65222.shtml。

② 参见林东茂：《刑法综览》（修订五版），中国人民大学出版社 2009 年版，第 403 页。

了行为人非法获得武装部队车辆号牌等专用标志。

3. 主体特征

本罪的犯罪主体是一般主体，即行为人是达到刑事责任年龄，且具备刑事责任能力的自然人和单位。在自然人方面，无论是军人还是非军人均可以构成本罪。在单位方面，根据刑法第375条第4款对于单位犯罪的规定，单位可以成为第2款规定的非法生产、买卖武装部队制式服装罪的主体，也可以成为第3款规定的伪造、盗窃、买卖、非法提供、非法使用武装部队专用标志罪的主体，这里的单位应当既包括无权生产、买卖的单位，也包括有权生产、买卖但超过规定的生产、买卖数量的单位。

4. 主观特征

本罪在犯罪主观方面表现为故意，即在知道或者应当知道属于军用标志的情形下，仍然伪造、盗窃、买卖或者非法使用、非法提供。如果行为人不明知是武装部队的车辆号牌等专用标志而实施上述行为的，不构成本罪，但可能构成其他犯罪。

另外，关于犯罪目的是否要求以非法占有或者营利目的为构成要件，因为根据前述对于行为方式的阐述，可知"盗窃"这一行为方式在主观上要求要以非法占有为目的，而"买卖"则是要求以营利为目的的。有学者认为，对于这一问题"只要达到了情节严重的标准，即使不是以营利为目的，其同样具有严重的社会危害性，对法益的侵害仍达到了入罪的严重程度"①。笔者认为，对于这一问题，在认定行为人的行为方式之时，已经将主观目的掺杂其中，即在认定行为人的行为为盗窃行为时，就自然而然地将其认定或者是推定为有非法占有的目的，而在认定行为人的行为为买卖武装部队专用标志的行为时，就可以认定或者推定为行为人具有营利的主观目的。

---

① 杜强：《伪造、盗窃、买卖、非法提供、非法使用武装部队专用标志罪》，http://www.jn9148.com/Item/Show.asp? m=1&d=536,2011年10月9日访问。

（三）伪造、盗窃、买卖、非法提供、非法使用武装部队专用标志罪的司法认定

1. 本罪罪与非罪的界限

在认定罪与非罪的界限上，我们首先应当把握的是客观要件中的"情节严重"，综上所述，行为人实施伪造、盗窃、买卖、非法提供、非法使用武装部队专用标志行为，只有情节严重的才可以构成本罪，否则即使存在上述行为，却没有达到情节严重这一程度的，就不构成犯罪。

另外，在实践中，区别罪与非罪的另外一种情况就是，行为人伪造、盗窃、买卖、非法提供、非法使用的武装部队标志是虚假的，就不构成犯罪，因为这种行为不会侵犯到武装部队专用标志的管理秩序和武装部队的信誉，也就是说没有对法益造成损害或者造成较小的损害，这种情况就不应当认定为犯罪。

2. 本罪与相近犯罪的界限

（1）本罪与非法生产、买卖警用装备罪的界限。

本罪与非法生产、买卖警用装备罪在犯罪主体和犯罪主观方面是相同或者相似的，两罪的区别主要体现在以下三个方面：一是犯罪客体不同，本罪侵犯的客体是武装部队专用标志的管理秩序和武装部队的信誉，而非法生产、买卖警用装备罪侵犯的客体为警用装备的管理秩序，属于妨害社会管理秩序罪的范畴；二是犯罪对象不同，本罪的犯罪对象为中国人民解放军现役部队和武装警察部队的车辆号牌以及其他武装部队专用的各种标志，如军衔、军徽、臂章以及某些部队专用特别标志，而非法生产、买卖警用装备罪的犯罪对象为人民警察制式服装、车辆号牌等专用标志，同时还包括警械等；三是行为方式不同，本罪的行为方式包括伪造、盗窃、买卖、非法提供和非法使用的行为，而非法生产、买卖警用装备罪的行为方式仅包括非法生产和买卖的行为。

（2）本罪与非法生产、买卖武装部队制式服装罪的界限。

本罪与非法生产、买卖武装部队制式服装罪的区别在前文中已

经略有提及，本罪与非法生产、买卖武装部队制式服装罪在犯罪主体、犯罪客体上基本相同，二者之间的区别主要表现在以下两个方面：一是行为方式不同，本罪的行为方式是伪造、盗窃、买卖、非法提供、非法使用的行为，而非法生产、买卖武装部队制式服装罪的行为方式是非法生产、买卖的行为；二是犯罪对象不同，本罪的犯罪对象是武装部队制式服装以外的其他武装部队专用标志，非法生产、买卖武装部队制式服装罪的犯罪对象则是武装部队的制式服装，不包括武装部队的其他专用标志。

（3）本罪与非法提供、非法使用武装部队专用标志罪的界限。

本罪与非法提供、非法使用武装部队专用标志罪的犯罪主体、犯罪客体、犯罪主观方面以及法定刑基本相似或相同，二罪之间的区别主要表现在以下两个方面，一是行为方式不同。本罪的行为方式是伪造、盗窃、买卖、非法提供、非法使用，而非法提供、非法使用武装部队专用标志罪的行为方式只是非法提供、非法使用。二是行为性质不同，"伪造、盗窃、买卖、非法提供、非法使用"的行为方式与"非法提供、非法使用"的行为方式具有较大的差异，"伪造、盗窃、买卖、非法提供、非法使用"这些行为方式都表明了行为人手段的非法性，而"非法提供、非法使用"两种行为方式的共同之处都意在强调行为人发挥了军用标志的功能与效用。这一点是应当特别加以注意的。[1]

3. 本罪的罪数形态问题

在司法实践中，与本罪罪数形态有关的刑事案件是"天价过路费案"[2]，行为人为了逃避缴纳过路费而伪造使用军车牌照，其中行为人涉案金额高达 368 万元，另外关于这个案件的其他细

---

[1] 杜强：《伪造、盗窃、买卖、非法提供、非法使用武装部队专用标志罪》，http://www.jn9148.com/Item/Show.asp？m=1&d=536,2011 年 10 月 9 日访问。

[2] 《天价过路费案重审 犯罪事实认定有重大变化》，http://news.qq.com/a/20111215/001124.htm，2011 年 12 月 15 日访问。

节问题在此就不再讨论，笔者只是想探究这种情况之下的罪数形态应当如何解决的问题，笔者认为这种情况应当认定为牵连犯的情形。两个犯罪行为之间属于方法与目的的牵连，参照牵连犯的处理原则，择一重罪处断，另外我们应当注意的是诈骗罪属于数额犯，量刑应当结合犯罪行为人的具体涉案金额来进行定罪量刑。

另外，行为人实施伪造、盗窃、买卖、非法提供、非法使用武装部队专用标志的犯罪，同时又实施逃税、诈骗、冒充军人招摇撞骗的行为的，这种情况也应当参照牵连犯的处罚原则，即择一重罪处断，而非进行数罪并罚。同时最高人民法院、最高人民检察院《关于办理妨害武装部队制式服装、车辆号牌管理秩序等刑事案件具体应用法律若干问题的解释》第 6 条对此也作出了相应的规定："实施刑法第三百七十五条规定的犯罪行为，同时又构成逃税、诈骗、冒充军人招摇撞骗等犯罪的，依照处罚较重的规定定罪处罚。"

4. 本罪的共犯问题

实践中明知他人实施伪造、盗窃、买卖、非法提供、非法使用武装部队专用标志的犯罪行为，而为其生产、提供专用材料或者提供资金、账号、技术、生产经营场所等帮助的，这种情况参照上述解释第 5 条的规定："明知他人实施刑法第三百七十五条规定的犯罪行为，而为其生产、提供专用材料或者提供资金、账号、技术、生产经营场所等帮助的，以共犯论处"，即以共同犯罪认定，继而认定共同犯罪中的主从犯问题，进而解决定罪量刑问题。

5. 本罪的停止形态问题

本罪是存在停止形态的，由于本罪在客观方面表现为上述几种行为，因而在认定本罪停止形态时，也是从本罪的客观行为方面入手，即着手之前存在预备与中止，着手之后则就是未遂与中止的形态，其判断标准可以参照刑法总则关于犯罪停止形态的规定，当行为人实施完上述行为，且达到了情节严重的规定的，就是本罪的完成形态，即已经达到既遂。

（四）伪造、盗窃、买卖、非法提供、非法使用武装部队专用标志罪的处罚

根据修正后的刑法第 375 条第 3 款和第 4 款的规定，犯本罪的，处 3 年以下有期徒刑、拘役或者管制，并处或者单处罚金；情节特别严重的，处 3 年以上 7 年以下有期徒刑，并处罚金。单位犯本罪的，对单位判处罚金，并对其直接负责的主管人员和其他直接责任人员，依照各该款的规定处罚。

三十五、利用影响力受贿罪

（一）利用影响力受贿罪的概念与法源

1. 利用影响力受贿罪的概念

利用影响力受贿罪，是指国家工作人员的近亲属、与该国家工作人员关系密切的人，通过该国家工作人员职务上的行为，或者利用该国家工作人员职权或者地位形成的便利条件，通过其他国家工作人员职务上的行为，为请托人谋取不正当利益，索取请托人财物或者收受请托人财物的行为或者是离职的国家工作人员或者其近亲属以及其他与其关系密切的人，利用该离职的国家工作人员原职权或者地位形成的便利条件而收受贿赂或者索取贿赂的行为。

2. 利用影响力受贿罪的法源

受贿犯罪的立法最早见于 1952 年颁布的《惩治贪污条例》第 2 款规定："一切国家机关、企业、学校及其附属机构的工作人员，凡侵吞、盗窃、骗取、套取国家财物，强索他人财物，收受贿赂以及其他假公济私违法取利之行为，均为贪污罪。"① 在当时，受贿犯罪隶属于广义的贪污罪。构成受贿犯罪主体的是一切国家机关、企业、学校及其附属机构的工作人员。1979 年刑法不但将受贿犯

---

① 高铭暄、赵秉志编：《新中国刑法立法文献资料总览》（上），中国人民公安大学出版社 1998 年版，第 108 页。

罪从贪污罪中独立出来，还将受贿罪的主体规定为"一切国家机关、企业、事业单位和其他依法从事公务的人员"。受贿犯罪主体范围的扩大同时表明受贿犯罪的判断标准从身份转变为以职务为标准。这在一定程度上弥补了立法漏洞，严厉打击了腐败行为。1982年通过的《关于严惩严重破坏经济的罪犯的决定》的规定与1979年刑法大体相同。随着改革开放的不断深入，经济犯罪日渐突出，对社会稳定造成了极大危害。有鉴于此，全国人大常委会在1988年又一次扩大了受贿犯罪的主体，表述为"国家工作人员、集体经济组织工作人员或者其他从事公务的人员"。新增了集体经济组织的工作人员。1995年2月通过的《关于惩治违反公司法的犯罪的决定》规定"公司董事、监事或者职工"可以构成公司企业人员受贿罪，"国家工作人员"可以构成受贿罪。此处的"国家工作人员"应定义为国家工作人员或者其他从事公务的人员以及公司企业中从事公务的人员。① 1997年刑法涉及自然人受贿犯罪的条文有第93条、第163条、第385条、第386条、第388条和第392条。该法规定一般主体可以构成介绍贿赂罪，"公司、企业工作人员"可以构成非国家工作人员受贿罪，国家工作人员可以构成受贿罪。为了更进一步完善受贿罪的刑法体系，从而严密法网，《刑法修正案（七）》出台后，国家工作人员的近亲属以及与国家工作人员具有密切关系的人亦可以构成受贿犯罪的主体。

（二）利用影响力受贿罪的构成特征

1. 客体特征

本罪的客体为国家工作人员职务的正当性。根据我国目前理论界的通说，受贿罪侵犯的客体是国家工作人员职务行为的廉洁性。笔者认为，利用影响力受贿罪的客体是有别于受贿罪的客体的。因为根据《刑法修正案（七）》第13条规定非国家工作人员也可成

---

① 参见张成法：《论受贿罪的犯罪主体》，载《辽宁公安司法管理干部学院学报》2007年第2期。

为本罪的主体，而该类主体并非在职的国家工作人员，手中也并无实权，应当说并不存在以权谋私的前提，更是无职可渎，也谈不上有损职务行为的廉洁性。具体来说，本罪的行为人是利用国家工作人员的职务行为或者是利用国家工作人员职权或地位形成的便利条件，去为请托人谋取不正当利益，使国家工作人员的职权受到损害，从而侵犯了公职人员职务行为的正当性。国家工作人员的职权是国家依法授予的也只能在职权范围内依法行使，一切基于"近亲属"、"关系密切"的人情关系而超越职权、滥用职权都是不正当的行为。因此，将利用影响力受贿罪的客体确定为国家工作人员职务的正当性是科学的。

2. 客观特征

本罪在客观方面表现为通过国家工作人员职务上的行为为请托人谋取不正当利益，索取请托人财物或者收受请托人财物的行为，以及利用国家工作人员职权、地位或者原职权、地位形成的便利条件通过其他国家工作人员职务上的行为为请托人谋取不正当利益，索取请托人财物或者收受请托人财物的行为。理解本罪的客观方面需要弄清以下几个方面的问题：

（1）"影响力"的界定。

2009 年 9 月，最高人民法院、最高人民检察院将该种犯罪命名为"利用影响力犯罪"，但对什么是"影响力"却没有明确界定。在此笔者就这个问题进行简要阐述：把握"影响力"的含义是正确认识此罪的客观方面的重要方面。

影响力，是指一个人在与他人交往过程中，影响或改变他人心理和行为的一种能力。① 根据影响力形成的因素的不同，法约尔（Fayol Henri）首先将领导影响力划分为权力性影响力和非权力性影响力。权力性影响力是权力因素在组织和社会的作用下而产生的

---

① 李德民：《非正式组织和非权力性影响力》，载《中国行政管理》1997 年第 9 期。

强制性影响，以外推力的形式发生作用，具有不可抗拒性、强迫性和外在性的特点。① 而非权力性影响力是由领导者自身的非权力因素所产生的自影响力。它是由领导者的人格力量产生的，以内驱力的形式影响和改变被领导者的心理与行为的一种力量。与权力性影响力相比，非权力性影响力产生的基础十分广泛，它是建立在被领导者对领导者的尊敬、依赖、钦佩、崇拜的基础上，为被领导者自觉自愿、心悦诚服地接受，不具有任何强制色彩和驱使感。② 本罪行为人正是凭借自身与国家工作人员的密切关系，利用这种影响力使（其他）国家工作人员的职务行为为自己服务，意图为请托人谋取不正当利益，从中索取或者收受贿赂。在利用影响力受贿罪中，影响力的把握要根据不同的行为方式来具体分析。也就是说，影响力的性质与来源不能与影响力的利用方式相提并论，不能因为影响力来源于职权、地位就认为这种行为构成利用影响力受贿罪，也不能因为影响力来源于品格、知识、才能等不具有强制色彩的基础就认为这种行为不构成利用影响力受贿罪。本罪中的影响力应该是没有限定的，既包括权力性影响力又包括非权力性影响力，决定本罪是否成立的关键在于利用影响力的方式是否得当。

（2）影响力的利用方式。

第一，直接利用国家工作人员的职务行为。国家工作人员的近亲属或者其他与其关系密切的人，通过该国家工作人员职务上的行为，为请托人谋取不正当利益，索取或者收受请托人财物。这是利用影响力受贿罪的基本表现形式之一，这里需要注意两点，一是行为人本身没有实施职务行为，本罪要求行为人利用的是影响力，其自身并不实施职务行为，并且这种影响力不应与其职权相关。若行为人本身实施了职务行为，则可能构成刑法第

---

① 张永恒：《充分发挥领导者的非权力影响力》，载《理论视野》2005 年第 6 期。

② 万有林：《简论非权力影响力》，载《中共南京市委党校、南京市行政学院学报》2005 年第 6 期。

385 条的受贿罪；若行为人利用了与其职权相关的影响力，则可能构成刑法第 388 条的受贿罪而非本罪。二是必须通过国家工作人员职务上的行为。

第二，间接利用其他国家工作人员职务上的行为。国家工作人员的近亲属或者其他与其关系密切的人，利用该国家工作人员职权或者地位形成的便利条件，通过其他国家工作人员职务上的行为，为请托人谋取不正当利益，索取或者收受请托人财物。根据 2003年 11 月 13 日发布的最高人民法院《全国法院审理经济犯罪案件工作座谈会纪要》的规定，"'利用职权或地位形成的便利条件'是指行为人与被其利用的国家工作人员之间在职务上虽然没有隶属、制约关系，但是行为人利用了本人职权或者地位产生的影响和一定的工作联系，如单位内不同部门的国家工作人员之间，上下级单位没有职务上隶属、制约关系的国家工作人员之间，有工作联系的不同单位的国家工作人员之间等。"在此我们可以看出"利用职权或地位形成的便利条件"不应包括利用职务上有隶属、制约关系的其他国家工作人员的职权的情况。

第三，利用离职国家工作人员原职权或者地位形成的便利条件。离职的国家工作人员或者其近亲属以及其他与其关系密切的人，利用该离职的国家工作人员原职权或者地位形成的便利条件，通过其他国家工作人员职务上的行为，为请托人谋取不正当利益，索取或者收受请托人财物。此种利用影响力受贿的方式将过去刑法无法规范的离职国家工作人员的犯罪行为纳入了刑法调整范围，加强了对贿赂犯罪的打击力度。此处的"利用该离职的国家工作人员原职权或者地位形成的便利条件"仍应按照上述纪要中的规定作相关解释，上文已有所论及，在此不再赘述。

（3）对"谋取不正当利益"的界定。

在 1999 年 3 月发布的最高人民法院、最高人民检察院《关于办理受贿犯罪大要案的同时要严肃查处严重行贿犯罪分子的通知》第 2 条规定，"谋取不正当利益"是指谋取违反法律、法规、国家政策和国务院各部门规章规定的利益，以及要求国家工作人员或者有关单位提供违反法律、法规、国家政策和国务院各部门规章规定的帮助或者方便条件。由此可以得出这样的结论，"不正当利益"包括两种情况：一是利益本身不正当，即实体不正当；二是利益本身可能是正当的，但谋取利益的手段不正当，即程序不正当。特别要注意的是，不能将谋取利益的手段不正当等同于索取或者收受财物，行为人索取或者收受财物的不正当性并不影响请托人谋取利益本身的正当性。因为如果只要行为人索取或者收受了财物，该利益就属于不正当利益，我国刑法也就不必对利用影响力受贿罪作出谋取"不正当利益"的限定了。谋取的利益是否正当，应当综合受托事由、请托人和受托人之间的关系，以及国家工作人员的职权范围、职务行为的程序步骤等方面综合判断，主要从国家工作人员职务上的行为是否正当来考察。不能简单地认为国家工作人员只要索取或者收受了财物、行贿人为谋取某种利益而给予其财物，该利益就属于不正当利益，所以对本罪中的"不正当利益"不宜作扩大解释。

3. 主体特征

根据法条可知，成为本罪主体需具备以下五种身份：国家工作人员的近亲属；国家工作人员除近亲属以外的关系密切的人；离职的国家工作人员；离职国家工作人员的近亲属；离职国家工作人员除近亲属以外的关系密切的人。其中需要对"近亲属"、"关系密切的人"以及"离职的国家工作人员"这三个关键词进行界定。

（1）近亲属。

近亲属在我国各部门法中的规定不尽相同。我国刑事诉讼法第106 条第6 项规定："'近亲属'是指夫、妻、父、母、子、女、同胞兄弟姊妹。"我国《民通意见》第12 条规定："民法通则中规定的近亲属包括配偶、父母、子女、兄弟姐妹、祖父母、外祖父母、孙子女、外孙子女。"① 行政领域中的近亲属为配偶、父母、子女、兄弟姐妹、祖父母、外祖父母、孙子女、外孙子女和其他具有扶养、赡养关系的亲属。② 此处应当仅限于夫、妻、父、母、子、女、同胞兄弟姐妹。对于民法规范中对近亲属范围的规定大于刑事法律规范的"非同胞兄弟姐妹、祖父母、外祖父母、孙子女、外孙子女"以及行政法规范中超出刑事法律规范的"其他具有扶养、赡养关系的亲属",法律在此没有做进一步规范,如果这部分人涉嫌构成利用影响力受贿罪,能够证明与该国家工作人员关系密切的,可以归为第二种情况。

（2）关系密切的人。

2007 年 7 月 8 日颁布的最高人民法院、最高人民检察院《关于办理受贿刑事案件适用法律若干问题的意见》中提出了与国家工作人员构成受贿罪共同犯罪的"特定关系人"一词,并将其界定为"与国家工作人员有近亲属、情妇（夫）以及其他共同利益关系的人"。《刑法修正案（七）》颁布后,全国人大法工委负责人郎胜对此解释为"身边的工作人员",与该国家工作人员"有特殊的关系","曾经是同学、曾经是老乡、曾经过从甚密",等等。③ 在中国人民大学刑事法律科学研究中心举行的"《刑法修正案（七）》座谈会"上,王作富教授对此做了详细解析,认为"关系密切的人"很难从条文上作具体化规定,从近年来发生的实际案件来看,这个条文主要针对的是一些国家工作人员所谓的"情人"、"情妇（夫）"等而言,并把"关系密切的人"概括为三种类型:第一种是男女双方存在不正常或者正常的情感关系,表现亲

---

① 最高人民法院《关于贯彻执行〈中华人民共和国民法通则〉若干问题的意见（实行）》,1988 年 1 月 26 日最高人民法院审判委员会讨论通过。

② 参见最高人民法院《关于执行〈中华人民共和国行政诉讼法〉若干问题的解释》第 11 条,2003 年 3 月 8 日颁布,法释〔2000〕8 号。

③ 参见《贪官"身边人"将由司法机关据具体情况界定》,http://news. xinhuanet. com/legal/2009 – 02/28/content_10917015. htm,2009 年 2 月 28 日访问。

密；第二种是近亲属之外的亲戚朋友，双方存在共同利益关系从而形成了密切关系的人；第三种是因为情趣相投而形成密切关系的人，如酒友、棋友、牌友、票友、旅友等。

(3) 离职的国家工作人员。

根据字面含义可知，"离职的国家工作人员"应该被理解为离开原职务的国家工作人员，即虽然脱离了原来的职务，但仍然属于国家工作人员的人。但是根据立法背景，刑法第 388 条之一第 2 款旨在打击那些虽然不再具有国家工作人员的身份却仍然凭借在职时的关系网从事腐败活动的人员。① 因此，"离职的国家工作人员"在条文中指代的是曾经具有国家工作人员身份，但现在不再是国家工作人员的人。依照公务员法和相关行政法律法规的规定，离职的原因有很多种，如退休、离休、开除、辞职等。只要不再享有特定的公权力，不再履行相应的职务行为，都应视为离职的工作人员，纳入本罪的主体范围之内，而不管离职的原因究竟是什么。反之，如果仍然实际享有某项公权力，并且行使相应的职权，即使没有明确的国家工作人员的头衔，如退休后"返聘"的人员，也不应视作离职的国家工作人员。②

4. 主观特征

本罪的主观方面是直接故意。首先，从认识因素方面来看，行为人明知自己与国家工作人员的密切关系，对其利用自己与其关系亲密的国家工作人员职务上的行为或该国家工作人员职权或者地位形成的便利条件对其他国家工作人员施加影响持明知态度，而且明知通过影响其他国家工作人员并通过其职务上的行为目的是索取财物或非法收受财物及其对国家工作人员职务廉洁性造成的危害。其次，从意志因素方面来看，行为人具有影响与其关系密切的国家工

---

① 黄太云：《〈刑法修正案（七）〉解读》，载《人民检察》2009 年第 6 期。

② 张阳：《论离职国家工作人员的受贿问题》，赵秉志等主编：《新中国刑法 60 年巡礼（下）》，中国人民公安大学出版社 2009 年版，第 1581 页。

作人员及其他国家工作人员的决意，并具有索取或收受请托人财物的决意。如果行为人仅具有影响与其关系密切的国家工作人员及其他国家工作人员的决意，并无索取或收受请托人财物的决意，那么就不会成立本罪。同样，如果行为人仅具有索取或收受请托人财物的决意，而无影响与其关系密切的国家工作人员及其他国家工作人员的决意，那么也不成立本罪，本罪的意志因素必须同时具备这两个决意。

（三）利用影响力受贿罪的司法认定

1. 本罪罪与非罪的界限

根据《刑法修正案（七）》的规定可知，构成本罪需要"数额较大"或者"有其他严重情节"，所以在区别罪与非罪的问题上需要把握这两个关键点。但是至于"数额较大"、"其他较重情节"的具体数额和情形，修正案并未对数额采取立法定量，因此修正案的这种规定模式并未解决终局性问题，有待司法机关作出可行性解释，只有这样才能真正使这一新罪名的司法运用落到实处。笔者在此认为，对于此问题可以借鉴《关于人民检察院直接受理立案侦查案件立案标准的规定（试行）》关于受贿罪的规定。

2. 本罪与相近犯罪的界限

（1）本罪与受贿罪的界限。

本罪与受贿罪的区别主要表现在以下两个方面：一是主体范围不同，本罪的犯罪主体为一般主体，既包括国家工作人员，也包括离职国家工作人员，还包括国家工作人员和离职国家工作人员的"近亲属"，以及与国家工作人员和离职国家工作人员"关系密切"的其他人，而受贿罪的主体只有一个，即国家工作人员，属特殊主体；二是行为方式上也是不一样的。本罪的行为人对职务行为具有依赖性，要依靠影响力，利用其他国家工作人员的职务行为才能完成，也就是说对不正当利益的谋取具有间接性，而受贿罪的犯罪主体是直接利用职务行为而谋取利益的。

（2）本罪与斡旋受贿的界限。

我国刑法第 388 条规定:"国家工作人员利用本人职权或者地位形成的便利条件,通过其他国家工作人员职务上的行为,为请托人谋取不正当利益,索取请托人财物或者收受请托人财物的,以受贿论处。"我国学界将此类犯罪行为称为斡旋受贿。本罪与斡旋受贿的区别也主要表现在两个方面:一是主体不同。斡旋受贿的主体与受贿罪相同,都是特殊主体,即国家工作人员。与利用影响力受贿罪的主体差异在上文已有表述。二是影响力性质上的不同。根据《全国法院审理经济犯罪案件工作座谈会纪要》的规定,斡旋受贿中的影响力指的是非职务制约性的影响力,但此种影响力源于行为人的职权与地位,属于权力性影响力,而利用影响力受贿罪中的影响力是非权力性的影响力,两者在性质上存在不同。

(3)本罪与介绍贿赂罪的界限。

本罪与介绍贿赂罪的区别在于以下三个方面:一是主观故意不同,介绍贿赂罪是指主观上必须具有向国家工作人员介绍贿赂的故意,至于行为人主观上是否出于获利并不强求;利用影响力受贿罪的行为人在主观方面必须要有接受贿赂的故意。二是行为方式不同,介绍贿赂罪中行为的方式通常包括介绍受贿和介绍行贿,行为人通常在行贿和受贿双方间进行穿针引线、牵线搭桥;利用影响力受贿罪中的行为人利用非职权性的影响力,通过影响国家工作人员的行为,实现其为请托人为或不为某种行为的结果。三是依附性不同,介绍贿赂罪是由行贿罪、受贿罪派生并依附于它们之间而存在的一种犯罪,因此对于行为人与行贿人、受贿人没有形成共同故意的,即使行为人因介绍贿赂得逞并从行贿方或者受贿方接受一定中介费用,也只能以介绍贿赂罪论处,而不能以行贿罪或者受贿罪的帮助犯或教唆犯论处。① 而利用影响力受贿罪是行为主体利用"影响力",通过其他国家工作人员职务上的行为,为请托人谋取不正

---

① 陈正云、文盛堂著:《贪污贿赂犯罪认定与侦查实务》,中国检察出版社 2002 年版,第 119～120 页。

当利益，索取或者收受请托人财物的行为，而国家工作人员不知情并且本身并未参与该受贿行为。

3. 本罪的共犯问题

利用影响力受贿罪共同犯罪的成立，与一般的共同犯罪一样，必须要同时符合共同犯罪的主客观条件，即主观上要有共同的犯罪意图，客观上要有共同的犯罪行为。至于利用影响力受贿罪共同犯罪的通常组合形式，则既可以是共同实行犯，也可以是实行犯加帮助犯，还可以是实行犯加教唆犯。

另外，需要注意的问题是《全国法院审理经济犯罪案件工作座谈会纪要》规定，根据刑法关于共同犯罪的规定，非国家工作人员与国家工作人员勾结，伙同受贿的，应当以受贿罪的共犯追究刑事责任。非国家工作人员是否构成受贿罪共犯，取决于双方有无共同受贿的故意和行为。国家工作人员的近亲属向国家工作人员代为转达请托事项，收受请托人财物并告知该国家工作人员，或者国家工作人员明知其近亲属收受了他人财物，仍按照近亲属的要求利用职权为他人谋取利益的，对该国家工作人员应认定为受贿罪，其近亲属以受贿罪共犯论处。近亲属以外的其他人与国家工作人员通谋，由国家工作人员利用职务上的便利为请托人谋取利益，收受请托人财物后双方共同占有的，构成受贿罪共犯。

4. 本罪的停止形态问题

关于利用影响力受贿罪的构成要件上文已有详细论述，笔者认为，认定既遂与未遂的标准应从本罪的结果出发，一是是否为请托人谋取了不正当利益；二是是否占有了贿赂物。

关于第一点我们应该以实施职务上行为的国家工作人员的许诺作为"为请托人谋取不正当利益"的认定标准。在现实生活中，还会出现国家工作人员或中间人未给予肯定的许诺，而事实上又帮助请托人谋取利益的情况。针对这种情况，笔者认为，请托、许诺、实施行为是一个正序的行为过程，若行为人没有给予肯定的许诺，但实际上已经实施了行为，更可以印证其主观上的许诺并不影响谋取行为既遂的认定。

另外，利用影响力受贿罪在侵害国家工作人员职务行为廉洁性的同时非法占有了财物，所以可将是否实际控制贿赂物作为既未遂的标准。行为人实施了利用影响力并通过国家工作人员职务上的行为为请托人谋取不正当利益的一系列行为，但贿赂物尚未实际转移或者尚未被行为人控制即被查获的，可认定为未遂；相对地，实际控制贿赂物后，是否将贿赂物据为己有，不影响既遂的认定。

（四）利用影响力受贿罪的处罚

根据修正后的刑法第388条之一规定，犯本罪的，处3年以下有期徒刑或者拘役，并处罚金；数额巨大或者有其他严重情节的，处3年以上7年以下有期徒刑，并处罚金；数额特别巨大或者有其他特别严重情节的，处7年以上有期徒刑，并处罚金或者没收财产。

三十六、执行判决、裁定失职罪

（一）执行判决、裁定失职罪的概念与法源

1. 执行判决、裁定失职罪的概念

执行判决、裁定失职罪，是指在执行判决、裁定活动中，严重不负责任，不依法采取诉讼保全措施、不履行法定执行职责，或者违法采取诉讼保全措施、强制执行措施，致使当事人或者其他人的利益遭受重大损失的行为。[①]

2. 执行判决、裁定失职罪的法源

1997年刑法第399条第1款和第2款分别规定了徇私枉法罪和枉法裁判罪。但是在刑法执行过程中有关部门却提出，司法工作人员徇私舞弊的情况除在侦查、起诉、审判阶段存在外，在执行阶段也是同样存在的。主要表现为有的司法工作人员徇私舞弊，对能够执行的案件故意拖延执行，或者违法采取诉讼保全措施、强制执行

[①]　杨新京著：《刑法修正案与立法解释》，中国检察出版社2005年版，第191页。

措施，给当事人或者他人的财产利益造成了重大损失，社会危害较大，也需要追究刑事责任，对此刑法也应有明确规定。全国人大常委会法制工作委员会与有关部门、专家学者研究后认为，对于上述行为，按照刑法第 397 条规定的滥用职权罪和玩忽职守罪是可以追究的，在司法实践中对这种行为没有及时追究刑事责任，主要是由于刑法对这种行为未作具体规定，司法机关在适用法律时认识不明确造成的。有关部门、专家学者还提出，这种行为与刑法第 399 条规定的犯罪行为在性质和表现形式上更为接近，建议在该条中对此作出明确规定。2002 年 12 月 28 日，第九届全国人大常委会第三十一次会议通过的《刑法修正案（四）》第 8 条第 3 款规定："在执行判决、裁定活动中，严重不负责任或者滥用职权，不依法采取诉讼保全措施、不履行法定执行职责，或者违法采取诉讼保全措施、强制执行措施，致使当事人或者其他人的利益遭受重大损失的"，应当依法追究行为人的刑事责任，于此处增加了执行判决、裁定失职罪。

（二）执行判决、裁定失职罪的构成特征

1. 客体特征

本罪的客体为人民法院正常的审判活动秩序。本罪的犯罪对象是"判决、裁定"。按照全国人大常委会《关于〈中华人民共和国刑法〉第三百一十三条的解释》规定，① 刑法第 313 条规定的"人民法院的判决、裁定"，是指人民法院依法作出的具有执行内容并已发生法律效力的判决、裁定。人民法院为依法执行支付令、生效的调解书、仲裁裁决、公证债权文书等所作的裁定属于该条规定的裁定。立法机关作出的立法解释与现行法律具有同等的法律效力，人民法院应当遵照执行。

从人民法院已经发生法律效力的判决、裁定的属性来说，主要

---

① 周道鸾：《论罪名的规范化、统一化及其认定》，载《法律适用》1998 年第 2 期。

可以分为刑事判决、裁定，民事判决、裁定以及行政判决、裁定。但从本条规定的内容看，无论是刑事、民事还是行政的判决、裁定，都必须和财产有关，即人民法院发生法律效力的判决、裁定中含有财产执行的内容。[①] 刑法理论界的大部分学者也是赞同此观点的，笔者也是同意这种说法的。

2. 客观特征

本罪的客观方面表现为在执行判决、裁定活动中，严重不负责任，不依法采取诉讼保全措施，不履行法定职责致使当事人或者其他人的利益遭受重大损失的行为。

所谓的"严重不负责任"，是指对依法应当采取诉讼保全措施的而不采取，对依法应当采取强制执行措施的而不采取，不履行法定执行职责（即不作为）。

我国民事诉讼法第 100 条第 1 款规定："人民法院对于可能因当事人一方的行为或者其他原因，使判决难以执行或者造成当事人其他损害的案件，根据对方当事人的申请，可以裁定对其财产进行保全、责令其作出一定行为或者禁止其作出一定行为；当事人没有提出申请的，人民法院在必要时也可以裁定采取保全措施。"同时，民事诉讼法规定，被执行人未按人民法院发出的执行通知书履行法律文书确定的义务时，人民法院有权采取冻结、划拨被执行人在银行、信用合作社的存款，扣押、提取被执行人应当履行义务部分的收入，查封、扣押、冻结、拍卖、变卖被执行人应当履行义务部分的财产等强制执行措施。但这些诉讼保全措施和强制执行措施都必须严格依照法定程序进行。如果执行人员依法应当采取诉讼保全措施或者强制执行措施而不采取，致使当事人或者其他人的利益遭受重大损失的，则应当追究行为人的刑事责任。但重大损失与严重不负责任的行为之间必须存在刑法上的直接因果关系，才能构成犯罪。同时，这里的"当事人"是指原告、被告、第三人；"其他

---

① 杨新京著：《刑法修正案与立法解释》，中国检察出版社 2005 年版，第 191 页。

人"是指本案当事人以外的第三人，通常称为"案外人"。

另外，本罪是结果犯，行为人的失职行为还必须致使当事人或者其他人的利益遭受重大损失，才能构成犯罪。至于"致使当事人或者其他人的利益遭受重大损失的"该如何认定，笔者认为可以参照最高人民检察院 1999 年 8 月 6 日通过的《关于人民检察院直接受理立案侦查案件立案标准的规定（试行)》的有关规定，滥用职权罪的重大损失一般是指具有下列情形之一的：（1）造成死亡 1 人以上，或者重伤 2 人以上，或者轻伤 5 人以上的；（2）造成直接经济损失 20 万元以上的；（3）造成有关公司、企业等单位停产、严重亏损、破产的；（4）严重损害国家声誉，或者造成恶劣社会影响的；（5）其他致使公共财产、国家和人民利益遭受重大损失的情形；（6）徇私舞弊，具有上述情形之一的。在有关权力解释机关出台执行判决、裁定滥用职权罪的具体损失标准前，司法实践中，在办理执行判决、裁定滥用职权罪时，可以参照该标准执行，需要注意的一个问题就是由于本罪涉及的主要是财产性的损失，所以在参照实施上述标准时应当是以参照有关财产性的标准为主。

3. 主体特征

本罪的犯罪主体为具有特殊身份的主体，为司法工作人员，根据前述可知，"判决、裁定"可分为刑事、民事以及行政判决、裁定，那么该罪的犯罪主体也可分为执行人民法院刑事判决、裁定的司法工作人员，执行人民法院民事判决、裁定的司法工作人员以及执行人民法院行政判决、裁定的司法工作人员。

（1）执行人民法院刑事判决、裁定失职的司法工作人员，根据我国刑法和刑事诉讼法的规定，执行人民法院刑事判决、裁定的机关有人民法院、监狱和公安机关。其中，管制、拘役、剥夺政治权利、驱逐出境、缓刑由公安机关执行；有期徒刑、无期徒刑、死缓、减刑、假释的判决和裁定由监狱执行；罚金、没收财产、判处死刑立即执行的判决和裁定由人民法院执行。根据前文所述，由于本罪侵犯的对象是与财产有关的判决与裁定，故刑事判决、裁定之下的犯罪主体为人民法院。

（2）执行人民法院民事判决、裁定失职的司法工作人员，根据我国民事诉讼法第 224 条规定："发生法律效力的民事判决、裁定，以及刑事判决、裁定中的财产部分，由第一审人民法院或者与第一审人民法院同级的被执行的财产所在地人民法院执行。法律规定由人民法院执行的其他法律文书，由被执行人住所地或者被执行的财产所在地人民法院执行。"由此可知民事判决、裁定之下的犯罪主体为人民法院。

（3）执行人民法院行政判决、裁定失职的司法工作人员，根据行政诉讼法第 65 条第 2 款规定："公民、法人或者其他组织拒绝履行判决、裁定的，行政机关可以向第一审人民法院申请强制执行，或者依法强制执行。"根据本条规定，行政判决、裁定的执行机关除人民法院外，还包括行政机关。但是笔者认为，行政机关已作为刑法第八章"贪污贿赂罪"的犯罪主体而存在，且不属于司法工作人员，故行政判决、裁定之下的犯罪主体仍然是人民法院。

综上所述，本罪的犯罪主体为人民法院执行机构的司法工作人员。

4. 主观特征

本罪主观方面只能由过失构成，可分为疏忽大意的过失与过于自信的过失。即行为人应当预见到自己在执行工作中的失职行为会使当事人或者其他人的利益遭受重大损失，因为疏忽大意而没有预见，或者已经预见而轻信能够避免。故意（包括间接故意）不构成本罪。执行判决、裁定滥用职权罪一般由过失构成，即行为人应当预见自己在执行判决、裁定中滥用职权的行为可能使当事人或者其他人的利益遭受重大损失，由于疏忽大意而没有预见，或者已经预见而轻信能够避免，以致这种重大损失发生的心理态度。

（三）执行判决、裁定失职罪的司法认定

1. 本罪罪与非罪的界限

本罪罪与非罪的界限可以从以下两个方面把握，首先，需要明确本罪发生的范围前提，执行判决、裁定失职罪必须是在执行判决、裁定的活动之中，关于这一问题，本书前述内容已经涉及，在此不再赘述。其次，本罪是结果犯，因而只有在执行活动中因严重不负责任致使当事人或者其他人的利益遭受重大损失的，才构成犯罪。而关于"重大损失"的具体含义，由于司法解释还没有作出具体的规定，根据前面部分的叙述，笔者认为，所谓的"重大损失"一般应当是指财产性利益的损失，并且应当是指直接的财产损失，而具体何为"重大"，应当参见前文中提到的司法解释。

2. 本罪与相近犯罪的界限

（1）本罪与玩忽职守罪的界限。

两罪的关系实际上是属于普通罪名与特殊罪名之间的关系，各罪的条文之间属于法条竞合。两罪之间既有联系又存在区别，两罪的共同之处在于：一是二者主观罪过上都是过失；二是二者在客观上都是由于严重不负责任，不履行法定职责，进而造成重大损失，也就是说二者在成立上都要求是结果犯。而两罪区别的关键点在于主体的不同，玩忽职守罪的主体是国家机关工作人员；执行判决、裁定失职罪的主体则是司法工作人员。

（2）本罪与执行判决、裁定滥用职权罪的界限。

执行判决、裁定滥用职权罪，是指人民法院从事执行工作的人员在执行生效判决、裁定活动中滥用职权，致使当事人或者其他人的利益遭受重大损失的行为。它与执行判决、裁定失职罪都是属于《刑法修正案（四）》第8条第3款新增设的罪名。

探讨两罪之间的区别，关键点在于主观构成要件，执行判决、裁定失职罪的主观方面只能由过失构成，而执行判决、裁定滥用职权罪在主观方面表现为故意，即行为人明知滥用职权会致使当事人或者其他人的利益遭受重大损失的结果，而希望或者放任这种结果的发生，这是区别两罪的一个主要标准。

（3）本罪与失职致使在押人员脱逃罪的界限。

在刑事判决、裁定过程中，司法工作人员由于严重不负责任，致使在押的犯罪嫌疑人、被告人或者罪犯脱逃，造成严重后果的，构成失职致使在押人员脱逃罪。从失职致使在押人员脱逃罪的定义可以看出二者之间的区别在于发生的范围前提不同，执行判决、裁定失职罪是在执行刑事、民事、行政的判决、裁定活动中，与财产的执行有关，而失职致使在押人员脱逃罪中司法工作人员执行的判决、裁定仅限于刑事判决、裁定，与财产的执行是没有关系的。

（4）本罪与民事、行政枉法裁判罪的界限。

本罪与民事、行政枉法裁判罪的界限主要体现在以下四个方面：一是犯罪客体不同，本罪的犯罪客体是人民法院正常的审判活动秩序，而民事、行政枉法裁判罪的客体是国家司法机关正常的侦查、检察、审判活动；二是犯罪的客观方面不同，本罪表现为在执行活动中严重不负责任的行为，而民事、行政枉法裁判罪在客观方面表现为违背事实和法律，在民事、行政审判活动中做枉法裁判的行为；三是犯罪主体不同，两罪的犯罪主体都是特殊主体，但是两者是不同的。本罪的犯罪主体是人民法院执行机构的司法工作人员，而民事、行政枉法裁判罪的犯罪主体为民事、行政诉讼活动中的民事、行政审判人员；四是犯罪的主观方面不同，本罪在主观方面表现为过失，而民事、行政枉法裁判罪只能由故意构成。

3. 本罪的罪数形态问题

关于本罪的罪数形态，主要是涉及司法人员因受贿而严重不负责任应当如何处理的情形，根据《刑法修正案（四）》第8条第4款规定："司法工作人员收受贿赂，有前三款行为的，同时又构成本法第三百八十五条规定之罪的，依照处罚较重的规定定罪处罚。"所以说这种情况下应依据牵连犯的处理原则，按照处罚较重的规定择一重罪进行定罪处罚，而不实行数罪并罚。

4. 本罪的停止形态

根据前面部分的叙述，本罪主观方面只能由过失才能构成，而刑法理论界的通说是过失犯罪要求犯罪结果的出现方能构成该犯罪，因而对于本罪来说，也需要犯罪结果的出现才可以构成本罪，另外过失犯罪是不存在未完成形态的，依此可得出，本罪也就不存在未完成形态，所以没有预备犯、中止犯与未遂犯，即只要本罪的行为人实施上述行为，且造成了危害结果的，那么就达到本罪的完成形态，因而就达到了既遂状态。

（四）执行判决、裁定失职罪的处罚

根据修正后的刑法第 399 条第 3 款和第 4 款规定，犯本罪的，处 5 年以下有期徒刑或者拘役；致使当事人或者其他人的利益遭受特别重大损失的，处 5 年以上 10 年以下有期徒刑。

司法工作人员收受贿赂，有前三款行为的，同时又构成本法第 385 条规定之罪的，依照处罚较重的规定定罪处罚。

三十七、执行判决、裁定滥用职权罪

（一）执行判决、裁定滥用职权罪的概念与法源

1. 执行判决、裁定滥用职权罪的概念

执行判决、裁定滥用职权罪，是指司法工作人员在执行判决、裁定活动中，滥用职权，不依法采取诉讼保全措施、不履行法定执行职责，或者违法采取诉讼保全措施、强制执行措施，致使当事人或者其他人的利益遭受重大损失的行为。

2. 执行判决、裁定滥用职权罪的法源

长期以来，执行难成为困扰法院工作的一道司法难题，江泽民同志在党的十六大报告中郑重提出"切实解决执行难问题"[①]。各级人民法院借这场东风，加大了执行力度，执行工作如火如荼地在全国各地开展。为此，2002 年 8 月，全国人大常委会颁布了《关于〈中华人民共和国刑法〉第三百一十三条的解释》，加大了运用刑罚手段制裁拒不执行人民法院裁判行为的力度。2002 年 12 月 28 日，第九届全国人民代表大会常务委员会第三十一次会议通过的

---

① 参见江泽民同志所做的题为"全面建设小康社会，开创中国特色社会主义事业新局面"的十六大报告，2002 年 11 月 18 日。

《刑法修正案（四）》第8条第3款规定："在执行判决、裁定活动中，严重不负责任或者滥用职权，不依法采取诉讼保全措施、不履行法定执行职责，或者违法采取诉讼保全措施、强制执行措施，致使当事人或者其他人的利益遭受重大损失的，处五年以下有期徒刑或者拘役；致使当事人或者其他人的利益遭受特别重大损失的，处五年以上十年以下有期徒刑。"该修正案的颁布实施加大了运用刑罚手段制裁执行人员失职、滥用职权执行判决、裁定行为的力度。这是解决"执行难"问题的一项重要举措，对于确保法律的准确适用，依法制裁执行判决、裁定的失职和滥用职权犯罪行为，保障人民法院执行工作的顺利开展，具有十分重要的意义。

（二）执行判决、裁定滥用职权罪的构成特征

1. 客体特征

本罪侵犯的客体是司法机关的正常活动，具体是指人民法院执行判决、裁定的正常司法活动。

这里的判决、裁定，按照全国人大常委会《关于〈中华人民共和国刑法〉第三百一十三条的解释》，"是指人民法院依法作出的具有执行内容并已发生法律效力的判决、裁定。人民法院为依法执行支付令、生效的调解书、仲裁裁决、公证债权文书等所作的裁定属于该条规定的裁定"。立法机关作出的立法解释与现行法律具有同等的法律效力，人民法院应当遵照执行。"判决、裁定"既是本罪的犯罪对象，又是人民法院执行机构据以执行的法律文书，还是人民法院强制执行的依据。

从人民法院已经发生法律效力的判决、裁定的属性来看，可以将其分为刑事判决、裁定，民事判决、裁定以及行政判决、裁定。但从本条规定的内容看，无论属于刑事、民事还是行政的判决、裁定，都必须和财产有关，即人民法院发生法律效力的判决、裁定中含有财产执行的内容。[①] 刑法理论界中大部分学者也是赞同此观点

---

① 杨新京著：《刑法修正案与立法解释》，中国检察出版社2005年版，第191页。

的，笔者也同意这种说法。

2. 客观特征

本罪在客观方面表现为在执行判决、裁定活动中，滥用职权，或者违法采取诉讼保全措施、强制执行措施，致使当事人或者其他人的利益遭受重大损失的行为。理解本罪的客观方面需要注意以下几个方面的问题：

所谓"滥用职权"，是指行为人违反职责要求，任意行使职权，或者超越法定职权范围，擅自决定或者处理无权决定或者处理的事项，致使当事人或者其他人的利益遭受重大损失。

诉讼保全又称财产保全，是指人民法院根据利害关系人或当事人的申请，必要时也可依职权对一定财产采取特殊保护措施，以保证将来生效判决有得以实现的物质保障的法律制度，可分诉前财产保全和诉讼中的财产保全。

根据民事诉讼第94条第2款和《意见》第99条、第100条、第101条、第102条、第104条、第105条以及最高人民法院有关司法解释，财产保全的措施有查封、扣押、冻结财产以及法律许可的其他方法。对财产保全措施需要说明的是，法院对某项财产查封、扣押后，应当妥善保管被查封、扣押的财产。任何人和任何单位都不得使用该项财产。人民法院对不动产和特定的动产（如车辆、船舶等）进行财产保全时，可以采用扣押有关财产权证照，并通知有关产权登记部门不予办理该项财产的转移手续；人民法院采取冻结财产措施时，财产被冻结后，应当立即通知被冻结财产的所有人。财产已被查封、冻结的，不得重复查封、冻结。人民法院对有偿还能力的企业法人，一般不得采取查封、冻结的措施。已采取查封、冻结保全措施的，如该企业法人提供了可供执行的财产担保，或者可以采取其他方式保全的，应当及时予以解封、解冻。人民法院对季节性商品、鲜活、易腐烂变质以及其他不宜长期保存的物品采取保全措施时，可以责令当事人及时处理，由人民法院保存价款；必要时，人民法院可予以变卖，保存价款。人民法院对抵押物、留置物可以采取财产保全措施，但抵押权人、留置权人有优先受偿权。人民法院对债务人到期应得的收益可以采取保全请求，但对第三人有到期债权的，人民法院可以依债权人的申请裁定该第三人不得对本案债务人清偿。该第三人要求偿付的，由人民法院提存财物或价款。所谓强制措施，是指上述对财产保全措施外针对被执行人的措施，主要包括对被执行人、协助执行人以及其他人采取拘传、拘留、罚款等。

"违法采取诉讼保全措施、强制执行措施"是指行为人违背了职责要求，不按照法定条件、程序和方式采取诉讼保全措施或者强制执行措施，而致使当事人或者其他人的利益遭受重大损失。

对"致使当事人或者其他人的利益遭受重大损失"的认定，该问题可以参照最高人民检察院于 1999 年 8 月 6 日通过的《关于人民检察院直接受理立案侦查案件立案标准的规定（试行）》的有关规定，滥用职权罪的重大损失一般是指具有下列情形之一的：(1) 造成死亡 1 人以上，或者重伤 2 人以上，或者轻伤 5 人以上的；(2) 造成直接经济损失 20 万元以上的；(3) 造成有关公司、企业等单位停产、严重亏损、破产的；(4) 严重损害国家声誉，或者造成恶劣社会影响的；(5) 其他致使公共财产、国家和人民利益遭受重大损失的情形；(6) 徇私舞弊，具有上述情形之一的。在有关权力解释机关出台执行判决、裁定滥用职权罪的具体损失标准前，在办理执行判决、裁定滥用职权罪时，应参照执行。

3. 主体特征

本罪的主体与执行判决、裁定失职罪的主体相同，都是特殊主体，即司法工作人员。但具体只能是人民法院依法对执行工作负有组织、指挥、监督职责和具体执行职责的有关司法工作人员，即本罪的主体不能是所有的司法工作人员，也不能是在人民法院工作的所有司法工作人员。

依据最高人民法院于 1998 年 7 月 8 日发布的《关于人民法院执行工作若干问题的规定（试行）》规定，人民法院根据需要，依据有关法律的规定，设立执行机构，专门负责执行工作。目前，全国各级人民法院普遍设立了执行机构——"执行庭"或"执行局"。依据上述规定等的精神，本罪的犯罪主体具体包括：在人民法院执行机构中专门负责执行工作即法院执行庭或执行局的司法工作人员。

4. 主观特征

本罪的主观方面是故意，即行为人明知自己滥用职权的行为会导致当事人或者其他人的利益遭受重大损失的结果，并且希望或放任这种结果发生。实践中，对滥用职权所导致的危害结果持间接故意的较多。动机、目的多样，但不影响本罪的成立。

（三）执行判决、裁定滥用职权罪的司法认定

1. 本罪罪与非罪的界限

认定本罪罪与非罪的界限，应从以下几个方面进行界定：一是从行为主体上来看，本罪的主体是人民法院中依法对执行工作负有组织、指挥、监督和具体执行职责的有关司法工作人员，也就是说非该犯罪主体的，即使有该罪的行为特征，也不能构成本罪，或为非罪，或为彼罪。二是从犯罪结果上来看，即使有执行判决、裁定滥用职权的行为，根据刑法第13条"但书"的规定，情节显著轻微，危害不大的，不认为是犯罪；另外从本罪的法条规定来看，即使有执行判决、裁定滥用职权的行为给当事人或者其他人的利益造成了损失，但没有达到重大程度的，也不能构成本罪，至于何为"当事人或者其他人的利益遭受重大损失"，前文已有论述，在此不再赘述。三是从本罪发生的时空来看，本罪的"违法采取诉讼保全措施、强制执行措施"只能发生在执行判决、裁定的过程中，若非在此过程就不能构成本罪。

2. 本罪与相近犯罪的界限

（1）本罪与滥用职权罪的界限。

本罪与滥用职权罪是普通法与特殊法的关系，在《刑法修正案（四）》颁布之前，由于刑法没有单独规定人民法院执行人员滥

用职权的犯罪行为，对之是以滥用职权罪追究刑事责任的。执行判决、裁定滥用职权独立成罪之后，两罪的区别主要体现在以下几个方面：一是犯罪主体不同，本罪的犯罪主体是人民法院中依法对执行工作负有组织、指挥、监督和具体执行职责的有关司法工作人员，而滥用职权罪的犯罪主体就是国家机关工作人员，非特殊机关的特殊工作人员。二是从犯罪发生的时空条件来看，本罪发生在执行判决、裁定的活动之中，而滥用职权罪则发生在各级各类国家机关对社会生活各个领域的管理活动之中。实践中，如果是对判决、裁定负有组织、指挥、监督或具体执行职责外的司法工作人员和其他国家机关工作人员滥用职权，致使判决、裁定无法执行的，造成严重后果的，则应以滥用职权罪论处。三是犯罪客体不同，本罪侵犯的客体是司法机关的正常活动，具体是指人民法院执行判决、裁定的正常司法活动，而滥用职权罪侵犯的客体是国家机关的正常管理活动①。两罪的客体的关系是直接客体与同类客体之间的关系。四是犯罪的客观方面不同，本罪的客观方面表现为在执行判决、裁定活动中，滥用职权，违法采取诉讼保全措施、强制执行措施，而滥用职权罪则在客观方面没有此要求。

（2）本罪与拒不执行判决、裁定罪的界限。

拒不执行判决、裁定罪，是指对于人民法院的判决、裁定，有能力执行而拒绝执行，情节严重的行为②。两罪的区别主要体现在以下两个方面：一是犯罪的客观方面不同，本罪在客观方面表现为滥用职权的行为，而拒不执行判决、裁定罪在客观方面则表现为有能力履行法院的判决、裁定而拒不履行，情节严重的行为。可以这样说，"执行判决、裁定滥用职权的行为一般表现为积极的作为，

---

① 参见高铭暄、马克昌主编：《刑法学》，北京大学出版社、高等教育出版社2000年版，第650页。

② 参见王俊平主编：《刑法新增犯罪研究》，人民法院出版社2004年版，第302页。

而拒不执行判决、裁定罪可以表现为消极不作为的拒不履行，也可以表现为积极作为的拒不履行"①。二是犯罪主体不同，本罪的犯罪主体是司法工作人员，属于特殊主体，而拒不执行判决、裁定罪的犯罪主体是被法院判决、裁定明确指定履行某种义务的人，是不具有司法职权的非国家工作人员。

（3）本罪与执行判决、裁定失职罪的界限。

本罪与执行判决、裁定失职罪都属于《刑法修正案（四）》第8条第3款新增加的犯罪，两罪的区别主要体现在以下几个方面：一是犯罪主观方面不同，本罪在主观方面表现为故意，即明知是逾越职权的行为而为之或明知是依照职务应当履行的义务而不为之。而执行判决、裁定失职罪的主观方面表现为过失，包括过于自信的过失和疏忽大意的过失。二是犯罪的客观方面不同，两罪的客观行为是相类似的，主要不同点是两罪的犯罪结果不同，尽管在法律条文上两罪都要求"致使当事人或者其他人的利益遭受重大损失"，但关于"重大损失"的标准不同，这主要是基于执行判决、裁定滥用职权罪的危害性大于执行判决、裁定失职罪的危害性的角度来说的，因而本罪的重大损失的标准应低于执行判决、裁定失职罪。

3. 本罪的罪数形态问题

本罪的罪数形态在司法实践中主要涉及的是司法工作人员在执行判决、裁定中滥用职权，违法采取诉讼保全措施、强制执行措施的过程中，又收受他人贿赂的；或者收受贿赂之后，在执行判决、裁定的过程中滥用职权，违法采取诉讼保全措施、强制执行措施的，在这种情况下行为人在构成本罪的同时，还构成受贿罪，根据刑法第399条第4款的规定，应当依照处罚较重的规定定罪处罚，不实行数罪并罚。

另外，本罪的罪数问题还涉及违法采取强制执行措施过程中，

---

① 参见王俊平主编：《刑法新增犯罪研究》，人民法院出版社2004年版，第304页。

构成执行判决、裁定滥用职权罪的同时又构成非法拘禁罪、非法搜查罪的竞合与处断问题，笔者认为在具体立案操作上可以参照非法拘禁罪和非法搜查罪的立案标准，但处断上仍然应当坚持择一重罪处罚的原则，以执行判决、裁定滥用职权罪论处，不实行数罪并罚。

4. 本罪的共犯问题

本罪的共犯问题主要是关于经过主管领导决定实施的执行判决、裁定滥用职权行为，领导的责任如何确定的问题，这个问题应当分为两种情况：一是如果主管领导明知案件承办人在实施执行判决、裁定滥用职权行为而积极予以支持作出滥用职权决定的，就与案件承办人共同构成执行判决、裁定滥用职权罪。二是如果主管领导不知案件承办人在实施滥用职权行为，而是在被蒙蔽或者承办人隐瞒事实真相的情况下作出的决定，那么这种决定从实质上来看，并非主管领导的意志，因此主管领导对此不承担法律责任。

（四）执行判决、裁定滥用职权罪的处罚

根据修正后的刑法第399条第3款规定，犯本罪的，处5年以下有期徒刑或者拘役；致使当事人或者其他人的利益遭受特别重大损失的，处5年以上10年以下有期徒刑。另外，根据该条第4款规定，司法工作人员收受贿赂，有执行判决、裁定滥用职权行为的，同时又构成本法第385条规定之罪的，依照处罚较重的规定定罪处罚。

三十八、枉法仲裁罪

（一）枉法仲裁罪的概念与法源

1. 枉法仲裁罪的概念

枉法仲裁罪是《刑法修正案（六）》新增设的罪名，依据《刑法修正案（六）》第20条的规定，枉法仲裁罪是指依法承担仲裁职责的人员，在仲裁活动中故意违背事实和法律作枉法裁决，情节严重的行为。

2. 枉法仲裁罪的法源

我国 1997 年刑法第 399 条虽然规定了数个枉法犯罪类型，但没有单独规定枉法仲裁的罪名。而对于仲裁程序中涉及犯罪的，对该问题有明确规定的见于我国仲裁法。根据我国仲裁法第 7 条规定："仲裁应当根据事实，符合法律规定，公平合理地解决纠纷。"第 8 条规定："仲裁依法独立进行，不受行政机关、社会团体和个人的干涉。"为了与仲裁法的规定相衔接，依法追究枉法仲裁者的刑事责任，2006 年 6 月 29 日第十届全国人民代表大会常务委员会第二十二次会议通过的《刑法修正案（六）》第 20 条规定："在刑法第三百九十九条后增加一条，作为第三百九十九条之一：'依法承担仲裁职责的人员，在仲裁活动中故意违背事实和法律作枉法裁决，情节严重的，处三年以下有期徒刑或者拘役；情节特别严重的，处三年以上七年以下有期徒刑。'"这一规定为打击枉法仲裁的行为提供了有力的刑法依据。

（二）枉法仲裁罪的构成特征

1. 客体特征

本罪侵犯的客体是正常的仲裁秩序和仲裁机构的威信。仲裁作为决定当事人权利义务的一种争议解决机制，要求仲裁人员必须公正不倚地依法裁判。仲裁人员的枉法裁判行为不仅破坏了一个国家的正常仲裁秩序，而且会给社会公众对仲裁的信任度造成极大的伤害，从而损害仲裁部门及其工作人员在公众心目中的形象和威信。

2. 客观特征

本罪在客观方面表现为，行为人在仲裁活动中，故意违背事实和法律作枉法裁决，情节严重的行为。具体来说，本罪在客观方面包含以下三个要件：

（1）枉法裁决的行为必须发生在仲裁活动中，这是范围的限定。根据我国仲裁法的规定，仲裁是指发生争议的双方当事人，根据其在争议发生前或争议发生后所达成的协议，自愿将该争议提交中立的第三者进行裁判的争议解决制度和方式。如果是在刑事审判活动中故意违背事实和法律作枉法裁判的，可能构成徇私枉法罪；如果是在民事、行政审判活动中故意违背事实和法律作枉法裁判的，则可能构成民事、行政枉法裁判罪。

（2）必须是行为人故意违背事实和法律作枉法裁决。所谓违背事实，既可以是对有确实、充分证据证明的事实不予以认定，也可以是对证据不确实、不充分的事实予以认定，甚至可以是伪造、毁灭证据以混淆事实。所谓违背法律，是指依法承担仲裁职责的人员在仲裁活动中故意曲解法律或违背法律。同时，在国际或涉外仲裁中，当事人有权选择处理争议适用的实体法，如果当事人选择适用外国法，那么违背该外国法作出裁决也构成本罪；如果仲裁庭适用交易习惯、国际惯例或者公平原则裁决案件，那么违背该交易习惯、国际惯例或者公平原则的行为亦构成本罪。所谓枉法裁决，是指依照事实和法律本应裁决当事人胜出或败诉的，行为人却故意颠倒黑白地裁决该当事人败诉或胜出，或者本应承担较重责任的当事人违法判定减轻其责任，对本应承担较轻责任的当事人违法判定加重其责任，等等。

（3）枉法裁决的行为须达到"情节严重"的程度。至于何为"情节严重"的行为，需进行限定。参照最高人民检察院于2001年7月20日通过的《人民检察院直接受理立案侦查的渎职侵权重特大案件标准（试行）》，这里所说的"情节严重"可以理解为：枉法裁决致使公民、法人或者其他组织财产损失重大的；枉法裁决，引起当事人及其亲属自杀、伤残、精神失常的；伪造有关材料、证据，制造假案枉法裁决的；串通当事人制造伪证，毁灭证据而枉法裁决的以及其他情节严重的情形。

3. 主体特征

本罪的主体是依法承担仲裁职责的人员。根据我国仲裁法的规定，满足下列条件之一的、公道正派的人员可以被聘任为仲裁员：从事仲裁工作满8年的；从事律师工作满8年的；曾任审判员满8年的；从事法律研究、教学工作并具有高级职称的；具有法律知识、从事经济贸易等专业工作并具有高级职称或者具有同等专业水平的。国家公务员及参照实行国家公务员制度的机关工作人员符合上述条件的，并经所在单位同意，可以受聘为仲裁员，但不得因从事仲裁工作而影响本职工作。由此可知，满足上述条件而被聘任为仲裁员的，可以成为本罪的主体。

另外，根据我国仲裁法的规定，仲裁委员会主任或秘书长有权就仲裁管辖权、仲裁员回避、延长裁决期限等作出决定，必要时仲裁机构的专家咨询委员会委员可以对案件发表咨询意见等。他们是否也属于承担仲裁职责的人，没有明确的法律规定。笔者认为，仲裁委员会主任或秘书长仅负责程序或其他服务工作，而专家咨询委员会委员虽可发表意见，但其意见不对仲裁庭产生约束力，因此他们都不能对仲裁结果的确定发生实质性的影响，他们不应属于承担仲裁职责的人员，也不可以成为本罪的主体。但是，如果仲裁委员会主任、秘书长、专家咨询委员会委员利用自己和仲裁员的人际关系共谋枉法裁决的，可以成为本罪的共犯，但不能独立成为本罪的主体。外籍仲裁员是否可以成为本罪的主体？根据我国仲裁法的规定，涉外仲裁委员会可以从具有法律、经济贸易、科学技术等专门知识的外籍人士中聘任仲裁员。根据我国刑法规定的管辖原则，如果该外籍仲裁员有枉法裁决行为，当然可以构成本罪。

4. 主观特征

本罪在主观方面应为故意，对此有争议的是，枉法仲裁中的故意是否只能是直接故意。有观点主张肯定说[1]，笔者认为间接故意也可以构成本罪。第一，对照刑法第 399 条规定的其他罪名，徇私枉法罪与民事、行政枉法裁判罪同样是枉法行为，其主观方面均要求故意，并没有特别要求直接故意。[2] 基于维护法条的统一性，笔

---

① 参见刘志洪：《略论枉法仲裁罪》，载《中国检察官》2006 年第 9 期。

② 参见高铭暄、马克昌主编：《刑法学》，北京大学出版社 2000 年版，第 57 页；马克昌主编：《刑法学》，高等教育出版社 2003 年版，第 694~695 页。

者认为这种解释也可以适用于本罪。第二，我国台湾地区枉法仲裁罪的主观方面，通说的观点也是认为间接故意可以构成本罪。①

如果是由于仲裁人员的认识水平或者自身业务知识、实践经验不足，造成工作失误，发生裁判失当的情况，不构成本罪。在仲裁实践中，仲裁人员违背事实和法律的行为，以及作出错误裁判的结果，都是客观存在的。具有刑法上的定罪量刑意义的是仲裁人员的故意行为，出于过失的仲裁人员违背事实和法律的行为不具有刑事上的意义，不构成犯罪。

因此，对仲裁人员主观故意的认定，是确定其行为性质的关键。要把枉法仲裁同有一定争议的仲裁，同仲裁人员在法律许可范围内的自由裁量权，同确定当事人承担权利、义务的比例有一定偏差的裁判区别开来。在区分仲裁人员违背事实和法律的行为是出于故意还是过失时，有些时候（如收受贿赂后枉法仲裁的）其主观上的故意较易认定；但有些行为，如对某一证据是否采信，则可能出于仲裁人员的故意，也可能出于过失，还可能是经验、水平等原因所造成的。因此，在认定仲裁人员主观心态时，一定要综合案件各种情况予以分析，从而才能得出正确的结论。

（三）枉法仲裁罪的司法认定

1. 本罪罪与非罪的界限

根据法条可知，本罪是情节犯，根据《刑法修正案（六）》第20条的规定，只有"情节严重"的才能构成犯罪，因而情节严重与否是界定行为人的行为是否构成犯罪的重要标志。在司法实践中，应当结合具体案情认真考察行为人的行为是否属于情节严重。另外，根据前述内容可知，本罪主观方面只能由故意构成，法条明确排除了过失构成本罪的可能，因此在司法实践中，应当认真考察行为人的主观心理态度是否是故意，如果行为人的主观心理态度为过失，不能以本罪论处。

---

① 参见林山田：《刑法各罪论（下）》，台北出版社2004年版，第101页。

2. 本罪与相近犯罪的界限

（1）本罪与民事、行政枉法裁判罪的界限。

民事、行政枉法裁判罪，是指审判人员在民事、行政审判活动中故意违背事实和法律作枉法裁判，情节严重的行为。但二者之间还是存在很大不同的，二者的区别主要在于：第一，侵犯的客体不同。民事、行政枉法裁判罪的客体是司法机关的正常活动和司法公正，与枉法仲裁罪的客体相异。具体来说，枉法仲裁罪所侵犯的客体是仲裁活动的正常进行及结果公正，后者侵犯的是民事、行政审判活动的正常进行及结果公正。第二，犯罪行为发生的活动领域不同。枉法仲裁罪只能发生在仲裁活动中，民事、行政枉法裁判罪则只能发生在民事、行政审判过程中。第三，行为所指对象不同。枉法仲裁罪针对的是作为一般主体的公民、法人和其他组织，民事、行政枉法裁判罪则针对民事、行政诉讼的当事人。第四，犯罪主体不同。二者的主体虽都是特殊主体，但是枉法仲裁罪的主体，如前所述，是依法承担仲裁职责的人员，民事、行政枉法裁判罪的主体是审判人员，限于在民事、行政审判活动中参与审判活动、行使审判权的审判人员，包括合议庭组成人员、审判委员会成员、院长。书记员、司法警察、行政工作人员因不担负审判工作、不行使审判权而不能成为本罪的主体。

（2）本罪与提供虚假证明文件罪的界限。

提供虚假证明文件罪，是指承担资产评估、验资、验证、会计、审计、法律服务等职责的单位或个人故意提供虚假证明文件，情节严重的行为。提供虚假证明文件罪与枉法仲裁罪的区别主要有以下几个方面：一是犯罪主体不同。枉法仲裁罪的主体为依法承担仲裁职责的人员，单位不可以成为本罪的主体；提供虚假证明文件罪的主体为承担资产评估、验资、验证、会计、审计、法律服务等职责的中介组织或者中介组织的人员，即中介单位可以成为本罪的主体。二是发生的活动领域不同。枉法仲裁罪发生在仲裁活动过程中；而提供虚假证明文件罪则发生在资产评估、验资、验证、会计、审计、法律服务等活动过程中。

(3) 本罪与帮助毁灭、伪造证据罪的界限。

在司法实践中，行为人在实施枉法裁决行为时，可能会采取伪造、隐匿、毁灭证据或者其他隐瞒事实、违背法律的手段，这样就容易与帮助毁灭、伪造证据罪相混淆或者产生竞合，造成认定上的困难。二者的区别主要有以下两点：第一，行为发生的场合不同，枉法仲裁罪只能发生在仲裁活动中；而帮助毁灭、伪造证据罪则可以发生在刑事诉讼、民事诉讼、行政诉讼或者仲裁过程中，所以说本罪发生的范围领域要小于帮助毁灭、伪造证据罪的发生范围。第二，犯罪主体不同。枉法仲裁罪的主体是依法承担仲裁职责的人员；而帮助毁灭、伪造证据罪的主体是一般主体。如果仲裁人员通过毁灭、伪造证据而实施枉法仲裁行为的，则构成牵连犯。其中，毁灭、伪造证据是手段行为，构成帮助毁灭、伪造证据罪；枉法仲裁行为是目的行为，构成枉法仲裁罪。由于现行刑法对此没有明文规定，因此根据刑法理论中牵连犯的处断原则，应从一重罪论处，定枉法仲裁罪。

3. 本罪的罪数形态问题

关于枉法仲裁罪的罪数形态，主要讨论的是仲裁人员既受贿又枉法的行为应当如何确定的问题。

对此问题刑法学界有几种不同的看法：第一，牵连犯说；第二，想象竞合犯说；第三，法规竞合说；第四，吸收犯说。① 实际上，枉法仲裁同时又受贿行为的罪数形态认定的关键在于对受贿罪中"为他人谋取利益"性质的理解。当然这里指的是收受型受贿罪的情形，索取他人财物的并不以"为他人谋取利益"为要件。笔者认为受贿罪中的"为他人谋取利益"并非是指受贿人实际上已经为他人谋取了利益，而是指受贿人的一种许诺，只要客观上已

---

① 转引自张勇、黄晓华：《论枉法仲裁罪与受贿罪的竞合》，载《法学评论》2008 年第 5 期。

经许诺为他人谋取利益并收受对方财物即满足受贿罪的客观要件，至于这种许诺是否兑现并不影响受贿罪的成立。① 因此，笔者赞成将"为他人谋取利益"解释为收受型受贿罪客观要件的一部分，那么仲裁人员枉法仲裁与收受贿赂的行为就应当被视为一个整体行为，也就不能是牵连犯或者吸收犯，因为这两种观点都是以数个犯罪行为为基础的。

仲裁人员枉法仲裁又受贿的是属于法规竞合还是想象竞合犯呢？想象竞合犯，是指一个犯罪行为触犯数个罪名的犯罪形态，其实质是一行为、数罪过、数结果，并且数个构成要件之间不具有包含关系；法规竞合实质上是犯罪客体的竞合，形式上的数个构成要件之间具有包含关系。② 法规竞合与想象竞合犯的相同之处在于二者都是一个行为触犯了数个法规，二者的区别在于法规竞合的数法规之间是犯罪构成的重合，其实质上是单纯的一罪；而想象竞合犯的数法规之间仅仅是客观行为相同，实际是形式上的数罪。从表面上看枉法仲裁又受贿有两个罪过，既对枉法仲裁有故意，对受贿也有故意，也似乎有两个"结果"，即因枉法仲裁扰乱了仲裁的正常秩序，因受贿侵犯了职务行为的不可收买性，但从实质上分析，这里的两个故意都可以被包含在受贿的故意中，即枉法仲裁行为的故意可以被视为是为他人谋取利益的故意；而所谓的两个"结果"，实质是两个犯罪客体而不是危害结果。③ 因此，该款规定应当属于法规竞合而不是想象竞合犯。并且仲裁人员所触犯的枉法仲裁罪与受贿罪在犯罪构成的许多方面存在包容关系，对于索贿型受贿的情况，其客观要件"利用职务上的便利"具体到枉法仲裁罪的构成要件中，就是行为人利用仲裁裁决的权力进行的枉法仲裁行为，二

---

① 参见张明楷著：《刑法学》，法律出版社 2004 年版，第 925~926 页。

② 参见黄奇中：《刑法第 399 条第 4 款的理解与适用》，载《中国刑事法杂志》2004 年第 4 期。

③ 参见黄奇中：《刑法第 399 条第 4 款的理解与适用》，载《中国刑事法杂志》2004 年第 4 期。

者具有包容关系；对于收受型受贿的情况，仲裁人员受贿又枉法的，其行为分别符合受贿罪与枉法仲裁罪的犯罪构成，这两个法律条文在内容上存在交叉重合。① 对于枉法仲裁又受贿情形在司法实践中适用法律的问题，应当依照"重法优于轻法"的原则进行。在处理仲裁人员枉法仲裁又受贿的案件时，应根据仲裁人员所触犯的这两种犯罪的具体情节，综合考虑各种定性定量因素，确定应当采用的量刑档次，在比较的基础上选择处罚较重的罪名定罪处罚。②

（四）枉法仲裁罪的处罚

根据修正后的刑法第 399 条之一规定，犯本罪的，处 3 年以下有期徒刑或者拘役，情节特别严重的，处 3 年以上 7 年以下有期徒刑。

三十九、食品监管渎职罪

（一）食品监管渎职罪的概念与法源

1. 食品监管渎职罪的概念

食品监管渎职罪，是指负有食品安全监督管理职责的国家机关工作人员，滥用职权或者玩忽职守，导致发生重大食品安全事故或者造成其他严重后果的行为。

2. 食品监管渎职罪的法源

食品安全问题一直是社会生活中的焦点问题。从冠生园陈馅月饼到阜阳劣质奶粉，从三鹿奶粉到双汇"瘦肉精"，从上海染色馒头到台湾塑化剂，每一起食品安全事故都牵动着国人的心，同时也造成了一定的社会恐慌。完善食品安全的法律体系从而有效规制危

---

① 参见张勇、黄晓华：《论枉法仲裁罪与受贿罪的竞合》，载《法学评论》2008年第 5 期。

② 参见张勇、黄晓华：《论枉法仲裁罪与受贿罪的竞合》，载《法学评论》2008年第 5 期。

害食品安全违法犯罪行为成为大众的普遍呼声。特别是在 2009 年 2 月 28 日第十一届全国人民代表大会常务委员会第七次会议通过食品安全法后，完善食品安全刑法保护的呼声日益高涨。

2011 年 2 月 25 日第十一届全国人民代表大会常务委员会第十九次会议通过的《刑法修正案（八）》对危害食品安全犯罪做了重大修订，在很大程度上实现了与食品安全法的有效衔接，加大了刑法对危害食品安全犯罪的惩罚力度，充分体现了刑法作为社会最后一道防线对民生的重点保护。根据《刑法修正案（八）》第 49 条规定："在刑法第四百零八条后增加一条，作为第四百零八条之一：'负有食品安全监督管理职责的国家机关工作人员，滥用职权或者玩忽职守，导致发生重大食品安全事故或者造成其他严重后果的，处五年以下有期徒刑或者拘役；造成特别严重后果的，处五年以上十年以下有期徒刑。'"

（二）食品监管渎职罪的构成特征

1. 客体特征

本罪的客体为复杂客体，一方面是国家利益，即食品监管职务行为的正当性和社会对于国家行政权力行使正当性的依赖感；另一方面是个人利益，即公民个人的人身和财产权利。

2. 客观特征

本罪的客观方面涵括滥用职权与玩忽职守。其中，滥用监管职权的行为样态既可为明知监管对象行为违法而不予处罚，进而致使不符合安全标准的食品或者有毒、有害食品流入市场，造成重大食品安全事故或者其他严重后果；又可为明知作为监管对象的企业合法生产、正常经营，却以权谋私、假公济私，违规对之处罚，干扰食品企业正常活动，造成严重后果。玩忽职守的行为样态主要指食品监管人员责任意识淡薄，擅离职守、不履行监管职责或者不认真履行监管职责，因而产生重大食品安全事故或者其他严重后果的情况。

其中，对于如何理解食品监管渎职罪中的"食品"，如何认定食品监管渎职罪中的"食品安全"和"食品安全事故"，如何认定食品监管渎职罪中的"重大食品安全事故"，如何认定食品监管渎职罪的客观行为等问题，都需要结合食品安全法、《刑法修正案（八）》以及刑法的一般原理来综合认定。

（1）"重大食品安全事故"的司法认定。

根据刑法规定，渎职行为通常只有给公共财产、国家和人民利益造成重大损失结果时才成立犯罪。渎职结果既可以是物质性结果，也可以是非物质性结果；既可以是直接结果，也可以是间接结果。《刑法修正案（八）》第49条规定："……导致发生重大食品安全事故或者造成其他严重后果的……造成特别严重后果的……"两种情形构成食品监管渎职罪。因此，首先应当根据食品安全法的相关规定来准确认定食品、食品安全、食品安全事故的含义，这对于界定本罪的罪与非罪至关重要。食品安全法第99条规定："本法下列用语的含义：食品，指各种供人食用或者饮用的成品和原料以及按照传统既是食品又是药品的物品，但是不包括以治疗为目的的物品。食品安全，指食品无毒、无害，符合应当有的营养要求，对人体健康不造成任何急性、亚急性或者慢性危害。……食品安全事故，指食物中毒、食源性疾病、食品污染等源于食品，对人体健康有危害或者可能有危害的事故。"因此，从字面上理解重大食品安全事故，应是指重大的食物中毒、食源性疾病、食品污染等源于食品，对人体健康有危害或者可能有危害的事故。至于"重大食品安全事故"以及"其他严重后果和特别严重后果"的统一界定，则应由司法解释尽快予以明确规定。

（2）本罪客观行为的司法认定。

本罪的客观方面表现为食品安全监管机关工作人员滥用职权或者玩忽职守，致使公共财产、国家和人民利益遭受重大损失的行为。本罪渎职行为可分为滥用职权行为和玩忽职守行为两大类型。食品安全监管机关工作人员滥用职权的行为，是指不依法行使食品安全监管职务上的权力的行为，既包括非法地行使本人职务范围内的权力，也包括超越本人职权范围而实施的有关行为。首先，滥用职权应是滥用食品安全监督管理机关工作人员的一般职务权限，如果行为人实施的行为与其一般的职务权限没有任何关系，则不属于滥用职权。其次，行为人或者是以不当目的实施职务行为，或者是以不法方法实施职务行为；在出于不当目的实施职务行为的情况下，即使从行为的方法上看没有超越职权，也属于滥用职权。最后，滥用职权的行为违反了职务行为的宗旨，或者说与其职务行为的宗旨相违背。食品安全监管玩忽职守的行为，是指严重不负责任，不履行职责或者不正确履行职责的行为，如擅离职守、马虎行事、搪塞敷衍等。不履行，是指行为人应当履行且有条件、有能力履行职责，但违背职责没有履行，其中包括擅离职守的行为；不正确履行，是指在履行职责的过程中，违反职责规定，马虎草率、粗心大意。至于"徇私舞弊"中的"徇私"，主要表现为贪图钱财、贪图女色、袒护亲友、照顾关系、打击报复或者为徇其他私情、私利。"舞弊"，是指行为人为徇私情、私利而弄虚作假，可见徇私舞弊常常是前两者尤其是滥用职权的动因。《刑法修正案（八）》则明确规定对于徇私舞弊犯前款罪的，从重予以处罚。

3. 主体特征

对于该罪主体的理解也应当结合食品安全法的规定，食品安全法将食品安全的监管工作赋予了卫生行政、农业行政、质量监督、工商行政管理、食品药品监督管理部门的工作人员。根据相关法律法规，具体涉及食品安全监管的行政机关主要有：食品药品监督管理局的下设机构，即食品安全协调司与食品安全监察司，卫生部的食品安全综合协调与卫生监督局，农业部的科学技术与质量标准司、市场信息司、农业司与畜牧兽医司，林业局的科学技术司，工商行政管理总局的食品流通监督管理局、消费者权益保护局，国家质量监督检验检疫总局的质量管理司、卫生检疫监管司、动植物检疫监管司、检验监管司、进出口食品安全局、产品质量监督司、食品生产监管司、执法督察司（国家质检总局打假办公室），商务部的商贸服务管理司、市场运行司、外贸司、监督检查处、屠宰行业管理处，以及上述部门的下设机关。同时还应包括城市管理部门的执法监察机关。

因而构成食品监管渎职罪的主体也应涵括负有食品安全监督管理职责的卫生行政、农业行政、质量监督、工商行政管理、食品药品监督管理等领域的相关国家机关工作人员。

4. 主观特征

本罪主观上包括故意与过失。

笔者认为对于本罪主观要件的认定，要根据滥用职权和玩忽职守两种不同的行为分别予以认定。故意与过失是两种不同的罪过形式，罪过形式不同表明行为人的主观恶性程度不同，所应承担的刑事责任的大小也不一样，对故意犯罪处罚比过失犯罪重是刑事立法的一个基本原则。

食品安全监管滥用职权行为必须出于故意，包括直接故意和间接故意，即行为人明知自己滥用职权的行为会发生破坏食品安全监督管理机关的正常活动，损害公众对食品安全监管机关工作人员职务活动的合法性、客观公正性的信赖的危害结果，并且希望或者放任这种结果发生。

食品安全监管玩忽职守行为构成犯罪，主观方面必须出于过失，即应当预见自己玩忽职守的行为可能发生使公共财产、国家和人民利益遭受重大损失的危害结果，因为疏忽大意而没有预见，或者已经预见而轻信能够避免。在相当多的情况下，行为人主观上是一种监督过失，主要表现为食品安全监管机关工作人员基于职务应当监督直接责任者而没有实施监督行为，导致了危害结果发生；或者应当确立完备的安全体制、管理体制，却没有确立这种体制，导致了危害结果发生。

（三）食品监管渎职罪的司法认定

1. 本罪罪与非罪的界限

根据该罪的法条规定，本罪属于职务犯罪，即特殊主体的犯罪，只有负有食品安全监督管理职责的国家机关工作人员方能适格，其他主体可成为本罪共犯，但不存在单独构成本罪的可能性。

2. 本罪与相近犯罪的界限

（1）本罪与滥用职权罪、玩忽职守罪的界限。

本罪属于食品安全监管领域的滥用职权与玩忽职守，与滥用职权罪、玩忽职守罪是特殊与一般的法条竞合关系。按照特殊优于一般的原则，当行为人行为符合本罪构成要件时，应按食品监管渎职罪定罪处罚。

（2）本罪与徇私舞弊不移交刑事案件罪的界限。

本罪与徇私舞弊不移交刑事案件罪的区别主要体现在如下几方面：一是主体不同。徇私舞弊不移交刑事案件罪的主体是笼统的行政执法人员；而本罪的主体是负有食品安全监管职责的监管人员，具体包括卫生行政、农业行政、质量监督、工商行政管理、食品药品监督管理等部门的国家机关工作人员。二是客观方面不同。徇私舞弊不移交刑事案件罪的客观方面是行为人为徇私情、私利，故意将应当移交司法机关追究刑事责任的案件不予移交；而本罪的客观方面强调滥用职权与玩忽职守，主要惩处不履行、不认真履行监管职责以及包庇、纵容行为。同时，徇私舞弊不移交刑事案件罪中行为人的行为对象是需要追究刑事责任的严重违法行为，而本罪中失职监管人的行为对象是违反食品安全法规定的违法违规行为。三是主观方面不同。徇私舞弊不移交刑事案件罪的主观方面是直接故意，且动机为徇私情私利；而本罪的主观方面既可为故意，亦可为过失。

最后还需注意的是，徇私舞弊不移交刑事案件罪是情节犯，需情节严重才构成犯罪；而本罪为结果犯，需发生重大食品安全事故或其他严重后果才构成犯罪。

3. 本罪的罪数形态

在食品安全案件中，如若国家机关工作人员的犯罪行为涉及食品监管渎职罪，同时亦牵涉到徇私舞弊不移交刑事案件罪，分情况而定：

（1）若食品安全监管人员通过检查、检验行为发现相关企业涉嫌刑事案件，却因私情、私利而不予处罚，或只做行政处罚而未依法移交司法机关处理，则构成徇私舞弊不移交刑事案件罪。此为消极意义上的徇私舞弊不移交刑事案件罪。

（2）若食品监管人员通过检查、检验发现监管对象涉嫌生产、销售伪劣商品罪，生产、销售不符合安全标准的食品罪，生产、销售有毒、有害食品罪或非法经营罪等，食品监管人员因私情、私利而弄虚作假，或伪造案件材料，或隐瞒情况，或篡改鉴定意见等，不将相关的刑事案件移交司法机关处理，则构成徇私舞弊不移交刑事案件罪。此为积极意义上的徇私舞弊不移交刑事案件罪。

（3）当违法企业经由监管人员纵容、包庇继续生产、销售不符合安全标准的食品，或者生产、销售有毒有害食品造成重大食品安全事故或者其他严重后果的，则食品监管人员还应同时构成食品监管渎职罪，应当对之数罪并罚。

4. 本罪的共犯问题

在徇私舞弊的食品监管渎职罪中，如果徇私行为本身又构成犯罪，如受贿罪，该如何处理？即受贿罪中行为人利用职务便利为请托人谋取利益、收受贿赂，如果其为他人谋取的是不正当利益、非法利益，谋取利益的行为本身可能又涉嫌其他罪名，对此处理方式，刑事立法及相关司法解释只对少数的行为有所规定，但规定的处理方式有所不同：如刑法第 399 条第 4 款规定受贿而又徇私枉法、枉法裁判的，择一重罪论处；而最高人民法院 1998 年 4 月 6 日发布的《关于审理挪用公款案件具体应用法律若干问题的解释》第 7 条规定，因挪用公款索取、收受贿赂构成犯罪的，依照数罪并罚的规定处理。

笔者认为刑法第 399 条第 4 款属于特别规定，在此前提之下，对于刑法第 399 条第 4 款与渎职罪相关法条的关系问题就可以得出这样的结论：刑法第 399 条第 4 款只能特别适用，而不能在渎职罪其他相关法条中推而广之。所以，徇私舞弊型的食品监管渎职罪的罪犯如果徇私又构成受贿罪的应当数罪并罚。

（四）食品监管渎职罪的处罚

根据修正后的刑法第408条之一规定，犯本罪的，处5年以下有期徒刑或者拘役；造成特别严重后果的，处5年以上10年以下有期徒刑。

第二编　刑法修正罪名适用

一、投放危险物质罪

（一）投放危险物质罪的概念与法源

1. 投放危险物质罪的概念

投放危险物质罪，是指行为人故意投放毒害性、放射性、传染病病原体等物质，危害公共安全的行为。

2. 投放危险物质罪的法源

对投放危险物质危害公共安全的行为，我国历来是作为一种严重的刑事犯罪定罪量刑的。1979 年刑法第 105 条规定："放火、决水、爆炸或者以其他危险方法破坏工厂、矿场、油田、港口、河流、水源、仓库、住宅、森林、农场、谷场、牧场、重要管道、公共建筑物或者其他公私财产，危害公共安全，尚未造成严果的，处三年以上十年以下有期徒刑。"第 106 条第 1 款规定："放火、决水、爆炸、投毒或者以其他危险方法致人重伤、死亡或者使公私财产遭受重大损失的，处十年以上有期徒刑、无期徒刑或者死刑。"1979 年刑法未将投毒作为独立犯罪加以规定，但因为投毒行为方法危险，可以造成河流、水源等严重污染，危及公共安全，因而可以视为以其他危险方法危害公共安全的犯罪。

1997 年修订刑法时，将投毒行为从 1979 年刑法的"其他危险方法"中分离出来，使之成为独立犯罪。修订后的刑法第 114 条规定："放火、决水、爆炸、投毒或者以其他危险方法破坏工厂、矿场、油田、港口、河流、水源、仓库、住宅、森林、农场、谷场、牧场、重要管道、公共建筑物或者其他公私财产，危害公共安全，尚未造成严重后果的，处三年以上十年以下有期徒刑。"第115条第1款规定："放火、决水、爆炸、投毒或者以其他危险方法致人重伤、死亡或者使公私财产遭受重大损失的，处十年以上有期徒刑、无期徒刑或者死刑。"最高人民法院《关于执行〈中华人民共和国刑法〉确定罪名的规定》（法释［1997］9号）根据1997年刑法第114条、第115条第1款规定了"投毒罪"罪名。

2001年12月实施的《刑法修正案（三）》第1条将刑法第114条修改为："放火、决水、爆炸以及投放毒害性、放射性、传染病病原体等物质或者以其他危险方法危害公共安全，尚未造成严重后果的，处三年以上十年以下有期徒刑。"将刑法第115条第1款修改为："放火、决水、爆炸以及投放毒害性、放射性、传染病病原体等物质或者以其他危险方法致人重伤、死亡或者使公私财产遭受重大损失的，处十年以上有期徒刑、无期徒刑或者死刑。"《刑法修正案（三）》删除了1997年刑法第114条中列举的"工厂、矿场、油田、港口、河流、水源、仓库、住宅、森林、农场、谷场、牧场、重要管道、公共建筑物"等特定犯罪对象，克服了原有规定的局限性，并且将投放放射性、传染病病原体等物质的行为在条文中明确列举出来。最高人民法院、最高人民检察院《关于执行〈中华人民共和国刑法〉确定罪名的补充规定》（法释［2002］7号）根据《刑法修正案（三）》第1条规定了"投放危险物质罪"罪名，取消了"投毒罪"罪名。

（二）投放危险物质罪的构成特征

1. 客体特征

投放危险物质罪侵犯的客体是公共安全。所谓公共安全，我国刑法理论界存在多种观点。第一种观点认为，公共安全是指不特定多数人的生命、健康、重大公私财产安全以及公共生产、生活的安全。① 第二种观点认为，公共安全是指不特定人的生命、健康或财

① 参见高铭暄主编：《中国刑法学》，中国人民大学出版社1989年版，第369页。

产安全。① 第三种观点认为，公共安全是指多数人的生命、身体或者财产安全。② 第四种观点认为，公共安全是指不特定或者多数人的生命、身体的安全以及生活的平稳与安宁。③ 这种观点逐步成为理论界的通说。笔者认为，公共安全的核心在于"公共"，即由多数社会成员及其附属的权利义务构成的时空范畴。在笔者看来，"公共"尽管是一个抽象的实体，然而其具有的一些特性是不言自明的：第一，"公共"是由多数人构成的，其指代的是在一定时空下全体成员及其产生的社会关系的总体；第二，其具有相对开放性，由此社会成员在具体数量上具有模糊性、变化性、不可确定性。据此，公共安全必定不能仅仅是多数人的安全，也不能只表现为不特定社会成员的安全。综上，本罪所侵犯的客体是指不特定多数人的生命、身体或者财产的安全。

本罪的犯罪对象主要是不特定多数人的生命、身体或者公私财产。其由于受到毒害性、放射性、传染病病原体等物质的直接作用，成为本罪的犯罪对象。

2. 客观特征

本罪在客观方面表现为行为人实施了投放毒害性、放射性、传染病病原体等物质危害公共安全的行为。理解本罪的客观方面需要弄清以下几个问题：

首先，必须有投放危险物质的行为。投放危险物质，即将毒害性、放射性、传染病病原体等物质放置于工厂、矿场、油田、港口、河流、水源、仓库、住宅、森林、农场、谷场、牧场、重要管道、公共建筑物等公共场所。这种"投放"的行为有多种表现形式，可以是作为，也可以是不作为。既可以表现为通过携带等方式

---

① 参见郭立新、黄明儒主编：《刑法分则适用典型疑难问题新释新解》，中国检察出版社 2006 年版，第 29 页。

② 参见高格著：《定罪与量刑》（上卷），中国方正出版社 1999 年版，第 342 页。

③ 参见张明楷著：《刑法学》（第三版），法律出版社 2007 年版，第 515 页。

直接将毒害性、放射性、传染病病原体等物质放置在一定场所，也可以表现为将危险物质储存至特定场所。可以是秘密投放在公共水井、自来水水源或某种食品、饮料当中，也可以是公然向不特定的多数人直接投撒，还可以采取邮寄的方式进行投放（如给他人邮寄传染性极强的炭疽杆菌）。①

其次，投放的必须是危险物质，即本罪适用的犯罪工具必须是毒害性、放射性、传染病病原体等物质。毒害性物质，是指含有能致人、畜、禽类等伤、亡的有毒物质；刑事案件中常见的毒害性物质主要有砒霜、"毒鼠强"、剧毒农虫药物、化学毒气等。放射性物质，是指可以通过自身的衰变放射出射线而具有严重辐射性的物质，如镭、铀、钴等。放射性物质所产生的辐射不仅可能导致人的死亡、重伤或患上某种疾病，也可能对环境造成不可修复的污染和破坏。传染病病原体，是指能够引起鼠疫、霍乱、传染性非典型肺炎、艾滋病、病毒性肝炎、脊髓灰质炎、人感染高致病性禽流感、麻疹、流行性出血热、狂犬病、流行性乙型脑炎、登革热等传染病的病原体物质。此外，行为人投放的危险物质不限于毒害性、放射性、传染病病原体。任何投放与毒害性、放射性、传染病病原体三种物质危害性相当的物质都应视为投放危险物质。

最后，投放危险物质的行为必须足以危害公共安全。本罪是危险犯，只要投放危险物质的行为足以危害公共安全就成立本罪，而并不要求危害结果的发生。在行为人存在投放危险物质的行为，但这种投放行为对公共安全不可能构成危害的情形下，则不能以本罪论处。

3. 主体特征

本罪的主体为自然人犯罪主体，单位不能成为本罪主体。此外，我国刑法第17条第2款规定，已满14周岁不满16周岁的人，犯故意杀人、故意伤害致人重伤或者死亡、强奸、抢劫、贩卖毒

---

① 黄华生：《论投放危险物质罪的几个问题》，载《人民检察》2003年第5期。

品、放火、爆炸、投毒罪的，应当负刑事责任。由此，本罪的主体是年满 14 周岁、具备刑事责任能力的自然人。

4. 主观特征

本罪在主观方面表现为故意，既可以是直接故意，也可以是间接故意。即如果行为人明知自己投放危险物质的行为会危害公共安全，而仍然希望或者放任公共安全遭受损害的结果发生，就具备本罪主观方面的故意。如果行为人是出于无知或者被欺骗、被强制而投放危险物质，就不符合希望或者放任的主观心态，不能以本罪处罚。

本罪不是目的犯，无论行为人投放毒害性、放射性、传染病病原体等物质的行为出于何种目的，都不影响本罪的成立。本罪在犯罪动机方面表现为多种多样，如仇恨报复社会、厌恶生活而泄愤等，然而犯罪动机同样不影响本罪成立。

（三）投放危险物质罪的司法认定

1. 本罪罪与非罪的界限

本罪是危险犯。只要投放危险物质的行为足以危害公共安全即成立本罪，并不以危害结果作为犯罪构成的必备要素。也就是说，只要行为人实施了投放危险物质的行为，足以危害到公共安全，就成立该罪。但是，这并不意味着任何投放危险物质的行为都构成犯罪，那些并不可能对公共安全构成危险的行为应当被排斥在本罪入罪范围之外。同时，根据我国刑法第 13 条"但书"的立法精神，刑法仅仅处罚对法益危害特别巨大的行为，情节显著轻微、危害不大的行为则不应作为犯罪处理。据此，尽管一些投放危险物质的行为可能危害到公共安全，但是这些行为在具体情形下表现为"情节显著轻微，危害不大"，在实践中仍然不应作为犯罪处理。

2. 本罪与相近犯罪的界限

（1）本罪与故意杀人罪的界限。

故意杀人罪，即故意非法剥夺他人生命的行为。投放危险物质罪与故意杀人罪的区别主要表现在以下几个方面：第一，两罪的客体不同。前者侵害的客体是公共安全，即不特定多数人的生命、身体或者财产的安全；而后者侵害的客体则是被害人的生命权利。第二，客观方面不同。二者在行为方式、行为结果方面都存在明显差异。从行为方式来看，前者比后者包含的行为方式更多样化。从行为结果来看，则主要体现在被侵害的人数多寡和是否危害到公共安全。第三，主观方面不同。尽管二者都表现为故意，但其具体的内容并不相同。投放危险物质罪的故意，是指行为人明知自己投放危险物质的行为会造成危害公共安全的结果，希望或放任该种结果发生的心理状态。故意杀人罪的故意则是指行为人明知自己的行为会造成他人的死亡，希望或放任这种结果发生的心理状态。此外，二者在犯罪目的上的表现也存在明显差别。投放危险物质罪的犯罪目的往往对公共安全造成巨大的破坏，故意杀人罪的目的则表现为使他人生命被非法剥夺。在司法实践中，存在大量以投放危险物质方法实施故意杀人的行为。在这种情形下，故意杀人行为采用投放危险物质的行为方式，因而往往容易与投放危险物质罪相混淆。区分二者的关键在于，这种以投放危险物质方法实施故意杀人的行为是以剥夺特定少数人的生命为行为目的，且并没有危害到公共安全。例如，甲出于报复乙的目的，在仅由乙使用的水井内投放农药，造成乙死亡的结果。此时甲以杀死乙为目的，其在水井投毒的行为也不可能危及他人的生命权，因而就不可能对公共安全造成侵害，尽管是以投放危险物质的行为方式实施的犯罪，仍应以故意杀人罪定罪论处。

（2）本罪与危险物品肇事罪的界限。

危险物品肇事罪，是指违反爆炸性、易燃性、放射性、毒害性、腐蚀性物品的管理规定，在生产、储存、运输、使用中发生重大事故，造成严重后果的行为。投放危险物质罪与危险物品肇事罪都危害公共安全，它们的区别主要表现在：第一，主观方面不同。投放危险物质罪是故意犯罪，危险物品肇事罪则是过失犯罪。第二，客观方面不同。危险物品肇事罪是过失犯罪，因而要求必须造成严重后果才成立该罪。投放危险物质罪是危险犯，并不以危害结果的发生为犯罪成立的必备条件，只要足以危害到公共安全就成立投放危险物质罪。此外，危险物品肇事罪以行为人违反爆炸性、易燃性、放射性、毒害性、腐蚀性物品的管理规定为必备要件，投放危险物质罪则无此要求。综上，本罪与危险物品肇事罪无论是在主观方面还是在客观方面都存在较大的差异，因而在司法实践中，要求对行为人的行为从其行为特征的各个方面综合把握。

3. 本罪的罪数形态问题

（1）本罪与其他犯罪发生想象竞合。

本罪与其他犯罪发生想象竞合主要表现为行为人以投放危险物质的方法实施其他行为，如故意杀人、故意伤害、故意毁坏财物、破坏生产经营或者盗窃犯罪的，行为在客观上足以危及公共安全或者对公共安全造成了现实的危害，且行为人对其行为可能危害公共安全存在间接故意的，在这种情形下属于投放危险物质罪与故意杀人罪、故意伤害罪、故意毁坏财物罪、破坏生产经营罪、盗窃罪的想象竞合犯。想象竞合犯即一个行为触犯了多个罪名，属于实质的一罪。对于想象竞合犯的处罚，我国刑法并未对其作出明确规定。根据我国刑法理论的通说，对于想象竞合犯，除法律另有规定，一般采取"从一重罪处罚"的原则。

（2）本罪与其他犯罪发生牵连的情形。

投放危险物质罪与其他犯罪发生牵连一般表现为：行为人实施了多个行为，投放危险物质的行为作为原因或者方法行为，与其他犯罪行为存在原因与结果、方法与目的的牵连关系。行为人为了盗窃而实施投放危险物质的行为，出于牟利之目的，采用投毒方法将畜禽毒死，而后收购出卖就属于方法行为与目的行为的牵连关系，属于牵连犯。对于牵连犯的处罚，根据我国刑法理论通说，除有法律明确规定之外，采取"从一重罪处罚"的原则。行为人作为恐怖组织成员，以投放危险物质的方法实施犯罪危害公共安全的，应当以组织、领导、参加恐怖组织罪与投放危险物质罪数罪并罚。行为人以投放危险物质的方式骗保的，且这种投放危险物质的行为足以危害公共安全的，应以保险诈骗罪和投放危险物质罪数罪并罚。

4. 本罪的共犯问题

本罪属于任意共同犯罪，既可以由一个人实施本罪行为，也可以由二人以上共同犯罪。两个以上具有刑事责任能力的人在共同的犯罪故意下，在意思联络的基础上共同实施投放危险物质行为的，构成本罪的共同犯罪。共同犯罪人根据在共同犯罪中所起的作用和地位不同分为主犯、从犯、胁从犯、教唆犯。应根据不同的共同犯罪人在共同犯罪中所处的地位和作用不同分别确定其应承担的刑事责任。

5. 本罪的停止形态问题

投放危险物质罪是危险犯，即只要行为人投放危险物质的行为足以危及公共安全，就构成本罪，而不要求造成危害公共安全的结果的必然发生，这种实害结果仅仅作为加重处罚的条件。因而，一旦行为人着手实施投放危险物质的行为，就构成本罪的既遂，不能以犯罪目的未实现或危害结果未发生为理由而认定成立本罪的未遂。如果开始着手投放危险物质，但投放过程尚未完结。例如，正要往水井里投毒当场被制止的，应当认定为本罪的未遂。[①] 行为人为了投放危险物质进行了制造条件、准备工具的行为，但由于意志以外的原因，致使行为人未能进行投放危险物质的行为的，是本罪的预备。

关于本罪是否存在犯罪中止的问题，理论界主要存在三种观点：第一种观点认为，不能成立犯罪中止；第二种观点认为，可以成立中止犯，是危险犯的中止犯；第三种观点认为，可以成立中止

---

① 参见王作富主编：《刑法》（第五版），中国人民大学出版社 2011 年版，第 252 页。

犯，但不是危险犯的中止犯而是危险犯相应实害犯的中止犯。① 我们认为，第三种观点是较为科学的。行为人在犯罪结果发生之前，自己有效地阻止危害结果的发生是在犯罪过程当中，且满足犯罪中止"自动性"和"有效性"的条件，使公共安全免于更大的损害，体现了罪刑相适应的原则，因而应当将此种情形以犯罪中止处罚。

（四）投放危险物质罪的处罚

根据修正后的刑法第 114、115 条的规定，犯本罪的，处 3 年以上 10 年以下有期徒刑；致人重伤、死亡或者使公私财产遭受重大损失的，处 10 年以上有期徒刑、无期徒刑或者死刑。

二、过失投放危险物质罪

（一）过失投放危险物质罪的概念与法源

1. 过失投放危险物质罪的概念

过失投放危险物质罪，是指行为人过失投放毒害性、放射性、传染病病原体等物质，危害公共安全，致人重伤、死亡或者公私财产遭受重大损失的行为。

2. 过失投放危险物质罪的法源

对于过失投放危险物质危害公共安全的行为，在 1979 年刑法中就对其进行了规定。1979 年刑法第 106 条规定："放火、决水、爆炸、投毒或者以其他危险方法致人重伤、死亡或者使公私财产遭受重大损失的，处十年以上有期徒刑、无期徒刑或者死刑。过失犯前罪的，处七年以下有期徒刑或者拘役。"1979 年刑法对过失投放危险物质行为仅规制了"投毒"，即投放毒害性的物质危害公共安全的行为，其他过失投放危险物质的行为则只能以该款中的"其他危险方法"入罪。

1997 年刑法进一步对过失投放危险物质罪的刑事责任进行了

---

① 参见江礼华主编：《刑法新增罪的司法认定》，中国检察出版社 2003 年版，第 48、49 页。

完善。1997 年刑法第 115 条第 1 款规定："放火、决水、爆炸、投毒或者以其他危险方法致人重伤、死亡或者使公私财产遭受重大损失的，处十年以上有期徒刑、无期徒刑或者死刑。过失犯前款罪的，处三年以上七年以下有期徒刑；情节较轻的，处三年以下有期徒刑或者拘役。"这次对过失投放危险物质罪的完善主要体现在：将刑事责任根据情节轻重划分为两个量刑档次，对司法实践中出现的过失投放危险物质行为进行更为科学的区分，这样就可以根据行为人的主观恶性和客观危害性等因素对形形色色的过失投放危险物质行为正确地量刑处罚。最高人民法院《关于执行〈中华人民共和国刑法〉确定罪名的规定》（法释 [1997] 9 号）根据 1997 年刑法第 115 条第 2 款规定了"过失投毒罪"罪名。而其他非投放毒害性物质的投放危险物质的行为仍然只能以过失以危险方法危害公共安全罪定罪量刑。

2001 年 12 月通过的《刑法修正案（三）》是在美国"9·11"恐怖事件发生后，国际社会加强对恐怖活动犯罪的打击和反恐合作的背景下刑法的修正。为此，考虑到当时国际恐怖活动犯罪分子的投毒活动，出现了以投放放射性物质、生化武器等为手段的特点，危害性大、社会影响恶劣，刑法作明确规定更能适应打击恐怖活动犯罪的需要，因而在《刑法修正案（三）》中将原"投毒罪"的表述修改为"投放毒害性、放射性、传染病病原体等物质"。[①] 伴随着这一表述的变化，刑法第 115 条第 2 款的罪状也发生了相应的变化，从过失投毒罪的罪状扩展为"过失投放毒害性、放射性、传染病病原体等物质"。最高人民法院、最高人民检察院《关于执行〈中华人民共和国刑法〉确定罪名的补充规定》（法释 [2002] 7 号）根据《刑法修正案（三）》规定了"过失投放危险物质罪"罪名，取消了"过失投毒罪"罪名。

---

① 参见郎胜主编：《走向完善的刑法》，中国民主法制出版社 2006 年版，第 4 页。

（二）过失投放危险物质罪的构成特征

1. 客体特征

本罪所侵犯的客体是指不特定多数人的生命、身体或者财产的安全。行为人存在过失投放毒害性、放射性、传染病病原体等物质的行为，但该行为不会危及不特定多数人的生命、身体或者财产，不能以本罪追究行为人的刑事责任，造成特定人身重伤、死亡，构成犯罪的，应以过失致人重伤罪、过失致人死亡罪论处；造成特定财产重大损失的行为则不应承担刑事责任，但要依法承担民事责任或者其他法律责任。

本罪的犯罪对象主要是不特定或者多数人的生命、身体或者财产。其由于受到行为人过失投放的毒害性、放射性、传染病病原体等物质的直接作用，成为本罪的犯罪对象。

2. 客观特征

本罪在客观方面表现为行为人过失投放毒害性、放射性、传染病病原体等物质危害公共安全，已经造成致人重伤、死亡或者公私财产遭受重大损失的严重后果的行为。理解本罪的客观方面需要弄清以下几个问题：

首先，行为人实施了过失投放危险物质的行为。投放危险物质，即将毒害性、放射性、传染病病原体等物质放置于工厂、矿场、油田、港口、河流、水源、仓库、住宅、森林、农场、谷场、牧场、重要管道、公共建筑物等公共场所。这种“投放”的行为有多种表现形式，可以是作为，也可以是不作为。既可以表现为通过携带等方式直接将毒害性、放射性、传染病病原体等物质放置在一定场所，也可以表现为将危险物质储存至特定场所。可以是秘密投放在公共水井、自来水水源或某种食品、饮料当中，也可以是公然向不特定的多数人直接投撒，还可以是采取邮寄的方式进行投放（如给他人邮寄传染性极强的炭疽杆菌）。[1] 所谓危险物质，即毒害

---

① 黄华生：《论投放危险物质罪的几个问题》，载《人民检察》2003 年第 5 期。

性物质、放射性物质、传染病病原体以及与毒害性物质、放射性物质、传染病病原体危害性相当的其他物质。毒害性物质，是指含有能致人、畜、禽类等伤、亡的有毒物质；刑事案件中常见的毒害性物质主要有砒霜、"毒鼠强"、剧毒农虫药物、化学毒气等。放射性物质，是指可以通过自身的衰变放射出射线而具有严重辐射性的物质，如镭、铀、钴等。放射性物质所产生的辐射，不仅可能导致人的死亡、重伤或患上某种疾病，也可能对环境造成不可修复的污染和破坏。传染病病原体，是指能够引起鼠疫、霍乱、传染性非典型肺炎、艾滋病、病毒性肝炎、脊髓灰质炎、人感染高致病性禽流感、麻疹、流行性出血热、狂犬病、流行性乙型脑炎、登革热等传染病的病原体物质。

其次，造成不特定多数人重伤、死亡或者财产重大损失的严重后果。本罪是典型的过失犯罪，在客观方面要求必须有危及公共安全的严重结果。行为人实施了过失投放危险物质的行为，但是未造成实际危害结果的发生，或者虽然造成实际危害结果，但还没有达到严重的程度，都不能认定为过失投放危险物质罪。至于"严重后果"如何界定，我国刑法并未明确规定。但是，由于过失投放危险物质罪与失火罪都属于过失以危险方法危害公共安全的犯罪，两罪的社会危害性相当，且在刑事责任配置上也完全一致，因而可以比照失火罪的追诉标准来确定过失投放危险物质罪中"严重结果"的界定标准。最高人民检察院、公安部《关于公安机关管辖的刑事案件立案追诉标准的规定（一）》第1条规定："过失引起火灾，涉嫌下列情形之一的，应予立案追诉：（一）导致死亡一人以上，或者重伤三人以上的；（二）造成公共财产或者他人财产直接经济损失五十万元以上的；（三）造成十户以上家庭的房屋以及其他基本生活资料烧毁的；（四）造成森林火灾，过火有林地面积二公顷以上，或者过火疏林地、灌木林地、未成林地、苗圃地面积四公顷以上的；（五）其他造成严重后果的情形。"基于此，可以将过失投放危险物质罪造成的"严重后果"界定为：过失投放危险物质行为造成死亡 1 人以上，或者重伤 3 人以上的；造成公共财产或者他人财产直接经济损失 50 万元以上的；或者造成其他严重后果。

最后，过失投放危险物质的行为与不特定多数人重伤、死亡或者财产重大损失的严重结果存在因果关系。因果关系，即原因与结果引起和被引起的关系。刑法上的因果关系是指行为人的危害行为与危害结果引起与被引起的关系。行为人实施了过失投放危险物质的行为，但并未造成不特定多数人重伤、死亡或者财产重大损失的严重结果，或者造成了不特定多数人重伤、死亡或者财产重大损失的严重结果，但该危害结果并非行为人过失投放危险物质的行为所造成的，而是由其他因素（如他人的行为、意外事件等）引起的，也不能认定行为成立过失投放危险物质罪。

3. 主体特征

本罪是一般主体，即年满 16 周岁，具有完全刑事责任能力的自然人。单位不能成为本罪的主体。

4. 主观特征

本罪在主观方面表现为过失，既可以是疏忽大意的过失，也可以是过于自信的过失。即行为人应当预见自己的投放危险物质的行为可能发生危害社会的结果，因为疏忽大意而没有预见，或者已经预见而轻信能够避免，以致发生不特定多数人重伤、死亡或者财产重大损失的严重结果。行为人的犯罪目的和犯罪动机则不影响本罪的成立。

（三）过失投放危险物质罪的司法认定

1. 本罪罪与非罪的界限

本罪是过失犯罪，在客观方面不仅要求行为人实施了过失投放毒害性、放射性、传染病病原体等物质的行为，还必须有危及公共安全的严重结果。行为人实施了过失投放危险物质的行为，但是未造成实际危害结果的发生，或者虽然造成实际危害结果，但还没有达到严重的程度，都不能认定为过失投放危险物质罪。此外，本罪在主观方面表现为过失，即行为人应当预见自己投放危险物质的行为可能发生危害社会的结果。如果在行为实施时不可能预见到危害社会结果的发生，即使行为人存在投放危险物质的行为，并由此造成了对公共安全的实际损害，也不应认定为过失投放危险物质罪，而应成立意外事件。而认定行为人是否可能预见到危害结果的发生，应当根据行为人行为时所存在的主客观条件进行判断。

2. 本罪与相近犯罪的界限

（1）本罪与投放危险物质罪的界限。

投放危险物质罪，是指行为人故意投放毒害性、放射性、传染病病原体等物质，危害公共安全的行为。过失投放危险物质罪与投放危险物质罪在行为方式、客体特征等方面具有一致性，都是危及公共安全的犯罪，都表现为投放毒害性、放射性、传染病病原体等物质，且投放危险物质罪的实害犯和过失投放危险物质罪都致使不特定多数人的生命、身体或者财产的安全遭受实际损害。然而，过失投放危险物质罪与投放危险物质罪是两个不同的犯罪，在刑事责任的承担上也是不同的，因而应当对其进行科学的区分，二者的区别主要表现在以下几个方面：第一，两罪的主观特征不同。前者在主观上表现为故意，包括直接故意和间接故意；而后者在主观上则表现为过失，包括疏忽大意的过失和过于自信的过失。第二，危害结果是否属于犯罪构成的必备要素不同。投放危险物质罪是典型的危险犯，并不要求危害结果的实际发生，只要行为人投放危险物质的行为足以危及公共安全就成立该罪；过失投放危险物质罪则是典型的过失犯罪，危害结果是犯罪构成的必备要素，没有对公共安全造成实际的损害就不能认定为本罪。第三，主体范围不同。前者的主体为年满14周岁具有刑事责任能力的自然人，后者的主体则是年满16周岁具有刑事责任能力的自然人。

（2）本罪与危险物品肇事罪的界限。

危险物品肇事罪，是指违反爆炸性、易燃性、放射性、毒害性、腐蚀性物品的管理规定，在生产、储存、运输、使用中发生重大事故，造成严重后果的行为。过失投放危险物质罪与危险物品肇事罪都是过失犯罪，都会造成严重后果，它们的区别主要表现在：第一，主体特征不同。前罪的主体为一般主体，后者虽然也为一般主体，但实际构成其罪的要与其客观行为相联系，应当属于生产、储存、运输、使用爆炸性、易燃性、放射性、毒害性及腐蚀性五种危险物品的自然人。非生产、储存、运输、使用危险物品的人，不能构成其罪①。第二，发生范围不同。过失投放危险物质罪往往发生在日常生活领域，而危险物品肇事罪则往往发生在爆炸性、易燃性、放射性、毒害性、腐蚀性物品的生产、储存、运输、使用过程当中。第三，是否要求违反相关规定不同。危险物品肇事罪要求行为人违反爆炸性、易燃性、放射性、毒害性、腐蚀性物品的管理规定，过失投放危险物质罪则无此要求。第四，犯罪所涉及物质的范围不同。过失投放危险物质罪的"危险物质"是指毒害性物质、放射性物质、传染病病原体以及与毒害性物质、放射性物质、传染病病原体危害性相当的其他物质；而危险物品肇事罪的"危险物品"则仅限于爆炸性、易燃性、放射性、毒害性、腐蚀性物品。综上，本罪与危险物品肇事罪存在较大的差异，因而在司法实践中，要求对行为人的行为从其行为特征的各个方面综合把握。

3. 本罪的罪数形态问题

过失投放危险物质罪作为一种典型的过失犯罪，要求投放危险物质行为造成致人重伤、死亡或者公私财产遭受重大损失的严重后果。在此情形下，行为人过失投放危险物质的行为致人重伤、死亡，侵害了他人身体健康权和生命权，构成过失投放危险物质罪与过失致人重伤罪、过失致人死亡罪的想象竞合犯，应当从一重罪处罚。行为人在毒害性、放射性、传染性危险物品的生产、储存、运

---

① 参见贺小电、翟玉华著：《刑法修正罪名精释》，法律出版社 2003 年版，第 170 页。

输和使用过程中违反相关危险物品安全生产标准等，导致重大事故发生，造成严重后果的，是过失投放危险物质罪与危险物品肇事罪的想象竞合犯，应当从一重罪处罚。

（四）过失投放危险物质罪的处罚

根据修正后的刑法第 115 条的规定，犯本罪的，处 3 年以上 7 年以下有期徒刑；情节较轻的，处 3 年以下有期徒刑或者拘役。

三、非法制造、买卖、运输、储存危险物质罪

（一）非法制造、买卖、运输、储存危险物质罪的概念与法源

1. 非法制造、买卖、运输、储存危险物质罪的概念

非法制造、买卖、运输、储存危险物质罪，是指行为人非法制造、买卖、运输、储存毒害性、放射性、传染病病原体等物质，危害公共安全的行为。非法制造、买卖、运输、储存危险物质罪由于犯罪构成的具体内容复杂，反映的行为类型多样，故而采取选择性罪名，可以统一使用，也可以根据具体犯罪行为分解使用。

2. 非法制造、买卖、运输、储存危险物质罪的法源

采用核材料为犯罪工具的案件危害性大、影响广泛，历来是世界各国刑事法律打击的重点。我国 1979 年刑法尽管没有规定这一罪名，但是为保证核材料的安全与合法利用，防止被盗、破坏、丢失、非法转让和非法使用，保护国家和人民群众的安全，促进核能事业的发展，国务院在 1987 年公布了《核材料管制条例》，以加强对核材料的管制。我国于 1989 年加入《核材料实物保护公约》。为了防止、侦查和惩处核材料方面的犯罪行为，履行国际公约义务，我国在 1997 年刑法修订时增加了这方面的规定。依照 1997 年刑法规定，非法买卖、运输核材料的，处 3 年以上 10 年以下有期徒刑；情节严重的，处 10 年以上有期徒刑、无期徒刑或者死刑。单位犯本罪的，对单位判处罚金，并对其直接负责的主管人员和其他直接责任人员，依照第 1 款的规定处罚。最高人民法院《关于执行〈中华人民共和国刑法〉确定罪名的规定》（法释［1997］9

号）根据 1997 年刑法第 125 条第 2 款规定了"非法买卖、运输核材料罪"罪名。

2001 年，结合当时恐怖犯罪活动的新形势和新特征，为加大惩罚恐怖活动的力度，《刑法修正案（三）》第 5 条将非法买卖、运输核材料罪中的"核材料"修改补充为"毒害性、放射性、传染病病原体等物质"，将原规定的"核材料"包括在修改后的"放射性物质"当中。[①] 同时将该罪的行为方式由"非法制造、储存"扩展为"非法制造、买卖、运输、储存"。将刑法第 125 条第 2 款修改为："非法制造、买卖、运输、储存毒害性、放射性、传染病病原体等物质，危害公共安全的，依照前款的规定处罚。"最高人民法院、最高人民检察院《关于执行〈中华人民共和国刑法〉确定罪名的补充规定》（法释［2002］7 号）根据《刑法修正案（三）》第 5 条规定了"非法制造、买卖、运输、储存危险物质罪"罪名，取消了"非法买卖、运输核材料罪"罪名。

（二）非法制造、买卖、运输、储存危险物质罪的构成特征

1. 客体特征

关于本罪侵犯的客体存在不同的观点。传统的观点认为本罪侵犯的客体是公共安全，即不特定或多数人的生命、健康或者重大公私财产的安全[②]。也有人提出，本罪所侵犯的是复杂客体，为公共安全和国家对危险物质的管理秩序。[③] 我们认为，根据刑法条文的表述，本罪在行为方式上表现为"非法性"，且我国历来对毒害性、放射性、传染病病原体采取严格管制的政策，因此本罪在侵害公共安全的同时，势必会对国家对危险物质的管理秩序造成破坏。据此笔者认为，本罪所侵害的客体为不特定多数人的生命、健康或

① 参见郎胜主编：《走向完善的刑法》，中国民主法制出版社 2006 年版，第 12 页。

② 参见李希慧主编：《刑法各论》，中国人民大学出版社 2007 年版，第 77 页。

③ 参见董玉庭主编：《危害公共安全罪立案追诉标准与司法认定实务》，中国人民公安大学出版社 2010 年版，第 262 页。

者重大公私财产的安全和国家对危险物质的管理秩序。

关于对本罪的犯罪对象的理解，也存在不同的观点。有人认为，本罪的犯罪对象是毒害性、放射性、传染病病原体等危险物质。[①] 有的学者则认为，本罪的犯罪对象可以是不特定的多数人，也可以是不特定的动物，如畜牧场的成群牛马等。[②] 所谓犯罪对象，是指犯罪分子在犯罪过程中对之直接施加影响的，并通过这种影响使某种客体遭受侵犯的具体的人或物。[③] 因而，尽管在犯罪过程中，犯罪分子直接施加影响的具体的人或物甚多，但是犯罪对象必须是能够表现某种客体受到侵犯的那些人或物。基于此，笔者认为，在非法制造、买卖、运输、储存危险物质罪犯罪过程中，毒害性、放射性、传染病病原体等危险物质受到犯罪分子的直接影响，但这些危险物质并不能揭示被该犯罪行为侵犯的客体——公共安全。基于公共安全的内涵和外延，能揭示其的只能是公共场所及在此场所被直接侵害的多数不特定的人或物。综上，笔者认为，本罪的犯罪对象应当为特定场所多数不特定的人或物。由此，本罪的犯罪对象为非特定犯罪对象，即犯罪行为直接施加影响的人或物是不确定的或带有很大的随意性[④]。

2. 客观特征

本罪在客观方面表现为非法制造、买卖、运输、储存毒害性、放射性、传染病病原体等物质危害公共安全的行为。理解本罪的客观方面需要弄清以下几个问题：

首先，本罪的行为具有非法性。所谓非法性，是指行为人制造、买卖、运输、储存毒害性、放射性、传染病病原体等物质的行

---

① 参见高铭暄、马克昌主编：《刑法学》（第三版），北京大学出版社、高等教育出版社2007年版，第397页。

② 参见王作富主编：《刑法》（第五版），中国人民大学出版社2011年版，第250、262页。

③ 参加马克昌主编：《犯罪通论》，武汉大学出版社2010年版，第125页。

④ 参加马克昌主编：《犯罪通论》，武汉大学出版社2010年版，第130页。

为违反国家对毒害性、放射性、传染病病原体等危险物质的管理秩序。这里的非法性不仅包括违反法律、法规，也包括违反国家有关部门发布的规章、通告等规范性文件。

其次，行为人具有非法制造、买卖、运输、储存毒害性、放射性、传染病病原体等物质的行为。所谓制造，是指以各种方法生产毒害性、放射性、传染病病原体等物质。所谓买卖，是指行为人购买或者出售毒害性、放射性、传染病病原体等危险物质的行为。所谓运输，是指通过各种交通工具或者身体移送毒害性、放射性、传染病病原体等危险物质的行为。所谓储存，是指明知是他人非法制造、买卖、运输的毒害性、放射性、传染病病原体等危险物质，而为其存放的行为。

本罪行为的对象必须为危险物质，即毒害性、放射性、传染病病原体等危险物质。毒害性物质，是指含有能致人、畜、禽类等伤、亡的有毒物质；刑事案件中常见的毒害性物质主要有砒霜、"毒鼠强"、剧毒农虫药物、化学毒气等。放射性物质，是指可以通过自身的衰变放射出射线而具有严重辐射性的物质，如镭、铀、钴等。放射性物质所产生的辐射不仅可能导致人的死亡、重伤或患上某种疾病，也可能对环境造成不可修复的污染和破坏。传染病病原体，是指能够引起鼠疫、霍乱、传染性非典型肺炎、艾滋病、病毒性肝炎、脊髓灰质炎、人感染高致病性禽流感、麻疹、流行性出血热、狂犬病、流行性乙型脑炎、登革热等传染病的病原体物质。此外，危险物质不限于毒害性、放射性、传染病病原体。任何与毒害性、放射性、传染病病原体三种物质危害性相当的物质都应视为危险物质。

最后，非法制造、买卖、运输、储存危险物质的行为必须足以危害公共安全。本罪是抽象危险犯，不要求非法制造、买卖、运输、储存危险物质的行为对公共安全造成实际的损害，只要非法制造、买卖、运输、储存危险物质的行为危害公共安全就成立本罪，而并不必然要求危害结果的发生。在行为人存在非法制造、买卖、运输、储存危险物质的行为，但其行为对公共安全不可能构成危害的情形下，则不能以本罪论处。

3. 主体特征

本罪的主体既可以是自然人，也可以为单位。年满 16 周岁具有完全刑事责任能力的自然人可以构成本罪的自然人主体。公司、企事业单位、机关、团体实施非法制造、买卖、运输、储存毒害性、放射性、传染病病原体等物质的行为也构成本罪。构成本罪的单位不仅包含具有制造、买卖、运输、储存毒害性、放射性、传染病病原体等物质的资质的单位，还包括不具有此资质的单位，任何单位实施了上述行为，都构成非法制造、买卖、运输、储存危险物质罪。

4. 主观特征

本罪在主观方面表现为故意，既可以是直接故意，也可以是间接故意。即如果行为人明知自己非法制造、买卖、运输、储存危险物质的行为会危害公共安全，而仍然希望或者放任公共安全遭受损害的结果发生，就具备本罪主观方面的故意。如果行为人是出于无知或者被欺骗而非法制造、买卖、运输、储存危险物质的，就不符合希望或者放任的主观心态，则可以按照过失或者认识错误定罪量刑。

本罪不是目的犯，无论行为人投放毒害性、放射性、传染病病原体等物质的行为出于何种目的，都不影响本罪的成立。本罪的犯罪动机也不影响本罪的成立。

（三）非法制造、买卖、运输、储存危险物质罪的司法认定

1. 本罪罪与非罪的界限

正确区分本罪罪与非罪要严格按照罪刑法定原则的要求，从犯罪构成各个方面加以认定。本罪是危险犯，只要非法制造、买卖、运输、储存危险物质的行为足以危害公共安全即成立本罪，并不以危害结果作为犯罪构成的必备要素。也就是说，只要行为人实施了非法制造、买卖、运输、储存危险物质的行为，足以危害到公共安

全，就成立该罪。同时，根据我国刑法第 13 条"但书"的立法精神，刑法仅仅处罚对法益危害特别巨大的行为，情节显著轻微、危害不大的行为则不应作为犯罪处理。据此，尽管一些非法制造、买卖、运输、储存危险物质的行为可能危害到公共安全，但是这些行为在具体情形下表现为"情节显著轻微，危害不大"，在实践中仍然不应作为犯罪处理。在《关于办理非法制造、买卖、运输、储存毒鼠强等禁用剧毒化学品刑事案件具体应用法律若干问题的解释》施行以前（即 2003 年 10 月 1 日以前），确因生产、生活需要而非法制造、买卖、运输、储存毒鼠强等禁用剧毒化学品饵料自用，没有造成严重社会危害的，可以依照刑法第 13 条的规定，不作为犯罪处理。此外，制造、买卖、运输、储存行为的对象必须为毒害性、放射性、传染病病原体等危险物质，非法制造、买卖、运输、储存其他物质的不应按照本罪处理，构成其他犯罪的按照他罪的刑罚规定处理，不构成犯罪的则按照其他法律处理。

2. 本罪与相近犯罪的界限

（1）本罪与投放危险物质罪的界限。

投放危险物质罪，是指行为人故意投放毒害性、放射性、传染病病原体等物质，危害公共安全的行为。非法制造、买卖、运输、储存危险物质罪与投放危险物质罪在客体、行为对象、危害结果对犯罪成立的影响方面具有相似点，二者的区别主要表现在：第一，两罪行为方式不同。前者的行为方式表现为"投放"，即将危险物质通过一定方式置于一定的场所，以期对该场所及在场所内的人或物造成损害；后者的行为方式表现为制造、买卖、运输、储存。第二，主观上对客体损害的内容有所不同。非法制造、买卖、运输、储存危险物质罪对公共安全的侵害主要体现在非法制造、买卖、运输、储存的过程中，行为人对公共安全的损害在主观上更多地表现为"放任"，由于本身这些行为极容易对公共安全造成损害，法律对这些行为予以严格的管制，因此刑法将其规定为犯罪；而投放危险物质罪则表现为一种对公共安全积极直接的损害，因而更多地表现为"希望"、"放任"公共安全遭受损害。由此可以说，投放危险物质罪比非法制造、买卖、运输、储存危险物质罪具有更大的主观恶性。第三，二者刑罚设置不同。承前所述，投放危险物质罪比非法制造、买卖、运输、储存危险物质罪具有更大的主观恶性，且具有更大的社会危害性，前者比后者在刑罚处罚上就显然应当更重。因此，此外，二者在犯罪目的上的表现也存在明显差别。非法制造、买卖、运输、储存危险物质罪的犯罪目的往往是牟利以及逃避法律的监管等，投放危险物质罪的目的则表现为使不特定多数人的生命、身体或者财产的安全遭受损害。

（2）本罪与危险物品肇事罪的界限。

危险物品肇事罪，是指违反爆炸性、易燃性、放射性、毒害性、腐蚀性物品的管理规定，在生产、储存、运输、使用中发生重大事故，造成严重后果的行为。非法制造、买卖、运输、储存危险物质罪与危险物品肇事罪都危害公共安全，它们的区别主要表现在：第一，主观方面不同。非法制造、买卖、运输、储存危险物质罪是故意犯罪，危险物品肇事罪则是过失犯罪。第二，犯罪成立方式不同。危险物品肇事罪是过失犯罪，因而要求必须造成严重结果才成立该罪。非法制造、买卖、运输、储存危险物质罪是危险犯，并不以危害结果的发生为犯罪成立的必备条件，只要足以危害到公共安全就成立非法制造、买卖、运输、储存危险物质罪。第三，二者行为对象不同。危险物品肇事罪的行为对象为爆炸性、易燃性、放射性、毒害性、腐蚀性物品五种特定物品，非法制造、买卖、运输、储存危险物质罪的行为对象则是毒害性、放射性、传染病病原体等危险物质，后者行为对象的范围更广。综上，本罪与危险物品肇事罪无论是在主观方面还是在客观方面都存在较大的差异，因而在司法实践中，要求对行为人的行为从其行为特征的各个方面综合把握。

3. 本罪的罪数形态问题

非法制造、买卖、运输、储存危险物质罪是一个选择性罪名。

实施非法制造、买卖、运输、储存危险物质罪中的数个行为或包含数个行为对象的，不实行数罪并罚，而应当以非法制造、买卖、运输、储存危险物质罪一罪处罚。

危险物质具有极大的危害性，常常作为犯罪工具使用。如果行为人为了实施故意杀人、故意伤害、投放危险物质等犯罪活动而非法制造、买卖、运输、储存危险物质的，则非法制造、买卖、运输、储存危险物质的行为属于相关犯罪的预备行为。此时构成刑法理论上的牵连犯，属于手段行为和目的行为的牵连。牵连犯的处罚应当按照"从一重罪处罚"的原则定罪量刑。行为人非法制造、买卖、运输、储存危险物质后提供给恐怖组织的行为同时触犯了本罪与资助恐怖活动罪，属于想象竞合犯的情形，应当从一重罪处罚。

4. 本罪的共犯问题

本罪属于任意共同犯罪，既可以由一个人实施本罪行为，也可以由二人以上共同犯罪。两个以上具有刑事责任能力的人在共同的犯罪故意下，在意思联络的基础上共同实施非法制造、买卖、运输、储存危险物质行为的，构成本罪的共同犯罪。

行为人为非法制造危险物质行为提供原材料、设备、场所等，为非法买卖行为提供交易场所、联系卖家等行为，为非法运输行为提供交通工具、拟定运输路线等行为，为非法储存行为提供设备等行为，都是对非法制造、买卖、运输、储存危险物质行为的帮助行为，属于帮助犯，应当作为本罪的共犯定罪处罚。

5. 本罪的停止形态问题

非法制造、买卖、运输、储存危险物质罪是危险犯，即只要行为人非法制造、买卖、运输、储存危险物质的行为足以危及公共安全，就构成本罪，而不要求造成危害公共安全的结果的必然发生，这种实害结果仅仅作为加重处罚的条件。因而，一旦行为人着手实施非法制造、买卖、运输、储存危险物质的行为，就构成本罪的既遂，不能以犯罪目的未实现或危害结果未发生为理由而认定成立本罪的未遂。

行为人为了非法制造、买卖、运输、储存危险物质实施了制造条件、准备工具的行为，如为非法制造购买相关设备、原材料，为非法运输准备交通工具，规划运输路线，但由于意志以外的原因，致使行为人未能实施非法制造、买卖、运输、储存危险物质的行为的，是本罪的预备。

（四）非法制造、买卖、运输、储存危险物质罪的处罚

根据修正后的刑法第 125 条规定，犯本罪的，处 3 年以上 10 年以下有期徒刑；情节严重的，处 10 年以上有期徒刑、无期徒刑或者死刑。单位犯本罪的，对单位判处罚金，并对其直接负责的主管人员和其他直接责任人员，依照上述规定处罚。

四、盗窃、抢夺枪支、弹药、爆炸物、危险物质罪

（一）盗窃、抢夺枪支、弹药、爆炸物、危险物质罪的概念与法源

1. 盗窃、抢夺枪支、弹药、爆炸物、危险物质罪的概念

盗窃、抢夺枪支、弹药、爆炸物、危险物质罪，是指行为人以非法占有为目的，秘密窃取或者公然夺取枪支、弹药、爆炸物以及毒害性、放射性、传染病病原体等物质，危害公共安全的行为。

2. 盗窃、抢夺枪支、弹药、爆炸物、危险物质罪的法源

关于盗窃、抢夺枪支弹药的行为，我国在 1979 年刑法中就作出了相应的规定，其第 112 条规定，非法制造、买卖、运输枪支、弹药的，或者盗窃、抢夺国家机关、军警人员、民兵的枪支、弹药的，处 7 年以下有期徒刑；情节严重的，处 7 年以上有期徒刑或者无期徒刑。在此规定中，盗窃、抢夺枪支、弹药罪的对象被限制为"国家机关、军警人员、民兵的枪支、弹药"。1983 年全国人大常委会通过的《关于严惩严重危害社会治安的犯罪分子的决定》，将"爆炸物"列为本罪的犯罪对象，1997 年对刑法修订时这一修改得到了进一步确认，正式写入刑法当中。同时也对该罪做了一定的修

改，将枪支、弹药、爆炸物持有者的身份扩大，盗窃、抢夺国家机关、军警人员、民兵的枪支、弹药只是作为本罪提高法定刑的情节。最高人民法院《关于执行〈中华人民共和国刑法〉确定罪名的规定》（法释［1997］9 号）根据 1997 年刑法第 127 条第 1 款、第 2 款规定了"盗窃、抢夺枪支、弹药、爆炸物罪"罪名。

为了积极应对以毒害性、放射性、传染病病原体等物质为犯罪工具的恐怖犯罪，《刑法修正案（三）》再次对本罪予以了完善，将毒害性、放射性、传染病病原体等危险物也纳入本罪，作为盗窃、抢夺行为的对象。最高人民法院、最高人民检察院《关于执行〈中华人民共和国刑法〉确定罪名的补充规定》（法释［2002］7 号）根据《刑法修正案（三）》第 6 条规定了"盗窃、抢夺枪支、弹药、爆炸物、危险物质罪"罪名。

（二）盗窃、抢夺枪支、弹药、爆炸物、危险物质罪的构成特征

1. 客体特征

本罪侵犯的客体是复杂客体，为社会的公共安全和国家对枪支、弹药、爆炸物、危险物质的管理秩序。鉴于枪支、弹药、爆炸物、危险物质的特殊属性，一旦其流入社会处于失控的状态，就会对社会造成潜在的或现实的威胁，因而我国历来对枪支、弹药、爆炸物、危险物质的管制是极为严格的，对枪支、弹药、爆炸物、危险物质的持有和使用都设有严格的条件，盗窃、抢夺枪支、弹药、爆炸物、危险物质的行为使其完全处于失控的状态，理所当然这种行为在对公共安全构成威胁的同时，对我国对枪支、弹药、爆炸物、危险物质的管理秩序也是极大的破坏。

本罪的犯罪对象是枪支、弹药、爆炸物、危险物质。枪支、弹药、爆炸物、危险物质无论为合法持有还是非法所得，都为本罪的犯罪对象。

2. 客观特征

本罪在客观方面表现为行为人秘密窃取或者公然夺取枪支、弹

药、爆炸物以及毒害性、放射性、传染病病原体等物质危害公共安全的行为。理解本罪的客观方面需要弄清以下几个问题:

首先,行为人具有秘密窃取或者公然夺取枪支、弹药、爆炸物以及毒害性、放射性、传染病病原体等物质的行为。本罪在行为方式上表现为"盗窃"和"抢夺"。盗窃,即秘密窃取,是指行为人采取自认为不被被害人或者其他人察觉的方法,使枪支、弹药、爆炸物、危险物质脱离他人的控制,置于自己的控制之下的行为。秘密窃取行为具有秘密性,即不被他人察觉。需要注意的是,这种"秘密性"具有主观性和相对性。所谓主观性,是行为人对于行为秘密性的认识而言的,也就是说,行为人自己认为这种窃取行为不为人所知,不被人察觉。因此,如果行为人已经知道被害人对其行为有所察觉,则不能认定为"秘密窃取"。所谓相对性,是指行为人取财的秘密状态是相对于被害人而言的,即枪支、弹药、爆炸物、危险物质的事实上的控制人(所有者、持有者、保管人)而言的。① 如果行为人盗取财物的行为已经被控制人之外的第三人察觉或发现,但由于某种原因没有声张,这种情形下行为仍然具有秘密性,应认定为秘密窃取。抢夺,即公然夺取,是指行为人采用可以使被害人立即发觉的方式,公开夺取其持有或控制下的枪支、弹药、爆炸物、危险物质。例如,趁被害人不备从背后夺走枪支、弹药、爆炸物、危险物质,当面公开夺走他人的枪支、弹药、爆炸物、危险物质。抢夺性行为具有"公然性",即行为人的行为是公开实施的,一旦实施可以被被害人立即察觉。此外,抢夺行为与抢劫行为具有明显的界限,区分二者的关键是抢夺行为仅仅针对行为人所持有或者管理的枪支、弹药、爆炸物、危险物质,不直接针对被害人的人身权,抢劫行为则在非法获取枪支、弹药、爆炸物、危险物质的同时,对被害人的人身权造成侵害。

---

① 参见董玉庭主编:《危害公共安全罪立案追诉标准与司法认定实务》,中国人民公安大学出版社 2010 年版,第 262 页。

其次，盗窃、抢夺行为针对的对象是枪支、弹药、爆炸物、危险物质。所谓枪支，是指以火药或者压缩气体等为动力，利用管状器具发射金属弹丸或者其他物质，足以致人伤亡或者丧失知觉的各种枪支。包括军用的手枪、步枪、冲锋枪、机枪以及射击运动用的各种枪支，还有各种民用的狩猎用枪等。所谓弹药，是指上述枪支所使用的子弹、火药等。所谓爆炸物，是指具有爆破性并对人体能造成杀伤的物品，如手榴弹、炸药以及雷管、爆破筒、地雷等。所谓危险物质，是指具有毒害性、放射性、传染病病原体等物质。

3. 主体特征

本罪的主体是一般主体，即年满 16 周岁，具有完全刑事责任能力的自然人。单位不能成为本罪的主体。

4. 主观特征

本罪在主观方面表现为故意，即行为人明知是枪支、弹药、爆炸物、危险物质仍然对其进行盗窃、抢夺的。这里的"明知"只要求行为人认识到可能是枪支、弹药、爆炸物、危险物质，而不要求确知。

本罪是目的犯，要求行为人以非法占有为目的。本罪所谓的非法占有，是指明知是他人持有或者控制的枪支、弹药、爆炸物、危险物质，而将其转归自己或第三人"非法所有"并排除权利人所有的一种主观愿望。本罪非法占有的目的是犯罪成立的必备要件，如果行为只是偶然中得到枪支、弹药、爆炸物、危险物质的，不得认定为盗窃、抢夺枪支、弹药、爆炸物、危险物质罪。此外，犯罪动机同样不影响本罪成立。

（三）盗窃、抢夺枪支、弹药、爆炸物、危险物质罪的司法认定

1. 本罪罪与非罪的界限

本罪为目的犯，要求盗窃、抢夺枪支、弹药、爆炸物、危险物质的行为以非法占有为目的，因此行为人不具有非法占有的目的，实施盗窃、抢夺枪支、弹药、爆炸物、危险物质的行为不能认定为

本罪。例如，行为人在实施其他行为的时候偶然得到枪支、弹药、爆炸物、危险物质，行为人主观上就不具有非法占有的目的，就不得认定为本罪。此外，本罪的对象为枪支、弹药、爆炸物、危险物质，因而盗窃、抢夺玩具枪、仿真枪的行为和盗窃、抢夺不具有枪支、弹药、爆炸物、危险物质功能但具有枪支、弹药、爆炸物、危险物质外观特性的行为不得认定为本罪。本罪的犯罪成立尽管并不以"情节严重"、"数额巨大"为必备要件，但一些显著轻微的盗窃、抢夺枪支、弹药、爆炸物、危险物质行为仍然应当按照刑法第13条"但书"做非罪化处理。根据最高人民法院《关于审理非法制造、买卖、运输枪支、弹药、爆炸物等刑事案件具体应用法律若干问题的解释》，具有以下情形应当按照本罪定罪处罚：（1）盗窃、抢夺以火药为动力的发射枪弹非军用枪支一支以上或者以压缩气体等为动力的其他非军用枪支2支以上的；（2）盗窃、抢夺军用子弹10发以上、气枪铅弹500发以上或者其他非军用子弹100发以上的；（3）盗窃、抢夺爆炸装置的；（4）盗窃、抢夺炸药、发射药、黑火药1000克以上或者烟火药3000克以上、雷管30枚以上或者导火索、导爆索30米以上的；（5）虽未达到上述最低数量标准，但具有造成严重后果等其他恶劣情节的。

　　2. 本罪与相近犯罪的界限

　　认定本罪主要应当注意其与盗窃罪、抢夺罪的界限。盗窃罪，是指以非法占有为目的，秘密窃取数额较大的公私财物或者多次盗窃公私财物的行为。抢夺罪，是指以非法占有为目的，公然夺取数额较大的公私财物，但没有使用暴力或暴力威胁等侵犯人身权利的行为。盗窃罪、抢夺罪与本罪具有诸多相似之处，如二者都以非法占有为目的，在行为方式上也都是采取秘密窃取或者公然夺取，在主体上也基本一致。然而，本罪与盗窃罪、抢夺罪存在明显的区别：第一，两罪在客体方面不同。前者侵害的客体是复杂客体，即公共安全和国家对枪支、弹药、爆炸物、危险物质的管理秩序；而后者侵害的客体则是被害人的财产权利。第二，行为对象不同。前者的行为对象限于枪支、弹药、爆炸物、危险物质，后者的行为对象则相对较广，主要为被害人的财物。第三，对数额要求不同。前者不要求数额的大小，只要实施了盗窃、抢夺枪支、弹药、爆炸物、危险物质的行为，除了情节显著轻微，都应当定罪处罚；后者则是数额犯，犯罪的成立要求盗窃、抢夺的财物达到一定的数额，未达到相应数额的不得作为盗窃罪、抢夺罪定罪处理。在司法实践中，存在着行为人盗窃、抢夺普通财物后，发现盗窃的物品中含有枪支、弹药、爆炸物、危险物质，在这种情形下，行为人不具有盗窃、抢夺枪支、弹药、爆炸物、危险物质的故意，不得以盗窃、抢夺枪支、弹药、爆炸物、危险物质罪定罪处罚，应当认定为盗窃罪、抢夺罪，但是其之后持有枪支、弹药、爆炸物、危险物质的行为可以按照相关罪名定罪处罚。

3. 本罪的罪数形态问题

对于行为人实施多个本罪的行为，应当如何定罪，理论上存在不同的观点。一种观点认为，本罪是选择式罪名，即实施上述任何一种行为，即可按其行为定罪，实施两种行为以上的，仍按一罪处理，不实行数罪并罚。① 另一种观点则认为，本罪虽然是选择性罪名，但是对于分别实施盗窃、抢夺枪支、弹药、爆炸物、危险物质行为的，应当实行数罪并罚。② 笔者认为，对于行为人实施多个本罪的行为，应当按照一罪定罪处罚，不应当实行数罪并罚。这是因为对于选择性罪名的认定，按照一罪认定是基本原则。如果对分别实施盗窃、抢夺枪支、弹药、爆炸物、危险物质行为的情形实行数罪并罚，容易造成选择性罪名使用的混乱。此外，从立法修订的过程来看，1979 年刑法第 112 条描述的罪状是，"非法制造、买卖、

---

① 参见王作富主编：《刑法》（第五版），中国人民大学出版社 2011 年版，第 262 页。

② 参见高铭暄、马克昌主编：《刑法学》（第三版），北京大学出版社、高等教育出版社 2007 年版，第 398 页。

运输枪支、弹药的，或者盗窃、抢夺国家机关、军警人员、民兵的枪支、弹药的”，1997 年修订刑法时，只将“非法制造、买卖、运输枪支、弹药”分离出去，并未将“盗窃、抢夺枪支、弹药”分开，可见立法者是有意将两种行为并列规定，作为一罪论处。①

行为人盗窃、抢夺枪支、弹药、爆炸物、危险物质行为作为投放危险物质、故意杀人、故意伤人等行为的手段行为的情形，构成牵连犯，从一重罪处罚。如果行为人盗窃、抢夺枪支、弹药、爆炸物、危险物质并非为实施其他犯罪行为，而后又实施其他犯罪的，属于另起犯意的行为，应当按照本罪与相关犯罪数罪并罚。

4. 本罪的共犯问题

本罪属于任意共同犯罪，既可以由一个人实施本罪行为，也可以由两人以上共同犯罪。两个以上具有刑事责任能力的人在共同的犯罪故意下，在意思联络的基础上共同实施盗窃、抢夺行为的，构成本罪的共同犯罪。共同犯罪人根据在共同犯罪中所起的作用和地位不同分为主犯、从犯、胁从犯、教唆犯。应根据不同的共同犯罪人在共同犯罪中所处的地位和作用不同分别确定其应承担的刑事责任。

5. 本罪的停止形态问题

行为人为盗窃、抢夺枪支、弹药、爆炸物、危险物质进行了制造条件、准备工具的行为，如确定盗窃、抢夺对象等，但由于意志以外的原因，致使行为人未能进行投放危险物质的行为的，是本罪的预备。

本罪既遂的标准，在理论上有多种观点，包括接触说、控制说、失控说、藏匿说等。笔者认为，失控说比较合理，即行为人实施的盗窃、抢夺枪支、弹药、爆炸物、危险物质行为使这些物品脱离持有者或者对其管理控制的人的控制，即为既遂。在此之前，由

---

① 参见董玉庭主编：《危害公共安全罪立案追诉标准与司法认定实务》，中国人民公安大学出版社 2010 年版，第 291 页。

于行为人意志以外的原因使行为停止下来即为本罪的未遂。在此过程中或者在实施犯罪预备行为过程中，行为人自动放弃盗窃、抢夺枪支、弹药、爆炸物、危险物质行为的，为本罪的犯罪中止。

（四）盗窃、抢夺枪支、弹药、爆炸物、危险物质罪的处罚

根据修正后的刑法第127条规定，犯本罪的，处3年以上10年以下有期徒刑；情节严重的，处10年以上有期徒刑、无期徒刑或者死刑。盗窃、抢夺国家机关、军警人员、民兵的枪支、弹药、爆炸物的，处10年以上有期徒刑、无期徒刑或者死刑。

五、抢劫枪支、弹药、爆炸物、危险物质罪

（一）抢劫枪支、弹药、爆炸物、危险物质罪的概念与法源

1. 抢劫枪支、弹药、爆炸物、危险物质罪的概念

抢劫枪支、弹药、爆炸物、危险物质罪，是指行为人以非法占有为目的，当场使用暴力、胁迫或者其他方法，强行劫夺枪支、弹药、爆炸物或者毒害性、放射性、传染病病原体等物质，危害公共安全的行为。

2. 抢劫枪支、弹药、爆炸物、危险物质罪的法源

我国在1979年刑法中并未对抢劫枪支、弹药、爆炸物、危险物质的行为作出相应的规定，其第112条规定，非法制造、买卖、运输枪支、弹药的，或者盗窃、抢夺国家机关、军警人员、民兵的枪支、弹药的，处7年以下有期徒刑；情节严重的，处7年以上有期徒刑或者无期徒刑。由此可见，"抢劫"行为并未被包含在此条文之中。为了加大针对枪支、弹药、爆炸物的抢劫行为的打击力度，1997年刑法修订时才将此种行为正式写入刑法文本。最高人民法院《关于执行〈中华人民共和国刑法〉确定罪名的规定》（法释［1997］9号）根据1997年刑法第127条第2款规定了"抢劫枪支、弹药、爆炸物罪"罪名。

为了积极应对以毒害性、放射性、传染病病原体等物质为犯罪工具的恐怖犯罪，《刑法修正案（三）》再次对本罪进行了完善，

将毒害性、放射性、传染病病原体等危险物质也纳入本罪，作为抢劫行为的对象。最高人民法院、最高人民检察院《关于执行〈中华人民共和国刑法〉确定罪名的补充规定》（法释〔2002〕7 号）根据《刑法修正案（三）》第 6 条第 2 款规定了"抢劫枪支、弹药、爆炸物、危险物质罪"罪名。

（二）抢劫枪支、弹药、爆炸物、危险物质罪的构成特征

1. 客体特征

关于本罪侵犯的客体的理解存在以下几种观点。第一种观点认为，本罪侵犯的客体是公共安全。① 第二种观点认为，本罪侵犯的客体是社会的公共安全与枪支、弹药、爆炸物、危险物质所有者、持有者、保管者的人身权利，属于复杂客体。② 第三种观点认为，本罪所侵犯的客体是复杂客体，既侵犯了社会的公共安全和国家对枪支、弹药、爆炸物、危险物质的管理制度，又侵犯了枪支、弹药、爆炸物、危险物质实际控制者（所有人、持有人、保管者）的人身权利。③ 笔者认为，"抢劫"行为具有暴力性的特征，因而行为人实施的抢劫枪支、弹药、爆炸物、危险物质的行为理所当然会同时造成社会公共安全和这些物质实际控制者（所有人、持有人、保管者）的人身权利遭受损害。此外，我国刑法之所以在抢劫罪之外独立规定抢劫枪支、弹药、爆炸物、危险物质罪，是基于我国对枪支、弹药、爆炸物、危险物质的严格管制及这些物质所具有的特殊危险性，因此抢劫枪支、弹药、爆炸物、危险物质的行为使枪支、弹药、爆炸物、危险物质处于失控状态下，破坏了我国对枪支、弹药、爆炸物、危险物质的管理秩序。因而，笔者认为，抢

---

① 参见江礼华主编：《刑法新增罪的司法认定》，中国检察出版社 2003 年版，第 91 页。

② 参见高铭暄、马克昌主编：《刑法学》（第三版），北京大学出版社、高等教育出版社 2007 年版，第 398 页。

③ 参见董玉庭主编：《危害公共安全罪立案追诉标准与司法认定实务》，中国人民公安大学出版社 2010 年版，第 297 页。

劫枪支、弹药、爆炸物、危险物质罪侵犯的是复杂客体，为社会的公共安全和国家对枪支、弹药、爆炸物、危险物质的管理秩序，以及枪支、弹药、爆炸物、危险物质实际控制者（所有人、持有人、保管者）的人身权利。

本罪的犯罪对象是枪支、弹药、爆炸物、危险物质。枪支、弹药、爆炸物、危险物质无论是为合法持有还是非法所得，都可以成为本罪的犯罪对象。

2. 客观特征

本罪的客观方面主要表现为行为人采取暴力、威胁或者其他方法强行劫取枪支、弹药、爆炸物或者毒害性、放射性、传染病病原体等物质，危害公共安全的行为。有学者认为本罪的行为方式表现为两种，一种为使用暴力、威胁或者其他方法强行劫取枪支、弹药、爆炸物；另一种是采取暴力、威胁或者其他方法强行劫取毒害性、放射性、传染病病原体等物质，危害公共安全的行为。前者属于抽象危险犯，后者属于具体危险犯。① 笔者不赞同这种观点，因为鉴于枪支、弹药、爆炸物、危险物质的特性，对其实施抢劫使其处于失控状态必然会对社会公共安全构成现实的威胁，危险物质与枪支、弹药、爆炸物对公共安全造成的威胁并无二致，因而对本罪以具体行为对象区分抽象危险犯和具体危险犯并无必要，法条中的"危害公共安全"应及于枪支、弹药、爆炸物、危险物质所有对象，且本处的"危害公共安全"应当可以解释为对公共安全构成现实威胁。

抢劫枪支、弹药、爆炸物、危险物质行为表现为以暴力、胁迫和其他方法，劫取枪支、弹药、爆炸物、危险物质。所谓暴力方法，是指行为人采取的具有攻击性的身体动作。例如，对行为人进行殴打、捆绑、拘禁、伤害等。关于暴力是指对人的暴力还是对物的暴力，理论上存在不同的观点。有的学者认为，其包括对人身的

---

① 参见张明楷著：《刑法学》（第三版），法律出版社2007年版，第534页。

暴力和对物的暴力。① 有的学者则认为，这种暴力必须是针对人实施的（不包括对物的暴力）。② 笔者认为，此处的暴力不包含对物的暴力，这是因为此处的暴力行为作为一个方法行为，其目的是劫取枪支、弹药、爆炸物、危险物质，这就要求这种暴力行为使被害人不能反抗、不敢反抗，足以抑制被害人反抗的暴力往往只是针对人身的，针对财物的暴力往往表现为抢夺行为。至于暴力所要达到的程度，只要足以使被害人不能反抗、不敢反抗即可，并不要求暴力行为必须对被害人造成轻微伤或者轻伤。但在司法实践中，仅仅使用轻微的暴力抢劫枪支、弹药、爆炸物、危险物质，可以根据刑法第 13 条"但书"处理。

所谓胁迫方法，是指行为人采取以当场实施暴力相威胁，使人产生恐惧心理不敢反抗的方法，如采取言语、某种物质相威胁等。胁迫具有"当面性"，包括两个方面的内容：第一，对被害人的暴力威胁必须是当面进行；第二，胁迫的目的是当面从被害人处获取枪支、弹药、爆炸物、危险物质。此外，暴力胁迫的目的是使被害人产生恐惧心理而不敢反抗，这种目的仅仅是针对行为人自身的，只要行为人实施了自认为能够使被害人产生恐惧心理而不敢反抗的行为，就应认定为胁迫，而被害人实际是否产生恐惧心理则在所不论。

所谓其他方法，是指行为人实施的暴力方法、胁迫方法以外的，使被害人不能反抗、不知反抗的方法。例如，用酒灌醉、用药物麻醉。需要注意的是，这些使行为人不能反抗、不知反抗的方法是行为人有意识实施的，如某甲和某乙喝酒，甲因不胜酒力而昏睡，乙于是起犯意拿走甲随身携带的枪支，不能认定为此处的"其他方法"，只能认定为盗窃枪支罪。此外，行为人实施的"其

① 参见高铭暄、马克昌主编：《刑法学》（第三版），北京大学出版社、高等教育出版社 2007 年版，第 398 页。
② 参见张明楷著：《刑法学》（第三版），法律出版社 2007 年版，第 710 页。

他方法"需与被害人不知反抗、不能反抗的状态具有因果关系，否则也不能认定为此处的"其他方法"。

3. 主体特征

本罪的主体是一般主体，即年满 16 周岁，具有完全刑事责任能力的自然人。单位不能成为本罪的主体。年满 16 周岁具有完全刑事责任能力的自然人实施抢劫枪支、弹药、爆炸物、危险物质行为的，不应认定为本罪，应当认定为抢劫罪。

4. 主观特征

本罪在主观方面表现为故意，即如果行为人明知是枪支、弹药、爆炸物、危险物质仍然对其进行抢劫的。这里的"明知"只要求行为人认识到可能是枪支、弹药、爆炸物、危险物质，而不要求确知。

本罪是目的犯，要求行为人以非法占有为目的。本罪所谓的非法占有，是指明知是他人持有或者控制的枪支、弹药、爆炸物、危险物质，而将其转归自己或第三人"非法所有"并排除权利人所有的一种主观愿望。本罪非法占有的目的是犯罪成立的必备要件，如果行为人只是在抢劫其他财物过程中在不知情的情况下偶然得到枪支、弹药、爆炸物、危险物质的，不得认定为抢劫枪支、弹药、爆炸物、危险物质罪。此外，犯罪动机同样不影响本罪成立。

（三）抢劫枪支、弹药、爆炸物、危险物质罪的司法认定

1. 本罪罪与非罪的界限

本罪为目的犯，要求抢劫枪支、弹药、爆炸物、危险物质的行为以非法占有为目的，因此行为人如果不具有非法占有的目的，实施抢劫枪支、弹药、爆炸物、危险物质的行为不能认定为本罪。例如，行为人在实施其他行为的时候在不知情的情况下偶然得到枪支、弹药、爆炸物、危险物质，行为人主观上就不具有非法占有的目的，不得认定为本罪。此外，本罪的对象为枪支、弹药、爆炸物、危险物质，因而抢劫玩具枪、仿真枪的行为和抢劫不具有枪支、弹药、爆炸物、危险物质功能但具有枪支、弹药、爆炸物、危

险物质外观特性的行为不得认定为本罪。本罪的成立尽管并不以"情节严重"、"数额巨大"为必备要件构成，但一些显著轻微的盗窃、抢夺枪支、弹药、爆炸物、危险物质行为仍然应当按照刑法第13条"但书"做非罪化处理。

2. 本罪与相近犯罪的界限

（1）本罪与抢劫罪的界限。

抢劫罪，是指行为人以非法占有为目的，当场使用暴力、胁迫或者其他方法，强行劫夺他人财物的行为。抢劫罪与本罪具有诸多相似之处，如二者都以非法占有为目的，在行为方式上也都是采取暴力、胁迫和其他使人不能反抗、不敢反抗的方法。然而，本罪与抢劫罪存在明显的区别：第一，两罪的客体不同。前者侵害的客体是复杂客体，即社会的公共安全和国家对枪支、弹药、爆炸物、危险物质的管理秩序，以及枪支、弹药、爆炸物、危险物质实际控制者（所有人、持有人、保管者）的人身权利；而后者侵害的客体则是被害人的财产权利和被害人的人身权利。第二，行为对象不同。前者的行为对象仅限于枪支、弹药、爆炸物、危险物质；后者的行为对象则相对较广，主要为被害人的财物。第三，主体不同。前者的主体是年满16周岁，具有完全刑事责任能力的自然人；后者的主体则是年满14周岁，具有完全刑事责任能力的自然人。在司法实践中，存在行为人抢夺普通财物后，发现抢劫的物品中含有枪支、弹药、爆炸物、危险物质的情形，在这种情形下，行为人不具有抢劫枪支、弹药、爆炸物、危险物质的故意，不得以抢劫枪支、弹药、爆炸物、危险物质罪定罪处罚，应当认定为抢劫罪，但是其之后持有枪支、弹药、爆炸物、危险物质的行为可以按照相关罪名定罪处罚。

（2）本罪与盗窃、抢夺枪支、弹药、爆炸物、危险物质罪的区别。

盗窃、抢夺枪支、弹药、爆炸物、危险物质罪，是指行为人以非法占有为目的，秘密窃取或者公然夺取枪支、弹药、爆炸物以及毒害性、放射性、传染病病原体等物质，危害公共安全的行为。二者在犯罪目的、犯罪主体、犯罪对象上都是相同的，其在客体上也有一定的重合。然而，本罪与盗窃、抢夺枪支、弹药、爆炸物、危险物质罪存在明显的差异：第一，客体不同。本罪侵犯的客体是社会的公共安全和国家对枪支、弹药、爆炸物、危险物质的管理秩序，以及枪支、弹药、爆炸物、危险物质实际控制者（所有人、持有人、保管者）的人身权利；后者侵害的客体则是社会的公共安全和国家对枪支、弹药、爆炸物的管理秩序，不包括枪支、弹药、爆炸物、危险物质实际控制者（所有人、持有人、保管者）的人身权利。第二，客观方面不同。前者主要以暴力、胁迫或者其他方法劫取枪支、弹药、爆炸物、危险物质；后者主要是采取秘密窃取和公然夺取的方式取得枪支、弹药、爆炸物、危险物质。

3. 本罪的罪数形态问题

抢劫枪支、弹药、爆炸物、危险物质罪是一个选择性罪名。实施抢劫枪支、弹药、爆炸物、危险物质中的数个行为的，不实行数罪并罚，而应当以抢劫枪支、弹药、爆炸物、危险物质定罪处罚。

行为人抢劫枪支、弹药、爆炸物、危险物质行为作为投放危险物质、故意杀人、故意伤人等行为的手段行为的情形，构成牵连犯，从一重罪处罚。如果行为人抢夺枪支、弹药、爆炸物、危险物质并非为实施其他犯罪行为，而后又实施其他犯罪的，属于另起犯意的行为，应当按照本罪与相关犯罪数罪并罚。

行为人抢劫普通财物时普通财物中含有枪支、弹药、爆炸物、危险物质的，且行为人在实施抢劫行为的时候已知晓的情形下，同时触犯抢劫罪和抢劫枪支、弹药、爆炸物、危险物质罪，属于想象竞合犯，从一重罪处罚。抢劫后对枪支、弹药、爆炸物、危险物质的持有行为应当认定为不可罚的事后行为。行为人在抢劫的普通财物中含有枪支、弹药、爆炸物、危险物质，但是行为人在实施抢劫行为的时候并不知晓，只构成抢劫罪一罪，其后对枪支、弹药、爆炸物、危险物质的持有行为则应认定为相关犯罪。

行为人在实施抢劫枪支、弹药、爆炸物、危险物质时采取暴力手段致使被害人伤害、死亡的，依照本罪定罪处罚，不实行数罪并罚。行为人在实施抢劫枪支、弹药、爆炸物、危险物质后杀人灭口的，或者在实施抢劫过程中又实施其他犯罪的，属于另起犯意，应当数罪并罚。

4. 本罪的共犯问题

本罪属于任意共同犯罪，既可以由一个人实施本罪行为，也可以由两人以上共同犯罪。两个以上具有刑事责任能力的人在共同的犯罪故意下，在意思联络的基础上共同实施盗窃、抢夺行为的，构成本罪的共同犯罪。共同犯罪人根据在共同犯罪中所起的作用和地位不同分为主犯、从犯、胁从犯、教唆犯。应根据不同的共同犯罪人在共同犯罪中所处的地位和作用不同分别确定其应承担的刑事责任。

5. 本罪的停止形态问题

行为人为了抢劫枪支、弹药、爆炸物、危险物质进行了制造条件、准备工具的行为，如购买犯罪工具、骗取被害人至偏僻之处等，但由于意志以外的原因，致使行为人未能进行投放危险物质的行为的，是本罪的预备。

本罪既遂的标准，结合抢劫罪的既遂标准，在理论上有多种观点，包括财物占有说、人身权利侵犯说，财物占有和人身侵犯择一说等。笔者认为，财物占有和人身侵犯择一说比较合理，即行为人实施的抢劫枪支、弹药、爆炸物、危险物质行为使其实际地占有这些物质或者对被害人的权利造成侵害，即为既遂。最高人民法院《关于审理抢劫、抢夺刑事案件适用法律若干问题的意见》也为这种观点提供了法律依据，其关于抢劫罪的既遂标准有如下规定：抢劫罪侵犯的是复杂客体，既侵犯财产权利又侵犯人身权利，具备劫取财物或者造成他人轻伤以上后果两者之一的，均属抢劫既遂；既未劫取财物，又未造成他人人身伤害后果的，属抢劫未遂。在此之前由于行为人意志以外的原因使行为停止下来即为本罪的未遂。在此过程中或者在犯罪预备行为过程中，行为人自动放弃抢劫枪支、弹药、爆炸物、危险物质行为的，为本罪的犯罪中止。

（四）抢劫枪支、弹药、爆炸物、危险物质罪的处罚

根据修正后的刑法第 127 条第 2 款的规定，犯本罪的，处 10 年以上有期徒刑、无期徒刑或者死刑。

六、生产、销售不符合安全标准的食品罪

（一）生产、销售不符合安全标准的食品罪的概念与法源

1. 生产、销售不符合安全标准的食品罪的概念

生产、销售不符合安全标准的食品罪，是指违反国家食品安全管理法规，生产、销售不符合安全标准的食品，足以造成严重食物中毒事故或者其他严重食源性疾病的行为。

2. 生产、销售不符合安全标准的食品罪的法源

"民以食为天，食以安为先"，食品安全是广大人民群众最为关心的民生问题。我国历来重视对食品安全的管理。尽管我国1979 年刑法并未对食品安全相关犯罪作出规定，但我国在 1982 年出台了《食品卫生法（试行）》对造成严重食物中毒事故或者其他严重食源性疾病，致人死亡或者致人残疾因而丧失劳动能力的行为作出规定，规定这种行为以玩忽职守罪、重大责任事故罪或者制造、贩卖假药罪定罪处罚。此后，全国人大常委会于 1993 年通过了《关于惩治生产、销售伪劣商品犯罪的决定》，此决定规定了生产、销售不符合卫生标准的食品罪。1997 年对刑法进行修订时吸收了该决定的内容，生产、销售不符合卫生标准的食品罪正式被纳入刑法当中。最高人民法院《关于执行〈中华人民共和国刑法〉确定罪名的规定》（法释［1997］9 号）根据 1997 年刑法第 143 条规定了"生产、销售不符合卫生标准的食品罪"罪名。

近年来，食品安全事件屡有发生，社会公众对食品的安全需求越来越高，食品安全问题日益成为人民群众关心的问题。我国于2009 年颁布了食品安全法，取代了原来的食品卫生法，该法对食

品安全相关问题作出了许多新的规定。为了保障人民群众的生命健康权，杜绝重大食品安全问题的发生，加大对生产、销售劣质食品行为的处罚力度，协调刑法与新颁布的食品卫生法的相关规定，我国于 2011 年在《刑法修正案（八）》中对"生产、销售不符合卫生标准的食品罪"作了一定的修正。本次修正将原条文的"不符合卫生标准的食品"修改为"不符合食品安全标准的食品"。最高人民法院、最高人民检察院《关于执行〈中华人民共和国刑法〉确定罪名的补充规定（五）》（法释［2011］10 号）根据《刑法修正案（八）》规定了"生产、销售不符合安全标准的食品罪"罪名。

（二）生产、销售不符合安全标准的食品罪的构成特征

1. 客体特征

本罪侵犯的客体是复杂客体，是不特定多数人的生命健康权以及国家食品安全监管秩序。食品是人们赖以生存的基础，食品安全与否直接涉及人们的身体安全与否。因此，生产、销售不符合安全标准的食品的行为直接涉及社会大众的生命健康权。基于此，我国对食品安全问题极为重视，制定颁布了一系列法律法规，这就构成了我国食品安全监管秩序。因此，生产、销售不符合安全标准的食品的行为不仅侵犯了不特定多数人的生命健康权，还破坏了国家食品监管秩序。本罪的犯罪对象是不符合安全标准的食品。

2. 客观特征

本罪的客观方面主要表现为违反国家食品监管法律法规，生产、销售不符合安全标准的食品，足以造成严重食物中毒事故或者其他严重食源性疾病的行为。理解本罪的客观方面需要弄清以下几个问题：

首先，行为人具有生产、销售不符合安全标准的食品的行为。具体表现为两种行为：第一，生产不符合卫生标准的食品；第二，明知是不符合安全标准的食品而销售。根据食品安全法规定，食品是指各种供人食用或者饮用的成品和原料以及按照传统既是食品又

是药品的物品，但是不包括以治疗为目的的物品。此处的"生产"应该做广义的理解，不仅应当包括食品生产，还应包括食品原料以及食品添加剂的生产。同样，此处的"销售"不仅包括对不符合安全标准食品的销售，还应包括销售不符合安全标准的食品原材料和食品添加剂。

其次，本罪行为的对象必须为不符合安全标准的食品。根据食品安全法规定，食品安全是指食品无毒、无害，符合应当有的营养要求，对人体健康不造成任何急性、亚急性或者慢性危害。食品安全标准应当包括下列内容：（1）食品、食品相关产品中的致病性微生物、农药残留、兽药残留、重金属、污染物质以及其他危害人体健康物质的限量规定；（2）食品添加剂的品种、使用范围、用量；（3）专供婴幼儿和其他特定人群的主辅食品的营养成分要求；（4）对与食品安全、营养有关的标签、标识、说明书的要求；（5）食品生产经营过程的卫生要求；（6）与食品安全有关的质量要求；（7）食品检验方法与规程；（8）其他需要制定为食品安全标准的内容。因而，上述内容不符合国家颁布的相关标准的就属不符合安全标准的食品。

最后，生产、销售不符合安全标准的食品的行为必须足以造成严重食物中毒事故或者其他严重食源性疾病。本罪是抽象危险犯，只要求生产、销售不符合安全标准的食品的行为足以造成严重食物中毒事故或者其他严重食源性疾病，而并不必然要求危害结果的发生。所谓食物中毒，是指食用了被有毒有害物质污染的食品或者食用了含有毒有害物质的食品后出现的急性、亚急性疾病。食源性疾病，是指食品中的致病因素进入人体引起的感染性、中毒性等疾病。经省级以上卫生行政部门确定的机构鉴定，食品中含有可能导致严重食物中毒事故或者其他严重食源性疾病的超标准的有害细菌或者其他污染物的，应当认定为本罪的"足以造成严重食物中毒事故或者其他严重食源性疾病的行为"。

3. 主体特征

本罪的主体既可以是自然人，也可以为单位。年满 16 周岁具有完全刑事责任能力的自然人构成本罪的自然人主体。本罪的单位不仅包含具有生产、销售食品资质的单位，还包括不具有此资质的单位，任何单位实施了上述行为，都构成生产、销售不符合安全标准的食品罪。在司法实践中，本罪的主体主要是在食品生产加工、食品流通和餐饮服务等领域内的人员和单位。

4. 主观特征

关于本罪的主观特征，有的学者认为，本罪在主观方面表现为故意，即明知生产、销售不符合卫生标准（安全标准）的食品的行为足以造成严重食物中毒事故或者其他严重食源性疾病的行为，并且希望或者放任这种结果的发生。[1] 这种观点是从对危害结果的认识来理解本罪的主观方面的。还有的学者则从对危害行为的主观态度来理解本罪的主观方面，认为本罪的主观方面是故意（包括直接故意和间接故意），即明知是不符合安全标准的食品而故意生产、销售的。[2] 笔者认为，探究犯罪的主观方面，应当考察行为人对危害社会结果的主观态度。在本罪中，行为人对"足以造成严重食物中毒事故或者其他严重食源性疾病"的危害结果是持放任，而不可能表现为积极追求。因而，本罪在主观方面应当为间接故意，即行为人明知自己生产、销售不符合卫生标准的食品足以造成严重食物中毒事故或者其他严重食源性疾病而放任这种结果发生。

本罪的目的多种多样，在实践中主要以牟利为目的。但是本罪不是目的犯，无论行为人生产、销售不符合安全标准食品的行为出于何种目的，都不影响本罪的成立。本罪的犯罪动机也不影响本罪的成立。

---

① 参见李希慧主编：《刑法各论》，中国人民大学出版社 2007 年版，第 113 页。
② 参见王作富主编：《刑法》（第五版），中国人民大学出版社 2011 年版，第 286 页。

（三）生产、销售不符合安全标准的食品罪的司法认定

1. 本罪罪与非罪的界限

正确区分本罪与非罪要严格按照罪刑法定原则的要求，从犯罪构成的各个方面加以认定。本罪是危险犯，只要生产、销售不符合安全标准的食品的行为足以造成严重食物中毒事故或者其他严重食源性疾病的即成立本罪，并不以这种危害结果作为犯罪构成的必备要素。也就是说，只要行为人实施了生产、销售不符合安全标准的食品的行为，足以造成严重食物中毒事故或者其他严重食源性疾病，就成立该罪。行为人具有生产、销售不符合安全标准食品的行为，但是这种生产、销售行为并不足以造成严重食物中毒事故或者其他严重食源性疾病，这种行为不能被认定为犯罪，可以根据行政法律法规对行为人追究刑责责任。

2. 本罪与相近犯罪的界限

（1）本罪与生产、销售有毒、有害食品罪的界限。

生产、销售有毒、有害食品罪，是指生产者、销售者违反国家食品卫生管理法规，故意在生产、销售的食品中掺入有毒、有害的非食品原料或者销售明知掺有有毒、有害的非食品原料的食品的行为。在现实生活中，有毒有害的食品多数也是不符合安全标准的食品，因而准确区分本罪与生产、销售有毒、有害食品罪有利于正确地定罪量刑，具有重要的理论意义和现实意义。本罪与生产、销售有毒、有害食品罪在客体特征、主体特征等方面是相同的，二者的区别主要表现在以下几个方面：第一，行为方式不同。前者在行为方式上主要表现为生产、销售不符合安全标准的食品；后者在行为方式上则表现为在生产、销售的食品中掺入有毒、有害的非食品原料的行为，或者明知是掺有有毒、有害的非食品原料的食品而仍然销售的行为。第二，行为对象不同。前者生产、销售行为的对象是不符合安全标准的食品；后者的对象则是掺有有毒、有害的非食品原料的食品。第三，犯罪成立的方式不同。前者是危险犯，要求生产、销售不符合安全标准食品的行为足以造成严重食物中毒事故或

者其他严重食源性疾病的危害结果；后者是行为犯，只要行为人实施了生产、销售掺有有毒、有害非食品原料的食品的行为就成立犯罪。

（2）本罪与重大责任事故罪的界限。

重大责任事故罪，是指在生产、作业中违反有关安全管理的规定，因而发生重大伤亡事故或者造成其他严重后果的行为。生产、销售不符合安全标准的食品罪与重大责任事故罪都危害公共安全，它们的区别主要表现在：第一，主观方面不同。生产、销售不符合安全标准的食品罪是故意犯罪，重大责任事故罪则是过失犯罪。第二，客观方面不同。生产、销售不符合安全标准的食品罪是危险犯，并不以危害结果的发生为犯罪成立的必备条件，只要足以造成严重食物中毒事故或者其他严重食源性疾病就成立生产、销售不符合安全标准的食品罪；重大责任事故罪是过失犯罪，因而要求必须发生重大伤亡事故或者造成其他严重后果才能成立该罪。第三，二者发生的领域不同。前者主要发生在食品加工、食品销售和餐饮服务等领域；后者则多发生在工程施工领域的生产、作业过程中。第四，二者客体不同。前者侵犯的客体是不特定多数人的生命健康权和国家食品监管秩序；后者侵犯的客体则为公共安全。第五，违反法律法规不同。前者主要违反的是国家食品安全监管方面的法律法规；后者违反的则是生产、作业领域的安全管理法律法规。第六，犯罪主体不同。本罪的主体既包括自然人，也包括单位；后者的犯罪主体则仅仅包括自然人。综上，本罪与重大责任事故罪无论是在主观方面还是在客观方面都存在较大的差异，因而在司法实践中，要求对行为人的行为从其行为特征的各个方面综合把握。

（3）本罪与生产、销售假药罪的界限。

生产、销售假药罪，是指生产者、销售者违反国家药品管理法规，生产、销售假药，足以危害人体健康的行为。本罪与生产、销售假药罪在行为对象上差异较大，在实践中比较容易区分。然而，生产、销售按照传统既是食品又是药品的物品的情形下，应当如何定罪问题值得关注。根据食品安全法规定，食品是各种供人食用或者饮用的成品和原料以及按照传统既是食品又是药品的物品，但是不包括以治疗为目的的物品，"按照传统既是食品又是药品的物品"在法律上被归入食品的范围之内。因此，生产、销售按照传统既是食品又是药品不符合安全标准的物品的行为应当按照生产、销售不符合安全标准的食品罪定罪处罚。

3. 本罪的罪数形态问题

生产、销售不符合安全标准的食品罪是一个选择性罪名。实施生产、销售不符合安全标准的食品罪中的数个行为的，不实行数罪并罚，而应当以生产、销售不符合安全标准的食品罪一罪处罚。因此，在司法实践中，对生产不符合安全标准的食品后又销售这些不符合安全标准的食品的行为不能进行数罪并罚，只能以生产、销售不符合安全标准的食品罪一罪论处。

实施生产、销售不符合安全标准的食品的行为，同时构成侵犯知识产权、非法经营等其他犯罪的，依照处罚较重的规定定罪处罚。实施生产、销售不符合安全标准的食品罪，又以暴力、威胁方法抗拒查处，构成其他犯罪的，依照数罪并罚的规定处罚。

生产、销售不符合安全标准的食品的行为是一种特殊的生产、销售伪劣产品的行为，生产、销售不符合安全标准的食品罪与生产、销售伪劣产品罪属于法条竞合的情形，在生产、销售不符合安全标准的食品的行为同时符合两个犯罪的构成要件时，应当以生产、销售不符合安全标准的食品罪定罪量刑。生产、销售不符合安全标准的食品的行为不足以造成严重食物中毒事故或者其他严重食源性疾病的危害结果，但是其销售金额在5万元以上，或者尚未销售，货值金额在15万元以上的，应当以生产、销售伪劣产品罪定罪论处。

4. 本罪的共犯问题

本罪属于任意共同犯罪，既可以由一个人实施本罪行为，也可以由二人以上共同犯罪。两个以上具有刑事责任能力的人在共同的犯罪故意下，在意思联络的基础上共同实施生产、销售不符合安全标准的食品行为的，构成本罪的共同犯罪。

根据最高人民法院、最高人民检察院《关于办理生产、销售伪劣商品刑事案件具体应用法律若干问题的解释》的规定，知道或者应当知道他人实施生产、销售不符合安全标准的食品罪，而为其提供贷款、资金、账号、发票、证明、许可证件，或者提供生产、经营场所或者运输、仓储、保管、邮寄等便利条件，或者提供制假生产技术的，以生产、销售伪劣商品罪的共犯论处。

共同犯罪人根据在共同犯罪中所起的作用和地位不同分为主犯、从犯、胁从犯、教唆犯。应根据不同的共同犯罪人在共同犯罪中所处的地位和作用不同分别确定其应承担的刑事责任。

5. 本罪的停止形态问题

行为人为生产、销售不符合安全标准的食品进行了制造条件、准备工具的行为，如为即将生产的不符合安全标准的食品寻找买家的行为，但由于意志以外的原因，致使行为人未能进行生产、销售不符合安全标准的食品的行为的，是本罪的预备。

生产、销售不符合安全标准的食品罪是危险犯，即只要行为人生产、销售不符合安全标准的食品的行为足以危及公共安全，就构成本罪，而不要求造成危害公共安全的结果的必然发生，这种实害结果仅仅作为加重处罚的条件。因而，一旦行为人着手实施生产、销售不符合安全标准的食品的行为，就构成本罪的既遂，不能以犯罪目的未实现或危害结果未发生为理由而认定成立本罪的未遂。

关于本罪的中止。笔者认为，尽管本罪为危险犯，只要行为人实施的生产、销售不符合安全标准的食品的行为足以造成严重食物中毒事故或者其他严重食源性疾病就成立该罪，但本罪还是存在犯罪中止的情形。这主要是因为，无论任何犯罪，只要存在发生犯罪结果的可能性，在结果尚未发生之前，都应当给予行为人自动有效地防止结果发生的权利。如果行为人此时能抛弃犯罪意图，千方百计地阻止犯罪结果的发生，不仅说明其主观恶性已经渐消，而且行为的客观危险性业已被排除。[①] 因此，行为人在实施生产、销售不符合安全标准的食品的行为后，及时排除了严重食物中毒事故或者其他严重食源性疾病发生的可能性，如及时回收相关食品并予以销毁，应当认定为本罪的中止。

（四）生产、销售不符合安全标准的食品罪的处罚

根据修正后的刑法第 143 条和第 150 条规定，犯本罪的，处 3 年以下有期徒刑或者拘役，并处罚金；对人体健康造成严重危害或者有其他严重情节的，处 3 年以上 7 年以下有期徒刑，并处罚金；后果特别严重的，处 7 年以上有期徒刑或者无期徒刑，并处罚金或者没收财产。单位犯本罪的，对单位判处罚金，并对其直接负责的主管人员和其他直接责任人员，依照各该条的规定处罚。

七、走私国家禁止进出口的货物、物品罪

（一）走私国家禁止进出口的货物、物品罪的概念与法源

1. 走私国家禁止进出口的货物、物品罪的概念

走私国家禁止进出口的货物、物品罪，是指违反海关法律法规，逃避海关监督，运输、携带、邮寄珍稀植物及其制品等国家禁止进出口的其他货物、物品或者直接向走私人收购国家禁止进口的珍稀植物及其制品等国家禁止进口的物品以及在内海、领海、界河、界湖运输、收购、贩卖珍稀植物及其制品等国家禁止进出口的其他货物、物品的行为。

2. 走私国家禁止进出口的货物、物品罪的法源

1979 年刑法第 116 条规定，违反海关法规，进行走私，情节严重，除按照海关法规没收走私物品并且可以罚款外，处 3 年以下有期徒刑或者拘役，可以并处没收财产。但这一条款并没有单独地将走私珍稀植物、珍稀植物制品等国家禁止进出口的其他货物、物品的行为入罪。

---

① 参见马克昌主编：《犯罪通论》，武汉大学出版社 2010 年版，第 466 页。

1980 年，我国加入了《濒危野生动植物种国际贸易公约》，该公约要求各国对野生动植物进出口活动实行许可证或者允许证明书制度，建立有效的双向控制机制。为了更有力地打击日益猖獗的走私珍稀植物、珍稀植物制品的行为，保护我国特有的珍稀植物资源，维护国家的对外贸易管理制度，我国在 1997 年对刑法进行修订时明确将走私珍稀植物、珍稀植物制品的行为规定为犯罪。1997 年刑法第 151 条第 3 款规定，走私国家禁止进出口的珍稀植物及其制品的，处 5 年以下有期徒刑，并处或者单处罚金；情节严重的，处 5 年以上有期徒刑，并处罚金。最高人民法院《关于执行〈中华人民共和国刑法〉确定罪名的规定》（法释〔1997〕9 号）根据 1997 年刑法第 151 条第 3 款规定了"走私珍稀植物、珍稀植物制品罪"罪名。

在 2008 年对刑法进行修正时，海关总署提出"除了刑法所具体列举的禁止进出口的货物、物品外，国家还根据国家安全和社会公共利益的需要，规定了其他一些禁止进出口的货物、物品，如禁止进口来自疫区的动植物及其制品、禁止出口古植物化石等，对这类国家明令禁止进出口的货物、物品，应直接定为犯罪，不应也无法同走私普通货物、物品一样，按其偷逃关税的数额定罪量刑"。为了适应打击这类走私行为的需要，《刑法修正案（七）》将"走私珍稀植物、珍稀植物制品罪"的罪状修正为"走私珍稀植物及其制品等国家禁止进出口的其他货物、物品"，将本罪的行为对象扩大。最高人民法院、最高人民检察院《关于执行〈中华人民共和国刑法〉确定罪名的补充规定（四）》（法释〔2009〕13 号）根据《刑法修正案（七）》第 1 条规定了"走私国家禁止进出口的货物、物品罪"罪名，取消了"走私珍稀植物、珍稀植物制品罪"罪名。

（二）走私国家禁止进出口的货物、物品罪的构成特征

1. 客体特征

走私国家禁止进出口的货物、物品罪侵犯的客体是珍稀植物、

珍稀植物制品等国家禁止进出口的货物、物品的国家对外贸易管理制度。本罪的犯罪对象是珍稀植物、珍稀植物制品等国家禁止进出口的货物、物品。

2. 客观特征

本罪在客观方面表现为行为人违反海关法律法规，逃避海关监督，运输、携带、邮寄珍稀植物及其制品等国家禁止进出口的其他货物、物品或者直接向走私人收购国家禁止进口的珍稀植物及其制品等国家禁止进口的物品以及在内海、领海、界河、界湖运输、收购、贩卖珍稀植物及其制品等国家禁止进出口的其他货物、物品的行为。理解本罪的客观方面需要弄清以下几个问题：

首先，本罪以违反海关法律法规为前提。本罪为行政犯，具有违反海关法律法规和刑事法律的双重违法性。违反海关法律法规，是指行为人违反海关法、《海关法行政处罚实施细则》、《野生动物保护条例》、《濒危野生动植物进出口管理条例》、《禁止进出境物品表》等关于国家保护的珍稀植物及其制品等其他国家禁止进出口的货物、物品的进出口的管理规定。

其次，本罪在行为方式上主要是采用不同手段逃避海关监管，走私珍稀植物及其制品等其他国家禁止进出口的货物、物品。主要有以下方式：第一，通过不设海关、边卡的陆地边境，秘密非法运输、携带珍稀植物及其制品等其他国家禁止进出口的货物、物品进出境，即"绕关走私"；第二，通过设海关的地点，采用藏匿、伪报、伪装等手段，运输、携带、邮寄珍稀植物及其制品等其他国家禁止进出口的货物、物品进出境，即"通关走私"；第三，直接向走私人收购国家禁止进口的珍稀植物及其制品等国家禁止进口的物品；第四，在内海、领海、界河、界湖运输、收购、贩卖珍稀植物及其制品等国家禁止进出口的其他货物、物品的行为。后两种行为方式被称为"间接走私"，也即"准走私"。

本罪客观方面行为方式上的手段主要有运输、携带、邮寄等。运输，是指行为人利用交通工具，如车、船等将珍稀植物及其制品等其他国家禁止进出口的货物、物品非法运送进出国（边）境；携带，是指行为人将珍稀植物及其制品等其他国家禁止进出口的货物、物品随身携带或夹带在行李中非法运送进出国（边）境；邮寄，是指通过邮政、快递等方式将珍稀植物及其制品等其他国家禁止进出口的货物、物品非法运送进出国（边）境。在间接走私中，手段主要为二次收购、贩卖等。

最后，本罪的行为对象是珍稀植物及其制品等其他国家禁止进出口的货物、物品，包括珍稀植物、珍稀植物制品和其他国家禁止进出口的货物、物品。其他国家禁止进出口的货物、物品，是指除已被刑法明确确定为走私行为对象的国家禁止进出口的货物、物品之外的国家禁止进出口的货物、物品。根据《禁止进出境物品表》，本罪的行为对象主要有：（1）珍稀植物；（2）珍稀植物制品；（3）对中国政治、经济、文化、道德有害的印刷品、胶卷、照片、唱片、影片、录音带、录像带、激光视盘、计算机存储介质及其他物品；（4）各种烈性毒药；（5）有碍人畜健康的、来自疫区的以及其他能传播疾病的食品、药品或其他物品；（6）古植物化石、古无脊椎动物化石等。

3. 主体特征

本罪的主体可以是自然人，也可以是单位。自然人主体为年满16周岁，具有完全刑事责任能力的自然人。刑法第30条规定的公司、企业、事业单位、机关、团体可以成为本罪的单位主体。具备下列特征的，可以认定为单位犯本罪：（1）以单位的名义实施本罪，即由单位集体研究决定，或者由单位的负责人或者被授权的其他人员决定、同意；（2）为单位谋取不正当利益或者违法所得大部分归单位所有。依照最高人民法院《关于审理单位犯罪案件具体应用法律有关问题的解释》第2条的规定，个人为进行违法犯罪活动而设立的公司、企业、事业单位实施犯罪的，或者个人设立公司、企业、事业单位后，以实施犯罪为主要活动的，不以单位犯罪论处。单位是否以实施犯罪为主要活动，应根据单位实施走私行为的次数、频度、持续时间、单位进行合法经营的状况等因素综合考虑认定。

4. 主观特征

本罪在主观方面表现为故意。走私主观故意中的"明知"，是指行为人知道或者应当知道所从事的行为是走私行为。也就是说，行为人明知自己的行为违反国家法律法规，逃避海关监管，走私珍稀植物及其制品等其他国家禁止进出口的货物、物品，并且希望或者放任危害结果发生的，应认定为具有走私的主观故意。

本罪的目的多种多样，在实践中主要以牟利为目的。但是本罪不是目的犯，无论行为人走私珍稀植物及其制品等其他国家禁止进出口的货物、物品的行为出于何种目的，都不影响本罪的成立。本罪的犯罪动机也不影响本罪的成立。

（三）走私国家禁止进出口的货物、物品罪的司法认定

1. 本罪罪与非罪的界限

本罪并不是数额犯，并不要求走私珍稀植物及其制品等其他国家禁止进出口的货物、物品的金额在5万元以上，因此只要行为人存在走私珍稀植物及其制品等其他国家禁止进出口的货物、物品的行为，就成立本罪，而不论数额的大小。本罪在主观上要求故意，过失不构成本罪。本罪不要求具备特定的犯罪目的，走私珍稀植物及其制品等其他国家禁止进出口的货物、物品的行为的定性不受犯罪目的的影响。此外，本罪的行为对象为珍稀植物及其制品等其他国家禁止进出口的货物、物品，但是走私行为并不要求行为人确知是珍稀植物及其制品等其他国家禁止进出口的货物、物品。本罪成立尽管并不以"情节严重"、"数额巨大"为必备要件构成，但一些显著轻微的走私珍稀植物及其制品等其他国家禁止进出口的货物、物品的行为仍然应当按照刑法第13条"但书"的立法精神做非罪化处理。

2. 本罪与相近犯罪的界限

（1）本罪与走私普通货物、物品罪的界限。

走私普通货物、物品罪，是指违反海关法规，逃避海关监管，非法运输、携带、邮寄国家禁止进出口的武器、弹药、核材料、假币、珍贵动物及其制品、珍稀植物及其制品、淫秽物品、毒品以及国家禁止出口的文物、金银和其他贵重金属以外的货物、物品进出境，偷逃应缴纳关税额5万元以上的行为。走私普通货物、物品罪与本罪具有诸多相似之处，如二者都是以违反海关法律法规为前提，都是侵犯了国家的外贸管理制度，在行为方式上也大体一致，主体都为一般主体，主观方面都表现为故意。然而，本罪与走私普通货物、物品罪存在明显的区别：第一，两罪直接客体不同。尽管二者侵犯的都是国家的外贸管理制度，但具体内容还是不同的。前者侵害的客体是国家外贸管理制度中的禁止珍稀植物及其制品等其他国家禁止进出口的货物、物品进出口的管理制度；而后者侵害的客体则是国家外贸管理制度中关于进出境货物、物品申报纳税的管理制度。第二，行为对象不同。前者的行为对象为珍稀植物及其制品等其他国家禁止进出口的货物、物品；后者的行为对象则为普通货物、物品，即国家禁止进出口的武器、弹药、核材料、假币、珍贵动物及其制品、珍稀植物及其制品、淫秽物品、毒品以及国家禁止出口的文物、金银和其他贵重金属以外的货物、物品。第三，犯罪成立方式不同。前者对走私珍稀植物及其制品等其他国家禁止进出口的货物、物品的数额并无要求，后者则要求走私普通货物、物品偷税税额在5万元以上。

（2）本罪与非法收购、运输、加工、出售国家重点保护植物、国家重点保护植物制品罪的界限。

非法收购、运输、加工、出售国家重点保护植物、国家重点保护植物制品罪，是指非法收购、运输、加工、出售珍贵树木或者国家重点保护的其他植物制品的行为。本罪与非法收购、运输、加工、出售国家重点保护植物、国家重点保护植物制品罪的区别主要表现在：第一，客体不同。本罪侵犯的客体是国家外贸管理制度中的禁止珍稀植物及其制品等其他国家禁止进出口的货物、物品进出口的管理制度；而后者侵害的客体则是国家有关珍贵野生植物资源的保护制度。第二，犯罪对象不同。本罪的犯罪对象是珍稀植物及其制品等其他国家禁止进出口的货物、物品；后者的犯罪对象则是珍贵树木或者国家重点保护的其他植物及其制品。第三，客观方面不同。前者主要表现为违反海关法律法规，逃避海关监督，运输、携带、邮寄或者直接向走私人收购国家禁止进口的珍稀植物及其制品等国家禁止进口的物品以及在内海、领海、界河、界湖运输、收购、贩卖珍稀植物及其制品等国家禁止进出口的其他货物、物品的行为；后者在客观方面主要表现为非法收购、运输、加工、出售珍贵树木或者国家重点保护的其他植物制品的行为。尽管二者在某些情形下都有"收购"、"运输"等手段，但两者"收购"、"运输"的具体对象，发生区域都不相同，且前者主要是违反海关管理制度，后者则与海关管理制度并无关系。

3. 本罪的罪数形态问题

行为人在走私的普通货物、物品或者废物中藏匿珍稀植物及其制品等国家禁止进出口的其他货物、物品构成犯罪的，以实际走私的货物、物品定罪处罚；构成数罪的，应当以走私国家禁止进出口的货物、物品罪与走私普通货物、物品罪，走私废物罪等数罪并罚。

行为人为了走私珍稀植物及其制品，在我国境内非法采伐国家重点保护植物的，同时触犯非法采伐、毁坏国家重点保护植物罪与走私国家禁止进出口的货物、物品罪两个罪名，在这种情形下，成立牵连犯，应当以走私国家禁止进出口的货物、物品罪一罪论处。行为人为了走私珍稀植物及其制品，在我国境内非法收购、运输、加工、出售国家重点保护植物及其制品的，成立走私国家禁止进出口的货物、物品罪与非法收购、运输、加工、出售国家重点保护植物、国家重点保护植物制品罪的牵连犯，应当以走私国家禁止进出口的货物、物品罪一罪论处。行为人主观上具有走私犯罪的故意，但对其走私的具体对象不明确的，走私多种国家禁止进出口的货物、物品，不影响走私犯罪构成，应当根据实际的走私对象定罪处罚。构成一罪的，按一罪论处；构成数罪的，分别定罪，实行数罪并罚。

走私国家禁止进出口货物、物品的行为人以暴力、威胁的方法抗拒缉私的，构成走私国家禁止进出口的货物、物品罪和妨害公务罪，依法实行数罪并罚；造成缉私人员重伤或死亡的则构成故意伤害罪或者故意杀人罪，与走私国家禁止进出口的货物、物品罪实行数罪并罚。

4. 本罪的共犯问题

本罪属于任意共同犯罪，既可以由一个主体实施本罪行为，也可以由两个以上的主体共同犯罪。两个以上具有刑事责任能力的人在共同的犯罪故意下，在通谋的基础上共同实施走私国家禁止进出口货物、物品的行为的，构成本罪的共同犯罪。通谋，是指犯罪行为人之间事先或者事中形成的共同的走私国家禁止进出口的货物、物品的故意。根据刑法第156条规定，与走私罪犯通谋，为其提供贷款、资金、账号、发票、证明，或者为其提供运输、保管、邮寄或者其他方便的，以走私罪的共犯论处。多次为同一走私国家禁止进出口的货物、物品犯罪分子的走私行为提供前项帮助的，应当认定为走私国家禁止进出口的货物、物品罪的共犯。

对在走私国家禁止进出口的货物、物品活动中从事货物、物品运输的人，一般只对运输工具的负责人或者主要责任人以走私国家禁止进出口的货物、物品罪的共犯论处。但对于事先通谋的、集资走私的或者使用特殊的走私运输工具从事走私犯罪活动的，可以追究其他参与人员的刑事责任，都应当认定为走私国家禁止进出口的货物、物品罪的共犯。

5. 本罪的停止形态问题

行为人为了走私国家禁止进出口的货物、物品进行了制造条件、准备工具的行为，如购买犯罪工具，为走私国家禁止进出口的货物、物品活动制订详细计划等，但由于意志以外的原因，致使行为人未能实施该行为的，是本罪的预备。

关于本罪既遂的标准，结合 2000 年 7 月 30 日最高人民法院研究室《关于对海关监管现场查获的走私犯罪案件认定既遂、未遂问题的函》的批复精神，走私国家禁止进出口的货物、物品罪的既未遂问题可以区分下列几种情况分别认定：（1）对于行为人通过国家设置的海关监管场所"闯关走私"的，只要走私的国家禁止进出口的货物、物品到达海关查验关口，或者进入海关专设的监管货场而被查获的，就应当认定为既遂。（2）对于行为人携带、运输走私的国家禁止进出口的货物、物品"绕关走私"的，只要走私物品到达国（边）境线的，就应当认定为既遂。（3）对于行为人采用在境内邮寄物品方式走私国家禁止进出口的货物、物品的，只要行为人在邮政部门办理完毕邮寄手续，就应当认定为既遂；如果在办理邮寄手续过程中被查获的，应当认定为走私未遂。（4）对于行为人故意实施上述走私国家禁止进出口的货物、物品行为，但属对象不能犯情形的，应当认定为走私未遂。在此过程中或者在犯罪预备行为过程中，行为人自动放弃走私国家禁止进出口的货物、物品行为的，为本罪的犯罪中止。

（四）走私国家禁止进出口的货物、物品罪的处罚

根据修正后的刑法第 151 条的规定，犯本罪的，处 5 年以下有期徒刑或者拘役，并处或者单处罚金；情节严重的，处 5 年以上有期徒刑，并处罚金。单位犯本罪的，对单位判处罚金，并对其直接负责的主管人员和其他直接责任人员，依照自然人主体犯本罪的规定处罚。

八、走私废物罪

（一）走私废物罪的概念与法源

1. 走私废物罪的概念

走私废物罪，是指违反海关法规和国家关于固体废物、液态废物、气态废物管理的规定，逃避海关监管，将境外固体废物、液态

废物、气态废物运输进境的行为。

2. 走私废物罪的法源

1979 年刑法并未就走私废物的行为作出相关规定，最早将该行为规定为犯罪的是 1995 年颁布的固体废物污染环境防治法，该法第 66 条规定："违反本法规定，将中国境外的固体废物进境倾倒、堆放、处置，或者未经国务院有关主管部门许可擅自进口固体废物用作原料的，由海关责令退运该固体废物，可以并处十万元以上一百万元以下的罚款。逃避海关监管，构成走私罪的，依法追究刑事责任。以原料利用为名，进口不能用作原料的固体废物的，依照前款规定处罚。"从而以附属刑法的形式将走私固体废物的行为规定为犯罪。

1997 年对刑法进行修订时则将走私固体废物的行为列为一个独立的犯罪。1997 年刑法第 155 条和第 339 条第 3 款将走私固体废物和进口不能用作原料的固体废物的行为作出了规定。最高人民法院《关于执行〈中华人民共和国刑法〉确定罪名的规定》（法释〔1997〕9 号）根据 1997 年刑法第 155 条第 3 项规定了"走私固体废物罪"罪名。

刑法在规定"走私固体废物罪"之后又面临着一些新的问题。在司法实践中，除了存在走私固体废物的行为，还存在大量的走私液态废物和气态废物的行为。然而我国刑法第 155 条仅仅将"固体废物"作为走私的行为对象，由此对走私液态废物和气态废物的行为如何定罪处罚就显得不够明确。因此，为了明确走私液态废物和气态废物的行为性质，适应打击走私废物行为的需要，《刑法修正案（四）》将"走私固体废物罪"的罪状进行了修正，将本罪的行为对象扩大为"固体废物、液态废物和气态废物"。最高人民法院、最高人民检察院《关于执行〈中华人民共和国刑法〉确定罪名的补充规定（二）》（法释〔2003〕12 号）根据《刑法修正案（四）》第 2 条规定了"走私废物罪"罪名，取消了"走私固体废物罪"罪名。

（二）走私废物罪的构成特征

1. 客体特征

本罪侵犯的客体是复杂客体，即国家对外贸易管理制度和环境保护制度。侵犯国家对外贸易管理制度是指走私废物的行为侵犯了国家禁止进口或限制进口可用作原料的固体废物、液态废物和气态废物的管理制度。将境外的固体废物、液态废物和气态废物走私入境势必会对我国的环境造成影响，我国基于保护环境的需要，制定了一系列法律法规，因而本罪还侵犯了我国的环境保护制度。本罪的犯罪对象是固体废物、液态废物和气态废物。

2. 客观特征

本罪在客观方面表现为行为人违反海关法律法规，逃避海关监督，将境外固体废物、液态废物和气态废物运输入境，或者以原材料利用为理由，进口不能用作原料的固体废物、液态废物和气态废物，情节严重的行为。理解本罪的客观方面需要弄清以下几个问题：

首先，本罪以违反海关法律法规为前提。本罪为行政犯，具有违反海关法律法规和刑事法律的双重违法性以及环境保护法律的多重违法性。违反海关法律法规，是指行为人违反海关法、《海关法行政处罚实施细则》等，此外还包括环境保护法如固体废物污染环境防治法、水污染防治法、大气污染防治法等法律法规。

其次，本罪在行为方式上主要是采用不同手段逃避海关监管，走私固体废物、液态废物和气态废物。主要有以下几种方式：第一，通过不设海关、边卡的陆地边境，秘密非法走私固体废物、液态废物和气态废物入境，即"绕关走私"；第二，通过设海关的地点，采用藏匿、伪报、伪装等手段，走私固体废物、液态废物和气态废物，即"通关走私"；第三，直接向走私人收购国家禁止进口的固体废物、液态废物和气态废物；第四，在内海、领海、界河、界湖运输、收购、贩卖固体废物、液态废物和气态废物。"内海"包括内河的入海口水域。后两种行为方式被称为"间接走私"，也即"准走私"。此外，本罪的行为方式还包括以原料利用为理由，进口不能用作原料的固体废物、液态废物和气态废物。

本罪客观方面行为方式上的手段主要有运输、邮寄等。运输，是指行为人利用交通工具，如车、船等将固体废物、液态废物和气态废物非法运送进入国（边）境；邮寄，是指通过邮政、快递等方式将固体废物、液态废物和气态废物非法运送进入国（边）境。在间接走私中，手段主要为二次收购、贩卖等。

再次，本罪的行为对象是废物，包括固体废物、液态废物和气态废物。固体废物呈现出固态形态，是具有一定体积和一定形状，质地较坚硬的废物。液态废物则呈现出液体形态，是具有一定体积但没有一定形状，并可以流动的废物。气态废物则呈现出气体形态，是既没有一定形状，又没有一定体积，并且可以流动的废物。根据固体废物污染环境防治法规定，固体废物，是指在生产、生活和其他活动中产生的丧失原有利用价值或者虽未丧失利用价值但被抛弃或者放弃的固态、半固态和置于容器中的气态的物品、物质以及法律、行政法规规定纳入固体废物管理的物品、物质，包括工业固体废物、城市生活垃圾、危险废物等。工业固体废物，是指在工业生产活动中产生的固体废物。生活垃圾，是指在日常生活中或者为日常生活提供服务的活动中产生的固体废物以及法律、行政法规规定视为生活垃圾的固体废物。危险废物，是指列入《国家危险废物名录》或者根据国家规定的危险废物鉴别标准和鉴别方法认定的具有危险特性的固体废物。

最后，本罪的走私废物行为必须达到"情节严重"的程度。根据最高人民法院《关于审理走私刑事案件具体应用法律若干问题的解释（二）》第6条规定，逃避海关监管，走私国家禁止进口的废物或者国家限制进口的可用作原料的废物，具有下列情形之一的，属于刑法第152条第2款规定的"情节严重"，以走私废物罪判处5年以下有期徒刑，并处或者单处罚金：（1）走私国家禁止进口的危险性固体废物、液态废物分别或者合计达到1吨以上不满

5 吨的；（2）走私国家禁止进口的非危险性固体废物、液态废物分别或者合计达到 5 吨以上不满 25 吨的；（3）未经许可，走私国家限制进口的可用作原料的固体废物、液态废物分别或者合计达到 20 吨以上不满 100 吨的；（4）走私国家禁止进口的废物并造成重大环境污染事故。

3. 主体特征

本罪的主体可以是自然人，也可以是单位。自然人主体为年满 16 周岁，具有完全刑事责任能力的自然人。刑法第 30 条规定的公司、企业、事业单位、机关、团体可以成为本罪的单位主体。具备下列特征的，可以认定为单位犯本罪：（1）以单位的名义实施本罪，即由单位集体研究决定，或者由单位的负责人或者被授权的其他人员决定、同意；（2）为单位谋取不正当利益或者违法所得大部分归单位所有。依照最高人民法院《关于审理单位犯罪案件具体应用法律有关问题的解释》第 2 条的规定，个人为进行违法犯罪活动而设立的公司、企业、事业单位实施犯罪的，或者公司、企业、事业单位设立后，以实施犯罪为主要活动的，不以单位犯罪论处。单位是否以实施犯罪为主要活动，应根据单位实施走私行为的次数、频度、持续时间、单位进行合法经营的状况等因素综合考虑认定。

4. 主观特征

本罪在主观方面表现为故意，既可以是直接故意，也可以是间接故意。走私主观故意中的"明知"是指行为人知道或者应当知道其所从事的行为是走私行为。也就是说，行为人明知自己的行为违反国家法律法规，逃避海关监管，走私固体废物、液态废物和气态废物，并且希望或者放任危害结果发生的，应认定为具有走私的主观故意。如果行为人不知自己所运输的是固体废物，则不能以本罪论处。构成犯罪的，应以他罪如走私普通货物、物品罪等处罚。

本罪的目的多种多样，在实践中主要以牟利为目的。但是本罪不是目的犯，无论行为人走私固体废物、液态废物和气态废物的行为出于何种目的，都不影响本罪的成立。本罪的犯罪动机也不影响本罪的成立。

（三）走私废物罪的司法认定

1. 本罪罪与非罪的界限

本罪是情节犯，需要行为人走私固体废物、液态废物和气态废物的行为达到"情节严重"的程度，才成立本罪。行为人尽管存在走私固体废物、液态废物和气态废物，但情节较轻的，则不应当按照本罪处理。本罪的成立并不要求走私固体废物、液态废物和气态废物的金额在 5 万元以上，因此只要存在走私固体废物、液态废物和气态废物的行为，情节严重的，就成立本罪，而不论数额的大小。本罪在主观上要求是故意，过失不构成本罪。本罪不要求具备特定的犯罪目的，走私固体废物、液态废物和气态废物的行为的定性不受犯罪目的的影响。此外，本罪的行为对象为固体废物、液态废物和气态废物，但是走私行为不要求行为人确知是固体废物、液态废物和气态废物。在司法实践中，存在一些显著轻微的走私固体废物、液态废物和气态废物的行为，对这些行为应当按照刑法第13 条"但书"做非罪化处理。

2. 本罪与相近犯罪的界限

（1）本罪与走私普通货物、物品罪的界限。

走私普通货物、物品罪，是指违反海关法规，逃避海关监管，非法运输、携带、邮寄国家禁止进出口的武器、弹药、核材料、假币、珍贵动物及其制品、珍稀植物及其制品、淫秽物品、毒品以及国家禁止出口的文物、金银和其他贵重金属以外的货物、物品进出境，偷逃应缴纳关税额 5 万元以上的行为。走私普通货物、物品罪与本罪具有诸多相似之处，如二者都以违反海关法律法规为前提，都侵犯了国家的外贸管理制度，在行为方式上也大体一致，主体都为一般主体，主观方面都表现为故意。然而，本罪与走私普通货物、物品罪存在明显的区别：第一，两罪客体不同。前者侵害的客体是国家外贸管理制度和环境保护制度；而后者侵害的客体则是国家外贸管理制度。第二，行为对象不同。前者的行为对象为固体废物、液态废物和气态废物；后者的行为对象则为普通货物、物品，即国家禁止进出口的武器、弹药、核材料、假币、珍贵动物及其制品、珍稀植物及其制品、淫秽物品、毒品以及国家禁止出口的文物、金银和其他贵重金属以外的货物、物品。第三，犯罪成立方式不同。前者是情节犯，犯罪的成立以走私行为达到"情节严重"为必备要件；后者则是数额犯，要求走私普通货物、物品偷税额在5万元以上，对"情节严重"无特殊规定。

（2）本罪与非法处置进口的固体废物罪的界限。

非法处置进口的固体废物罪，是指违反国家规定，将境外的固体废物进境倾倒、堆放、处置的行为。侵犯的客体是国家防治固体废物污染环境的管理制度。本罪与非法处置进口的固体废物罪都是故意犯罪，在犯罪主体方面也相同，都侵害了环境保护制度，二者的区别主要表现在：第一，主观要件均为故意，只是故意的内容不同，本罪的故意表现为明知运输进境的固体废物是国家禁止进口的，仍逃避海关的监管将其运输进境；后者的故意表现为行为人明知将境外的固体废物进境倾倒、堆放、处置的行为违反国家对环境保护和污染防治的管理活动和管理制度，并有可能污染环境而为之。第二，犯罪客体不同。前者侵犯的客体是国家外贸管理制度和环境保护制度；后者侵犯的客体是国家有关固体废物污染防治的管理活动和管理制度。第三，犯罪对象不同。本罪的犯罪对象为废物，包括固体废物、液态废物和气态废物；后者的犯罪对象是国家允许进口的，主要是限制进口的固体废物。

（3）本罪与擅自进口固体废物罪的界限。

擅自进口固体废物罪，是指未经国务院有关主管部门许可，擅自进口固体废物用作原料，造成重大环境污染事故，致使公私财产遭受重大损失或者严重损害人体健康的行为。二者都是涉及废物的犯罪，都侵害了环境保护制度。二者的区别主要表现在：第一，侵犯的客体不同。前者侵犯的客体是国家外贸管理制度和国家环境保护制度；后者侵犯的则是国家的环境保护制度。第二，犯罪对象不同。本罪的犯罪对象既包括国家允许限制进口的可用作原料的固体废物、液态废物和气态废物，也包括国家禁止进口的不能用作原料的固体废物、液态废物和气态废物；擅自进口固体废物罪的犯罪对象则仅限于国家限制进口的可用作原料的固体废物。第三，客观方面不同。前者的危害行为表现为违反海关法规，逃避海关监管，非法将境外固体废物、液态废物和气态废物运输进境；擅自进口固体废物罪则表现为未经国务院有关主管部门批准，擅自进口固体废物用作原料的行为。第四，犯罪成立的方式不同。走私废物罪是行为犯，只要实施走私固体废物、液态废物和气态废物的行为情节严重即可构成，并不要求造成环境污染、财产损失、人体健康受损等威胁或危害；擅自进口固体废物罪则为结果犯，构成该罪以发生重大环境污染事故，致使公私财产遭受重大损失或者严重危害人体健康的实际危害结果为必要。第五，主观方面不同。走私废物罪是故意犯罪；擅自进口固体废物罪则是过失犯罪。

3. 本罪的罪数形态问题

行为人在走私的废物中藏匿武器、弹药、核材料或者伪造的货币、国家禁止出口的文物、黄金、白银和其他贵重金属或者国家禁止进出口的珍贵动物及其制品、淫秽的影片、录像带、录音带、图片、书刊或者其他淫秽物品、毒品即毒品原料的，构成犯罪的，以实际走私的货物、物品定罪处罚；构成数罪的，实行数罪并罚。

走私犯罪的犯罪嫌疑人主观上具有走私犯罪的故意，但对其走私的具体对象不明确的，不影响走私犯罪的构成，应当根据实际的走私对象定罪处罚。构成走私废物罪的，以本罪定罪处罚。但是，确有证据证明行为人因受蒙骗而对走私对象发生认识错误的，可以从轻处罚。

行为人为了走私废物而伪造、变造进口废物所需的有关证件、证书，之后达到走私废物目的的，构成牵连犯①。此时，伪造、变造进口废物所需的有关证件、证书的行为是作为走私废物的手段行为。对于牵连犯，应当从一重罪处罚。

走私国家禁止进出口货物、物品的行为人以暴力、威胁的方法抗拒缉私的，构成走私废物罪和妨害公务罪，依法实行数罪并罚；造成缉私人员重伤或死亡的则构成故意伤害罪或者故意杀人罪，与走私废物罪实行数罪并罚。

4. 本罪的共犯问题

本罪属于任意共同犯罪，既可以由一个主体实施本罪行为，也可以由两个以上的主体共同犯罪。两个以上具有刑事责任能力的人在共同的犯罪故意下，在通谋的基础上共同实施走私国家禁止进出口货物、物品的行为的，构成本罪的共同犯罪。通谋，是指犯罪行为人之间事先或者事中形成的共同的走私废物的故意。根据刑法第156条规定，与走私犯通谋，为其提供贷款、资金、账号、发票、证明，或者为其提供运输、保管、邮寄或者其他方便的，以走私废物罪的共犯论处。多次为同一走私废物罪犯罪分子的走私行为提供前项帮助的，应当认定为走私废物罪的共犯。

对在走私废物活动中从事货物、物品运输的人，一般只对运输工具的负责人或者主要责任人以走私废物罪的共犯论处。但对于事先通谋的、集资走私的或者使用特殊的走私运输工具从事走私犯罪活动的，可以追究其他参与人员的刑事责任，都应当认定为走私废物罪的共犯。

5. 本罪的停止形态问题

行为人为走私废物进行了制造条件、准备工具的行为，如购买犯罪工具、为走私废物活动制订详尽计划等，但由于意志以外的原因，致使行为人未能实施该行为的，是本罪的预备。

---

① 向朝阳、成凯等编著：《走私罪立案追诉标准与司法认定实务》，中国人民大学出版社 2010 年版，第 197 页。

关于本罪既遂的标准，结合 2000 年 7 月 30 日最高人民法院研究室《关于对海关监管现场查获的走私犯罪案件认定既遂、未遂问题的函》的批复精神，走私废物罪的既未遂问题可以区分下列几种情况分别认定：（1）对于行为人通过国家设置的海关监管场所"闯关走私"的，只要走私的固体废物、液态废物和气态废物到达海关查验关口，或者进入海关专设的监管货场而被查获的，就应当认定为既遂；（2）对于行为人携带、运输走私的固体废物、液态废物和气态废物"绕关走私"的，只要走私物品到达国（边）境线的，就应当认定为既遂。（3）对于行为人故意实施上述走私废物行为，但属对象不能犯情形的，应当认定为走私未遂。在此过程中或者在犯罪预备行为过程中，行为人自动放弃走私废物行为的，为本罪的犯罪中止。

（四）走私废物罪的处罚

根据修正后的刑法第 152 条第 2、3 款的规定，犯本罪的，处 5 年以下有期徒刑，并处或者单处罚金；情节特别严重的，处 5 年以上有期徒刑，并处罚金。单位犯本罪的，对单位判处罚金，并对其直接负责的主管人员和其他直接责任人员，依照自然人主体犯本罪的规定处罚。

九、违规披露、不披露重要信息罪

（一）违规披露、不披露重要信息罪的概念与法源

1. 违规披露、不披露重要信息罪的概念

违规披露、不披露重要信息罪，是指依法负有信息披露义务的公司和企业，向股东和社会公众提供虚假的或者隐瞒重要事实的财务会计报告，或者对依法应当披露的其他重要信息不披露或者不按规定披露，严重损害股东或者其他人的利益，或者有其他严重情节的行为。

2. 违规披露、不披露重要信息罪的法源

本罪属于典型的破坏社会主义市场经济秩序的犯罪。由于我国

在制定新中国第一部刑法时，社会主义市场经济体制尚未形成，1979 年刑法并未就违规披露、不披露重要信息的行为作出相关规定。随着改革开放的深入，社会主义市场经济体制逐步在我国得以确立，一些新的经济现象也逐渐出现，现实生活中出现了一些提供虚假财会报告的行为。基于此，在 1997 年对刑法进行修订时将提供虚假财会报告的行为列为一个独立的犯罪。1997 年刑法第 161 条规定，公司向股东和社会公众提供虚假的或者隐瞒重要事实的财务会计报告，严重损害股东或者其他人利益的，对其直接负责的主管人员和其他直接责任人员，处 3 年以下有期徒刑或者拘役，并处或者单处 2 万元以上 20 万元以下罚金。最高人民法院《关于执行〈中华人民共和国刑法〉确定罪名的规定》（法释［1997］9 号）根据 1997 年刑法第 161 条规定了"提供虚假财会报告罪"罪名。

　　自 1997 年刑法规定"提供虚假财会报告罪"之后，我国社会主义市场经济体制进一步完善发展，一些针对公司、企业披露信息的新问题也开始出现。一些上市公司除了有提供虚假财会报告的行为外，对国家规定应当披露的有关公司重大经营等活动的重要信息，不按照规定披露，逃避主管部门监管和社会公众监督的行为比较突出，严重损害了上市公司和中小投资者的合法权益，扰乱证券市场和公司、企业管理秩序，对这种行为进行刑法规制显得十分必要。基于此，《刑法修正案（六）》对"提供虚假财会报告罪"的罪状进行了修正：第一，将主体扩大为"依法负有信息披露义务的公司、企业"；第二，增加了"对依法应当披露的其他重要信息不披露或者不按规定披露"的行为方式；第三，增设了"有其他严重情节"的定罪标准。最高人民法院、最高人民检察院《关于执行〈中华人民共和国刑法〉确定罪名的补充规定（三）》（法释［2007］16 号）根据《刑法修正案（六）》第 5 条规定了"违规披露、不披露重要信息罪"罪名，取消了"提供虚假财会报告罪"罪名。

（二）违规披露、不披露重要信息罪的构成特征

1. 客体特征

关于本罪侵犯的客体，有学者认为是国家关于公司、企业的财会报告及其他重要信息的管理制度。[①] 笔者认为，国家通过制定公司法、证券法、证券投资基金法等法律法规明确公司、企业对重要信息有向股东或者社会公众披露的义务，从而建立了关于公司、企业的财会报告及其他重要信息的管理制度，其目的和宗旨是保护股东及其他人的合法权益。因而，公司、企业实施违规披露、不披露重要信息的行为在侵犯了国家关于公司、企业的财会报告及其他重要信息管理制度的同时，也必然会对股东或者其他人的利益造成损害。本罪所侵犯的客体为复杂客体，是国家关于公司、企业的财会报告及其他重要信息的管理制度和股东及其他人的合法权益。本罪的犯罪对象是负有信息披露义务的公司、企业的财务会计报告和依法应当披露的重要信息。

2. 客观特征

本罪在客观方面表现为依法负有信息披露义务的公司和企业，向股东和社会公众提供虚假的或者隐瞒重要事实的财务会计报告，或者对依法应当披露的其他重要信息不披露或者不按规定披露，严重损害股东或者其他人的利益或者有其他严重情节的行为。理解本罪的客观方面需要弄清以下几个问题：

首先，本罪在客观方面的行为有两种方式：一是向股东和社会公众提供虚假的或者隐瞒重要事实的财务会计报告。财务会计报告，是指公司、企业对外提供的反映公司、企业某一特定日期的财务状况和某一会计期间的经营成果、现金流量等会计信息的文件。根据公司法规定，财务会计报告应当包括下列财务会计报表及附属明细表：（1）资产负债表；（2）损益表；（3）财务状况变动表；（4）财务情况说明书；（5）利润分配表。公司、企业应当依照法

---

① 参见李希慧主编：《刑法各论》，中国人民大学出版社 2007 年版，第 136 页。

律、行政法规和国务院财政主管部门的规定建立本公司、企业的财务、会计制度。公司、企业应当在每一会计年度终了时制作财务会计报告，并依法经审查验证。上市公司必须按照法律、行政法规的规定，定期公开其财务状况，在每一会计年度内半年公布一次财务会计报告。所谓"提供虚假或者隐瞒重要事实的财务会计报告"，是指在财务会计报告中伪造、虚构一些实际不存在的情况，如把亏损表述为盈利，把盈利表述为亏损，或者对于重大债权、债务隐藏不报，或者故意遗漏重要事项不做说明等。二是对依法应当披露的其他重要信息不披露或者不按规定披露。所谓"应当披露的其他重要信息"，是指除财务会计报告之外，依照相关法律法规的规定应当披露的重要信息。例如，招股说明书、债券募集办法、上市公司中期报告、董事和高级管理人员变更等。不披露，即应当披露的重要信息不予披露。不按照规定披露包括披露不诚实、不全面、不及时或者披露程序不合法或者不利于股东和其他人。

其次，本罪在客观方面要求行为人违规披露、不披露重要信息行为严重损害股东和其他人的利益，或者有其他严重情节。这里所说的"股东"既包括有限责任公司的股东，也包括股份有限公司的股东。"社会公众"，是指除股东以外的社会上的其他普通公民。严重危害股东或者其他人利益，主要是指股东没有获得应该有的红利，债权人的债权没有得到及时、全面的实现，社会公众因为误导而致使投资失策等。"有其他严重情节"，主要是指隐瞒多项依法应当披露的重要信息、多次披露虚假信息、因不按规定披露造成严重后果等情形。根据最高人民检察院、公安部《关于公安机关管辖的刑事案件立案追诉标准的规定（二）》第6条的规定，依法负有信息披露义务的公司、企业向股东和社会公众提供虚假的或者隐瞒重要事实的财务会计报告，或者对依法应当披露的其他重要信息不按照规定披露，涉嫌下列情形之一的，应予认定为"严重损害股东和其他人的利益，或者有其他严重情节"：（1）造成股东、债权人或者其他人直接经济损失数额累计在50万元以上的；（2）虚增或者虚减资产达到当期披露的资产总额30%以上的；（3）虚增或者虚减利润达到当期披露的利润总额30%以上的；（4）未按照规定披露的重大诉讼、仲裁、担保、关联交易或者其他重大事项所涉及的数额或者连续12个月的累计数额占净资产50%以上的；（5）致使公司发行的股票、公司债券或者国务院依法认定的其他证券被终止上市交易或者多次被暂停上市交易的；（6）致使不符合发行条件的公司、企业骗取发行核准并且上市交易的；（7）在公司财务会计报告中将亏损披露为盈利，或者将盈利披露为亏损的；（8）多次提供虚假的或者隐瞒重要事实的财务会计报告，或者多次对依法应当披露的其他重要信息不按照规定披露的；（9）其他严重损害股东、债权人或者其他人利益，或者有其他严重情节的情形。

最后，本罪的行为表现为不作为，本罪是一种纯正的不作为犯。所谓不作为，是指犯罪人有义务实施且能够实施某种积极的行为而未实施的行为，即"当为而不为"。本罪在行为方式上表现为依法负有信息披露义务的公司和企业，向股东和社会公众提供虚假的或者隐瞒重要事实的财务会计报告，或者对依法应当披露的其他重要信息不披露或者不按规定披露。依法负有信息披露义务的公司和企业在能够履行法律规定的义务的情况下，采取向股东和社会公众提供虚假的或者隐瞒重要事实的财务会计报告，或者对依法应当披露的其他重要信息不披露或者不按规定披露的方式逃避其应当履行的义务，是一种典型的不作为。这种不作为的义务来源于法律的规定。

3. 主体特征

本罪的主体是特殊主体，即依法负有信息披露义务的公司、企业。根据公司法、证券法、银行业监督管理法、证券投资基金法规定，负有信息披露义务的公司、企业主要包括：发行人、上市公司、公司债券上市交易的公司或者其他信息披露义务人、银行、基金管理人、基金托管人和其他基金信息披露人。

4. 主观特征

本罪在主观方面表现为故意，既可以是直接故意，也可以是间接故意。依法负有信息披露义务的公司和企业明知向股东和社会公众提供虚假的或者隐瞒重要事实的财务会计报告，或者明知对依法应当披露的其他重要信息不披露或者不按规定披露的行为，会严重损害股东或者其他人的利益或者造成其他危害结果的，并且希望或者放任危害结果的发生。

本罪的目的在实践中多种多样，主要是吸引投资间接获取利益，但是本罪不是目的犯，无论行为人出于何种目的，都不影响本罪的成立。本罪的犯罪动机也不影响本罪成立。

（三）违规披露、不披露重要信息罪的司法认定

1. 本罪罪与非罪的界限

本罪是结果犯和情节犯的选择犯，即或者行为人的行为已经严重损害了股东或者其他人的利益，或者有其他严重情节，就可以构成本罪。① 行为人尽管存在违规披露、不披露重要信息的行为，但这种行为情节较轻且并未损害到股东或者其他人的利益，则不应当按照本罪处理。本罪的主体是特定主体，即依法负有信息披露义务的公司、企业。不负有信息披露义务的公司、企业或者自然人不能成为本罪的主体，即使存在违规披露、不披露重要信息的行为，也不成立本罪，构成其他犯罪的，按照其他犯罪定罪处罚。本罪在主观上要求是故意。如果行为人疏忽大意或过于自信而没有披露应当披露的重要信息，或者由于行为人的业务能力、工作经验和态度等方面的原因，使其所制作的财务会计报告或其他记载重要信息的文件有错算、错记、漏记等情形，行为人不是有意提供或不是有意不提供的，不构成本罪。

2. 本罪与相近犯罪的界限

（1）本罪与诈骗罪的界限。

---

① 参见李希慧主编：《刑法各论》，中国人民大学出版社 2007 年版，第 136 页。

诈骗罪，是指以非法占有为目的，用虚构事实或者隐瞒真相的方法，骗取数额较大的公私财物的行为。本罪与诈骗罪都存在虚构事实或者隐瞒真相的手段和方式，在主观上都是故意。然而，违规披露、不披露重要信息罪与诈骗罪是两个不同的犯罪，二者的区别主要表现在：第一，客观方面不同。前者表现为向股东和社会公众提供虚假的或隐瞒重要事实的财务会计报告，或者对依法应当披露的其他重要信息不按照规定披露，严重损害股东或者其他人利益或者有其他严重情节的行为；后者表现为以虚构事实或者隐瞒真相的方法，骗取数额较大的公私财物的行为。第二，犯罪主体不同。前者的主体是依法负有信息披露义务的公司、企业；后者的主体是自然人。第三，犯罪目的不同。前者的目的主要是吸引投资间接获取利益；后者的目的是非法直接占有公私财物。第四，处罚方式不同。前者的刑事责任由依法负有信息披露义务的公司、企业直接负责的主管人员和其他直接责任人员承担；后者的刑事责任由犯罪人本人承担。第五，犯罪所侵害的客体不同。前者侵犯的客体是复杂客体，即国家关于公司、企业的财会报告及其他重要信息的管理制度和股东及其他人的合法权益；后者所侵犯的客体是公私财物所有权。

（2）本罪与诱骗投资者买卖证券、期货合约罪的界限。

诱骗投资者买卖证券、期货合约罪，是指证券交易所、期货交易所、证券公司、期货经纪公司的从业人员，证券业协会、期货业协会或者证券期货监管管理部门的工作人员，故意提供虚假信息或者伪造、变造、销毁交易记录，诱骗投资者买卖证券、期货合约，造成严重后果的行为。本罪与诱骗投资者买卖证券、期货合约罪都是故意犯罪，同属破坏我国社会主义市场经济体制的犯罪。二者的区别主要表现在：第一，犯罪主体不同。前者的主体是依法负有信息披露义务的公司、企业；后者的主体是证券交易所、期货交易所、证券公司、期货经纪公司的从业人员，证券业协会、期货业协会或者证券期货监管管理部门的工作人员。第二，犯罪客体不同。

前者所侵害的客体是国家关于公司、企业的财会报告及其他重要信息的管理制度和股东及其他人的合法权益；后者所侵害的客体是证券、期货市场正常的交易管理秩序和其他投资者的利益。第三，客观方面不同。前者表现为向股东和社会公众提供虚假的或者隐瞒重要事实的财务会计报告，或者对依法应当披露的其他重要信息不按照规定披露，严重损害股东或者其他人利益或者有其他严重情节的行为；后者表现为提供虚假信息或者伪造、变造、销毁交易记录，诱骗投资者买卖证券、期货合约，造成严重后果的行为。

3. 本罪的罪数形态问题

公司、企业为了编造虚假信息或者隐瞒重要信息，伪造国家机关或者公司、企业、事业单位、人民团体印章的，属于牵连犯的情形，编造虚假信息或者隐瞒重要信息为目的行为，伪造国家机关或者公司、企业、事业单位、人民团体印章的行为属于手段行为，应当从一重罪处罚。

公司、企业的工作人员为了掩盖自己贪污、侵占等罪行故意编造或者隐瞒重要信息的，构成贪污罪、侵占罪与违规披露、不披露重要信息罪的牵连犯。有的学者认为此时应当数罪并罚，理由在于：实施贪污或者职务侵占等行为，而又故意编造或隐瞒重要信息的，其违法性和有责性明显重于公司、企业为了编造虚假信息而伪造公文、证件的行为。因此，数罪并罚更具合理性。[①] 笔者认为，这种观点值得商榷。在笔者看来，在此情形下，贪污或者职务侵占的行为才是中心行为，故意编造或隐瞒重要信息的行为只是为前行为服务的，因此后行为应当被包容到前行为当中，故意编造或隐瞒重要信息的行为只能作为一个量刑情节。基于此，笔者认为，这种情形下，仍然应当按照牵连犯的一般处罚原则从一重罪处罚，只是在一罪的基础上加重处罚，即"从一重罪从重处罚"。

---

① 参见魏东主编：《妨害对公司、企业的管理秩序罪立案追诉标准与司法认定实务》，中国人民公安大学出版社2010年版，第70页。

4. 本罪的停止形态问题

关于本罪的"严重损害股东或者其他人的利益，或者有其他严重情节"，存在不同的理解。一种观点认为，"严重损害股东或者其他人的利益，或者有其他严重情节"是本罪成立与否的标准；另一种观点则认为，"严重损害股东或者其他人的利益，或者有其他严重情节"是区分犯罪既遂和未遂的标准。[①] 承前所述，本罪是结果犯和情节犯的选择犯，即或者行为人的行为已经严重损害了股东或者其他人的利益，或者有其他严重情节，就可以构成本罪。而在笔者看来，无论是情节犯当中的"情节严重"，还是结果犯中的危害结果，都是犯罪成立的必备要件，缺少该要件犯罪就不能成立犯罪。情节犯和结果犯只存在犯罪成立与否的问题，不存在犯罪未遂与既遂的问题。因而，笔者认为，本罪不存在既遂和未遂的问题，"严重损害股东或者其他人的利益，或者有其他严重情节"仅仅是作为判定本罪成立与否的标准。

（四）违规披露、不披露重要信息罪的处罚

根据修正后的刑法第 161 条规定，犯本罪的，处 3 年以下有期徒刑或者拘役，并处或者单处 2 万元以上 20 万元以下罚金。本罪为单位犯罪，但处罚方式上采取单罚制，即只对直接负责的主管人员和其他直接责任人员进行处罚。对公司、企业不再判处罚金。这是因为公司、企业的违法行为已经损害了股东和投资者的利益，如果再对其判处罚金，将会加重股东和其他投资者的损失程度。

十、非国家工作人员受贿罪

（一）非国家工作人员受贿罪的概念与法源

1. 非国家工作人员受贿罪的概念

非国家工作人员受贿罪，是指公司、企业或者其他单位的工作

---

① 参见魏东主编：《妨害对公司、企业的管理秩序罪立案追诉标准与司法认定实务》，中国人民公安大学出版社 2010 年版，第 67 页。

人员利用职务上的便利，索取他人财物或者非法收受他人财物，为他人谋取利益，数额较大的，或者在经济往来中，利用职务上的便利，违反国家规定，收受各种名义的回扣、手续费，归个人所有，数额较大的行为。

2. 非国家工作人员受贿罪的法源

非国家工作人员受贿罪是 2007 年 11 月 6 日起施行的最高人民法院、最高人民检察院《关于执行〈中华人民共和国刑法〉确定罪名的补充规定（三）》确立的，其前身是公司、企业人员受贿罪。由于公司、企业人员受贿罪的主体仅限于公司、企业的工作人员，随着我国经济的快速发展，一些非公司、企业经济组织大量涌现，如个人独资企业、合伙企业、民办学校、民办医院、协会、学会、联合会、研究会、商会等。这些机构、经济组织中的非国家工作人员利用职务之便，索取或收受贿赂的行为，如果依 1997 年刑法则很难定罪。鉴于此，2006 年颁布的《刑法修正案（六）》将公司、企业人员受贿罪的主体扩大到公司、企业或其他单位的工作人员。本罪的相关修改，对于司法机关依法打击公司、企业和其他单位中的非国家工作人员的受贿行为起到了积极作用。

（二）非国家工作人员受贿罪的构成特征

1. 客体特征

关于本罪的客体有人认为，"本罪侵犯的是简单客体，即公司、企业正常的经营活动秩序。……虽然公司、企业人员受贿行为也侵犯了公司、企业人员职务的廉洁性，但这种受贿行为主要是侵犯了公司、企业正常的生产经营秩序，也损害了公司、企业的名誉。"[1] 有人认为，"本罪侵犯的客体是公司、企业或其他单位的正常业务活动和公司、企业或其他单位工作人员业务活动的廉洁

---

① 张国轩著：《商业犯罪研究》，经济管理出版社 2001 年版，第 138 页。

性。"① 还有人认为，"本罪不仅侵犯了公司、企业的正常管理活动，也因其产生的不正常行为有碍公平竞争原则，使社会经济的正常秩序受到干扰。"②

对此笔者认为本罪的客体是复杂客体，即公司、企业或者其他单位正常的管理制度和公司、企业或者其他单位工作人员的职务廉洁性。其中主要客体是公司、企业或者其他单位正常的管理制度。次要客体是公司、企业或者其他单位工作人员的职务廉洁性。理由如下：首先，市场经济提供的是一个平等、公平的经济平台，非国家工作人员受贿罪对于市场经济交易的公平性具有极大的危害，所谓的"暗箱"交易等丑恶现象大都由此而来。其次，非国家工作人员作为公司、企业和其他单位的工作人员依法具有勤勉义务，但是这种受贿行为严重影响了公司、企业和其他单位内部的管理制度。这也就是为什么我国刑法将此罪置于第三章第三节"妨害对公司、企业的管理秩序罪"，而不是第八节"扰乱市场秩序罪"里，这种定位也可以看出本罪的立法目的是规制市场经济主体正常的管理秩序，所以本罪侵犯的主要客体是公司、企业或者其他单位正常的管理制度。最后，非国家工作人员代表公司、企业和其他单位进行公务活动，理应廉洁奉公。他们的受贿行为严重侵害了其职务的廉洁性。综上所述，本罪客体为复杂客体，即公司、企业或者其他单位正常的管理制度和公司、企业或者其他单位工作人员的职务廉洁性。

2. 客观特征

本罪在客观方面表现为公司、企业或者其他单位的工作人员利用职务便利索取或非法收受他人财物，为他人谋取利益，数额较大

---

① 刘天虹：《新罪名司法解释中"非国家工作人员受贿罪"评析》，载《江苏广播电视大学学报》2008 第 2 期。

② 刘家琛主编：《新刑法条文释义》（上册），人民法院出版社 1997 年版，第 678 页。

的行为，或者在经济往来中，利用职务上的便利，违反国家规定，收受各种名义的回扣、手续费，归个人所有，数额较大的行为。本罪的行为模式主要包括三个方面，第一是收受他人财物，即"收受贿赂"；第二是索取他人财物，即"索贿"；第三是在经济往来中违反国家规定，收受各种名义的回扣、手续费，归个人所有。

（1）索贿和收受贿赂。索贿，也就是行为人主动向他人索取财物，可以以明示也可以以暗示的方式提出要求。此种方式多表现为行为人明知他人利益受制于自己手中的权力而趁机索取贿赂。收受贿赂多表现为行贿人想要取得工作人员职务上的帮助，而主动送其财物。这两种行为的成立必须具备三个条件，分别是利用职务便利、为他人谋取利益和数额较大。

利用职务便利，是指利用本人在职务上的主管、经管、经手办理本单位事务的权力所产生的方便条件。笔者认为，此处的职务便利具有一定的特殊性，对非国家工作人员受贿罪中的"利用职务上的便利"中的"职务"二字应做狭义的理解。主要表现在以下方面：首先，根据立法的本意应当理解为犯罪时的实际职务。行为人依据其现任实际职务产生的权力，也就是直接利用本人职权，可以直接处理有关的商业事务与经济往来，为他人谋取利益，而不包括间接利用本人职权。因为和受贿罪不一样，本类犯罪不可能出现斡旋受贿的现象。其次，所利用的职务便利是不具有"公务"性的本职工作中处理事务的便利，非国家工作人员受贿罪中的"利用职务上的便利"和受贿罪中的"利用职务上的便利"是不同的，而区别的关键点就在于"职务"的差异。"职务"就是各行各业对职位的称呼，然而这个词语适用在国家工作人员和非国家工作人员上是有差异的。两者的主要不同在于：受贿罪中的"职务"普遍具有"公务"性，存在于行政领域中，代表国家意志，而非国家工作人员受贿罪中的"职务"则不存在"公务"性，不具有国家、社会事务管理性，这个"职务"只限于行为人所在公司、企业或者其他单位内部具有一定职权性的事务。最后，本罪中的犯罪行为还必须与职务具有直接的因果关系，实践中存在利用在工作中建立的人际网络、对工作单位地理位置和工作环境的熟知程度、在工作中偶然听到的信息等情况，这些便利的获得与职务没有直接的因果关系，不属于职务之便，利用的也就不是本罪中的"职务上的便利"。

为他人谋取利益是指行为人索要或者收受他人财物，利用职务便利为他人或者允诺他人实现的某种利益。该利益是合法的还是非法的，是物质的还是非物质的以及是否谋取到都不影响本罪的成立。如果只是索取却未帮他人谋取利益的不是犯罪。

数额较大，是指成立本罪的特定的危害结果，根据最高人民检察院、公安部《关于公安机关管辖的刑事案件立案追诉标准的规定（二）》第 10 条的规定，此罪成立数额需在 5000 元以上。

（2）本罪的行为方式还可以表现为在经济往来中，利用职务上的便利，违反国家规定，收受各种名义的回扣、手续费，归个人所有，数额较大的。这种行为方式的成立必须具备以下条件：第一，行为人利用职务便利。第二，必须是发生在经济往来之中。第三，收受回扣、手续费的行为违反国家规定。此处所谓的"违反国家规定"主要是指违反反不正当竞争法等相关法律规定。我国反不正当竞争法第 8 条规定，经营者不得采用财物或者其他手段进行贿赂以销售或者购买商品。在账外暗中给予对方单位或者个人回扣的，以行贿论处；对方单位或者个人在账外暗中收受回扣的，以受贿论处。第四，行为人将回扣、手续费归个人所有。如果行为人将回扣、手续费缴归单位则不成立本罪。我国反不正当竞争法规定，经营者销售或者购买商品，可以以明示方式给对方折扣，可以给中间人佣金。经营者给对方折扣、给中间人佣金的，必须如实入账。接受折扣、佣金的经营者必须如实入账。

3. 主体特征

本罪属于身份犯，本罪的主体是特殊主体，即公司、企业和其他单位的工作人员。公司、企业的工作人员，是指在公司、企业、其他单位中从事领导、组织、管理工作的人员，如公司的董事、监事以及公司、企业的经理、厂长、财会人员以及其他受公司、企业聘用从事管理事务的人员。其他单位的工作人员包括非国有事业单位和其他组织的工作人员，如教育、科研、医疗、体育、出版等单位从事组织领导以及履行监督、管理职责的人员。在国有公司、企业、国有其他单位中从事公务的人员和国有公司、企业、国有其他单位委派到非国有公司、企业以及其他单位从事公务的人员利用职务上的便利受贿的，不成立非国家工作人员受贿罪，而应依照刑法第 385 条、第 386 条的受贿罪处罚。

4. 主观特征

本罪的主观方面是故意，包括直接故意和间接故意，即行为人明知自己利用职务上的便利，索取他人财物或者非法收受他人财物，为他人谋取利益的行为，或者在经济往来中，利用职务上的便利，违反国家规定，收受各种名义的回扣、手续费，归个人所有的行为会发生危害社会的结果，希望和放任这种结果的发生。

本罪的目的多种多样，在实践中主要以谋取利益为目的。但是本罪不是目的犯，无论行为人获取财物的行为出于何种目的，都不影响本罪的成立。本罪的犯罪动机也不影响本罪的成立。

（三）非国家工作人员受贿罪的司法认定

1. 本罪罪与非罪的界限

本罪是结果犯中的数额犯，公司、企业和其他单位的工作人员索取和收受贿赂的数额必须达到较大才构成犯罪，根据相关司法解释的规定，公司、企业或其他单位人员索取、收受财物或者在经济往来中违反国家规定收受回扣、手续费的数额必须达到 5000 元。未达到该数额标准的，不能按照本罪处理，但对其的违法行为可以按照有关规定给予行政处罚。

区分本罪与非罪的界限，还必须厘清本罪与收取合理报酬行为的界限。公司、企业或者其他单位的工作人员在法律法规或者公司、企业章程允许的范围内，以自己劳动换取合理报酬的行为不同于受贿行为，获取合理的报酬是劳动所得，是一种合理的劳务报酬，而不是受贿行为。区分二者的关键在于行为人获取的财物是否为劳动收入，如果行为人不是用劳动换取的报酬，而是利用职务之便，为他人谋取利益、以各种名义上的"劳动报酬"索取或收受他人财物，且数额较大的，应认定为本罪。

现实生活中，公司、企业或者其他单位的工作人员与亲友间出于联络感情、表达友情，请客送礼，接受馈赠的行为，一般是以公开的方式进行，而且礼物的数额价值一般不大，行为人没有明显的、直接的牟利目的，这与本罪的行为方式有着本罪的区别，不能以本罪论处。

区分二者的关键在于公司、企业人员接受财物是否为他人谋取利益，是否利用了职务之便，接受财物的价值大小以及送礼人与受礼人之间的关系，是否以公开的方式进行等。

2. 本罪与相近犯罪的界限

（1）本罪与受贿罪的界限。

受贿罪，是指国家工作人员利用职务上的便利，索取他人财物，或者非法收受他人财物，为他人谋取利益的行为。本罪与受贿罪在行为的手段和方式上相同，在主观上都是故意。然而，非国家工作人员受贿罪与受贿罪是两个不同的犯罪，二者的区别主要表现在：第一，犯罪所侵害的客体不同。前者侵犯的客体是公司、企业或者其他单位的正常管理制度和公司、企业或者其他单位工作人员的职务廉洁性；后者侵犯的客体是国家机关工作人员的职务廉洁性。第二，犯罪主体不同。前者的主体是公司、企业和其他单位的工作人员。公司、企业的工作人员，是指在公司、企业、其他单位中从事领导、组织、管理工作的人员，如公司的董事、监事以及公司、企业的经理、厂长、财会人员以及其他受公司、企业聘用从事管理事务的人员。其他单位的工作人员包括非国有事业单位和其他组织的工作人员，如教育、科研、医疗、体育、出版等单位从事组织领导以及履行监督、管理职责的人员；后者的主体是国家工作人员。国家工作人员包括当然的国家工作人员，即在国家机关中从事公务的人员；拟定的国家工作人员，即国有公司、企事业单位、人民团体中从事公务的人员和国家机关、国有公司、企事业单位委派到非国有公司、企事业单位、社会团体从事公务的人员，以及其他依照法律从事公务的人员。

（2）本罪与职务侵占罪的界限。

职务侵占罪，是指公司、企业或者其他单位的人员，利用职务上的便利，将本单位财物非法占为己有，数额较大的行为。二者的区别主要表现在：第一，犯罪客体不同。前者侵犯的客体是公司、企业或者其他单位的正常管理制度和公司、企业或者其他单位工作人员的职务廉洁性；后者所侵害的客体是公司、企业或者其他单位的财产所有权。第二，行为对象不同。前者的行为对象是贿赂，即他人给付的钱财；后者的行为对象则是本单位的财物。第三，行为手段不同。非国家工作人员受贿罪的犯罪手段是一种交易行为，即索取或者非法收受他人财物，为他人谋取利益，或者非法收受各种名义的回扣、手续费，归个人所有；职务侵占罪的犯罪手段表现为侵吞、窃取、骗取本单位财物。第四，犯罪的成立方式不同。非国家工作人员受贿罪的犯罪人在特定案件中尽管具有特定的目的，但是犯罪目的不是本罪成立的必备要件；后者则是目的犯，要求行为人必须有非法占有本单位财物的目的，不具备该犯罪目的则不成立职务侵占罪。第五，追诉标准不同。根据相关司法解释的规定，非国家工作人员受贿罪追诉标准为 5000 元以上；而职务侵占罪追诉标准则为 5000 元 ~ 10000 元以上。

3. 本罪的罪数形态问题

行为人实施了受贿行为之后，在为他人谋取利益的过程中又触犯了其他罪名，应当按照所触犯的相关犯罪数罪并罚。行为人在长期收受贿赂之后，与行贿人建立了特殊的"亲密关系"，与行贿人实施其他犯罪的，应当按照受贿罪与相关犯罪数罪并罚。

4. 本罪的共犯问题

本罪是身份犯，只有具有公司、企业或者其他单位工作人员身份的人才可以独立构成本罪。因此，两个或两个以上的公司、企业或者其他单位工作人员在共同的犯罪故意下，向他人索贿或者收受他人财物以及在经济往来中违反国家规定，收受各种名义的回扣、手续费归个人所有，数额较大的，应当认为本罪的共犯。

其他人员（除国家工作人员和公司、企业或者其他单位工作人员之外的人员）与公司、企业或者其他单位工作人员在共同的犯罪故意下，利用公司、企业或者其他单位工作人员职务便利，向他人索贿或者收受他人财物以及在经济往来中违反国家规定，收受各种名义的回扣、手续费归个人所有，数额较大的，其他人员成立本罪的共犯。

非国家工作人员与国家工作人员通谋，共同收受他人财物，也构成共同犯罪。根据最高人民法院、最高人民检察院《关于办理商业贿赂刑事案件适用法律若干问题的意见》规定，此时的定罪量刑应根据双方利用职务便利的具体情形：（1）利用国家工作人员的职务便利为他人谋取利益的，构成受贿罪的共犯，以受贿罪追究刑事责任；（2）利用非国家工作人员的职务便利为他人谋取利益的，构成非国家工作人员受贿罪的共犯，以非国家工作人员受贿罪追究刑事责任；（3）分别利用各自的职务便利为他人谋取利益的，按照主犯的犯罪性质追究刑事责任，不能分清主从犯的，可以受贿罪追究刑事责任。

5. 本罪的停止形态问题

关于本罪的犯罪既遂问题，理论界主要有三种不同的观点：第一种观点认为，只要行为人承诺为他人谋取利益，无论何时收受贿赂，都应视为既遂；第二种观点认为，只要行为人收取了贿赂，无论是否已经为他人谋取了利益，都应视为既遂；第三种观点认为，只要行为人为他人谋取了利益，无论是否已经收取了贿赂，都应视为既遂。笔者认为，上述观点都有待商榷，本罪的既遂应以收取了贿赂、为他人谋取了利益且达到数额较大为标准。

关于本罪是否存在犯罪未遂？笔者认为，本罪中行为人只有同时具备利用职务上的便利、索取或非法收受他人数额较大的财物以及为他人谋取利益三个要件时，其行为才具备应受刑罚处罚程度的法益侵害，若欠缺其中任意一个要件，则会因为法益侵害程度不足而受到刑法谦抑性的制约，只能作为一般违法行为处理。当行为人因为意志以外的原因未能为请托人谋取利益，则因为构成要件的欠缺导致法益侵害不足而无法构成犯罪。故本罪不存在犯罪未遂。

（四）非国家工作人员受贿罪的处罚

根据修正后的刑法第 163 条规定，犯本罪的，处 5 年以下有期徒刑或者拘役；数额巨大的，处 5 年以上有期徒刑，可以并处没收财产。

十一、对非国家工作人员行贿罪

（一）对非国家工作人员行贿罪的概念和法源

1. 对非国家工作人员行贿罪的概念

对非国家工作人员行贿罪，是指行为人为谋取不正当利益，给予公司、企业或者其他单位的工作人员以财物，数额较大的行为。

2. 对非国家工作人员行贿罪的法源

1979 年刑法关于贿赂犯罪的规定主要体现在第 185 条第 3 款："向国家工作人员行贿或者介绍贿赂的，处三年以下有期徒刑或者拘役。"对非国家工作人员行贿犯罪未予以规定。

全国人大常委会于 1988 年 1 月 21 日通过的《关于惩治贪污罪贿赂罪的补充规定》第 7 条规定："为谋取不正当利益，给予国家工作人员、集体经济组织工作人员或者其他从事公务的人员以财物的，是行贿罪。在经济往来中，违反国家规定，给予国家工作人员、集体经济组织工作人员或者其他从事公务的人员以财物，数额较大的，或者违反国家规定，给予国家工作人员、集体经济组织工作人员或者其他从事公务的人员以回扣、手续费的，以行贿论处。"这一规定较1979年刑法关于行贿罪的规定不仅明确了行贿罪的主观方面具有"谋取不正当利益"的目的，还将行贿罪的犯罪对象由"国家工作人员"扩大到了"国家工作人员、集体经济组织工作人员或者其他从事公务的人员。"尽管此规定作了较之前更为详细明确的规定，但仍未涉及对非国家工作人员行贿行为的问题。

1993年9月2日全国人大常委会通过的反不正当竞争法第8条第1款规定："经营者不得采用财物或者其他手段进行贿赂以销售或者购买商品。在账外暗中给予对方单位或者个人回扣的，以行贿论处……"第22条规定："经营者采用财物或者其他手段进行贿赂以销售或者购买商品，构成犯罪的，依法追究刑事责任，不构成犯罪的，监督检查部门可以根据情节处以一万元以上二十万元以下的罚款，有违法所得的，予以没收。"此规定先于刑法将商业贿赂作为犯罪予以规定，明确禁止对非国家工作人员行贿、非国家工作人员受贿行为，但因刑法中无相应犯罪行为的规定，致使此规定在实践中难以实现。1995年2月28日全国人大常委会通过的《关于惩治违反公司法的犯罪的决定》第9条规定："公司董事、监事或者职工利用职务上的便利，索取或者收受贿赂，数额较大的，处五年以下有期徒刑或者拘役；数额巨大的，处五年以上有期徒刑，可以并处没收财产。"此条仅是对商业受贿犯罪的规定，对商业行贿犯罪仍未作出明确规定。

1997年刑法修订时，为弥补这一缺陷，适应现实社会生活的需要，在刑法中专门增设了商业行贿罪，即刑法第164条第1款规定："为谋取不正当利益，给予公司、企业的工作人员以财物，数额较大的，处三年以下有期徒刑或者拘役，数额巨大的，处三年以上十年以下有期徒刑，并处罚金。"此规定是对非国家工作人员行贿罪的法源。

近年来，随着公司、企业以外的其他单位的工作人员频繁地参与到市场经济活动中，成为市场经济中重要的活动主体，对于此类人员的行贿行为也日益增多。鉴于我国 1997 年刑法关于商业贿赂犯罪的规定中未将公司、企业以外的其他单位的工作人员作为该罪的犯罪对象，因此在司法实践中，此类行为往往不以犯罪论处。针对这一问题，2006 年 6 月 29 日第十届全国人民代表大会常务委员会第二十二次会议通过的《刑法修正案（六）》第 8 条规定："将刑法第一百六十四条第一款修改为：为谋取不正当利益，给予公司、企业或者其他单位的工作人员以财物，数额较大的，处三年以下有期徒刑或者拘役；数额巨大的，处三年以上十年以下有期徒刑，并处罚金。"这一修改将此类犯罪的对象由"公司、企业的工作人员"扩大到"公司、企业或者其他单位的工作人员"。同时，2007 年 10 月 25 日公布的最高人民法院、最高人民检察院《关于执行〈中华人民共和国刑法〉确定罪名的补充规定（三）》将"对公司、企业人员行贿罪"罪名修改为"对非国家工作人员行贿罪"。

（二）对非国家工作人员行贿罪的构成特征

1. 客体特征

关于本罪所侵犯的客体，存在以下不同观点：第一种观点认为，本罪侵犯的客体是公司、企业或者其他事业单位的工作人员职务行为的廉洁制度。[1] 第二种观点认为，本罪侵犯的客体是复杂客体，即公司、企业或者其他单位的正常管理活动和市场竞争秩序。[2] 第三种观点认为，本罪的客体为复杂客体，即公司、企业的正常管理制度和公司、企业工作人员业务活动的廉洁性。[3] 第四种观点认为，本罪侵犯的客体是简单客体，不是复杂客体。它只侵犯了公司、企业的生产经营秩序，也就是说本罪侵犯的客体仅是公

---

①　李永升、朱建华主编：《经济刑法学》，法律出版社 2011 年版，第 174 页。

②　孟庆丰、陈国庆、孙茂利著：《经济犯罪案件立案追诉标准与定罪量刑适用法律图解》，中国人民公安大学出版社 2010 年版，第 91 页。

③　李永升主编：《金融犯罪研究》，中国检察出版社 2010 年版，第 373 页。

司、企业的商市经营活动秩序。① 笔者认为，本罪所侵犯的客体应为公司、企业或其他单位的正常生产经营秩序。刑法之所以将此类行为规定为犯罪，是由于此类行为的存在将会严重破坏正常的市场竞争秩序，扰乱市场经济活动导致不正当竞争，损害市场经济活动参与主体的合法权益。

2. 客观特征

本罪的客观方面表现为给予公司、企业或者其他单位的工作人员以财物，数额较大的行为。理解本罪的客观方面需要弄清以下几个问题：

首先，本罪的犯罪对象为公司、企业或者其他单位的工作人员。此处的工作人员仅是非国家工作人员，包括国有公司、企业及其他单位的工作人员，国有公司、企业或者其他国有单位中从事公务的人员和国有公司、企业或者其他国有单位委派到非国有公司、企业以及其他单位从事公务的人员不属于本罪的犯罪对象，对其行贿的，成立行贿罪。

根据 2008 年 11 月 20 日最高人民法院、最高人民检察院《关于办理商业贿赂刑事案件适用法律若干问题的意见》第 2 条规定，此处的"其他单位"，既包括事业单位、社会团体、村民委员会、居民委员会、村民小组等常设性的组织，也包括为组织体育赛事、文艺演出或者其他正当活动而成立的组委会、筹委会、工程承包队等非常设性的组织。

关于本罪所指的财物是否应包含非物质性利益存在不同观点。有的认为，行为人给予的贿赂应仅限为财物，即财产和物品，不包括非物质性利益。② 有的认为，本罪是对反不正当竞争法所规定的已经达到犯罪程度的商业行贿行为的刑事制裁的具体化，对贿赂内涵的界定也应与反不正当竞争法规定的商业行贿的内容相一致。反

---

① 李永升主编：《金融犯罪研究》，中国检察出版社 2010 年版，第 373～374 页。

② 李永升主编：《金融犯罪研究》，中国检察出版社 2010 年版，第 374 页。

不正当竞争法给贿赂所下的定义是"采用财物或者其他手段"，因此本罪所指的财物也应包括物质性利益和非物质性利益。① 本书赞同后者的观点，虽然我国刑法中关于贿赂犯罪的条文仅明确规定了"给予财物"，而没有规定"其他手段"，但实践中，行为人为非国家工作人员的子女提供就业、安排出国、提供色情服务、提供房屋使用权等，也同样会因此满足其不正当利益，进而破坏正常的市场竞争秩序，扰乱市场经济的正常活动。对此行为也应认定为犯罪，由刑法予以规制，同时，国际上许多国家均已将给予相对人非物质性利益以谋取不正当利益的行为规定为行贿犯罪。由此，本书认为，本罪中的"财物"包括物质性利益和非物质性利益。

构成本罪在客观方面须满足数额较大的要求。根据 2010 年 5 月 7 日发布的最高人民检察院、公安部《关于公安机关管辖的刑事案件立案追诉标准的规定（二）》第 11 条规定："为谋取不正当利益，给予公司、企业或者其他单位的工作人员以财物，个人行贿数额在一万元以上的，单位行贿数额在二十万元以上的，应予立案追诉。"

3. 主体特征

本罪的主体是一般主体，既包括自然人也包括单位。自然人成立本罪须年满 16 周岁，且具备相应的刑事责任能力。

4. 主观特征

本罪的主观方面为故意，且具有谋取不正当利益的目的。若为谋取"正当利益"，则不构成本罪。根据 2008 年 11 月 20 日最高人民法院、最高人民检察院《关于办理商业贿赂刑事案件适用法律若干问题的意见》中的相关规定，"谋取不正当利益"，是指行贿人谋取违反法律、法规、规章或者政策规定的利益，或者要求对方违反法律、法规、规章、政策、行业规范的规定提供帮助或者方便

---

① 孟庆丰、陈国庆、孙茂利著：《经济犯罪案件立案追诉标准与定罪量刑适用法律图解》，中国人民公安大学出版社 2010 年版，第 92 页。

条件。在招标投标、政府采购等商业活动中，违背公平原则，给予相关人员财物以谋取竞争优势的，属于"谋取不正当利益"。[1]

（三）对非国家工作人员行贿罪的司法认定

1. 本罪罪与非罪的界限

区别本罪的罪与非罪，主要应从以下几方面着手：第一，本罪为目的犯，以谋取不正当利益为目的，若为谋取正当利益，实施给予非国家工作人员财物的行为不成立本罪。第二，本罪为数额犯，成立本罪须达到数额较大的标准，个人行贿数额应达到1万元以上，单位的行贿数额应达到20万元以上，未达到此数额标准的，不成立本罪。第三，被公司、企业或其他单位的人员勒索而给予对方财物的，且未满足其不正当利益的，不成立本罪。第四，应明确区分贿赂与馈赠的界限。经济活动中普通的馈赠行为不应认定为贿赂。区分两者应当结合以下因素综合分析、判断：（1）发生财物往来的背景，如双方是否存在亲友关系及历史上交往的情形和程度；（2）往来财物的价值；（3）财物往来的缘由、时机和方式，提供财物方对于接受方有无职务上的请托；（4）接受方是否利用职务上的便利为提供方谋取利益。[2]

2. 本罪与相近犯罪的界限

（1）本罪与行贿罪的界限。

行贿罪，是指为谋取不正当利益，给予国家工作人员以财物的行为。本罪与行贿罪在客观行为方面与主观方面有许多相似之处，但两者也存在明显的区别：一是犯罪客体不同。对非国家工作人员行贿罪的客体是公司、企业或者其他单位的正常生产经营秩序；行贿罪的客体为国家工作人员职务行为的廉洁性及国家机关、国有单

---

① 赵英武编著：《刑法直查——刑法条文与相关法规"三元分解、五栏贯通"全解》，法律出版社2011年版，第215页。

② 孟庆丰、陈国庆、孙茂利著：《经济犯罪案件立案追诉标准与定罪量刑适用法律图解》，中国人民公安大学出版社2010年版，第95页。

位的正常管理活动。二是犯罪对象不同。对非国家工作人员行贿罪所针对的犯罪对象是非国家工作人员，既包括非国有公司、企业或者其他非国有单位中的非国家工作人员，也包括国有公司、企业或者其他国有单位中的非国家工作人员；行贿罪所针对的犯罪对象是国家工作人员，包括公司、企业或者其他单位中的国家工作人员。三是犯罪主体不同。对非国家工作人员行贿罪的犯罪主体是一般主体，既包括自然人也包括单位；行贿罪的犯罪主体只能是自然人。四是定罪的标准不同。对非国家工作人员行贿罪的成立须满足数额较大的标准；行贿罪则没有明确规定其定罪标准。

（2）本罪与对单位行贿罪的界限。

对单位行贿罪，是指为谋取不正当利益给予国家机关、国有公司、企业、事业单位、人民团体以财物的行为，或者在经济往来中，违反国家规定，给予各种名义的回扣、手续费的行为。本罪与对单位行贿罪的主要区别表现在：一是犯罪客体不同。对非国家工作人员行贿罪的客体是公司、企业或者其他单位的正常生产经营秩序；对单位行贿罪的客体为国家机关、国有单位的正常活动秩序。二是犯罪对象不同。对非国家工作人员行贿罪所针对的犯罪对象为公司、企业或其他单位的非国家工作人员；对单位行贿罪的对象为公司、企业、事业单位、人民团体。三是发生的领域不同。对非国家工作人员行贿罪只能发生在生产经营活动过程中；对单位行贿罪既能发生在生产经营活动过程中，也可以发生在非生产经营活动过程中。

（3）本罪与单位行贿罪的界限。

单位行贿罪，是指单位为谋取不正当利益而行贿，或者违反国家规定给予国家工作人员以回扣、手续费，情节严重的行为。本罪与单位行贿罪的主要区别体现在以下几点：一是犯罪客体不同。对非国家工作人员行贿罪的客体为公司、企业或者其他单位的正常生产经营秩序；单位行贿罪所侵犯的客体是国家机关和其他国有单位的正常活动和国家工作人员职务的廉洁性。二是犯罪对象不同。对非国家工作人员行贿罪所针对的犯罪对象为公司、企业或者其他单位的非国家工作人员；单位行贿罪的犯罪对象为国家工作人员，包括公司、企业或者其他单位中的国家工作人员。三是犯罪主体不同。对非国家工作人员行贿罪的主体为一般主体，既包括自然人也包括单位；单位行贿罪的主体只能是单位，不包括自然人。四是处罚方法不同。对非国家工作人员行贿罪分为自然人犯罪和单位犯罪，针对犯罪主体的不同适用不同的处罚方法；单位行贿罪的处罚方法统一为双罚制。五是发生领域不同。对非国家工作人员行贿罪只能发生在生产经营活动过程中；单位行贿罪既能发生在生产经营活动过程中，也可以发生在非生产经营活动过程中。

3. 本罪的罪数形态问题

根据最高人民法院《关于审理诈骗案件具体应用法律的若干问题的解释》的规定，为"骗取贷款"，向银行或者金融机构的工作人员行贿的，直接以贷款诈骗罪定罪处罚，不再以本法第389条规定的行贿罪定罪处罚。因其他原因向银行或者金融机构的工作人员行贿的除外。

4. 本罪的共犯问题

本罪为故意犯罪，满足刑法总则中关于共同犯罪的规定，实施本罪的均成立共犯。非国家工作人员行贿和非国家工作人员受贿因主观上不存在共同的故意，客观上也无共同的行为，因而不是共同犯罪。

（四）对非国家工作人员行贿罪的处罚

根据修正后的刑法第164条规定，犯本罪的，处3年以下有期徒刑或者拘役；数额巨大的，处3年以上10年以下有期徒刑，并处罚金。为谋取不正当商业利益，给予外国公职人员或者国际公共组织官员以财物的，依照上述的规定处罚。单位犯上述罪的，对单位判处罚金，并对其直接负责的主管人员和其他直接责任人员，依照自然人犯本罪的规定处罚。行贿人在被追诉前主动交代行贿行为的，可以减轻处罚或者免除处罚。

十二、国有公司、企业、事业单位人员失职罪

（一）国有公司、企业、事业单位人员失职罪的概念与法源

1. 国有公司、企业、事业单位人员失职罪的概念

国有公司、企业、事业单位人员失职罪，是指国有公司、企业、事业单位的工作人员，由于严重不负责任，造成国有公司、企业破产或者国有公司、企业、事业单位严重损失，致使国家利益遭受重大损失的行为。

2. 国有公司、企业、事业单位人员失职罪的法源

1997 年修订刑法时，增设了玩忽职守罪，主要针对的是实践中国家机关工作人员在行使权力时严重不负责任、不履行职责或者不正确履行职责，致使公共财产、国家和人民利益遭受重大损失的行为。本次刑法修订对于实践中存在的国有公司、企业、事业单位的工作人员在工作中不尽职守，给国有公司、企业、事业单位造成严重损失，致使国家利益遭受重大损失的行为并没有单独规定统一的罪名，而是根据其行为所侵害的客体，分别在相关章节中予以规定。例如，刑法第 135 条规定的重大劳动安全事故罪。刑法第 167 条规定的签订、履行合同失职被骗罪。刑法原第 168 条规定的徇私舞弊造成破产、亏损罪。随着 1997 年刑法的具体实施，刑法原第 168 条规定的徇私舞弊造成破产、亏损罪所存在的缺陷日益暴露出来。例如，犯罪主体范围过窄、构成犯罪所需的行为要件规定得过于严格。针对司法实践中存在的上述问题，为严密刑事法网，1999 年 12 月 25 日第九届全国人大常务委员会第十三次会议通过的《刑法修正案》对本罪进行了修改和完善，即将刑法第 168 条修改为："国有公司、企业的工作人员，由于严重不负责任或者滥用职权，造成国有公司、企业破产或者严重损失，致使国家利益遭受重大损失的，处三年以下有期徒刑或者拘役；致使国家利益遭受特别重大损失的，处三年以上七年以下有期徒刑。国有事业单位的工作人员有前款行为，致使国家利益遭受重大损失的，依照前款的规定处

罚。国有公司、企业、事业单位的工作人员，徇私舞弊，犯前两款罪的，依照第一款的规定从重处罚。"对于本条文的修改主要体现在以下几个方面：一是将犯罪主体由"国有公司、企业直接负责的主管人员"扩大为"国有公司、企业、事业单位的工作人员"。二是增加了"严重不负责任或者滥用职权"造成国有公司、企业破产或者严重损失作为追究责任的情形。三是将"造成国有公司、企业破产或者严重亏损，致使国家利益遭受重大损失"的表述修改为"造成国有公司、企业破产或者严重损失"，从而使条文的含义更加明确。四是提高了相应的法定刑，加大了打击力度，主要表现为增加了"致使国家利益遭受特别重大损失的，处三年以上七年以下有期徒刑"的规定，同时规定对于徇私舞弊造成国有公司、企业破产或严重损失，致使国家利益遭受重大损失的，从重处罚。2002 年 3 月 15 日发布的最高人民法院、最高人民检察院《关于执行〈中华人民共和国刑法〉确定罪名的补充规定》根据 1999 年通过《刑法修正案》第 2 条的规定取消了刑法第 168 条"徇私舞弊造成破产、亏损罪"的罪名修改为"国有公司、企业、事业单位人员失职罪"。

（二）国有公司、企业、事业单位人员失职罪的构成特征

1. 客体特征

关于本罪侵犯的客体在刑法理论界存有争议。有的学者认为，本罪侵犯的客体是国有公司、企业、事业单位的财产权益和国家利益。[①] 有的学者认为，本罪侵犯的客体是国家对国有公司、企业、事业单位的资产管理制度和国家利益。[②] 国有公司、企业、事业单位的工作人员负有使国有资产保值、增值的义务，但一些国有公司、企业、事业单位的工作人员却反其道而行之，不仅破坏了国家

[①] 李永升、朱建华主编：《经济刑法学》，法律出版社 2011 年版，第 185 页。

[②] 周光权主编：《刑法历次修正案权威解读》，中国人民大学出版社 2011 年版，第 8 页。

对国有公司、企业、事业单位的资产管理制度，更造成国有公司、企业破产，或国有公司、企业、事业单位严重损失，致使国家利益遭受重大损失。增设本罪的目的是更好地保护国有公司、企业、事业单位的财产权益和国家利益。因此，本罪的客体应为国有公司、企业、事业单位的财产权益和国家利益。

2. 客观特征

本罪在客观方面表现为国有公司、企业、事业单位的工作人员严重不负责任，造成国有公司、企业破产或者国有公司、企业、事业单位严重损失，致使国家利益遭受重大损失的行为。

所谓"严重不负责任"，是指行为人不履行职责和不正确、不认真履行职责的行为。司法实践中，失职行为具体包括以下情形：（1）国有公司、企业、事业单位的工作人员在工作中为谋取个人利益，对工作严重不负责任，不履行或者不正确履行职责和义务，草率行事。（2）在经济合同履行完毕之后发现被骗，但仍不及时采取补救措施，不向有关机构报案或者不及时提起民事诉讼。（3）在仓储或者企业管理方面严重失职，造成重大损失，如负责管理粮库的保管员由于严重不负责任，致使库存粮食发霉、变质，给国家利益造成重大损失等。①

成立本罪，行为人的行为必须造成国有公司、企业破产或者国有公司、企业、事业单位严重损失，致使国家利益遭受重大损失。所谓"破产"，是指国有公司、企业由于负债超过资产或者不能清偿到期债务，而无法继续经营的状况。所谓"严重损失"，既包括经济损失，也包括其他方面的损失，如公司、企业的名声，品牌的信誉的受损。"破产"或"严重损失"，即国家利益遭受的损失。根据2010年5月7日颁布的最高人民检察院、公安部《关于公安机关管辖的刑事案件立案追诉标准的规定（二）》第15条规定：

---

① 周光权主编：《刑法历次修正案权威解读》，中国人民大学出版社2011年版，第8页。

"国有公司、企业、事业单位的工作人员，严重不负责任，涉嫌下列情形之一的，应予立案追诉：（一）造成国家直接经济损失数额在五十万元以上的；（二）造成有关单位破产、停业、停产一年以上，或者被吊销许可证和营业执照、责令关闭、撤销、解散的；（三）其他致使国家利益遭受重大损失的情形。"

3. 主体特征

本罪的犯罪主体为特殊主体，即国有公司、企业、事业单位的工作人员。国有公司、企业委派到国有控股、参股公司从事公务的人员，以国有公司、企业人员论。"人民团体"中的人员以及"其他依照法律从事公务的人员"不属于本罪的主体。需特别注意的是，无"职务的工作人员"不能构成本罪主体，因其无"责任、职权"可言。"保管员"等可构成本罪主体。①

4. 主观特征

对于本罪的主观方面，刑法学界通说认为是过失，但也有学者持不同的观点，认为本罪主观方面由故意构成，过失不构成本罪。② 本书认为，本罪的主观方面应为过失，持故意观点的学者主要是从行为人故意不履行、不正确履行自己的职责的角度思考的，而行为人对于其行为所造成的后果并不是出于故意而应为过失。因此，本罪在主观方面上应为过失。

（三）国有公司、企业、事业单位人员失职罪的司法认定

1. 本罪罪与非罪的界限

根据修订后的刑法第 168 条的规定，构成本罪客观上须造成国有公司、企业破产或者国有公司、企业、事业单位严重损失，致使国家利益遭受重大损失。行为人虽实施了本罪客观方面所要求的行

---

① 赵英武编著：《刑法直查——刑法条文与相关法规"三元分解、五栏贯通"全解》，法律出版社 2011 年版，第 220 页。

② 曾斌主编：《立案定罪量刑标准与适用》（第二版），法律出版社 2010 年版，第 159 页。

为，但未造成上述后果的，不认定为犯罪。具体衡量标准应参照最高人民检察院、公安部《关于公安机关管辖的刑事案件立案追诉标准的规定（二）》第 15 条的规定，即国有公司、企业、事业单位的工作人员，严重不负责任，涉嫌下列情形之一的，应予立案追诉：（1）造成国家直接经济损失数额在 50 万元以上的；（2）造成有关单位破产、停业、停产 1 年以上，或者被吊销许可证和营业执照、责令关闭、撤销、解散的；（3）其他致使国家利益遭受重大损失的情形。值得注意的是，根据 2002 年 3 月 15 日施行的《危险化学品安全管理条例》第 69 条的规定，危险化学品单位发生危险化学品事故，未按照本条例的规定立即组织救援，或者不立即向负责危险化学品安全监督管理综合工作的部门和公安、环境保护、质检部门报告，造成严重后果的，对负有责任的主管人员和其他直接责任人员依本罪或其他罪的规定，依法追究刑事责任，普通的工作人员不成立本罪。

2000 年 5 月 12 日通过的最高人民法院《关于审理扰乱电信市场管理秩序案件具体应用法律若干问题的解释》第 6 条规定，国有电信企业的工作人员，由于严重不负责任，造成国有电信企业破产或者严重损失，致使国家利益遭受重大损失的，依照刑法第 168 条规定的国有公司、企业、事业单位人员失职罪定罪处罚。

2002 年 9 月 23 日，最高人民检察院研究室《关于中国农业发展银行及其分支机构的工作人员法律适用问题的答复》规定，中国农业发展银行及其分支机构的工作人员严重不负责任，构成犯罪的，应当依照刑法第 168 条规定的国有公司、企业、事业单位人员失职罪追究刑事责任。

2003 年 5 月 15 日起施行的最高人民法院、最高人民检察院《关于办理妨害预防、控制突发传染病疫情等灾害的刑事案件具体应用法律若干问题的解释》第 4 条规定，国有公司、企业、事业单位的工作人员，在预防、控制突发传染病疫情等灾害的工作中，由于严重不负责任，造成国有公司、企业破产或者严重损失，致使国家利益遭受重大损失的，依照刑法第 168 条的规定，以国有公司、企业、事业单位人员失职罪定罪处罚。

2. 本罪与相近犯罪的界限

（1）本罪与玩忽职守罪的界限。

玩忽职守罪，是指国家机关工作人员玩忽职守，致使公共财产、国家和人民利益遭受重大损失的行为。本罪与玩忽职守罪有很多共同之处。一是两罪均为过失犯罪。二是两罪在客观方面均表现为严重不负责任。三是两罪在客观后果方面均要求造成重大损失。四是两罪均属特殊主体的职务犯罪。① 两罪的区别主要体现在以下方面，一是犯罪客体不同。国有公司、企业、事业单位人员失职罪的客体为国有公司、企业、事业单位的财产权益和国家利益；玩忽职守罪的客体为国家机关的正常管理活动。二是犯罪主体不同。国有公司、企业、事业单位人员失职罪的犯罪主体为国有公司、企业、事业单位的人员；玩忽职守罪的犯罪主体则为国家机关工作人员。三是两罪的具体刑罚不同。国有公司、企业、事业单位人员失职罪的最高法定刑是 7 年有期徒刑，而玩忽职守罪的最高法定刑为 10 年有期徒刑。

（2）本罪与签订、履行合同失职被骗罪的界限。

签订、履行合同失职被骗罪，是指国有公司、企业、事业单位的直接负责的主管人员，在签订、履行合同过程中，因严重不负责任被骗，致使国家利益遭受重大损失的行为。本罪与签订、履行合同失职被骗罪在主观方面均为过失，其区别则主要表现在以下方面：一是犯罪客体不同。国有公司、企业、事业单位人员失职罪的客体为国有公司、企业、事业单位的财产权益和国家利益；签订、履行合同失职被骗罪的客体是国家利益。二是两罪的行为方式不同。国有公司、企业、事业单位人员失职罪的行为方式表现为行为

---

① 孟庆丰、陈国庆、孙茂利著：《经济犯罪案件立案追诉标准与定罪量刑适用法律图解》，中国人民公安大学出版社 2010 年版，第 114 页。

人严重不负责任；签订、履行合同失职被骗罪的行为方式仅限于因严重不负责任而被骗。三是犯罪主体不同。国有公司、企业、事业单位人员失职罪的主体为特殊主体，即国有公司、企业、事业单位的所有工作人员；签订、履行合同失职被骗罪的主体则为国有公司、企业、事业单位直接负责的主管人员。司法实践中，若国有公司、企业、事业单位的直接负责的主管人员，在签订、履行合同过程中被骗，致使国家利益遭受重大损失的行为，应以签订、履行合同失职被骗罪定罪处罚；国有公司、企业、事业单位的非直接负责的主管人员实施上述行为，造成严重损失的，应以国有公司、企业、事业单位人员失职罪定罪处罚。若国有公司、企业、事业单位直接负责的主管人员在签订、履行合同的过程中并未被欺骗，而是由于该直接负责的主管人员严重不负责任，致使国家利益遭受重大损失的，则应以国有公司、企业、事业单位人员失职罪定罪处罚。

3. 本罪的罪数形态问题

刑法除规定了本罪以外，还规定了关于国有公司、企业、事业单位人员严重不负责任，造成严重损失的特殊刑法条文。例如，刑法第 134 条规定的重大责任事故罪。第 167 条规定的签订、履行合同失职被骗罪等。这些行为在满足本罪的构成要件时，也应成立本罪，但由于刑法对此类行为作了明确的特别规定，故在此情形下属于法条竞合，应适用特别法优于普通法的原则，不认定为本罪。

（四）国有公司、企业、事业单位人员失职罪的处罚

根据修正后的刑法第 168 条规定，犯本罪的，处 3 年以下有期徒刑或者拘役；致使国家利益遭受特别重大损失的，处 3 年以上 7 年以下有期徒刑。国有事业单位的工作人员实施上述行为，致使国家利益遭受重大损失的，依照前款规定处罚。国有公司、企业、事业单位的工作人员徇私舞弊，犯国有公司、企业、事业单位人员失职罪的，依照上述规定从重处罚。

十三、国有公司、企业、事业单位人员滥用职权罪

（一）国有公司、企业、事业单位人员滥用职权罪的概念和法源

1. 国有公司、企业、事业单位人员滥用职权罪的概念

国有公司、企业、事业单位人员滥用职权罪，是指国有公司、企业、事业单位的工作人员，由于滥用职权，造成国有公司、企业破产或者国有公司、企业、事业单位严重损失，致使国家利益遭受重大损失的行为。

2. 国有公司、企业、事业单位人员滥用职权罪的法源

1997 年修订刑法时，在渎职罪一章中增设了滥用职权罪。此罪主要针对的是司法实践中国家机关工作人员在工作中滥用职权，导致公共财产、国家和人民利益遭受重大损失的行为。刑法在破坏社会主义市场经济秩序罪中单独规定了相关罪名，如徇私舞弊造成破产、亏损罪，签订、履行合同失职被骗罪，徇私舞弊低价折股、出售国有资产罪等。同国有公司、企业、事业单位人员失职罪一样，国有公司、企业、事业单位人员滥用职权罪在此次刑法修改中并未予以明确规定。由于 1997 年刑法第 168 条在司法实践中所存在的不足，如成立犯罪的客观行为要件过严，犯罪主体范围过窄，处罚过轻等，加之刑法对于实践中出现的国有公司、企业、事业单位的工作人员滥用职权，致使国有公司、企业、事业单位造成严重损失，国家利益遭受重大损失的行为难以追究相关行为人的刑事责任。由此导致司法实践中出现的国有公司、企业、事业单位的工作人员滥用职权，致使国有公司、企业、事业单位造成严重损失，国家利益遭受重大损失的行为，根据刑法现有规定难以追究其相关的刑事责任。为弥补这一立法缺陷，加大对此类行为的刑事打击力度。第九届全国人大常委会第十三次会议于 1999 年 12 月 25 日发布了《刑法修正案》，此修正案第 2 条规定："将刑法第一百六十八条修改为'国有公司、企业的工作人员，由于严重不负责任或

者滥用职权，造成国有公司、企业破产或者严重损失，致使国家利益遭受重大损失的，处三年以下有期徒刑或者拘役；致使国家利益遭受特别重大损失的，处三年以上七年以下有期徒刑。国有事业单位的工作人员有前款行为，致使国家利益遭受重大损失的，依照前款的规定处罚。国有公司、企业、事业单位的工作人员，徇私舞弊，犯前两款罪的，依照第一款的规定从重处罚。'"由修正后的条文可知，此次修改将国有公司、企业、事业单位人员滥用职权，造成国家利益严重损失的行为正式规定为犯罪。2002 年 3 月 15 日发布的最高人民法院、最高人民检察院《关于执行〈中华人民共和国刑法〉确定罪名的补充规定》根据《刑法修正案》第 2 条的规定，将此类行为规定为"国有公司、企业、事业单位人员滥用职权罪"，取消了"徇私舞弊造成破产、亏损罪。"

（二）国有公司、企业、事业单位人员滥用职权罪的构成特征

1. 客体特征

关于本罪的客体在刑法理论界存有争议，有的学者认为，本罪侵犯的客体是国有公司、企业、事业单位的财产权益和国家利益。[①] 有的学者认为，本罪所侵犯的客体是国有公司、企业、事业单位的正常活动和国家的利益。[②] 还有的学者则认为，本罪的保护法益是国家对国有公司、企业、事业单位的资产管理制度和国家利益。[③] 国有公司、企业、事业单位的工作人员滥用职权的行为不仅破坏了国家对国有公司、企业、事业单位的资产管理制度，更造成了国有公司、企业破产，或国有公司、企业、事业单位严重损失，国有资产大量流失，致使国家利益遭受重大损失。立法者增设本罪的目的则是更好地保护国有公司、企业、事业单位的财产权益和国

---

① 李永升、朱建华主编：《经济刑法学》，法律出版社 2011 年版，第 188 页。

② 陈云华主编：《公安机关办理经济犯罪案件实务》，四川大学出版社 2006 年版，第 192 页。

③ 周光权主编：《刑法历次修正案权威解读》，中国人民大学出版社 2011 年版，第 10 页。

家利益。因此，本罪的客体应为国有公司、企业、事业单位的财产权益和国家利益。

2. 客观特征

本罪在客观方面表现为国有公司、企业、事业单位的工作人员滥用职权，造成国有公司、企业破产或者严重损失，致使国家利益遭受重大损失，或者国有事业单位的工作人员滥用职权，致使国家利益遭受重大损失的行为。

所谓"滥用职权"，是指行为人超越职权或者不按照程序、不正当地行使职权，在司法实践中，滥用职权一般包括以下情形：（1）擅自为他人提供担保，给本单位造成损失。（2）大肆请客送礼，四处游览、铺张浪费、挥霍公款，致使公司、企业破产或者严重亏损。（3）违反规定擅自动用公司、企业资金在国际外汇、期货市场上进行外汇、期货投机，造成公司、企业资金严重短缺、无法收回，给国家造成重大损失等。[①]

本罪的犯罪对象为国有公司、企业、事业单位。国有公司、企业、事业单位的工作人员因滥用职权，造成非国有公司、企业、事业单位破产或者严重损失的不成立本罪。

成立本罪，行为人的行为必须造成国有公司、企业破产或国有公司、企业、事业单位严重损失，致使国家利益遭受重大损失。所谓"破产"，是指国有公司、企业由于负债超过资产或者不能清偿到期债务而无法继续经营的状况。所谓"严重损失"，既包括经济损失，也包括其他方面的损失，如公司、企业的名声，品牌信誉的受损。"破产"或"严重损失"，即国家利益遭受的损失。根据2010年5月7日通过的最高人民检察院、公安部《关于公安机关管辖的刑事案件立案追诉标准的规定（二）》第16条规定："国有公司、企业、事业单位的工作人员，滥用职权，涉嫌下列情形之一

[①] 周光权主编：《刑法历次修正案权威解读》，中国人民大学出版社2011年版，第10页。

的，应予立案追诉：（一）造成国家直接经济损失数额在三十万元以上的；（二）造成有关单位破产，停业、停产六个月以上，或者被吊销许可证和营业执照、责令关闭、撤销、解散的；（三）其他致使国家利益遭受重大损失的情形。"

3. 主体特征

本罪的主体为特殊主体，即国有公司、企业、事业单位的工作人员。国有公司、企业委派到国有控股、参股公司从事业务的人员以国有公司、企业人员论。最高人民法院《关于如何认定国有控股、参股股份有限公司中的国有公司、企业人员的解释》规定："为准确认定刑法分则第三章第三节中的国有公司、企业人员，现对国有控股、参股的股份有限公司中的国有公司、企业人员解释如下：国有公司、企业委派到国有控股、参股公司从事公务的人员，以国有公司、企业人员论。"由此可知，国有公司、企业委派到国有控股、参股公司从事公务的人员也可成立本罪。"人民团体"中的人员以及"其他依照法律从事公务的人员"不属于本罪的主体。须注意的是，无"职务的工作人员"不能成为本罪的主体，因其无"责任、职权"可言。"保管员"可构成本罪的主体。

4. 主观特征

本罪在主观方面表现为故意，即国有公司、企业、事业单位的工作人员明知滥用职权的行为会造成国有公司、企业破产或国有公司、企业、事业单位严重损失致使国家利益遭受重大损失的后果，仍希望或放任这种结果的发生。

（三）国有公司、企业、事业单位人员滥用职权罪的司法认定

1. 本罪罪与非罪的界限

根据现行刑法第168条的规定可知，行为人成立本罪除须满足构成要件之外，还应达到法定的严重后果，即所实施的行为只有造成国有公司、企业破产或者国有公司、企业、事业单位严重损失，致使国家利益遭受重大损失的，才依本罪定罪处罚。具体衡量标准应当参照最高人民检察院、公安部《关于公安机关管辖的刑事案

件立案追诉标准的规定（二）》第 16 条的规定，即国有公司、企业、事业单位的工作人员，滥用职权，涉嫌下列情形之一的，应予立案追诉：（1）造成国家直接经济损失数额在 30 万元以上的；（2）造成有关单位破产，停业、停产 6 个月以上，或者被吊销许可证和营业执照、责令关闭、撤销、解散的；（3）其他致使国家利益遭受重大损失的情形。

根据最高人民法院《关于审理扰乱电信市场管理秩序案件具体应用法律若干问题的解释》第 6 条规定，国有电信企业的工作人员，滥用职权，造成国有电信企业破产或者严重损失，致使国家利益遭受重大损失的，依照刑法第 168 条国有公司、企业、事业单位人员滥用职权罪的规定定罪处罚。

根据最高人民检察院研究室《关于中国农业发展银行及其分支机构的工作人员法律适用问题的答复》规定，中国农业发展银行及其分支机构的工作人员滥用职权，构成犯罪的，应当依照刑法第 168 条国有公司、企业、事业单位人员滥用职权罪的规定追究刑事责任。

最高人民法院、最高人民检察院《关于办理妨害预防、控制突发传染病疫情等灾害的刑事案件具体应用法律若干问题的解释》第 4 条规定，国有公司、企业、事业单位的工作人员，在预防、控制突发传染病疫情等灾害的工作中，滥用职权，造成国有公司、企业破产或者严重损失，致使国家利益遭受重大损失的，依照刑法第 168 条的规定，以国有公司、企业、事业单位人员滥用职权罪定罪处罚。

2. 本罪与相近犯罪的界限

（1）本罪与滥用职权罪的界限。

滥用职权罪，是指国家机关工作人员滥用职权，致使公共财产、国家和人民利益遭受重大损失的行为。本罪与滥用职权罪的相同之处表现在以下三个方面，一是两罪在客观方面都表现为实施了滥用职权的行为，且该行为都会致使国家利益遭受重大损失。二是两罪在主观方面都为故意，对行为所造成的结果持希望或放任的心态。三是成立两罪的主体均为特殊主体，不符合主体条件的人员实施此两种行为的不成立此两种犯罪。本罪与滥用职权罪的区别主要体现在以下方面，一是犯罪客体不同。国有公司、企业、事业单位人员滥用职权罪的客体为国有公司、企业、事业单位的财产权益和国家利益；滥用职权罪的客体为国家机关的正常管理活动。二是犯罪主体不完全相同。国有公司、企业、事业单位人员滥用职权罪的犯罪主体为国有公司、企业、事业单位的工作人员；滥用职权罪的主体为国家机关工作人员。三是两罪的法定刑不同；国有公司、企业、事业单位人员滥用职权罪的最高法定刑为 7 年有期徒刑；滥用职权罪的最高法定刑则为 10 年有期徒刑，滥用职权罪的法定刑较高。

值得注意的是，若国有公司、企业、事业单位的工作人员是在依照法律、法规规定行使国家行政管理职能的组织中从事公务，或者在受国家机关委托代表国家机关行使职权的组织中从事公务，或者代表国家机关行使职权，而滥用职权，致使公共财产、国家和人民利益遭受重大损失的，应以滥用职权罪定罪处罚。[1]

（2）本罪与国有公司、企业、事业单位人员失职罪的界限。

国有公司、企业、事业单位人员失职罪，是指国有公司、企业、事业单位的工作人员，由于严重不负责任，造成国有公司、企业破产或者国有公司、企业、事业单位严重损失，致使国家利益遭受重大损失的行为。本罪与国有公司、企业、事业单位人员失职罪均是 1999 年《刑法修正案》新增设的罪名，且规定在同一条文中。两罪的犯罪客体、犯罪主体和法定刑均相同。同时，成立两罪均要求造成了法定的严重后果。两罪的区别主要表现在两个方面：一是两罪的客观行为表现不同。国有公司、企业、事业单位人员滥

---

[1] 李永升、朱建华主编：《经济刑法学》，法律出版社 2011 年版，第 189～190 页。

用职权罪的客观行为表现为国有公司、企业、事业单位的工作人员滥用职权的行为；国有公司、企业、事业单位人员失职罪的客观行为则表现为国有公司、企业、事业单位人员严重不负责任，不履行、不正确履行或者放弃履行职权的行为。二是两罪的主观方面不同。国有公司、企业、事业单位人员滥用职权罪的主观方面为故意。国有公司、企业、事业单位人员失职罪的主观方面为过失。

3. 本罪的罪数形态问题

司法实践中，国有公司、企业、事业单位的工作人员收受他人贿赂后，滥用职权，造成国有公司、企业破产或者国有公司、企业、事业单位严重损失，致使国家利益遭受重大损失的，若国有公司、企业、事业单位的工作人员为非国家工作人员的，则成立非国家工作人员受贿罪与国有公司、企业、事业单位人员滥用职权罪，数罪并罚。若国有公司、企业、事业单位的工作人员为国家工作人员，则成立受贿罪与国有公司、企业、事业单位人员滥用职权罪，数罪并罚。

4. 本罪的共犯问题

本罪的共同犯罪包括两种情形：一是两个以上的国有公司、企业、事业单位的工作人员，出于共同的犯罪故意，共同实施了滥用职权的行为，造成国有公司、企业破产或者国有公司、企业、事业单位严重损失，致使国家利益遭受重大损失的，成立共同犯罪，应以国有公司、企业、事业单位人员滥用职权罪的共犯处罚。二是非国有公司、企业、事业单位的工作人员教唆或者帮助国有公司、企业、事业单位的工作人员实施滥用职权行为，造成国有公司、企业破产或者国有公司、企业、事业单位严重损失，致使国家利益遭受重大损失的，也成立本罪的共同犯罪。对于非国有公司、企业、事业单位的工作人员以国有公司、企业、事业单位人员滥用职权罪的教唆犯或从犯定罪处罚。

5. 本罪的停止形态问题

本罪为结果犯，行为人滥用职权，造成国有公司、企业破产或者国有公司、企业、事业单位严重损失，致使国家利益遭受重大损失的，才成立本罪。本罪只有成立与否的问题，不存在犯罪的停止形态。

（四）国有公司、企业、事业单位人员滥用职权罪的处罚

根据修正后的刑法第 168 条规定，犯本罪的，处 3 年以下有期徒刑或者拘役；致使国家利益遭受特别重大损失的，处 3 年以上 7 年以下有期徒刑。国有事业单位的工作人员实施前述行为，致使国家利益遭受重大损失的，依照前款规定处罚。国有公司、企业、事业单位的工作人员徇私舞弊，犯国有公司、企业、事业单位人员滥用职权罪的，依照上述规定从重处罚。

十四、伪造、变造、转让金融机构经营许可证、批准文件罪

（一）伪造、变造、转让金融机构经营许可证、批准文件罪的概念和法源

1. 伪造、变造、转让金融机构经营许可证、批准文件罪的概念

伪造、变造、转让金融机构经营许可证、批准文件罪，是指伪造、变造、转让商业银行、证券交易所、期货交易所、证券公司、期货经纪公司、保险公司或者其他金融机构的经营许可证或者批准文件的行为。

2. 伪造、变造、转让金融机构经营许可证、批准文件罪的法源

在计划经济年代，我国尚未实行经营许可证制度。因此，1979 年刑法中没有关于此罪的规定，司法实践中出现的此类行为以刑法第 167 条规定的妨害公文、证件、印章罪定罪量刑。中国人民银行于 1994 年 8 月 5 日颁布的《金融机构管理规定》第 51 条第 3 项明确规定了此种行为的刑事责任，但仍认定为妨害公文、证件、印章罪。1995 年全国人大常委会通过的《关于惩治破坏金融秩序犯罪

的决定》第 6 条第 2 款规定："伪造、变造、转让商业银行或者其他金融机构经营许可证的，依照前款的规定处罚。"此决定以单独的条文规定了本罪，但刑法中仍无关于此行为的明确规定。为了做到与相关行政法规的衔接，更为了打击此类犯罪行为，维护正常的金融管理秩序。1997 年修订刑法时，将此类犯罪行为规定在第 174 条第 2 款中。1997 年 12 月 9 日通过的最高人民法院《关于执行〈中华人民共和国刑法〉确定罪名的规定》和 1997 年 12 月 25 日颁布的最高人民检察院《关于适用刑法分则规定的犯罪的罪名的意见》根据 1997 年刑法第 174 条第 2 款规定了"伪造、变造、转让金融机构经营许可证罪"罪名。

1999 年 12 月 25 日第九届全国人大常委会第十三次会议通过的《刑法修正案》第 3 条将刑法第 174 条第 2 款修改为："伪造、变造、转让商业银行、证券交易所、期货交易所、证券公司、期货经纪公司、保险公司或者其他金融机构的经营许可证或者批准文件的，依照前款的规定处罚。"对于本条的修改主要体现为两点：一是所列举的金融机构由"商业银行"增加为："商业银行、证券交易所、期货交易所、证券公司、期货经纪公司、保险公司"。二是扩大了本罪的犯罪对象，即增加了"批准文件"。此次修改使本条文更有利于司法实践中的准确操作。2002 年 3 月 15 日发布的最高人民法院、最高人民检察院《关于执行〈中华人民共和国刑法〉确定罪名的补充规定》根据《刑法修正案》第 3 条第 2 款的规定将"伪造、变造、转让金融机构经营许可证罪"罪名修改为"伪造、变造、转让金融机构经营许可证、批准文件罪。"

（二）伪造、变造、转让金融机构经营许可证、批准文件罪的构成特征

1. 客体特征

关于本罪所侵犯的客体，学界认识不一。有的学者认为，本罪

侵犯的客体是国家对金融机构设立的管理秩序。① 有的学者认为，本罪侵犯的客体是国家的金融管理制度和金融秩序。② 有的学者认为，本罪侵犯的客体是国家的金融管理制度。③ 有的学者认为，本罪侵犯的客体是金融许可证、批准文件的管理制度。④ 笔者赞同第一种观点，金融机构的经营许可证或批准文件对于维护正常的金融管理秩序具有重要意义。伪造、变造、转让商业银行、证券交易所、期货交易所、证券公司、期货经纪公司、保险公司或者其他金融机构的经营许可证或者批准文件的行为使得一些不符合法定条件的主体获得相关金融机构的经营许可证或者批准文件，从而参与到金融市场活动中。这一行为严重扰乱了正常的金融管理秩序。国家对金融机构设立的管理秩序应是本罪所侵犯的直接客体。

2. 客观特征

本罪在客观方面表现为伪造、变造、转让商业银行、证券交易所、期货交易所、证券公司、期货经纪公司、保险公司或者其他金融机构的经营许可证或者批准文件的行为。理解本罪的客观方面需要弄清以下几个方面的问题：

首先，本罪的行为方式是伪造、变造、转让三种。所谓"伪造经营许可证或者批准文件"，是指没有金融机构经营许可证或批准文件的制作权，仍非法制造在特征、形状、样式、色彩等方面与真的经营许可证或批准文件相同的仿品。所谓"变造经营许可证或者批准文件"，是指在真的经营许可证或批准文件的基础上进行改造，改变其原有内容，如改变经营许可证或批准文件中所规定的

① 黄晓亮、许成磊著：《破坏金融管理秩序罪立案追诉标准与司法认定实务》，中国人民公安大学出版社 2010 年版，第 95 页。

② 孟庆丰、陈国庆、孙茂利著：《经济犯罪案件立案追诉标准与定罪量刑适用法律图解》，中国人民公安大学出版社 2010 年版，第 164 页。

③ 曾斌主编：《立案定罪量刑标准与适用》（第二版），法律出版社 2010 年版，第 175 页。

④ 李永升、朱建华主编：《经济刑法学》，法律出版社 2011 年版，第 213 页。

经营范围、单位的名称、批准日期等内容。所谓"转让经营许可证或批准文件",是指经营许可证或批准文件的合法持有者将自己的金融机构经营许可证或批准文件通过出售、出租、出借、赠与等方式有偿或无偿地转让或者让与其他机构或个人使用。他人若不是为了使用而获得,那么就不能认定为这里的"转让"行为。①

其次,本罪的犯罪对象是金融机构经营许可证或批准文件。根据 1994 年 8 月 5 日颁布的《金融机构管理规定》第 6 条的规定,金融机构经营许可证分为《金融机构法人许可证》和《金融机构营业许可证》。前者颁发给具有法人资格的金融机构,后者颁发给不具备法人资格的金融机构。② 商业银行经营许可证或者批准文件的审批和发放部门是银监会。证券交易所、期货交易所、证券公司、期货经纪公司的经营许可证或者批准文件的审批和发放部门是证监会,而保险公司的经营许可证或者批准文件的审批和发放部门是保监会。在我国的相关法律中,如《金融机构管理规定》等明确规定了颁发许可证的详细流程。

3. 主体特征

本罪的主体是一般主体,包括自然人和单位,自然人成立本罪须年满 16 周岁,具备相应的刑事责任能力。通常转让金融机构经营许可证或者批准文件的行为,主体一般都是该经营许可证或者批准文件的所有者,即金融机构,当然也不排除自然人利用这种行为方式实施本罪,如金融机构的内部人员窃取许可证进行转让的行为。③

---

① 黄晓亮、许成磊著:《破坏金融管理秩序罪立案追诉标准与司法认定实务》,中国人民公安大学出版社 2010 年版,第 97 页。
② 黄晓亮、许成磊著:《破坏金融管理秩序罪立案追诉标准与司法认定实务》,中国人民公安大学出版社 2010 年版,第 96 页。
③ 黄晓亮、许成磊著:《破坏金融管理秩序罪立案追诉标准与司法认定实务》,中国人民公安大学出版社 2010 年版,第 98 页。

4. 主观特征

本罪的主观方面表现为故意，过失不成立本罪。通常情况下，行为人实施本罪是为了获取非法利益，但此目的并不是构成本罪主观方面所必需的要件。

（三）伪造、变造、转让金融机构经营许可证、批准文件罪的司法认定

1. 本罪罪与非罪的界限

本罪属于行为犯，即行为人实施了伪造、变造、转让金融机构经营许可证或者批准文件的行为之一，就成立本罪，但存在一些例外情形，如不按时更换金融机构经营许可证，通过涂改、粘贴等方式进行变造的应视为一般违法行为，不应认定为犯罪；行为人为了玩乐而随意制作金融机构的经营许可证或批准文件并未流入社会的，因其主观方面缺失危害金融机构设立管理秩序的故意，所以不应以本罪定罪处罚。此外，"伪造、变造无印章、无填写内容，客观上不能作为许可证或者以假乱真的许可证的文样、文本，且查清行为人没有进一步伪造、变造或者其他意图的，不构成本罪。"①

2. 本罪与相近犯罪的界限

（1）本罪与伪造、变造、买卖国家机关公文、证件、印章罪的界限。

伪造、变造、买卖国家机关公文、证件、印章罪，是指伪造、变造、买卖国家机关的公文、证件、印章的行为。本罪与伪造、变造、买卖国家机关公文、证件、印章罪属于法条竞合关系，伪造、变造、转让金融机构经营许可证、批准文件罪为特别法，根据特别法优于普通法原则，行为人实施上述行为的，应以伪造、变造、转让金融机构经营许可证、批准文件罪定罪处罚。两罪在犯罪主体上基本相同，但在以下方面却存在很大区别：一是两罪所侵犯的客体

---

① 王凤奎著：《金融犯罪研究》，中国检察出版社 2008 年版，第 177 页。

不同。伪造、变造、转让金融机构经营许可证、批准文件罪所侵犯的客体为国家对金融机构设立的管理秩序。伪造、变造、买卖国家机关公文、证件、印章罪侵犯的客体为国家机关公文、证件、印章的公共信用。二是两罪的行为方式不同。伪造、变造、转让金融机构经营许可证、批准文件罪在客观方面的犯罪行为表现为伪造、变造、转让三种。伪造、变造、买卖国家机关公文、证件、印章罪则表现为伪造、变造、买卖。三是两罪的犯罪对象不同。伪造、变造、转让金融机构经营许可证、批准文件罪的犯罪对象为金融机构的经营许可证或批准文件。伪造、变造、买卖国家机关公文、证件、印章罪的犯罪对象则为国家机关的公文、证件、印章。

（2）本罪与擅自设立金融机构罪的界限。

擅自设立金融机构罪，是指未经国家有关主管部门批准，擅自设立商业银行、证券交易所、期货交易所、证券公司、期货经纪公司、保险公司或者其他金融机构的行为。

本罪与擅自设立金融机构罪的犯罪主体均为一般主体，既包括自然人也包括单位。在主观方面，两罪均表现为故意。主要的区别表现在犯罪的客观方面上，伪造、变造、转让金融机构经营许可证、批准文件罪在客观方面表现为行为人实施了伪造、变造、转让商业银行、证券交易所、期货交易所、证券公司、期货经纪公司、保险公司或者其他金融机构经营许可证或批准文件的行为。擅自设立金融机构罪则表现为行为人未经国家有关主管部门批准实施了擅自设立商业银行、证券交易所、期货交易所、证券公司、期货经纪公司、保险公司或者其他金融机构的行为。

（3）本罪与伪造公司、企业、事业单位、人民团体印章罪的界限。

伪造公司、企业、事业单位、人民团体印章罪，是指无制作权限的人，擅自伪造公司、企业、事业单位、人民团体的印章的行为。本罪与伪造公司、企业、事业单位、人民团体印章罪的区别主要体现在以下方面：一是犯罪客体不同。伪造、变造、转让金融机构经营许可证、批准文件罪侵犯的客体是国家对金融机构设立的管理秩序。伪造公司、企业、事业单位、人民团体印章罪侵犯的客体为公司、企业、事业单位、人民团体的正常活动及信誉。二是犯罪的客观方面不同。伪造、变造、转让金融机构经营许可证、批准文件罪在客观方面表现为行为人实施了伪造、变造、转让商业银行、证券交易所、期货交易所、证券公司、期货经纪公司、保险公司或者其他金融机构经营许可证或批准文件的行为；伪造公司、企业、事业单位、人民团体印章罪的客观方面表现为伪造公司、企业、事业单位、人民团体印章的行为。三是犯罪对象不同。伪造、变造、转让金融机构经营许可证、批准文件罪的行为对象为金融机构经营许可证、批准文件。伪造公司、企业、事业单位、人民团体印章罪的行为对象是公司、企业、事业单位、人民团体的印章。四是犯罪主体不同。伪造、变造、转让金融机构经营许可证、批准文件罪的主体为自然人和单位。伪造公司、企业、事业单位、人民团体印章罪的主体仅为自然人。

3. 本罪的罪数形态问题

本罪是选择罪名，在具体确定罪名时，应根据行为人所实施的行为特征选择具体罪名。如果行为人实施了其中两个或全部三个行为的，只构成一罪而不应按数罪并罚。有学者认为，在此种情形下，行为人所实施的其中两个或全部三个行为具有连续性。同时该学者还指出，如果实施两个以上的行为，皆达到情节严重的，但数行为人之间并没有连续关系的，则形成同种数罪。本书认为，这一观点存在其合理性，但对于数行为人之间是否存在连续性关系则需要进一步明确其判断标准。

若行为人为擅自设立金融机构、非法集资、非法吸收公众存款而伪造、变造金融机构经营许可证或者批准文件的，属于牵连犯问题，应依据从一重处罚的原则定罪处罚。若行为人伪造、变造、转让金融机构经营许可证、批准文件提供给他人使用，则对于行为人应以本罪论处。

4. 本罪的共犯问题

行为人明知他人伪造、变造、转让金融机构经营许可证、批准文件而提供帮助等行为的，成立本罪的共犯。

行为人明知他人擅自设立金融机构，而为其伪造、变造、转让金融机构的经营许可证或批准文件的，成立擅自设立金融机构罪的共犯。行为人的行为同时构成擅自设立金融机构罪和伪造、变造、转让金融机构经营许可证、批准文件罪，属于想象竞合犯，依想象竞合犯的从一重处罚的原则，最终应以擅自设立金融机构罪定罪处罚。

5. 本罪的停止形态问题

本罪是行为犯，只要行为人实施了伪造、变造、转让金融机构经营许可证或者批准文件的行为，即构成犯罪既遂。判断本罪的着手，因所实施的具体行为不同而不同。伪造经营许可证或批准文件的行为以实施可能导致虚假的经营许可证或批准文件被制作出来的行为时为着手。① 变造经营许可证或批准文件的行为以在真的许可证或批准文件上实施剪贴、涂改、挖补等变造行为时为着手，转让经营许可证或批准文件的行为以行为人实施交付许可证或批准文件的行为时为着手。

（四）伪造、变造、转让金融机构经营许可证、批准文件罪的处罚

根据修正后的刑法第174条第2款和第3款的规定，犯本罪的，处3年以下有期徒刑或者拘役，并处或者单处2万元以上20万元以下罚金；情节严重的，处3年以上10年以下有期徒刑，并处5万元以上50万元以下罚金。单位犯本罪的，对单位判处罚金，并对其直接负责的主管人员和其他直接责任人，依照自然人犯本罪予以处罚。

---

① 黄晓亮、许成磊著：《破坏金融管理秩序罪立案追诉标准与司法认定实务》，中国人民公安大学出版社2010年版，第100页。

十五、编造并传播证券、期货交易虚假信息罪

（一）编造并传播证券、期货交易虚假信息罪的概念和法源

1. 编造并传播证券、期货交易虚假信息罪的概念

编造并传播证券、期货交易虚假信息罪，是指行为人编造并且传播影响证券、期货交易的虚假信息，扰乱证券、期货交易市场，造成严重后果的行为。

2. 编造并传播证券、期货交易虚假信息罪的法源

1979 年刑法对于此类行为没有作出规定。随着证券市场的发展，证券交易活动的频繁，将编造并传播证券交易虚假信息的行为入罪的呼声越来越高。1997 年刑法修改时，增设了"编造并传播证券交易虚假信息罪"，具体体现在刑法第 181 条第 1 款的规定，即"编造并且传播影响证券交易的虚假信息，扰乱证券交易市场，造成严重后果的，处五年以下有期徒刑或者拘役，并处或者单处一万元以上十万元以下罚金。"近年来，随着期货市场的发展，也出现了编造并传播虚假期货信息严重损害投资者利益，扰乱期货市场正常交易秩序的行为。针对此问题，1999 年 12 月 25 日全国人大常委会通过的《刑法修正案》第 5 条第 1 款和第 3 款针对 1997 年刑法第 181 条第 1 款和第 3 款进行了补充修改，"编造并且传播影响证券、期货交易的虚假信息，扰乱证券、期货交易市场，造成严重后果的，处五年以下有期徒刑或者拘役，并处或者单处一万元以上十万元以下罚金。单位犯前两款罪的，对单位判处罚金，并对其直接负责的主管人员和其他直接责任人员，处五年以下有期徒刑或者拘役。"本次修改的最大亮点便是将"期货交易虚假信息"纳入犯罪对象的范围。2002 年 3 月 15 日发布的最高人民法院、最高人民检察院《关于执行〈中华人民共和国刑法〉确定罪名的补充规定》将此罪名由"编造并传播证券交易虚假信息罪"修改为"编造并传播证券、期货交易虚假信息罪"。

（二）编造并传播证券、期货交易虚假信息罪的构成特征

1. 客体特征

针对本罪侵犯的客体，存在不同认识，有观点认为，本罪的保护法益是证券、期货交易市场秩序。[1] 有观点认为，本罪是简单客体，投资者的财产权利并不是本罪的客体。[2] 也有观点认为，本罪侵犯的客体是证券、期货市场的正常秩序和其他投资者的合法权益，[3] 大多数学者持此观点。本书认为，立法者将编造并传播证券、期货交易虚假信息罪规定在破坏社会主义市场经济秩序罪一章中，体现了此类行为严重破坏了证券、期货市场的正常秩序，这也是本罪的主要客体。与此同时，该行为的发生往往导致许多投资者因误信证券交易的虚假信息，实施投资交易行为，从而造成财产损失。保护其他投资者的合法权益也是设置本罪的应有之义，因此其他投资者的合法权益是本罪的次要客体。

2. 客观特征

本罪在客观方面表现为行为人编造并传播证券、期货交易的虚假信息，扰乱证券、期货交易市场，造成严重后果的行为。关于本罪的客观方面有三点值得注意：

第一，本罪的行为方式是编造并传播，二者缺一不可，只编造不传播的不成立本罪；只传播不编造的也不成立本罪。共同犯罪中有分工的情形除外。所谓"编造"，是指无中生有地捏造虚假信息，包括篡改、隐瞒真实的证券、期货交易信息和虚构根本不存在的相关信息。所谓"传播"，是指通过一定的途径、方式，使所编造的信息被不特定的人所知悉或可能知悉。

第二，本罪的犯罪对象是影响证券、期货交易的虚假信息。行

---

① 周光权主编：《刑法历次修正案权威解读》，中国人民大学出版社 2011 年版，第 22 页。

② 白建军著：《证券欺诈及对策》，中国法制出版社 1996 年版，第 160 页。

③ 孟庆丰、陈国庆、孙茂利著：《经济犯罪案件立案追诉标准与定罪量刑适用法律图解》，中国人民公安大学出版社 2010 年版，第 230 页。

为人所编造的信息除具备虚假性之外，还必须达到影响证券、期货交易的程度。这就要求所编造的虚假信息必须与证券、期货交易活动紧密相关。此类信息一旦传播便会产生误导投资者的投资决定，影响证券、期货市场的价格等严重后果。所谓"影响证券交易的虚假信息"，主要是指可能对上市公司股票交易价格产生较大影响的虚假信息，如涉及公司分配股利或者增资的计划；公司债务担保的重大变更；公司发生重大亏损或者遭受重大损失；公司减资、合并、分立、解散等虚假信息。① 所谓"影响期货交易的虚假信息"，主要是指可能对期货合约的交易产生较大影响的虚假信息，如金融银根政策、有关会议内容、市场整顿措施、新品种上市、税率调整、大户入市、保证金比例的提高、交易头寸变化、仓量调整、新法规新措施的出台等。②

第三，构成本罪在客观方面必须造成严重后果。最高人民检察院、公安部《关于公安机关管辖的刑事案件立案追诉标准的规定（二）》将本罪"严重后果"的标准予以明确化，即第 37 条规定："编造并且传播影响证券、期货交易的虚假信息，扰乱证券、期货交易市场，涉嫌下列情形之一的，应予立案追诉：（一）获利或者避免损失数额累计在五万元以上的；（二）造成投资者直接经济损失数额在五万元以上的；（三）致使交易价格和交易量异常波动的；（四）虽未达到上述数额标准，但多次编造并且传播影响证券、期货交易的虚假信息的；（五）其他造成严重后果的情形。"

3. 主体特征

本罪的主体为一般主体，既包括自然人也包括单位，自然人构成本罪须年满 16 周岁，且具备相应的刑事责任能力。根据刑法第

---

① 郎胜主编：《中华人民共和国刑法释义（第 5 版　含刑法修正案八）》，法律出版社 2011 年版，第 290 页。

② 郎胜主编：《中华人民共和国刑法释义（第 5 版　含刑法修正案八）》，法律出版社 2011 年版，第 290 页。

181 条第 2 款的规定，证券、期货交易所或者证券公司、期货经纪公司的从业人员，证券、期货业协会或者证券、期货监督管理部门的工作人员，实施编造并传播证券、期货交易虚假信息行为的，应以诱骗投资者买卖证券、期货合约罪定罪处罚。[①] 证券、期货咨询服务机构及其相关机构的工作人员，以及证券期货交易的客户、行情分析人员等也可成立本罪。

4. 主观特征

本罪在主观方面表现为故意，过失不成立本罪。行为人实施编造并传播证券、期货交易虚假信息的行为往往出于牟利等目的，但不论行为人实施此行为的目的如何及其实现与否均不影响本罪的成立。

（三）编造并传播证券、期货交易虚假信息罪的司法认定

1. 本罪罪与非罪的界限

区别本罪罪与非罪的标准，主要是明确行为是否符合本罪的构成要件，符合即成立本罪，不符合则不构成本罪。首先，行为人故意编造并传播虚假交易信息，影响证券、期货交易的，则成立本罪，若主观上不是出于故意，即使实施了相关行为也不成立本罪，如行为人因工作不认真而提供证券、期货交易的虚假信息，造成危害后果的不成立本罪。其次，本罪的行为对象是证券、期货交易信息，且这些信息必须与证券、期货交易市场有关，编造并传播这些信息会产生损害投资者合法权益，扰乱证券、期货市场管理秩序的严重后果，若行为人编造并传播的是与证券、期货市场无关的信息，对证券、期货交易市场不会产生不良影响，则行为人不构成本罪。最后，本罪是结果犯，成立本罪须造成严重后果，行为人实施编造并传播证券、期货交易的虚假信息，但未造成严重后果的，则不构成本罪。

---

① 黄晓亮、许成磊著：《破坏金融管理秩序罪立案追诉标准与司法认定实务》，中国人民公安大学出版社 2010 年版，第 231 页。

在司法实践中，有些专家学者、经纪人、咨询人员等经常依据个人的经验和知识，结合证券、期货市场的行情走向、数据资料等进行分析，从而对证券、期货的现实情况和未来走势作出判断或预测。这些判断或预测往往被广泛传播，但由于此时行为人主观上仅是出于帮助投资者准确把握时机，作出准确决策提供参考的目的，主观上没有犯罪故意。因此，市场行情分析失误不是编造并传播证券、期货虚假信息的行为。二者的区别在于客观上是否具有编造、虚构信息的行为和主观上是否具有犯罪故意。

2. 本罪与相近犯罪的界限

(1) 本罪与诱骗投资者买卖证券、期货合约罪的界限。

诱骗投资者买卖证券、期货合约罪，是指证券交易所、期货交易所、证券公司、期货经纪公司的从业人员，证券业协会、期货业协会或者证券期货监督管理部门的工作人员，故意提供虚假信息或者伪造、变造、销毁交易记录，诱骗投资者买卖证券、期货合约，造成严重后果的行为。本罪与诱骗投资者买卖证券、期货合约罪的相同点主要表现在以下三个方面：一是犯罪客体相同，均是证券、期货市场的正常秩序和其他投资者的合法权益。二是犯罪主观方面均是出于故意。三是构成犯罪在客观方面均要求造成严重后果。本罪与诱骗投资者买卖证券、期货合约罪的区别表现在以下两方面：一是犯罪客观方面不同。编造并传播证券、期货交易虚假信息罪的行为人实施了编造并传播证券、期货交易虚假信息的行为；诱骗投资者买卖证券、期货合约罪的行为人实施了故意提供虚假信息或者伪造、变造、销毁交易记录，诱骗投资者买卖证券、期货合约的行为。二是犯罪主体不同。编造并传播证券、期货交易虚假信息罪的主体是一般主体。证券、期货交易所或者证券公司、期货经纪公司的从业人员以及证券、期货业协会或者证券、期货监督管理部门的工作人员除外；诱骗投资者买卖证券、期货合约罪的主体是特殊主体，即只有证券交易所、期货交易所、证券公司、期货经纪公司及其从业人员，证券业协会、期货业协会或者证券、期货监督管理部门及其工作人员才能构成。

（2）本罪与诈骗罪的界限。

诈骗罪，是指以非法占有为目的，采取隐瞒事实真相或者虚构假象的方法，骗取数额较大的公私财物的行为。本罪与诈骗罪虽在犯罪主体、主观方面、客观方面存在一些相似之处。但在以下方面存在不同：一是犯罪客体不同。编造并传播证券、期货交易虚假信息罪的客体是复杂客体，证券、期货市场的正常秩序和投资者的合法权益；诈骗罪所侵犯的客体为公私财产所有权。二是犯罪客观方面不同。首先，行为表现不同。编造并传播证券、期货交易虚假信息罪的行为人实施了编造并传播证券、期货交易的虚假信息的行为；诈骗罪的行为人实施了隐瞒真相或者虚构事实，取得被害人信任，骗取财物的行为。其次，犯罪成立的要求不同。编造并传播证券、期货交易虚假信息罪成立须造成严重后果；诈骗罪则须数额较大。三是犯罪主体不完全相同。编造并传播证券、期货交易虚假信息罪的主体为一般主体，既包括自然人又包括单位，证券、期货交易所或者证券公司、期货经纪公司的从业人员以及证券、期货业协会或者证券、期货监督管理部门的工作人员除外；而诈骗罪的主体则只能为自然人。四是犯罪主观方面不完全相同。编造并传播证券、期货交易虚假信息罪的主观方面表现为故意，对具体行为目的无限制；而诈骗罪中行为人在主观上不仅表现为故意，而且有非法占有的目的。

（3）本罪与内幕交易、泄露内幕信息罪的界限。

内幕交易、泄露内幕信息罪，是指证券、期货交易内幕信息的知情人员或者非法获取证券、期货交易内幕信息的人员，在涉及证券的发行，证券、期货交易或者其他对证券、期货交易价格有重大影响的信息尚未公开前，买入或者卖出该证券，或者从事与该内幕信息有关的期货交易，或者泄露该信息，或者明示、暗示他人从事上述交易活动，情节严重的行为。

本罪与内幕交易、泄露内幕信息罪的区别主要表现在以下方面：一是犯罪客体不同。编造并传播证券、期货交易虚假信息罪的客体是复杂客体，即证券、期货市场的正常秩序和投资者的合法权益；内幕交易、泄露内幕信息罪的客体也为复杂客体，即国家对证券、期货的管理秩序以及证券、期货投资者的合法权益。二是犯罪的客观方面不同。编造并传播证券、期货交易虚假信息罪的行为人实施了编造并传播证券、期货交易的虚假信息的行为；内幕交易、泄露内幕信息罪在客观方面表现为，在涉及证券的发行，证券、期货交易或者其他对证券、期货交易价格有重大影响的信息尚未公开前，买入或者卖出该证券，或者从事与该内幕信息有关的期货交易，或者泄露该信息，或者明示、暗示他人从事上述交易活动，情节严重的行为。三是犯罪主体不完全相同。编造并传播证券、期货交易虚假信息罪的主体为一般主体，既包括自然人又包括单位，证券、期货交易所或者证券公司、期货经纪公司的从业人员以及证券、期货业协会或者证券、期货监督管理部门的工作人员除外；内幕交易、泄露内幕信息罪的主体为特殊主体，即证券、期货交易内幕信息的知情人员或者非法获取证券、期货交易内幕信息的人员，单位也可以成立该罪。四是犯罪的主观方面不同。编造并传播证券、期货交易虚假信息罪的主观方面表现为故意，对具体行为目的无限制；内幕交易、泄露内幕信息罪的主观方面表现为故意，过失不成立本罪。

3. 本罪的罪数形态问题

司法实践中，往往出现行为人实施一行为同时触犯编造并传播证券、期货交易虚假信息罪与操纵证券、期货市场罪想象竞合的情形，如行为人通过编造并传播证券、期货交易虚假信息的手段实施操纵市场的行为。此种情形下，若行为人同时成立数罪的，则按照想象竞合犯的处罚原则即择一重罪定罪处罚。

4. 本罪的共犯问题

行为人出于共同的犯罪故意，分工编造、传播证券、期货交易的虚假信息，造成严重后果的，成立编造并传播证券、期货交易虚假信息罪的共犯。证券、期货交易所或者证券公司、期货经纪公司的从业人员，证券、期货业协会或者证券、期货监督管理部门的工作人员与其他人员出于共同的故意，实施编造并传播证券、期货交易虚假信息行为的，不成立共同犯罪，前者以诱骗投资者买卖证券、期货合约罪来定罪处罚，后者以编造并传播证券、期货交易虚假信息罪定罪处罚。

5. 本罪的停止形态问题

本罪在犯罪形态上属于结果犯，行为人实施编造并传播证券、期货交易虚假信息的行为，造成严重后果的才成立本罪。本罪只有成立与否的问题，不存在犯罪的停止形态。

（四）编造并传播证券、期货交易虚假信息罪的司法认定

根据修正后的刑法第 181 条第 1 款和第 3 款的规定，犯本罪的，处 5 年以下有期徒刑或者拘役，并处或者单处 1 万元以上 10 万元以下罚金。单位犯本罪的，对单位判处罚金，并对其直接负责的主管人员和其他直接责任人员，处 5 年以下有期徒刑或者拘役。

十六、诱骗投资者买卖证券、期货合约罪

（一）诱骗投资者买卖证券、期货合约罪的概念和法源

1. 诱骗投资者买卖证券、期货合约罪的概念

诱骗投资者买卖证券、期货合约罪，是指证券交易所、期货交易所、证券公司、期货经纪公司的从业人员，证券业协会、期货业协会或者证券、期货监督管理部门的工作人员故意提供虚假信息或者伪造、变造、销毁交易记录，诱骗投资者买卖证券、期货合约，造成严重后果的行为。

2. 诱骗投资者买卖证券、期货合约罪的法源

1979 年刑法没有关于此罪的相关规定。随着证券行业的发展，证券交易活动的日益频繁，考虑到证券交易所、证券公司、证券业协会或者证券监督管理部门的工作人员故意提供虚假信息或者伪造、变造、销毁交易记录，诱骗投资者买卖证券合约行为严重的社

会危害性，1997年刑法增设了诱骗投资者买卖证券罪。具体体现在第181条第2款和第3款规定："证券交易所、证券公司的从业人员，证券业协会或者证券管理部门的工作人员，故意提供虚假信息或者伪造、变造、销毁交易记录，诱骗投资者买卖证券，造成严重后果的，处五年以下有期徒刑或者拘役，并处或者单处一万元以上十万元以下罚金；情节特别恶劣的，处五年以上十年以下有期徒刑，并处二万元以上二十万元以下罚金。单位犯前两款罪的，对单位判处罚金，并对其直接负责的主管人员和其他直接责任人员，处五年以下有期徒刑或者拘役。"1999年12月25日通过的《刑法修正案》第5条第2款和第3款对1997年刑法第181条第2款和第3款又进行了补充修改："证券交易所、期货交易所、证券公司、期货经纪公司的从业人员，证券业协会、期货业协会或者证券期货监督管理部门的工作人员，故意提供虚假信息或者伪造、变造、销毁交易记录，诱骗投资者买卖证券、期货合约，造成严重后果的，处五年以下有期徒刑或者拘役，并处或者单处一万元以上十万元以下罚金，情节特别恶劣的，处五年以上十年以下有期徒刑，并处二万元以上二十万元以下罚金。单位犯前两款罪的，对单位判处罚金，并对其直接负责的主管人员和其他直接责任人员，处五年以下有期徒刑或者拘役。"此次修改主要表现在：将"期货交易所、期货经纪公司的从业人员，期货业协会或者期货监督管理部门的工作人员"增加为本罪的犯罪主体，将"期货合约"增加为行为对象。2002年3月15日发布的最高人民法院、最高人民检察院《关于执行〈中华人民共和国刑法〉确定罪名的补充规定》将本条文的罪名由"诱骗投资者买卖证券罪"修改为"诱骗投资者买卖证券、期货合约罪"。

（二）诱骗投资者买卖证券、期货合约罪的构成特征

1. 客体特征

关于本罪的客体在学界存在不同观点的争议。有的学者认为，

本罪的保护法益是证券、期货交易市场秩序。[①] 有的学者认为，本罪侵犯的是复杂客体，包括证券、期货市场正常的交易管理秩序和其他投资者的合法权益。[②] 对比上述两种观点，笔者认为，本罪所侵犯的客体应为证券、期货市场的正常秩序和其他投资者的合法权益。证券交易所、期货交易所、证券公司、期货经纪公司提供的一些与证券、期货相关的信息往往是投资者进行投资行为的依据。证券交易所、期货交易所、证券公司、期货经纪公司的从业人员，证券业协会、期货业协会或者证券期货监督管理部门的工作人员，故意提供虚假信息或者伪造、变造、销毁交易记录会导致投资者因信赖虚假信息作出投资而损害其合法权益，从而造成证券、期货服务行业与投资者之间的信任关系破裂，严重扰乱了国家对证券、期货交易活动的管理秩序。

2. 客观特征

本罪在客观方面表现为证券交易所、期货交易所、证券公司、期货经纪公司的从业人员，证券业协会、期货业协会或者证券期货监督管理部门的工作人员，故意提供虚假信息或者伪造、变造、销毁交易记录，诱骗投资者买卖证券、期货合约，造成严重后果的行为。理解本罪的客观方面需要弄清以下几个方面的问题：

（1）本罪的行为方式表现为提供虚假信息或者伪造、变造、销毁交易记录，诱骗投资者买卖证券、期货合约。所谓"提供虚假信息"，是指行为人将可能影响证券、期货交易市场价格的不真实的证券、期货交易信息通过各种方式传达给投资者。此处提供的虚假信息既包括提供自己制造的虚假信息，也包括提供已知的他人制造的虚假信息。提供既包括行为人主动提供，也包括行为人应投资者的要求而提供，既包括有偿提供，也包括无偿提供。所谓

[①] 周光权主编：《刑法历次修正案权威解读》，中国人民大学出版社 2011 年版，第 23 页。

[②] 李永升、朱建华主编：《经济刑法学》，法律出版社 2011 年版，第 244 页。

"伪造交易记录"，是指无制作权的人依照证券、期货交易记录的形式和内容等，采用各种方式，制作虚假的交易记录。所谓"变造交易记录"，是指对真实的交易记录进行涂改、挖补、拼接，篡改其内容的行为。所谓"销毁交易记录"，是指采用撕裂、火烧等方式毁灭真实的证券、期货交易记录，使之不复存在的行为。上述行为只要具备其一，即可认定犯罪成立。实施多个行为的，不实行数罪并罚。此处的"诱骗投资者买卖证券、期货合约"是一种实行行为，是指行为人通过提供虚假信息或伪造、变造、销毁交易记录等方式，欺骗、引诱、误导投资者，骗取其信任，从而使投资者买卖该证券、期货合约的行为。

（2）构成本罪在客观方面要求造成严重后果。具体标准参照最高人民检察院、公安部《关于公安机关管辖的刑事案件立案追诉标准的规定（二）》第38条规定："证券交易所、期货交易所、证券公司、期货公司的从业人员，证券业协会、期货业协会或者证券期货监督管理部门的工作人员，故意提供虚假信息或者伪造、变造、销毁交易记录，诱骗投资者买卖证券、期货合约，涉嫌下列情形之一的，应予立案追诉：（一）获利或者避免损失数额累计在五万元以上的；（二）造成投资者直接经济损失数额在五万元以上的；（三）致使交易价格和交易量异常波动的；（四）其他造成严重后果的情形。"

3. 主体特征

根据我国刑法的相关规定，本罪的主体为特殊主体，即只有证券交易所、期货交易所、证券公司、期货经纪公司的从业人员以及证券业协会、期货业协会或者证券期货监督管理部门的工作人员才能构成本罪。有观点认为，本罪的主体也包括证券交易所、期货交易所、证券公司、期货经纪公司以及证券、期货监督管理部门等单位。① 本书不赞同这一观点，本罪的主体只能为自然人，单位不成立此罪。

4. 主观特征

本罪的主观方面表现为故意，即行为人明知是虚假信息，仍故意实施提供行为或明知自己的行为违反法律、法规，仍然故意伪造、变造、销毁交易记录，诱骗投资者买卖证券、期货合约的行为。过失不成立本罪。

（三）诱骗投资者买卖证券、期货合约罪的司法认定

1. 本罪罪与非罪的界限

诱骗投资者买卖证券、期货合约罪为结果犯。因此，成立本罪除须符合法定的犯罪构成要件外，还须造成严重后果，即应达到最高人民检察院、公安部《关于公安机关管辖的刑事案件立案追诉标准的规定（二）》第38条的相关规定，即证券交易所、期货交易所、证券公司、期货公司的从业人员，证券业协会、期货业协会或者证券期货监督管理部门的工作人员，故意提供虚假信息或者伪造、变造、销毁交易记录，诱骗投资者买卖证券、期货合约，涉嫌下列情形之一的，应予立案追诉：（1）获利或者避免损失数额累计在5万元以上的；（2）造成投资者直接经济损失数额在5万元以上的；（3）致使交易价格和交易量异常波动的；（4）其他造成严重后果的情形。

值得注意的是，行为人运用公开的信息和资料对证券和期货市场进行分析，作出预测，为他人提供参考性意见，但所作的分析和预测与后来的事实不符，出现错误的不能作为犯罪处罚。②

---

① 周光权主编：《刑法历次修正案权威解读》，中国人民大学出版社2011年版，第23页。

② 孟庆丰、陈国庆、孙茂利著：《经济犯罪案件立案追诉标准与定罪量刑适用法律图解》，中国人民公安大学出版社2010年版，第239页。

2. 本罪与相近犯罪的界限

（1）本罪与编造并传播证券、期货交易虚假信息罪的界限。

编造并传播证券、期货交易虚假信息罪，是指编造并传播影响证券、期货交易的虚假信息，扰乱证券、期货交易市场，造成严重后果的行为。

本罪与编造并传播证券、期货交易虚假信息罪的相同点主要表现在以下三个方面：一是犯罪客体相同，均是证券、期货市场的正常秩序和其他投资者的合法权益。二是犯罪主观方面均是出于故意。三是构成犯罪在客观方面均要求造成严重后果。两罪的区别表现在以下两个方面：一是犯罪客观方面不同。诱骗投资者买卖证券、期货合约罪中行为人实施了故意提供虚假信息或者伪造、变造、销毁交易记录，诱骗投资者买卖证券、期货合约的行为；编造并传播证券、期货交易虚假信息罪的行为人实施了编造并传播证券、期货交易虚假信息，扰乱证券、期货交易市场的行为。二是犯罪主体不同。诱骗投资者买卖证券、期货合约罪的主体为特殊主体，即证券交易所、期货交易所、证券公司、期货经纪公司及其从业人员，证券业协会、期货业协会或者证券期货监督管理部门及其工作人员；编造并传播证券、期货交易虚假信息罪的主体是一般主体，证券期货交易所或者证券公司、期货经纪公司的从业人员，证券期货业协会或者证券期货监督管理部门的工作人员除外。

（2）本罪与诈骗罪的界限。

诈骗罪，是指以非法占有为目的，采取隐瞒事实真相或者虚构假象的方法，骗取数额较大的公私财物的行为。本罪与诈骗罪虽在犯罪主体、主观方面、犯罪客观方面存在一些相似之处，但在以下方面存在不同：一是犯罪客体不同。诱骗投资者买卖证券、期货合约罪所侵犯的客体为复杂客体，即证券、期货市场的正常秩序和投资者的合法权益；诈骗罪所侵犯的客体为公私财产所有权。二是犯罪客观方面不同。首先，行为表现不同。诱骗投资者买卖证券、期货合约罪的行为人故意提供虚假信息或者伪造、变造、销毁交易记录，诱骗投资者买卖证券、期货合约；诈骗罪的行为人实施了隐瞒真相或者虚构事实，取得被害人信任，骗取财物的行为。其次，犯罪成立的要求不同。诱骗投资者买卖证券、期货合约罪的成立须造成严重后果；而诈骗罪则须数额较大，才成立诈骗罪。再次，犯罪主体不同。诱骗投资者买卖证券、期货合约罪的主体为特殊主体，即证券交易所、期货交易所、证券公司、期货经纪公司的从业人员以及证券业协会、期货业协会或者证券期货监督管理部门的工作人员；诈骗罪为一般主体，即年满 16 周岁，且具备相应刑事责任能力的人。最后，犯罪主观方面不完全相同。诱骗投资者买卖证券、期货合约罪表现为故意，对具体行为目的无限制；而诈骗罪的行为人在主观上不仅表现为故意，且具有非法占有的目的。

（3）本罪与内幕交易、泄露内幕信息罪的界限。

内幕交易、泄露内幕信息罪，是指证券、期货交易内幕信息的知情人员或者非法获取证券、期货交易内幕信息的人员，在涉及证券的发行，证券、期货交易或者其他对证券、期货交易价格有重大影响的信息尚未公开前，买入或者卖出该证券，或者从事与该内幕信息有关的期货交易，或者泄露该信息，或者明示、暗示他人从事上述交易活动，情节严重的行为。

本罪与内幕交易、泄露内幕信息罪的区别主要表现在以下方面：一是犯罪客体不同。诱骗投资者买卖证券、期货合约罪所侵犯的客体为复杂客体，即证券、期货市场的正常秩序和投资者的合法权益；内幕交易、泄露内幕信息罪的客体也为复杂客体，即国家对证券、期货的管理秩序以及证券、期货投资者的合法权益。二是犯罪的客观方面不同。诱骗投资者买卖证券、期货合约罪的客观方面表现为行为人故意提供虚假信息或者伪造、变造、销毁交易记录，诱骗投资者买卖证券、期货合约；内幕交易、泄露内幕信息罪的客观方面表现为，在涉及证券的发行，证券、期货交易或者其他对证券、期货交易价格有重大影响的信息尚未公开前，买入或者卖出该证券，或者从事与该内幕信息有关的期货交易，或者泄露该信息，或者明示、暗示他人从事上述交易活动，情节严重的行为。三是犯罪主体不同。诱骗投资者买卖证券、期货合约罪的主体为特殊主体，即证券交易所、期货交易所、证券公司、期货经纪公司的从业人员以及证券业协会、期货业协会或者证券、期货监督管理部门的工作人员；内幕交易、泄露内幕信息罪的主体为特殊主体，即证券、期货交易内幕信息的知情人员或者非法获取证券、期货交易内幕信息的人员，单位也可以成立该罪。四是犯罪的主观方面不同。诱骗投资者买卖证券、期货合约罪的主观方面仅表现为故意，对具体行为目的无限制；内幕交易、泄露内幕信息罪的主观方面表现为故意，过失不成立本罪。

3. 本罪的罪数形态问题

行为人因收受他人贿赂，或为了盗窃、侵占、挪用、贪污投资者或单位的资金，而提供虚假信息或者伪造、变造、销毁证券、期货的交易记录，诱骗投资者买卖证券、期货合约的，构成数罪，实行数罪并罚。

4. 本罪的共犯问题

行为人明知他人在实施诱骗投资者买卖证券、期货合约的行为，而提供帮助的，成立本罪的共犯，以诱骗投资者买卖证券、期货合约罪定罪处罚。证券、期货交易所或者证券公司、期货经纪公司的从业人员，证券、期货业协会或者证券、期货监督管理部门的工作人员，与其他人员由于共同的故意，实施编造并传播证券、期货交易虚假信息行为的，不成立共同犯罪，前者以诱骗投资者买卖证券、期货合约罪定罪处罚，后者以编造并传播证券、期货交易虚假信息罪定罪处罚。

5. 本罪的停止形态问题

本罪为结果犯，即行为人实施此类行为需达到法定结果，才成立本罪，即诱骗投资者买卖证券、期货合约，获利或者避免损失数额累计在 5 万元以上的，造成投资者直接经济损失数额在 5 万元以上的，致使交易价格和交易量异常波动的，其他造成严重后果的情形。涉嫌上述情形之一的，成立诱骗投资者买卖证券、期货合约罪。因此，本罪只有成立与否的问题，不存在犯罪的停止形态。

（四）诱骗投资者买卖证券、期货合约罪的处罚

根据修正后的刑法第 181 条第 2 款和第 3 款的规定，犯本罪的，处 5 年以下有期徒刑或者拘役，并处或者单处 1 万元以上 10 万元以下罚金；情节特别恶劣的，处 5 年以上 10 年以下有期徒刑，并处 2 万元以上 20 万元以下罚金。单位犯诱骗投资者买卖证券、期货合约罪的，对单位判处罚金，并对其直接负责的主管人员和直接责任人员，处 5 年以下有期徒刑或者拘役。

十七、操纵证券、期货市场罪

（一）操纵证券、期货市场罪的概念和法源

1. 操纵证券、期货市场罪的概念

操纵证券、期货市场罪，是指在证券、期货交易中，行为人单独或者合谋，集中资金优势、持股或者持仓优势或者利用信息优势联合或者连续买卖；或者与他人串通，以事先约定的时间、价格和方式相互进行证券、期货交易；或者在自己实际控制的账户之间进行证券交易，或者以自己为交易对象，自买自卖期货合约；或者以其他方法故意操纵证券、期货市场，情节严重的行为。

2. 操纵证券、期货市场罪的法源

1979 年刑法并没有关于证券犯罪的相关规定。国务院于 1993 年 4 月 22 日发布的《股票发行与交易管理暂行条例》第 74 条规定："任何单位和个人违反本条例规定，有下列行为之一的，根据不同情况，单处或者并处警告、没收非法获取的股票和其他非法所得、罚款：……（三）通过合谋或者集中资金操纵股票市场价格，或者以散布谣言等手段影响股票发行、交易的；（四）为制造股票的虚假价格与他人串通，不转移股票的所有权或者实际控制，虚买虚卖的；（五）出售或者要约出售其并不持有的股票，扰乱股票市

场秩序的；……股份有限公司有前款所列行为，情节严重的，可以停止其发行股票的资格；证券经营机构有前款所列行为，情节严重的，可以限制、暂停其证券经营业务或者撤销其证券经营业务许可。"第77条规定："违反本条例规定，给他人造成损失的，应当依法承担民事赔偿责任。"此条例仅规定了操纵证券交易价格的行政责任和民事责任，未规定相应的刑事责任。

国务院证券委员会于1993年8月15日又发布了《禁止证券欺诈行为暂行办法》，该办法第7条规定："禁止任何单位或者个人以获取利益或者减少损失为目的，利用其资金、信息等优势或者滥用职权操纵市场，影响证券市场价格，制造证券市场假象，诱导或者致使投资者在不了解事实真相的情况下作出证券投资决定，扰乱证券市场秩序。"第8条规定："前条所称操纵市场行为包括：（一）通过合谋或者集中资金操纵证券市场价格；（二）以散布谣言等手段影响证券发行、交易；（三）为制造证券的虚假价格，与他人串通，进行不转移证券所有权的虚买虚卖；（四）出售或者要约出售其并不持有的证券，扰乱证券市场秩序；（五）以抬高或者压低证券交易价格为目的，连续交易某种证券；（六）利用职务便利，人为地压低或抬高证券价格；（七）其他操纵市场的行为。"第15条规定："证券经营机构、证券交易场所以及其他从事证券业的机构有操纵市场行为的，根据不同情况，单处或者并处警告、没收非法所得、罚款、限制或者暂行其（指证券经营机构，下同）证券经营业务、其（指证券交易场所及其他从事证券业的机构，下同）从事证券业务或者撤销其证券经营业务许可、其从事证券业务许可。"第16条规定："前条所列以外的机构有操纵市场行为的，根据不同情况，单处或者并处警告、没收非法所得、罚款；已上市的发行人有操纵市场行为，情节严重的，并可以暂停或者取消其上市资格。"第17条规定："个人有操纵市场行为的，根据不同情况，没收其非法获取的款项和其他非法所得，并处以五万元以上五十万元以下的罚款。"以上规定对操纵证券交易价格的行为方式和具体行政责任作了更为详细的规定。

1996 年 12 月 24 日颁布的《证券经营机构证券自营业务管理办法》第 13 条规定："证券经营机构从事证券自营业务，不得从事下列操纵市场的行为：（一）以明示或默示的方式，约定与其他证券投资者在某一时间内共同买进或卖出某一种或几种证券。（二）以自己的不同帐户或与其他证券投资者串通在相同时间内进行价格和数量相近、方向相反的交易。（三）在一段时间内频繁并且大量地连续买卖某种或某类证券并导致市场价格异常变动。（四）有关禁止证券欺诈行为的法规规定的其他操纵市场行为。"

为保障证券市场的健康发展，惩治相关的证券犯罪。1997 年刑法修订时增设了操纵证券交易价格罪，即刑法第 182 条规定："有下列情形之一，操纵证券交易价格，获取不正当利益或者转嫁风险，情节严重的，处五年以下有期徒刑或者拘役，并处或者单处违法所得一倍以上五倍以下罚金：（一）单独或者合谋，集中资金优势、持股优势或者利用信息优势联合或者连续买卖，操纵证券交易价格的；（二）与他人串通，以事先约定的时间、价格和方式相互进行证券交易或者相互买卖并不持有的证券，影响证券交易价格或者证券交易量的；（三）以自己为交易对象，进行不转移证券所有权的自买自卖，影响证券交易价格或者证券交易量的；（四）以其他方法操纵证券交易价格的单位犯前款罪的，对单位判处罚金，并对其直接负责的主管人员和其他直接责任人员，处五年以下有期徒刑或者拘役。"

随着期货交易的日益频繁，在司法实践中，操纵期货交易价格，谋取非法所得的行为时有发生。同时，出现了许多自买自卖期货的行为。鉴于此，全国人大常委会于 1999 年 12 月 25 日通过的《刑法修正案》第 6 条规定："将刑法第一百八十二条修改为：'有下列情形之一，操纵证券、期货交易价格，获取不正当利益或者转嫁风险，情节严重的，处五年以下有期徒刑或者拘役，并处或者单处违法所得一倍以上五倍以下罚金：（一）单独或者合谋，集中资金优势、持股或者持仓优势或者利用信息优势联合或者连续买卖，操纵证券、期货交易价格的；（二）与他人串通，以事先约定的时间、价格和方式相互进行证券、期货交易，或者相互买卖并不持有的证券，影响证券、期货交易价格或者证券、期货交易量的；（三）以自己为交易对象，进行不转移证券所有权的自买自卖，或者以自己为交易对象，自买自卖期货合约，影响证券、期货交易价格或者证券、期货交易量的；（四）以其他方法操纵证券、期货交易价格的。单位犯前款罪的，对单位判处罚金，并对其直接负责的主管人员和其他直接责任人员，处五年以下有期徒刑或者拘役。'"

2002 年 3 月 15 日发布的最高人民法院和最高人民检察院《关于执行〈中华人民共和国刑法〉确定罪名的补充规定》根据《刑法修正案》第 6 条的规定，将"操纵证券交易价格罪"罪名修改为"操纵证券、期货交易价格罪"。

鉴于修改后的刑法第 182 条在具体司法适用中所遇到的问题，全国人大常委会于 2006 年 6 月 29 日通过了《刑法修正案（六）》再次对刑法第 182 条作出修改，即第 11 条规定："将刑法第一百八十二条修改为'有下列情形之一，操纵证券、期货市场，情节严重的，处五年以下有期徒刑或者拘役，并处或者单处罚金；情节特别严重的，处五年以上十年以下有期徒刑，并处罚金：（一）单独或者合谋，集中资金优势、持股或者持仓优势或者利用信息优势联合或者连续买卖，操纵证券、期货交易价格或者证券、期货交易量的；（二）与他人串通，以事先约定的时间、价格和方式相互进行证券、期货交易，影响证券、期货交易价格或者证券、期货交易量的；（三）在自己实际控制的帐户之间进行证券交易，或者以自己为交易对象，自买自卖期货合约，影响证券、期货交易价格或者证券、期货交易量的；（四）以其他方法操纵证券、期货市场的。单位犯前款罪的，对单位判处罚金，并对其直接负责的主管人员和其他直接责任人员，依照前款的规定处罚。"

2007 年 10 月 25 日颁布的最高人民法院、最高人民检察院

《关于执行〈中华人民共和国刑法〉确定罪名的补充规定（三）》根据《刑法修正案（六）》第11条的规定，将"操纵证券、期货交易价格罪"罪名修改为"操纵证券、期货市场罪"。

（二）操纵证券、期货市场罪的构成特征

1. 客体特征

关于本罪的客体，主要有以下两种观点，第一种观点认为，本罪的客体为证券、期货市场的正常管理秩序。[①] 第二种观点认为，本罪的客体是复杂客体，即国家对证券、期货市场的管理秩序和投资者的合法权益。[②] 两者的争论点在于投资者的合法权益是否为本罪的客体。刑法设置本罪的出发点是为了维护良好的证券、期货市场秩序，让所有的投资者在公开、公平、公正的条件下进行证券、期货交易。只有良好、有序的证券、期货交易市场才能发挥其对于生产经营者应有的避险功能。操纵证券、期货市场的行为会严重扰乱正常的交易秩序，从而破坏国家对证券、期货市场的管理秩序。因此，国家对证券、期货市场的管理秩序是本罪的客体，而操纵证券、期货市场的行为不一定导致投资者合法权益的损害，其只是一种随机的危害结果，不应认定为本罪的客体。综上所述，操纵证券、期货市场罪的客体应为国家对证券、期货市场的管理秩序。

2. 客观特征

本罪在客观方面表现为行为人在证券、期货交易过程中实施了违法操纵证券、期货，情节严重的行为。本罪的行为方式具体表现为以下四种：

（1）单独或者合谋，集中资金优势、持股或者持仓优势或者利用信息优势联合或者连续买卖，操纵证券、期货交易价格或者证券、期货交易量的。此处的"利用信息"是指已公开但预先掌握

---

① 肖扬著：《中国新刑法学》，中国人民公安大学出版社1997年版，第106页。

② 黄晓亮、许成磊著：《破坏金融管理秩序罪立案追诉标准与司法认定实务》，中国人民公安大学出版社2010年版，第248页。

的信息。此种行为方式既可以由一个行为人实施，也可由多人共同实施，包括联合买卖和连续买卖两种不同的操纵证券、期货市场的形式。此两种情况均会造成某种证券、期货价格或数量的剧烈变动，达到操纵证券、期货市场的目的。

（2）与他人串通，以事先约定的时间、价格和方式相互进行证券、期货交易，影响证券、期货交易价格或者证券、期货交易量的。此种行为方式被称为"通谋买卖"，是一种必要的共同犯罪。在此行为方式下，只要认定串通双方的委托具有时间上和价格上的相似性、数量上的一致性且实际造成了某种证券或期货交易价格的变动，即可成立本罪。

（3）在自己实际控制的账户之间进行证券交易，或者以自己为交易对象，自买自卖期货合约，影响证券、期货交易价格或者证券、期货交易量的。此种行为方式为自买自卖，即行为人开立多个证券、期货交易户头，自己卖出证券后又再买入，所有权并未发生转移。自买自卖的典型情形表现为两种：一是同一利益主体同时向两个以上的经纪人下达指令，由一个经纪人以市价或略高于即时市价的申报价格卖出，再由另一个经纪人以该价格买回。二是同一利益主体仅委托一个经纪人，指令经纪人将操纵者拥有的证券或者期货合约以市价或略高于即时市价的申报价格在操纵者内部的不同账号之间冲销转账，实际支出的只是部分手续费，但能通过抬高或者压低价格获得巨大利益。①

（4）以其他方法操纵证券、期货市场的。此规定为兜底条款。由于证券、期货市场的复杂多变，关于操纵证券、期货市场的方式，法律并不能做到一一列全。因此，作出这一概括性规定有利于打击实践中操纵证券、期货市场的违法行为，更有利于维护金融市场秩序的稳定。对"其他操纵证券、期货市场的行为方式"并无明确的法律规定。本书认为，应由最高司法机关依据现实情况的变

---

① 李永升著：《金融犯罪研究》，中国检察出版社 2010 年版，第 286 页。

化，结合行政法规中的相关规定，并借鉴国外的相关立法尽快对此问题予以明确，如行为人实施的"拉帽子"、虚假申报操纵、特定事件的价格或者价值操纵、尾市交易操纵等，[1] 只要情节严重都可以成立本罪。

3. 主体特征

本罪的主体为一般主体，包括自然人和单位。自然人成立本罪，大多数为专业证券、期货投资者，证券、期货的管理人员或证券、期货交易机构的从业人员，以及证券、期货中介机构的从业人员，而单位则包括证券、期货交易机构，证券和期货行业的中介组织。

4. 主观特征

本罪的主观方面表现为故意且只能为直接故意，即行为人明知自己的行为违反证券、期货法律、法规，会导致扰乱证券、期货市场秩序的严重后果，仍希望这种危害结果的发生。行为人实施操纵证券、期货的行为主观上往往具有获取不正当利益或转嫁风险的目的，但是否具有此种目的并不影响犯罪的成立。

（三）操纵证券、期货市场罪的司法认定

1. 本罪罪与非罪的界限

行为人成立本罪除须满足该罪的构成要件之外，客观上还必须达到"情节严重"的程度，"情节严重"的具体标准可参照 2010 年 5 月 7 日颁布的最高人民检察院、公安部《关于公安机关管辖的刑事案件立案追诉标准的规定（二）》第 39 条的规定，即操纵证券、期货市场，涉嫌下列情形之一的，应予立案追诉：（1）单独或者合谋，持有或者实际控制证券的流通股份数达到该证券的实际流通股份总量 30% 以上，且在该证券连续 20 个交易日内联合或者连续买卖股份数累计达到证券同期总成交量 30% 以上的；（2）单

---

① 最高人民检察院法律政策研究室、中国证券监督管理委员会法律部编著：《证券期货犯罪司法认定指南》，中国人民公安大学出版社 2009 年版，第 83 页。

独或者合谋，持有或者实际控制期货合约的数量超过期货交易所业务规则限定的持仓量 50% 以上，且在该期货合约连续 20 个交易日内联合或者连续买卖期货合约数累计达到该期货合约同期总成交量 30% 以上的；（3）与他人串通，以事先约定的时间、价格和方式相互进行证券或者期货合约交易，且在该证券或者期货合约连续 20 个交易日内成交量累计达到该证券或者期货合约同期总成交量 20% 以上的；（4）在自己实际控制的账户之间进行证券交易，或者以自己为交易对象，自买自卖期货合约，且在该证券或者期货合约连续 20 个交易日内成交量累计达到该证券或者期货合约同期总成交量 20% 以上的；（5）单独或者合谋，当日连续申报买入或者卖出同一证券、期货合约并在成交前撤回申报，撤回申报量占当日该种股票总申报量或者该种期货合约总申报量 50% 以上的；（6）上市公司及其董事、监事、高级管理人员、实际控制人、控股股东或者其他关联人单独或者合谋，利用信息优势，操纵该公司证券交易价格或者证券交易量的；（7）证券公司、证券投资咨询机构、专业中介机构或者从业人员，违背有关从业禁止的规定，买卖或者持有相关证券，通过对证券或者其发行人、上市公司公开作出评价、预测或者投资建议，在该证券的交易中谋取利益，情节严重的；（8）其他情节严重的情形。

　　行为人实施操纵证券、期货的行为，未达到上述情节严重标准之一的不成立本罪。

　　2. 本罪与相近犯罪的界限

　　（1）本罪与编造并传播证券、期货交易虚假信息罪的界限。

　　编造并传播证券、期货交易虚假信息罪，是指编造并且传播影响证券、期货交易的虚假信息，扰乱证券、期货交易市场，造成严重后果的行为。本罪与编造并传播证券、期货交易虚假信息罪在犯罪客体、犯罪主体、犯罪主观方面均相同，即客体为证券、期货市场秩序；主体均为一般主体，既包括自然人又包括单位；主观方面都为故意，但两罪也存在区别，具体表现为：一是行为方式不同。

操纵证券、期货市场罪的行为方式为单独或者合谋，集中资金优势、持股或者持仓优势或者利用信息优势联合或者连续买卖，操纵证券、期货交易价格或者证券、期货交易量的；与他人串通，以事先约定的时间、价格和方式相互进行证券、期货交易，影响证券、期货交易价格或者证券、期货交易量的；在自己实际控制的账户之间进行证券交易，或者以自己为交易对象，自买自卖期货合约，影响证券、期货交易价格或者证券、期货交易量的；以其他方法操纵证券、期货市场的。编造并传播证券、期货交易虚假信息罪的行为方式为编造并传播虚假信息。若行为人为操纵证券、期货市场而编造并传播证券、期货交易的虚假信息，然后借机操纵证券、期货交易价格的，成立操纵证券、期货市场罪与编造并传播证券、期货交易虚假信息罪的牵连犯，应从一重罪处断，即以操纵证券、期货市场罪定罪处罚。二是操纵证券、期货市场罪在犯罪形态上属于情节犯，而编造并传播证券、期货交易虚假信息罪则为结果犯。

（2）本罪与诱骗投资者买卖证券、期货合约罪的界限。

诱骗投资者买卖证券、期货合约罪，是指证券交易所、期货交易所、证券公司、期货经纪公司的从业人员，证券业协会、期货业协会或者证券期货监督管理部门的工作人员，故意提供虚假信息或者伪造、变造、销毁交易记录，诱骗投资者买卖证券、期货合约，造成严重后果的行为。本罪与诱骗投资者买卖证券、期货合约罪在犯罪客体和主观方面均相同，不同之处则体现在：一是犯罪的行为方式不同。操纵证券、期货市场罪的行为方式为单独或者合谋，集中资金优势、持股或者持仓优势或者利用信息优势联合或者连续买卖，操纵证券、期货交易价格或者证券、期货交易量的；与他人串通，以事先约定的时间、价格和方式相互进行证券、期货交易，影响证券、期货交易价格或者证券、期货交易量的；在自己实际控制的账户之间进行证券交易，或者以自己为交易对象，自买自卖期货合约，影响证券、期货交易价格或者证券、期货交易量的；以其他方法操纵证券、期货市场的。诱骗投资者买卖证券、期货合约罪的行为方式为行为人故意提供虚假信息或者伪造、变造、销毁交易记录，诱骗投资者买卖证券、期货合约，造成严重后果的行为。二是犯罪主体不同。操纵证券、期货市场罪的主体为一般主体，包括自然人和单位。诱骗投资者买卖证券、期货合约罪的主体为特殊主体，即为证券交易所、期货交易所、证券公司、期货经纪公司及其从业人员，证券业协会、期货业协会或者证券、期货监督管理部门及其工作人员。

3. 本罪的罪数形态问题

司法实践中，存在行为人主观上具有影响证券、期货市场且以此谋取不正当利益或转嫁风险，减免损失的意图，客观上实施了编造并传播证券、期货交易虚假信息的情形，此时行为人依法构成操纵证券、期货市场罪与编造并传播证券、期货交易虚假信息罪的牵连犯。除此之外，若行为人为证券交易所、证券公司、期货经纪公司的从业人员或者证券、期货业协会或证券期货监督管理部门的工作人员，则可能成立操纵证券、期货市场罪与诱骗投资者买卖证券、期货合约罪的牵连犯。还可能存在行为人成立挪用公款罪或挪用资金罪或破坏计算机信息系统罪与操纵证券、期货市场罪之牵连犯的情形。本书认为，对于上述情形，均应依从一重罪处罚的原则定罪量刑。

4. 本罪的共犯问题

司法实践中，实施操纵证券、期货市场行为的往往为多个自然人或单位，如以联手操纵和通谋买卖行为方式实施的。因此，实践中大多为共同犯罪。对于实践中因证券、期货市场行情波动而参与进来的大量的追随者，是否成立操纵证券、期货市场罪的共犯。本书认为，对于此种情形，应看参与进来的追随者与实施操纵行为者之间是否存在事前的通谋，若存在则成立共同犯罪，以操纵证券、期货市场罪来定罪处罚。

行为人为操纵证券、期货市场而向相关人员行贿联手操纵，此时是否均按共同犯罪处理应依具体情况而定。若行贿数额较小，则不成立行贿罪和受贿罪，双方均应以操纵证券、期货市场罪的共犯定罪处罚。若受贿人为国家工作人员且满足受贿罪的构成要件，则行为人成立行贿罪和操纵证券、期货市场罪的牵连犯，按从一重罪处罚的原则处断。受贿人成立受贿罪和操纵证券、期货市场罪的牵连犯，按从一重罪处罚的原则定罪处罚。若受贿者是公司、企业的工作人员，且数额较大的，则行贿者成立对非国家工作人员行贿罪与操纵证券、期货市场罪的牵连犯，从一重罪处断。受贿者成立非国家工作人员受贿罪与操纵证券、期货市场罪的牵连犯，从一重罪处断。值得注意的是，若上述国家工作人员或公司、企业的工作人员犯操纵证券、期货市场罪后，明知对方的财物是自己实施操纵证券、期货市场行为的不正当报酬而收受该财物的，应以操纵证券、期货市场罪与受贿罪或非国家工作人员受贿罪数罪并罚。

5. 本罪的停止形态问题

关于本罪的停止形态问题，理论上存在争议。有的认为，本罪是行为犯，犯罪行为人的操纵行为使交易价格和交易量变动波幅较小，或连续操纵行为仅受二次行政处罚均为未遂。[1] 有的则认为，本罪不存在犯罪未遂、中止这两种犯罪停止形态。[2] 本书赞同后一种观点，因为操纵证券、期货市场罪在犯罪形态上属行为犯中的情节犯，行为人实施的法定行为须达到情节严重才成立犯罪，对于操纵证券、期货市场罪来说只有成立与否的问题，不存在犯罪未遂和中止的停止形态。

（四）操纵证券、期货市场罪的处罚

根据修正后的刑法第 182 条规定，犯操纵证券、期货市场罪的，处 5 年以下有期徒刑或者拘役，并处或者单处罚金；情节特别严重的，处 5 年以上 10 年以下有期徒刑，并处罚金。单位犯操纵

---

① http://www.law-lib.com/lw/lw_view.asp? no=6279&page=2 秦德良：《期货交易的刑事规制》，法律图书馆 2005 年。

② 黄晓亮、许成磊著：《破坏金融管理秩序罪立案追诉标准与司法认定实务》，中国人民公安大学出版社 2010 年版，第 256 页。

证券、期货市场罪的，对单位判处罚金，并对其直接负责的主管人员和其他直接责任人员，以自然人犯本罪的规定定罪处罚。

十八、违法发放贷款罪

（一）违法发放贷款罪的概念和法源

1. 违法发放贷款罪的概念

违法发放贷款罪，是指从事贷款发放业务的金融机构或者工作人员违反国家规定发放贷款或者向关系人发放贷款，数额巨大或者造成重大损失的行为。

2. 违法发放贷款罪的法源

我国1979年刑法对本罪没有作出明确规定，行为人实施此危害行为构成玩忽职守罪的以玩忽职守罪定罪处罚。随着经济的不断发展，违法发放贷款的行为日益增多，严重扰乱了金融秩序。为更好地打击此类行为，全国人大常委会于1995年6月30日通过了《关于惩治破坏金融秩序犯罪的决定》，首次针对违法发放贷款行为作出相关刑事立法规定，即本决定第9条规定："银行或者其他金融机构的工作人员违反法律、行政法规规定，向关系人发放信用贷款或者发放担保贷款的条件优于其他借款人同类贷款的条件，造成较大损失的，处五年以下有期徒刑或者拘役，并处一万元以上十万元以下罚金；造成重大损失的，处五年以上有期徒刑，并处二万元以上二十万元以下罚金。银行或者其他金融机构的工作人员违反法律、行政法规规定，玩忽职守或者滥用职权，向关系人以外的其他人发放贷款，造成重大损失的，处五年以下有期徒刑或者拘役，并处一万元以上十万元以下罚金；造成特别重大损失的，处五年以上有期徒刑，并处二万元以上二十万元以下罚金。单位犯前两款罪的，对单位判处罚金，并对直接负责的主管人员和其他直接责任人员依照前两款的规定处罚。"1997年刑法修订时，吸收了1995年《关于惩治破坏金融秩序犯罪的决定》第9条的规定，将违法向关系人发放贷款罪和违法发放贷款罪纳入刑法第186条，但删除了该决定第 9 条第 2 款中"玩忽职守或者滥用职权"这一要件，即修订后的刑法第 186 条第 1 款规定："银行或者其他金融机构的工作人员违反法律、行政法规规定，向关系人发放信用贷款或者发放担保贷款的条件优于其他借款人同类贷款的条件，造成较大损失的，处五年以下有期徒刑或者拘役，并处一万元以上十万元以下罚金；造成重大损失的，处五年以上有期徒刑，并处二万元以上二十万元以下罚金。"第 3 款规定："单位犯前两款罪的，对单位判处罚金，并对直接负责的主管人员和其他直接责任人员，依照前两款的规定处罚。"第 4 款规定："关系人的范围，依照《中华人民共和国商业银行法》和有关金融法规确定。"1997 年 12 月 9 日通过的最高人民法院《关于执行〈中华人民共和国刑法〉确定罪名的规定》根据 1997 年刑法第 186 条的规定确立了"违法向关系人发放贷款罪"和"违法发放贷款罪"罪名。修订后的刑法第 186 条在具体的司法认定中也存在许多问题。例如，由于金融机构贷款程序复杂、环节过多，导致贷款造成损失后，难以正确界定各环节的责任；对办理借新款还旧贷款的责任人应当如何定罪？究竟是对最早发放贷款的责任人定罪处罚，还是对后来办理借新还旧的责任人定罪，存在争议。此外，对于本罪中"损失"的认定时间和标准也存在认识上的分歧。因此，2006 年 6 月 29 日全国人大常委会通过的《刑法修正案（六）》第 13 条规定："将刑法第一百八十六条第一款、第二款修改为：'银行或者其他金融机构的工作人员违反国家规定发放贷款，数额巨大或者造成重大损失的，处五年以下有期徒刑或者拘役，并处一万元以上十万元以下罚金；数额特别巨大或者造成特别重大损失的，处五年以上有期徒刑，并处二万元以上二十万元以下罚金。银行或者其他金融机构的工作人员违反国家规定，向关系人发放贷款的，依照前款的规定从重处罚。'"此次修订删除了"发放信用贷款或者发放担保贷款的条件优于其他借款人同类贷款的条件"；将"违反法律、行政法规规定"修改为"违反国家规定"；将"造成较大损失"修改为"数额巨大或者造成重大损失";将违法向关系人发放贷款作为违法发放贷款罪的从重处罚情节。2007年10月25日通过的最高人民法院、最高人民检察院《关于执行〈中华人民共和国刑法〉确定罪名的补充规定（三）》根据《刑法修正案（六）》第13条的规定将修订后的刑法第186条确定为"违法发放贷款罪"，取消了"违法向关系人发放贷款罪"罪名。

（二）违法发放贷款罪的构成特征

1. 客体特征

关于本罪侵犯的客体，在理论上存在不同认识。有的学者认为，本罪的客体是国家对金融机构的贷款管理秩序。[①] 有的学者认为，本罪的客体为复杂客体，即国家有关贷款的管理制度和国家金融机构的信誉。[②] 还有的学者认为，本罪的客体是复杂客体，即国家对金融机构贷款活动的管理制度和金融机构由贷款产生的合法利益（即本金和利益的归还）。[③] 比较上述三种观点，笔者认为，第一种更为合理。其理由如下，一是立法者将违法发放贷款罪设置于第三章"破坏社会主义市场经济秩序罪"中"破坏金融管理秩序罪"一节之中，足以说明本罪所侵犯的客体应为国家对金融机构的管理秩序，具体为国家对金融机构的贷款管理秩序。二是违法发放贷款的行为可能导致对国家金融机构信誉的损害，这只是此种行为所产生的一种危害结果，且其并不是增设本罪的主要原因。所以国家金融机构的信誉不能成为本罪的客体。三是若将金融机构由贷款产生的合法利益作为本罪的客体则会产生在单位成立本罪时，其作为受害者却需承担刑事责任的矛盾现象。综上所述，本罪的客体应为国家对金融机构的贷款管理秩序。

---

① 黄晓亮、许成磊著：《破坏金融管理秩序罪立案追诉标准与司法认定实务》，中国人民公安大学出版社2010年版，第279页。

② 高铭暄主编：《新编中国刑法学》，中国人民大学出版社1998年版，第619页。

③ 马克昌主编：《经济犯罪新论——破坏社会主义市场经济秩序罪研究》，武汉大学出版社1998年版，第324页。

2. 客观特征

本罪在客观方面表现为银行或者其他金融机构及其工作人员违反国家规定发放贷款，数额巨大或者造成重大损失的行为。

此处的"发放贷款"并不仅指贷款的发放，而且包括发放贷款前的贷款调查、信用评估、贷款审批以及贷后监督。金融机构发放贷款的方式包括信用贷款与担保贷款。信用贷款，是指依据借款人的信用发放贷款，无须借款人提供经济担保，而担保贷款包括保证贷款、抵押贷款和质押贷款，是指由借款人向金融机构提供相应的担保，金融机构依担保法规定的担保方式发放贷款。

发放贷款的对象为所有人，但违法向关系人发放贷款的从重处罚。

所谓的"违反国家规定"，是指违反商业银行法、《银行管理暂行条例》、《贷款通则》、《金融违法行为处罚办法》等法律、法规及行政规章中有关贷款制度的相关规定。

违法发放贷款行为须数额巨大或者造成重大损失才构成犯罪。"数额巨大"，是指违法发放贷款的数额巨大。"重大损失"，是指行为人违法发放贷款，因贷款全部或部分不能收回，或者利息难以收回，而导致银行或者其他金融机构损失数额巨大的情况。行为人违法发放贷款两次以上，但每次都未达到"数额巨大"也未"造成重大损失"的，不得将每次的违法发放贷款的数额和造成的损失累积为罪。但连续实施违法发放贷款造成的直接经济损失数额尚在追诉时效内的，应予累计。① "数额巨大"、"重大损失"的具体标准参照 2010 年 5 月 7 日通过的最高人民检察院、公安部《关于公安机关管辖的刑事案件立案追诉标准的规定（二）》第 42 条的规定，违法发放贷款，数额须在 100 万元以上，造成直接经济损失数额在 20 万元以上。

---

① 赵英武编著：《刑法直查——刑法条文与相关法规"三元分解、五栏贯通"全解》，法律出版社 2011 年版，第 263 页。

所谓"关系人"包括自然人和单位，根据商业银行法第 40 条的规定可知关系人是指商业银行的董事、监事、管理人员、信贷业务人员及其近亲属以及前述人员投资或者担任高级管理职务的公司、企业和其他经济组织。

3. 主体特征

本罪的主体为特殊主体，包括自然人和单位。其中，单位是指从事贷款业务的金融机构。根据《金融机构管理规定》的相关规定可知，只有经由中国人民银行批准，其经营范围包括贷款业务的金融机构才能从事信贷业务。自然人成立本罪也仅指从事贷款业务的金融机构的工作人员，即包括直接负责信贷业务的调查、经办的信贷人员和具有贷款审查、审批、发放权力的管理人员。非金融机构和不具有贷款经营权的金融机构及其工作人员以违法发放贷款的方式出借资金造成重大损失的，以相应的刑法规定定罪处罚。

4. 主观特征

关于本罪的主观方面，理论界也存在不同观点，有的学者认为，本罪的主观方面可以是间接故意，也可以是过失。[1] 有的学者认为，本罪的主观方面既可为故意，也可为过失。[2] 有的学者认为，本罪的罪过形式应当包括直接故意和间接故意。[3] 还有的学者认为，本罪在主观上表现为故意，且还是直接故意。[4] 笔者认为，行为人在发放贷款时，对于借款人、贷款程序及其他相关制度应是明知的，此时行为人对其仍违法发放贷款且数额巨大或造成重大损失持希望或放任的态度。因此，本罪的主观方面应为故意，包括直接故意和间接故意。

---

[1]　张国轩著：《商业犯罪研究》，经济管理出版社 2001 年版，第 608 页。

[2]　孟庆丰、陈国庆、孙茂利著：《经济犯罪案件立案追诉标准与定罪量刑适用法律图解》，中国人民公安大学出版社 2010 年版，第 267 页。

[3]　李永升主编：《金融犯罪研究》，中国检察出版社 2010 年版，第 348 页。

[4]　黄晓亮、许成磊著：《破坏金融管理秩序罪立案追诉标准与司法认定实务》，中国人民公安大学出版社 2010 年版，第 285 页。

（三）违法发放贷款罪的司法认定

1. 本罪罪与非罪的界限

区分违法发放贷款罪的罪与非罪须满足以下两点：一是行为人发放贷款的行为违反国家法律、法规和规章。若行为人实施的发放贷款的行为仅违反了所在单位的内部相关规定，不构成本罪，不追究其刑事责任。二是成立本罪须违法发放贷款数额巨大或造成重大损失。具体标准参照 2010 年 5 月 7 日通过的最高人民检察院、公安部《关于公安机关管辖的刑事案件立案追诉标准的规定（二）》第 42 条，即银行或者其他金融机构及其工作人员违反国家规定发放贷款，涉嫌下列情形之一的，应予立案追诉：（1）违法发放贷款，数额在 100 万元以上的；（2）违法发放贷款，造成直接经济损失数额在 20 万元以上的。

2. 本罪与相近犯罪的界限

（1）本罪与玩忽职守罪的界限。

玩忽职守罪，是指国家机关工作人员违反职责，玩忽职守，不履行或者不正确履行自己的职责，致使公共财产、国家和人民利益遭受重大损失的行为。本罪与玩忽职守罪的区别主要体现在以下几点：一是犯罪客体不同。违法发放贷款罪的客体为国家对金融机构的贷款管理秩序。玩忽职守罪的客体则为国家机关的正常管理活动。二是犯罪的客观方面表现不同。违法发放贷款罪的客观方面表现为银行或者其他金融机构及其工作人员违反国家规定发放贷款，数额巨大或者造成重大损失。玩忽职守罪的客观方面表现为国家机关工作人员，玩忽职守，不履行或者不正确履行自己的职责，致使公共财产、国家和人民利益遭受重大损失。三是犯罪主体不同。违法发放贷款罪的主体为从事贷款业务的银行或者其他金融机构及其工作人员。玩忽职守罪的主体也为特殊主体，即国家机关工作人员，单位不成立玩忽职守罪。四是犯罪的主观方面不同。违法发放贷款罪的主观方面为故意，过失不成立本罪，而玩忽职守罪的主观方面只能为过失。

（2）本罪与挪用公款罪、挪用资金罪的界限。

挪用公款罪，是指国家工作人员利用职务上的便利，挪用公款归个人使用，进行非法活动的，或者挪用公款数额较大、进行营利活动的，或者挪用公款数额较大、超过3个月未还的行为。

挪用资金罪，是指公司、企业或者其他单位的工作人员，利用职务上的便利，挪用本单位资金归个人使用或者借贷给他人使用，数额较大、超过3个月未还的，或者虽未超过3个月，但数额较大、进行营利活动的，或者进行非法活动的行为。

违法发放贷款罪与挪用公款罪、挪用资金罪在客观表现上存在一些相似之处，但二者的区别也比较明显，主要体现在：一是犯罪客体不同。违法发放贷款罪的客体为国家对金融机构的贷款管理秩序；挪用公款罪的客体为复杂客体，既侵犯了公款的使用权、收益权，又损害了国家工作人员职务行为的廉洁性；挪用资金罪的客体为单位对资金的使用权、收益权。二是犯罪的客观方面不同。违法发放贷款罪的客观方面表现为银行或金融机构及其工作人员违反国家规定，发放贷款，数额巨大或者造成重大损失；挪用公款罪的客观方面表现为国家工作人员利用职务上的便利，挪用公款归个人使用，进行非法活动的，或者挪用公款数额较大、进行营利活动的，或者挪用公款数额较大、超过3个月未还的行为；挪用资金罪的客观方面表现为公司、企业或者其他单位的工作人员，利用职务上的便利，挪用本单位资金归个人使用或者借贷给他人使用，数额较大、超过3个月未还的，或者虽未超过3个月，但数额较大、进行营利活动的，或者进行非法活动的行为。是否造成重大损失并不影响挪用公款罪的成立。三是犯罪的主体不同。违法发放贷款罪的主体为从事贷款业务的银行或者其他金融机构及其工作人员；挪用公款罪的主体为国家工作人员；挪用资金罪的主体为公司、企业或者其他单位的工作人员，单位不成立本罪。

3. 本罪的罪数形态问题

关于行为人收受贿赂后违法发放贷款如何处罚的问题，有观点认为，此时行为人成立牵连犯，应依牵连犯的处断原则处罚。本书赞同此种观点，收受贿赂与违法发放贷款之间为原因行为与结果行为的关系，符合牵连犯的成立要件，二者之间存在牵连关系。我国刑法对于牵连犯的处断原则并未作出统一规定，刑法分则针对个别犯罪成立牵连犯的处断原则作出了明确规定，如第 120 条第 2 款规定："犯前款罪并实施杀人、爆炸、绑架等犯罪的，依照数罪并罚的规定处罚。"第 171 条第 3 款规定："伪造货币并出售或者运输伪造的货币的，依照本法第一百七十条的规定定罪从重处罚。"第 399 条第 3 款规定："司法工作人员贪赃枉法，有前两款行为的，同时又构成本法第三百八十五条规定之罪的，依照处罚较重的规定定罪处罚。"对于收受贿赂后又违法发放贷款的情形，刑法未明确规定其处罚原则。本书认为，对于此种情形应采从一重罪处罚原则较为合理。

4. 本罪的共犯问题

行为人与他人事前通谋实施贷款诈骗犯罪而违法发放贷款的，成立想象竞合犯应从一重罪处罚。若行为人明知他人在贷款诈骗而为其违法发放贷款，但事前无通谋的不成立共同犯罪，以本罪定罪处罚。

5. 本罪的停止形态问题

该罪在犯罪形态上属于结果犯，行为人实施违法发放贷款的行为须达到数额较大或造成重大损失的标准才成立本罪。若行为人实施了违法发放贷款的行为，但未达到数额较大或未造成重大损失的，则不成立本罪。因此，本罪不存在犯罪的停止形态。

（四）违法发放贷款罪的处罚

根据修正后的刑法第 186 条规定，犯本罪的，处 5 年以下有期徒刑或者拘役，并处 1 万元以上 10 万元以下罚金；数额特别巨大或者造成特别重大损失的，处 5 年以上有期徒刑，并处 2 万元以上 20 万元以下罚金。

十九、吸收客户资金不入账罪

（一）吸收客户资金不入账罪的概念与法源

1. 吸收客户资金不入账罪的概念

吸收客户资金不入账罪，是指银行或者其他金融机构及其工作人员，吸收客户资金不入账，数额巨大或者造成重大损失的行为。

2. 吸收客户资金不入账罪的法源

1979 年刑法和 1995 年 6 月 30 日全国人民代表大会常务委员会通过的《关于惩治破坏金融秩序犯罪的决定》对于本罪均未作出明确规定。鉴于司法实践中一些金融机构及其工作人员存在吸收客户资金不入账，为谋取利益而非法拆借，私自放贷，严重损害金融秩序的行为，1997 年刑法修订时，首次将该行为明确规定为犯罪，即 1997 年刑法第 187 条规定："银行或者其他金融机构的工作人员以牟利为目的，采取吸收客户资金不入账的方式，将资金用于非法拆借、发放贷款，造成重大损失的，处五年以下有期徒刑或者拘役，并处二万元以上二十万元以下罚金；造成特别重大损失的，处五年以上有期徒刑，并处五万元以上五十万元以下罚金。单位犯前款罪的，对单位判处罚金，并对其直接负责的主管人员和其他直接责任人员，依照前款的规定处罚。"1997 年 12 月 9 日通过的最高人民法院《关于执行〈中华人民共和国刑法〉确定罪名的规定》将本条文规定为"用账外客户资金非法拆借、发放贷款罪"。鉴于金融机构在社会经济生活中的特殊地位，其账外经营所导致的负债无法监控，存在严重的潜在风险，而且容易诱发其他犯罪行为，影响金融市场的稳定与安全。同时，考虑到 1997 年刑法对于本罪所采取的"以牟利为目的"，"将资金用于非法拆借、发放贷款"，"造成重大损失"等规定不仅在实践中难以认定，还在一定程度上缩小了本罪的适用范围。因此，第十届全国人大常委会第二十二次会议于 2006 年 6 月 29 日通过了《刑法修正案（六）》，其第 14 条规定："将刑法第一百八十七条第一款修改为：'银行或者其他金融机构的工作人员吸收客户资金不入账，数额巨大或者造成重大损失的，处五年以下有期徒刑或者拘役，并处二万元以上二十万元以下罚金，数额特别巨大或者造成特别重大损失的，处五年以上有期徒刑，并处五万元以上五十万元以下罚金。'"此次修改删除了"以牟利为目的"和"将资金用于非法拆借、发放贷款"的规定，增加了数额巨大的标准并将"数额特别巨大"增加为本罪的加重处罚情节之一。2007 年 10 月 25 日通过的最高人民法院、最高人民检察院《关于执行〈中华人民共和国刑法〉确定罪名的补充规定（三）》依据本次修改将刑法第 187 条的罪名由"用账外客户资金非法拆借、发放贷款罪"罪名修改为"吸收客户资金不入账罪"。

（二）吸收客户资金不入账罪的构成特征

1. 客体特征

对于该罪的客体，理论上存在不同的认识。第一种观点认为，本罪侵犯的客体是国家的金融管理秩序和存款、贷款秩序。[①] 第二种观点认为，对自然人而言，本罪主要破坏了银行或者其他金融机构的正常经营管理活动，对单位而言，主要是破坏了国家对银行正常的监督管理活动。[②] 第三种观点认为，本罪侵犯的客体是复杂客体，即国家对信贷资金的管理秩序和客户资金的安全。[③] 第四种观点认为，该罪的客体是国家对金融机构发放贷款的监管制度以及金融机构的声誉。[④] 第五种观点认为，该罪的客体是国家的存款管理秩序。[⑤] 第六种观点认为，该罪侵犯了国家关于信贷资金的管理秩

① 邓又天主编：《中华人民共和国刑法释义与司法适用》，中国人民公安大学出版社 1997 年版，第 314 页。

② 马克昌主编：《经济犯罪新论——破坏社会主义市场经济秩序罪研究》，武汉大学出版社 1998 年版，第 333 页。

③ 李希慧主编：《刑法各论》，中国人民大学出版社 2007 年版，第 178 页。

④ 苏惠渔主编：《刑法学》，中国政法大学出版社 1997 年版，第 523 页。

⑤ 李永升主编：《金融犯罪研究》，中国检察出版社 2010 年版，第 353 页。

序与金融机构的财产权利。① 本书认为，吸收客户资金不入账罪发生在吸收存款业务中，行为人通过不入账的行为，将这些资金用于非法拆借或发放贷款，这种巨额资金的"体外循环"给金融市场带来很大风险，打击此类犯罪的原因也正在于此。将国家的金融管理秩序、银行或者金融机构的正常经营管理活动和国家对银行正常的监督管理活动作为本罪的客体太过宏观，不具体。就客户资金和金融机构的财产权利能否成为本罪的客体而言，本书认为，由于客户将资金存入金融机构致使资金的所有权发生转移，吸收客户资金不入账行为所造成的风险如果实现不会直接造成客户资金的损失，但会导致银行或其他金融机构受损，这种损失是否发生不影响本罪的成立。因此，无论是客户资金还是金融机构的财产权利均不能成为本罪所侵犯的客体。综上所述，本罪的客体应为国家对于信贷资金的管理秩序。

2. 客观特征

本罪在客观方面表现为银行或者其他金融机构的工作人员吸收客户资金不入账，数额巨大或者造成重大损失的行为。本罪的行为方式表现为吸收客户资金不入账。所谓吸收客户资金不入账，是指行为人接受客户的资金或者票据并且向客户出具存折、存单等凭据，但并未将收受的客户资金完全记入或部分记入金融机构的法定储蓄存款账目。这是行为人构成本罪的必要条件。吸收客户资金不入账的行为违反了国家的金融管理法律、法规和金融主管机关的有关规定，构成巨额资金的"体外循环"，导致信用失控。

本罪的行为对象为客户资金，此处的客户资金既包括以合法方式吸收的，也包括以不正当方式吸收的个人储蓄和单位存款。

成立本罪客观上须达到数额巨大或者造成重大损失。此处的"重大损失"仅指吸收客户资金不入账而造成的"直接"经济损失

---

① 黄晓亮、许成磊著：《破坏金融管理秩序罪立案追诉标准与司法认定实务》，中国人民公安大学出版社 2010 年版，第 293 页。

数额。

3. 主体特征

本罪的主体为特殊主体，包括银行或者其他金融机构，也包括银行或者其他金融机构的工作人员。

4. 主观特征

对于本罪的主观罪过形态，在《刑法修正案（六）》颁布施行之前，理论上存在不同的认识。主要有故意和过失说、过失或间接故意说以及故意说。《刑法修正案（六）》施行后，理论界对此问题仍存在不同观点。第一种观点认为，本罪的主观方面只能为直接故意。[①] 第二种观点认为，本罪的主观方面表现为故意，一般是直接故意，过失不构成本罪。[②] 本书认为，行为人无论对于吸收客户资金不入账的行为，还是对于该行为导致的数额巨大或造成重大损失的后果均既存在希望发生，也存在放任其发生的情形，所以间接故意也应为本罪的主观罪过形态，后一种观点较为合理。

（三）吸收客户资金不入账罪的司法认定

1. 本罪罪与非罪的界限

成立本罪除须满足法定的构成要件之外，客观上还必须具备不入账数额巨大或造成重大损失的要件。具体标准参见 2010 年 5 月 7 日通过的最高人民检察院、公安部《关于公安机关管辖的刑事案件立案追诉标准的规定（二）》第 43 条的规定，即银行或者其他金融机构及其工作人员吸收客户资金不入账，涉嫌下列情形之一的，应予立案追诉：（1）吸收客户资金不入账，数额在 100 万元以上的；（2）吸收客户资金不入账，造成直接经济损失数额在 20 万元以上的。

---

① 张国轩著：《商业犯罪研究》，经济管理出版社 2001 年版，第 602 页。
② 孟庆丰、陈国庆、孙茂利著：《经济犯罪案件立案追诉标准与定罪量刑适用法律图解》，中国人民公安大学出版社 2010 年版，第 271 页。

2. 本罪与相近犯罪的界限

（1）本罪与挪用资金罪、挪用公款罪的界限。

挪用资金罪，是指公司、企业或者其他单位的工作人员，利用职务上的便利，挪用本单位资金归个人使用或者借贷给他人，数额较大、超过3个月未还的，或者虽未超过3个月，但数额较大、进行营利活动的，或者进行非法活动的行为。

挪用公款罪，是指国有公司、企业或者其他国有单位中从事公务的人员和国有公司、企业或者其他国有单位委派到非国有公司、企业以及其他单位从事公务的人员，利用职务上的便利，挪用本单位资金归个人使用或者借贷给他人，数额较大、超过3个月未还的，或者虽未超过3个月，但数额较大、进行营利活动的，或者进行非法活动的行为。

本罪与挪用资金罪、挪用公款罪可成立牵连犯且主观方面均为故意。它们之间的不同之处在于：一是犯罪客体不同。吸收客户资金不入账罪的客体为国家对于信贷资金的管理秩序；挪用资金罪的客体为单位对资金的使用权、收益权；挪用公款罪的客体为复杂客体，既侵犯了公款的使用、收益权，又损害了国家工作人员职务行为的廉洁性。二是犯罪行为方式不同。吸收客户资金不入账罪的行为方式为吸收客户资金不入账；挪用资金罪和挪用公款罪的行为方式则为利用职务上的便利，挪用本单位资金归个人使用或者借贷给他人，数额较大、超过3个月未还的，或者虽未超过3个月，但数额较大、进行营利活动的，或者进行非法活动的行为。三是犯罪成立标准不同。吸收客户资金不入账罪的成立须满足数额巨大或者造成重大损失；挪用资金罪与挪用公款罪的成立则无损失要求。四是犯罪主体不同。吸收客户资金不入账罪的主体为特殊主体，即银行或者其他金融机构及其工作人员；而挪用资金罪的主体为公司、企业或者其他单位的工作人员；挪用公款罪的主体也为特殊主体，即国有公司、企业或者其他国有单位中从事公务的人员和国有公司、企业或者其他国有单位委派到非国有公司、企业以及其他单位从事公务的人员。

（2）本罪与职务侵占罪、贪污罪的界限。

职务侵占罪，是指公司、企业或者其他单位的人员，利用职务上的便利，将本单位财物非法占为己有，数额较大的行为。

贪污罪，是指国家工作人员利用职务上的便利，侵吞、窃取、骗取或者以其他手段非法占有公共财物的行为。

行为人在吸收客户存款后不入账的行为在某些情形下成立吸收客户资金不入账罪与职务侵占罪或贪污罪的想象竞合。行为人在实施上述犯罪时主观方面也均为故意。它们的主要区别在于：一是犯罪客体不同。吸收客户资金不入账罪的客体为国家对于信贷资金的管理秩序；职务侵占罪的客体为本单位的财产所有权；贪污罪的客体为复杂客体，即国家工作人员职务行为的廉洁性和公共财产的所有权。二是犯罪的行为方式不同。吸收客户资金不入账罪的行为方式表现为银行或者其他金融机构的工作人员吸收客户资金不入账；职务侵占罪的行为方式表现为利用职务上的便利，将本单位财物非法占为己有；贪污罪的行为方式则表现为利用职务上的便利，侵吞、窃取、骗取或者以其他手段非法占有公共财物。三是犯罪主体不同。吸收客户资金不入账罪的主体为银行或其他金融机构及其工作人员；职务侵占罪的主体为公司、企业或者其他单位的人员；贪污罪的主体为国家工作人员。需注意的是，银行或其他金融机构的工作人员也可成为职务侵占罪或贪污罪的主体。

3. 本罪的罪数形态问题

行为人吸收客户资金不入账，一般是为了实施挪用资金、挪用公款、违法发放贷款、受贿等行为，在此种情形下，行为人成立牵连犯，应按照"择一重罪处罚"的原则处罚，不数罪并罚。若行为人构成吸收客户资金不入账罪之后又用这些资金进行其他非牵连性犯罪的应数罪并罚。

4. 本罪的共犯问题

对于本罪的共犯问题，有以下两点须特别注意：一是利用他人吸收的未入账的客户资金实施犯罪活动的，若该行为人与吸收客户资金不入账罪的行为人事前有通谋的，则成立吸收客户资金不入账罪的共犯。若事先无通谋的，不成立共犯，依具体实施的犯罪进行定罪处罚。二是存款客户与行为人商定其资金存入银行但不记账的，数额巨大或造成重大损失时，行为人以本罪定罪处罚，客户只为一般的违法行为，不成立共犯。

5. 本罪的停止形态问题

吸收客户资金不入账罪在犯罪形态上属于结果犯。行为人吸收客户资金不入账须达到数额巨大或者造成重大损失时才成立犯罪。本罪只有成立与否的问题，不存在犯罪停止形态。

（四）吸收客户资金不入账罪的处罚

根据修正后的刑法第187条规定，犯本罪的，处5年以下有期徒刑或者拘役，并处2万元以上20万元以下罚金；数额特别巨大或者造成特别重大损失的，处5年以上有期徒刑，并处5万元以上50万元以下罚金。单位犯前款罪的，对单位判处罚金，并对其直接负责的主管人员和其他直接责任人员，依照前款的规定处罚。

二十、违规出具金融票证罪

（一）违规出具金融票证罪的概念和法源

1. 违规出具金融票证罪的概念

违规出具金融票证罪，是指银行或者其他金融机构及其工作人员违反规定，为他人出具信用证或者其他保函、票据、存单、资信证明，情节严重的行为。

2. 违规出具金融票证罪的法源

我国1979年刑法对本罪并未作出明确规定。鉴于在司法实践中，违规出具金融票证的行为不仅给国家造成了重大经济损失，还为实施一些诈骗犯罪创造了条件。为严厉打击此类犯罪，1995年全国人大常委会通过的《关于惩治破坏金融秩序犯罪的决定》第15条首次对违规出具金融票证的行为作出了刑法规制，即"银行或者其他金融机构的工作人员违反规定为他人出具信用证或者其他保函、票据、资信证明，造成较大损失的，处五年以下有期徒刑或者拘役；造成重大损失的，处五年以上有期徒刑。单位犯前款罪的，对单位判处罚金，并对直接负责的主管人员和其他直接负责人员，依照前款的规定处罚。"

1997 年修订刑法时，明确将此类危害行为纳入刑法予以规制，其内容主要吸收了《关于惩治破坏金融秩序犯罪的决定》第 15 条的规定，并将"存单"增加为本罪的犯罪对象。刑法第 188 条规定："银行或者其他金融机构的工作人员违反规定，为他人出具信用证或者其他保函、票据、存单、资信证明，造成较大损失的，处五年以下有期徒刑或者拘役；造成重大损失的，处五年以上有期徒刑。单位犯前款罪的，对单位判处罚金，并对其直接负责的主管人员和其他直接责任人员，依照前款的规定处罚。"1997 年 12 月 9 日通过的最高人民法院《关于执行〈中华人民共和国刑法〉确定罪名的规定》根据 1997 刑法第 188 条规定了"非法出具金融票证罪"罪名。

由于司法实践中对非法出具金融票证所造成的实际损失难以确定，因此 2006 年 6 月 29 日全国人大常委会通过的《刑法修正案（六）》第 15 条对刑法第 188 条第 1 款作出修正，将原表述中的"造成较大损失"修改为"情节严重"；"造成重大损失"修改为"情节特别严重"。即"银行或者其他金融机构的工作人员违反规定，为他人出具信用证或者其他保函、票据、存单、资信证明，情节严重的，处五年以下有期徒刑或者拘役；情节特别严重的，处五年以上有期徒刑。"

2007 年 10 月 25 日通过的最高人民法院、最高人民检察院《关于执行〈中华人民共和国刑法〉确定罪名的补充规定（三）》根据《刑法修正案（六）》第 15 条的规定，将"非法出具金融票证罪"罪名修改为"违规出具金融票证罪"。

（二）违规出具金融票证罪的构成特征

1. 客体特征

关于本罪侵犯的客体，在理论上有不同观点，有的学者认为，该罪的客体是国家对金融票证的管理制度。[①] 有的学者认为，本罪侵犯的客体是复杂客体，即国家对金融票证的管理秩序和金融机构的信誉及资金安全。[②] 也有的学者认为，该罪的客体是复杂客体，即国家对金融机构的信用票证的管理制度和金融机构的资金。[③] 笔者认为，刑法之所以将违规出具票证的行为规定为犯罪，究其原因，主要是由于在司法实践中，违法出具票证的行为不仅给国家和人民造成了重大的利益损失，还为大量的违法犯罪活动提供了条件和帮助，严重扰乱了金融秩序。因此，违规出具金融票证罪的客体应为国家对金融票证的管理秩序。

2. 客观特征

本罪在客观方面表现为银行或者其他金融机构及其工作人员违反规定，为他人出具信用证或者其他保函、票据、存单、资信证明，情节严重的行为。

此处的"规定"不仅包括国家有关金融票证管理的法律法规，也包括银行或其他金融机构内部的规章制度和业务规则。行为人的行为违反与法律相抵触的金融机构的内部规章制度和业务规则不成立此罪的"违反规定"。"他人"既包括自然人，也包括单位。[④]

本罪的行为对象包括信用证、其他保函、票据、存单、资信证

[①] 黄京平主编：《破坏市场经济秩序罪研究》，中国人民大学出版社 1999 年版，第 412 页。

[②] 黄晓亮、许成磊著：《破坏金融管理秩序罪立案追诉标准与司法认定实务》，中国人民公安大学出版社 2010 年版，第 301 页。

[③] 马克昌主编：《经济犯罪新论——破坏社会主义市场经济秩序罪研究》，武汉大学出版社 1998 年版，第 278 页。

[④] 黄京平主编：《破坏市场经济秩序罪研究》，中国人民大学出版社 1999 年版，第 413 页。

明。信用证，是指开证银行或者其他金融机构依据申请开证人的请求，向受益人签发的一种书面约定，当受益人满足该书面约定的条件时，即向受益人保证付款的书面凭证。保函，是指金融机构以自身的信用为他人提供担保的保证书。票据，是指以支付一定金额为目的的可以转让、流通的有价证券，包括汇票、本票和支票。存单，是指开展存款业务的银行或其他金融机构收取客户存款向存款人出具的证明其存款日期、存款金额、存款种类、存款期限、利率的，存款人据以主张其权利的单据。资信证明，是指证明他人经济实力、资产和信用状况的凭证。

本罪的行为方式主要表现为：（1）银行或其他金融机构及其工作人员无权出具金融票证而出具的行为。（2）银行或其他金融机构及其工作人员向不具备持证资格或条件的他人出具金融票证。（3）银行或其他金融机构及其工作人员违反有关规定出具金融票证。

行为人成立本罪须达到情节严重，所谓"情节严重"，不仅包括违规出具金融票证数额巨大、多次为他人违规出具金融票证，还包括给金融机构造成较大损失。行为人违规出具金融票证给第三人造成损失的，第三人可依法直接要求银行或其他金融机构赔偿，该赔偿计入银行或其他金融机构的损失。

3. 主体特征

本罪的主体为特殊主体，包括银行或其他金融机构及其工作人员。"银行"主要是指商业银行，中国人民银行和政策性银行也可成立本罪。"其他金融机构"主要是指保险机构，信托投资机构，经营股票、债券及其他有价证券的机构以及经营外汇、期货、融资租赁等金融业务的非银行金融机构。

4. 主观特征

关于本罪的主观方面，理论上存在不同的认识。有的认为，从行为人对违法行为的认识因素和意志因素来看，本罪主观方面应为故意。有的认为，本罪的主观方面为过失，即行为人对于为他人出具信用证或者其他保函、票据、存单、资信证明可能造成的重大损失是出于过失。① 还有人认为，本罪既可以由故意构成，也可以由过失构成。② 本书认为，银行或者其他金融机构及其工作人员明知自己违规出具金融票证会发生危害金融票证管理秩序的结果，但仍希望或放任这种结果的发生。因此，本罪的主观方面应为故意，过失不成立该罪。

（三）违规出具金融票证罪的司法认定

1. 本罪罪与非罪的界限

区分本罪的罪与非罪，主要从以下两方面考虑：（1）行为人出具金融票证的行为是否违反了相关规定，只有违反了相关规定才成立本罪。（2）行为人违规出具金融票证的行为须达到"情节严重"才构成本罪。"情节严重"的具体标准参照 2010 年 5 月 7 日通过的最高人民检察院、公安部《关于公安机关管辖的刑事案件立案追诉标准的规定（二）》第 44 条规定："银行或者其他金融机构及其工作人员违反规定，为他人出具信用证或者其他保函、票据、存单、资信证明，涉嫌下列情形之一的，应予立案追诉：（一）违反规定为他人出具信用证或者其他保函、票据、存单、资信证明，数额在一百万元以上的；（二）违反规定为他人出具信用证或者其他保函、票据、存单、资信证明，造成直接经济损失数额在二十万元以上的；（三）多次违规出具信用证或者其他保函、票据、存单、资信证明的；（四）接受贿赂违规出具信用证或者其他保函、票据、存单、资信证明的；（五）其他情节严重的情形。"

2. 本罪与相近罪名的界限

（1）本罪与伪造、变造金融票证罪的界限。

伪造、变造金融票证罪，是指行为人违反金融票据管理法律法

---

① 冯汝义编著：《办理刑事案件流程及罪名适用》（中），中国检察出版社 2010 年修订版，第 987 页。

② 孟庆丰、陈国庆、孙茂利著：《经济犯罪案件立案追诉标准与定罪量刑适用法律图解》，中国人民公安大学出版社 2010 年版，第 276 页。

规，仿照真的金融票据的式样、图案、文字、色彩等制作假的金融票据或在真的金融票据的基础上进行改造。本罪与伪造、变造金融票证罪均为关于金融票证的犯罪，二者的犯罪对象均为金融票证。主要区别体现在以下四点：一是犯罪客体不同。违规出具金融票证罪的客体为国家对金融票证的管理秩序。具体而言，为国家对金融机构出具金融票证的管理秩序。伪造、变造金融票证罪侵犯的客体则为国家对金融票证制作的管理秩序。二是犯罪的客观方面不同。违规出具金融票证罪的客观方面表现为银行或其他金融机构及其工作人员违反规定，为他人开具金融票证，情节严重的行为。伪造、变造金融票证罪的客观方面则表现为行为人违反金融票证管理法律法规，仿照真的金融票据的式样、图案、文字、色彩等制作假的金融票据或在真的金融票据的基础上进行改造。三是犯罪主体不同。违规出具金融票证罪的主体为特殊主体，即银行或其他金融机构及其工作人员。伪造、变造金融票证罪的主体为一般主体。四是犯罪成立的标准不同。违规出具金融票证罪须达到情节严重的程度，才成立本罪。伪造、变造金融票证罪只需实施的伪造、变造金融票证的行为达到犯罪的程度即可成立犯罪。

（2）本罪与滥用职权犯罪和玩忽职守犯罪的界限。

违规出具金融票证罪往往表现为滥用职权或玩忽职守。因此，本罪与滥用职权犯罪（包括国有公司、企业、事业单位人员滥用职权罪和滥用职权罪）以及玩忽职守犯罪（包括国有公司、企业、事业单位人员失职罪和玩忽职守罪）存在许多相似之处，但它们之间也存在明显的区别，主要体现为以下四点：一是犯罪客体不同。违规出具金融票证罪的客体为国家对金融票证的管理秩序。滥用职权犯罪中，国有公司、企业、事业单位人员滥用职权罪的客体为国有公司、企业、事业单位的财产权益和国家利益；滥用职权罪的客体为国家机关的正常管理活动。玩忽职守犯罪中，国有公司、企业、事业单位人员失职罪的客体为国有公司、企业、事业单位的财产权益和国家利益；玩忽职守罪的客体为国家机关的正常管理活动。二是犯罪的客观方面不同。违规出具金融票证罪的客观方面表现为银行或者其他金融机构及其工作人员违反规定，为他人出具信用证或者其他保函、票据、存单、资信证明的行为。滥用职权犯罪和玩忽职守犯罪的客观方面表现为行为人履行职务的过程中滥用职权或玩忽职守的行为。三是犯罪主体不同。违规出具金融票证罪的主体为特殊主体，即银行或其他金融机构及其工作人员。国有公司、企业、事业单位人员滥用职权罪与国有公司、企业、事业单位人员失职罪的主体为国有公司、企业、事业单位人员，须注意的是：当国有金融机构的工作人员违规出具金融票证，达到情节严重的，则该行为同时触犯国有公司、企业、事业单位人员滥用职权罪或国有公司、企业、事业单位人员失职罪和违规出具金融票证罪，成立法条竞合，依特别法优于普通法原则，以违规出具金融票证罪定罪处罚。滥用职权罪和玩忽职守罪的主体为国家机关工作人员。四是犯罪主观方面不同。违规出具金融票证罪的主观方面为故意，过失不成立本罪；而滥用职权犯罪的主观方面为故意，玩忽职守犯罪的主观方面表现为过失。

3. 本罪的罪数形态问题

司法实践中，国有金融机构的工作人员因收受贿赂而违规出具信用证或者其他保函、票据、存单、资信证明的，满足受贿罪与违规出具金融票证罪构成要件的，成立受贿罪与违规出具金融票证罪的牵连犯，应从一重罪处罚。同时，在司法实践中，违规出具金融票证往往是行为人实施其他目的犯罪的手段犯罪行为。此种情形下，行为人成立违规出具金融票证罪与其他犯罪的牵连犯，也应从一重罪处罚。

4. 本罪的共犯问题

金融票证往往被作为行为人实施诈骗犯罪的工具，银行或者其他金融机构的工作人员若事先与实施诈骗犯罪的行为人通谋，而违规出具金融票证的成立共同犯罪。对此种情形的处罚存在两种观点，一种认为，此种情形下应以各诈骗犯罪之共犯与本罪之想象竞合犯择一重罪论处，即以各种诈骗犯罪论处，根据其在共同犯罪中的地位处以相应的刑罚。[1] 另一种认为，此种情形下，对行为人的行为应当视为诈骗行为的帮助行为，以诈骗罪论处。[2] 本书赞同后一种观点，此时行为人与诈骗行为人之间就实施诈骗行为存在犯意的联络，完全符合刑法总则中关于共同犯罪的成立条件。因此，应依诈骗犯罪定罪处罚。若行为人虽明知他人实施诈骗犯罪而违规出具金融票证，但与他人无犯意联络的，不成立共同犯罪，应依违规出具金融票证罪定罪处罚。

5. 本罪的停止形态问题

该罪在犯罪形态上属于情节犯。行为人违反规定，为他人出具信用证或者其他保函、票据、存单、资信证明的行为需达到情节严重时，才成立本罪。其中，"情节严重"既可由实施的一次行为构成，也可由所实施的数次行为"累积"而构成。本罪不存在犯罪的停止形态。

（四）违规出具金融票证罪的处罚

根据修正后的刑法第 188 条规定，犯本罪的，处 5 年以下有期徒刑或者拘役；情节特别严重的，处 5 年以上有期徒刑。单位犯违规出具金融票证罪的，对单位判处罚金，并对其直接负责的主管人员和其他直接责任人员，依照自然人犯本罪的规定处罚。

二十一、洗钱罪

（一）洗钱罪的概念与法源

1. 洗钱罪的概念

洗钱罪，是指明知是毒品犯罪、黑社会性质的组织犯罪、恐怖活动犯罪和走私犯罪、贪污贿赂犯罪、破坏金融管理秩序犯罪、金

---

① 黄晓亮、许成磊著：《破坏金融管理秩序罪立案追诉标准与司法认定实务》，中国人民公安大学出版社 2010 年版，第 309～310 页。

② 李永升主编：《金融犯罪研究》，中国检察出版社 2010 年版，第 363 页。

融诈骗犯罪的所得及其产生的收益，为掩饰、隐瞒其来源和性质，而以存入金融机构、转移资金等方式使其在市场上合法化的行为。

2. 洗钱罪的法源

综观世界各个国家和地区，对于洗钱犯罪的上游犯罪的规定不尽相同，可以概括为三种模式：（1）只规定了毒品犯罪所得的洗钱行为；（2）规定了某些特定犯罪行为所得的洗钱行为；（3）规定了所有犯罪所得的洗钱行为或者超过一定犯罪危害性的洗钱行为。我国 1979 年刑法没有规定洗钱罪。但在 1988 年通过的《联合国禁止非法贩运麻醉药品和精神药物公约》中规定了"隐藏、隐瞒犯罪收益"犯罪之后，1990 年我国在《关于禁毒的决定》中规定了针对毒品犯罪的"掩饰、隐瞒毒赃性质、来源罪"。前者被认为是国际社会反洗钱罪的第一个国际公约，后者则应是我国关于洗钱罪的最初的法的渊源。1997 年刑法在第 191 条规定了洗钱罪。即明知是毒品犯罪、黑社会性质的组织犯罪、走私犯罪的违法所得及其所产生的收益，为掩饰、隐瞒其来源和性质，有下列行为之一的，没收实施以上犯罪的违法所得及其产生的收益，处 5 年以下有期徒刑或拘役，并处或者单处洗钱数额 5% 以上 20% 以下罚金；情节严重的，处 5 年以上 10 年以下有期徒刑，并处洗钱数额 5% 以上 20% 以下罚金：（1）提供资金账户的；（2）协助将财产转换为现金或者金融票据的；（3）通过转账或者其他结算方式协助资金转移的；（4）协助将资金汇往境外的；（5）以其他方式掩饰、隐瞒犯罪的违法所得及其收益的性质和来源的。单位犯前款罪的，对单位判处罚金，并对其直接负责的主管人员和其他直接责任人员，处 5 年以下有期徒刑或者拘役。继此之后，2001 年 12 月 29 日全国人大常委会通过的《刑法修正案（三）》对刑法第 191 条做了两处修改：（1）补充恐怖活动犯罪为上游犯罪之一；（2）单位犯洗钱罪的，对其直接负责的主管人员和其他直接责任人员的处罚增加了一个罪行单位，即"情节严重的，处 5 年以上 10 年以下有期徒刑"。随着洗钱犯罪的日益猖獗，国际社会要求严厉打击洗钱犯罪的呼声越来越高，2006 年 6 月 29 日全国人大常委会又通过了《刑法修正案（六）》，进一步扩大了洗钱罪的上游犯罪的范围，即增加了贪污贿赂犯罪、破坏金融管理秩序犯罪、金融诈骗犯罪等罪名。

（二）洗钱罪的构成特征

1. 客体特征

本罪的客体为复杂客体，即国家的金融管理制度和司法机关的正常活动。

本罪的对象是毒品犯罪、黑社会性质的组织犯罪、恐怖活动犯罪、走私犯罪、贪污贿赂犯罪、破坏金融管理秩序犯罪、金融诈骗犯罪的所得及其产生的收益。如果行为对象不属于这七种犯罪的性质和来源，不构成本罪，但可能构成其他犯罪。本罪的犯罪对象不仅指货币性资产，还包括一般性的财物。

2. 客观特征

本罪在客观方面表现为掩饰、隐瞒毒品犯罪、黑社会性质的组织犯罪、恐怖活动犯罪、走私犯罪、贪污贿赂犯罪、破坏金融管理秩序犯罪、金融诈骗犯罪的所得及其产生的收益的来源和性质的行为。

根据《刑法修正案（六）》第 16 条的规定，洗钱罪的客观行为方式有以下五种：

（1）提供资金账户，是指行为人将自己拥有的合法账户提供给前述七类犯罪的犯罪人或者在金融机构开立新账户，使其将犯罪所得及其产生的收益的赃款存入金融机构，从而取得合法的形式。而所谓资金账户，既包括银行的存款账户、储蓄账户，也包括银行的信用卡账户、外汇账户，还包括证券公司的股票交易账户、期货公司的期货交易账户等。

（2）协助将财产转换为现金、金融票据、有价证券，是指行为人帮助上述七类犯罪的犯罪人将不动产、船舶、股票、汽车、贵重金属等变卖出去，换成现金、金融票据或者有价证券，以掩饰犯罪所得的财产的来源和性质。所谓现金，既可以是本国的货币，也可以是外币。所谓金融票据，依据我国票据法的规定包括汇票、本票与支票。所谓有价证券，是指设定并证明持券人支付相应对价。有价证券一般包括股票债券、提单、仓单、存单等，其外延包括金融票据。

（3）通过转账或者其他结算方式协助资金转移，是指行为人协助前述七类犯罪的犯罪人将犯罪所得及其产生的收益混入合法收入存入银行等金融机构，通过转账或者其他结算方式，掩饰、隐瞒犯罪来源与性质，将赃款转换为合法资金。所谓转账，一般是指利用支票、银行本票、银行汇票、商业汇票等金融票据或者书面或者电话委托，将犯罪所得从一个账户转往另一个账户。所谓其他结算方式，包括汇兑、托收承付、限额结算、委托收款、网上支付以及利用电子资金划拨等方法。总之，上述行为的目的是要迅速地将非法资金转移到其他地区，以逃避司法机关的追查。

（4）协助将资金汇往境外，是指将国家批准享有国内外资金往来权的个人或者单位，通过自己在银行或者其他金融机构所开设的账号，协助前述七类犯罪的犯罪人将犯罪所得及其所产生的收益汇往境外。在实践中一般是将非法资金汇往那些金融监管比较宽松的国家、地区或者严格实施银行保密法、保密程度较高的国家或地区。

（5）以其他方法掩饰、隐瞒犯罪所得及其收益的来源和性质。这是立法技术意义上的"兜底"条款，是为了不放纵犯罪而不得已采取的方法，同时在一定程度上牺牲了法律的明确性要求，甚至涉嫌有损罪刑法定原则。然而，其在司法上给了法官一定的自由裁量权，可以让法官根据犯罪态势和国家总体的刑事政策适度灵活地"出入"其罪。具体到本罪而言，其对于严密刑事法网，全面有效地打击各种洗钱行为具有重大意义。

这里的其他方法主要是指以国外亲属的名字存入外国银行，然后再返回本国；用现金购买不动产等然后变卖出去；为使赃钱合法化而开设酒吧、超级市场、夜总会、舞厅、饭店、旅店等服务行业及日常大量使用现金的行业，把非法获得的收入混入合法的收入中等。这些新的转移犯罪收入的手段和洗钱类型使上游犯罪的犯罪所得及其产生的收益改变了形态，然后再将它投入合法的活动中，通过这些方式使资金进行循环，以获得更大的利益。而这样做既有利于使用和保存资金，又不易暴露其来源和性质。

另外，本罪的犯罪形态是行为犯，只要行为人实施了上述五种洗钱行为之一，不论是否达到掩饰、隐瞒违法所得及其收益的性质和来源的目的，都构成本罪。

3. 主体特征

本罪的主体是一般主体，任何单位和达到刑事责任年龄、具有刑事责任能力的自然人均可以构成本罪。实施本罪的个人是一般主体中满 16 周岁具有刑事责任能力的自然人，通常是银行或者其他金融机构的工作人员；实施本罪的单位通常是银行或者其他金融机构以及中小企业。根据刑法第 191 条第 1 款规定，在五种洗钱行为中，前四种行为的主体是为赃款持有人洗钱的人，后一种行为的犯罪主体也可以是赃款持有者本人。

本罪的主体方面需要关注的问题是，上游犯罪的犯罪人是否可以成为本罪的主体。对此，刑法理论界存在肯定说和否定说的争议。① 肯定说所主张的主要观点是，上游犯罪与洗钱行为是两个独立的行为，存在两个犯罪故意，其不同于一般的隐藏行为，立法已对其作了特殊规定，即这种行为不仅使"黑钱"非法持有，而且还增加了使其合法化这一行为。这种观点有一定的道理，因为虽然上游犯罪与洗钱行为本身所侵犯的客体不同，但是法律已经明确将洗钱行为犯罪化，不能因为两个犯罪的主体相同，犯罪行为间具有

---

① 姜志伟：《洗钱罪比较研究》，载《现代法学》1999 年第 1 期。

牵连关系而不将上游犯罪人的此类行为犯罪化。① 而持否定说的观点认为，上游犯罪的主体在钱财到手后转移隐匿等行为应该认定为上游犯罪的自然延伸，不能再另定罪名，实行数罪并罚。洗钱罪为独立的罪名，从我国刑法第 191 条所用的术语，诸如提供、协助、通过等来看，应理解为上游犯罪主体以外的其他单位和个人的所作所为，应理解为帮助犯。笔者比较赞同否定说的观点，因为我国的刑法条文表述的意思很明显地表明了立法机关不愿将其分别单独处罚的立法原意，从坚持罪刑法定的角度来说，是应该把上游犯罪人的洗钱行为排除在洗钱罪之外的。但是，在对上游犯罪人按其基本犯罪行为定罪量刑时要把这一洗钱情节考虑在内，从而对其处以比较重的刑罚，以实现刑法的罪刑均衡原则。

4. 主观特征

本罪的主观方面不仅表现为直接故意，而且具有掩饰、隐瞒毒品犯罪、黑社会性质的组织犯罪、恐怖活动组织、走私犯罪、贪污贿赂犯罪、破坏金融管理秩序犯罪，金融诈骗犯罪的所得及其收益并使之合法化的目的。如果行为人确实不知道该财物是毒品犯罪、黑社会性质的组织犯罪、恐怖活动犯罪、走私犯罪、贪污贿赂犯罪、破坏金融管理秩序犯罪、金融诈骗犯罪的所得及其所产生的收益，或者不具有掩饰、隐瞒其来源和性质的目的，均不构成本罪。但是可能构成掩饰、隐瞒犯罪所得、犯罪所得收益罪。

司法实践中存在的问题是，由于七种上游犯罪的具体犯罪性质各不相同，要使行为人明知其所经手的或者在某一银行账户内存入的或者投资到某一商业活动中的资金来源是某项特定的犯罪所得是非常困难的，即使对于司法工作者也是如此。因此，我们既不主张行为人必须确切地、确实地知道是某种上游犯罪所得及其产生的收益，只要认识到是上述七种犯罪的可能性，也即一种概括性的认

---

① 卢建平：《洗钱犯罪的国际性及我国反洗钱立法评析》，载《21 世纪刑法学新问题探讨》，第 753 页。

识，便足以认定为洗钱罪的明知。但是，即便如此在具体的司法实践中确定洗钱罪的明知仍然是一件很困难的事情，只有在洗钱罪的上游犯罪泛化为一切犯罪所得时方能从根本上解决此类问题。

（三）洗钱罪的司法认定

1. 本罪罪与非罪的界限

认定本罪的成立，应该把握本罪构成的基本特征。本罪在客观方面规定了洗钱罪的行为方式有以下五种：（1）提供资金账户；（2）协助将财产转换为现金、金融票据、有价证券；（3）通过转账或者其他结算方式协助资金转移；（4）协助将资金汇往境外；（5）以其他方法掩饰、隐瞒犯罪所得及其收益的来源和性质。本罪的犯罪形态是行为犯，只要行为人实施了上述五种洗钱行为之一，不论是否达到掩饰、隐瞒违法所得及其收益的性质和来源的目的，都构成本罪。另外，如果行为人确实不知道该财物是毒品犯罪、黑社会性质的组织犯罪、恐怖活动犯罪、走私犯罪、贪污贿赂犯罪、破坏金融管理秩序犯罪、金融诈骗犯罪的所得及其所产生的收益，或者不具有掩饰、隐瞒其来源和性质的目的，均不构成本罪。但是可能构成掩饰、隐瞒犯罪所得、犯罪所得收益罪。

2. 本罪与相近犯罪的界限

（1）本罪与掩饰、隐瞒犯罪所得、犯罪所得收益罪的界限。

本罪与掩饰、隐瞒犯罪所得、犯罪所得收益罪有许多相似之处，如两种犯罪客观上都有表现为转移犯罪所得赃物的行为，在主观上都要求行为人明知是犯罪所得。但二者也有明显的区别：一是犯罪客体不同。本罪侵犯的客体是国家的金融管理制度和司法机关的正常活动；而后者侵犯的客体只是司法机关的正常活动。二是犯罪对象不同，本罪的犯罪对象是毒品犯罪、黑社会性质的组织犯罪、恐怖活动犯罪、走私犯罪、贪污贿赂犯罪、破坏金融管理秩序犯罪、金融诈骗犯罪的所得及其产生的收益；而后者的犯罪对象则泛指一切犯罪所得及其产生的收益。三是犯罪客观方面不同，本罪在客观方面表现为掩饰、隐瞒毒品犯罪，黑社会性质的组织犯罪，恐怖活动犯罪，走私犯罪，贪污贿赂犯罪，破坏金融管理秩序犯罪，金融诈骗犯罪的所得及其产生收益的来源和性质的前述五种洗钱行为；而后者则主要表现为窝藏、转移、收购、代为销售或者以其他方法掩饰、隐瞒犯罪所得及其收益的行为。四是犯罪主体不同，本罪的犯罪主体可以是自然人，也可以是单位；而后者只能是自然人。五是犯罪主观方面不尽相同。本罪在主观上不仅要求明知是前述七种犯罪的赃款赃物并且要求具有掩饰、隐瞒其来源和性质的目的；而后者只要求明知是犯罪所得及其收益。

（2）本罪与包庇毒品犯罪分子罪的区别。

本罪与包庇毒品犯罪分子罪的共同之处是行为人明知是毒品犯罪人或者毒品犯罪所得，而实施一系列掩盖犯罪的行为。其主要区别是：一是犯罪客观方面不同，洗钱罪是对犯罪所得通过金融机构中转或者其他方式，使毒品犯罪、黑社会性质的组织犯罪、恐怖活动犯罪、走私犯罪、贪污贿赂犯罪、破坏金融管理秩序犯罪、金融诈骗犯罪的所得的资金"合法化"，掩盖或者隐瞒赃款的性质和来源；包庇毒品犯罪分子罪是通过向司法机关作虚假证明，或者帮助其毁灭罪证，掩盖其罪行，以使其逃避法律制裁。二是犯罪客体不同。洗钱罪破坏的主要是国家金融管理制度；而包庇毒品犯罪分子罪侵犯的主要是社会管理秩序。三是犯罪对象不同。洗钱罪的犯罪对象主要是犯罪所得的赃款，包庇毒品犯罪分子罪的犯罪对象既包括赃款，也包括赃物和犯罪分子本人。

3. 本罪的罪数形态问题

如果行为人事前与毒品犯罪等七类犯罪的犯罪人通谋，事后为其洗钱，构成上述七类犯罪的共犯。如果事前没有通谋事后为其洗钱，则构成独立的洗钱罪。与此同时，还要注意区分洗钱罪与掩饰、隐瞒犯罪所得、犯罪所得收益罪，窝藏、转移、隐瞒毒品、毒赃罪以及窝藏、包庇罪的界限。洗钱行为实际上也是掩饰、隐瞒犯罪所得、犯罪所得收益罪以及窝藏、包庇罪等犯罪的一种形式，但是由于刑法已经将洗钱行为单独规定为一种犯罪，因此只以洗钱罪定罪而不以掩饰、隐瞒犯罪所得、犯罪所得收益罪或者窝藏、包庇罪等定罪。

4. 本罪的共犯问题

对于洗钱罪与"上游犯罪"共同犯罪的区别问题，关键是看事前有无通谋。即如果行为人事前与"上游犯罪"的犯罪分子有通谋，事后又实施了洗钱行为的，则仅构成"上游犯罪"的共同犯罪，而不构成洗钱罪。如果与"上游犯罪"的犯罪分子事前无通谋，只是事后为其提供账号、发票、证明，帮助掩饰、隐瞒其犯罪所得及其产生的收益的来源和性质，则应对行为人以洗钱罪论处。

5. 本罪的停止形态问题

本罪是行为犯，只要行为人实施了上述七种行为之一，不论其犯罪目的是否达到或者其结果如何，均属既遂，不存在犯罪的未遂形态。但行为人为了洗钱而准备工具、制造条件，因为意志以外的原因而停止犯罪的，可以构成犯罪的预备，或者在犯罪的预备阶段自动地放弃犯罪，可以构成犯罪的中止。

（四）洗钱罪的处罚

根据修正后的刑法第191条规定，犯本罪的，除没收实施毒品犯罪、黑社会性质的组织犯罪、恐怖活动犯罪、走私犯罪、贪污贿赂犯罪、破坏金融管理秩序犯罪、金融诈骗犯罪的所得及其产生的收益外，处5年以下有期徒刑或者拘役，并处或者单处洗钱数额5%以上20%以下罚金；情节严重的，处5年以上10年以下有期徒刑，并处洗钱数额5%以上20%以下罚金。所谓"情节严重"，一般是指洗钱数额巨大，手段恶劣等情形。单位犯本罪的，对单位判处罚金，并对直接负责的主管人员和其他直接责任人员处5年以下有期徒刑或者拘役。

二十二、逃税罪

（一）逃税罪的概念和法源

1. 逃税罪的概念

逃税罪，是指纳税人采取欺骗、隐瞒手段进行虚假纳税申报或者不申报，逃避缴纳税额较大并且占应纳税额 10% 以上，或者扣缴义务人采取欺骗、隐瞒手段不缴或者少缴已扣、已收税款，数额较大的行为。

2. 逃税罪的法源

在我国计划经济体制下，社会财富几乎都归国家所有，国家不用税收形式就能够参与社会产品的分配。社会上几乎没有应当纳税的主体，因而偷税罪根本就没有发生和生存的土壤。1979 年刑法第 121 条首次采用空白罪状的方式规定，违反税收法规，偷税情节严重的，构成偷税罪，从而在刑法概念体系中开始有了"偷税"一词，1986 年发布的《税收征收管理暂行条例》第 37 条将使用欺骗、隐瞒等手段逃避纳税的行为定义为偷税行为。全国人大常委会于 1992 年 9 月 4 日通过了《关于惩治偷税、抗税犯罪的补充规定》，进一步明确了偷税的概念，即"纳税人采取伪造、变造、隐匿、擅自销毁账簿、记账凭证，在账簿上多列支出或者不列、少列收入，或者进行虚假的纳税申报手段，不缴或者少缴应纳税款的"。1997 年刑法第 201 条继续沿用了"偷税"一词。

然而，"偷税"一词不能准确地表述该行为的本质。这是因为：第一，"偷"字的本意为秘密窃取，从本罪客观方面要件来看，犯罪行为特征并不在于窃取国家税收款项，而在于"偷偷摸摸"、"弄虚作假"地逃避缴纳税款，采用欺骗手段虚假申报和不申报纳税就很难概括到秘密窃取的行为方式之中了，"骗取"和"偷取"在行为特征上还是有很大的差异的，因而"偷税"一词的内涵并不能完全涵盖本罪的行为方式。第二，"偷税"这一概念似乎表明行为人以窃取的方式侵犯了国家财产权。因为"偷"的前提是相对方占有某项财产，这样行为人才能通过自己的行为转移该财产的占有，然而事实上在纳税人向税务机关缴纳税款之前，应税款项始终为纳税人占有，并不因为应税义务的产生该税款的占有就自动让渡给了国家，因此行为人不可能以偷取的方式侵犯国家财产占有权，而是以违背纳税义务的方式侵犯了国家的财产请求权，所以采用"偷税"这一概念并不准确，而以"逃避缴纳税款"进行表述则不存在上述问题。

基于此，《刑法修正案（七）》第3条将1997年刑法第201条规定的"采取伪造、变造、隐匿、擅自销毁账簿、记账凭证，在账簿上多列支出或者不列、少列收入，或者进行虚假的纳税申报的手段，不缴或者少缴应纳税款"的行为修改为"采取欺骗、隐瞒手段进行虚假纳税申报或者不申报"的行为。将逃避缴纳税款具体行为手段的列举式规定修改为概括式规定。这样直接揭示了本罪的行为性质，是立法技术上的一大进步，避免了对本罪罪状采取完全列举式表述的疏漏，防止挂一漏万，保证法律法规的严谨性、周密性，也与本国的税制以及税收实践更加适应，有助于增强规制涉税犯罪的效果。《刑法修正案（七）》还将逃避缴纳税款的具体数额修改为"数额较大"和"数额巨大"，由司法机关根据实际情况作出司法解释并适时调整。同时取消了"因偷税被税务机关给予二次行政处罚又偷税的"构成偷税罪的规定，将其纳入本条第4款出罪情形的例外。同时还取消了倍比制罚金，将"并处偷税数额一倍以上五倍以下罚金"修改为"并处罚金"；增设了出罪条款，即"有第一款行为，经税务机关依法下达追缴通知后，补缴应纳税款，缴纳滞纳金，已受行政处罚的，不予追究刑事责任；但是，五年内因逃避缴纳税款受过刑事处罚或者被税务机关给予二次以上行政处罚的除外。"

（二）逃税罪的构成特征

1. 客体特征

本罪侵犯的客体为国家的税收利益和国家的税收管理制度。本罪增加了"有第一款行为，经税务机关依法下达追缴通知后，补缴应纳税款，缴纳滞纳金，已受行政处罚的，不予追究刑事责任"的内容后，国家的税收利益成为本罪客体的核心内容。本罪侵犯的另一客体是国家的税收征管制度，所谓税收征管制度，是指我国税法规定的关于国内税款征收管理办法的总称。如果不是由税法，而是由其他部门法规定的涉税征管问题，如海关法规定的进出口关税，则不属于这里所说的税收征管制度。如果偷逃进出口关税走私的，侵犯的是国家对外贸易管制，情节严重的以走私罪论处，而不是逃税罪。因此，逃税罪侵犯的税收征管制度不包括关税制度。

2. 客观特征

本罪的客观方面表现为纳税人采取欺骗、隐瞒手段进行虚假纳税申报或者不申报，逃避缴纳税额较大并且占应纳税额 10% 以上，或者扣缴义务人采取欺骗、隐瞒手段不缴或者少缴已扣、已收税款，数额较大的行为。本罪的客观方面包括如下两个要素：

（1）采取欺骗、隐瞒手段逃避缴纳税款。第一，欺骗、隐瞒是行为人逃避缴纳税款的手段。所谓"欺骗、隐瞒"，是指行为人通过虚构事实或者隐瞒事实真相等方法，欺骗税务机关，意图不缴或者少缴税款。具体而言，行为人采取欺骗、隐瞒手段可以表现为：伪造、变造、隐匿、擅自销毁账簿、记账凭证，这种行为使征收税款失去了直接依据和真实依据；在账簿上多列支出或者不列、少列收入，这种行为使税额减少乃至免除；采取其他欺骗、隐瞒手段进行虚假纳税申报或者不申报。第二，逃避缴纳税款是本罪的目的行为，表现为虚假纳税申报或者不申报，或者不缴或者少缴应纳税款。虚假纳税申报，是指纳税人或扣缴义务人，以不缴或者少缴应纳税款为目的的纳税申报。

（2）逃避缴纳税款数额达到法定标准。对于纳税人来说，构成逃税罪必须达到的法定标准是逃避缴纳税款数额较大并且占应纳税额 10% 以上。对于扣缴义务人来说，构成逃税罪需达到不缴或者少缴已扣、已收税款数额较大即可。扣缴义务人书面承诺代纳税人支付税款的，应当认定为扣缴义务人"已扣、已收税款"。

在司法实践中，有些纳税人"大错不犯，小错不断"，即经常逃避缴纳税款，但都未达到法定标准，以此来逃避刑事制裁，实际上是钻法律的空子。因此，刑法规定，对多次实施前两款行为，未经处理的，按照累计数额计算。此外，按照经《刑法修正案（七）》修改后的刑法第 201 条第 4 款的规定，只要不属于在 5 年内因逃避缴纳税款受过刑事处罚或者被税务机关给予 2 次以上行政处罚的情况，纳税人和扣缴义务人逃避缴纳的税款数额即使达到法定的标准，但如果经税务机关依法下达追缴通知后，补缴应纳税款，缴纳滞纳金，已受行政处罚的，不予追究刑事责任。

3. 主体特征

本罪的主体是纳税人和扣缴义务人。根据税收征收管理法第 4 条的规定，纳税人是指法律、行政法规规定负有纳税义务的单位和个人；扣缴义务人是指法律、行政法规规定有代扣代缴、代收代缴税款义务的单位和个人。因此，逃税罪的主体既可以是自然人，也可以是单位。

在司法实践中，我们应该注意以下几个问题，[①] 一是代征人是否可以成为逃税罪的主体？如果代征人属于国家工作人员，则不具有此罪的主体资格。如果代征人截留国家税款，其行为就是贪污。如果其与纳税人、扣缴义务人合谋逃避缴纳税款，代征人则能成为此罪的犯罪主体。二是税务师或者税务代理人是否可以成为此罪的主体？对于这一问题应视不同情况而定，如果其有与代理人或委托人共同逃税的故意，则可以成为此罪的主体。如果委托人或者代理人提供虚假资料，税务师或税务代理人因受蒙蔽而进行了虚假的税务申报导致不缴或者少缴的，其因无犯意而不构成逃税罪。三是无证经营者是否可以成为此罪的主体？关于这一问题，税收征收管理

---

① 葛磊著：《新修罪名诠释：〈刑法修正案（七）〉深度解读与实务》，中国法制出版社 2009 年版，第 62～63 页。

法对纳税人有如下规定：未按规定办理税务登记的从事生产、经营的纳税人以及临时从事经营的纳税人均属于纳税的主体。而无证经营者就是这一类人，因此可以构成本罪的主体。此外，非法经营者不可以构成此罪的主体，因为非法经营者由于经营的事项不属于应税事项，不存在逃避缴纳税款的问题。

4. 主观特征

本罪的主观方面只能是故意，刑法虽然没有对本罪规定特定目的，但是从其客观方面的表述以及逃税罪的性质来看，行为人采取欺骗、隐瞒手段进行虚假纳税申报或者不申报都是为了逃避应缴纳税款，即其主观上必须具有逃避缴纳税款的目的，过失行为导致不缴或者少缴的，不成立本罪。

（三）逃税罪的司法认定

1. 本罪罪与非罪的界限

（1）本罪与一般逃税违法行为的界限。

区别二者的关键是逃税的数额和有关情节。本罪是情节严重的行为，只有纳税人逃避应缴纳税款数额或扣缴义务人不缴或者少缴已扣、已收税款数额达到数额较大，占应纳税额的10%以上的刑法规定的标准，才能作为犯罪定罪处罚。因此这是区分一般逃避缴纳税款行为罪与非罪的重要标志。在逃税情节上，对于没有在5年之内曾因逃避缴纳税款受过刑事处罚或者被税务机关给予2次以上行政处罚的行为人，即便达到了数额较大并且占应纳税额10%以上的，仍然属于一般逃避缴纳税款的行为。

（2）本罪与漏税、欠税、避税的界限。

所谓漏税[①]，是指纳税人由于对税收规定、财务会计制度不了

---

① 高铭暄、马克昌主编：《刑法学》（第四版），北京大学出版社、高等教育出版社2009年版，第478页。

解，或者由于过失漏缴或者少缴应缴税款的行为；所谓欠税①，是指纳税单位和个人超过税法规定的纳税期限，没有按时缴纳或缴足税款，导致税款没有及时入库而拖欠税款的行为。从客观上看，逃税与漏税、欠税都出现了未缴或者少缴应纳税款的后果，但两者在主观上是没有逃避缴纳税款的故意的。区别的关键在于：逃税具有逃避缴纳应纳税款的故意，而漏税、欠税则不具有该种故意。所谓避税，是指纳税人出于规避纳税义务的目的，利用不清晰的条文、伸缩性条文和矛盾性、冲突性条文，规避或者减轻纳税义务的行为。逃税与避税的区别主要在于行为方式的法律性质不同，逃税是采用伪造、变造账册或凭证、隐瞒收入、涂改发票等手段，因而是违反税收管理法规的行为；而避税则是利用税法的漏洞，通过转移资金、财产等手段来躲避税收，其手段是合法的，故不能追究其任何法律责任。但避税行为也造成了国家财政收入的损失，对于避税行为，只能通过加强和完善税收立法来堵塞漏洞。

2. 本罪与相近犯罪的界限

（1）本罪与走私罪的界限。

由于本罪中的逃税行为与走私罪中的偷逃关税行为具有某些相似之处，因此二者在某些情况之下容易混淆。两者的主要区别是：一是犯罪客体不同。本罪侵犯的直接客体是国家的税收利益和国家税收管理制度；而走私罪所侵犯的是国家对外贸易管理制度。二是犯罪客观方面不同。本罪违反的是税收法规；而走私罪违反的主要是海关法规。三是犯罪主体不同。本罪的主体是纳税人、扣缴义务人，包括负有纳税义务的公民个人、企业、事业单位以及企业、事业单位中对纳税负有直接责任的主管人员和其他直接责任人员；而走私罪的主体是达到刑事责任年龄、具有刑事责任能力、实施走私犯罪行为的自然人以及法人。

---

① 高铭暄、马克昌主编：《刑法学》（第四版），北京大学出版社、高等教育出版社 2009 年版，第 478 页。

（2）本罪与逃避追缴欠税罪的界限。

本罪与逃避追缴欠税罪的区别主要表现在以下几个方面：一是犯罪主体不同。逃避追缴欠税罪的主体只能由纳税人构成；而本罪的主体除纳税人外还包括扣缴义务人。二是犯罪目的不同。逃避追缴欠款罪是意图达到逃避税务机关追缴的应纳税款的目的；而本罪则是意图通过欺骗、隐瞒税务机关，达到不缴或者少缴应纳税款的目的。三是犯罪客观方面不同。逃避追缴欠税罪表现为行为人采取转移或者隐匿财产的手段致使税务机关无法追缴欠缴的税款的行为；本罪则表现为纳税人采取欺骗、隐瞒手段进行虚假纳税申报或者不申报，逃避缴纳税额较大并且占应纳税额 10% 以上，或者扣缴义务人采取欺骗、隐瞒手段不缴或者少缴已扣、已收税款，数额较大的行为。前者具有公开性，后者具有欺骗性和隐瞒性。四是犯罪数额要求不同。逃避追缴欠税罪要求数额在 10000 元以上即可，本罪则要求逃避缴纳税款数额较大，并且数额占应纳税额的 10% 以上才能构成犯罪。

（3）本罪与骗取出口退税罪的界限。

骗取出口退税罪，是指以假报出口或者其他欺骗手段，骗取国家出口退税款，数额较大的行为。本罪与骗取出口退税罪虽同属危害税收征管犯罪，但也有区别，两罪的区别在于：一是犯罪客观方面不同。本罪通常是纳税人在商品的国内生产、销售环节，采取欺骗、隐瞒手段进行虚假纳税申报或者不申报，逃避应缴纳税款；骗取出口退税罪则是在商品的出口环节，采取假报商品出口或者其他欺骗手段，骗取国家的出口退税款。对有些纳税人虽有商品出口但采取在数量上以少报多，在价格上以低报高等欺骗手段骗取退税款的，应当按照刑法第 204 条第 2 款的规定分情况进行定罪处罚；对纳税人骗取税款超过其所缴纳的税款部分，应以骗取出口退税定罪处罚。二是犯罪主体不同。本罪的主体包括负有纳税义务和扣缴税款义务的自然人和法人；骗取出口退税罪的主体通常不是所骗退税款的纳税义务人。三是犯罪主观方面不同。本罪与骗取出口退税罪都是故意犯罪，但二者的犯罪目的各不相同。逃税罪的目的是在有纳税义务的情况下，不缴或少缴税款，逃避纳税义务；骗取出口退税罪的目的是在实际缴纳税款的情况下，从国家出口退税款中获取非法利益。

3. 本罪的罪数形态问题

在实际中常见的有某些纳税人在商品的出口环节，采取商品出口或者其他欺骗手段，骗取国家的出口退税款。而对有些纳税人虽在商品出口方面采取在数量上以少报多，在价格上以低报高等欺骗手段骗取退税款的，应当按照刑法第 204 条第 2 款的规定分情况进行定罪处罚；对纳税人骗取税额超过其所缴纳的税款部分，应以骗取出口退税罪定罪处罚，所以如果是这种情况则按照逃税罪与骗取出口退税罪数罪并罚。

4. 本罪的共犯问题

本罪在司法实践中常见的是纳税人、代征人、扣缴义务人有共同的逃税故意和共同的逃税行为的时候构成共同犯罪，按照他们的具体分工和作用的不同来对他们进行不同的处罚。

5. 本罪的停止形态问题

本罪属于数额犯，构成本罪必须达到法定的数额标准。纳税人实施逃避缴纳税款行为，只有逃避缴纳税款数额较大或者巨大并且占应纳税额 10% 以上的才构成本罪既遂。《刑法修正案（七）》没有在法条中明确数额较大或者巨大的绝对数额标准，而将标准的制定权授予最高司法机关，以保证数额标准能够适应市场发展和犯罪形势发展的需要，更好地预防和打击犯罪，相对而言，原偷税罪的 10 万元最低数额标准显得过于机械，更没有做到"与时俱进"。同样，扣缴义务人不缴或者少缴已扣、已收税款，构成犯罪既遂也要达到"数额较大"的标准。

（四）逃税罪的处罚

根据《刑法修正案（七）》第 3 条规定，犯本罪的，处 3 年以下有期徒刑或者拘役，并处罚金；数额巨大并且占应纳税额 30%

以上的，处 3 年以上 7 年以下有期徒刑，并处罚金。扣缴义务人犯本罪，不缴或少缴已扣、已收税款，数额较大的，依前述规定处刑。判处罚金刑的，在执行前，应当先由税务机关追缴税款，实行"先追缴后处罚"原则。对多次实施前两款行为，未经处理的，按照累计数额计算。"未经处理"，是指纳税人或者扣缴义务人在 5 年内多次实施逃税行为，但每次逃税数额均未达到刑法第 201 条规定构成犯罪的数额标准，且未受行政处罚的情形。

作为《刑法修正案（七）》修订的一个亮点，该修正案第 3 条第 4 款规定："有第一款行为，经税务机关依法下达追缴通知后，补缴应纳税款，缴纳滞纳金，已受行政处罚的，不予追究刑事责任；但是，五年内因逃避缴纳税款受过刑事处罚或者被税务机关给予二次以上行政处罚的除外。"相对于 1997 年刑法规定的逃税罪，该款规定增设了逃税罪初犯的免责事由，体现了宽严相济的刑事政策，[①] 因为这次通过《刑法修正案（七）》打破了过去修正过于强调扩大犯罪圈以及提高法定刑的立法惯例，注意入罪与出罪相结合、从严与从宽相协调，因而较好地体现了宽严相济的刑事政策。本处修正通过非犯罪化的处理方式适当缩小了逃税罪的犯罪圈，在维护国家税收利益的同时又对逃避缴纳税款行为的犯罪化进行了合理的限制。

二十三、强迫劳动罪

（一）强迫劳动罪的概念和法源

1. 强迫劳动罪的概念

强迫劳动罪，是指以暴力、威胁或者限制人身自由的方法强迫他人劳动的行为或者明知他人实施强迫劳动行为而为其招募、运送人员或者其他协助强迫他人劳动的行为。

---

① 葛磊著：《新修罪名诠释：〈刑法修正案（七）〉深度解读与实务》，中国法制出版社 2009 年版，第 57 页。

2. 强迫劳动罪的法源

从 1997 年刑法首次规定强迫职工劳动罪到 2011 年《刑法修正案（八）》对该罪进行修改以来，强迫职工劳动罪在我国已经存在 14 年。1979 年刑法制定时，我国仍实行计划经济，强迫职工劳动的现象在我国实属罕见。因此，我国 1979 年刑法并没有将强迫职工劳动的行为规定为犯罪。1997 年系统修订刑法时，我国经济体制已由计划经济转变为市场经济，强迫职工劳动的行为已为人们所认识并凸显出极大的社会危害性。为顺应当时我国经济社会发展的步伐，打击劳资关系中出现的强迫劳动行为，强迫职工劳动罪被作为新增加的犯罪纳入我国 1997 年刑法，并置于分则第四章"侵犯公民人身权利、民主权利罪"一章中。应当看到，关于强迫职工劳动罪的立法规定在我国社会主义初级阶段经济和社会制度发展尚不完善的情况下，在打击违背劳动者意愿强迫劳动的犯罪、保护劳动者的合法权益方面发挥了积极作用。但是，不容忽视的是，关于该罪的立法不仅在刑法理论上存在诸多争议，在司法实践中也无法满足打击强迫他人劳动犯罪的需要，其固有缺陷难以掩盖。[1] 强迫职工劳动罪是我国 1997 年刑法针对劳动生产领域日益增多的强迫职工劳动现象而增设的新罪名。

强迫职工劳动罪在我国刑法中的存在已有 10 余年之久。从其确立至今，越发表现出其存在范围的局限性和惩罚犯罪的无力性。现阶段，强迫职工劳动罪的立法已经成为我国打击强迫劳动犯罪的桎梏。不管是从国际公约的要求来看，还是从我国司法实践打击犯罪的需要来看，对该罪的立法进行修改已成为我国刑法发展的必然选择。我国 1997 年刑法第 244 条规定："用人单位违反劳动管理法规，以限制人身自由方法强迫职工劳动，情节严重的，对直接责任人员，处三年以下有期徒刑或者拘役，并处或者单处罚金。"2011

---

① 卢建平、刘春花：《从"黑砖窑案"看刑法第二百四十四条之完善》，载《人民检察》2007 年第 20 期。

年通过并施行的《刑法修正案（八）》第38条对该条进行了修正。修订后的刑法第244条规定："以暴力、威胁或者限制人身自由的方法强迫他人劳动的，处三年以下有期徒刑或者拘役，并处罚金；情节严重的，处三年以上十年以下有期徒刑，并处罚金。明知他人实施前款行为，为其招募、运送人员或者有其他协助强迫他人劳动行为的，依照前款的规定处罚。单位犯前两款罪的，对单位判处罚金，并对其直接负责的主管人员和其他直接责任人员，依照第一款的规定处罚。"与我国1997年刑法第244条的规定相比较，《刑法修正案（八）》对该款条文作出了实质性的修改，具有重大意义。

（二）强迫劳动罪的构成特征

1. 客体特征

本罪的客体是公民选择职业的权利和正当的休息权利。我国法律规定，公民都有是否选择职业，选择何种职业的权利，任何人都不得强迫他人从事不愿意从事的劳动，都不得侵犯公民选择职业的权利和正当休息的权利。《刑法修正案（八）》修改了强迫劳动的对象，强迫劳动的对象既包括与用人单位订有劳动合同的职工，也包括犯罪分子非法招募的工人、智障人等。强迫劳动的对象由"职工"改为"他人"，范围更广，体现了对所有劳动者劳动权利的保护，因而罪名也相应地进行了修改。

按照我国劳动法的规定，劳动关系是劳动者与用人单位通过订立劳动合同所确立的以权利义务为内容的社会关系。我国宪法规定，"公民的人身自由不受侵犯。""公民有劳动的权利和义务"。职工的人身自由和劳动的权利是宪法赋予公民的重要基本权利。强迫职工劳动的行为不仅侵犯了劳动关系，而且侵犯了劳动者的人身自由权利。

2. 客观特征

本罪在客观方面表现为以暴力、威胁或者限制人身自由的方法强迫他人劳动的行为或者明知道他人实施强迫劳动行为而为其招募、运送人员或者有其他协助强迫他人劳动的行为。具体而言，

（1）要有对他人采用暴力、威胁或者限制人身自由的方法的行为或者招募、运送人员或者有其他协助强迫他人劳动的行为。"限制人身自由的方法"则是指以限制离厂、不让回家，甚至雇用打手看管等方法限制被害人的人身自由，强迫其参加劳动。（2）实施上述暴力、威胁或者限制人身自由是为了强迫他人劳动，即这种劳动并不是劳动者自愿从事的，而是因受暴力、胁迫及其他限制人身自由的方法的强制不得不从事的，招募、运送人员或者其他协助强迫他人是服务于强迫他人劳动这一活动的。需要注意的是，构成本罪的方法仅限于以暴力、威胁或者限制人身自由的强制方法，或者明知他人实施强迫劳动行为而为其招募、运送人员或者有其他协助强迫他人劳动的行为，其他方法不能构成本罪。例如，以提高工资、增加加班费等方法诱使他人从事劳动的，不能构成犯罪。至于强迫劳动后是否付给劳动报酬，对构成犯罪没有影响。（3）这种强迫劳动必须是非法的，也就是说，这种强迫劳动是没有法律依据的。这是强迫劳动构成犯罪的前提条件。在我国，法律明确规定，凡是被判处有期徒刑、无期徒刑的犯罪分子，有劳动能力的，都应该参加劳动，接受教育和改造。这种强迫劳动是符合法律规定的，也是教育、改造犯罪人所必需的，它与强迫劳动行为不可同日而语。因此，本罪的犯罪对象是否属于正式职工，是否签订劳动合同，在所不问。

3. 主体特征

本罪的主体是一般主体，既可以是年满16周岁，具有刑事责任能力的自然人，也可以是单位。自然人或单位与被害人之间存在何种关系在所不论，只要实施了强迫劳动或协助强迫劳动的行为均可构成本罪。

4. 主观特征

本罪的主观方面表现为故意，且只能是直接故意，行为人是否具有营利的目的不影响本罪的成立。

（三）强迫劳动罪的司法认定

1. 本罪罪与非罪的界限

（1）强迫劳动罪的客观方面要求行为人违背他人意志，采取暴力、威胁或者限制人身自由的方法强迫他人劳动，或者有协助强迫他人劳动的行为。如果行为人并未采用以上强迫劳动或协助强迫劳动的手段，而只是对提供劳动的一方作出严格要求，明确提出其应达到的服务标准和服务质量，或者提供劳动的一方自愿超时间、超负荷劳动，行为人并未对其实施任何强迫行为，则在这些情形中，行为人和提供劳动一方的行为均属经济活动中正常的劳动雇佣行为，不能以强迫劳动罪对行为人定罪处罚。

（2）强迫劳动罪并不以"情节严重"作为本罪基本犯的成立条件。只要行为人实施了强迫他人劳动或者协助强迫他人劳动的行为，均可构成本罪。当然，如果行为人的行为符合我国1997年刑法第13条的"但书"即"情节显著轻微危害不大的"这一规定，则不认为是犯罪。情节严重只是本罪情节加重犯的必备要件，并不影响本罪基本犯的成立。

（3）行为人在实施强迫他人劳动或者协助强迫他人劳动的过程中是否获利，获利多少，被强迫劳动的一方是否获得报酬，获得报酬的多少，并不影响本罪的成立，但可以作为酌定情节，在量刑时予以考虑。

2. 本罪与相近犯罪的界限

（1）本罪与非法拘禁罪的界限。

非法拘禁罪，是指以拘留、禁闭、扣押等方式非法剥夺他人人身自由的行为。本罪与非法拘禁罪在犯罪客体、客观方面、主观方面均存在重合之处。从立法体例上看，我国1997年刑法将强迫劳动罪与非法拘禁罪均置于分则第四章"侵犯公民人身权利、民主权利罪"一章中，这足以说明两罪确有共通之处。但是，作为刑法中两个不同的罪名，两罪的区别也是十分明显的。一是犯罪客体不同。强迫劳动罪不仅侵犯了他人的人身自由权，还侵犯了他人的劳动权，因而本罪的客体属于复杂客体；而非法拘禁罪只侵犯了他人的人身自由权，因而其犯罪客体属于简单客体。二是犯罪客观方面不同。强迫劳动罪不仅可以表现为限制人身自由，还可以表现为采取暴力、威胁手段或实施协助强迫他人劳动的行为，行为方式较为多样；而非法拘禁罪则仅表现为剥夺他人人身自由，行为方式较为单一。三是犯罪主体不同。强迫劳动罪的主体不仅包括自然人，还包括单位；而非法拘禁罪只能是自然人犯罪，单位不能构成本罪。四是犯罪目的不同。在强迫劳动罪中，采取限制人身自由等手段是为了达到强迫他人劳动的目的，限制人身自由等行为仅是为行为人达到目的所采取的手段；而非法拘禁罪的目的就是剥夺他人的人身自由，其行为手段和犯罪目的具有高度重合性。

（2）本罪与过失致人死亡罪的界限。

行为人违背他人意志，以暴力、威胁或者限制人身自由的方法强迫他人劳动，或实施协助强迫他人劳动的行为，如果被害人因为不堪忍受劳动强度，无法接受身心受到的伤害，对受到的威胁无法释怀，或是对人身自由受到限制的环境难以适应等而自杀身亡，且行为人对被害人的死亡结果主观上具有过失的，此时行为人的行为除触犯强迫劳动罪以外，还触犯了我国 1997 年刑法第 233 条规定的过失致人死亡罪。在此种情况下，行为人仅实施了强迫劳动一个行为，却触犯了强迫劳动罪和过失致人死亡罪两个罪名。这在理论上属于想象竞合犯，对行为人的行为应当从一重罪处断。由于在情节严重的情形下，强迫劳动罪的法定刑为"3 年以上 10 年以下有期徒刑，并处罚金"，而过失致人死亡罪的法定刑为"3 年以上 7 年以下有期徒刑"，强迫劳动罪的法定最高刑要高于过失致人死亡罪的法定最高刑。因此，对此种情况的行为人应以强迫劳动罪定罪处罚，其法定刑刑期应当限定为"3 年以上 10 年以下"。

3. 本罪的罪数形态问题

在司法实践中，如果行为人在强迫劳动的过程中，为威吓被害人，压制被害人的反抗，或是对逃跑、不服从管理的被害人进行殴打、伤害或者杀害，造成被害人轻伤、重伤或者死亡结果的，对行为人的行为应当以强迫劳动罪和故意伤害罪或故意杀人罪实行并罚。如果行为人在强迫劳动的过程中，对被害人实施侮辱、强奸等行为，构成其他犯罪的，对行为人的行为除应以强迫劳动罪定罪处罚之外，还应将强迫劳动罪和行为人构成的其他犯罪实施并罚。在单位构成强迫劳动罪的情形下，由于在故意伤害罪、故意杀人罪、侮辱罪、强奸罪等犯罪的立法中并无单位犯罪的相关规定，因此应对单位按照强迫劳动罪的规定定罪处罚，对直接负责的主管人员和其他直接责任人员则应以强迫劳动罪和其他所犯之罪实施并罚。

4. 本罪的共犯问题

《刑法修正案（八）》第38条第1款对刑法原第244条的行为主体、行为对象等内容做了重大修改，强迫劳动的对象已经不限于刑法原第244条规定的用人单位的"职工"，这使得"强迫职工劳动罪"罪名不能准确反映本款的内容，应将本款的罪名确定为"强迫劳动罪"。另外，本条第2款规定的是协助强迫劳动行为，从性质上看，虽然这一行为也属于强迫劳动罪的共犯行为，可结合我国刑法第27条的规定对其适用刑罚，但我们认为，将该款规定的行为确定为一个独立的罪名（即"协助强迫劳动罪"）更为合适。这是因为：（1）该款规定的是"依照前款的规定处罚"，而非"依照前款的规定定罪处罚"，因此将该款规定的行为确定为一个独立罪名并无不妥；（2）本条第3款规定的"单位犯前两款罪"既可以理解为两种犯罪行为，也可以理解为两种独立的犯罪；（3）我国刑法有将协助行为独立成罪的先例，如我国刑法第358条第3款就对协助组织卖淫行为规定了专门的法定刑，明确地将协助组织卖淫行为规定为独立的犯罪，而非按照组织卖淫的共犯处理，因此将本款规定的行为确定为一个独立的罪名有先例可循；（4）将协助强迫劳动行为规定为独立的犯罪有利于强化对协助强迫劳动行为的惩治。按照共犯原理，协助强迫劳动行为人在强迫劳动的共同犯罪中通常只属于从犯，按照刑法第 27 条的规定，应对其从轻、减轻处罚或者免除处罚，但是如果将其规定为一个独立的犯罪，则只需按照该条第 1 款的法定刑对其进行处罚，行为人就不能再享受刑法第 27 条的从宽规定了。这样有利于强化对协助强迫劳动行为的惩处，也应该是本款作这一规定的初衷。据此，我们主张将本条第 2 款的行为确定为一个独立的罪名——"协助强迫劳动罪"。

5. 本罪的停止形态问题

本罪是行为犯，行为人只要实施了强迫劳动的行为就可以构成既遂，不存在犯罪未遂的形态。

（四）强迫劳动罪的处罚

根据《刑法修正案（八）》第 38 条的规定，犯本罪的，处 3 年以下有期徒刑或者拘役，并处罚金；情节严重的，处 3 年以上 10 年以下有期徒刑，并处罚金。单位犯本罪的，采取双罚制，即对单位判处罚金，并对其直接负责的主管人员和其他直接责任人员处 3 年以下有期徒刑或者拘役，并处罚金；情节严重的，对单位判处罚金，并对其直接负责的主管人员和其他直接责任人员处 3 年以上 10 年以下有期徒刑，并处罚金。其中，"情节严重"[①] 是指强迫多人劳动或协助强迫多人劳动，长时间强迫他人劳动或多次协助强迫他人劳动，以非人道的手段对待被强迫劳动者等，具体标准应由司法机关根据实际情况通过司法解释确定。

二十四、掩饰、隐瞒犯罪所得、犯罪所得收益罪

（一）掩饰、隐瞒犯罪所得、犯罪所得收益罪的概念和法源

1. 掩饰、隐瞒犯罪所得、犯罪所得收益罪的概念

掩饰、隐瞒犯罪所得、犯罪所得收益罪，是指行为人明知是犯

---

① 全国人大常委会法制工作委员会刑法室编：《中华人民共和国刑法修正案（八）条文说明、立法理由及相关规定》，北京大学出版社 2011 年版，第 138 页。

罪所得及其产生的收益而予以窝藏、转移、收购、代为销售或者以其他方法掩饰、隐瞒的行为。

2. 掩饰、隐瞒犯罪所得、犯罪所得收益罪的法源

我国1979年刑法关于赃物犯罪的规定体现在第172条，根据该条规定："明知是犯罪所得的赃物而予以藏匿或者代为销售的，处三年以下有期徒刑、拘役或者管制，可以并处或者单处罚金。"随着新形势下赃物犯罪的发展，呈现出新的态势和表现形式，1979年刑法的相关规定日益不能满足现实的需要，在1997年修订刑法时，借鉴外国的成功立法例和我国惩治赃物犯罪的经验，在第312条规定："明知是犯罪所得的赃物而予以窝藏、转移、收购或者代为销售的，处三年以下有期徒刑、拘役或者管制，并处或者单处罚金。"这一规定从两个方面对1979年刑法的规定作了修改和补充，其一是增加了"转移"和"收购"两种行为方式；其二是将原条文中"可以并处或者单处罚金"改为"并处或者单处罚金"。这样就加大了对赃物犯罪的惩治力度。对赃物犯罪的最近一次修改和完善是在《刑法修正案（六）》中，其主要修改的内容如下：一是将犯罪对象由"犯罪所得的赃物"修改为"犯罪所得及其产生的收益"；二是将所列举的行为方式最后一项规定为"以其他方法掩饰、隐瞒"，增加了兜底性的条款；三是增加了"情节严重的，处三年以上七年以下有期徒刑"，提高了法定刑。从立法趋势上来看，我国关于赃物犯罪的立法对犯罪本质的认识没有大的变化，但打击面进一步扩大，惩罚更加严厉。

（二）掩饰、隐瞒犯罪所得、犯罪所得收益罪的构成特征

1. 客体特征

在我国刑法中，关于掩饰、隐瞒犯罪所得、犯罪所得收益罪的本质是妨害司法机关的活动这一点已形成共识，但在这种本质论的基础上仍有争议，主要有三种观点：第一种观点认为，本罪侵犯的客体是"社会管理秩序和国家司法机关的正常活动"。第二种观点认为，本罪侵犯的客体是"国家司法机关的正常活动"。第三种观

点认为，本罪"妨害了司法机关顺利追缴赃物与从事刑事侦查、起诉、审判的正常活动秩序"。① 笔者认为，本罪的客体是司法机关对赃物的追缴和对犯罪案件的追查活动。因为本罪的犯罪对象是犯罪所得及其产生的收益。追缴或者查处犯罪所得及其产生的收益是国家刑事司法的一项重要内容。犯罪所得及其产生的收益既是揭露和证实犯罪的重要依据，又是挽回被害人损失的实物。因此，能否顺利追缴或者查处犯罪所得及其收益，关系到案件侦破、定罪量刑、挽回损失等一系列重大问题。而窝藏、转移、收购、销售或者以其他方法掩饰、隐瞒犯罪所得及其产生的收益的行为给国家司法机关的正常活动增加了困难，甚至直接帮助了犯罪，因此国家必须以刑法严格禁止。这从我国刑法将本罪安排在第六章"妨害社会管理秩序罪"第二节"妨害司法罪"中也得到了佐证。因为，依照一般的刑法原理，安排在同一类罪之下的各种犯罪的客体是具有一致性的。《刑法修正案（六）》将本罪的犯罪对象规定为"犯罪所得及其产生的收益"，这可以视为是对我国刑法规定的"赃物"的一种扩大解释。它包括各种犯罪所产生的赃物，而不是仅局限于财产类犯罪。另外，需要分清的是，赃物与用于犯罪的财物和因犯罪所产生的物品是有区别的。用于犯罪的财物是指犯罪工具，它不是赃物，赃物一般属于受害人，是要予以返还的，而犯罪工具是属于犯罪人的，是要予以没收的。因犯罪所产生的物品，是指犯罪人的犯罪行为直接产生的物品，一般是指违禁品，如毒品或者淫秽物品，是要予以没收的。如果是在本罪中予以隐藏、掩饰的，可能构成本罪的帮助犯。

2. 客观特征

本罪的客观方面表现为行为人实施了窝藏、转移、收购、代为销售或者以其他方法掩饰、隐瞒犯罪所得及其产生的收益的行为。具体而言，本罪的客观方面由以下几个方面的要素构成：

---

① 吴占英著：《妨害司法罪理论与实践》，中国检察出版社 2005 年版，第 163 页。

（1）窝藏犯罪所得及其产生的收益，是指行为人为犯罪分子藏匿赃物，即为犯罪分子提供藏匿犯罪所得及其收益的处所，使司法机关不能或者难以发现的行为。本行为方式应当从实质上加以理解，但是也不能脱离窝藏一词的原本含义而作任意扩大解释，特别是在《刑法修正案（六）》规定了兜底性条款后，原先为避免法网纰漏而扩大解释的做法便失去了理论基础。即转移赃物与窝藏赃物是一个并列的行为方式，窝藏不包含转移。

（2）转移犯罪所得及其产生的收益，是指行为人为犯罪分子犯罪所得赃物由 A 地运往 B 地，由 B 地运往 C 地等，即是以各种方式改变犯罪所得及其产生的收益存放地点的行为。转移的形式多种多样，既包括传统意义上的位移，如搬运、工具运输、邮寄等，也包括通过转账或者其他结算方式协助转移资金等非传统意义上的转移。另外，需要明确的是，本罪的转移行为必须达到足以妨害司法机关追缴犯罪所得及其产生的收益的程度。

（3）收购犯罪所得及其产生的收益，是指行为人代为犯罪分子将犯罪所得的赃物卖出，即有偿地取得本犯罪所得及其产生的收益后加以出卖的行为，一般是低价买进，高价卖出。就其汉语原意而言，收购有从各处买进之意。[①] 因此，其一般是指大量地、成批地购买，而不是一般地、零星地、偶尔地购买。需要注意的是，"收购"与"收买"是不同的。收购是为卖而买，而收买则是为用而买。因此，买赃自用的行为不应当以本罪定罪处罚。

（4）代为销售犯罪所得及其产生的收益，是指行为人代为犯罪分子将犯罪所得的赃物卖出。即行为人受本犯的委托，为本犯销售其犯罪所得及其产生的收益的行为。在这里需要对 1992 年 12 月发布的最高人民法院，最高人民检察院《关于办理盗窃案件具体应用法律的若干问题的解释》中的相关规定作必要的解释。其规

---

① 王作富主编：《刑法分则实务研究》（下册），中国方正出版社 2003 年版，第 1536 页。

定，"代为销售，既包括把赃物卖给他人，也包括以低价买进、高价卖出的行为。买赃自用，情节严重的，也应按销赃罪定罪处罚。"这种对销售的扩大解释在当时是有必要的，对于打击各种赃物犯罪起到了良好的作用。但是在《刑法修正案（六）》出台后，低价买进，高价卖出和买赃自用的行为便应当分别归入"收购"和"以其他方式掩饰、隐瞒"的行为方式。

（5）以其他方式掩饰、隐瞒是一个兜底性的条款，泛指上述明列的四种行为方式之外的所有掩饰、隐瞒犯罪所得及其产生的收益的行为。具体包括，无偿收受赃物，改变赃物的表现形式，介绍买卖赃物，买赃自用等。只要行为人在实施行为时明知其行为的对象是赃物，但是仍执意实施行为的，就应当按照本罪定罪处罚。

3. 主体特征

本罪的主体是一般主体，包括自然人和单位。需要注意的是，本罪的犯罪主体不包括本犯。如果行为人在实施了某种犯罪后，把自己的犯罪所得及其产生的收益加以掩饰、隐瞒，这属于刑法理论上的犯罪后续行为，其后续行为被犯罪实行行为吸收，不需要单独加以处罚。另外，对于本犯而言，其不仅包括前一犯罪的实行人，而且也包括其他共犯，如教唆犯、帮助犯、胁从犯等。而且，对于实践中发生的，共同犯罪人在分得赃物后相互掩饰、隐瞒的行为，也应视为共同犯罪的事后行为，而不应当予以单独处罚。

4. 主观特征

本罪的主观方面为故意，包括直接故意和间接故意，包括明知必然是赃物和明知可能是赃物两种情况，即必须是行为人明知是犯罪所得及其产生的收益而予以窝藏、转移、收购、代为销售或者以其他方法掩饰、隐瞒，而且其行为会妨害司法机关追缴赃物和对案件的追查活动，并且希望或者放任这种结果的发生，否则不构成本罪。

（三）掩饰、隐瞒犯罪所得、犯罪所得收益罪的司法认定

1. 本罪罪与非罪的界限

本罪是行为犯，而且刑法条文中也没有关于情节或者数额方面的要求，但是这并不意味着只要实施了掩饰、隐瞒犯罪所得及其产生的收益的行为就构成本罪。依照刑法总则第 13 条"但书"的规定，情节显著轻微，危害不大的是不能以犯罪论处的。因此，在实践中对于数额和情节还是要考虑的。本罪的本犯并不限于财产犯罪，有些本犯并没有数额的要求，而且这些犯罪行为本身的社会危害性就已经达到了应受刑罚处罚的程度。因此，对于其派生的赃物犯罪而言，数额因素在定罪中的作用便大大降低，而其他情节则成为确定罪与非罪的重要标准。

2. 本罪与相近犯罪的界限

（1）本罪与窝藏、包庇罪的界限。

掩饰、隐瞒犯罪所得、犯罪所得收益罪，是指"明知是犯罪所得及其产生的收益而予以窝藏、转移、收购、代为销售或者以其他方式掩饰、隐瞒的行为。"窝藏罪，是指"为了避免被司法机关发现、逮捕而提供隐藏场所、资金，协助其逃走的行为"。[①] 包庇罪，是指"作假证明包庇犯罪者的行为"。本罪与窝藏、包庇罪的主体都是一般主体，在客观方面都有"窝藏"行为，而两罪的客体又都是司法机关对犯罪的正常追诉活动。但是两罪的界限还是很明显的，主要区别是：一是犯罪对象不同。本罪的犯罪对象是犯罪所得及其产生的收益；而窝藏、包庇罪的犯罪对象却是犯罪人。当然，窝藏、包庇行为的直接对象可能是犯罪工具等物品，但是其直接作用的最终对象却是犯罪人。二是犯罪客观方面不同。本罪在客观方面表现为明知是犯罪所得及其产生的收益而予以窝藏、转移、收购、代为销售或者以其他方式掩饰、隐瞒的行为；而窝藏、包庇

---

① 赵秉志著：《妨害司法罪疑难问题司法对策》，吉林人民出版社 2000 年版，第 198 页。

罪则表现为为犯罪人提供隐藏处所、资助钱财等帮助其逃匿，或者帮助犯罪人作假证明，意图使其逃避刑事追究的行为。三是犯罪目的不同。对于本罪的主观意图刑法并没有予以限定，实践中行为人多出于帮助、牟利等心态。而窝藏、包庇行为人在主观方面则是意图使犯罪人逃避法律的追究，一般不具有牟利的目的。

（2）本罪与洗钱罪的界限。

根据《刑法修正案（六）》的规定，洗钱罪是指行为人明知是毒品犯罪、黑社会性质的组织犯罪、恐怖活动犯罪、走私犯罪、贪污贿赂犯罪、破坏金融管理秩序犯罪、金融诈骗犯罪之违法所得及其产生的收益，而为其掩饰、隐瞒其来源和性质的行为。在具体案件的定罪过程中，对是构成掩饰、隐瞒犯罪所得、犯罪所得收益罪还是构成洗钱罪是需要明确的，本罪与洗钱罪两者既有联系又有区别。从构成要件来看，掩饰、隐瞒犯罪所得、犯罪所得收益罪与洗钱罪的对象都是犯罪所得及其收益，行为方式上都有掩饰、转移等行为，主观方面都是由故意构成。但两者在以下几个方面也存在区别：一是犯罪客体不完全相同。掩饰、隐瞒犯罪所得、犯罪所得收益罪的客体是司法机关的活动。洗钱罪的客体先是扰乱了金融管理秩序，其次才是侵犯了司法机关的活动。两者都有一个共同的本质——妨害司法机关的活动，只是洗钱行为在立法上更关注其对经济秩序的破坏，因此洗钱罪的客体是复杂客体，以金融管理秩序为主，以司法机关的活动为次。与洗钱罪相比，掩饰、隐瞒犯罪所得、犯罪所得收益罪的客体是单一的。二是犯罪对象不同。两罪犯罪对象的差别主要体现在三个方面"前罪的犯罪对象多为物，在个别情况下表现为货币形态，而洗钱罪的对象在大多数情况下则是货币形态的赃款。"① 前罪必须是行为人直接控制的财物，而后罪不一定是行为人直接控制的财物，只要是能实施转账、汇兑等行为即可。三是犯罪对象范围不同。掩饰、隐瞒犯罪所得、犯罪所得收

---

① 吴占英著：《妨害司法罪理论与实践》，中国检察出版社 2005 年版，第 173 页。

益罪的对象可以是任何犯罪所得的财物，但洗钱罪的犯罪对象仅限于毒品犯罪、黑社会性质的组织犯罪、恐怖活动犯罪、走私犯罪、贪污贿赂犯罪、破坏金融管理秩序犯罪、金融诈骗犯罪七种。并不是说除这七种以外的所有犯罪所得的赃物必须按洗钱罪论处，这七种犯罪所得的赃物如果不是通过金融机构采取与金融活动有关的方式进行掩饰、隐瞒的，只能按赃物犯罪定罪，而不能定洗钱罪。四是犯罪行为特征不同。掩饰、隐瞒犯罪所得、犯罪所得收益罪是对犯罪所得及其产生的收益予以窝藏、转移、收购、代为销售或者以其他方式掩饰、隐瞒的行为。构成洗钱罪须有下列情形之一：提供资金账户的，协助将财产转换为现金或者金融票据的，通过转账或者其他结算方式协助资金转移的，协助将资金汇往境外的，以其他方法掩饰、隐瞒犯罪的违法所得及其收益的来源和性质的。五是犯罪主观方面不同。掩饰、隐瞒犯罪所得、犯罪所得收益罪的行为人在主观上实施犯罪的意图通常是"藏匿赃物，使他人不知道赃物的存在，因而此罪的行为人大都使财物处于秘密状态"，而洗钱的目的是掩饰、隐瞒犯罪所得及其产生的收益的来源和性质，从而使其表面合法化。简而言之，前罪的目的仅为保密，后罪还有公开合法的意图。

（3）本罪与窝藏、转移、隐瞒毒品、毒赃罪的界限。

掩饰、隐瞒犯罪所得、犯罪所得收益罪，是指"明知是犯罪所得及其产生的收益而予以窝藏、转移、收购、代为销售或者以其他方式掩饰、隐瞒的行为。"① 窝藏、转移、隐瞒毒品、毒赃罪，是指"犯罪分子窝藏、转移、隐瞒毒品或者毒品犯罪所得的赃物的行为。"② 本罪与窝藏、转移、隐瞒毒品、毒赃罪在客观行为上

---

① 赵秉志、田宏杰、于志刚著：《妨害司法罪》，中国人民公安大学出版社2003年版，第295页。

② 赵秉志、田宏杰、于志刚著：《妨害司法罪》，中国人民公安大学出版社2003年版，第295页。

有相似之处，主观方面都是故意，但在其他方面还是有区别的，主要表现在以下几个方面：一是犯罪客体不同。前者侵犯的是司法机关的正常活动；后者侵犯的仅仅是国家惩治毒品犯罪的正常活动。二是行为对象不同。掩饰、隐瞒犯罪所得、犯罪所得收益罪的行为对象是一般的刑事犯罪所得及其收益；窝藏、转移、隐瞒毒品、毒赃罪的犯罪对象是毒品、毒赃，是犯罪分子进行走私、贩卖、运输、制造毒品等毒品犯罪所得的毒品和赃物，前者的范围显然比后者大得多。三是犯罪主观方面的认识不同。前罪的构成需要对犯罪对象的赃物性有所认识；而后者要求认识到犯罪对象是毒品犯罪所获得的毒品，要求更为具体。

上述两罪的关系实质上是一般与特殊的关系，行为人实施相似的犯罪行为，只是由于行为对象是特殊的毒品、毒赃而定窝藏、转移、隐瞒毒品、毒赃罪。在适用上是按照法条竞合中特殊法优于一般法的原则。但是要注意如果行为人误以为窝藏的只是一般犯罪的赃物，对毒品、毒赃的性质并不明知，在此情况下实施的窝藏、转移、隐瞒的行为就不能以窝藏、转移、隐瞒毒品、毒赃罪论处，而应当以掩饰、隐瞒犯罪所得、犯罪所得收益罪追究其刑事责任，不能落入客观归罪的窠臼。

3. 本罪的罪数形态问题

2009 年 11 月 4 日发布的最高人民法院《关于审理洗钱等刑事案件具体应用法律若干问题的解释》第 3 条规定，明知是犯罪所得及其产生的收益而予以掩饰、隐瞒，构成掩饰、隐瞒犯罪所得、犯罪所得收益罪，同时又构成洗钱罪或者包庇毒品犯罪分子罪，窝藏、转移、隐瞒毒品、毒赃罪的，依照处罚较重的规定定罪处罚。

4. 本罪的共犯问题

在共同犯罪的场合，因为分工的不同，可能有的共同犯罪人专门负责犯罪所得及其产生的收益的窝藏、转移、收购、代为销售或者以其他方法掩饰、隐瞒。此种共犯中的窝藏、转移、收购、代为销售或者以其他方法掩饰、隐瞒犯罪所得及其产生的收益的行为就与本罪的客观表现十分类似。但关键区别在于：共同犯罪中负责窝藏、转移、收购、代为销售或者以其他方法掩饰、隐瞒犯罪所得及其产生的收益的人与其他共同犯罪人有共谋，只是分工不同而已；而本罪的行为人虽然明知自己窝藏、转移、收购、代为销售或者以其他方法掩饰、隐瞒犯罪所得及其产生的收益，但是没有与其他犯罪人事前通谋。如果行为人与其他犯罪人事前通谋，即按照分工不同来窝藏、转移、收购、代为销售或者以其他方法掩饰、隐瞒的话，就应该对其按照共同犯罪进行论处。

（四）掩饰、隐瞒犯罪所得、犯罪所得收益罪的处罚

根据修正后的刑法第312条规定，犯本罪的，处3年以下有期徒刑、拘役或者管制，并处或者单处罚金；情节严重的，处3年以上7年以下有期徒刑，并处罚金。单位犯本罪的，对单位判处罚金，并对其直接负责的主管人员和其他直接责任人员，依照上述规定处罚。修正后的刑法对本罪的惩罚力度有所加强，规定了加重犯罪的构成，由此形成了本罪完善的刑法梯次，将更有效地应对实践中发生的社会危害性程度不同的掩饰、隐瞒赃物的行为。

二十五、污染环境罪

（一）污染环境罪的概念和法源

1. 污染环境罪的概念

污染环境罪，是指违反国家规定，排放、倾倒或者处置有放射性的废物、含传染病病原体的废物、有毒物质或者其他有害物质，严重污染环境的行为。

2. 污染环境罪的法源

新中国成立之时，由于我国在很长一段时间内工业不发达，更主要的是由于指导思想上的错误，违背经济规律试图在短期内赶英超美，盲目地追求短期利益，有人甚至把环境污染与社会制度联系起来，认为环境污染是资本主义的"专利"，社会主义制度下不可能出现环境污染。在这种大环境下，关于环境污染的立法就被有意

或无意地忽略了。1973 年召开了第一次全国环境保护会议，确立了环境保护工作的方针。此后颁布了一系列"三废"以及其他污染物的排放标准。1978 年首次将保护环境写入国家根本大法，保护环境成为国家职能。1979 年环境保护法的颁布标志着环境独立法律部门地位的确立。但是，由于计划经济体制的影响、环境法理论研究的滞后、认识水平的局限，导致了在 1979 年刑法中没有规定惩治环境污染的罪名。随着中国经济的腾飞，环境污染问题日渐浮出水面。学者们开始疾呼将环境污染纳入刑法规制的视野，反映在立法上，1995 年修正的大气污染防治法中以附属刑法的方式分别规定"依照"或者"比照"刑法有关条文规定予以处罚，创立了大气污染罪，违反规定收集、贮存、处置危险废物罪和水污染罪三个新罪名。这些规定在一定程度上填补了我国刑法关于惩治污染环境罪的立法空白，可谓意义重大。

在 1997 年刑法中，立法者摒弃了由大气污染防治法、固体废物污染环境防治法和水污染防治法所形成的就不同的污染环境行为分别设立罪名的模式，而改为设立集中、统一的惩治环境犯罪的罪名，于刑法第 338 条专门设立了重大环境污染事故罪。2011 年 2 月 25 日颁布的《刑法修正案（八）》第 46 条对刑法第 338 条所规定的重大环境污染事故罪做了修改，其中将"造成重大环境污染事故，致使公私财产遭受重大损失或者人身伤亡的严重后果"修改为"严重污染环境"，从实质层面变更了该罪的成立条件。《刑法修正案（八）》第 46 条是在回应社会所需、反思刑法第 338 条存在的问题的基础上出台的，其立法意图就是为了克服该条文的现实不足，更充分地运用刑事手段防治环境污染。

（二）污染环境罪的构成特征

1. 客体特征

本罪侵犯的客体是国家环境保护制度、公民健康、生命安全。所谓环境保护制度，是指由我国环境保护法、水污染防治法、大气污染防治法等一系列法律、法规所形成的环境保护制度。本罪的各种表现形式——向大气、土地、水体排放、倾倒或者处置有放射性的废物、含传染病病原体的废物、有毒物质或者其他有害物质均是对我国环境保护制度的破坏。由于人类的生存与发展均离不开环境，因此保护环境就是保护人类自己的生存空间，我们有必要采取一切有效的手段来防止环境污染的犯罪发生。

2. 客观特征

本罪在客观方面表现为违反国家规定，排放、倾倒或者处置有放射性的废物、含传染病病原体的废物、有毒物质或者其他有害物质，严重污染环境的行为。具体有以下三个方面的客观要素：

（1）违反国家规定是构成本罪的前提。所谓国家规定，即指国家有关环境保护的法律规范，如环境保护法、大气污染防治法、水污染防治法、海洋环境保护法等。这一前提性规定表明本罪条文具有空白罪状之属性。

（2）必须实施了排放、倾倒或者处置有放射性的废物、含传染病病原体的废物、有毒物质或者其他有害物质的行为，具体涵括三层要义：第一，必须有排放、倾倒或者处置的行为。所谓排放，是指将有害物质泵出、溢出、泻出、喷出等行为。所谓倾倒，是指使用船舶、航空器、平台或者其他载运工具倾卸有害物质的行为。所谓处置，是指将有害物质焚烧或者用其他改变有害物质物理、化学、生物特性的方法处理危险废物，或者将有害物质置于一定场所或者设施并不再取回的行为。实施前述两种以上的行为的仍为一罪，不实行并罚。第二，排放、倾倒、处置的必须是有害物质。针对本罪的犯罪对象，本条采取的是列举加概括的立法技术，即有放射性的废物、含传染病病原体的废物、有毒物质或者其他有害物质。所谓有害物质，是指列入《国家危险废物名录》或根据国家规定的危险废物鉴定标准和鉴定方法认定的具有危险性的废物。有放射性的废物，是指天然或者人工放射性核素超过国家规定限值的固体、液体和气体废弃物；含传染病病原体的废物，是指含有传染病病菌、病毒等病原体的污水、粪便等废物；有毒物质，是指对人体有毒害，可能对人体健康和环境造成严重危害的有机或者无机毒物；其他有害物质，是指除上述废物之外的列入《国家危险废物名录》或者根据国家规定的危险废物鉴别标准和鉴别方法认定的具有危险性的废物。第三，根据《刑法修正案（八）》的规定，本罪对排放、倾倒或者处置行为发生的空间环境不再限于土地、水体或大气。第四，《刑法修正案（八）》将 1997 年刑法第 338 条规定的"造成重大环境污染事故，致使公共财产造成重大损失或者人身伤亡的严重后果"修改为"严重污染环境"；将"其他危险废物"修改为"其他有害物质"，扩大了污染的范围，以应对目前我国环境污染日益严重的状况。

（3）必须现实造成严重污染环境的危害后果。这体现了过失犯罪对危害后果的统一要求。如果行为人虽然有非法排放、倾倒、处置危险物质的行为，但尚未造成任何后果或危害后果未达到严重程度，均不构成本罪，只能予以行政处罚。所谓严重污染环境，主要是指非法处置有害物质的行为严重污染了大气、水源、海洋、土地等自然环境要素，严重危及了生态系统的良性循环。2006 年 7 月 21 日最高人民法院公布的《关于审理环境污染刑事案件具体应用法律若干问题的解释》规定了污染环境构成犯罪的具体标准。

3. 主体特征

本罪的主体是一般主体，自然人和单位均可构成本罪的主体。

4. 主观特征

本罪主观方面是过失，即应当预见自己的行为可能造成重大环境污染事故，由于疏忽大意而没有预见，或者已经预见，但轻信能够避免的心理态度。这里的过失是对行为人对重大环境污染事故后果而言的，对于违反国家规定倾倒、排放或者处置危险废物这一点行为人是明知的。此为目前理论界的通说。有观点认为本罪的主观方面为故意，即行为人明知国家禁止将境外的固体废物进境倾倒、堆放、处置，而故意将其进境倾倒、堆放、处置。至于行为人出于何种动机，不影响本罪的成立。① 还有观点认为，对于违反国家规定排放、倾倒或者处置危险废物的行为，在大多数情况下行为人对污染环境的结果怀有过失的心理态度，但不能排除行为人主观上出于故意（大多数是间接故意）的情形，特别是在行为人多次排污的情况下，虽经制止但仍然实施生产经营活动，而导致重大环境污染事故发生的情形。② 笔者认为，本罪的主观方面为过失，即行为人对严重污染环境的危害后果是应当预见而疏忽大意未能预见或者已经预见但轻信能够避免。但是，就导致严重污染环境之致害行为而言，行为人往往是明知故犯的。

（三）污染环境罪的司法认定

1. 本罪罪与非罪的界限

现实生活中，难免有因种种非人为原因而严重污染环境，造成公私财物重大损失或者人身伤亡的情况发生。例如，因雷电击中存储有有毒有害化学液体的容器，致使有毒有害化学物质流入饮用水源，从而导致中毒事故的发生。此种事件与本罪在客观表现上极为相似。但由于意外事件缺乏犯罪构成的主体与主观内容，因而具有不可罚性。因此，对于因为意外引起的环境污染，即使造成了严重后果，也不能以犯罪论处。

2. 本罪与相近犯罪的界限

（1）本罪与危险物品肇事罪的界限。

危险物品肇事罪，是指违反爆炸性、易燃性、放射性、毒害性、腐蚀性物品的管理规定，在生产、存储、运输、使用中发生重大事故，造成严重后果的行为。由于危险物品肇事罪一旦发生，常引起污染环境的严重后果，因此它与本罪有很多相似之处。二者的

区别主要有三个方面：一是侵害的客体不同。本罪侵害的客体是国家环境保护制度、公私财产权与公民健康、生命安全；而危险物品肇事罪侵害的客体是公共安全。二是犯罪的主体不同。本罪的主体是自然人与单位均可；而危险物品肇事罪的主体只能是自然人。三是犯罪的客观方面不同。本罪的客观方面表现为违反国家规定向土地、水体、大气排放、倾倒或者处置危险物质的行为，就行为人的"排放"、"倾倒"、"处置"而言，是故意实施的；而危险物品肇事罪则表现为行为人在生产、储存、运输、使用危险物品过程中因过失而导致严重后果，行为人始终没有故意排放、倾倒或者处置的行为。

（2）本罪与投放危险物质罪、过失投放危险物质罪的界限。

这三种犯罪的犯罪对象存在交叉情形，因此犯罪对象并非区别的关键。它们之间的区别主要是犯罪客体不同，本罪侵犯的客体是环境保护制度，后两者则危及了公共安全。此外，本罪与投放危险物质罪是基于故意而为，而过失投放危险物质罪是基于过失而为。

（3）本罪与重大责任事故罪的界限。

本罪与重大责任事故罪的主观方面皆为过失。二者的区别主要有三点：一是犯罪客体不同。本罪侵犯的客体是环境保护制度；重大责任事故罪侵犯的客体是生产作业安全。二是犯罪主体不同。自然人和单位均可构成本罪的主体；重大责任事故罪的主体只能由自然人构成。三是犯罪行为方式不同。本罪表现为排放、倾倒或者处置有害物质的行为；重大责任事故罪表现为在生产、作业过程中，违反有关安全管理规定之各种行为。

（4）本罪与非法处置进口的固体废物罪的界限。

本罪与非法处置进口的固体废物罪的区别主要有三个方面：一是犯罪对象不同。本罪是倾倒、排放或者处置处于我国境内的各种形态的危险废弃物；而非法处置进口的固体废物罪倾倒、堆放、处置的必须是境外的固体废物。二是犯罪主观方面不同。本罪的主观方面是过失；而非法处置进口的固体废物罪的主观方面表现为故意。三是构成犯罪的要求不同。本罪必须导致严重污染环境才能构成犯罪；而非法处置进口的固体废物罪只要实施了将境外的固体废物进境倾倒、堆放、处置的行为，不论是否发生重大环境污染事故均可构成。

3. 本罪的罪数形态问题

根据 2003 年 5 月 14 日最高人民法院、最高人民检察院《关于办理妨害预防、控制突发传染病疫情等灾害的刑事案件具体应用法律若干问题的解释》第 13 条规定，违反传染病防治法等国家有关规定，向土地、水体、大气排放、倾倒或者处置含传染病病原体的废物、有毒物质或者其他危险废物，造成突发传染病传播等重大环境污染事故，致使公私财产遭受重大损失或者人身伤亡的严重后果的，依照刑法第 338 条的规定，以污染环境罪定罪处罚，而不按照想象竞合犯从一重处断。

4. 本罪的共犯问题

本罪的主观方面是过失，不包括故意，因此对于行为人双方均系过失造成环境污染的，不构成共犯，而应当按其各自实施的行为分别定罪处罚。

5. 本罪的停止形态问题

污染环境罪属于典型的结果犯，即只有出现严重污染环境的结果才能构成本罪。这一立法方式体现了立法者对于环境利益的重视，只有当严重污染环境的结果发生才能将污染环境者定罪。因此，本罪只有既遂形态，而无犯罪预备、未遂和中止形态。

（四）污染环境罪的处罚

根据修正后的刑法第 338 条的规定，犯本罪的，处 3 年以下有期徒刑或者拘役，并处或者单处罚金；后果特别严重的，处 3 年以上 7 年以下有期徒刑，并处罚金。单位犯本罪的，对单位判处罚金，并对其直接负责的主管人员和其他直接责任人员，依照上述规定处罚。

二十六、非法占用农用地罪

(一) 非法占用农用地罪的概念和法源

1. 非法占用农用地罪的概念

非法占用农用地罪，是指违反土地管理法、森林法、草原法等法律以及有关法规中关于土地管理的规定，非法占用耕地、林地等农用地，改变被占用土地用途，数量较大，造成耕地、林地等农用地大量毁坏的行为。

2. 非法占用农用地罪的法源

农业在我国经济中处于基础地位，这决定了耕地的地位尤为重要。为有效和切实保护耕地资源，1997 年刑法将严重破坏耕地的行为规定为犯罪，罪名是非法占用耕地罪。进入 21 世纪以来，破坏耕地以外的土地的现象也十分严重，有必要用刑法加以保护。为"惩治毁林开垦和乱占林地的犯罪，切实保护森林资源"，2001 年 8 月全国人大常委会通过了《刑法修正案（二）》，认为刑法第 228 条、第 342 条、第 410 条规定的"违反土地管理法规"，是指违反土地管理法、森林法、草原法等法律以及有关行政法规中关于土地管理的规定。这样，刑法第 342 条被相应地修改为"违反土地管理法规，非法占用耕地、林地等农用地，改变被占用土地用途，数量较大，造成耕地、林地等农用地大量毁坏的，处五年以下有期徒刑或者拘役，并处或者单处罚金。" 1997 年刑法第 342 条规定的非法占用耕地罪也相应地改为非法占用农用地罪，具体包含的罪名为非法占用耕地罪、非法占用林地罪、非法占用草地罪。据此，破坏农用地的犯罪对象从最初的耕地扩大到农用地，包括耕地、林地、草地在内。当然，其数量须达到一定程度时，才成为非法占用农用地罪的犯罪对象。可见，耕地以外的农用地是在刑法修订之后才成为刑法的保护对象的。

（二）非法占用农用地罪的构成特征

1. 客体特征

本罪侵犯的客体是国家对耕地、林地等农用地的管理制度。犯罪对象是耕地、林地、草地等农用地。土地管理法将土地分为农用地、建设用地和未利用地三类。所谓农用地，是指直接用于农业生产的土地，包括耕地、林地、草地、农用水利地、养殖水面等。刑法理论通常根据条文对罪状的描述方式不同，将罪状分为叙明罪状、简单罪状、引用罪状和空白罪状。从上述的规定可以看出，刑法对非法占用农用地罪的规定显然属于空白罪状。因此，非法占用农用地罪首先以触犯土地法规为前提，行为的具体特征在土地法规中已有规定。这样，对于非法占用农用地罪的理解应参照其他土地法规，即土地管理法、草原法和森林法等。非法占用耕地应承担刑事责任在修订后的土地管理法中得到了规定。土地管理法第74条规定：“违反本法规定，占用耕地……构成犯罪的，依法追究刑事责任。”2002年修订后的草原法也有非法占用草原应承担刑事责任的规定。草原法第65条规定，“……非法使用草原，构成犯罪的，依法追究刑事责任……”第66条规定：“非法开垦草原，构成犯罪的，依法追究刑事责任……”

2. 客观特征

本罪的客观方面表现为行为人违反土地管理法、森林法、草原法等法律以及有关行政法规中关于农用土地管理的规定，非法占用耕地、林地等农用地，改变被占用土地用途，造成耕地、林地等农用地大量毁坏的行为。理解本罪的客观方面需要弄清以下几个方面的问题：

（1）行为人必须违反了土地管理法、森林法、草原法等法律以及有关行政法规中的关于农用土地管理的规定。在土地管理法、森林法、草原法、水法、水土保持法、渔业法等法律以及有关行政法规中都有关于保护农用地的规定。例如，土地管理法中专门设立了“耕地保护”一章，保护耕地的主要措施有耕地的占用补偿制度，耕地总量不减少的措施，基本农田保护制度，节约使用土地，禁止闲置、荒芜耕地的制度等；在森林法中设立了关于合理利用草原，保护草原植被，防止采矿等活动造成草原被破坏等规定。

但是，森林法第 44 条有关破坏森林资源的法律责任的规定仅规定了行政法律责任，并没有特别提及破坏林地的行为应当承担刑事责任。如果根据 2005 年通过的最高人民法院《关于审理破坏林地资源刑事案件具体应用法律若干问题的解释》第 1 条规定的破坏林地是"非法占用林地，改变被占用林地用途，在非法占用的林地上实施建窑、建坟……造成林地的原有植被或林业种植条件严重毁坏或者严重污染"，那么可以说森林法第 44 条规定了非法占用、破坏林地的法律责任。但森林法的法律责任部分没有规定非法占用、破坏林地应当承担刑事责任。可见，刑法有关非法破坏林地行为这一空白罪状要参照森林法的规定并不存在。这说明《刑法修正案（二）》规定非法占用林地也构成犯罪和应当承担刑事责任，没有相应的支撑。之所以出现这样的情况，是因为 1998 年修订土地管理法时仅注意到要用刑法保护耕地，忽视了对林地的刑法保护。修改森林法中非法占用和破坏林地的刑事责任规定自然刻不容缓。水法中设立了关于水道、水域保护的制度；水土保持法中规定了保护和改善植被、限制坡地垦荒、加强林业管理和工程建设项目管理等措施；渔业法中规定了禁止围湖造田、禁止或限制围垦滩涂的制度等。本罪的行为必须是违反了这些规定的行为。

（2）必须有非法占用耕地、林地等农用地，改变被占土地用途的行为。所谓非法占用耕地、林地等农用地，改变被占土地用途，是指违反土地管理法规，未经批准擅自占用耕地、林地等农用地，或者超过批准的数量超额占用耕地、林地等农用地，进行非法种植、养殖或者建设的行为。例如，在耕地、林地等农用地上非法挖土、挖沙、采石、采矿；在农用地上非法进行基建或其他建设，如建房、建窑、建坟；进行合法建设时在耕地、林地等农用地上堆放废弃的沙、石、废料、废渣；非法开垦林地、草地、荒地或者非法在耕地、林地、草地、荒地上挖塘养鱼；非法占有封山育林的地区并在其中放牧；非法围湖造田或者围垦滩涂等。行为人非法占用的耕地、林地等农用地一般是他人所有或者经营管理的农用地，但由于本罪的设立是为了保护农用地资源和环境，因此擅自改变自己所有或者经营管理的农用地的用途的行为也可以构成本罪。

（3）必须达到数量较大的程度并造成了耕地、林地被大量毁坏的结果。本罪是结果犯，只有发生了耕地、林地被大量毁坏的结果，行为才能构成犯罪。造成农用地大量毁坏，是指行为人之行为导致数量较大的土地、土壤沙化、盐碱化、水土流失等严重不适宜农作物种植的情况发生。根据 2000 年 6 月 22 日施行的最高人民法院《关于审理破坏土地资源刑事案件具体应用法律若干问题的解释》第 3 条规定，非法占用耕地数量较大，是指非法占用基本农田 5 亩以上或者非法占用基本农田以外的耕地 10 亩以上；非法占用耕地造成耕地大量毁坏，是指行为人非法占用耕地建窑、建坟、建房、挖沙、采石、采矿、取土、堆放固体废弃物或者进行其他非农业建设，造成基本农田 5 亩以上或者基本农田以外的耕地 10 亩以上种植条件严重毁坏或者严重污染。

3. 主体特征

本罪的主体是一般主体，自然人和单位均可构成本罪的主体。

4. 主观特征

本罪的主观方面为故意，即行为人明知是耕地、林地等农用地，但基于出卖牟利或者建房等目的而进行非法占用，改变被占用土地用途。但对于造成农用地大量毁坏的后果，也包括过失。

（三）非法占用农用地罪的司法认定

1. 本罪罪与非罪的界限

认定本罪的成立，应该严格把握本罪构成的基本特征。本罪的客观特征是违反土地管理法规，非法占用耕地、林地等农用地改作他用，数量较大，造成农用地大量毁坏。但是，犯罪的结果情节规定欠明确。非法占用农用地罪的结果情节是"数量较大，造成耕地、林地等农用地大量毁坏"。由于该结果要件规定得比较简略且逻辑不明，在实务适用中易产生误解。

（1）"数量较大"和"造成农用地大量毁坏"是并列关系还是选择关系。有学者指出，构成本罪无须同时具备这两个条件，具备其一即可构成本罪。① 也有学者指出只要非法占用农用地数量较大，就应以犯罪论处，而不应以"造成农用地大量毁坏"作为构成犯罪的条件。② 还有的学者认为，本条并无明确表示必须同时具备两种结果，实践中具备任意一种结果，皆可构成本罪。③ 笔者认为两者应该是并列关系而非选择关系，"数量较大"是量化结果，而"造成农用地大量毁坏"是状态结果。量化结果必须达到状态结果后才能构成本罪。也就是说，我们应把一般的结果同刑法上的危害结果区别开来。因为具备了该量化结果，不一定对农用地进行破坏，相反可能会善待而不改变其用途，不破坏种植条件；或者改变用途而不造成农用地大量毁坏，此时改变的可能是土地权属等法律关系，而对农用地本身并不一定不利，所以刑法此时不宜介入。不过要注意状态结果应有两种情况：一是现时造成农用地大量毁坏；二是足以造成农用地大量毁坏，因为农用地毁坏的结果在短时期内往往难以确定，通常需要经过一段相当长的时间才会显现。④

（2）"数量较大"和"造成农用地大量毁坏"中的"大量"是否等同。如果将本条规定的结果情节看做选择关系，两者是等同关系；如果看做并列关系，则两者无必然的联系。有的学者认为，

---

① 张穹主编：《新刑法罪与非罪此罪与彼罪的界限》，中国检察出版社1998年版，第377页。

② 侯国云等主编：《新刑法疑难问题解析与适用》，中国检察出版社1998年版，第372页。

③ 赵秉志主编：《中国刑法案例与学理研究》（分则篇五），法律出版社2001年版，第209页。

④ 赵秉志主编：《新刑法全书》，中国人民公安大学出版社1997年版，第1146页。

"大量"应在"数量较大"的范围内，"数量较大"在量上大于或者等于"大量"，因此非法占用农用地数量较大，并使数量较大的农用地被毁坏的，就构成本罪。① 笔者认为，"数量较大"仅表示数量关系，而"大量"表面上表示数量关系，实质上也包含了质量关系之意，含有农用地的种植条件被破坏的程度或者污染程度等意，当然两者在量上有可能是相同的。例如，2000 年 6 月 16 日通过的最高人民法院《关于审理破坏土地资源刑事案件具体应用法律若干问题的解释》第 3 条规定，均是基本农田 5 亩以上或者基本农田以外的耕地 10 亩以上，但种植条件严重毁损或严重污染中的程度词"严重"也来自于"大量"的规定。

2. 本罪与相近犯罪的界限

（1）本罪与非法转让、倒卖土地使用权罪的界限。

非法转让、倒卖土地使用权罪是指以牟利为目的，违反土地管理法规，非法转让、倒卖土地使用权，情节严重的行为。两个罪名的设定都是为了惩治破坏土地资源的行为；两罪的行为都违反了土地管理法规。本罪是直接惩治而后者是间接惩治。两罪的区别主要表现在：一是侵犯的客体不同。本罪的客体是国家对耕地、林地等农用地的管理制度，犯罪对象是耕地、林地、草地等农用地；而后者的客体是国家对于土地使用的管理秩序。二是犯罪的客观方面不同。本罪的客观方面是违反土地管理法规，非法占用耕地、林地等农用地，改变被占用土地用途，数量较大，造成耕地、林地等农用地大量毁坏的行为；而后者的客观方面是违反土地管理法规非法转让、倒卖土地使用权，情节严重的行为。三是犯罪主观方面不完全相同，本罪不要求以牟利为目的；而后者主观上需要以牟利为目的。

（2）本罪与非法批准征用、占用土地罪，非法低价出让国有

---

① 曹子丹等主编：《中华人民共和国刑法精释》，中国政法大学出版社 1997 年版，第 313 页。

土地使用权罪的界限。

本罪与后两罪都是为了破坏国家的土地资源，客观方面都有违反国家土地管理法规的行为，但是它们之间是有区别的：一是犯罪客体不同。本罪的客体是国家对耕地、林地等农用地的管理制度；而后两罪的客体是国家的土地管理制度。二是犯罪客观方面不同。本罪的客观方面是违反土地管理法规，非法占用耕地、林地等农用地，改变被占用土地用途，数量较大，造成耕地、林地等农用地大量毁坏的行为；后两罪的客观方面是违反土地管理法规，非法批准征用、占用土地，非法低价出让国有土地使用权，情节严重的行为。三是犯罪主体不同。本罪的主体是一般主体，自然人和单位均可构成；而后两罪的主体均是国家机关工作人员。四是犯罪主观方面不同。本罪的主观方面是故意；后两罪的主观方面是故意，并且具有徇私的动机。

（3）本罪与污染环境罪的界限。

尽管污染环境罪中的污染土地的行为，即非法处置有害物质严重污染土地的自然环境要素，严重危及生态系统的良性循环的结果行为与本罪中的导致耕地、林地被大量毁坏的结果，造成农用地大量毁坏，行为人之行为导致数量较大的土地、土壤沙化、盐碱化、水土流失等严重不适宜农作物种植的情况发生的行为具有相似之处。但是，两者的区别是比较明显的，主要表现在以下几个方面：一是侵犯的客体不同。本罪的客体是国家对耕地、林地等农用地的管理制度；而污染环境罪的客体是国家环境保护制度、公民健康、生命安全。二是犯罪客观方面不同。本罪的客观方面是违反土地管理法规，非法占用耕地、林地等农用地，改变被占用土地用途，数量较大，造成耕地、林地等农用地大量毁坏的行为；而污染环境罪的客观方面表现为违反国家规定，排放、倾倒或者处置有放射性的废物、含传染病病原体的废物、有毒物质或者其他有害物质，严重污染环境的行为。三是犯罪主观方面不同。本罪的主观方面为故意；而污染环境罪的主观方面为过失。

3. 本罪的罪数形态问题

行为人非法占用耕地、林地是通过行贿方式而获得非法批准的，既构成非法占用农用地罪，又构成行贿罪，但由于行贿行为为手段行为，非法占用耕地、林地为目的行为，应当认定为牵连犯，按照处理牵连犯的原则"从一重处断"，不实行数罪并罚。[1] 行贿情节一般的，应以非法占用农用地罪从重处罚，行贿情节严重的，则应以行贿罪从重处罚。

本罪在司法实践中常见的还有，如果非法占用农用地的目的是排放、倾倒或者处置有放射性的废物、含有传染病病原体的废物、有毒物质或者其他有害物质，严重污染环境，则应该属于手段与目的的牵连犯，以较重的污染环境罪从重处罚。

4. 本罪的共犯问题

在本罪中，两人以上的行为人基于共同的故意而非法占用土地改作他用，数量较大，造成农用地大量毁坏的行为，应当认定为共同犯罪。

5. 本罪的停止形态问题

本罪是数额犯，本罪的行为人只有非法占用耕地、林地等农用地改作他用，数量较大，造成农用地大量毁坏的行为才能构成犯罪既遂。

（四）非法占用农用地罪的处罚

根据刑法第 342 条和第 346 条规定，犯本罪的，处 5 年以下有期徒刑或者拘役，并处或者单处罚金。单位犯本罪的，对单位判处罚金，并对其直接负责的主管人员和其他直接责任人员，依照上述规定处罚。

---

[1] 曾芳文、段启俊著：《个罪法定情节研究与适用》，人民法院出版社 2002 年版，第 852 页。

二十七、非法采伐、毁坏国家重点保护植物罪

（一）非法采伐、毁坏国家重点保护植物罪的概念和法源

1. 非法采伐、毁坏国家重点保护植物罪的概念

非法采伐、毁坏国家重点保护植物罪，是指违反森林法的规定，非法采伐、毁坏珍贵树木或者重点保护的其他植物的行为。

2. 非法采伐、毁坏国家重点保护植物罪的法源

1997 年刑法第 344 条规定："违反森林法的规定，非法采伐、毁坏珍贵树木的，处三年以下有期徒刑、拘役或者管制，并处罚金；情节严重的，处三年以上七年以下有期徒刑，并处罚金。"1997 年刑法第 344 条的这一规定存在两个缺陷：一是保护范围较窄，其规定的犯罪对象仅限于树木，未采用植物一词，其实树木只是木本植物，植物除木本植物以外，还包括其他植物，并且该规定保护的只是珍贵树木，而国家重点保护的野生植物除珍贵树木外还有很多，这些植物在科学研究等方面与珍贵树木有着同样重要的价值，也值得用刑法加以保护。二是打击力度不够，在打击破坏珍贵树木这一自然资源方面，该条只对非法采伐、毁坏行为作了明确规定，而司法实践中非法收购、加工珍贵树木及其制品的行为也比较严重，这些行为往往是造成珍贵树木被大量毁坏的直接诱因。如果对非法收购、加工等行为不加大打击力度，则无法遏制非法采购、毁坏国家重点保护的野生植物包括珍贵树木的行为。针对这种情况，为了弥补上述缺陷，2002 年 12 月 28 日全国人大常委会颁布的《刑法修正案（四）》第 6 条对刑法第 344 条做了两方面的修改：（1）关于本罪的客观前提条件由"违反森林法"扩大到"违反国家规定"；在犯罪对象上将森林法所保护的珍贵树木扩大到国家重点保护的其他植物。（2）在犯罪客观方面也由"非法采伐、毁坏"扩大到"非法收购、运输、加工、出售"等犯罪行为方式。2003 年 8 月 6 日最高人民法院和最高人民检察院联合发布的《关于执行〈中华人民共和国刑法〉确定罪名的补充规定（二）》将

《刑法修正案（四）》第 6 条的罪名确定为非法采伐、毁坏国家重点保护植物罪。

（二）非法采伐、毁坏国家重点保护植物罪的构成特征

1. 客体特征

本罪侵犯的客体是国家森林保护制度。本罪的犯罪对象是珍贵树木或者国家重点保护的其他植物。我国是世界上的少林国家，森林面积仅占世界森林面积的3.3%，森林中的珍贵树木和国家重点保护的其他植物更为稀少。珍贵树木及国家重点保护的其他植物是国家重要的自然资源，具有重要的经济、医药、科研和观赏价值，我国法律对其实施特殊保护，严厉禁止非法采伐、毁坏。根据《野生植物保护条例》的规定，禁止采集国家一级保护野生植物。因科学研究、人工培育、文化交流等特殊需要，采集一级保护野生植物的，必须经采集地的省级人民政府野生植物行政主管部门签署意见后，向国务院野生植物行政主管部门或其授权的机构申请采集证；采集国家二级保护野生植物的，必须经采集地的县级人民政府野生植物行政主管部门签署意见后，向省级野生植物行政主管部门或者其授权的机构申请采集证。可见我国对珍贵树木或者其他国家重点保护的植物实行的是严格保护制度。

珍贵树木，是指具有较高的科学研究、经济利用和观赏价值，以及稀有的或濒临绝迹的木本植物，具有包括由省级以上林业主管部门或者其他部门确定的具有重大历史纪念意义、科学研究价值或者年代久远的古树名木，国家禁止、限制出口的珍贵树木以及列入《国家重点保护野生植物名录》的树木。具体包括：（1）珍贵树木。珍贵树木是指国家重点保护的珍贵植物中的木本植物，根据最高人民法院《关于审理破坏森林资源刑事案件具体应用法律若干问题的解释》第 1 条之规定，其范围包括：a. 由省级以上林业主管部门或者其他部门确定的具有重大历史纪念意义、科学研究价值或者年代久远的古树名木。在此需要注意的是，本罪的对象仅包括省级以上林业主管部门或者省级以上其他部门确定的古树名木，省

级以下有关部门确定的古树名木不为本罪的对象。b. 国家禁止、限制出口的珍贵树木，包括三类：一是国家重点保护野生植物；二是中国参加的国际公约所限制出口的野生植物，目前我国参加的限制进出口野生植物的国际公约有《濒危野生动植物种国际贸易公约》，该公约附录一、二所列对象为本罪对象；三是未定名或者新发现并有重要价值的野生植物。c. 列入《国家重点保护野生植物名录》的树木。1999 年经国务院批准，国家林业局、农业部联合公布了《国家重点保护野生植物名录》（第一批），其中纳入一级保护的有 48 种和 3 属所有种，纳入二级保护的有 198 种和 3 属、2 科所有种。（2）国家重点保护的其他植物。包括：a. 除珍贵树木以外的《国家重点保护野生植物名录》所列物种，即国家重点保护的草本、菌类植物。b. 除珍贵树木以外的《濒危野生动植物种国际贸易公约》附录一、二所列物种。c. 国务院及其有关部门根据法律、法规确定的其他国家重点保护植物。

2. 客观特征

本罪在客观方面表现为行为人实施了非法采伐、毁坏珍贵树木或者国家重点保护的其他植物的行为。具体表现为两个要件：

（1）客观前提要件是行为人非法采伐、毁坏国家重点保护植物的行为，违反有关森林资源保护的法律、法规，主要是指违反森林法及其他法规中有关采伐、毁坏国家重点保护植物的禁止性规定。森林法第 23 条第 1、2 款规定："禁止毁林开垦和毁林采石、采砂、采土以及其他毁林行为。禁止在幼林地和特种用途林内砍柴、放牧。"第 24 条规定："国务院林业主管部门和省、自治区、直辖市人民政府，应当在不同自然地带的典型森林生态地区、珍贵动物和植物生长繁殖的林区、天然热带雨林区和具有特殊保护价值的其他天然林区，划定自然保护区，加强保护管理。……对自然保护区以外的珍贵树木和林区内具有特殊价值的植物资源，应当认真保护；未经省、自治区、直辖市林业主管部门批准，不得采伐和采集。"第 40 条规定："违反本法规定，非法采伐、毁坏珍贵树木的，依法追究刑事责任。"违反上述法律规定，非法采伐、毁坏国家重点保护植物的行为，则具备了构成本罪的违法性前提条件。

（2）行为要件是非法采伐和毁坏的行为。所谓非法采伐，是指未经省、自治区、直辖市林业管理部门批准，而擅自采伐珍贵树木；所谓毁坏，是指以撞击、火烧、剥皮、砍枝等方式损坏珍贵树木或者使之灭失。这两种方式可以单独实施，也可以一并实施，只要行为人实施其中任意一种的，即可构成本罪。

3. 主体特征

本罪的主体既可以是达到法定刑事责任年龄的具有刑事责任能力的自然人，也可以是单位。

4. 主观特征

本罪的主观方面是故意，即行为人明知是珍贵树木或者国家重点保护的其他植物而故意采伐、毁坏。过失不成立本罪。在司法实践中对故意内容的理解有两种：一是明知为国家重点保护的珍贵树木、国家重点保护植物而故意砍伐、毁坏；二是认为只要行为人知道所砍伐林木的学名而故意非法砍伐或毁坏，不要求其是否明知为国家重点保护的植物。所以，如果行为人主观上出于故意，客观上实施了非法采伐或毁坏国家或省级保护的珍贵树木、国家重点保护植物的，至于行为人是否知道相关法律法规，是否知道所采伐、毁坏的植物是国家几级保护植物，均不影响本罪的成立。关于非法采伐、毁坏珍贵树木以何为目的？有的是以营利为目的，有的仅仅是为了搭建住宅而用，有的是为了采集标本用于科学研究，但无论何种目的，只要行为人明知是珍贵树木或者国家重点保护的其他植物都应以非法采伐、毁坏国家重点保护植物罪追究刑事责任。

（三）非法采伐、毁坏国家重点保护植物罪的司法认定

1. 本罪罪与非罪的界限

（1）本罪罪与非罪的界限首先应该以刑法总则第 13 条来认定，如果情节显著轻微，危害不大那么就不构成犯罪，而是一般的违法行为。（2）结合本罪的罪状情况来认定，如果行为人是出于

过失采伐、毁坏国家重点保护植物的行为，则不构成本罪，而应该是一般违法行为，因为本罪的主观特征为故意。（3）如果有证据证明行为人确实不知其采伐的是国家重点保护的植物的，则也不应按本罪处理。

2. 本罪与相近犯罪的界限

（1）本罪与盗伐林木罪的界限。

盗伐林木罪，是指盗伐森林或者其他林木，数量较大的行为。本罪与盗伐林木罪在对象和行为方式上都有一定的交叉，但是两者的区别是明显的，主要表现为以下几个方面：一是犯罪客体不同。本罪所侵犯的客体是国家森林保护制度；盗伐林木罪侵犯的客体是国家林业管理制度。二是犯罪对象不同。本罪的犯罪对象包括珍贵树木和国家重点保护的其他植物；而盗伐林木罪的犯罪对象是除珍贵树木以外的其他树木。三是犯罪客观方面不同。本罪不仅包括非法采伐的行为，还包括故意毁坏的行为；本罪是行为犯，行为人只要实施了非法采伐、毁坏行为即可构成犯罪；而盗伐林木罪表现为非法采伐行为，不包括非法毁坏行为，属于结果犯，只有盗伐林木达到数量较大的，才构成犯罪。

（2）本罪与滥伐林木罪的界限。

滥伐林木罪，是指滥伐森林或者其他林木，数量较大的行为。本罪与滥伐林木罪侵犯的客体都是国家森林保护制度，还有本罪与滥伐林木罪在对象和行为方式上都有一定的交叉关系，但是两者还是有区别的，其区别主要表现为：一是犯罪对象不同。本罪的犯罪对象包括珍贵树木和国家重点保护的其他植物；而盗伐林木罪的犯罪对象是除珍贵树木以外的其他树木。二是犯罪客观方面不同。本罪不仅包括非法采伐的行为，还包括故意毁坏的行为；本罪是行为犯，行为人只要实施了非法采伐、毁坏行为即可构成犯罪；而滥伐林木罪表现为未经林业行政主管部门及法律规定的主管部门批准并核发林木采伐许可证，或者虽持有林木采伐许可证，但违反林木采伐许可证规定的时间、数量、树种或者方式，任意采伐本单位所有或者本人所有的森林或者其他林木的，或者超过林木采伐许可证规定的数量采伐他人所有的森林或者其他树木的，不包括非法毁坏行为，属于结果犯，只有滥伐林木达到数量较大的，才构成犯罪。

（3）本罪与故意毁坏财物罪的界限。

故意毁坏财物罪，是指故意非法地毁灭或损坏公私财物，数额较大或者情节严重的行为。由于国家重点保护的植物的所有权属于国家，与故意毁坏财物罪的侵犯公私财产权有相似之处，但是两者的区别也是明显的，主要表现在以下几个方面：一是犯罪客体不同。本罪侵犯的客体是国家森林保护制度，对象是国家重点保护的植物；而故意毁坏财物罪的客体是公私财物所有权，对象可以是任何有形的公私财物，包括动产和不动产。二是犯罪客观方面不同。本罪的客观方面表现为非法采伐和毁坏的行为；故意毁坏财物罪的客观方面表现为毁灭或者损毁公私财物，数量较大或者情节严重的行为。三是犯罪主体不同。本罪的主体可以是自然人也可以是单位；而故意毁坏财物罪的主体只能是自然人，不能是单位。

3. 本罪的罪数形态问题

行为人在非法采伐、毁坏国家重点保护植物的过程中又实施了其他犯罪行为，应如何定罪。笔者认为，行为人在非法采伐、毁坏国家重点保护植物过程中，兼施其他犯罪行为的，应该对行为人所实施的犯罪行为具体分析。如果另一犯罪行为是由另一犯意引起，有独立的犯罪故意，如果此行为与非法采伐、毁坏国家重点保护植物罪有目的与结果的牵连关系，则按照牵连犯从一重罪处罚，如果没有牵连关系，则数罪并罚。如果行为人不存在单独故意，则按照行为的具体情况来定性，作为非法采伐、毁坏国家重点保护植物罪的量刑情节来考虑。

4. 本罪的共犯问题

如果行为人是两人以上，事前有犯意联络，有共同的犯罪故意，共同实施了非法采伐、毁坏国家重点保护植物的行为，则应该按照共同犯罪来处理。按照其具体的分工和分类的不同来承担不同的刑事责任。

5. 本罪的停止形态问题

本罪属于行为犯，即行为人只要在主观上出于故意，在客观上实施了非法采伐、毁坏珍贵树木或国家重点保护植物的行为，就构成本罪的既遂，而不论其采伐、毁坏的方式如何。

（四）非法采伐、毁坏国家重点保护植物罪的处罚

根据修正后的刑法第 344 条规定，犯本罪的，处 3 年以下有期徒刑、拘役或者管制，并处罚金；情节严重的，处 3 年以上 7 年以下有期徒刑，并处罚金。又根据刑法第 346 条规定，单位犯本罪的，对单位判处罚金，并对其直接负责的主管人员和其他直接责任人员，依照自然人犯本罪的规定处罚。

二十八、非法收购、运输盗伐、滥伐的林木罪

（一）非法收购、运输盗伐、滥伐的林木罪的概念和法源

1. 非法收购、运输盗伐、滥伐的林木罪的概念

非法收购、运输盗伐、滥伐的林木罪，是指非法收购、运输明知是盗伐、滥伐的林木，情节严重的行为。

2. 非法收购、运输盗伐、滥伐的林木罪的法源

我国 1998 年修正的森林法第 43 条规定："在林区非法收购明知是盗伐、滥伐的林木的，由林业主管部门责令停止违法行为，没收违法收购的盗伐、滥伐的林木或者变卖所得，可以并处违法收购林木的价款一倍以上三倍以下的罚款；构成犯罪的，依法追究刑事责任。"从我国森林法的规定来看，它只规定了非法收购盗伐、滥伐林木的行为应当如何追究刑事责任，并没有规定非法收购、运输盗伐、滥伐林木的行为应当如何依法追究刑事责任。由于受森林法规定的影响，1997 年刑法第 345 条才明文规定，以牟利为目的，在林区非法收购明知是盗伐、滥伐的林木，情节严重的，构成非法收购盗伐、滥伐的林木罪。从 1997 年刑法第 345 条的规定来看，它存在两个方面的问题：（1）林区的概念比较模糊，而且非林区

也存在成片的森林，这些森林也需要保护，与此同时该条规定"在林区非法收购"才构成犯罪，这对于打击非法收购盗伐、滥伐林木的犯罪显然不利。（2）规定"以牟利为目的"没有必要。在司法实践中，由于相当比例的案件在收购、运输过程中就被查获，获利还未实现。这样司法机关对于如何证明行为人主观上是否具有牟利的目的的认识不一致，常常为此扯皮，影响了打击力度。实际上刑法规定非法收购"情节严重"的才能构成犯罪，这就可以比较准确地区分罪与非罪的界限。所以，2002 年 12 月 28 日全国人大常委会通过的《刑法修正案（四）》对刑法第 345 条进行了修改，主要是取消了"在林区"和"以牟利为目的"的限制。然而，在司法实践中，一些人员以非法运输林木为业，与盗伐，滥伐，非法收购盗伐、滥伐的林木者形成了分工，共同逃避法律制裁。盗伐、滥伐、非法收购者由于有非法运输者帮助其将盗伐、滥伐的林木运出林区，因此很难被追究刑事责任。如果不将非法运输环节堵住，盗伐、滥伐以及非法收购等行为将很难禁止。针对这种情况，《刑法修正案（四）》在刑法第 345 条中增加了非法收购盗伐、滥伐的林木罪。2003 年 8 月 6 日最高人民法院和最高人民检察院联合发布的《关于适用刑法分则规定的犯罪的罪名的意见》将这一罪名修改为非法收购、运输盗伐、滥伐的林木罪，并同时取消了非法收购盗伐、滥伐的林木罪罪名。

（二）非法收购、运输盗伐、滥伐的林木罪的构成特征

1. 客体特征

本罪的客体是国家的森林保护制度。我国森林法明确规定，森林资源属于国家所有，全民所有制单位营造的林木，由营造单位经营并按照国家规定支配林木收益；国有企事业单位、机关、团体、部队营造的林木归该单位所有，城镇居民和职工在自有房屋的庭院种植的林木归个人所有；集体或者个人承包国家所有和集体所有的宜林荒山荒地造林的，承包后种植的林木归承包的集体或者个人所有，承包合同另有规定的，按照承包合同的规定执行。从而昭示了

上述具有所有权的森林及林木的盗伐、滥伐行为的违法性。由于违法性前提的存在，任何自然人或单位非法收购、运输盗伐、滥伐林木的行为也显示了其违法的本质，同样也侵犯了森林保护管理制度。本罪所侵犯的对象是被盗伐、滥伐的林木，非盗伐、滥伐的林木不能成为本罪对象。

2. 客观特征

本罪的客观行为表现为行为人实施了非法收购、运输明知是盗伐、滥伐林木的行为。具体而言可以分为以下三种情形：

第一，客观前提要件是非法收购、运输盗伐、滥伐的林木的行为必须违反了有关森林保护法的规定。虽然刑法并未将此内容收入法条中，但任何一种犯罪都是以违法为前提条件的，本罪也不例外。未取得县级或县级林业主管部门有关许可证收购运输林木的，则属于违法行为。目前，木材运输证的主要种类有出省木材运输证、省内木材运输证和县内木材运输证。构成本罪的违法性主要表现在收购、运输的对象上，无论行为人是否取得林木经营权，只要其收购、运输盗伐、滥伐的林木，即符合本罪的违法要件。

第二，行为要件是行为人实施了非法收购、运输明知是盗伐、滥伐的林木的行为。本罪的收购与运输既可以发生在林区也可以发生在非林区。所谓非法收购，是指没有合法的木材经营许可证，或者虽有合法的木材经营许可证但未得到有关部门允许而收购盗伐、滥伐的林木。

第三，非法收购、运输的行为必须情节严重。情节要件是构成本罪的重要条件，至于什么是情节严重，笔者认为"情节严重"应考虑的要素主要有两个方面：一是非法收购运输的林木数量是否较大；本罪属于情节犯，只有情节严重的非法收购、运输盗伐、滥伐的林木的行为才能构成本罪。根据最高人民法院《关于审理破坏森林资源刑事案件具体应用法律若干问题的解释》第 11 条规定，具有下列情形之一的，属于非法收购盗伐、滥伐树木"情节严重"：（1）非法收购盗伐、滥伐的林木 20 立方米以上或者幼树

1000 株以上的；（2）非法收购盗伐、滥伐的珍贵树木 2 立方米以上或者 5 株以上的；（3）其他情节严重的情形。"情节特别严重"是指：（1）非法收购盗伐、滥伐的林木 100 立方米以上或者幼树5000 株以上的；（2）非法收购盗伐、滥伐的珍贵树木 5 立方米以上或者 10 株以上的；（3）其他情节特别严重的情形。二是其他严重情节。例如，非法收购、运输盗伐、滥伐的林木的犯罪组织的组织者、首要分子；造成正常管理秩序的混乱者；非法收购、运输盗伐、滥伐的林木造成较大面积的森林和林木遭到严重破坏的；在非法收购、运输盗伐、滥伐的林木过程中，对林木管理人员实施暴力或以暴力相威胁的；采用盗窃、抢夺或者其他手段非法收购、运输盗伐、滥伐的林木的；多次非法收购、运输盗伐、滥伐的林木屡教不改的；非法收购、运输盗伐、滥伐的林木获利巨大的；其他情节严重的情形。

3. 主体特征

本罪的主体为一般主体，既可以是自然人，也可以是单位。

4. 主观特征

本罪的主观方面为故意，即行为人必须明知是盗伐、滥伐的林木而故意加以收购、运输。即行为人是在知道或者应当知道的情形下实施非法收购、运输盗伐、滥伐的林木行为并希望这种结果发生。关于"明知"的界定，《关于审理破坏森林资源刑事案件具体应用法律若干问题的解释》第 10 条规定："刑法第三百四十五条规定的'非法收购明知是盗伐、滥伐的林木'中的'明知'，是指知道或者应当知道。具有下列情形之一的，可以视为应当知道，但是有证据证明确属被蒙骗的除外：（一）在非法的木材交易场所或者销售单位收购木材的；（二）收购以明显低于市场价格出售的木材的；（三）收购违反规定出售的木材的。"该解释界定的"明知"为知道或者应当知道。"知道"一般可以通过犯罪嫌疑人的供述直接予以认定。"应当知道"因为带有很强的主观性，一般通过间接证据予以认定。行为人主观状态的"明知"，根据认识的确信程度由高到低依次序排列为确知（肯定知道）、实知（事实上知道）、或知（可能知道）、应知（应当知道）、确实不知。收购林木者按照规定应当查验林木出售者出具的有关部门（如县级以上林业主管部门、乡政府、乡林业站、村委会等）开具的证实所出售的林木系合法采伐的林木的有效证明。具有上述解释中列举的 3 种"应当知道"的情形之一的，收购者"事实上知道"其收购的林木属于非法采伐的林木。因此，只要间接证据证明收购者具有上述 3 种应当知道的情形之一，即可认定收购者明知。如果收购者举证说明其履行了必要的注意和审查义务。根据其经验和识别水平不可能识别收购林木系非法采伐林木，属于"有证据证明确属被蒙骗"的情形。当然，公安机关和检察机关应当首先举证证明收购者具有应当知道的 3 种情形之一，犯罪嫌疑人提出证据说明其被蒙骗，并不意味着要求犯罪嫌疑人全面证明其行为不构成犯罪的所有要件事实。公安司法机关应当对犯罪嫌疑人"不明知"的反驳证据进行审查判断后，决定是否采纳犯罪嫌疑人"不明知"的辩解意见。

（三）非法收购、运输盗伐、滥伐的林木罪的司法认定

1. 本罪罪与非罪的界限

认定本罪的成立，应该严格把握本罪构成的基本特征。本罪既是目的犯，又是情节犯，情节是否严重是区分非法收购、运输盗伐、滥伐的违法行为和犯罪行为的界限。首先，行为人在客观上虽然实施了非法收购、运输盗伐、滥伐的林木的行为，如果情节尚不属于严重，则不构成本罪。其次，行为人在主观上必须是表现为故意的行为，即明知收购、运输的是盗伐、滥伐的林木。只是由于不懂法律、政策或者是由于疏忽大意过失而实施了收购、运输的行为，通常不以本罪论处。最后，构成本罪还要求非法收购、运输的是被盗伐、滥伐的林木，如果收购、运输的是单位和公民个人依法有权处置的林木或者社会存材也不构成本罪。

2. 本罪与相近犯罪的界限

（1）本罪与盗伐林木罪的界限。

本罪与盗伐林木罪都是违反国家的林业管理规定，犯罪对象都是森林与其他面积比较大的林木。但是两者是有区别的，其区别主要表现在以下几个方面：一是犯罪客体不同。本罪侵犯的客体是国家森林保护制度；盗伐林木罪侵犯的客体是国家林业管理制度和国家、集体、公民的林木所有权。二是犯罪客观方面不同。本罪的客观方面表现为行为人实施了非法收购、运输明知是盗伐、滥伐的林木的行为；盗伐林木罪的客观方面则表现为盗伐森林或者其他林木，数量较大的行为。三是犯罪主观方面不同。本罪的主观方面是故意；而盗伐林木罪的主观方面是故意并且具有非法占有的目的。

(2) 本罪与掩饰、隐瞒犯罪所得、犯罪所得收益罪的界限。

掩饰、隐瞒犯罪所得、犯罪所得收益罪，是指行为人明知是犯罪所得及其产生的收益而予以窝藏、转移、收购、代为销售或者以其他方法掩饰、隐瞒的行为。非法收购、运输明知是盗伐、滥伐的林木犯罪所得的行为只是掩饰、隐瞒犯罪所得行为表现形式的一部分，属于特别法与普通法的从属关系。但是两者的区别是显而易见的。一是犯罪客体不同。本罪侵犯的客体是国家的森林保护制度；后者侵犯的客体是司法机关对赃物的追缴和对犯罪案件的追查活动。这一点可以从本罪归属于妨害社会管理秩序罪中的破坏环境资源保护罪，而后者归属于妨害社会管理秩序罪中的妨害司法罪看得出来。二是犯罪客观方面表现不同。本罪的客观方面表现为行为人实施了非法收购、运输明知是盗伐、滥伐的林木的行为。后者的客观方面表现为行为人实施了窝藏、转移、收购、代为销售或者以其他方法掩饰、隐瞒犯罪所得及其产生的收益的行为。

3. 本罪的罪数形态问题

非法收购、运输盗伐、滥伐的林木罪打击的重点是非法收购者和运输者，并且通过对非法收购与非法运输犯罪的打击，遏制盗伐、滥伐林木的违法犯罪行为。盗伐、滥伐、非法收购、非法运输等行为往往交织在一起。盗伐、滥伐林木者销售林木并运往林区外，若运输者与销售者为同一主体，则行为人构成盗伐林木罪和滥伐林木罪。若销售者并非盗伐、滥伐林木者，而是从其他盗伐、滥伐林木者处收购盗伐、滥伐的林木，再将这些林木销往林区外，在自行运输过程中被发现，则行为人构成非法收购、运输盗伐、滥伐的林木罪。虽然行为人具有收购与运输的双重行为，但并不同时构成非法收购盗伐、滥伐的林木罪和非法运输盗伐、滥伐的林木罪，而是构成一罪。如果收购行为或者运输行为达到"情节特别严重"的程度，则应对行为人在非法收购、运输盗伐、滥伐的林木罪的"情节特别严重"的法定刑内量刑。非法收购和非法运输的数量不应重复计算。如果货主是盗伐、滥伐林木行为人，承运人明知承运的货物属于盗伐、滥伐的林木而承运，则承运人构成非法运输盗伐、滥伐的林木罪。若货主是收购盗伐、滥伐林木行为人，承运人明知承运的货物为盗伐、滥伐的林木，则货主构成非法收购盗伐、滥伐的林木罪，承运人构成非法运输盗伐、滥伐的林木罪。

行为人非法收购、运输明知是盗伐、滥伐的林木情节严重，且该盗伐、滥伐行为已构成犯罪的，此时对行为人应当适用非法收购、运输盗伐、滥伐的林木罪（刑法第345条第3款）还是掩饰、隐瞒犯罪所得罪（刑法第312条），就是竞合问题。如果不能清晰区分此种情况属于法条竞合还是想象竞合，就有可能导致适用法律错误，从而影响对行为人的定罪量刑。具体到此处所讨论的非法收购、运输盗伐、滥伐的林木罪与掩饰、隐瞒犯罪所得罪，很显然属于法条竞合而非想象竞合。这是因为行为人的行为只有一个犯罪构成，或是构成非法收购、运输盗伐、滥伐的林木罪，或是构成掩饰、隐瞒犯罪所得罪，两者是相互排斥的关系。非法收购、运输盗伐、滥伐的林木罪属于破坏环境资源保护罪的具体罪名，掩饰、隐瞒犯罪所得罪属于妨害司法罪的具体罪名，两个种类犯罪之间并不存在竞合关系，但其具体罪名之间产生了交叉。由于非法收购、运输盗伐、滥伐的林木罪与掩饰、隐瞒犯罪所得罪的竞合属于从属关系中的整体竞合，非法收购、运输盗伐、滥伐林木犯罪所得的行为在非法收购、运输盗伐、滥伐的林木罪和掩饰、隐瞒犯罪所得罪中分别作为一个整体得到规定，因而属于从属关系中的整体竞合。因此，只能适用特别法优于普通法的原则，即以非法收购、运输盗伐、滥伐的林木罪论处，而不论二者法定刑孰轻孰重。

4. 本罪的共犯问题

盗伐、滥伐的林木在运输途中被检查发现，此时的运输行为属于盗伐、滥伐的后续行为。如果运输者与盗伐、滥伐林木者为同一主体，或者运输者与盗伐、滥伐者虽不同一，但事先通谋，运输者与盗伐、滥伐林木者共同构成盗伐林木罪或者滥伐林木罪。原因在于，盗伐、滥伐行为人与运输者具有共同的故意，二者具有共同的犯罪行为，各自行为存在分工，因此属于共同犯罪。

5. 本罪的停止形态问题

本罪属于情节犯，因此只要行为人非法收购、运输盗伐、滥伐的林木达到情节严重的程度，即可构成本罪的既遂。至于行为人为了非法收购、运输盗伐、滥伐的林木而正在准备工具、制造条件的过程中，由于意志以外的原因而停止犯罪的，可以构成本罪的预备，或者行为人在犯罪实行的过程中由于意志以外的原因而未完成犯罪的，可以构成本罪的未遂。如果行为人在犯罪预备阶段自动放弃犯罪的，可以构成本罪的中止。

（四）非法收购、运输盗伐、滥伐的林木罪的处罚

根据修正后的刑法第 345 条第 3 款规定，犯本罪的，处 3 年以下有期徒刑、拘役或者管制，并处或者单处罚金；情节特别严重的，处 3 年以上 7 年以下有期徒刑，并处罚金。又根据刑法第 346 条规定，单位犯本罪的，对单位判处罚金，并对其直接负责的主管人员和其他直接责任人员，依照自然人犯本罪的规定处罚。

二十九、非法生产、买卖武装部队制式服装罪

（一）非法生产、买卖武装部队制式服装罪的概念和法源

1. 非法生产、买卖武装部队制式服装罪的概念

非法生产、买卖武装部队制式服装罪，是指非法生产、买卖武装部队制式服装，情节严重的行为。

2. 非法生产、买卖武装部队制式服装罪的法源

在我国 1979 年刑法中并没有关于非法生产、买卖武装部队制式服装罪的规定。但是改革开放之后，在经济利益的驱动下，一些不法商人非法生产、买卖武装部队制式服装，更有甚者利用假军服等冒充军人实施招摇撞骗等违法犯罪活动，严重影响了武装部队制式服装管理秩序和声誉。1985 年 10 月 26 日，公安部、财政部、商业部、轻工业部、国家工商行政管理局、总参谋部、总政治部、总后勤部八个部门联合发布了《关于严禁私自生产、销售军服、人民警察服装的通知》，要求"严禁私自生产与销售现行军、警服装及专用材料"，"加工生产军、警服装和专用材料的工厂，要严格执行生产供应计划，不得进行计划外生产，不得自行销售或调拨给其他单位"，"严禁非法穿着人民警察服装"，"退出现役的军人和调离警察系统的警察，不得佩带肩章、领章及星徽、符号等标记"等。1997 年修订刑法时在第 375 条规定了非法生产、买卖军用标志罪，非法生产、买卖武装部队制式服装只是作为其中的一个行为。但是鉴于近年来非法生产、买卖武装部队制式服装的行为有死灰复燃且愈演愈烈之势，为了打击这种行为维护部队声誉，2009 年 2 月 28 日第十一届全国人民代表大会常务委员会第七次会议通过的《刑法修正案（七）》第 12 条作出规定，将非法生产、买卖武装部队制式服装罪作为一个独立的罪名从非法生产、买卖军用标志罪中分离出来，即"非法生产、买卖武装部队制式服装，情节严重的，处三年以下有期徒刑、拘役或者管制，并处或者单处罚金。"同时将 1997 年刑法中的非法生产、买卖军用标志罪修改为

"伪造、盗窃、买卖、非法提供、非法使用武装部队专用标志罪"。

（二）非法生产、买卖武装部队制式服装罪的构成特征

1. 客体特征

本罪侵犯的客体是武装部队制式服装管理秩序及武装部队的声誉。关于本罪的客体，理论上存在不同意见：一种观点认为"本罪的客体是武装部队的正常管理活动和声誉"[1]，另一种观点认为"本罪的客体是武装部队制式服装的管理秩序"[2]。上述两种观点具有一定的代表性，都没有错误，但是并不全面。首先，武装部队制式服装是由特定机构按计划生产的，其原材料供给、生产批量以及生产厂家都有严格规定。非法生产武装部队制式服装首先侵犯的是武装部队制式服装的管理秩序；其次，如果不法分子非法生产武装部队制式服装，使之流入社会，有被不法分子利用以进行违法犯罪活动的可能，从而破坏武装部队的声誉。所以，我们认为本罪的客体是武装部队制式服装管理秩序和武装部队的声誉。

本罪的犯罪对象是武装部队制式服装。"武装部队制式服装又称为制服，是指武装部队依法按统一制式订购、监制的专供武装部队人员穿着以便表明其身份和执行职务的特有式样的服装"[3]。根据2009年公布的《军服管理条例》第2条规定："本条例所称军服，是指中国人民解放军现行装备的制式服装及其标志服饰。"第19条规定："中国人民武装警察部队现行装备的制式服装及其标志服饰的管理，参照本条例执行。"所以"军服包括现行装备的制式服装和现行装备的制式服装的标志服饰，主要是制式服装。就主体而言，包括军官服、武警警官服、文职干部服、士兵服、学员服；

---

① 赵秉志主编：《刑法修正案最新理解适用》，中国法制出版社2009年版，第192页。

② 王志远：《刑法修正案（七）修改、新增罪名的学理解释（完善中）》http://wzydd2000. blog. 163。

③ 赵桂民、赵扬：《刑法修正案（七）侵犯军用标志犯罪解读》，载《学理论》2009年第24期。

就军种而言，包括海、陆、空、二炮的各式服装；就季节而言，包括春秋常服、夏常服、冬常服；就用途而言，包括常服和作训服；就军区而言，包括北京军区、沈阳军区、济南军区等军区的服装。制式服装包括大沿帽、单衣、大衣、衬衣等。制式服装不仅指衣裤，还包括服装附件，如军帽、军用腰带等。制式服装作为统一整体，原则上还包括现行帽徽、领带、领章、符号、铜色纽扣、领带卡等标志服饰，但根据《军服管理条例》的规定，制式服装不包括上述标志服饰。军队和武警用的鞋类、袜类、手套等物品一般不具有武装部队人员身份的专用标志性，不属制式服装系列。"[1] 但是，根据《军服管理条例》的规定，现行装备的制式服装的标志服饰并不属于制式服装。《刑法修正案（七）》将本罪的对象仅限定于武装部队的制式服装，却将制式服装的标志服饰排除在外，不能不说是立法上的一个漏洞。因此有学者建议，"为了加强军服管理，维护军服的专用性和严肃性，建议将修正案中的'制式服装'修改为'军服'。"[2]

2. 客观特征

本罪在客观方面表现为非法生产武装部队制式服装，情节严重的行为。关于本罪的客观方面需要注意的是：第一，行为方式表现为非法生产、买卖武装部队制式服装的行为。所谓"非法"，是指违反有关法律、法规，未经有关部门批准而生产、买卖武装部队制式服装。《军服管理条例》第 3 条规定："军服的制式由中央军事委员会批准。军服由军队军需主管部门负责监制。"所谓"非法生产"，是指不具备相应资质的企业未经批准生产武装部队制式服装的行为。非法生产包括以下几种情况：（1）未接受军队军需主管

---

① 赵桂民、赵扬：《刑法修正案（七）侵犯军用标志犯罪解读》，载《学理论》2009 年第 24 期。

② 赵桂明：《刑法修正案（七）中军用标志犯罪立法完善研究》，载《武警学院学报》2010 年 7 月，第 26 卷第 7 期。

部门或者其授权的机构委托而生产武装部队制式服装的；（2）虽然是定点生产单位，但是在国家计划生产指标范围之外擅自生产的；（3）以前具备生产武装部队制式服装的相应资质，在资质取消之后继续生产的。所谓"非法买卖"，是指没有经过相应机关许可、授权，购进、卖出武装部队制式服装的行为。本罪是选择性罪名，只要行为人有非法生产或者非法买卖武装部队制式服装行为之一的即可成立。如果行为人既实施了非法生产行为又实施了非法买卖行为的，仍然只构成非法生产、买卖武装部队制式服装罪一罪，不数罪并罚。第二，本罪的成立要求情节严重，即本罪属于情节犯。何为"情节严重"，我国刑法及相关司法解释没有明确规定，司法实践中一般认为"情节严重"包括以下几个方面：多次或者大量非法生产、买卖武装部队制式服装的；为谋取非法利益而非法生产、买卖武装部队制式服装的；非法买卖数额较大的；大规模集团式地非法生产武装部队制式服装的；在特定时期或者特定地点非法生产、买卖武装部队制式服装的；经有关机关责令停止生产、买卖武装部队制式服装而不服从、屡教不改的；非法生产、买卖武装部队制式服装用于犯罪，影响部队执行作战、戒严等军事任务等。①

3. 主体特征

本罪的主体包括自然人和单位。本罪的自然人主体是指达到刑事责任年龄，具备完全刑事责任能力的自然人，既包括军人也包括非军人；既包括中国人也包括外国人和无国籍人。本罪的单位主体是指为了为本单位谋取非法利益，决议而实施非法生产、买卖武装部队制式服装行为的单位意思机关。既包括有权生产、买卖武装部队制式服装的单位，也包括无权生产、买卖武装部队制式服装的单位。

---

① 赵桂民、赵扬：《刑法修正案（七）侵犯军用标志犯罪解读》，载《学理论》2009 年第 24 期。

4. 主观特征

本罪的主观方面表现为故意，即行为人明知自己无权生产、买卖或者无权超额生产、买卖武装部队制式服装而仍生产、买卖的。过失不成立本罪。本罪不以营利或者牟利为目的，犯罪动机多种多样，动机的不同不影响本罪的成立。

（三）非法生产、买卖武装部队制式服装罪的司法认定

1. 本罪罪与非罪的界限

关于非法生产、买卖武装部队制式服装罪罪与非罪的认定，应当注意以下几点：（1）本罪的犯罪对象是武装部队制式服装。如果行为人非法生产武装部队使用的鞋类、手套、袜子等警用物品，因为此类物品属于不能体现武装部队及其成员身份之专用标志性物品，因此不能构成本罪。（2）本罪是情节犯。如果行为人虽然实施了非法生产、买卖武装部队制式服装的行为，但是并未达到情节严重的，也不能成立本罪。（3）本罪的主观方面是故意。如果行为人虽然实施了非法生产、买卖武装部队制式服装的行为，但是并非出于故意，而是因为他人欺骗、蒙蔽等，即使达到了情节严重也不能成立本罪。

2. 本罪与相近犯罪的界限

（1）本罪与非法生产、买卖警用装备罪的界限。

我国刑法第281条规定的非法生产、买卖警用装备罪，是指非法生产、买卖人民警察制式服装、车辆号牌等专用标志、警械，情节严重的行为。非法生产、买卖武装部队制式服装罪与非法生产、买卖警用装备罪存在诸多相似之处，如行为手段都表现为非法生产、买卖行为；主观方面都是故意；都属于情节犯；犯罪主体都包括自然人和单位。但是二者的区别还是比较明显的，主要表现为：第一，侵犯的客体不同。非法生产、买卖武装部队制式服装罪侵犯的客体是武装部队制式服装管理秩序和武装部队的声誉；而非法生产、买卖警用装备罪侵犯的客体是警用装备管理秩序。第二，犯罪对象不同。非法生产、买卖武装部队制式服装罪的犯罪对象是武装

部队制式服装；而非法生产、买卖警用装备罪的犯罪对象是警用装备，既包括人民警察制式服装、车辆号牌等专用标志，也包括警械。

需要注意的是，根据《军服管理条例》规定，武装警察制式服装属于武装部队制式服装，所以非法生产、买卖武装警察制式服装且情节严重的行为不构成非法生产、买卖警用装备罪，而构成非法生产、买卖武装部队制式服装罪。

（2）本罪与非法出卖、转让武器装备罪的界限。

我国刑法第439条规定的非法出卖、转让武器装备罪，是指非法出卖、转让武器装备的行为。非法生产、买卖武装部队制式服装罪与非法出卖、转让武器装备罪存在一定的相似之处，如行为方式都包含有非法出卖行为；犯罪主观方面都是故意等。但是二者的区别还是比较明显的，主要表现为：第一，侵犯的客体不同。非法生产、买卖武装部队制式服装罪侵犯的客体是武装部队制式服装管理秩序和武装部队的声誉；而非法出卖、转让武器装备罪侵犯的客体是武装部队武器装备的管理、使用秩序。第二，犯罪对象不同。非法生产、买卖武装部队制式服装罪的犯罪对象是武装部队制式服装；而非法出卖、转让武器装备罪的犯罪对象是武器装备。第三，客观方面表现不尽相同。非法生产、买卖武装部队制式服装罪的客观方面表现为非法生产、买卖的行为；而非法出卖、转让武器装备罪的客观方面表现为非法出卖、转让行为。第四，犯罪主体不同。非法生产、买卖武装部队制式服装罪的犯罪主体既可以是自然人也可以是单位，既可以是军人也可以是非军人；而非法出卖、转让武器装备罪的犯罪主体只能是军人。第五，成立犯罪的条件不同。非法生产、买卖武装部队制式服装罪只有达到情节严重才能成立犯罪；而非法出卖、转让武器装备罪则无此要求。

3. 本罪的罪数形态问题

（1）如果行为人非法生产、买卖武装部队制式服装后又冒充军人招摇撞骗的，构成非法生产、买卖武装部队制式服装罪和冒充军人招摇撞骗罪的牵连犯，应当按照牵连犯的处断原则从一重罪处罚。

（2）如果行为人在实施了非法生产、买卖武装部队制式服装行为后又有抢劫、杀人、强奸行为的，构成非法生产、买卖武装部队制式服装罪和抢劫罪、杀人罪、强奸罪数罪，应当数罪并罚。

（四）非法生产、买卖武装部队制式服装罪的处罚

根据修正后的刑法第375条第2款规定，犯本罪的，处3年以下有期徒刑、拘役或者管制，并处或者单处罚金。另根据该条第4款规定，单位犯第2款、第3款罪的，对单位判处罚金，并对其直接负责的主管人员和其他直接责任人员，依照各该款的规定处罚。

附录 刑法新增和修正罪名的相关法规

全国人民代表大会常务委员会
关于惩治骗购外汇、逃汇和
非法买卖外汇犯罪的决定

中华人民共和国主席令（第十四号）

《全国人民代表大会常务委员会关于惩治骗购外汇、逃汇和非法买卖外汇犯罪的决定》已由中华人民共和国第九届全国人民代表大会常务委员会第六次会议于1998年12月29日通过，现予公布，自公布之日起施行。

中华人民共和国主席 江泽民

1998年12月29日

为了惩治骗购外汇、逃汇和非法买卖外汇的犯罪行为，维护国家外汇管理秩序，对刑法作如下补充修改：

一、有下列情形之一，骗购外汇，数额较大的，处五年以下有期徒刑或者拘役，并处骗购外汇数额百分之五以上百分之三十以下罚金；数额巨大或者有其他严重情节的，处五年以上十年以下有期徒刑，并处骗购外汇数额百分之五以上百分之三十以下罚金；数额特别巨大或者有其他特别严重情节的，处十年以上有期徒刑或者无期徒刑，并处骗购外汇数额百分之五以上百分之三十以下罚金或者没收财产：

（一）使用伪造、变造的海关签发的报关单、进口证明、外汇管理部门核准件等凭证和单据的；

（二）重复使用海关签发的报关单、进口证明、外汇管理部门核准件等凭证和单据的；

（三）以其他方式骗购外汇的。

伪造、变造海关签发的报关单、进口证明、外汇管理部门核准件等凭证和单据，并用于骗购外汇的，依照前款的规定从重处罚。

明知用于骗购外汇而提供人民币资金的，以共犯论处。

单位犯前三款罪的，对单位依照第一款的规定判处罚金，并对其直接负责的主管人员和其他直接负责人员，处五年以下有期徒刑或者拘役；数额巨大或者有其他严重情节的，处五年以上十年以下有期徒刑；数额特别巨大或者有其他特别严重情节的，处十年以上有期徒刑或者无期徒刑。

二、买卖伪造、变造的海关签发的报关单、进口证明、外汇管理部门核准件等凭证和单据或者国家机关的其他公文、证件、印章的，依照刑法第二百八十条的规定定罪处罚。

三、将刑法第一百九十条修改为：公司、企业或者其他单位，违反国家规定，擅自将外汇存放境外，或者将境内的外汇非法转移到境外，数额较大的，对单位判处逃汇数额百分之五以上百分之三十以下罚金，并对其直接负责的主管人员和其他直接责任人员处五年以下有期徒刑或者拘役；数额巨大或者有其他严重情节的，对单位判处逃汇数额百分之五以上百分之三十以下罚金，并对其直接负责的主管人员和其他直接责任人员处五年以上有期徒刑。

四、在国家规定的交易场所以外非法买卖外汇，扰乱市场秩序，情节严重的，依照刑法第二百二十五条的规定定罪处罚。

单位犯前款罪的，依照刑法第二百三十一条的规定处罚。

五、海关、外汇管理部门以及金融机构、从事对外贸易经营活动的公司、企业或者其他单位的工作人员与骗购外汇或者逃汇的行为人通谋，为其提供购买外汇的有关凭证或者其他便利的，或者明知是伪造、变造的凭证和单据而售汇、付汇的，以共犯论，依照本决定从重处罚。

六、海关、外汇管理部门的工作人员严重不负责任，造成大量外汇被骗购或者逃汇，致使国家利益遭受重大损失的，依照刑法第三百九十七条的规定定罪处罚。

七、金融机构、从事对外贸易经营活动的公司、企业的工作人员严重不负责任，造成大量外汇被骗购或者逃汇，致使国家利益遭受重大损失的，依照刑法第一百六十七条的规定定罪处罚。

八、犯本决定规定之罪，依法被追缴、没收的财物和罚金，一律上缴国库。

九、本决定自公布之日起施行。

中华人民共和国刑法修正案

中华人民共和国主席令（第二十七号）

《中华人民共和国刑法修正案》已由中华人民共和国第九届全国人民代表大会常务委员会第十三次会议于 1999 年 12 月 25 日通过，现予公布，自公布之日起施行。

中华人民共和国主席　江泽民

1999 年 12 月 25 日

为了惩治破坏社会主义市场经济秩序的犯罪，保障社会主义现代化建设的顺利进行，对刑法作如下补充修改：

一、第一百六十二条后增加一条，作为第一百六十二条之一："隐匿或者故意销毁依法应当保存的会计凭证、会计账簿、财务会计报告，情节严重的，处五年以下有期徒刑或者拘役，并处或者单处二万元以上二十万元以下罚金。

单位犯前款罪的，对单位判处罚金，并对其直接负责的主管人员和其他直接责任人员，依照前款的规定处罚。"

二、将刑法第一百六十八条修改为："国有公司、企业的工作人员，由于严重不负责任或者滥用职权，造成国有公司、企业破产或者严重损失，致使国家利益遭受重大损失的，处三年以下有期徒刑或者拘役；致使国家利益遭受特别重大损失的，处三年以上七年以下有期徒刑。

国有事业单位的工作人员有前款行为，致使国家利益遭受重大损失的，依照前款的规定处罚。

国有公司、企业、事业单位的工作人员，徇私舞弊，犯前两款罪的，依照第一款的规定从重处罚。"

三、将刑法第一百七十四条修改为："未经国家有关主管部门批准，擅自设立商业银行、证券交易所、期货交易所、证券公司、期货经纪公司、保险公司或者其他金融机构的，处三年以下有期徒刑或者拘役，并处或者单处二万元以上二十万元以下罚金；情节严重的，处三年以上十年以下有期徒刑，并处五万元以上五十万元以下罚金。

伪造、变造、转让商业银行、证券交易所、期货交易所、证券公司、期货经纪公司、保险公司或者其他金融机构的经营许可证或者批准文件的，依照前款的规定处罚。

单位犯前两款罪的，对单位判处罚金，并对其直接负责的主管人员和其他直接责任人员，依照第一款的规定处罚。"

四、将刑法第一百八十条修改为："证券、期货交易内幕信息的知情人员或者非法获取证券、期货交易内幕信息的人员，在涉及证券的发行，证券、期货交易或者其他对证券、期货交易价格有重大影响的信息尚未公开前，买入或者卖出该证券，或者从事与该内幕信息有关的期货交易，或者泄露该信息，情节严重的，处五年以下有期徒刑或者拘役，并处或者单处违法所得一倍以上五倍以下罚金；情节特别严重的，处五年以上十年以下有期徒刑，并处违法所得一倍以上五倍以下罚金。

单位犯前款罪的，对单位判处罚金，并对其直接负责的主管人员和其他直接责任人员，处五年以下有期徒刑或者拘役。

内幕信息、知情人员的范围，依照法律、行政法规的规定确定。"

五、将刑法第一百八十一条修改为："编造并且传播影响证券、期货交易的虚假信息，扰乱证券、期货交易市场，造成严重后果的，处五年以下有期徒刑或者拘役，并处或者单处一万元以上十万元以下罚金。

证券交易所、期货交易所、证券公司、期货经纪公司的从业人员，证券业协会、期货业协会或者证券期货监督管理部门的工作人员，故意提供虚假信息或者伪造、变造、销毁交易记录，诱骗投资者买卖证券、期货合约，造成严重后果的，处五年以下有期徒刑或者拘役，并处或者单处一万元以上十万元以下罚金；情节特别恶劣的，处五年以上十年以下有期徒刑，并处二万元以上二十万元以下罚金。

单位犯前两款罪的，对单位判处罚金，并对其直接负责的主管人员和其他直接责任人员，处五年以下有期徒刑或者拘役。"

六、将刑法第一百八十二条修改为："有下列情形之一，操纵证券、期货交易价格，获取不正当利益或者转嫁风险，情节严重的，处五年以下有期徒刑或者拘役，并处或者单处违法所得一倍以上五倍以下罚金：

（一）单独或者合谋，集中资金优势、持股或者持仓优势或者利用信息优势联合或者连续买卖，操纵证券、期货交易价格的；

（二）与他人串通，以事先约定的时间、价格和方式相互进行证券、期货交易，或者相互买卖并不持有的证券，影响证券、期货交易价格或者证券、期货交易量的；

（三）以自己为交易对象，进行不转移证券所有权的自买自卖，或者以自己为交易对象，自买自卖期货合约，影响证券、期货交易价格或者证券、期货交易量的；

（四）以其他方法操纵证券、期货交易价格的。

单位犯前款罪的，对单位判处罚金，并对其直接负责的主管人员和其他直接责任人员，处五年以下有期徒刑或者拘役。"

七、将刑法第一百八十五条修改为："商业银行、证券交易所、期货交易所、证券公司、期货经纪公司、保险公司或者其他金融机构的工作人员利用职务上的便利，挪用本单位或者客户资金的，依照本法第二百七十二条的规定定罪处罚。

国有商业银行、证券交易所、期货交易所、证券公司、期货经纪公司、保险公司或者其他国有金融机构的工作人员和国有商业银行、证券交易所、期货交易所、证券公司、期货经纪公司、保险公司或者其他国有金融机构委派到前款规定中的非国有机构从事公务的人员有前款行为的，依照本法第三百八十四条的规定定罪处罚。"

八、刑法第二百二十五条增加一项，作为第三项："未经国家有关主管部门批准，非法经营证券、期货或者保险业务的；"原第三项改为第四项。

九、本修正案自公布之日起施行。

中华人民共和国刑法修正案（二）

中华人民共和国主席令（第五十六号）

《中华人民共和国刑法修正案（二）》已由中华人民共和国第九届全国人民代表大会常务委员会第二十三次会议于 2001 年 8 月 31 日通过，现予公布，自公布之日起施行。

中华人民共和国主席　江泽民

2001 年 8 月 31 日

为了惩治毁林开垦和乱占滥用林地的犯罪，切实保护森林资源，将刑法第三百四十二条修改为："违反土地管理法规，非法占用耕地、林地等农用地，改变被占用土地用途，数量较大，造成耕地、林地等农用地大量毁坏的，处五年以下有期徒刑或者拘役，并处或者单处罚金。"

本修正案自公布之日起施行。

中华人民共和国刑法修正案（三）

中华人民共和国主席令（第六十四号）

《中华人民共和国刑法修正案（三）》已由中华人民共和国第九届全国人民代表大会常务委员会第二十五次会议于 2001 年 12 月 29 日通过，现予公布，自公布之日起施行。

中华人民共和国主席　江泽民

2001 年 12 月 29 日

为了惩治恐怖活动犯罪，保障国家和人民生命、财产安全，维护社会秩序，对刑法作如下补充修改：

一、将刑法第一百一十四条修改为："放火、决水、爆炸以及投放毒害性、放射性、传染病病原体等物质或者以其他危险方法危害公共安全，尚未造成严重后果的，处三年以上十年以下有期徒刑。"

二、将刑法第一百一十五条第一款修改为："放火、决水、爆炸以及投放毒害性、放射性、传染病病原体等物质或者以其他危险方法致人重伤、死亡或者使公私财产遭受重大损失的，处十年以上有期徒刑、无期徒刑或者死刑。"

三、将刑法第一百二十条第一款修改为："组织、领导恐怖活动组织的，处十年以上有期徒刑或者无期徒刑；积极参加的，处三年以上十年以下有期徒刑；其他参加的，处三年以下有期徒刑、拘役、管制或者剥夺政治权利。"

四、刑法第一百二十条后增加一条，作为第一百二十条之一："资助恐怖活动组织或者实施恐怖活动的个人的，处五年以下有期徒刑、拘役、管制或者剥夺政治权利，并处罚金；情节严重的，处五年以上有期徒刑，并处罚金或者没收财产。

单位犯前款罪的，对单位判处罚金，并对其直接负责的主管人员和其他直接责任人员，依照前款的规定处罚。"

五、将刑法第一百二十五条第二款修改为："非法制造、买卖、运输、储存毒害性、放射性、传染病病原体等物质，危害公共安全的，依照前款的规定处罚。"

六、将刑法第一百二十七条修改为："盗窃、抢夺枪支、弹药、爆炸物的，或者盗窃、抢夺毒害性、放射性、传染病病原体等物质，危害公共安全的，处三年以上十年以下有期徒刑；情节严重的，处十年以上有期徒刑、无期徒刑或者死刑。

抢劫枪支、弹药、爆炸物的，或者抢劫毒害性、放射性、传染病病原体等物质，危害公共安全的，或者盗窃、抢夺国家机关、军警人员、民兵的枪支、弹药、爆炸物的，处十年以上有期徒刑、无期徒刑或者死刑。"

七、将刑法第一百九十一条修改为："明知是毒品犯罪、黑社会性质的组织犯罪、恐怖活动犯罪、走私犯罪的违法所得及其产生的收益，为掩饰、隐瞒其来源和性质，有下列行为之一的，没收实施以上犯罪的违法所得及其产生的收益，处五年以下有期徒刑或者拘役，并处或者单处洗钱数额百分之五以上百分之二十以下罚金；情节严重的，处五年以上十年以下有期徒刑，并处洗钱数额百分之五以上百分之二十以下罚金：（一）提供资金帐户的；（二）协助将财产转换为现金或者金融票据的；（三）通过转帐或者其他结算方式协助资金转移的；（四）协助将资金汇往境外的；（五）以其他方法掩饰、隐瞒犯罪的违法所得及其收益的来源和性质的。

单位犯前款罪的，对单位判处罚金，并对其直接负责的主管人员和其他直接责任人员，处五年以下有期徒刑或者拘役；情节严重的，处五年以上十年以下有期徒刑。"

八、刑法第二百九十一条后增加一条，作为第二百九十一条之一："投放虚假的爆炸性、毒害性、放射性、传染病病原体等物质，或者编造爆炸威胁、生化威胁、放射威胁等恐怖信息，或者明知是编造的恐怖信息而故意传播，严重扰乱社会秩序的，处五年以下有期徒刑、拘役或者管制；造成严重后果的，处五年以上有期徒刑。"

九、本修正案自公布之日起施行。

中华人民共和国刑法修正案（四）

中华人民共和国主席令（第八十三号）

《中华人民共和国刑法修正案（四）》已由中华人民共和国第九届全国人民代表大会常务委员会第三十一次会议于2002年12月28日通过，现予发布，自公布之日起施行。

中华人民共和国主席　江泽民

2002年12月28日

为了惩治破坏社会主义市场经济秩序、妨害社会管理秩序和国家机关工作人员的渎职犯罪行为，保障社会主义现代化建设的顺利进行，保障公民的人身安全，对刑法作如下修改和补充：

一、将刑法第一百四十五条修改为："生产不符合保障人体健康的国家标准、行业标准的医疗器械、医用卫生材料，或者销售明知是不符合保障人体健康的国家标准、行业标准的医疗器械、医用卫生材料，足以严重危害人体健康的，处三年以下有期徒刑或者拘役，并处销售金额百分之五十以上二倍以下罚金；对人体健康造成严重危害的，处三年以上十年以下有期徒刑，并处销售金额百分之五十以上二倍以下罚金；后果特别严重的，处十年以上有期徒刑或者无期徒刑，并处销售金额百分之五十以上二倍以下罚金或者没收财产。"

二、在第一百五十二条中增加一款作为第二款："逃避海关监管将境外固体废物、液态废物和气态废物运输进境，情节严重的，处五年以下有期徒刑，并处或者单处罚金；情节特别严重的，处五年以上有期徒刑，并处罚金。"

原第二款作为第三款，修改为："单位犯前两款罪的，对单位判处罚金，并对其直接负责的主管人员和其他直接责任人员，依照前两款的规定处罚。"

三、将刑法第一百五十五条修改为："下列行为，以走私罪论处，依照本节的有关规定处罚：（一）直接向走私人非法收购国家禁止进口物品的，或者直接向走私人非法收购走私进口的其他货物、物品，数额较大的；（二）在内海、领海、界河、界湖运输、收购、贩卖国家禁止进出口物品的，或者运输、收购、贩卖国家限制进出口货物、物品，数额较大，没有合法证明的。"

四、刑法第二百四十四条后增加一条，作为第二百四十四条之一："违反劳动管理法规，雇用未满十六周岁的未成年人从事超强度体力劳动的，或者从事高空、井下作业的，或者在爆炸性、易燃性、放射性、毒害性等危险环境下从事劳动，情节严重的，对直接责任人员，处三年以下有期徒刑或者拘役，并处罚金；情节特别严重的，处三年以上七年以下有期徒刑，并处罚金。

有前款行为，造成事故，又构成其他犯罪的，依照数罪并罚的规定处罚。"

五、将刑法第三百三十九条第三款修改为："以原料利用为名，进口不能用作原料的固体废物、液态废物和气态废物的，依照本法第一百五十二条第二款、第三款的规定定罪处罚。"

六、将刑法第三百四十四条修改为："违反国家规定，非法采伐、毁坏珍贵树木或者国家重点保护的其他植物的，或者非法收购、运输、加工、出售珍贵树木或者国家重点保护的其他植物及其制品的，处三年以下有期徒刑、拘役或者管制，并处罚金；情节严重的，处三年以上七年以下有期徒刑，并处罚金。"

七、将刑法第三百四十五条修改为："盗伐森林或者其他林木，数量较大的，处三年以下有期徒刑、拘役或者管制，并处或者单处罚金；数量巨大的，处三年以上七年以下有期徒刑，并处罚金；数量特别巨大的，处七年以上有期徒刑，并处罚金。

违反森林法的规定，滥伐森林或者其他林木，数量较大的，处三年以下有期徒刑、拘役或者管制，并处或者单处罚金；数量巨大的，处三年以上七年以下有期徒刑，并处罚金。

非法收购、运输明知是盗伐、滥伐的林木，情节严重的，处三年以下有期徒刑、拘役或者管制，并处或者单处罚金；情节特别严重的，处三年以上七年以下有期徒刑，并处罚金。

盗伐、滥伐国家级自然保护区内的森林或者其他林木的，从重处罚。"

八、将刑法第三百九十九条修改为："司法工作人员徇私枉法、徇情枉法，对明知是无罪的人而使他受追诉、对明知是有罪的人而故意包庇不使他受追诉，或者在刑事审判活动中故意违背事实和法律作枉法裁判的，处五年以下有期徒刑或者拘役；情节严重的，处五年以上十年以下有期徒刑；情节特别严重的，处十年以上有期徒刑。

在民事、行政审判活动中故意违背事实和法律作枉法裁判，情节严重的，处五年以下有期徒刑或者拘役；情节特别严重的，处五年以上十年以下有期徒刑。

在执行判决、裁定活动中，严重不负责任或者滥用职权，不依法采取诉讼保全措施、不履行法定执行职责，或者违法采取诉讼保全措施、强制执行措施，致使当事人或者其他人的利益遭受重大损失的，处五年以下有期徒刑或者拘役；致使当事人或者其他人的利益遭受特别重大损失的，处五年以上十年以下有期徒刑。

司法工作人员收受贿赂，有前三款行为的，同时又构成本法第三百八十五条规定之罪的，依照处罚较重的规定定罪处罚。"

九、本修正案自公布之日起施行。

中华人民共和国刑法修正案（五）

中华人民共和国主席令（第三十二号）

《中华人民共和国刑法修正案（五）》已由中华人民共和国第十届全国人民代表大会常务委员会第十四次会议于 2005 年 2 月 28 日通过，现予公布，自公布之日起施行。

中华人民共和国主席　胡锦涛

2005 年 2 月 28 日

一、在刑法第一百七十七条后增加一条，作为第一百七十七条之一："有下列情形之一，妨害信用卡管理的，处三年以下有期徒刑或者拘役，并处或者单处一万元以上十万元以下罚金；数量巨大或者有其他严重情节的，处三年以上十年以下有期徒刑，并处二万元以上二十万元以下罚金：

（一）明知是伪造的信用卡而持有、运输的，或者明知是伪造的空白信用卡而持有、运输，数量较大的；

（二）非法持有他人信用卡，数量较大的；

（三）使用虚假的身份证明骗领信用卡的；

（四）出售、购买、为他人提供伪造的信用卡或者以虚假的身份证明骗领的信用卡的。

窃取、收买或者非法提供他人信用卡信息资料的，依照前款规定处罚。

银行或者其他金融机构的工作人员利用职务上的便利，犯第二款罪的，从重处罚。"

二、将刑法第一百九十六条修改为："有下列情形之一，进行信用卡诈骗活动，数额较大的，处五年以下有期徒刑或者拘役，并处二万元以上二十万元以下罚金；数额巨大或者有其他严重情节的，处五年以上十年以下有期徒刑，并处五万元以上五十万元以下罚金；数额特别巨大或者有其他特别严重情节的，处十年以上有期徒刑或者无期徒刑，并处五万元以上五十万元以下罚金或者没收财产：

（一）使用伪造的信用卡，或者使用以虚假的身份证明骗领的信用卡的；

（二）使用作废的信用卡的；

（三）冒用他人信用卡的；

（四）恶意透支的。

前款所称恶意透支，是指持卡人以非法占有为目的，超过规定限额或者规定期限透支，并且经发卡银行催收后仍不归还的行为。

盗窃信用卡并使用的，依照本法第二百六十四条的规定定罪处罚。"

三、在刑法第三百六十九条中增加一款作为第二款，将该条修改为："破坏武器装备、军事设施、军事通信的，处三年以下有期徒刑、拘役或者管制；破坏重要武器装备、军事设施、军事通信的，处三年以上十年以下有期徒刑；情节特别严重的，处十年以上有期徒刑、无期徒刑或者死刑。

过失犯前款罪，造成严重后果的，处三年以下有期徒刑或者拘役；造成特别严重后果的，处三年以上七年以下有期徒刑。

战时犯前两款罪的，从重处罚。"

四、本修正案自公布之日起施行。

中华人民共和国刑法修正案（六）

中华人民共和国主席令（第五十一号）

《中华人民共和国刑法修正案（六）》已由中华人民共和国第十届全国人民代表大会常务委员会第二十二次会议于 2006 年 6 月 29 日通过，现予公布，自公布之日起施行。

中华人民共和国主席　胡锦涛

2006 年 6 月 29 日

一、将刑法第一百三十四条修改为："在生产、作业中违反有关安全管理的规定，因而发生重大伤亡事故或者造成其他严重后果的，处三年以下有期徒刑或者拘役；情节特别恶劣的，处三年以上七年以下有期徒刑。

强令他人违章冒险作业，因而发生重大伤亡事故或者造成其他严重后果的，处五年以下有期徒刑或者拘役；情节特别恶劣的，处五年以上有期徒刑。"

二、将刑法第一百三十五条修改为："安全生产设施或者安全生产条件不符合国家规定，因而发生重大伤亡事故或者造成其他严重后果的，对直接负责的主管人员和其他直接责任人员，处三年以下有期徒刑或者拘役；情节特别恶劣的，处三年以上七年以下有期徒刑。"

三、在刑法第一百三十五条后增加一条，作为第一百三十五条之一："举办大型群众性活动违反安全管理规定，因而发生重大伤亡事故或者造成其他严重后果的，对直接负责的主管人员和其他直接责任人员，处三年以下有期徒刑或者拘役；情节特别恶劣的，处三年以上七年以下有期徒刑。"

四、在刑法第一百三十九条后增加一条，作为第一百三十九条

· 593 ·

之一："在安全事故发生后，负有报告职责的人员不报或者谎报事故情况，贻误事故抢救，情节严重的，处三年以下有期徒刑或者拘役；情节特别严重的，处三年以上七年以下有期徒刑。"

五、将刑法第一百六十一条修改为："依法负有信息披露义务的公司、企业向股东和社会公众提供虚假的或者隐瞒重要事实的财务会计报告，或者对依法应当披露的其他重要信息不按照规定披露，严重损害股东或者其他人利益，或者有其他严重情节的，对其直接负责的主管人员和其他直接责任人员，处三年以下有期徒刑或者拘役，并处或者单处二万元以上二十万元以下罚金。"

六、在刑法第一百六十二条之一后增加一条，作为第一百六十二条之二："公司、企业通过隐匿财产、承担虚构的债务或者以其他方法转移、处分财产，实施虚假破产，严重损害债权人或者其他人利益的，对其直接负责的主管人员和其他直接责任人员，处五年以下有期徒刑或者拘役，并处或者单处二万元以上二十万元以下罚金。"

七、将刑法第一百六十三条修改为："公司、企业或者其他单位的工作人员利用职务上的便利，索取他人财物或者非法收受他人财物，为他人谋取利益，数额较大的，处五年以下有期徒刑或者拘役；数额巨大的，处五年以上有期徒刑，可以并处没收财产。

公司、企业或者其他单位的工作人员在经济往来中，利用职务上的便利，违反国家规定，收受各种名义的回扣、手续费，归个人所有的，依照前款的规定处罚。

国有公司、企业或者其他国有单位中从事公务的人员和国有公司、企业或者其他国有单位委派到非国有公司、企业以及其他单位从事公务的人员有前两款行为的，依照本法第三百八十五条、第三百八十六条的规定定罪处罚。"

八、将刑法第一百六十四条第一款修改为："为谋取不正当利益，给予公司、企业或者其他单位的工作人员以财物，数额较大的，处三年以下有期徒刑或者拘役；数额巨大的，处三年以上十年以下有期徒刑，并处罚金。"

九、在刑法第一百六十九条后增加一条，作为第一百六十九条之一："上市公司的董事、监事、高级管理人员违背对公司的忠实义务，利用职务便利，操纵上市公司从事下列行为之一，致使上市公司利益遭受重大损失的，处三年以下有期徒刑或者拘役，并处或者单处罚金；致使上市公司利益遭受特别重大损失的，处三年以上七年以下有期徒刑，并处罚金：

（一）无偿向其他单位或者个人提供资金、商品、服务或者其他资产的；

（二）以明显不公平的条件，提供或者接受资金、商品、服务或者其他资产的；

（三）向明显不具有清偿能力的单位或者个人提供资金、商品、服务或者其他资产的；

（四）为明显不具有清偿能力的单位或者个人提供担保，或者无正当理由为其他单位或者个人提供担保的；

（五）无正当理由放弃债权、承担债务的；

（六）采用其他方式损害上市公司利益的。

上市公司的控股股东或者实际控制人，指使上市公司董事、监事、高级管理人员实施前款行为的，依照前款的规定处罚。

犯前款罪的上市公司的控股股东或者实际控制人是单位的，对单位判处罚金，并对其直接负责的主管人员和其他直接责任人员，依照第一款的规定处罚。"

十、在刑法第一百七十五条后增加一条，作为第一百七十五条之一："以欺骗手段取得银行或者其他金融机构贷款、票据承兑、信用证、保函等，给银行或者其他金融机构造成重大损失或者有其他严重情节的，处三年以下有期徒刑或者拘役，并处或者单处罚金；给银行或者其他金融机构造成特别重大损失或者有其他特别严重情节的，处三年以上七年以下有期徒刑，并处罚金。

单位犯前款罪的，对单位判处罚金，并对其直接负责的主管人员和其他直接责任人员，依照前款的规定处罚。"

十一、将刑法第一百八十二条修改为："有下列情形之一，操纵证券、期货市场，情节严重的，处五年以下有期徒刑或者拘役，并处或者单处罚金；情节特别严重的，处五年以上十年以下有期徒刑，并处罚金：

（一）单独或者合谋，集中资金优势、持股或者持仓优势或者利用信息优势联合或者连续买卖，操纵证券、期货交易价格或者证券、期货交易量的；

（二）与他人串通，以事先约定的时间、价格和方式相互进行证券、期货交易，影响证券、期货交易价格或者证券、期货交易量的；

（三）在自己实际控制的帐户之间进行证券交易，或者以自己为交易对象，自买自卖期货合约，影响证券、期货交易价格或者证券、期货交易量的；

（四）以其他方法操纵证券、期货市场的。

单位犯前款罪的，对单位判处罚金，并对其直接负责的主管人员和其他直接责任人员，依照前款的规定处罚。"

十二、在刑法第一百八十五条后增加一条，作为第一百八十五条之一："商业银行、证券交易所、期货交易所、证券公司、期货经纪公司、保险公司或者其他金融机构，违背受托义务，擅自运用客户资金或者其他委托、信托的财产，情节严重的，对单位判处罚金，并对其直接负责的主管人员和其他直接责任人员，处三年以下有期徒刑或者拘役，并处三万元以上三十万元以下罚金；情节特别严重的，处三年以上十年以下有期徒刑，并处五万元以上五十万元以下罚金。

社会保障基金管理机构、住房公积金管理机构等公众资金管理机构，以及保险公司、保险资产管理公司、证券投资基金管理公司，违反国家规定运用资金的，对其直接负责的主管人员和其他直接责任人员，依照前款的规定处罚。"

十三、将刑法第一百八十六条第一款、第二款修改为："银行或者其他金融机构的工作人员违反国家规定发放贷款，数额巨大或者造成重大损失的，处五年以下有期徒刑或者拘役，并处一万元以上十万元以下罚金；数额特别巨大或者造成特别重大损失的，处五年以上有期徒刑，并处二万元以上二十万元以下罚金。

银行或者其他金融机构的工作人员违反国家规定，向关系人发放贷款的，依照前款的规定从重处罚。"

十四、将刑法第一百八十七条第一款修改为："银行或者其他金融机构的工作人员吸收客户资金不入帐，数额巨大或者造成重大损失的，处五年以下有期徒刑或者拘役，并处二万元以上二十万元以下罚金；数额特别巨大或者造成特别重大损失的，处五年以上有期徒刑，并处五万元以上五十万元以下罚金。"

十五、将刑法第一百八十八条第一款修改为："银行或者其他金融机构的工作人员违反规定，为他人出具信用证或者其他保函、票据、存单、资信证明，情节严重的，处五年以下有期徒刑或者拘役；情节特别严重的，处五年以上有期徒刑。"

十六、将刑法第一百九十一条第一款修改为："明知是毒品犯罪、黑社会性质的组织犯罪、恐怖活动犯罪、走私犯罪、贪污贿赂犯罪、破坏金融管理秩序犯罪、金融诈骗犯罪的所得及其产生的收益，为掩饰、隐瞒其来源和性质，有下列行为之一的，没收实施以上犯罪的所得及其产生的收益，处五年以下有期徒刑或者拘役，并处或者单处洗钱数额百分之五以上百分之二十以下罚金；情节严重的，处五年以上十年以下有期徒刑，并处洗钱数额百分之五以上百分之二十以下罚金：

（一）提供资金账户的；

（二）协助将财产转换为现金、金融票据、有价证券的；

（三）通过转帐或者其他结算方式协助资金转移的；

（四）协助将资金汇往境外的；

（五）以其他方法掩饰、隐瞒犯罪所得及其收益的来源和性质的。"

十七、在刑法第二百六十二条后增加一条，作为第二百六十二条之一："以暴力、胁迫手段组织残疾人或者不满十四周岁的未成年人乞讨的，处三年以下有期徒刑或者拘役，并处罚金；情节严重的，处三年以上七年以下有期徒刑，并处罚金。"

十八、将刑法第三百零三条修改为："以营利为目的，聚众赌博或者以赌博为业的，处三年以下有期徒刑、拘役或者管制，并处罚金。

开设赌场的，处三年以下有期徒刑、拘役或者管制，并处罚金；情节严重的，处三年以上十年以下有期徒刑，并处罚金。"

十九、将刑法第三百一十二条修改为："明知是犯罪所得及其产生的收益而予以窝藏、转移、收购、代为销售或者以其他方法掩饰、隐瞒的，处三年以下有期徒刑、拘役或者管制，并处或者单处罚金；情节严重的，处三年以上七年以下有期徒刑，并处罚金。"

二十、在刑法第三百九十九条后增加一条，作为第三百九十九条之一："依法承担仲裁职责的人员，在仲裁活动中故意违背事实和法律作枉法裁决，情节严重的，处三年以下有期徒刑或者拘役；情节特别严重的，处三年以上七年以下有期徒刑。"

二十一、本修正案自公布之日起施行。

中华人民共和国刑法修正案（七）

中华人民共和国主席令（第十号）

《中华人民共和国刑法修正案（七）》已由中华人民共和国第十一届全国人民代表大会常务委员会第七次会议于 2009 年 2 月 28 日通过，现予公布，自公布之日起施行。

中华人民共和国主席　胡锦涛

2009 年 2 月 28 日

一、将刑法第一百五十一条第三款修改为："走私珍稀植物及其制品等国家禁止进出口的其他货物、物品的，处五年以下有期徒刑或者拘役，并处或者单处罚金；情节严重的，处五年以上有期徒刑，并处罚金。"

二、将刑法第一百八十条第一款修改为："证券、期货交易内幕信息的知情人员或者非法获取证券、期货交易内幕信息的人员，在涉及证券的发行，证券、期货交易或者其他对证券、期货交易价格有重大影响的信息尚未公开前，买入或者卖出该证券，或者从事与该内幕信息有关的期货交易，或者泄露该信息，或者明示、暗示他人从事上述交易活动，情节严重的，处五年以下有期徒刑或者拘役，并处或者单处违法所得一倍以上五倍以下罚金；情节特别严重的，处五年以上十年以下有期徒刑，并处违法所得一倍以上五倍以下罚金。"

增加一款作为第四款："证券交易所、期货交易所、证券公司、期货经纪公司、基金管理公司、商业银行、保险公司等金融机构的从业人员以及有关监管部门或者行业协会的工作人员，利用因职务便利获取的内幕信息以外的其他未公开的信息，违反规定，从事与该信息相关的证券、期货交易活动，或者明示、暗示他人从事相关交易活动，情节严重的，依照第一款的规定处罚。"

三、将刑法第二百零一条修改为："纳税人采取欺骗、隐瞒手段进行虚假纳税申报或者不申报，逃避缴纳税款数额较大并且占应纳税额百分之十以上的，处三年以下有期徒刑或者拘役，并处罚金；数额巨大并且占应纳税额百分之三十以上的，处三年以上七年以下有期徒刑，并处罚金。

扣缴义务人采取前款所列手段，不缴或者少缴已扣、已收税款，数额较大的，依照前款的规定处罚。

对多次实施前两款行为，未经处理的，按照累计数额计算。

有第一款行为，经税务机关依法下达追缴通知后，补缴应纳税款，缴纳滞纳金，已受行政处罚的，不予追究刑事责任；但是，五年内因逃避缴纳税款受过刑事处罚或者被税务机关给予二次以上行政处罚的除外。"

四、在刑法第二百二十四条后增加一条，作为第二百二十四条之一："组织、领导以推销商品、提供服务等经营活动为名，要求参加者以缴纳费用或者购买商品、服务等方式获得加入资格，并按照一定顺序组成层级，直接或者间接以发展人员的数量作为计酬或者返利依据，引诱、胁迫参加者继续发展他人参加，骗取财物，扰乱经济社会秩序的传销活动的，处五年以下有期徒刑或者拘役，并处罚金；情节严重的，处五年以上有期徒刑，并处罚金。"

五、将刑法第二百二十五条第三项修改为："未经国家有关主管部门批准非法经营证券、期货、保险业务的，或者非法从事资金支付结算业务的；"

六、将刑法第二百三十九条修改为："以勒索财物为目的绑架他人的，或者绑架他人作为人质的，处十年以上有期徒刑或者无期徒刑，并处罚金或者没收财产；情节较轻的，处五年以上十年以下有期徒刑，并处罚金。

犯前款罪，致使被绑架人死亡或者杀害被绑架人的，处死刑，并处没收财产。

以勒索财物为目的偷盗婴幼儿的，依照前两款的规定处罚。"

七、在刑法第二百五十三条后增加一条，作为第二百五十三条之一："国家机关或者金融、电信、交通、教育、医疗等单位的工作人员，违反国家规定，将本单位在履行职责或者提供服务过程中获得的公民个人信息，出售或者非法提供给他人，情节严重的，处三年以下有期徒刑或者拘役，并处或者单处罚金。

窃取或者以其他方法非法获取上述信息，情节严重的，依照前款的规定处罚。

单位犯前两款罪的，对单位判处罚金，并对其直接负责的主管人员和其他直接责任人员，依照各该款的规定处罚。"

八、在刑法第二百六十二条之一后增加一条，作为第二百六十二条之二："组织未成年人进行盗窃、诈骗、抢夺、敲诈勒索等违反治安管理活动的，处三年以下有期徒刑或者拘役，并处罚金；情节严重的，处三年以上七年以下有期徒刑，并处罚金。"

九、在刑法第二百八十五条中增加两款作为第二款、第三款："违反国家规定，侵入前款规定以外的计算机信息系统或者采用其他技术手段，获取该计算机信息系统中存储、处理或者传输的数据，或者对该计算机信息系统实施非法控制，情节严重的，处三年以下有期徒刑或者拘役，并处或者单处罚金；情节特别严重的，处三年以上七年以下有期徒刑，并处罚金。

提供专门用于侵入、非法控制计算机信息系统的程序、工具，或者明知他人实施侵入、非法控制计算机信息系统的违法犯罪行为而为其提供程序、工具，情节严重的，依照前款的规定处罚。"

十、在刑法第三百一十二条中增加一款作为第二款："单位犯前款罪的，对单位判处罚金，并对其直接负责的主管人员和其他直接责任人员，依照前款的规定处罚。"

十一、将刑法第三百三十七条第一款修改为："违反有关动植物防疫、检疫的国家规定，引起重大动植物疫情的，或者有引起重大动植物疫情危险，情节严重的，处三年以下有期徒刑或者拘役，并处或者单处罚金。"

十二、将刑法第三百七十五条第二款修改为："非法生产、买卖武装部队制式服装，情节严重的，处三年以下有期徒刑、拘役或者管制，并处或者单处罚金。"

增加一款作为第三款："伪造、盗窃、买卖或者非法提供、使用武装部队车辆号牌等专用标志，情节严重的，处三年以下有期徒刑、拘役或者管制，并处或者单处罚金；情节特别严重的，处三年以上七年以下有期徒刑，并处罚金。"

原第三款作为第四款，修改为："单位犯第二款、第三款罪的，对单位判处罚金，并对其直接负责的主管人员和其他直接责任人员，依照各该款的规定处罚。"

十三、在刑法第三百八十八条后增加一条作为第三百八十八条之一："国家工作人员的近亲属或者其他与该国家工作人员关系密切的人，通过该国家工作人员职务上的行为，或者利用该国家工作人员职权或者地位形成的便利条件，通过其他国家工作人员职务上的行为，为请托人谋取不正当利益，索取请托人财物或者收受请托人财物，数额较大或者有其他较重情节的，处三年以下有期徒刑或者拘役，并处罚金；数额巨大或者有其他严重情节的，处三年以上七年以下有期徒刑，并处罚金；数额特别巨大或者有其他特别严重情节的，处七年以上有期徒刑，并处罚金或者没收财产。

离职的国家工作人员或者其近亲属以及其他与其关系密切的人，利用该离职的国家工作人员原职权或者地位形成的便利条件实施前款行为的，依照前款的规定定罪处罚。"

十四、将刑法第三百九十五条第一款修改为："国家工作人员的财产、支出明显超过合法收入，差额巨大的，可以责令该国家工作人员说明来源，不能说明来源的，差额部分以非法所得论，处五年以下有期徒刑或者拘役；差额特别巨大的，处五年以上十年以下有期徒刑。财产的差额部分予以追缴。"

十五、本修正案自公布之日起施行。

中华人民共和国刑法修正案（八）

中华人民共和国主席令（第四十一号）

《中华人民共和国刑法修正案（八）》已由中华人民共和国第十一届全国人民代表大会常务委员会第十九次会议于 2011 年 2 月 25 日通过，现予公布，自 2011 年 5 月 1 日起施行。

中华人民共和国主席　胡锦涛

2011 年 2 月 25 日

一、在刑法第十七条后增加一条，作为第十七条之一："已满七十五周岁的人故意犯罪的，可以从轻或者减轻处罚；过失犯罪的，应当从轻或者减轻处罚。"

二、在刑法第三十八条中增加一款作为第二款："判处管制，可以根据犯罪情况，同时禁止犯罪分子在执行期间从事特定活动，进入特定区域、场所，接触特定的人。"

原第二款作为第三款，修改为："对判处管制的犯罪分子，依法实行社区矫正。"

增加一款作为第四款："违反第二款规定的禁止令的，由公安机关依照《中华人民共和国治安管理处罚法》的规定处罚。"

三、在刑法第四十九条中增加一款作为第二款："审判的时候已满七十五周岁的人，不适用死刑，但以特别残忍手段致人死亡的除外。"

四、将刑法第五十条修改为："判处死刑缓期执行的，在死刑缓期执行期间，如果没有故意犯罪，二年期满以后，减为无期徒刑；如果确有重大立功表现，二年期满以后，减为二十五年有期徒刑；如果故意犯罪，查证属实的，由最高人民法院核准，执行死刑。

对被判处死刑缓期执行的累犯以及因故意杀人、强奸、抢劫、绑架、放火、爆炸、投放危险物质或者有组织的暴力性犯罪被判处死刑缓期执行的犯罪分子，人民法院根据犯罪情节等情况可以同时决定对其限制减刑。"

五、将刑法第六十三条第一款修改为："犯罪分子具有本法规定的减轻处罚情节的，应当在法定刑以下判处刑罚；本法规定有数个量刑幅度的，应当在法定量刑幅度的下一个量刑幅度内判处刑罚。"

六、将刑法第六十五条第一款修改为："被判处有期徒刑以上刑罚的犯罪分子，刑罚执行完毕或者赦免以后，在五年以内再犯应当判处有期徒刑以上刑罚之罪的，是累犯，应当从重处罚，但是过失犯罪和不满十八周岁的人犯罪的除外。"

七、将刑法第六十六条修改为："危害国家安全犯罪、恐怖活动犯罪、黑社会性质的组织犯罪的犯罪分子，在刑罚执行完毕或者赦免以后，在任何时候再犯上述任一类罪的，都以累犯论处。"

八、在刑法第六十七条中增加一款作为第三款："犯罪嫌疑人虽不具有前两款规定的自首情节，但是如实供述自己罪行的，可以从轻处罚；因其如实供述自己罪行，避免特别严重后果发生的，可以减轻处罚。"

九、删去刑法第六十八条第二款。

十、将刑法第六十九条修改为："判决宣告以前一人犯数罪的，除判处死刑和无期徒刑的以外，应当在总和刑期以下、数刑中最高刑期以上，酌情决定执行的刑期，但是管制最高不能超过三年，拘役最高不能超过一年，有期徒刑总和刑期不满三十五年的，最高不能超过二十年，总和刑期在三十五年以上的，最高不能超过二十五年。

数罪中有判处附加刑的，附加刑仍须执行，其中附加刑种类相同的，合并执行，种类不同的，分别执行。"

十一、将刑法第七十二条修改为："对于被判处拘役、三年以下有期徒刑的犯罪分子，同时符合下列条件的，可以宣告缓刑，对其中不满十八周岁的人、怀孕的妇女和已满七十五周岁的人，应当宣告缓刑：

（一）犯罪情节较轻；

（二）有悔罪表现；

（三）没有再犯罪的危险；

（四）宣告缓刑对所居住社区没有重大不良影响。

宣告缓刑，可以根据犯罪情况，同时禁止犯罪分子在缓刑考验期限内从事特定活动，进入特定区域、场所，接触特定的人。

被宣告缓刑的犯罪分子，如果被判处附加刑，附加刑仍须执行。"

十二、将刑法第七十四条修改为："对于累犯和犯罪集团的首要分子，不适用缓刑。"

十三、将刑法第七十六条修改为："对宣告缓刑的犯罪分子，在缓刑考验期限内，依法实行社区矫正，如果没有本法第七十七条规定的情形，缓刑考验期满，原判的刑罚就不再执行，并公开予以宣告。"

十四、将刑法第七十七条第二款修改为："被宣告缓刑的犯罪分子，在缓刑考验期限内，违反法律、行政法规或者国务院有关部门关于缓刑的监督管理规定，或者违反人民法院判决中的禁止令，情节严重的，应当撤销缓刑，执行原判刑罚。"

十五、将刑法第七十八条第二款修改为："减刑以后实际执行的刑期不能少于下列期限：

（一）判处管制、拘役、有期徒刑的，不能少于原判刑期的二分之一；

（二）判处无期徒刑的，不能少于十三年；

（三）人民法院依照本法第五十条第二款规定限制减刑的死刑缓期执行的犯罪分子，缓期执行期满后依法减为无期徒刑的，不能少于二十五年，缓期执行期满后依法减为二十五年有期徒刑的，不能少于二十年。"

十六、将刑法第八十一条修改为："被判处有期徒刑的犯罪分子，执行原判刑期二分之一以上，被判处无期徒刑的犯罪分子，实际执行十三年以上，如果认真遵守监规，接受教育改造，确有悔改表现，没有再犯罪的危险的，可以假释。如果有特殊情况，经最高人民法院核准，可以不受上述执行刑期的限制。

对累犯以及因故意杀人、强奸、抢劫、绑架、放火、爆炸、投放危险物质或者有组织的暴力性犯罪被判处十年以上有期徒刑、无期徒刑的犯罪分子，不得假释。

对犯罪分子决定假释时，应当考虑其假释后对所居住社区的影响。"

十七、将刑法第八十五条修改为："对假释的犯罪分子，在假释考验期限内，依法实行社区矫正，如果没有本法第八十六条规定的情形，假释考验期满，就认为原判刑罚已经执行完毕，并公开予以宣告。"

十八、将刑法第八十六条第三款修改为："被假释的犯罪分子，在假释考验期限内，有违反法律、行政法规或者国务院有关部门关于假释的监督管理规定的行为，尚未构成新的犯罪的，应当依照法定程序撤销假释，收监执行未执行完毕的刑罚。"

十九、在刑法第一百条中增加一款作为第二款："犯罪的时候不满十八周岁被判处五年有期徒刑以下刑罚的人，免除前款规定的报告义务。"

二十、将刑法第一百零七条修改为："境内外机构、组织或者个人资助实施本章第一百零二条、第一百零三条、第一百零四条、第一百零五条规定之罪的，对直接责任人员，处五年以下有期徒刑、拘役、管制或者剥夺政治权利；情节严重的，处五年以上有期徒刑。"

二十一、将刑法第一百零九条修改为："国家机关工作人员在履行公务期间，擅离岗位，叛逃境外或者在境外叛逃的，处五年以下有期徒刑、拘役、管制或者剥夺政治权利；情节严重的，处五年以上十年以下有期徒刑。

掌握国家秘密的国家工作人员叛逃境外或者在境外叛逃的，依照前款的规定从重处罚。"

二十二、在刑法第一百三十三条后增加一条，作为第一百三十三条之一："在道路上驾驶机动车追逐竞驶，情节恶劣的，或者在道路上醉酒驾驶机动车的，处拘役，并处罚金。

有前款行为，同时构成其他犯罪的，依照处罚较重的规定定罪处罚。"

二十三、将刑法第一百四十一条第一款修改为："生产、销售假药的，处三年以下有期徒刑或者拘役，并处罚金；对人体健康造成严重危害或者有其他严重情节的，处三年以上十年以下有期徒刑，并处罚金；致人死亡或者有其他特别严重情节的，处十年以上有期徒刑、无期徒刑或者死刑，并处罚金或者没收财产。"

二十四、将刑法第一百四十三条修改为："生产、销售不符合食品安全标准的食品，足以造成严重食物中毒事故或者其他严重食源性疾病的，处三年以下有期徒刑或者拘役，并处罚金；对人体健康造成严重危害或者有其他严重情节的，处三年以上七年以下有期徒刑，并处罚金；后果特别严重的，处七年以上有期徒刑或者无期徒刑，并处罚金或者没收财产。"

二十五、将刑法第一百四十四条修改为："在生产、销售的食品中掺入有毒、有害的非食品原料的，或者销售明知掺有有毒、有害的非食品原料的食品的，处五年以下有期徒刑，并处罚金；对人体健康造成严重危害或者有其他严重情节的，处五年以上十年以下有期徒刑，并处罚金；致人死亡或者有其他特别严重情节的，依照本法第一百四十一条的规定处罚。"

二十六、将刑法第一百五十一条修改为："走私武器、弹药、核材料或者伪造的货币的，处七年以上有期徒刑，并处罚金或者没收财产；情节特别严重的，处无期徒刑或者死刑，并处没收财产；情节较轻的，处三年以上七年以下有期徒刑，并处罚金。

走私国家禁止出口的文物、黄金、白银和其他贵重金属或者国家禁止进出口的珍贵动物及其制品的，处五年以上十年以下有期徒刑，并处罚金；情节特别严重的，处十年以上有期徒刑或者无期徒刑，并处没收财产；情节较轻的，处五年以下有期徒刑，并处罚金。

走私珍稀植物及其制品等国家禁止进出口的其他货物、物品的，处五年以下有期徒刑或者拘役，并处或者单处罚金；情节严重的，处五年以上有期徒刑，并处罚金。

单位犯本条规定之罪的，对单位判处罚金，并对其直接负责的主管人员和其他直接责任人员，依照本条各款的规定处罚。"

二十七、将刑法第一百五十三条第一款修改为："走私本法第一百五十一条、第一百五十二条、第三百四十七条规定以外的货物、物品的，根据情节轻重，分别依照下列规定处罚：

（一）走私货物、物品偷逃应缴税额较大或者一年内曾因走私被给予二次行政处罚后又走私的，处三年以下有期徒刑或者拘役，并处偷逃应缴税额一倍以上五倍以下罚金。

（二）走私货物、物品偷逃应缴税额巨大或者有其他严重情节的，处三年以上十年以下有期徒刑，并处偷逃应缴税额一倍以上五倍以下罚金。

（三）走私货物、物品偷逃应缴税额特别巨大或者有其他特别严重情节的，处十年以上有期徒刑或者无期徒刑，并处偷逃应缴税额一倍以上五倍以下罚金或者没收财产。"

二十八、将刑法第一百五十七条第一款修改为："武装掩护走私的，依照本法第一百五十一条第一款的规定从重处罚。"

二十九、将刑法第一百六十四条修改为："为谋取不正当利益，给予公司、企业或者其他单位的工作人员以财物，数额较大的，处三年以下有期徒刑或者拘役；数额巨大的，处三年以上十年以下有期徒刑，并处罚金。

为谋取不正当商业利益，给予外国公职人员或者国际公共组织官员以财物的，依照前款的规定处罚。

单位犯前两款罪的，对单位判处罚金，并对其直接负责的主管人员和其他直接责任人员，依照第一款的规定处罚。

行贿人在被追诉前主动交待行贿行为的，可以减轻处罚或者免除处罚。"

三十、将刑法第一百九十九条修改为："犯本节第一百九十二条规定之罪，数额特别巨大并且给国家和人民利益造成特别重大损失的，处无期徒刑或者死刑，并处没收财产。"

三十一、将刑法第二百条修改为："单位犯本节第一百九十二条、第一百九十四条、第一百九十五条规定之罪的，对单位判处罚金，并对其直接负责的主管人员和其他直接责任人员，处五年以下有期徒刑或者拘役，可以并处罚金；数额巨大或者有其他严重情节的，处五年以上十年以下有期徒刑，并处罚金；数额特别巨大或者有其他特别严重情节的，处十年以上有期徒刑或者无期徒刑，并处罚金。"

三十二、删去刑法第二百零五条第二款。

三十三、在刑法第二百零五条后增加一条，作为第二百零五条之一："虚开本法第二百零五条规定以外的其他发票，情节严重的，处二年以下有期徒刑、拘役或者管制，并处罚金；情节特别严重的，处二年以上七年以下有期徒刑，并处罚金。

单位犯前款罪的，对单位判处罚金，并对其直接负责的主管人员和其他直接责任人员，依照前款的规定处罚。"

三十四、删去刑法第二百零六条第二款。

三十五、在刑法第二百一十条后增加一条，作为第二百一十条之一："明知是伪造的发票而持有，数量较大的，处二年以下有期徒刑、拘役或者管制，并处罚金；数量巨大的，处二年以上七年以下有期徒刑，并处罚金。

单位犯前款罪的，对单位判处罚金，并对其直接负责的主管人员和其他直接责任人员，依照前款的规定处罚。"

三十六、将刑法第二百二十六条修改为："以暴力、威胁手段，实施下列行为之一，情节严重的，处三年以下有期徒刑或者拘役，并处或者单处罚金；情节特别严重的，处三年以上七年以下有期徒刑，并处罚金：

（一）强买强卖商品的；

（二）强迫他人提供或者接受服务的；

（三）强迫他人参与或者退出投标、拍卖的；

（四）强迫他人转让或者收购公司、企业的股份、债券或者其他资产的；

（五）强迫他人参与或者退出特定的经营活动的。"

三十七、在刑法第二百三十四条后增加一条，作为第二百三十四条之一："组织他人出卖人体器官的，处五年以下有期徒刑，并处罚金；情节严重的，处五年以上有期徒刑，并处罚金或者没收财产。

未经本人同意摘取其器官，或者摘取不满十八周岁的人的器官，或者强迫、欺骗他人捐献器官的，依照本法第二百三十四条、第二百三十二条的规定定罪处罚。

违背本人生前意愿摘取其尸体器官，或者本人生前未表示同意，违反国家规定，违背其近亲属意愿摘取其尸体器官的，依照本法第三百零二条的规定定罪处罚。"

三十八、将刑法第二百四十四条修改为："以暴力、威胁或者限制人身自由的方法强迫他人劳动的，处三年以下有期徒刑或者拘役，并处罚金；情节严重的，处三年以上十年以下有期徒刑，并处罚金。

明知他人实施前款行为，为其招募、运送人员或者有其他协助强迫他人劳动行为的，依照前款的规定处罚。

单位犯前两款罪的，对单位判处罚金，并对其直接负责的主管人员和其他直接责任人员，依照第一款的规定处罚。"

三十九、将刑法第二百六十四条修改为："盗窃公私财物，数额较大的，或者多次盗窃、入户盗窃、携带凶器盗窃、扒窃的，处三年以下有期徒刑、拘役或者管制，并处或者单处罚金；数额巨大或者有其他严重情节的，处三年以上十年以下有期徒刑，并处罚金；数额特别巨大或者有其他特别严重情节的，处十年以上有期徒刑或者无期徒刑，并处罚金或者没收财产。"

四十、将刑法第二百七十四条修改为："敲诈勒索公私财物，数额较大或者多次敲诈勒索的，处三年以下有期徒刑、拘役或者管制，并处或者单处罚金；数额巨大或者有其他严重情节的，处三年以上十年以下有期徒刑，并处罚金；数额特别巨大或者有其他特别严重情节的，处十年以上有期徒刑，并处罚金。"

四十一、在刑法第二百七十六条后增加一条，作为第二百七十六条之一："以转移财产、逃匿等方法逃避支付劳动者的劳动报酬或者有能力支付而不支付劳动者的劳动报酬，数额较大，经政府有关部门责令支付仍不支付的，处三年以下有期徒刑或者拘役，并处或者单处罚金；造成严重后果的，处三年以上七年以下有期徒刑，并处罚金。

单位犯前款罪的，对单位判处罚金，并对其直接负责的主管人员和其他直接责任人员，依照前款的规定处罚。

有前两款行为，尚未造成严重后果，在提起公诉前支付劳动者的劳动报酬，并依法承担相应赔偿责任的，可以减轻或者免除处罚。"

四十二、将刑法第二百九十三条修改为："有下列寻衅滋事行为之一，破坏社会秩序的，处五年以下有期徒刑、拘役或者管制：

（一）随意殴打他人，情节恶劣的；

（二）追逐、拦截、辱骂、恐吓他人，情节恶劣的；

（三）强拿硬要或者任意损毁、占用公私财物，情节严重的；

（四）在公共场所起哄闹事，造成公共场所秩序严重混乱的。

纠集他人多次实施前款行为，严重破坏社会秩序的，处五年以上十年以下有期徒刑，可以并处罚金。"

四十三、将刑法第二百九十四条修改为："组织、领导黑社会性质的组织的，处七年以上有期徒刑，并处没收财产；积极参加的，处三年以上七年以下有期徒刑，可以并处罚金或者没收财产；其他参加的，处三年以下有期徒刑、拘役、管制或者剥夺政治权利，可以并处罚金。

境外的黑社会组织的人员到中华人民共和国境内发展组织成员的，处三年以上十年以下有期徒刑。

国家机关工作人员包庇黑社会性质的组织，或者纵容黑社会性质的组织进行违法犯罪活动的，处五年以下有期徒刑；情节严重的，处五年以上有期徒刑。

犯前三款罪又有其他犯罪行为的，依照数罪并罚的规定处罚。

黑社会性质的组织应当同时具备以下特征：

（一）形成较稳定的犯罪组织，人数较多，有明确的组织者、领导者，骨干成员基本固定；

（二）有组织地通过违法犯罪活动或者其他手段获取经济利益，具有一定的经济实力，以支持该组织的活动；

（三）以暴力、威胁或者其他手段，有组织地多次进行违法犯罪活动，为非作恶，欺压、残害群众；

（四）通过实施违法犯罪活动，或者利用国家工作人员的包庇或者纵容，称霸一方，在一定区域或者行业内，形成非法控制或者重大影响，严重破坏经济、社会生活秩序。"

四十四、将刑法第二百九十五条修改为："传授犯罪方法的，处五年以下有期徒刑、拘役或者管制；情节严重的，处五年以上十年以下有期徒刑；情节特别严重的，处十年以上有期徒刑或者无期徒刑。"

四十五、将刑法第三百二十八条第一款修改为："盗掘具有历史、艺术、科学价值的古文化遗址、古墓葬的，处三年以上十年以下有期徒刑，并处罚金；情节较轻的，处三年以下有期徒刑、拘役或者管制，并处罚金；有下列情形之一的，处十年以上有期徒刑或者无期徒刑，并处罚金或者没收财产：

（一）盗掘确定为全国重点文物保护单位和省级文物保护单位的古文化遗址、古墓葬的；

（二）盗掘古文化遗址、古墓葬集团的首要分子；

（三）多次盗掘古文化遗址、古墓葬的；

（四）盗掘古文化遗址、古墓葬，并盗窃珍贵文物或者造成珍贵文物严重破坏的。"

四十六、将刑法第三百三十八条修改为："违反国家规定，排放、倾倒或者处置有放射性的废物、含传染病病原体的废物、有毒物质或者其他有害物质，严重污染环境的，处三年以下有期徒刑或者拘役，并处或者单处罚金；后果特别严重的，处三年以上七年以下有期徒刑，并处罚金。"

四十七、将刑法第三百四十三条第一款修改为："违反矿产资源法的规定，未取得采矿许可证擅自采矿，擅自进入国家规划矿区、对国民经济具有重要价值的矿区和他人矿区范围采矿，或者擅自开采国家规定实行保护性开采的特定矿种，情节严重的，处三年以下有期徒刑、拘役或者管制，并处或者单处罚金；情节特别严重的，处三年以上七年以下有期徒刑，并处罚金。"

四十八、将刑法第三百五十八条第三款修改为："为组织卖淫的人招募、运送人员或者有其他协助组织他人卖淫行为的，处五年以下有期徒刑，并处罚金；情节严重的，处五年以上十年以下有期徒刑，并处罚金。"

四十九、在刑法第四百零八条后增加一条，作为第四百零八条之一："负有食品安全监督管理职责的国家机关工作人员，滥用职权或者玩忽职守，导致发生重大食品安全事故或者造成其他严重后果的，处五年以下有期徒刑或者拘役；造成特别严重后果的，处五年以上十年以下有期徒刑。

徇私舞弊犯前款罪的，从重处罚。"

五十、本修正案自 2011 年 5 月 1 日起施行。

后　记

　　《刑法新增和修正罪名适用》一书经过各位参加编写者的艰苦努力，终于问诸于世。值此书付梓之际，略缀数语，权作后记。

　　本书收集了从全国人大常委会于 1998 年 12 月 29 日公布的《关于惩治骗购外汇、逃汇和非法买卖外汇犯罪的决定》到 2011 年 2 月 25 日公布的《刑法修正案（八）》一共九个单行刑法法规新增和修正的全部罪名。随着我国《刑法修正案（八）》的颁布实施，我们感到全国人大常委会对刑法的修改虽然还有可能，但再作出更大的修改可能性不大，因此我们决定以《刑法修正案（八）》的颁布实施为契机，如期完成对其的研究。现呈现在读者面前的《刑法新增和修正罪名适用》一书，既是对我国历次刑法修正案的全面回顾和总结，也是对各种新增和修正罪名出现的问题得出的最新结论，因此我们认为本书的出版不仅具有重要的理论意义，而且具有重大的实践价值。

　　本书的参加编写者及其分工情况如下（以撰写章节先后为序）：

　　李永升（西南政法大学法学院教授，博士生导师），撰写前言、刑法新增罪名第十一、十二并收集了全国人大常委会自 1997 年刑法实施以来所颁布的全部单行刑法法规；

　　张超（西南政法大学刑法专业硕士研究生），撰写刑法新增罪名第一至十；

　　叶静（西南政法大学刑法专业硕士研究生），撰写刑法新增罪名第十一至二十一；

　　李江林（西南政法大学刑法专业硕士研究生），撰写刑法新增罪名第二十二至三十；

周文文（西南政法大学刑法专业硕士研究生），撰写刑法新增罪名第三十一至三十九；

李楷（西南政法大学刑法专业硕士研究生），撰写刑法修正罪名第一至十；

屈冬梅（西南政法大学刑法专业硕士研究生），撰写刑法修正罪名第十一至二十；

朱燕婷（西南政法大学刑法专业硕士研究生），撰写刑法修正罪名第二十一至二十九。

本书由李永升教授拟订写作大纲并参与了本书部分内容的写作和编撰，最后由李永升教授统一修改定稿。若书中存在错讹之处，由李永升教授负责。任何研究都不可能是某一领域知识的终结，我们认为本书的出版也是如此，唯愿本书的出版能抛砖引玉，使我国刑法学界对刑法新增和修正罪名的研究向更艰深的方向发展，若能如此，则我们感到心满意足矣。

在本书出版之际，我们衷心感谢中国人民公安大学出版社编辑的大力支持和帮助，对他的辛勤劳动我们将永远铭记在心。另外，本书在撰写的过程中曾得到有关专家的指点并参阅了某些专著和教材以及有关资料，在此一并致以衷心的谢忱。

李永升

2012 年 8 月于西南政法大学